권별주삶

아가페 주삶

• 주야로 묵상하는 삶 •

사도행전(상)

JN416199

● 주삶의 정신 1

『주삶』은 에티오피아 내시에게
말씀을 해석해 준 빌립 집사의 역할을 하기 원합니다.

말씀을 올바르게 깨닫기 위해서는 빌립과 같은 신령한 조력자가 필요합니다.
이제 『주삶』은 '객관적이고 정확한 절별 해설'을 통해
그리스도인의 매일 말씀묵상을 돕고자 합니다.

● 주삶의 정신 2

'묵상'은 하루 중 가장 방해받지 않는
귀중한 시간에 하는 것입니다.
그리고 깨달은 말씀을 종일 생각하는 것입니다.

진정한 그리스도인이 되기 위해서는 묵상한 말씀을 늘 되새겨야 합니다.
그것이 주야로 묵상하는 삶이며 '주삶의 정신' 입니다.

● 주삶의 정신 3

'오늘 말씀묵상을 하지 않으면 밥을 먹지 않겠다.'
참된 성도는 굳은 결심의 소유자여야 합니다.

매일 말씀묵상을 하지 않으면 영혼이 병들고 성장하지 않기 때문입니다.
일주일에 한두 끼만 먹는 사람이
건강한 삶을 살 수 없는 것과 같은 이치입니다.

Contents

해설 집필자 소개

오대환 목사_ 사도행전

· 합동신학대학원 졸업 (목회학 M.Div)
· 영국 Trinity College 졸업 (실천신학 MA)
· 미국 San Francisco Theological Seminary (실천신학 D.Min 과정 이수)
· 온마음교회 담임목사

김건일 목사_ GBS 및 해설서

· 침례신학대학교 신학대학원(신학 M.Div)
· Southwestern Baptist Theological Seminary(신약학 Th.M)
· Southwestern Baptist Theological Seminary(신약학 Ph.D) 과정 중
· 뿌리깊은교회 협동목사

권별주삶

아가페

주삶

• 주야로 묵상하는 삶 •

사도행전(상)

AGAPE
[주]아가페출판사

아가페 주삶 단체 활용법

「권별주삶」의 특징

- 「권별주삶」은 가족, 교회 소그룹, 직장 신우회 등 각종 성경공부 모임에 활용하면 좋습니다.
- 「권별주삶」은 날짜에 구애받지 않는 5일 동안의 개인 묵상과 1일의 주간성경공부(GBS)로 구성되어 있습니다.

「권별주삶」의 단체 활용법

➤ 5일 동안 개인적으로 묵상하고, 1주일에 1회씩 모여 GBS 모임을 가지면 좋습니다.

- 주중 첫날부터 5일째까지 개인묵상 시간을 통해 말씀을 묵상하고, 6일째는 지난 5일간 주신 메시지를 거듭 기억하며 복습합니다.
- 7일째 주간성경공부 모임에서, 한 주 동안 묵상한 말씀을 삶에 적용하고 체험과 깨달음을 서로 공유합니다.

➤ 단체 성경공부 모임의 말씀묵상을 하면서 아래의 구체적인 활용법을 따라하세요.

예) 토요일이나 주일에 GBS 모임을 할 경우

1주차	GBS	2주차	GBS	3주차	GBS	…	6주차	GBS
월,화,수,목,금	1	월,화,수,목,금	2	월,화,수,목,금	3		월,화,수,목,금	6
01~05회		06~10회		11~15회			26~30회	

예) 금요일에 GBS 모임을 할 경우

1주차	GBS	2주차	GBS	3주차	GBS	…	6주차	GBS
토,월,화,수,목	1	토,월,화,수,목	2	토,월,화,수,목	3		토,월,화,수,목	6
01~05회		06~10회		11~15회			26~30회	

「권별주삶」은 각종 성경공부 모임의 계획에 맞춰 차별화 된 스케줄 구성이 가능합니다.

아가페 주삶 개인 활용법

「권별주삶」의 특징

- 「권별주삶」은 날짜가 특정되지 않아 순차적으로 깊이 있는 말씀묵상이 가능합니다.
- 「권별주삶」은 개인별 맞춤 스케줄에 따라 시간을 활용함으로써, 하나님의 말씀을 거듭 상고하고 깊이 체험할 수 있게 도와줍니다.

「권별주삶」의 개인 활용법

➤ 아래 「권별주삶」의 개인 활용법을 따라 꾸준히 묵상하면서 하나님과 동행하세요.

- 먼저 묵상을 시작하는 날짜를 기록합니다. 개인 스케줄에 맞춰 날짜와 관계없이 성경을 이어서 빠짐없이 묵상할 수 있습니다.

- 주중 첫날부터 5일째까지 개인묵상 시간을 통해 말씀을 묵상하고, 6일째는 지난 5일간 주신 메시지를 거듭 기억하며 복습합니다.

- 7일째 주간성경공부 모임에서, 한 주 동안 묵상한 말씀을 삶에 적용하고 체험과 깨달음을 서로 공유합니다.

- 교훈과 묵상한 것을 메모합니다. 묵상과 적용이 「권별주삶」의 깊이 있는 해설과 곁들여져 말씀을 더욱 쉽게 이해하는 나만의 묵상노트가 됩니다.

- 「권별 주삶」 시리즈를 권별로 모아두세요. 성경의 문맥을 살려 그 자체로 말씀을 쉽게 이해하게 해주는 훌륭한 성경해설서로 활용할 수 있습니다.

*** 「권별주삶」을**
나만의 묵상노트이자 성경해설서로 만든다는 목표를 가지고 꾸준히 하면,
하나님과의 친밀한 교제 안에서 변화된 자신을 체험할 수 있습니다.

아가페

주삶 개인 말씀묵상 활용법

1 날짜 기록

묵상한 날짜를
기록합니다.

2 찬양과 기도

먼저 찬양한 후, 성령님의
도우심을 구하는 기도를
드립니다.

3 본문요약

'본문요약'을 읽고
흐름을 파악합니다.

4 개역개정성경 읽기

성경 본문을 정독합니다.

☐ 묵상 체크

01 월 일

승천 전 부활하신 예수님이 하신 일

사도행전 1:1-5 • 새찬송 151장 | 통일 138장

• 말씀묵상 전에 성령님의 인도하심을 구하는 기도를 드리십시오.

본문요약 I 누가는 데오빌로에게 글을 쓰면서, 예수님이 승천 전 하신 일에 대한 기록으로 시작한다. 부활하신 예수님은 사십 일 동안 살아계심을 사도들에게 친히 보이셨고, 하나님나라의 일을 말씀하셨으며, 성령을 기다리라고 하셨다. 예수님은 바로 승천하시지 않고 제자들을 부활의 증인으로 세우기 위한 일을 하셨다.

1 데오빌로여 내가 먼저 쓴 글에는 무릇 예
수께서 행하시며 가르치시기를 시작하심
부터
2 그가 택하신 사도들에게 성령으로 명하
시고 승천하신 날까지의 일을 기록하였
노라
3 그가 고난 받으신 후에 또한 그들에게 확
실한 많은 증거로 친히 살아계심을 나타
내사 사십 일 동안 그들에게 보이시며 하
나님 나라의 일을 말씀하시니라
4 사도와 함께 모이사 그들에게 분부하여
이르시되 예루살렘을 떠나지 말고 내게
서 들은 바 아버지께서 약속하신 것을 기
다리라
5 요한은 물로 [1]세례를 베풀었으나 너희는
몇 날이 못 되어 성령으로 [1]세례를 받으
리라 하셨느니라

1) 헬, 또는 침례

1. 본문에 나타난 예수님은 어떤 분이십니까?

2. 오늘 하나님께서 나에게 주신 깨달음은 무엇입니까?

3. 말씀을 어떻게 내 삶에 구체적으로 적용해야 합니까?

14

7 묵상과 적용

'묵상과 적용' 질문을 통해 깨달은 말씀과
적용한 내용을 적습니다.

'말씀묵상'은

말씀과 기도를 통해 날마다 하나님의 음성에 귀 기울이고 그 음성을 따라 살아가고자 하는 그리스도인을 위한 경건의 시간입니다. '말씀묵상'은 하루 중 가장 귀중한 시간에 아무도 방해하지 않는 곳에서 해야 합니다. 그리고 깨달은 말씀을 주야로 묵상하는 것입니다.

절별 해설

1 데오빌로여 사도행전은 누가가 데오빌로에게 보낸 형식으로 기록되었다. 데오빌로는 누가복음의 수신인이기도 하나(눅 1:1-4), 누구인지는 확실치 않다. 다만 누가복음 1장 3절에서 "데오빌로 각하"(most excellent Theophilus)라는 칭호를 쓴 것으로 보아, 당시 상당히 높은 신분의 기독교인이었을 것으로 추측된다. **먼저 쓴 글에는** 먼저 쓴 글은 누가복음을 가리킨다. 누가복음은 예수님의 3년간 행적과 고난, 부활, 승천에 관해 쓰였다.

3 그가 고난 받으신 후에 또한 그들에게 확실한 많은 증거로 친히 살아계심을 나타내사 사십 일 동안 그들에게 보이시며 부활하신 예수님은 일반 사람들을 만나지 않고 제자들에게 나타나신다. 사복음서에 의하면, 예수님은 40일 동안 10여 차례에 걸쳐 제자들에게 살아난 자신의 몸을 보이신다(눅 24:13-49; 요 20:19-21:23 등). 이것은 후에 제자들이 목숨 걸고 예수님의 부활을 증거하는 결정적인 계기가 된다. 예수님이 부활하신 후 40일 동안 이 땅에 계셨던 가장 큰 이유가 바로 이것이다. **하나님 나라의 일을 말씀하시니라** 부활하신 예수님은 제자들에게 더 이상 땅의 일을 말씀하시지 않았다. 오히려 하나님나라의 일을 말씀하심으로 제자들이 부활하신 주님을 바라보게 하시고, 천국을 소망하며 기대하게 하셨다. 이 소망이 제자들로 하여금 목숨 걸고 주님을 따르게 했다. 소망은 현실의 어려움을 이기도록 만들어준다(롬 8:18).

4 예루살렘을 떠나지 말고 내게서 들은 … 신 것을 기다리라 제자들은 이미 예수 … 격했지만, 그것만으로는 예수님의 온 … 다. 가장 결정적인 일이 하나 더 남아 … 받으시기 전에 자신이 떠날 것과 또 … 오실 것을 미리 말씀하셨다(요 14:16- … 후에도 제자들에게 예루살렘을 떠나지 … 다리라고 명령하셨다. 진실을 확인하는 … 수 없기 때문이다. 참 증인이 되려면 …

쉬운성경

1 데오빌로 각하, 제가 먼저 쓴 책에서 저는 예수님께서 하신 일과 가르치신 말씀을 비롯하여,

2 예수님께서 선택하신 사도들에게 성령의 힘으로 교훈을 내리신 후에 하늘로 올라가신 날까지, 예수님과 관련된 내용을 다 기록했습니다.

3 예수님께서는 고난을 받으신 후, 사도들에게 자신의 모습을 보여 주셨고, 여러 가지 방법으로 자기가 살아계시다는 것을 증언하셨습니다. 예수님은 사십 일 동안이나 이 사람들에게 나타나셨으며, 하나님의 나라에 관해 말씀하셨습니다.

4 어느 날, 예수님께서는 사도들과 함께 식사를 하시다가 이런 말씀을 하셨습니다. "예루살렘을 떠나지 말고 내 아버지께서 약속하신 선물을 기다려라. 이 약속의 내용은 내가 전에 말했고, 너희도 들은 것이다.

5 약속의 내용은 이것이다. 요한은 물로 세례를 주었지만, 너희는 얼마 안 있어 성령으로 세례를 받을 것이다."

5 쉬운성경 읽기

쉬운성경을 정독하며
본문을 대조합니다.

6 절별 해설

'절별 해설'을 참고하며 읽습니다.

8 저자의 묵상

절별 해설 집필자가 묵상 후
전하는 메시지입니다.

저자의 묵상

예수님은 부활하신 후 제자들을 만나셨다. 누가는 구체적으로 40일이라는 기간을 언급하며 예수님이 여러 방법으로 자신의 부활을 나타내셨다고 증거한다. 그중에는 제자들 앞에서 직접 음식을 드시기도 했고(눅 24:42-43), 믿지 않는 도마에게 옆구리에 손을 넣어보라고 하신 일도 있다(요 20:27). 왜 그렇게 하셨을까? 예수님은 제자들이 예수님의 부활을 확실히 체험하고, 부활의 증인이 되도록 하신 것이다. 믿음과 신앙은 현실을 초월하지만(히 11:1) 동시에 현실에 바탕을 둔 것이기도 하다. 예수님은 없는 사실을 믿으라고 하시지 않았다. 예수님 자신을 제자들에게 보이시고 그들이 행하도록 하셨다.

오늘을 살아가고 있는 주님의 증인인 교회와 성도에게도 이 사실은 중요하다. 주님은 우리에게 일을 맡기시기 전에 우리를 여러 증거로 충분히 설득하신다. 이런 배려가 없다면 누구도 주의 일을 감당할 수 없을 것이다. 우리가 주의 일을 감당하는 이유는 자신의 결심이나 능력 때문이 아니라 주님의 은혜와 설득 덕분임을 기억하고 감사와 영광을 주님께만 돌리자.

무릎 기도	주님, 항상 모든 일에 앞서 우리를 충분히 준비시켜주시는 주님을 찬양합니다.

9 무릎 기도

'무릎 기도'로 기도합니다.

10

한글과 영어 본문(ESV)
대조를 통해
본문의 바른 뜻을
파악할 수 있습니다.

ESV - Acts 1

1 In the first book, O Theophilus, I have dealt with all that Jesus began to do and teach,
2 until the day when he was taken up, after he had given commands through the Holy Spirit to the apostles whom he had chosen.
3 He presented himself alive to them after his suffering by many proofs, appearing to them during forty days and speaking about the kingdom of God.
4 And while staying* with them he ordered them not to depart from Jerusalem, but to wait for the promise of the Father, which, he said, "you heard from me;
5 for John baptized with water, but you will be baptized with* the Holy Spirit not many days from now."

* 1:4 *Or eating*
* 1:5 *Or in*

2 apostle 사도 choose 선택하다 3 present 나타내다 suffering 고난, 수난 proof 증거 4 depart from ~ ~에서 벗어나다 5 baptize 세례를 주다

아가페 주삶

단체 활용법 – 소그룹·구역예배

1

주중에 전 구성원이 개인적으로 매일 말씀을 묵상하고, 1주일에 1회씩 모여 GBS 교재 부분을 가지고 나눕니다.

2

GBS를 시작할 때 지난 한 주간 개인 묵상을 통해 깨달은 것이나 삶에 적용한 일이 있으면 한 사람씩 돌아가며 나눕니다.

구역예배, 청년부 성경공부, 직장 신우회 등 각종 성경공부 모임에 활용하면 좋습니다.

주간 그룹성경공부 • GBS

1주차 (1회~5회)

예수 그리스도의 증인, 무엇을 증거할 것인가

사도행전 1:1-8 | 새찬송 505장 • 통일 268장

주간 말씀묵상 나눔

지난 한 주간 말씀을 묵상한 것이나 삶에 적용한 것이 있으면 돌아가며 간단히 나누어 봅시다.

• 오늘의 성경공부 목표

예수 그리스도의 증인으로서 우리가 증거해야 할 내용은 무엇인지 생각해 봅니다.

1 데오빌로여 내가 먼저 쓴 글에는 무릇 예수께서 행하시며 가르치시기를 시작하심부터
2 그가 택하신 사도들에게 성령으로 명하시고 승천하신 날까지의 일을 기록하였노라
3 그가 고난 받으신 후에 또한 그들에게 확실한 많은 증거로 친히 살아계심을 나타내사 사십 일 동안 그들에게 보이시며 하나님 나라의 일을 말씀하시니라
4 사도와 함께 모이사 그들에게 분부하여 이르시되 예루살렘을 떠나지 말고 내게서 들은 바 아버지께서 약속하신 것을 기다리라
5 요한은 물로 세례를 베풀었으나 너희는 몇 날이 못 되어 성령으로 세례를 받으리라 하셨느니라
6 그들이 모였을 때에 예수께 여쭈어 이르되 주께서 이스라엘 나라를 회복하심이 이때니이까 하니
7 이르시되 때와 시기는 아버지께서 자기의 권한에 두셨으니 너희가 알 바 아니요
8 오직 성령이 너희에게 임하시면 너희가 권능을 받고 예루살렘과 온 유대와 사마리아와 땅끝까지 이르러 내 증인이 되리라 하시니라

169

'말씀묵상'은

말씀과 기도를 통해 날마다 하나님의 음성에 귀 기울이고 그 음성을 따라 살아가고자 하는 그리스도인을 위한 경건의 시간입니다. '말씀묵상'은 하루 중 가장 귀중한 시간에 아무도 방해하지 않는 곳에서 해야 합니다. 그리고 깨달은 말씀을 주야로 묵상하는 것입니다.

• 함께 읽어보기

사도행전은 예수 그리스도의 삶과 죽음과 부활을 직접 목격한 증인들이 성령의 능력을 받고 하나님나라를 담대히 증거하는 내용을 담고 있습니다. 그런 의미에서 '증인들의 행전'이라고 말할 수 있습니다. 증인은 자신이 알고 있는 혹은 경험한 사실을, 그것을 직접 경험하지 못한 사람들에게 말해 주는 사람입니다. 우리나라의 법정에서 사용하는 증인선서에는 이런 문구가 들어 있습니다. "양심에 따라 숨기거나 보태지 아니하고 사실 그대로 말하며…" 우리는 종종 예수 그리스도의 증인임을 자처합니다. 그렇다면 증인으로서 우리는 자신에게 이런 질문을 꼭 던져 보아야 할 것입니다. '내가 예수 그리스도에 대해 알고 있는 사실은 무엇인가?' '나는 무엇을 말해야 하는가?'

도입 질문

1 다른 사람이 아직 모르고 있는 내 강점은 무엇입니까? 스스로 증인이 되어 한 가지씩 말해 봅시다.

함께 나누기

2 사도행전 저자는 누구에게 글을

3 1절의 "내가 먼저 쓴 글"은 무엇 까? 1하–2절

3

GBS 순서에 따라 리더가 진행하며, 각자 묵상을 통해 느낀 것과 깨달은 것을 나눕니다.

4 예수님은 부활하신 후 사십 일 동안 제자들에게 보이시며 무엇을 말씀하셨습니까? 3절

5 하나님나라(The Kingdom of God)가 무엇이라고 생각합니까? 각자의 생각을 나누어 봅시다. 3절

6 예수님은 제자들에게 "아버지께서 약속하신 것을 기다리라"고 말씀하셨습니다. 하나님께서 약속하신 것은 무엇입니까? 4–5절

7 제자들은 예수님께 무엇을 질문했습니까? 예수님은 뭐라고 대답하셨습니까? 6–8절

8 예수님은 제자들이 성령의 능력을 받고 예수 그리스도의 증인이 될 것이라고 말씀하셨습니다. 그 말씀은 오늘을 살고 있는 우리 그리스도인들에게도 해당됩니다. 예수 그리스도의 증인으로서 무엇을 어떻게 증거해야 할지 오늘 함께 나눈 말씀을 생각하며 서로 이야기해 봅시다.

9 오늘 성경공부를 통해 나누고 싶거나 깨달은 것이 있으면 이야기해 봅시다.

agape

"복 있는 사람은
악인들의 꾀를 따르지 아니하며
죄인들의 길에 서지 아니하며
오만한 자들의 자리에 앉지 아니하고
오직 여호와의 율법을 즐거워하여
그의 율법을 주야로 묵상하는도다"

- 시편 1:1-2 -

1~45 days

사도행전을 묵상하기 전에

저자

누가. 사도행전의 전편 격인 누가복음의 저자기도 하다. 당시 누가는 엄격한 교육을 받은 의사였고(골 4:14) 바울의 전도여행에 동참했던 인물로, 사도행전을 객관적인 입장에서 기록하기에 충분한 사람이었다.

기록 시기

여러 설이 있으나 AD 60-63년으로 보는 것이 일반적이다. 그 이유는, 네로의 기독교 박해(AD 64년)가 기록되어 있지 않았고, 예루살렘 멸망(AD 70년)이 전혀 언급되지 않았다는 점을 들 수 있다.

기록 배경

신약의 역사서라 불리는 사도행전은 예수님의 생애를 다룬 사복음서와 교회의 이야기를 다룬 서신서 사이에 위치한다. 이 위치가 사도행전의 기록 배경을 잘 설명해 준다. 즉, 사도행전은 예수님의 승천 이후 교회가 어떤 과정을 통해 세워졌는지 말해 주는 책이다. 예수님이 승천하신 후 약속대로 성령이 임하신다. 그리고 제자들은 복음의 증인이 되었으며, 복음은 예루살렘과 온 유대, 사마리아와 땅끝까지 뻗어 나간다. 본서는 이러한 초대교회의 모습과 교회가 이방으로 확장되는 모습을 소개함으로써 사복음서와 서신서를 내용적으로 훌륭하게 이어주고 있다.

단락 구분

1. 예루살렘교회가 세워짐(1:1-7:60)
    1) 성령강림 이전의 준비(1:1-26)
    2) 성령강림과 예루살렘교회의 탄생(2:1-3:26)
    3) 박해와 시험(4:1-5:42)
    4) 일곱 집사 선출과 스데반(6:1-7:60)

2. 온 유대와 사마리아로 흩어진 교회(8:1-12:25)
    1) 빌립의 사마리아 전도와 사역(8:1-40)
    2) 사울의 회심(9:1-31)

3) 고넬료의 회심(9:32-11:18)

4) 복음의 확대와 박해(11:19-12:25)

3. 땅끝을 향하여(13:1-28:31)

1) 바울의 1차 전도여행(13:1-14:28)

2) 예루살렘 공의회(15:1-35)

3) 바울의 2차 전도여행(15:36-18:22)

4) 바울의 3차 전도여행(18:23-21:16)

5) 로마를 향하여(21:17-28:31)

내 증인이 되리라!

"오직 성령이 너희에게 임하시면 너희가 권능을 받고 예루살렘과 온 유대와 사마리아와 땅끝까지 이르러 내 증인이 되리라 하시니라"(행 1:8). 이것이 사도행전의 주제 성구다. 여기서 '증인'이라는 단어는 성경 전체에 걸쳐 200여 회나 사용되는데, 그중 10%에 해당하는 20여 회 정도가 사도행전에 기록되어 있다. '증인'은 사도행전의 키워드다.

'증인'은 누구인가?

직접적으로는 열두 사도를 가리킨다. 예수님의 제자들은 우리 같은 연약한 사람이었다. 우리와 별반 다르지 않다. 그들은 갈릴리 사람이었다(행 1:11). 제대로 교육도 받지 못한 어부가 대부분이었다. 어려움이 닥치면 도망가고 심지어는 여종 앞에서조차 예수님을 부인한 제자도 있었다. 그들은 보통 사람과 다른 의지가 강한 초인이 아니라 지극히 평범하고 나약한 사람이었다. 그런데 나중에는 이 '증인'이라는 단어가 예수님을 믿는 모든 사람을 가리킨다.

그런 그들이 한 일은 무엇인가?

성경에는 "증인이 되리라"고 기록되어 있는데, 그렇다면 제자들은 무엇에 대한 증인이 되었는가? 바로 예수님의 부활을 목격한 증인이 되었다(행 3:15; 10:39-41). 즉, 갈릴리와 유대와 예루살렘을 거닐며 말씀을 가르치고 병자를 고치신 그분, 3년간을 따라다니며 가장 가까이서 모신 그분이 하나님의 아들이심을 증거했다. 또 죄인들과 만나 대화하던 그분이 죽으시고 부활하신 그리스도임을 증거했다. 그들은 '예수 부활의 증인'이 된 것이다.

그 증언의 진실성을 어떻게 증명했는가?

사도행전과 기독교 역사가 기록하는 대로, 그들은 그리스도의 부활을 증언하다 순교했다. 목숨을 걸고 자신의 증언의 진실성을 증명하다가 결국 순교의 증인이 된 것이다(행 7:58-60; 12:2). 이 순교는 비단 사도들에게만 국한된 것이 아니다. 스데반의 순교를 포함해 초기 기독교는 순교의 역사다. 이로 인해 '증인'이라는 뜻을 가진 헬라어 '마르투스'(martus)에서 영어의 '순교자'(martyr)라는 단어가 파생되었다. 초기 제자들을 필두로 얼마나 많은 사람이 오랜 기간 목숨을 걸고 증인이 되었으면 이런 단어가 생겼겠는가!

그런데 여기서 한 가지 짚고 넘어갈 것이 있다. 예수님이 십자가에 달리실 때는 예수님을 버리고 도망갔던 제자들이 어떻게 순교할 수 있었을까? 그것은 그들이 부활하신 주님을 직접 목격했기 때문이다. 그리고 성령이 임하셨기 때문이다. 이것이 사도행전이 전하는 메시지다. 이 토대 위에서 교회가 세워지고 기독교가 성장했다.

왜 "증인이 되리라"고 말씀하셨는가?

예수님은 제자들에게 '증인이 되라'고 하지 않고 '증인이 되리라'고 말씀하셨다. 여기에는 중요한 차이가 있다. 그것은 이 일의 주도권이 바로 하나님께 있다는 것이다. 즉, 증인은 스스로 되는 것이 아니라 세워지고 만들어져 가는 것이다. 제자들이 스스로 결심하거나 능력이 있어 이 일을 감당한 것이 아니다. 부족한 제자들에게 40일간 예수님의 부활을 목격하게 하시고, 성령을 통해 끊임없이 가르치고 연단하셨기에 가능한 일이다. 때로는 환난으로 흩기도 하시고 베드로를 찾아와 환상을 보이기도 하시며, 바울이라는 반대자를 하루아침에 복음의 증인으로 세우기도 하셨다. 주님께서 친히 그들을 만들고 세워 증인이 되게 하신 것이다.

그들이 증인이 되었을때

제자들이 주님의 증인으로 바로 서자, 복음은 점점 힘있게 퍼져 나갔다(행 12:24; 19:20). 이 순서가 중요하다. 사도행전을 이해할 때 대개는 단순히 전도에 초점을 둔다. 그리고 '땅끝까지 나아가 전도하자'고 외친다. 또는 교회성장학적인 관점에서 사도행전을 접근하기도 한다. 성장을 위한 과업으로서 전도를 강조하며, 인격적인 면보다는 사역에 초점을 맞추기도 한다. 물론 사역도 중요하지만 그것은 사도행전이 말하고자 하는 메시지와는 거리가 있다. 사도행전은 부족한 제자들이 성령에 의해 예수 그리스도의 증인이 되어 가는 은혜로운 메시지를 강조한다. 그들이 수행한 사역 자체보다는 그들의 변화에 초점을 둔다. 다시 말해, 사도행전은 성장이나 과업 수행이 목적이 아니라 그들 자신이 증인(사도)으로 만들어져 가고 세워져 가는 데 초점을 둔 이야기다. 전도는 그 과정에서 자연스럽게 이루어진다. 즉, 사람(증인)이 먼저고 일(사역)은 그 다음이다. 그들이 증인이 되어 감에 따라 복음은 점점 더 확장되었다.

왜 이 순서가 중요한가?

마태복음 7장 21-23절이 여기에 답한다. 이 말씀에는 두 가지 놀라운 사실이 기록되어 있다. 첫째, 주님과 무관해도 얼마든지 큰 성과를 낼 수 있다는 것이다. 심지어 어떤 이들은 주의 이름으로 예언하고 귀신을 내어쫓고 많은 기적을 행했으나, 그들은 주님과 아무 상관이 없는 자들이었다. 이렇듯 주님과 무관하더라도 얼마든지 큰일을 행할 수 있다. 그렇기 때문에 성장 자체가 중요한 것은 아니다. 따라서 결과만으로 모든 것을 판단할 수는 없다. 둘째, 그날에 많은 사람이 앞서 말한 것을 행할 것이다. 적지 않은 사람이 이런 모습으로 주님 앞에 설 것이라는 경고다. 결국 중요한 것은 인격의 변화다. 전도를 포함한 영적인 일은 매우 중요하다. 그러나 주님과의 참다운 인격적 관계가 우선이다. 이것이 사도행전이 말하는 '증인으로 변화되는 과정'에 우선적으로 관심을 두어야 하는 이유다.

사도행전의 진정한 메시지

우리가 하는 일의 변화가 아니라 우리 자신을 변화시키는 이야기가 사도행전이다. 우리가 바뀌면 우리가 하는 일도 바뀐다. 이것이 올바른 순서다. 현대 교회가 성장을 위한 발판으로만 사도행전을 바라본다면, 부족한 자들에게 세밀히 간섭하시고 그들을 세워 주의 나라를 위한 일꾼으로 사용해 가시는 주님의 은혜로운 메시지를 놓치게 될 것이다. 성과와 결과 위주로 판단하지 말고 올바른 과정을 통해 결과를 만들어 가시는 주님을 만나야 한다.

"땅끝까지 이르러 내 증인이 되리라"

01 승천 전 부활하신 예수님이 하신 일

월 일

사도행전 1:1-5 • 새찬송 151장 | 통일 138장

• 말씀묵상 전에 성령님의 인도하심을 구하는 기도를 드리십시오.

본문요약 I 누가는 데오빌로에게 글을 쓰면서, 예수님이 승천 전 하신 일에 대한 기록으로 시작한다. 부활하신 예수님은 사십 일 동안 살아계심을 사도들에게 친히 보이셨고, 하나님나라의 일을 말씀하셨으며, 성령을 기다리라고 하셨다. 예수님은 바로 승천하시지 않고 제자들을 부활의 증인으로 세우기 위한 일을 하셨다.

1 데오빌로여 내가 먼저 쓴 글에는 무릇 예수께서 행하시며 가르치시기를 시작하심부터
2 그가 택하신 사도들에게 성령으로 명하시고 승천하신 날까지의 일을 기록하였노라
3 그가 고난 받으신 후에 또한 그들에게 확실한 많은 증거로 친히 살아계심을 나타내사 사십 일 동안 그들에게 보이시며 하나님 나라의 일을 말씀하시니라
4 사도와 함께 모이사 그들에게 분부하여 이르시되 예루살렘을 떠나지 말고 내게서 들은 바 아버지께서 약속하신 것을 기다리라
5 요한은 물로 [1]세례를 베풀었으나 너희는 몇 날이 못 되어 성령으로 [1]세례를 받으리라 하셨느니라

1) 헬, 또는 침례

1. 본문에 나타난 예수님은 어떤 분이십니까?

2. 오늘 하나님께서 나에게 주신 깨달음은 무엇입니까?

3. 말씀을 어떻게 내 삶에 구체적으로 적용해야 합니까?

절별 해설

1 데오빌로여 사도행전은 누가가 데오빌로에게 보낸 형식으로 기록되었다. 데오빌로는 누가복음의 수신인이기도 하나(눅 1:1-4), 누구인지는 확실치 않다. 다만 누가복음 1장 3절에서 "데오빌로 각하"(most excellent Theophilus)라는 칭호를 쓴 것으로 보아, 당시 상당히 높은 신분의 기독교인이었을 것으로 추측된다. **먼저 쓴 글에는** 먼저 쓴 글은 누가복음을 가리킨다. 누가복음은 예수님의 3년간 행적과 고난, 부활, 승천에 관해 쓰였다.

3 그가 고난 받으신 후에 또한 그들에게 확실한 많은 증거로 친히 살아계심을 나타내사 사십 일 동안 그들에게 보이시며 부활하신 예수님은 일반 사람들을 만나지 않고 제자들에게 나타나신다. 사복음서에 의하면, 예수님은 40일 동안 10여 차례에 걸쳐 제자들에게 살아난 자신의 몸을 보이신다(눅 24:13-49; 요 20:19-21:23 등). 이것은 후에 제자들이 목숨 걸고 예수님의 부활을 증거하는 결정적인 계기가 된다. 예수님이 부활하신 후 40일 동안 이 땅에 계셨던 가장 큰 이유가 바로 이것이다. **하나님 나라의 일을 말씀하시니라** 부활하신 예수님은 제자들에게 더 이상 땅의 일을 말씀하시지 않았다. 오히려 하나님나라의 일을 말씀하심으로 제자들이 부활하신 주님을 바라보게 하시고, 천국을 소망하며 기대하게 하셨다. 이 소망이 제자들로 하여금 목숨 걸고 주님을 따르게 했다. 소망은 현실의 어려움을 이기도록 만들어준다(롬 8:18).

4 예루살렘을 떠나지 말고 내게서 들은 바 아버지께서 약속하신 것을 기다리라 제자들은 이미 예수님의 부활을 충분히 목격했지만, 그것만으로는 예수님의 온전한 증인이 될 수 없었다. 가장 결정적인 일이 하나 더 남아 있었다. 예수님은 고난 받으시기 전에 자신이 떠날 것과 또 다른 보혜사인 성령님이 오실 것을 미리 말씀하셨다(요 14:16-17). 예수님은 부활하신 후에도 제자들에게 예루살렘을 떠나지 말고 약속한 성령을 기다리라고 명령하셨다. 진실을 확인하는 것만으로는 증인이 될 수 없기 때문이다. 참 증인이 되려면 성령이 오셔야만 했다.

쉬운성경

1 데오빌로 각하, 제가 먼저 쓴 책에서 저는 예수님께서 하신 일과 가르치신 말씀을 비롯하여,

2 예수님께서 선택하신 사도들에게 성령의 힘으로 교훈을 내리신 후에 하늘로 올라가신 날까지, 예수님과 관련된 내용을 다 기록했습니다.

3 예수님께서는 고난을 받으신 후, 사도들에게 자신의 모습을 보여 주셨고, 여러 가지 방법으로 자기가 살아계시다는 것을 증언하셨습니다. 예수님은 사십 일 동안이나 이 사람들에게 나타나셨으며, 하나님의 나라에 관해 말씀하셨습니다.

4 어느 날, 예수님께서는 사도들과 함께 식사를 하시다가 이런 말씀을 하셨습니다. "예루살렘을 떠나지 말고 내 아버지께서 약속하신 선물을 기다려라. 이 약속의 내용은 내가 전에 말했고, 너희도 들은 것이다.

5 약속의 내용은 이것이다. 요한은 물로 세례를 주었지만, 너희는 얼마 안 있어 성령으로 세례를 받을 것이다."

저자의 묵상

예수님은 부활하신 후 제자들을 만나셨다. 누가는 구체적으로 40일이라는 기간을 언급하며 예수님이 여러 방법으로 자신의 부활을 나타내셨다고 증거한다. 그중에는 제자들 앞에서 직접 음식을 드시기도 했고(눅 24:42-43), 믿지 않는 도마에게 옆구리에 손을 넣어보라고 하신 일도 있다(요 20:27). 왜 그렇게 하셨을까? 예수님은 제자들이 예수님의 부활을 확실히 체험하고, 부활의 증인이 되도록 하신 것이다. 믿음과 신앙은 현실을 초월하지만(히 11:1) 동시에 현실에 바탕을 둔 것이기도 하다. 예수님은 없는 사실을 믿으라고 하시지 않았다. 예수님 자신을 제자들에게 보이시고 그들이 행하도록 하셨다.

오늘을 살아가고 있는 주님의 증인인 교회와 성도에게도 이 사실은 중요하다. 주님은 우리에게 일을 맡기시기 전에 우리를 여러 증거로 충분히 설득하신다. 이런 배려가 없다면 누구도 주의 일을 감당할 수 없을 것이다. 우리가 주의 일을 감당하는 이유는 자신의 결심이나 능력 때문이 아니라 주님의 은혜와 설득 덕분임을 기억하고 감사와 영광을 주님께만 돌리자.

무릎 기도 | 주님, 항상 모든 일에 앞서 우리를 충분히 준비시켜주시는 주님을 찬양합니다.

ESV - Acts 1

1 In the first book, O Theophilus, I have dealt with all that Jesus began to do and teach,
2 until the day when he was taken up, after he had given commands through the Holy Spirit to the apostles whom he had chosen.
3 He presented himself alive to them after his suffering by many proofs, appearing to them during forty days and speaking about the kingdom of God.
4 And while staying* with them he ordered them not to depart from Jerusalem, but to wait for the promise of the Father, which, he said, "you heard from me;
5 for John baptized with water, but you will be baptized with* the Holy Spirit not many days from now."

* 1:4 Or *eating*
* 1:5 Or *in*

2 apostle 사도 choose 선택하다 3 present 나타내다 suffering 고난, 수난 proof 증거 4 depart from ~ ~에서 벗어나다 5 baptize 세례를 주다

02 내 증인이 되리라

월 일

사도행전 1:6-11 • 새찬송 168장 | 통일 158장

• 말씀묵상 전에 성령님의 인도하심을 구하는 기도를 드리십시오.

본문요약 | 이스라엘의 회복 시기를 묻는 제자들에게 예수님은 때와 시기는 아버지의 권한이므로 상관할 일이 아니며, 오직 성령이 임하시면 제자들이 예수님의 증인이 될 것이라고 말씀하신다. 말씀을 마친 후 예수님은 가신 모습 그대로 다시 오실 것을 약속하며 승천하신다. 증인이 주님에 의해 세워질 것이 분명히 언급되는 부분이다.

6 그들이 모였을 때에 예수께 여쭈어 이르
되 주께서 이스라엘 나라를 회복하심이
이때니이까 하니
7 이르시되 때와 시기는 아버지께서 자기
의 권한에 두셨으니 너희가 알 바 아니요
8 오직 성령이 너희에게 임하시면 너희가
권능을 받고 예루살렘과 온 유대와 사마
리아와 땅끝까지 이르러 내 증인이 되리
라 하시니라
9 이 말씀을 마치시고 그들이 보는데 올려
져 가시니 구름이 그를 가리어 보이지 않
게 하더라
10 올라가실 때에 제자들이 자세히 하늘을
쳐다보고 있는데 흰옷 입은 두 사람이 그
들 곁에 서서
11 이르되 갈릴리 사람들아 어찌하여 서서
하늘을 쳐다보느냐 너희 가운데서 하늘
로 올려지신 이 예수는 하늘로 가심을 본
그대로 오시리라 하였느니라

1. 본문에 나타난 예수님은 어떤 분이십니까?

2. 오늘 하나님께서 나에게 주신 깨달음은 무엇입니까?

3. 말씀을 어떻게 내 삶에 구체적으로 적용해야 합니까?

6 이스라엘 나라를 회복하심이 이때니이까 하니 제자들은 부활하신 예수님이 이스라엘을 로마에서 즉시 독립시키고, 메시아로서 옛 다윗 왕가의 영광을 회복하실 것이라고 기대했던 것 같다. 일찍부터 제자들은 예수님이 회복한 나라에서 차지할 권력을 탐했었다(막 10:35-37; 눅 22:24-30). 그런 까닭에 부활하신 예수님께도 이런 질문을 한 것이다. 이처럼 제자들의 '하나님나라'에 대한 이해는 예수님이 부활하신 후에도 여전히 현세적이었다. 부활하신 예수님을 뵙는 것만으로는 인간의 부족함과 문제가 일시에 해결되지 않는다. 예수님 편에서 말하자면 제자들을 향한 인내와 수고가 더 필요한 것이다.

7 이르시되 때와 시기는 아버지께서 자기의 권한에 두셨으니 너희가 알 바 아니요 종말과 하나님나라의 완성은 제자들이나 오늘날의 우리에게 매우 중요한 관심사다. 특별히 때와 시기에 관한 문제는 더욱 그렇다. 예수님은 명백히 말씀하셨지만, 이것은 교회 역사 속에서 끊임없이 오해와 이단을 만들어냈다. 예수님은 때와 시기에 대한 그 어떤 예측도 금하셨다.

8 오직 성령이 너희에게 임하시면 너희가 권능을 받고 '오직'은 강조의 의미를 가지고 있다. 즉, 때와 시기에 관심 갖지 말고 우리가 집중해야 할 것을 말씀하신 것이다. 성령이 임하시면 권능이 주어질 것이다. 그리고 제자들의 부족을 예수님의 권능으로 채우실 것이다.
예루살렘과 온 유대와 사마리아와 땅끝까지 이르러 사도행전은 이 순서대로 기록되어 있다. 성령강림 후 복음은 예루살렘을 흥왕케 했고(1-7장), 성도들을 온 유대와 사마리아로 흩어지게 했으며(8-12장), 회심한 바울과 그 일행이 땅끝을 향하게 했다(13-28장).
내 증인이 되리라 하시니라 이 구절은 사도행전의 핵심 표현이다. '증인'이라는 단어는 사도행전에 20여 회 쓰였다(1:8,22; 2:32; 3:15; 4:33; 5:32 등). 증인이란 예수님의 부활을 증언하는 사람을 일컫는다. 예수님은 특별히 "내 증인이 되리라"고 말씀하셨다. 이것은 제자들 스스로 증인이 되는 것이 아니라 성령님이 주도권을 쥐고 제자들을 증인으로 세워 가신다는 뜻이다. 한편, 증인이라는 단어에서 '순교자'라는 단어가 파생하는데, 제자들은 순교에 이르기까지 이 일을 감당한다.

10 올라가실 때에 제자들이 자세히 하늘을 쳐다보고 있는데 "하늘을 쳐다보고 있는데"에서 '쳐다보다'는 누가가 즐겨 사용하는 단어로 '주목하여 보다/눈여겨보다'라는 뜻이다(행 3:4; 6:15). 누가는 제자들이 예수님의 승천하심도 주의 깊게 잘 살펴보았다고 기록한다. 누가의 직업은 알려진 대로 의사다(골 4:14). 누가는 논리적이고 정확한 사람이다. 그러므로 '자세히 쳐다보다'라는 기록은

쉬운성경

6 사도들이 한자리에 모여서 예수님께 물었습니다. "주님, 주님께서 이스라엘을 다시 회복시키실 때가 지금입니까?"

7 그러자 예수님께서 대답하셨습니다. "때와 시기는 오직 아버지의 권한으로 정하신 것이니, 너희가 알 일이 아니다.

8 다만 성령이 너희에게 오시면, 너희는 권능을 받아 예루살렘과 온 유대와 사마리아와 그리고 땅끝까지 가서 내 증인이 될 것이다."

9 예수님께서는 이 말씀을 하신 뒤에 그들이 보는 앞에서 하늘로 올라가셨습니다. 그가 올라가시는 모습은 구름에 가려 보이지 않았습니다.

10 예수님께서 올라가실 때에 그들은 하늘만 쳐다보고 있었습니다. 그런데 갑자기 흰옷을 입은 두 사람이 나타나 그들 곁에 섰습니다.

11 두 사람은 그들을 향해 "갈릴리 사람들이여, 왜 여기 서서 하늘을 쳐다보십니까? 여러분을 떠나 하늘로 올라가신 이 예수님께서는 여러분이 본 그대로 다시 오실 것입니다"라고 말했습니다.

부활만큼 승천도 객관적인 사실임을 강조하는 것이다.

11 갈릴리 사람들아 제자들의 출신 성분을 가리킨다(마 4:18-22). 당시 갈릴리는 교육, 문화, 정치 등 모든 면에서 낙후된 지역이었다. 이를 반영이라도 하듯 제자들 대부분의 직업이 어부와 세리였다. 예수님의 제자들은 대단한 사람이 아니었다. 평범하고 어찌 보면 무식하기까지 한 사람들이었다. 개인의 능력으로 보자면 결코 예수님의 증인이 될 수 없는 그런 사람들이었다. 따라서 이 표현도 증인됨의 주도권이 주께 있음을 암시하는 것이다.

저자의 묵상

부활하신 예수님을 보면서도 제자들은 여전히 현세적인 생각을 버리지 못했다. 하늘의 일을 말씀하시는 예수님 앞에서 그들은 땅의 영광을 생각하고 있었다. 예수님은 앞서 제자들을 3년간 가르치고 능력을 보이셨고, 또 부활 후에는 40일 동안 수차례 부활의 증거를 보이셨지만, 제자들은 아직 주님의 나라를 온전히 이해하지 못했다.

우리의 모습도 이렇지 않을까? 예수님의 많은 가르침과 사랑을 경험하고도 이 세상의 삶과 가치에 함몰된 채 살아가고 있지는 않은지 반성해 보자. 한편, 우리가 예수님의 온전한 제자와 증인으로 세워지는 일은 주님 편에서는 많은 수고와 참아주심이 필요한 일이다. 제자는 단번에 만들어지는 것이 아니다. 예수님은 승천하시면서 우리에게 모든 민족을 예수님의 제자로 삼으라고 명령하셨다(마 28:19). 물론 제자 삼는 일의 핵심은 주님께 있지만 우리도 해야 할 일이 있을 것이다. 다른 사람을 그리스도의 제자로 세우기 위해서는 주님이 우리에게 하셨듯 우리도 그들을 참아주어야 할 것이다.

무릎기도 하나님, 부족한 저희도 주님의 증인이 되게 하여 주소서.

ESV - Acts 1

6 So when they had come together, they asked him, "Lord, will you at this time restore the kingdom to Israel?"
7 He said to them, "It is not for you to know times or seasons that the Father has fixed by his own authority.
8 But you will receive power when the Holy Spirit has come upon you, and you will be my witnesses in Jerusalem and in all Judea and Samaria, and to the end of the earth."
9 And when he had said these things, as they were looking on, he was lifted up, and a cloud took him out of their sight.
10 And while they were gazing into heaven as he went, behold, two men stood by them in white robes,
11 and said, "Men of Galilee, why do you stand looking into heaven? This Jesus, who was taken up from you into heaven, will come in the same way as you saw him go into heaven."

6 restore 회복시키다 7 authority 권한 8 witness 증인 to the end of the earth 땅끝까지 10 gaze into ~ ~을 응시하다 behold 바라보다 robe 옷, 의복 11 take up from ~ ~에서 옮기다

03 다락방에서의 합심기도

월 일

사도행전 1:12-26 • 새찬송 366장 | 통일 485장

• 말씀묵상 전에 성령님의 인도하심을 구하는 기도를 드리십시오.

본문요약 I 예수님이 승천하신 후 제자들은 한 곳에 모여 기도하기 시작한다. 예루살렘을 떠나지 말고 성령을 기다리라는 말씀에 순종한 것이다. 한편, 베드로는 가룟 유다의 빈자리를 누군가가 대신할 것을 제안한다. 예수님이 이 땅에 계셨을 때 항상 함께했던 사람들 중 두 사람이 추천되어, 그중에 맛디아가 제비뽑기로 선출된다.

12 제자들이 감람원이라 하는 산으로부터 예루살렘에 돌아오니 이 산은 예루살렘에서 가까워 안식일에 가기 알맞은 길이라

13 들어가 그들이 유하는 다락방으로 올라가니 베드로, 요한, 야고보, 안드레와 빌립, 도마와 바돌로매, 마태와 및 알패오의 아들 야고보, [1]셀롯인 시몬, 야고보의 [2]아들 유다가 다 거기 있어

14 여자들과 예수의 어머니 마리아와 예수의 아우들과 더불어 마음을 같이하여 오로지 기도에 힘쓰더라

15 모인 무리의 수가 약 백이십 명이나 되더라 그때에 베드로가 그 형제들 가운데 일어서서 이르되

16 형제들아 성령이 다윗의 입을 통하여 예수 잡는 자들의 길잡이가 된 유다를 가리켜 미리 말씀하신 성경이 응하였으니 마땅하도다

17 이 사람은 본래 우리 수 가운데 참여하여 이 [3]직무의 한 부분을 맡았던 자라

18 (이 사람이 불의의 삯으로 밭을 사고 후에 몸이 곤두박질하여 배가 터져 창자가 다 흘러나온지라

19 이 일이 예루살렘에 사는 모든 사람에게 알리어져 그들의 말로는 그 밭을 아겔다마라 하니 이는 피밭이라는 뜻이라)

20 시편에 기록하였으되

ㄱ그의 거처를 황폐하게 하시며 거기 거하는 자가 없게 하소서

하였고 또 일렀으되

ㄴ그의 [4]직분을 타인이 취하게 하소서

하였도다

21 이러하므로 요한의 [5]세례로부터 우리 가운데서 올려져 가신 날까지 주 예수께서 우리 가운데 출입하실 때에

22 항상 우리와 함께 다니던 사람 중에 하나를 세워 우리와 더불어 예수께서 부활하심을 증언할 사람이 되게 하여야 하리라 하거늘

23 그들이 두 사람을 내세우니 하나는 바사바라고도 하고 별명은 유스도라고 하는 요셉이요 하나는 맛디아라

24 그들이 기도하여 이르되 뭇사람의 마음을 아시는 주여 이 두 사람 중에 누가 주님께 택하신 바 되어

25 봉사와 및 사도의 직무를 대신할 자인지를 보이시옵소서 유다는 이 직무를 버리고 제 곳으로 갔나이다 하고

26 제비 뽑아 맛디아를 얻으니 그가 열한 사도의 수에 들어가니라

1) 열심당 2) 또는 형제 3) 헬, 봉사의 4) 헬, 감독의 직분
ㄱ. 시 69:25 ㄴ. 시 109:8 5) 헬, 또는 침례

1. 오늘 하나님께서 나에게 주신 깨달음은 무엇입니까?

2. 말씀을 어떻게 내 삶에 구체적으로 적용해야 합니까?

절별 해설

12 제자들이 감람원이라 하는 산으로부터 예루살렘에 돌아오니 이 산은 예루살렘에서 가까워 안식일에 가기 알맞은 길이라 예수님의 승천은 예루살렘 가까운 곳에서 일어났다. 유대인들은 '안식일 여행'이라 하여 안식일에는 약 1km 정도만 걸을 수 있었다. 본문은 예수님의 승천이 예루살렘에서 1km 이내의 가까운 거리에서 일어났음을 말해 준다. 예수님은 베다니 근처에 있는 감람산에서 승천하신 것으로 추정된다(눅 24:50).

14 열한 제자와 무리가 함께 다락방에 모였다. 그중에는 예수님을 늘 따르던 여자들 및 예수님의 모친과 아우들도 있었다. 처음 예수님의 아우들은 예수님을 믿지 않았다(요 7:5). 그러다가 부활하신 예수님을 목격한(고전 15:7) 후 나중에는 교회의 큰 일꾼이 된다(행 15:13-21). 처음에는 믿지 않던 혈육까지도 믿게 되었다는 것은, 예수님의 부활 사건이 얼마나 확실한 역사적 사건이었는지 다시금 확인시켜준다. 한편 공관복음서에 따르면, 예수님은 유월절에 죽으시고 부활하신 후 40일간 이 땅에 계셨다. 성령은 예수님이 죽으신 유월절 후 첫 안식일 다음날로부터 50일 후인 오순절에 임하셨으므로, 제자들은 예수님이 승천하신 후 약 10일 동안 기도하며 지냈다는 계산이 나온다.

20 그의 직분을 타인이 취하게 하소서 하였도다 기도 중에 베드로는 가룟 유다의 일을 언급하며 그 빈자리를 채울 것을 제안한다. '12'라는 수는 우연한 수가 아니다. 예수님은 열두 지파를 대표하여 열두 사도를 뽑으셨다(마 19:28; 눅 22:28-30). 사도들의 직분은 이스라엘 열두 지파로 상징되는 교회를 세우고 섬기는 것이었다(행 6:4). 그러므로 '12'라는 수를 채우는 일은 성령강림 이전에 해야 할 가장 우선적인 일이었다. 베드로는 이것을 제안한 것이다.

21-22 가룟 유다를 대신할 사도를 선출함에 앞서 사도에 포함될 수 있는 자격을 말하고 있다. 사도들은 예수님의 생애와 부활을 증거할 첫 증인으로 세워질 것이다. 그렇기 때문에 예수님에 관한 모든 일을 처음부터 끝까지 목격한 사람에게 그 직무를 맡기는 것은 당연한 일이었다(막 3:14). 사도들이 이토록 엄격하게 열두 사도의 빈자리를 채운 사실에서도 그들이 말한 증언의 확실성을 다시금 확인할 수 있다.

23 요셉에 대하여는 알려진 바가 없다. 다만 '바사바'는 히브리식 이름으로 '안식일의 아들'이라는 뜻이며, '유스도'는 헬라식 이름으로 '의로운 자'라는 뜻이다. 안식일에 태어난 사람이라는 뜻의 이름으로 볼 때 아마도 요셉은 의로운 사람

쉬운성경

12 그런 뒤에 사도들은 올리브 산을 떠나 예루살렘으로 돌아갔습니다. 올리브 산은 예루살렘에서 가까워 안식일에도 걸어갈 수 있는 거리였습니다.

13 그들은 예루살렘에 들어와서 그들이 묵고 있던 다락방으로 올라갔습니다. 다락방에 모인 사람들은 베드로와 요한, 야고보와 안드레, 빌립과 도마, 바돌로매와 마태, 알패오의 아들 야고보와 열심당원 시몬, 그리고 야고보의 아들 유다였습니다.

14 이 사람들은 여자들과 예수님의 어머니 마리아와 예수님의 동생들과 함께 꾸준히 한마음으로 기도하였습니다.

15 며칠 후, 약 백이십 명쯤 되는 신자들이 한자리에 모였습니다. 베드로가 자리에서 일어나 말했습니다.

16 "형제 여러분, 성령께서 다윗을 통해 유다에 관해 말씀하신 것 중에, 유다가 예수님을 잡아간 사람들의 앞잡이가 될 것이라고 예언한 성경 말씀이 이루어졌습니다.

17 유다는 우리와 행동을 같이했던 사람이며, 우리처럼 사도직을 맡았던 사람이었습니다.

18 유다는 의롭지 못한 행동을 한 대가로 받은 돈으로 밭을 샀습니다. 그리고 바로 이 밭에서 거꾸로 떨어져 배가 터지고 창자가 밖으로 나온 채 죽었습니다.

19 예루살렘에 사는 사람이라면 누구나 이 소문을 들어 알고 있습니다. 그래서 사람들은 이 밭을 자기들 말로 '아겔다마'라고 부르고 있습니다. '아겔다마'란 '피의 밭'이란 뜻입니다.

20 시편에 다음과 같이 기록되어 있습니다.
'그의 집을 폐허로 만드시고 아무도 그 곳에 살지 못하게 하소서!'*
또, 시편 다른 곳에는
'다른 사람이 그의 직책을 차지하게 하소서!'*
라고 기록되어 있습니다.

21 그러므로 주 예수님께서 우리와 함께 이곳저곳을 다니시던 동안, 우리와 같이 다녔

*1:20 시 69:25과 시 109:8에 기록되어 있다.

이었을 것이다. 당시 많은 유대인들이 유대인 이름과 이방인 이름을 모두 가지고 있었다. '맛디아'는 '여호와의 선물'이라는 뜻으로 당시 흔한 이름이었다. 맛디아에 대해서도 더 이상 알려진 바가 없다. 후대의 전승에 따르면 맛디아는 에티오피아의 선교사가 되었다고 한다. 흥미로운 것은 선출되지 않은 요셉에 대한 설명이 먼저 나오고 더 길다는 사실이다. 선출된 사람을 중심으로 기록하는 것이 보통인데 여기서는 그렇지 않다. 비록 맛디아가 뽑히긴 했으나 두 사람 모두 훌륭한 사람임을 알 수 있다.

26 제비 뽑아 맛디아를 얻으니 그가 열한 사도의 수에 들어가니라 제비뽑기 방법은 구약에서 하나님의 뜻을 알기 위해 자주 사용하던 방법이다(레 16:7-10; 민 26:55). 그러나 성령강림 후에는 이 방법이 성경에 나타나지 않는 것으로 보아, 성령의 인도하심을 받는 것으로 대체됨을 알 수 있다(행 16:6-10).

던 사람 중에서 한 사람을 뽑아야 하겠습니다.

22 뽑힐 사람은 요한이 사람들에게 세례를 주던 때부터 예수님께서 우리를 떠나 하늘로 올라가실 때까지 우리와 함께 있던 사람이어야 합니다. 그 사람은 우리와 함께 예수님의 부활을 증언하는 증인이 될 것입니다."

23 그러자 사람들은 유스도라고 알려져 있고 바사바라고도 불리는 요셉과 맛디아 두 사람을 추천했습니다.

24 그때, 사도들은 "주님, 주님께서는 모든 사람의 마음을 아십니다. 주님께서는 이 두 사람 중 누구를 선택하셨습니까?

25 자기 직분을 떠나 자기가 원래 속했던 곳으로 간 유다를 대신해서 이 사도의 직분을 맡을 사람이 누구인지를 저희에게 보여 주십시오"라고 기도했습니다.

26 기도를 마친 후, 제비를 뽑아 보니 맛디아가 뽑혔습니다. 이때부터 맛디아는 다른 열한 사도와 함께 사도가 되었습니다.

저자의 묵상

예수님은 승천하시면서 제자들에게 예루살렘을 떠나지 말고 약속한 성령을 기다리라고 말씀하셨다(1:4-5). 제자들은 예수님의 명령을 따라 그들이 묵고 있던 다락방에 모여 기도하면서 성령을 기다렸다. 그러던 중 베드로가 가룟 유다를 대신할 제자를 뽑자고 제안한다. 주님은 제자들이 기도할 때 그들이 할 일을 깨닫게 하셨다. 성도에게 기도는 하나님의 뜻을 깨닫게 하는 중요한 도구다. 그러므로 기도하기를 게을리해서는 안 될 것이다. 한편, 가룟 유다를 대신하여 맛디아가 제비뽑기로 선출된다. 제자들은 새로운 사도를 뽑을 때 처음부터 예수님의 일을 함께 목격한 사람을 조건으로 삼았다. 이것을 통해 알 수 있는 것은, 증인된 사도들의 증언이 믿을 만한 사실이라는 것이다. 어느 한순간 예수님을 체험한 사람이 아니라 꾸준히 예수님을 알고 경험한 사람이 증인이 되어야 그 증언의 신빙성이 더해지는 것이다. 제자들이 순교하면서 우리에게 전해 준 말씀이 틀림없고 정확한 사실임을 명심하자.

무릎 기도 주님의 뜻을 깨닫기 위해 늘 기도하는 삶을 살게 하시며, 성령께서 인도하셔서 오늘도 좋은 일꾼들이 교회에 계속해서 세워지게 하소서.

ESV - Acts 1

12 Then they returned to Jerusalem from the mount called Olivet, which is near Jerusalem, a Sabbath day's journey away.

13 And when they had entered, they went up to the upper room, where they were staying, Peter and John and James and Andrew, Philip and Thomas, Bartholomew and Matthew, James the son of Alphaeus and Simon the Zealot and Judas the son of James.

14 All these with one accord were devoting themselves to prayer, together with the women and Mary the mother of Jesus, and his brothers.*

15 In those days Peter stood up among the brothers (the company of persons was in all about 120) and said,

16 "Brothers, the Scripture had to be fulfilled, which the Holy Spirit spoke beforehand by the mouth of David concerning Judas, who became a guide to those who arrested Jesus.

17 For he was numbered among us and was allotted his share in this ministry."

18 (Now this man acquired a field with the reward of his wickedness, and falling headlong* he burst open in the middle and all his bowels gushed out.

19 And it became known to all the inhabitants of Jerusalem, so that the field was called in their own language Akeldama, that is, Field of Blood.)

20 "For it is written in the Book of Psalms, "'May his camp become desolate, and let there be no one to dwell in it'; and "'Let another take his office.'

21 So one of the men who have accompanied us during all the time that the Lord Jesus went in and out among us,

22 beginning from the baptism of John until the day when he was taken up from us—one of these men must become with us a witness to his resurrection."

23 And they put forward two, Joseph called Barsabbas, who was also called Justus, and Matthias.

24 And they prayed and said, "You, Lord, who know the hearts of all, show which one of these two you have chosen

25 to take the place in this ministry and apostleship from which Judas turned aside to go to his own place."

26 And they cast lots for them, and the lot fell on Matthias, and he was numbered with the eleven apostles.

* 1:14 Or *brothers and sisters.* In New Testament usage, depending on the context, the plural Greek word *adelphoi* (translated "brothers") may refer either to *brothers* or to *brothers and sisters;* also verse 15

* 1:18 Or *swelling up*

14 devote oneself to ~ ~에 전념하다 16 Scripture 성경 beforehand 미리 17 allot 할당하다 share 몫 18 acquire 얻다 fall headlong 곤두박질치다 burst 파열하다 bowel 내장, 창자 gush out 콸콸 흘러나오다 19 inhabitant 거주자 20 desolate 황폐한 take (one's) office 취임하다 21 accompany 동반하다, 동행하다 22 baptism 세례 witness 증인 resurrection 부활 23 put forward 내세우다, 지명하다 25 ministry 책무 apostleship 사도의 직분 turn aside (from) (~에서) 벗어나다 26 cast lots 제비를 뽑다

• MEMO •

04 오순절 성령강림

월 일

사도행전 2:1-13 • 새찬송 320장 | 통일 350장

• 말씀묵상 전에 성령님의 인도하심을 구하는 기도를 드리십시오.

본문요약 I 예수님이 약속하신 성령이 오순절에 제자들에게 임한다. 제자들은 각종 외국어로 말하기 시작했고, 명절을 맞아 각처에서 예루살렘으로 온 사람들은 이에 놀란다. 심지어 어떤 사람은 제자들이 술에 취했다고 조롱한다. 약속하신 성령이 제자들에게 임하면서 본격적인 증인의 삶이 시작된다.

1 오순절 날이 이미 이르매 그들이 다 같이 한 곳에 모였더니

2 홀연히 하늘로부터 급하고 강한 바람 같은 소리가 있어 그들이 앉은 온 집에 가득하며

3 마치 불의 혀처럼 갈라지는 것들이 그들에게 보여 각 사람 위에 하나씩 임하여 있더니

4 그들이 다 성령의 충만함을 받고 성령이 말하게 하심을 따라 다른 언어들로 말하기를 시작하니라

5 그때에 경건한 유대인들이 천하 각국으로부터 와서 예루살렘에 머물러 있더니

6 이 소리가 나매 큰 무리가 모여 각각 자기의 방언으로 제자들이 말하는 것을 듣고 소동하여

7 다 놀라 신기하게 여겨 이르되 보라 이 말하는 사람들이 다 갈릴리 사람이 아니냐

8 우리가 우리 각 사람이 난 곳 방언으로 듣게 되는 것이 어찌 됨이냐

9 우리는 바대인과 메대인과 엘람인과 또 메소보다미아, 유대와 갑바도기아, 본도와 아시아,

10 브루기아와 밤빌리아, 애굽과 및 구레네에 가까운 리비야 여러 지방에 사는 사람들과 로마로부터 온 나그네 곧 유대인과 유대교에 들어온 사람들과

11 그레데인과 아라비아인들이라 우리가 다 우리의 각 언어로 하나님의 큰일을 말함을 듣는도다 하고

12 다 놀라며 당황하여 서로 이르되 이 어찌 된 일이냐 하며

13 또 어떤 이들은 조롱하여 이르되 그들이 새 술에 취하였다 하더라

1. 오늘 하나님께서 나에게 주신 깨달음은 무엇입니까?

2. 말씀을 어떻게 내 삶에 구체적으로 적용해야 합니까?

절별 해설

1 오순절 유월절 후 첫 안식일 다음날부터 오십일째 되는 날이다(레 23:15–16). 장막절, 유월절과 더불어 유대 3대 명절 중 하나다. 이때는 각국에 흩어져 있던 유대인들도 예루살렘 성전 순례를 위해 예루살렘에 모였다(5절).

2–4 성령이 임하는 모습과 결과를 설명한다. 성령은 제자들이 알아볼 수 있는 분명한 방법으로 임했다.

2 홀연히 하늘로부터 급하고 강한 바람 같은 소리가 있어 그들이 앉은 온 집에 가득하며 청각적으로 들을 수 있었다.

3 마치 불의 혀처럼 갈라지는 것들이 그들에게 보여 각 사람 위에 하나씩 임하여 있더니 시각적으로도 볼 수 있었다.

4 그 결과 성령 충만함을 받은 제자들은 성령이 말하게 하심을 따라 "다른 언어들"로 말하기 시작했다. 여기 등장하는 방언(외국어)은 신약성경의 다른 곳에서 말하는 은사로서의 방언과는 다르다(비교. 고전 14:2). 은사로서 방언은 하나님과 자신만이 알아들을 수 있는 것이지만, 본문에서 말하는 "각 사람이 난 곳 방언"(외국어)은 흩어져 살던 유대인들이 분명히 알아들을 수 있는 각 지역의 언어였다(8절). 이런 의미에서도 오순절 사건은 성령사역의 시작을 알리는 독특한 역사적 사건이다.

6 성령강림에 따른 사람들의 반응을 보여준다. 명절에 예루살렘에 모인 유대인들은 이 사건에 큰 충격을 받는다(7,12절). 한편, 제자들이 전한 소식은 하나님이 행하신 큰일에 관한 것이었다(11절).

7 보라 이 말하는 사람들이 다 갈릴리 사람이 아니냐 갈릴리 사람들은 그들만의 독특한 억양이 있어서 누구나 분간할 수 있었다(마 26:73). 당시 갈릴리는 교육수준이 낮은 곳으로 유명했다. 따라서 제자들이 외국어를 자연스럽게 구사하는 것은 당연히 놀라운 일이었다. 이처럼 성령의 일하심은 인간의 부족함을 뛰어넘는 신비한 것이다.

8–11 여기서는 성령강림 사건이 외국어(다른 언어들, 방언) 구사로 나타난 점에 주목할 필요가 있다. 인간의 언어는 바벨 사건 이후 여러 개로 나뉘었다(창 11:1–9). 인간의 교만과 죄가 언어 분열의 원인이 되었다. 이것이 다시 성령의 임하심을 통해 언어의 장벽을 넘어 하나가 되고 있는 것이다. 복음을 통해 갈라졌던 민족이 하나가 되고 언어의 장벽이 무너져 세계가 하나 될 것을 암시하는 사건이라고 할 수 있다.

13 또 어떤 이들은 조롱하여 이르되 그들이 새 술에 취하였다 하더라 술에 취한다고 외국어를 잘 할 수 있는 것은 아니다.

쉬운성경

1 오순절이 되어 제자들이 한 곳에 모두 모였습니다.

2 그때 갑자기 하늘에서 세찬 바람 소리 같은 것이 나더니, 사람들이 앉아 있던 집안을 가득 채웠습니다.

3 그리고 혀처럼 생긴 불꽃이 사람들 눈앞에 나타났습니다. 그 불꽃은 여러 갈래로 갈라져 그곳에 모인 한 사람 한 사람 위에 머물렀습니다.

4 사람들은 다 성령으로 충만해졌습니다. 그리고는 성령께서 말하게 하시는 대로 자기들의 언어와 다른 외국어로 말하기 시작했습니다.

5 예루살렘에는 세계 각 나라에서 온 경건한 유대인들이 머물고 있었습니다.

6 이 말소리가 나자, 많은 군중들이 모여들었습니다. 그들은 믿는 사람들이 자기네 나라 말로 말하는 것을 듣고는 모두 놀랐습니다.

7 군중들은 너무나 놀라 이상히 여기며 말했습니다. "보시오! 말을 하는 이 사람들은 모두 갈릴리 사람들이 아닙니까?

8 그런데 우리가, 이 사람들이 저마다 우리가 사는 지방 말을 하는 것을 듣게 되니, 이것이 도대체 어찌된 일입니까?

9 우리는 바대와 메대와 엘람과 메소포타미아와 유대와 갑바도기아와 본도와 아시아와

10 브루기아와 밤빌리아와 이집트와 구레네에서 가까운 리비아 여러 지방과 로마와

11 날 때부터 유대인인 사람과 유대교로 개종한 사람과 크레타와 아라비아에서 온 사람들인데, 우리는 이 사람들이 하나님께서 행하신 크신 일을 우리 말로 말하는 것을 듣고 있습니다."

12 사람들은 모두 놀라 어리둥절했습니다. 다만 서로 얼굴을 쳐다보며 "이게 도대체 어떻게 된 일이지요?"라고 말할 뿐이었습니다.

13 그러나 사람들 중에는 "저 사람들이 술을 너무 많이 마셨다" 하며 놀려 대는 사람도 있었습니다.

사람들은 예나 지금이나 성령의 일하심에 대해 무지하다. 그래서 어떻게든 구실을 찾아 핑계를 대려 한다. 또 자기가 경험하지 못한 어떤 일에 부딪히면 종종 공격적이 된다. 이것이 죄의 본성이다.

저자의 묵상

성령이 임하자 제자들은 다른 언어들(외국어)로 하나님이 행하신 큰일을 말하기 시작한다. 성령이 임하신 모습과 그 결과는 제자들과 사람들에게 분명한 증거로 나타났다. 사도행전 1장 8절에 약속한 대로, 성령이 임하시고 권능을 받은 제자들은 이제 증인의 역할을 감당하기 시작한다. 그리스도의 증인이 되는 일은 성령의 역사가 결정적 요소임을 보여준다. 성도의 삶에서 성령의 도우심은 언제나 결정적이다. 그러므로 일에 앞서 성령의 도우심을 간절히 구해야 한다(참고. 엡 6:18). 성령께서 역사하실 때 인간적인 한계와 부족까지도 뛰어넘는다.

한편, 성령강림 후 언어의 장벽이 제거된 것은 앞으로 복음 안에서 천하 만민이 하나가 되어 통일을 이룰 사건에 대한 예시라고 할 수 있다(갈 3:28 참조). 복음만이 남녀노소 빈부귀천을 뛰어넘어 모든 인류를 죄에서 구원하여 하나가 되게 한다. 그러므로 우리는 복음을 부끄럽게 여기지 않고 담대한 마음으로 누구에게나 전해야 한다.

무릎 기도 | 하나님, 오순절에 임하신 성령께서 오늘도 우리 삶에 충만하시길 기도합니다.

ESV - Acts 2

1 When the day of Pentecost arrived, they were all together in one place.
2 And suddenly there came from heaven a sound like a mighty rushing wind, and it filled the entire house where they were sitting.
3 And divided tongues as of fire appeared to them and rested* on each one of them.
4 And they were all filled with the Holy Spirit and began to speak in other tongues as the Spirit gave them utterance.
5 Now there were dwelling in Jerusalem Jews, devout men from every nation under heaven.
6 And at this sound the multitude came together, and they were bewildered, because each one was hearing them speak in his own language.
7 And they were amazed and astonished, saying, "Are not all these who are speaking Galileans?
8 And how is it that we hear, each of us in his own native language?
9 Parthians and Medes and Elamites and residents of Mesopotamia, Judea and Cappadocia, Pontus and Asia,
10 Phrygia and Pamphylia, Egypt and the parts of Libya belonging to Cyrene, and visitors from Rome,
11 both Jews and proselytes, Cretans and Arabians—we hear them telling in our own tongues the mighty works of God."
12 And all were amazed and perplexed, saying to one another, "What does this mean?"
13 But others mocking said, "They are filled with new wine."

* 2:3 Or *And tongues as of fire appeared to them, distributed among them, and rested*

1 Pentecost 오순절　2 rushing 성급한　3 rest on ~ ~에 머물다　4 utterance 말　5 devout 경건한　6 multitude 군중　bewilder 어리둥절하게 하다　7 be amazed 어안이 벙벙하다　astonished 깜짝 놀란　8 how is it that ~ 어째서 ~하는가?　11 proselyte 개종자　mighty works 기적　12 perplexed 당황한　13 mock 조롱하다

05 베드로의 설교

월 일

사도행전 2:14-21 • 새찬송 185장 | 통일 179장

• 말씀묵상 전에 성령님의 인도하심을 구하는 기도를 드리십시오.

본문요약 | 본문은 놀란 사람들을 향해 베드로가 설교하는 내용이다. 성령강림 사건이 구약 요엘서의 예언이 성취된 것임을 강조한다. 아울러 주의 크고 영화로운 날이 이르기 전에 예수님의 이름을 부르며 구원받을 것을 권한다. 예수님의 이름을 부인했던 베드로가 정반대로 변화된 모습 속에서 증인을 세우시는 성령의 능력을 실감하게 된다.

14 베드로가 열한 사도와 함께 서서 소리를 높여 이르되 유대인들과 예루살렘에 사는 모든 사람들아 이 일을 너희로 알게 할 것이니 내 말에 귀를 기울이라

15 때가 [1]제삼 시니 너희 생각과 같이 이 사람들이 취한 것이 아니라

16 이는 곧 선지자 요엘을 통하여 말씀하신 것이니 일렀으되

17 [ㄱ]하나님이 말씀하시기를 말세에 내가 내 영을 모든 육체에 부어 주리니 너희의 자녀들은 예언할 것이요 너희의 젊은이들은 환상을 보고 너희의 늙은이들은 꿈을 꾸리라

18 그때에 내가 내 영을 내 남종과 여종들에게 부어 주리니 그들이 예언할 것이요

19 또 내가 위로 하늘에서는 기사를 아래로 땅에서는 징조를 베풀리니 곧 피와 불과 연기로다

20 주의 크고 영화로운 날이 이르기 전에 해가 변하여 어두워지고 달이 변하여 피가 되리라

21 누구든지 주의 이름을 부르는 자는 구원을 받으리라

하였느니라

1) 오전 아홉 시 ㄱ. 욜 2:28 이하

1. 오늘 하나님께서 나에게 주신 깨달음은 무엇입니까?

2. 말씀을 어떻게 내 삶에 구체적으로 적용해야 합니까?

절별 해설

14 베드로가 열한 사도와 함께 서서 소리를 높여 이르되 유대 인들과 예루살렘에 사는 모든 사람들아 이 일을 너희로 알게 할 것이니 내 말에 귀를 기울이라 제자들 중 베드로가 성령 강림 사건을 설명하기 시작한다. 베드로의 변화가 놀랍다. 베드로는 사도행전 1-12장까지의 주요 인물이다. 베드로는 이전에 가장 분명하게 예수님을 부인했던 제자다. 가장 부족한 모습을 보였던 사람이 변하여 사람들 앞에서 크게 외치고 있는 것이다.

15 유대인들은 하루 세 번 기도했다(오전 9시, 정오, 오후 3시). 이때는 음주가 금지된다. 베드로는 이 사실을 들어 제자들이 취한 것이 아님을 말하고 있다.

17-21 베드로는 요엘서를 그대로 인용함으로써, 제자들에게 성령이 임했고, 그 결과 나타난 현상들이 요엘서의 예언이 그대로 성취된 것임을 증명한다(욜 2:28-32). 성령의 임하심은 오래전부터 예언된 일이다.

17 말세 예수님의 초림과 재림 사이의 기간을 의미한다(막 1:15; 벧전 1:20). 예수님이 오셔서 시작되었고 예수님이 다시 오심으로 완성될 시간이다.

18 그들이 예언할 것이요 여기서 말하는 예언은 단순히 미래의 일을 말하는 것이 아니라 예수님에 관한 복음전파 전체를 의미한다.

20 주의 크고 영화로운 날 요엘서에는 이것이 "여호와의 날"로 기록되어 있다(욜 2:11). 이것은 주님 재림의 날을 의미한다. 이때는 하늘과 땅에 여러 징조가 있을 것이다(마 24:29-31).

21 누구든지 주의 이름을 부르는 자는 구원을 받으리라 하였느니라 구원받는 대상에는 차별이 없으며, 누구든지 주의 이름을 부르는 자는 구원을 얻는다고 말하고 있다. 주의 이름을 부른다는 것은 단순한 충성맹세를 의미하는 것이 아니다. 삶 전체로 주님이 주인 되심을 인정하며 사는 것이다.

쉬운성경

14 베드로가 열한 명의 사도와 함께 일어서서 군중을 향해 큰소리로 말했습니다. "유대 사람들, 그리고 예루살렘에 사는 모든 주민 여러분, 이 일을 여러분께 설명해 드리겠습니다. 내가 하는 말에 귀를 기울여 주십시오.

15 지금은 아침 9시밖에 되지 않았으니, 이 사람들은 여러분이 생각하는 것처럼 술에 취한 것이 아닙니다.

16 오늘 일어난 일은 바로 요엘 예언자가 예언했던 대로 이루어진 것입니다.

17 하나님께서 이렇게 말씀하셨습니다.
'마지막 날에, 내가 내 영을 모든 사람에게 부어 주겠다. 너희의 아들과 딸들은 예언할 것이요, 너희의 젊은이들은 환상을 볼 것이요, 너희의 늙은이들은 꿈을 꿀 것이다.

18 그 날에 내 남자 종들과 여자 종들에게까지 내 영을 부어 주겠다. 그러면 그들은 예언할 것이다.

19 내가 위로 하늘에서는 기이한 일을, 아래로 땅 위에서는 표적을 보여 줄 것이다. 피와 불과 짙은 연기가 일 것이다.

20 해가 어두워지고, 달이 핏빛으로 변할 것이다. 이 일이 일어난 후에 크고 영광스런 주님의 날이 올 것이다.

21 그러나 누구든지 주님의 이름을 부르는 사람은 구원을 얻을 것이다.'*

*2:17-21 욜 2:28-32에 기록되어 있다.

저자의 묵상

베드로의 변화는 몇 가지 중요한 사실을 상기시켜 준다. 첫째, 베드로의 변화는 예수 그리스도가 부활한 가장 큰 증거가 된다. 베드로는 예수님을 직접적으로 부인했던 사람이다. 여종 앞에서도 두려워했던 그가 예루살렘에 모여 있던 군중에게 설교했다. 베드로의 담대한 변화는 부활하신 예수님을 만났기에 가능했다. 둘째, 베드로의 변화는 증인의 사역에 임하시는 성령님의 능력을 실감케 한다. 성령이 임하자 베드로는 구약의 예언을 줄줄 꿰면서 설교한다. 성령님은 모든 것을 가르치고 생각나게 하시는 분이다(요 14:26). 이때 베드로에게 말할 것을 주신 분은 성령님이다(참고. 마 10:19-20). 마지막으로, 가장 부족한 사람도 주님의 일에 얼마든지 쓰일 수 있음을 보여준다. 다른 사람도 아닌 가장 적극적으로 예수님을 부인한 사람이 가장 전면에 나서서 쓰임받고 있다. 죄가 더한 곳에 은혜가 더욱 넘치듯(롬 5:20) 과거에 부족했던 자도 얼마든지 주님 안에서 다시 쓰임받을 수 있음을 보여준다.

무릎기도 하나님, 오늘도 부족한 죄인을 변화시키는 성령님의 능력을 기대합니다.

ESV - Acts 2

14 But Peter, standing with the eleven, lifted up his voice and addressed them: "Men of Judea and all who dwell in Jerusalem, let this be known to you, and give ear to my words.
15 For these people are not drunk, as you suppose, since it is only the third hour of the day.*
16 But this is what was uttered through the prophet Joel:
17 "'And in the last days it shall be, God declares, that I will pour out my Spirit on all flesh, and your sons and your daughters shall prophesy, and your young men shall see visions, and your old men shall dream dreams;
18 even on my male servants and female servants in those days I will pour out my Spirit, and they shall prophesy.
19 And I will show wonders in the heavens above and signs on the earth below, blood, and fire, and vapor of smoke;
20 the sun shall be turned to darkness and the moon to blood, before the day of the Lord comes, the great and magnificent day.
21 And it shall come to pass that everyone who calls upon the name of the Lord shall be saved.'

* 2:15 That is, 9 A.M.

14 address 연설하다 dwell 살다, 거주하다 give ear to ~ ~에 귀를 기울이다 15 be drunk 취해 있다, 취하다 suppose 추측하다 16 utter 말하다 17 pour out 쏟아 놓다 prophesy 예언하다 19 vapor 증기 20 magnificent 장엄한 21 come to pass 발생하다, 생기다

06

월 일

예수 부활의 역사성

사도행전 2:22-32 • 새찬송 329장 | 통일 267장

• 말씀묵상 전에 성령님의 인도하심을 구하는 기도를 드리십시오.

본문요약 l 베드로는 계속해서 예수 그리스도의 죽으심과 부활은 역사적 사실이며, 구약에서부터 이미 예정된 것이라고 말한다. 그리고 다윗의 시편을 인용하여, 다윗은 이 모든 사실을 미리 보았고 예언했다고 말한다. 예수 부활의 역사성을 언급함으로써 예수 그리스도가 오래전부터 예언되고 우리에게 오신 메시아임을 증명하고 있다.

22 이스라엘 사람들아 이 말을 들으라 너희
도 아는 바와 같이 하나님께서 나사렛 예
수로 큰 권능과 기사와 [1]표적을 너희 가
운데서 베푸사 너희 앞에서 그를 증언하
셨느니라
23 그가 하나님께서 정하신 뜻과 미리 아신
대로 내준 바 되었거늘 너희가 법 없는
자들의 손을 빌려 못 박아 죽였으나
24 하나님께서 그를 사망의 고통에서 풀어
살리셨으니 이는 그가 사망에 매여 있을
수 없었음이라
25 다윗이 그를 가리켜 이르되
[ㄱ]내가 항상 내 앞에 계신 주를 뵈었음
이여 나로 요동하지 않게 하기 위하여
그가 내 우편에 계시도다
26 그러므로 내 마음이 기뻐하였고 내 혀
도 즐거워하였으며 육체도 희망에 거
하리니
27 이는 내 영혼을 음부에 버리지 아니하
시며 주의 거룩한 자로 썩음을 당하지
않게 하실 것임이로다
28 주께서 생명의 길을 내게 보이셨으니
주 앞에서 내게 기쁨이 충만하게 하시
리로다
하였으므로
29 형제들아 내가 조상 다윗에 대하여 담대
히 말할 수 있노니 다윗이 죽어 장사되어
그 묘가 오늘까지 우리 중에 있도다
30 그는 선지자라 하나님이 이미 맹세하사
그 자손 중에서 한 사람을 그 위에 앉게
하리라 하심을 알고
31 미리 본 고로 그리스도의 부활을 말하되
그가 음부에 버림이 되지 않고 그의 육신
이 썩음을 당하지 아니하시리라 하더니
32 이 예수를 하나님이 살리신지라 우리가
다 [2]이 일에 증인이로다

1) 또는 이적 2) 또는 그의 ㄱ. 시 16:8 이하

1. 본문에 나타난 예수님은 어떤 분이십니까?

2. 오늘 하나님께서 나에게 주신 깨달음은 무엇입니까?

3. 말씀을 어떻게 내 삶에 구체적으로 적용해야 합니까?

절별 해설

22 너희도 아는 바와 같이 하나님께서 나사렛 예수로 큰 권능과 기사와 표적을 너희 가운데서 베푸사 너희 앞에서 그를 증언하셨느니라 나사렛은 예수님이 공생애 전까지 사신 곳이다(눅 2:39-51). 나사렛은 갈릴리에 있는 한 마을로, 당시 멸시받던 지역이었고 선지자가 나올 수 없는 마을로 여겨졌다(요 1:46; 7:52).

23 그가 하나님께서 정하신 뜻과 미리 아신 대로 내준 바 되었거늘 예수 그리스도의 죽으심이 하나님의 뜻 가운데 예정된 것임을 말하고 있다.

25-28 시편 16편 8-11절을 인용한 것이다. 성령께서 적절하게 말씀을 생각나게 하심으로 베드로의 설교에 힘을 더해 주었다(요 14:26).

29 다윗이 죽어 장사되어 그 묘가 오늘까지 우리 중에 있도다 다윗은 이미 죽었으므로 다윗의 시편은 다윗 자신을 가리키는 것이 아님을 지적한다. 즉, 예수 그리스도를 예언한 말씀인 것이다.

30 그는 선지자라 하나님이 이미 맹세하사 그 자손 중에서 한 사람을 그 위에 앉게 하리라 하심을 알고 구약의 인물들은 자신의 역할과 관계없이 하나님의 비밀한 일을 부분적으로 계시받았다. 아브라함도 선지자라 일컬음받았다(창 20:7). 다윗도 자신에게 주어진 '다윗언약'이 단순히 솔로몬과 그 뒤를 잇는 자손들에게 내려질 복을 말하는 것이 아니라, 궁극적으로는 오실 메시아의 왕권을 말하는 것임을 알았다는 뜻이다(삼하 7:11-16).

31 미리 본 고로 그리스도의 부활을 말하되 그가 음부에 버림이 되지 않고 그의 육신이 썩음을 당하지 아니하시리라 하더니 다윗이 본 것은 메시아의 왕권만이 아니다. 그리스도의 죽으심과 부활까지 보았다고 베드로는 설명한다. 이스라엘 사람들이 가장 존경하는 왕인 다윗의 시편에 관한 이런 해석은 청중에게 적지 않은 충격을 주었을 것이다.

32 이 예수를 하나님이 살리신지라 우리가 다 이 일에 증인이로다 다윗이 주에 관해 미리 예언하였다면, 제자들은 이 모든 일의 예언이 어떻게 실현되어 주가 죽으시고 부활하셨는지에 대한 분명한 목격자다. 그리스도의 부활은 예언되고 성

쉬운성경

22 이스라엘 백성 여러분, 이 말을 명심해서 들으십시오. 나사렛 사람 예수님은 하나님과 같은 권위를 지니신 분이셨습니다. 하나님께서 예수님을 통해 일으키신 기적과 기이한 일과 표적으로 이 사실을 여러분에게 분명히 보여 주셨습니다. 그 모든 일은 여러분 가운데서 일어났으므로, 여러분 모두가 잘 아실 것입니다.

23 이 예수님은 여러분에게 넘겨졌고, 여러분은 악한 사람들의 손을 빌어 예수님을 십자가에 못박아 죽였습니다. 이 모든 일을 하나님께서는 이전부터 알고 계셨을 뿐만 아니라, 여러분이 행한 일도 하나님께서 오래 전에 세워 놓으신 계획대로 된 것이었습니다.

24 하나님께서는 예수님을 다시 살리셨습니다. 죽음의 고통에서 그분을 풀어 놓으셨습니다. 그것은 죽음이 예수님을 계속 붙잡아 둘 수 없었기 때문입니다.

25 다윗이 예수님을 가리켜 말한 것이 있습니다.

> '나는 내 앞에 계신 주님을 항상 뵙습니다. 주님께서 내 오른편에 계시므로 내겐 흔들림이 없습니다.
>
> 26 그러므로 내 마음은 기쁨으로, 내 혀는 즐거움으로 가득 차 있습니다. 내 몸도 소망 속에 살 것입니다.
>
> 27 주님께서는 나를 무덤에 내버려 두지 않으시며, 주님의 거룩한 분을 썩지 않게 하실 것입니다.
>
> 28 주님께서는 내게 생명의 길을 알려 주셨습니다. 주님께서는 나와 함께 계시면서 내게 기쁨을 가득 채우실 것입니다.'*

29 형제 여러분, 나는 우리 조상 다윗에 대하여 여러분에게 자신 있게 말씀드릴 수 있습니다. 다윗은 죽어 땅에 묻혔으며, 그의 무덤은 오늘날까지 우리 가운데

*2:25-28 시 16:8-11에 기록되어 있다.

취된 역사적 사실이다. 제자들의 목격을 부인할 어떤 자격도 우리에게는 있지 않다. 제자들은 구약을 알았고 예수님을 직접 본 사람이다.

남아 있습니다.

30 하나님께서는 다윗에게 그의 자손 가운데 한 사람을 택하여 다윗의 보좌에 앉게 하실 것이라고 맹세하셨습니다. 다윗은 예언자여서 하나님께서 맹세로 약속하신 이 내용이 무엇을 가리키는지 잘 알고 있었습니다.

31 다윗은 이 내용을 미리 알고서 그리스도의 부활에 대해 이렇게 말했습니다.
'그분은 무덤에 계속 머물러 있지 않았고, 그분의 몸은 썩지 않았다.'

32 이 말씀대로 하나님께서는 예수님을 다시 살리셨습니다. 우리 모두가 이 일의 증인입니다.

저자의 묵상

기독교는 예수님의 부활의 역사성을 강조한다. 예수님의 부활은 어느 날 갑자기 발생한 것이 아니다. 오래전 구약에서부터 예언되었다. 예수님은 성경 말씀대로 이 땅에 태어나 성경대로 죽으시고 부활하셨다. 베드로를 비롯한 제자들은 이것을 경험하고 확인한 사람이며, 그들이 성령의 감동으로 기록한 성경은 우리에게 믿음을 준다. 부활을 믿지 않는 세속주의자들은 기독교의 부활을 신앙적인 내용이라 하여 사실과 구분하려 든다. 부활이나 창조론이 사실의 영역이 아니라 기독교인의 믿음의 영역이므로, 세속주의자들은 신앙으로서의 믿음을 존중하지만 사실로 받아들이지는 않는다는 것이다. 과연 그런가?

베드로는 설교를 통해 그리스도 부활의 역사적 사실성을 강조한다. 그것은 종교적인 미담이 아니라 사실이며 역사적인 배경을 통해 오래전부터 예언된 것이다. 우리의 믿음은 실체가 없는 일종의 윤리 체계가 아니다. 우리의 믿음은 온전한 사실을 바탕으로 하고 있음을 확신하고 전해야 할 것이다.

무릎 기도 하나님, 우리도 제자들처럼 주님의 부활을 확신하며 증거하도록 도우소서.

ESV - Acts 2

22 "Men of Israel, hear these words: Jesus of
Nazareth, a man attested to you by God with
mighty works and wonders and signs that
God did through him in your midst, as you
your-selves know—
23 this Jesus,* delivered up according to the
definite plan and foreknowledge of God, you
crucified and killed by the hands of lawless
men.
24 God raised him up, loosing the pangs of
death, because it was not possible for him to
be held by it.
25 For David says concerning him, "'I saw the
Lord always before me, for he is at my right
hand that I may not be shaken;
26 therefore my heart was glad, and my tongue
rejoiced; my flesh also will dwell in hope.
27 For you will not abandon my soul to Hades,
or let your Holy One see corruption.
28 You have made known to me the paths of
life; you will make me full of gladness with
your presence.'
29 "Brothers, I may say to you with confidence
about the patriarch David that he both died
and was buried, and his tomb is with us to
this day.
30 Being therefore a prophet, and knowing that
God had sworn with an oath to him that he
would set one of his descendants on his
throne,
31 he foresaw and spoke about the resurrection
of the Christ, that he was not abandoned to
Hades, nor did his flesh see corruption.
32 This Jesus God raised up, and of that we all
are witnesses.

* 2:23 Greek *this one*

22 attest 증언하다 in one's midst ~중에 23 deliver up 넘겨주다 definite 확정된 foreknowledge 예지 a lawless man 무법자 24 loose 자유롭게 하다 pang 격통, 고통 27 abandon 버리다 corruption 부패 29 say with confidence 자신 있게 말하다 patriarch 족장 30 oath 맹세, 서약

• MEMO •

07 사람들의 반응

월 일

사도행전 2:33-41 • 새찬송 90장 | 통일 98장

• 말씀묵상 전에 성령님의 인도하심을 구하는 기도를 드리십시오.

본문요약 I 베드로 설교의 마무리와 청중의 반응을 기록하고 있다. 십자가에 못 박힌 예수님이 '주'와 '그리스도'가 되어 승천하고 성령을 보내셨다는 말씀에, 사람들은 마음이 찔려 어찌할 바를 모른다. 이에 베드로는 그들이 행할 길을 가르친다. 복음의 소개와 더불어 중요한 것은 사람들에게 행할 길을 알려주는 것이다. 그 날에 삼천 명이 예수를 믿게 된다.

33 하나님이 오른손으로 예수를 높이시매
그가 약속하신 성령을 아버지께 받아서
너희가 보고 듣는 이것을 부어 주셨느니
라
34 다윗은 하늘에 올라가지 못하였으나 친
히 말하여 이르되
[ㄱ]주께서 내 주에게 말씀하시기를
35 내가 네 원수로 네 발등상이 되게 하기
까지 너는 내 우편에 앉아 있으라 하셨
도다
하였으니
36 그런즉 이스라엘 온 집은 확실히 알지니
너희가 십자가에 못 박은 이 예수를 하나
님이 주와 그리스도가 되게 하셨느니라
하니라
37 그들이 이 말을 듣고 마음에 찔려 베드로
와 다른 사도들에게 물어 이르되 형제들
아 우리가 어찌할꼬 하거늘
38 베드로가 이르되 너희가 회개하여 각각
예수 그리스도의 이름으로 [1)]세례를 받고
죄 사함을 받으라 그리하면 [2)]성령의 선물
을 받으리니
39 이 약속은 너희와 너희 자녀와 모든 먼
데 사람 곧 주 우리 하나님이 얼마든지
부르시는 자들에게 하신 것이라 하고
40 또 여러 말로 확증하며 권하여 이르되 너
희가 이 패역한 세대에서 구원을 받으라
하니

1) 헬. 또는 침례 2) 또는 성령을 선물로 ㄱ. 시 110:1

41 그 말을 받은 사람들은 [1)]세례를 받으매
이날에 신도의 수가 삼천이나 더하더라

1. 오늘 하나님께서 나에게 주신 깨달음은 무엇입니까?

2. 말씀을 어떻게 내 삶에 구체적으로 적용해야 합니까?

절별 해설

33 하나님이 오른손으로 예수를 높이시매 예수님의 승천을 가리킨다.

34 다윗은 하늘에 올라가지 못하였으나 친히 말하여 이르되 주께서 내 주에게 말씀하시기를 다시 한 번 다윗의 시편을 인용한다(시 110:1). “주”는 여호와 하나님을, “내 주”는 예수님을 가리킨다.

37 그들이 이 말을 듣고 마음에 찔려 베드로의 설교에 대한 청중의 반응을 기록하고 있다. 베드로는 구약을 인용하여 예언이 어떻게 예수님께 성취되었는지 증명한다. ‘찔리다’라는 표현은 ‘찔러 관통하다’라는 뜻이다. 말씀이 그들의 양심을 찌른 것이다(히 4:12). 이것도 성령님의 역사하심이다(요 16:8).
베드로와 다른 사도들에게 물어 이르되 형제들아 우리가 어찌할꼬 하거늘 죄를 깨닫고 마음이 찔린 사람들의 자연스러운 반응이다. 성령강림 사건을 보며 술에 취했다고 조롱하던 사람들도 이중에 있었을 것이다. 그들에게 이러한 변화가 찾아왔다. 사도들의 증거와 성령의 역사가 얼마나 권위 있었는지 짐작하게 하는 대목이다.

38 베드로가 이르되 너희가 회개하여 각각 예수 그리스도의 이름으로 세례를 받고 죄 사함을 받으라 그리하면 성령의 선물을 받으리니 베드로는 괴로워하는 청중에게 새로운 인생의 길을 제시한다. 회개는 지난 과오를 돌이킨다는 뜻이다. 입으로만이 아니라 의지적으로 자신의 삶의 방향을 바꾸는 것이다. 그러고 나서 세례는 회개의 표로 받는 것이다. 예수님은 ‘아버지와 아들과 성령의 이름으로 세례를 베풀라’고 명하셨다(마 28:19). 특별히 여기에 예수 그리스도의 이름만 언급된 것은 나사렛 예수를 메시아로 받아들이라는 의미다.

39 이 약속은 너희와 너희 자녀와 모든 먼 데 사람 곧 주 우리 하나님이 얼마든지 부르시는 자들에게 하신 것이라 하고 구원이 유대인뿐 아니라 모든 사람에게 미칠 것을 말한다.

41 그 말을 받은 사람들은 세례를 받으매 이날에 신도의 수가 삼천이나 더하더라 오순절 성령강림에 이은 베드로 설교의 가시적 결과다. 성령강림의 영광이 얼마나 강력했는지 직접적으로 말해 주는 대목이다. 부흥은 말씀이 선포되고 성령께서 역사하실 때 일어난다. 절대 인간의 힘으로 되는 것이 아니다. 진정한 부흥을 위해 말씀을 주시고 성령께서 일하시도록 기도하자.

쉬운성경

33 하나님께서 예수님을 높은 곳에 올려 하나님 오른편에 앉히자, 예수님은 하나님 아버지께서 약속하신 성령을 받아, 지금 여러분이 보고 들은 것처럼 우리에게 부어 주셨습니다.

34 다윗은 하늘로 올라가 본 적은 없었지만 이렇게 말했습니다.
‘하나님께서 내 주님께 말씀하시기를, 내 오른편에 앉아 있어라.
35 내가 네 원수들을 네 발 아래 둘 때까지.’*

36 그러므로 모든 이스라엘 백성이 분명히 알아야 할 것이 있습니다. 여러분이 십자가에 못 박은 이 예수님을 하나님께서는 주와 그리스도가 되게 하셨다는 사실입니다.”

37 사람들은 이 말을 듣고 마음이 찔렸습니다. 그래서 베드로와 다른 사도들에게 “우리가 어떻게 하면 좋겠습니까?”라고 물었습니다.

38 베드로는 이렇게 대답했습니다. “회개하고 여러분은 각각 예수 그리스도의 이름으로 세례를 받으십시오. 그러면 여러분의 죄는 용서받을 것이며, 성령을 선물로 받게 될 것입니다.

39 이것은 여러분과 여러분의 자녀뿐만 아니라, 먼 곳에 떨어져 사는 사람들, 즉 주 우리 하나님께서 부르시는 사람들에게 주시는 약속입니다.”

40 베드로는 이밖에도 다른 여러 말로 그들에게 호소하고, 이 악한 세대에서 구원을 받으라고 권하였습니다.

41 베드로의 설교를 받아들인 사람들은 세례를 받았습니다. 그날 믿은 사람의 수는 삼천 명이나 되었습니다.

*2:34–35 시 110:1에 기록되어 있다.

저자의 묵상

하나님의 말씀이 주어지고 성령께서 간섭하셔야 죄인들의 마음에 찔림이 있다. 어떤 논리적인 설득으로도 사람의 마음을 찌를 수는 없다. 이야기에 동의할 수는 있겠지만 양심이 찔리고 인생이 변하는 것은 오직 하나님의 말씀을 통해서만 가능하다. 당신이 하나님의 말씀에 친숙할수록 입에서 나오는 말들이 당신 자신과 다른 사람의 인생을 변화시킬 수 있다.

기독교의 책임은 죄를 지적하는 것에만 있지 않다. 괴로워하는 인생에게 참된 진리의 길을 소개하는 것이 궁극적인 책임이다. 남을 정죄하고 아프게 하는 것이 기독교는 아니다. 진정한 해결책이 없는 비평은 자신을 만족시키는 이론에 불과하다. 이런 차원에서 그리스도인은 사회의 문제를 지적하는 것만이 아니라 스스로 해결책이 되어야 한다. 지적하는 것으로 책임을 다했다고 생각하는 것은 바리새인의 모습과 다르지 않다(마 23:3-4).

무릎 기도 하나님, 잘못된 길로 가고 있는 세상 사람들을 그리스도께로 인도하게 하소서.

ESV - Acts 2

33 Being therefore exalted at the right hand of God, and having received from the Father the promise of the Holy Spirit, he has poured out this that you yourselves are seeing and hearing.
34 For David did not ascend into the heavens, but he himself says, "'The Lord said to my Lord, "Sit at my right hand,
35 until I make your enemies your footstool."'
36 Let all the house of Israel therefore know for certain that God has made him both Lord and Christ, this Jesus whom you crucified."
37 Now when they heard this they were cut to the heart, and said to Peter and the rest of the apostles, "Brothers, what shall we do?"
38 And Peter said to them, "Repent and be baptized every one of you in the name of Jesus Christ for the forgiveness of your sins, and you will receive the gift of the Holy Spirit.
39 For the promise is for you and for your children and for all who are far off, everyone whom the Lord our God calls to himself."
40 And with many other words he bore witness and continued to exhort them, saying, "Save yourselves from this crooked generation."
41 So those who received his word were baptized, and there were added that day about three thousand souls.

33 exalt 높이다 34 ascend 올라가다 35 footstool 발판 36 for certain 확실히 crucify 십자가에 못 박다 37 cut to the heart 가슴에 사무치게 하다 38 repent 회개하다 baptize 세례를 주다 40 bear witness 증언하다 exhort 권면하다 crooked 마음이 비뚤어진

08

월 일

새로운 공동체

사도행전 2:42-47 • 새찬송 528장 | 통일 318장

• 말씀묵상 전에 성령님의 인도하심을 구하는 기도를 드리십시오.

본문요약 | 초대교회의 출현과 그 모습을 기록하고 있다. 초대교회의 출현은 성령강림과 증인된 베드로의 설교에 따른 결과라 할 수 있다. 초대교회의 모습은 배우고 교제하고 예배하며, 소유를 나눠 쓰는 공동생활이 특징이다. 초대교회 성도들의 삶은 온 백성에게 칭찬받았으며, 그로 말미암아 점점 더 세력을 얻게 된다.

42 그들이 사도의 가르침을 받아 서로 교제하고 떡을 떼며 오로지 기도하기를 힘쓰니라

43 사람마다 두려워하는데 사도들로 말미암아 기사와 [1]표적이 많이 나타나니

44 믿는 사람이 다 함께 있어 모든 물건을 서로 통용하고

45 또 재산과 소유를 팔아 각 사람의 필요를 따라 나눠 주며

46 날마다 마음을 같이하여 성전에 모이기를 힘쓰고 집에서 떡을 떼며 기쁨과 순전한 마음으로 음식을 먹고

47 하나님을 찬미하며 또 온 백성에게 칭송을 받으니 주께서 구원 받는 사람을 날마다 더하게 하시니라

1) 또는 이적

1. 오늘 하나님께서 나에게 주신 깨달음은 무엇입니까?

2. 말씀을 어떻게 내 삶에 구체적으로 적용해야 합니까?

절별 해설

42 사도의 가르침을 받아 공동체는 사도의 가르침을 받았고, 신비한 기적이나 현상을 추구하지 않았다. 그들은 말씀을 배우는 공동체였다. 이것이 건전한 교회의 모습이다. 누가는 이 사실을 가장 먼저 기록한다.
서로 교제하고 신자들은 단순한 사귐이 아니라 배운 것을 서로 나누었음을 의미한다.
떡을 떼며 오로지 기도하기를 힘쓰니라 떡을 떼는 것은 성찬을 의미한다. 초대교회는 식사 중에 성찬도 함께했다. 믿는 사람들은 함께 모여 성찬을 행하며 기도하기를 힘썼다. 즉, 예배가 행해진 것이다(46-47절).

43 사람마다 두려워하는데 믿는 사람들의 모임은 조롱거리가 아닌(2:13) 거룩한 두려움을 풍기고 있었다. 성도들의 진정한 모임은 사회의 거룩한 존경심을 불러일으킨다.
기사와 표적 사도들이 행한 초자연적인 기적을 일컫는다. 기적은 공동체를 세우는 데 사용되었지 개인의 능력을 드러내거나 자랑하는 데 사용되지 않았다.

44-45 초대교회 공동체의 가장 큰 특징은 소유에 관한 공동사용이었다. 그러나 기억할 것은 모든 사람이 강제적으로 집을 팔고 소유를 정리한 것은 아니라는 사실이다. 성경 어디서도 그런 내용은 찾아볼 수 없다. 46절에서도 "집에서 떡을 떼며"(집집마다 돌아가며 함께 모여-쉬운성경)라고 말하고 있다. 즉, 모든 사람이 집을 판 것은 아니다. 그러므로 45절은 구원의 진리를 깨달은 성도들이 이 세상의 가치를 초월해 행한 자발적인 모습이다. 이런 일의 결과로 어렵고 가난한 사람들에게 가장 큰 혜택이 돌아갔을 것이다.

45 재산과 소유 재산(possessions)은 토지와 집 같은 부동산을, 소유(proceeds)는 수입 같은 유동자산을 의미한다.

46 날마다 마음을 같이하여 성전에 모이기를 힘쓰고 집에서 떡을 떼며 기쁨과 순전한 마음으로 음식을 먹고 모임에는 전체가 모이는 방식과 각자 집으로 흩어져서 교제하는 두 가지 방식이 있었다. 이는 오늘날 다 함께 모여 예배하며 흩어져서 그룹으로 모이는 교회 모임의 전형이 되었다.

쉬운성경

42 사람들은 사도들의 가르침을 받으며 서로 교제하고, 빵을 나누어 먹고 기도하는 일에 힘썼습니다.

43 사도들을 통해 많은 기적과 표적이 나타났습니다. 그러자 모든 사람들에게 두려운 마음이 생겼습니다.

44 믿는 사람들은 다 함께 모여 모든 물건을 공동으로 사용하며 살아갔습니다.

45 그들은 재산과 모든 소유를 팔아서 필요한 사람들에게 나누어 주었습니다.

46 그들은 날마다 한마음으로 성전 뜰에 모였습니다. 그리고 집집마다 돌아가며 함께 모여 기쁘고 순수한 마음으로 식사를 같이 하였습니다.

47 그들은 하나님을 찬양하였으며, 모든 사람에게서 칭찬을 받았습니다. 주님께서는 구원 받는 사람을 날마다 늘어나게 하셨습니다.

저자의 묵상

초대교회 공동체에는 자발적으로 재산과 소유를 팔아 필요한 사람에게 나누어주는 사람들이 있었다. 어떤 사람에게 큰 변화가 있음을 보여주는 많은 증거 가운데, 물질에 대한 자세의 변화만큼 확실한 것도 없을 것이다. 감리교를 창시한 존 웨슬리는 "지갑이 회개하기 전까지는 온전히 회개한 것이 아니다"라는 유명한 말을 남겼다. 영원한 세계의 가치를 아는 사람은 이 세상의 물질에 대한 해석이 다를 수밖에 없다. 자신만을 위해서 물질을 모으고 쓰던 사람이 주님을 위해 사용하게 된다. 그리고 세상 사람들은 그런 성도의 변화를 보면서, 성도가 진정으로 영원한 가치를 추구하고 있음을 보고 '영원'이 존재함을 느끼게 될 것이다. 구체적인 변화 없이 입으로만 사랑과 천국을 외쳐댄다면 사람들은 듣지 않을 것이다.

교회가 세속적인 가치를 거스르는 결정을 하고, 모으고 키우는 것이 아닌 나누고 어려운 사람들을 보살피는 것에 헌신할 때, 한국 기독교는 잃어버린 명예를 회복할 것이다.

무릎기도 하나님, 우리의 믿음도 구체적인 헌신과 행위로 나타나게 하소서.

ESV - Acts 2

42 And they devoted themselves to the apostles' teaching and the fellowship, to the breaking of bread and the prayers.
43 And awe* came upon every soul, and many wonders and signs were being done through the apostles.
44 And all who believed were together and had all things in common.
45 And they were selling their possessions and belongings and distributing the proceeds to all, as any had need.
46 And day by day, attending the temple together and breaking bread in their homes, they received their food with glad and generous hearts,
47 praising God and having favor with all the people. And the Lord added to their number day by day those who were being saved.

* 2:43 Or *fear*

42 devote oneself to ~ ~에 전념하다 fellowship 교제 43 awe 두려움 44 in common 공동으로 45 possession 재산, 소유물 belonging 소유물, 재산 distribute 나눠주다 proceeds 수입, 매상고 46 break bread 함께 식사하다 generous 관대한

09 증인들의 권세

월 일

사도행전 3:1-10 • 새찬송 220장 | 통일 278장

• 말씀묵상 전에 성령님의 인도하심을 구하는 기도를 드리십시오.

본문요약 | 제구 시(오후 3시) 기도시간에 베드로와 요한은 성전에 올라가다가 나면서부터 못 걷는 사람을 일으킨다. 성령강림 후 베드로의 설교로 삼천 명이나 예수님을 믿는 사건이 발생한 데 이어 나사렛 예수의 이름으로 나타난 이 기적은 제자들에게 그리스도의 권세가 이양됨을 보여준다. 제자들은 더 큰 확신 속에서 그리스도의 증인된 사역을 감당한다.

1 [1]제구 시 기도 시간에 베드로와 요한이 성전에 올라갈새
2 나면서 못 걷게 된 이를 사람들이 메고 오니 이는 성전에 들어가는 사람들에게 구걸하기 위하여 날마다 미문이라는 성전 문에 두는 자라
3 그가 베드로와 요한이 성전에 들어가려 함을 보고 구걸하거늘
4 베드로가 요한과 더불어 주목하여 이르되 우리를 보라 하니
5 그가 그들에게서 무엇을 얻을까 하여 바라보거늘
6 베드로가 이르되 은과 금은 내게 없거니와 내게 있는 이것을 네게 주노니 나사렛 예수 그리스도의 이름으로 일어나 걸으라 하고
7 오른손을 잡아 일으키니 발과 발목이 곧 힘을 얻고
8 뛰어 서서 걸으며 그들과 함께 성전으로 들어가면서 걷기도 하고 뛰기도 하며 하나님을 찬송하니
9 모든 백성이 그 걷는 것과 하나님을 찬송함을 보고
10 그가 본래 성전 미문에 앉아 구걸하던 사람인 줄 알고 그에게 일어난 일로 인하여 심히 놀랍게 여기며 놀라니라

1) 오후 세 시

1. 오늘 하나님께서 나에게 주신 깨달음은 무엇입니까?

2. 말씀을 어떻게 내 삶에 구체적으로 적용해야 합니까?

절별 해설

1 제구 시 기도 시간 경건한 유대인에게는 하루에 세 번 기도 시간이 있었다. 오전 9시, 12시, 오후 3시 이렇게 세 번이다.

2 나면서 못 걷게 된 이 선천적으로 걷지 못하는 사람이다. 이런 사람의 경우 근육이 전혀 발달하지 못했기 때문에, 8절에 나타난 모습은 인간의 상식을 훨씬 초월하는 기적임을 알 수 있다. **미문이라는 성전 문** 성전 동쪽의 입구인 '니카노 문'(the Nicanor Gate)으로 추정된다. 이방인의 뜰을 지나 여인의 뜰로 들어갈 때 통과하던 문이다.

3 그가 베드로와 요한이 성전에 들어가려 함을 보고 구걸하거늘 이 사람은 베드로와 요한에게 금전 외에 더 큰 것을 기대하지 않았다. 일시적인 필요를 바랄 뿐 진정한 소망을 잃어버린 세상의 모습을 그대로 엿볼 수 있다.

4 베드로가 요한과 더불어 주목하여 이르되 '주목하다'는 누가가 자주 사용하는 어휘로(1:10, '하늘을 쳐다보다'에서 '쳐다보다'와 같은 표현), 특별한 목적과 의도로 바라보았다는 뜻이다. **우리를 보라 하니** 베드로와 요한은 단순한 구제가 아닌, 그 사람의 인생에 정말로 필요한 것을 위해 특별한 일을 수행하려 하고 있다.

6 나사렛 예수 그리스도의 이름으로 일어나 걸으라 하고 베드로와 요한은 예수님의 이름을 의지하여 이 기적을 행한다(참고. 요 14:13-14). 이것을 통해 베드로와 요한은 예수님의 약속을 직접 체험한다. 예수님의 권세가 제자들에게 그대로 계승되었다는 사실은, 증인들에게 예수님에 대한 확신과 세상에 대한 담대함을 갖게 했을 것이다. 주님은 제자들을 계속 세워 가셨다.

10 그가 본래 성전 미문에 앉아 구걸하던 사람인 줄 알고 그에게 일어난 일로 인하여 심히 놀랍게 여기며 놀라니라 이 사건은 다시금 사람들을 놀라게 한다(참고. 2:7). 여기서의 '놀람'은 정신을 잃을 정도의 상태를 말한다(absolutely astounded-NLT). 예수님이 기적을 행하셨을 때도 같은 반응이었다(눅 4:36).

쉬운성경

1 어느 날 오후 3시, 기도하는 시간이 되어 베드로와 요한이 성전으로 올라가고 있었습니다.

2 성전 문에는 태어날 때부터 걷지 못하는 사람이 앉아 있었습니다. 사람들이 그 사람을 날마다 메고 와서 '아름다운 문'이라 부르는 성전 문에 앉혀 놓고, 성전에 들어가는 사람들에게 구걸을 하게 하였습니다.

3 베드로와 요한이 막 성전으로 들어가려는 것을 보고, 걷지 못하는 사람은 그들에게 구걸을 하였습니다.

4 베드로는 요한과 함께 그 사람을 눈여겨 본 후에, "우리를 보시오"라고 말했습니다.

5 그 걷지 못하는 사람은 무언가 얻을 것을 기대하면서 두 사람을 쳐다보았습니다.

6 그러나 베드로는 이런 말을 하였습니다. "은과 금은 내게 없으나, 내게 있는 것을 당신에게 주겠소. 나사렛 예수 그리스도의 이름으로 일어나 걸으시오."

7 이 말을 하면서 베드로는 그 사람의 오른손을 잡아 일으켜 세웠습니다. 그러자 그 사람의 다리와 발목에 힘이 생겼습니다.

8 그 걷지 못하던 사람이 벌떡 일어나 걷기 시작하였습니다. 그는 두 사람과 함께 성전으로 들어가 걷기도 하고, 껑충껑충 뛰기도 하면서, 하나님을 찬양하였습니다.

9 모든 사람이 걷지 못하던 사람이 걸어 다니는 것과 하나님을 찬양하는 것을 보았습니다.

10 사람들은 그가 전부터 성전의 '아름다운 문'에 앉아 구걸하던 바로 그 사람이라는 것을 알고서, 눈앞에서 벌어진 이 일로 인해 크게 놀라며 이상하게 생각했습니다.

저자의 묵상

가난한 선천적 장애인이 사도들에게 요구한 것과 사도들이 그에게 선물한 것은 달랐다. 예수님을 모르는 세상 사람들은 언제나 물질 같은 비본질적 필요만을 추구하고 요구한다. 그런 사람들은 자신에게 진정으로 필요한 것이 무엇인지 모른다. 교회는 이런 세상을 향해 나사렛 예수 그리스도의 이름으로 진정한 자유와 치유를 주어야 한다. 근본적인 변화를 일으켜야 한다. 이것이 교회의 사명이다. 이것은 교회가 나사렛 예수를 붙들 때만 가능하다.

이런 이야기가 전해진다. 토머스 아퀴나스가 교황 이노센트 2세를 만났다. 교황은 돈을 세고 있었는데 토머스를 보자 이렇게 말했다고 한다. "토머스, 이제 교회는 더 이상 '은과 금이 내게 없다'고 말할 수가 없다오." 이에 토머스가 이렇게 응수했다고 한다. "사실입니다. 교황님! 그리고 교회는 더 이상 '일어나 걸으라'고 말할 수 없게 되었습니다." 의미 있는 이야기다. 교회가 세속적인 번영을 추구하고 나사렛 예수의 가난과 낮아지심을 잊는다면, 교회는 더 이상 세상을 변화시킬 근본적인 능력을 발휘할 수 없을 것이다.

무릎기도 하나님, 주님의 이름만이 인생의 참 소망임을 깨닫게 하소서.

ESV - Acts 3

1 Now Peter and John were going up to the temple at the hour of prayer, the ninth hour.*
2 And a man lame from birth was being carried, whom they laid daily at the gate of the temple that is called the Beautiful Gate to ask alms of those entering the temple.
3 Seeing Peter and John about to go into the temple, he asked to receive alms.
4 And Peter directed his gaze at him, as did John, and said, "Look at us."
5 And he fixed his attention on them, expecting to receive something from them.
6 But Peter said, "I have no silver and gold, but what I do have I give to you. In the name of Jesus Christ of Nazareth, rise up and walk!"
7 And he took him by the right hand and raised him up, and immediately his feet and ankles were made strong.
8 And leaping up, he stood and began to walk, and entered the temple with them, walking and leaping and praising God.
9 And all the people saw him walking and praising God,
10 and recognized him as the one who sat at the Beautiful Gate of the temple, asking for alms. And they were filled with wonder and amazement at what had happened to him.

* 3:1 That is, 3 P.M.

2 alms 구호금 4 direct at ~ ~을 향하게 하다 gaze 응시, 주시 7 take by ~ ~을 잡다 immediately 즉시 8 leap up 뛰어오르다 10 recognize 알아보다 filled with ~ ~로 충만하여 amazement 놀람

10 베드로의 설교

월 일

사도행전 3:11-26 • 새찬송 91장 | 통일 91장

• 말씀묵상 전에 성령님의 인도하심을 구하는 기도를 드리십시오.

본문요약 | 본문은 기적 사건에 이은 베드로의 설교다. 나면서부터 걷지 못하던 사람을 일으키자 모든 백성이 베드로와 요한을 주목한다. 베드로는 자신들을 향한 관심을 거절하고, 이것을 예수님을 충분히 알리는 기회로 삼는다. 더 나아가 베드로는 모세와 선지자들을 인용하며, 회개하여 예수 그리스도를 메시아로 받아들일 것을 촉구한다.

11 나은 사람이 베드로와 요한을 붙잡으니 모든 백성이 크게 놀라며 달려 나아가 솔로몬의 행각이라 불리우는 행각에 모이거늘
12 베드로가 이것을 보고 백성에게 말하되 이스라엘 사람들아 이 일을 왜 놀랍게 여기느냐 우리 개인의 권능과 경건으로 이 사람을 걷게 한 것처럼 왜 우리를 주목하느냐
13 아브라함과 이삭과 야곱의 하나님 곧 우리 조상의 하나님이 그의 [1]종 예수를 영화롭게 하셨느니라 너희가 그를 넘겨주고 빌라도가 놓아주기로 결의한 것을 너희가 그 앞에서 거부하였으니
14 너희가 거룩하고 의로운 이를 거부하고 도리어 살인한 사람을 놓아주기를 구하여
15 생명의 주를 죽였도다 그러나 하나님이 죽은 자 가운데서 그를 살리셨으니 우리가 [2]이 일에 증인이라
16 그 이름을 믿으므로 그 이름이 너희가 보고 아는 이 사람을 성하게 하였나니 예수로 말미암아 난 믿음이 너희 모든 사람 앞에서 이같이 완전히 낫게 하였느니라
17 형제들아 너희가 알지 못하여서 그리하였으며 너희 관리들도 그리한 줄 아노라
18 그러나 하나님이 모든 선지자의 입을 통하여 자기의 그리스도께서 고난 받으실 일을 미리 알게 하신 것을 이와 같이 이루셨느니라
19 그러므로 너희가 회개하고 돌이켜 너희 죄 없이 함을 받으라 이같이 하면 새롭게 되는 날이 주 앞으로부터 이를 것이요
20 또 주께서 너희를 위하여 예정하신 그리스도 곧 예수를 보내시리니
21 하나님이 영원 전부터 거룩한 선지자들의 입을 통하여 말씀하신 바 만물을 회복하실 때까지는 하늘이 마땅히 그를 받아 두리라
22 [ㄱ]모세가 말하되 주 하나님이 너희를 위하여 너희 형제 가운데서 나 같은 선지자 하나를 세울 것이니 너희가 무엇이든지 그의 모든 말을 들을 것이라
23 [ㄴ]누구든지 그 선지자의 말을 듣지 아니하는 자는 백성 중에서 멸망 받으리라 하였고
24 또한 사무엘 때부터 이어 말한 모든 선지자도 이때를 가리켜 말하였느니라
25 너희는 선지자들의 자손이요 또 하나님이 너희 조상과 더불어 세우신 언약의 자손이라 아브라함에게 이르시기를 [ㄷ]땅 위의 모든 족속이 너의 씨로 말미암아 복을 받으리라 하셨으니
26 하나님이 그 [3]종을 세워 복 주시려고 너희에게 먼저 보내사 너희로 하여금 돌이켜 각각 그 악함을 버리게 하셨느니라

1) 또는 소자 2) 또는 그의 3) 또는 소자
ㄱ. 신 18:15 ㄴ. 신 18:19 ㄷ. 창 12:3; 22:18; 26:4; 28:14

1. 본문에 나타난 예수님은 어떤 분이십니까?

2. 오늘 하나님께서 나에게 주신 깨달음은 무엇입니까?

3. 말씀을 어떻게 내 삶에 구체적으로 적용해야 합니까?

절별 해설

11 나은 사람이 베드로와 요한을 붙잡으니 모든 백성이 크게 놀라며 달려 나아가 병이 나은 사람은 베드로와 요한을 붙잡고(clung to), 자신이 걷게 된 것이 베드로와 요한 때문임을 밝힌다. 이로 인해 백성들의 관심은 자연스럽게 베드로와 요한에게로 향한다.

솔로몬의 행각 성전 외벽 안쪽에 세워진 주랑[지붕이 있는 복도]을 말한다. 이곳은 예수님을 비롯한 랍비들이 백성을 가르치는 곳으로 종종 사용했다(요 10:23).

12 베드로가 이것을 보고 백성에게 말하되 이스라엘 사람들아 이 일을 왜 놀랍게 여기느냐 우리 개인의 권능과 경건으로 이 사람을 걷게 한 것처럼 왜 우리를 주목하느냐 베드로의 태도로 볼 때, 백성들의 주목은 단순한 관심을 넘어 기적을 일으킨 주체로서 베드로와 요한을 높이려는 것이었음을 알 수 있다. 백성들은 베드로와 요한의 개인적인 능력에 관심을 나타냈다. 기적 자체에 관심을 가진 것이다. 이것은 사람들이 기적과 그것을 행한 사람에게 흔히 보이는 태도다(행 14:11–15).

13 아브라함과 이삭과 야곱의 하나님 곧 우리 조상의 하나님이 그의 종 예수를 영화롭게 하셨느니라 안 되겠다고 생각한 베드로는 바로 이어서 조상 때부터 믿어 오던 하나님을 시작으로 예수 그리스도를 소개한다. 바로 여기에 기적의 참된 목적이 있다. 기적은 예수님을 소개하는 도구에 불과하다. 중요한 것은 그 사건을 통해 예수님이 드러나는 것이다. 예수님이 아닌 어떤 개인이 드러나는 것은 옳지 않다.

16 그 이름을 믿으므로 그 이름이 너희가 보고 아는 이 사람을 성하게 하였나니 이스라엘에서 이름은 그 사람의 인격 전부를 가리킨다. 베드로는 자신들이 기적을 일으킨 것이 아니라 예수님이 기적을 나타내신 것이라고 말한다. 능력의 근원은 예수님께 있고, 믿음은 예수님의 능력이 나타나는 통로였다.

17 형제들아 너희가 알지 못하여서 그리하였으며 너희 관리들도 그리한 줄 아노라 베드로는 생명의 주(15절)를 죽인 이스라엘의 과오를 말함과 동시에, 그들을 친근하게 형제(12절의 "이스라엘 사람들아"와 비교하라)라고 부른다. 이것은 백성들의 회개를 촉구하기 위함이다. 정죄가 목적이 아니라 회개시키고 살리는 것이 목적이다.

19 모든 사건의 귀결은 회개의 촉구로 끝을 맺는다. 이것이 사도들의 방식이다. 사도들은 죄에 대해 책망하나 마지막에는 사람들에게 새로운 시작을 권고하는 희망의 메시지를 준

쉬운성경

11 그 사람은 베드로와 요한을 꼭 붙들고는 놓아주질 않았습니다. 사람들이 모두 놀라 베드로와 요한을 보러 '솔로몬 행각'이라 부르는 곳으로 몰려들었습니다.

12 베드로가 이 사람들을 보고 말했습니다. "이스라엘 백성 여러분, 왜 이 일로 놀라십니까? 왜 그런 눈으로 우리를 보고 계십니까? 우리의 능력이나 우리의 경건함 때문에 이 사람이 걸을 수 있게 되었다고 생각하십니까?

13 우리 조상의 하나님이신 아브라함과 이삭과 야곱의 하나님께서 그분의 종이신 예수님을 영화롭게 하셨습니다. 여러분은 예수님을 넘겨주어 죽게 했습니다. 빌라도가 그분을 풀어 주자고 선고했을 때도 여러분은 빌라도 앞에서 그분을 부인했습니다.

14 여러분은 거룩하고 의로우신 예수님을 풀어 주는 것을 반대하고, 그 대신 살인자를 풀어 달라고 요구했습니다.

15 마침내 여러분은 생명의 주님을 죽였습니다. 하지만 하나님께서는 그분을 죽은 자들 가운데서 살리셨습니다. 우리는 이 일의 증인입니다.

16 예수님의 이름을 믿는 믿음 때문에, 여러분이 보고 아는 이 사람이 건강하게 되었습니다. 여러분 모두가 보시다시피 예수님의 이름과 그분을 믿는 믿음으로 이 사람이 완전한 치료를 받은 것입니다.

17 형제 여러분, 저는 여러분들이 여러분의 지도자들처럼 예수님이 어떤 분이신지 잘 알지 못하여 이런 일을 행했다는 것을 압니다.

18 하지만 하나님께서는 모든 예언자들을 통해 그리스도께서 고난을 당하실 것이라고 미리 말씀하셨던 것을 이렇게 이루셨습니다.

19 그러므로 여러분은 회개하고 하나님께로 돌아오십시오. 그리하면 여러분의 죄는 씻음받을 것입니다.

20 주님께서 주시는 새로운 때가 올 것입니다. 또 주님께서 여러분을 위해 미리 정하신 그리스도 예수를 보내 주실 것입니다.

다(참고. 2:38).

너희가 회개하고 돌이켜 너희 죄 없이 함을 받으라 돌이키면 죄 사함을 받는다. 돌이킨다는 것은 죄에서 떠나 하나님을 향해 산다는 뜻이다(turn from your sins and turn to God). 진정한 회개는 죄를 떠나는 것만으로는 부족하다. 적극적으로 하나님을 향해야 한다.

이같이 하면 새롭게 되는 날이 주 앞으로부터 이를 것이요 죄 사함의 결과로 새롭게 되는 때가 이른다. "새롭게 되는 날"은 휴식과 원기회복(refreshment)을 의미한다. 이것은 영적인 새로움을 일컫는다(고후 5:17). 죄 사함은 우리의 영혼과 삶을 새롭게 한다. 죄의 무게에서 벗어나 참 안식과 평안을 누리게 한다.

21 만물을 회복하실 때까지 앞에서 말한 "새롭게 되는 날"의 완성을 의미한다. 진정한 안식과 새로움은 예수님의 재림으로 완성될 것이다. 이는 인류는 물론 죄의 영향을 받은 자연까지 포함하는 우주적인 새로움이다(계 21:5).

21 예수님은 하나님께서 오래 전부터 그의 거룩한 예언자들을 통해 약속하신 대로, 모든 것을 원래의 모습대로 회복시킬 때까지 하늘에 머물러 계셔야만 합니다.

22 모세가 전에 이런 말을 하였습니다. '너희 주 하나님께서 너희 형제들 중에서 나와 같은 예언자 한 사람을 세우실 것이다. 너희는 무엇이든 그분이 하시는 말씀에 귀를 기울여야 한다.

23 누구든지 그분의 말을 듣지 않는 사람은 하나님의 백성 가운데서 끊어질 것이다.'

24 사무엘을 비롯해서 그의 뒤를 이어 하나님의 말씀을 전한 모든 예언자들이 이 시대에 대해 예언하였습니다.

25 여러분은 예언자들의 후손들이며, 하나님께서 여러분의 조상과 맺으신 언약의 후손들입니다. 하나님께서는 아브라함에게 이런 말씀을 하셨습니다. '네 자손으로 말미암아 땅에 있는 모든 민족이 복을 받을 것이다.'

26 하나님께서 하나님의 종을 세우셔서, 여러분 한 사람 한 사람을 악한 길에서 돌이키게 하시고, 복을 주시려고 그분을 먼저 여러분에게 보내셨습니다."

저자의 묵상

기적의 목적은 예수 그리스도가 드러나는 것이다. 그것 외에는 다른 어떤 것도 드러나서는 안 된다. 베드로와 요한은 백성들의 관심이 자신들에게 향할 때 손사래를 치며 이를 거절한다. 자신들의 능력으로 행한 것이 아니기 때문이다. 그러나 오늘날 많은 이단과 잘못된 사람들은 마치 자신이 기적을 행하는 것처럼 사람들을 현혹한다. 그 일을 통해 금전적인 이득을 취하고 치부한다. 이런 일에 성도들은 결코 휩쓸리지 말아야 한다. 신비한 능력이나 초월성 자체는 다른 종교에도 나타난다. 치유는 타 종교에도 있다. 애굽의 술사들도 하나님이 내리신 몇 가지 재앙을 따라했다. 그러므로 초월적 능력 자체가 중요한 것은 아니다. 거짓 영에 이끌려 기적을 행하는 일도 있기 때문이다. 기적이 나타난다고 무조건 따라다녀서는 곤란하다. 나타난 기적과 현상을 통해 예수 그리스도가 전파되고, 그분께만 영광을 돌리고 교회를 부정하지 않으며, 어떤 이득도 취하지 않는 것이 온전한 기독교의 모습이다(마 10:8).

무릎 기도 하나님, 어떤 일을 하더라도 주님을 높이게 하시고 스스로 자신을 높이는 교만에 빠지지 않게 하소서.

ESV - Acts 3

11 While he clung to Peter and John, all the people, utterly astounded, ran together to them in the portico called Solomon's.

12 And when Peter saw it he addressed the people: "Men of Israel, why do you wonder at this, or why do you stare at us, as though by our own power or piety we have made him walk?

13 The God of Abraham, the God of Isaac, and the God of Jacob, the God of our fathers, glorified his servant* Jesus, whom you delivered over and denied in the presence of Pilate, when he had decided to release him.

14 But you denied the Holy and Righteous One, and asked for a murderer to be granted to you,

15 and you killed the Author of life, whom God raised from the dead. To this we are witnesses.

16 And his name—by faith in his name—has made this man strong whom you see and know, and the faith that is through Jesus* has given the man this perfect health in the presence of you all.

17 "And now, brothers, I know that you acted in ignorance, as did also your rulers.

18 But what God foretold by the mouth of all the prophets, that his Christ would suffer, he thus fulfilled.

19 Repent therefore, and turn back, that your sins may be blotted out,

20 that times of refreshing may come from the presence of the Lord, and that he may send the Christ appointed for you, Jesus,

21 whom heaven must receive until the time for restoring all the things about which God spoke by the mouth of his holy prophets long ago.

22 Moses said, 'The Lord God will raise up for you a prophet like me from your brothers. You shall listen to him in whatever he tells you.

23 And it shall be that every soul who does not listen to that prophet shall be destroyed from the people.'

24 And all the prophets who have spoken, from Samuel and those who came after him, also proclaimed these days.

25 You are the sons of the prophets and of the covenant that God made with your fathers, saying to Abraham, 'And in your offspring shall all the families of the earth be blessed.'

26 God, having raised up his servant, sent him to you first, to bless you by turning every one of you from your wickedness."

* 3:13 Or *child;* also verse 26
* 3:16 Greek *him*

11 cling(clung) to ~ ~을 붙잡다 utterly 완전히 astounded 몹시 놀란 portico 주랑 현관 12 wonder at ~ ~에 놀라다 stare at ~ ~을 응시하다 piety 경건 13 deny 거부하다 release 풀어 주다 14 murderer 살인자 15 author 창조자, 창시자 17 ignorance 무지 19 repent 회개하다 blot out 완전히 지워버리다 20 appoint 정하다 21 restore 회복시키다 24 come after ~ ~의 뒤를 잇다 proclaim 선포하다 25 covenant 언약 offspring 자손 26 wickedness 사악함

• MEMO •

11 박해 속의 증인

월 일

사도행전 4:1-12 • 새찬송 94장 | 통일 102장

• 말씀묵상 전에 성령님의 인도하심을 구하는 기도를 드리십시오.

본문요약 I 사도행전 3장의 기적 사건 이후 베드로와 요한이 예수님의 부활을 전하고 있을 때 종교지도자들이 그들을 붙잡아 옥에 가둔다. 사도들을 향한 공식적인 훼방과 박해가 시작된 것이다. 그러나 복음의 확장은 멈춰지지 않았다. 말씀을 들은 사람 중 남자만 오천 명이나 더 믿게 되었다. 사도들은 예수님을 모의하여 죽인 산헤드린 공회 앞에서 예수 그리스도의 이름으로 행해진 일들을 당당히 선포한다.

1 사도들이 백성에게 말할 때에 제사장들과 성전 [1]맡은 자와 사두개인들이 이르러

2 예수 안에 죽은 자의 부활이 있다고 백성을 가르치고 전함을 싫어하여

3 그들을 잡으매 날이 이미 저물었으므로 이튿날까지 가두었으나

4 말씀을 들은 사람 중에 믿는 자가 많으니 남자의 수가 약 오천이나 되었더라

5 이튿날 관리들과 장로들과 서기관들이 예루살렘에 모였는데

6 대제사장 안나스와 가야바와 요한과 알렉산더와 및 대제사장의 문중이 다 참여하여

7 사도들을 가운데 세우고 묻되 너희가 무슨 권세와 누구의 이름으로 이 일을 행하였느냐

8 이에 베드로가 성령이 충만하여 이르되 백성의 관리들과 장로들아

9 만일 병자에게 행한 착한 일에 대하여 이 사람이 어떻게 구원을 받았느냐고 오늘 우리에게 질문한다면

10 너희와 모든 이스라엘 백성들은 알라 너희가 십자가에 못 박고 하나님이 죽은 자 가운데서 살리신 나사렛 예수 그리스도의 이름으로 이 사람이 건강하게 되어 너희 앞에 섰느니라

11 이 예수는 [ㄱ]너희 건축자들의 버린 돌로서 집 모퉁이의 머릿돌이 되었느니라

12 다른 이로써는 구원을 받을 수 없나니 천하 사람 중에 구원을 받을 만한 다른 이름을 우리에게 주신 일이 없음이라 하였더라

1) 또는 경비대장 ㄱ. 시 118:22

1. 본문에 나타난 예수님은 어떤 분이십니까?

2. 오늘 하나님께서 나에게 주신 깨달음은 무엇입니까?

3. 말씀을 어떻게 내 삶에 구체적으로 적용해야 합니까?

절별 해설

1 사도들이 백성에게 말할 때에 제사장들과 성전 맡은 자와 사두개인들이 이르러 사도행전에 등장하는 박해는 대부분 사두개파 계열이 주도한다(참고. 5:17). 사두개파는 바리새파와 함께 당시 유대인의 양대 세력을 이루었다. 그들은 경제적으로 부유했으며, 제사장 계열을 포함하여 종교적으로 높은 위치에 있는 권력자들이었고, 산헤드린 공회의 대부분을 차지하고 있었다.

2 예수 안에 죽은 자의 부활이 있다고 백성을 가르치고 전함을 싫어하여 사두개인들은 부활, 천사, 영을 믿지 않는 현세주의자들이다(행 23:8). 이러한 종교적 이유 때문에 사두개인들은 사도들이 부활에 대해 전하는 것을 매우 싫어했다.

3 그들을 잡으매 날이 이미 저물었으므로 이튿날까지 가두었으나 당시 관습법에 따르면 일몰 후에는 사람을 심문할 수 없었다.

4 남자의 수가 약 오천이나 되었더라 남자만 오천 명이니 여자와 아이를 포함하면 그 수는 훨씬 더 많았을 것이다. 증인들은 갇혔지만 복음은 막을 수가 없었다. 이는 능력의 근원이 제자들이 아닌 하나님께 있다는 증거이기도 하다(참고. 고후 4:7).

5 이튿날 관리들과 장로들과 서기관들이 예루살렘에 모였는데 당시 70명으로 구성된 유대 최고의 재판기관인 산헤드린 공회가 모였다. 이들은 종교적인 문제나 민사사건을 다루었으나 사형권은 없었다. 그래서 예수님을 죽일 때 빌라도 총독에게 요청한 것이다(요 18:31).

6 대제사장 안나스와 가야바와 요한과 알렉산더와 및 대제사장의 문중이 다 참여하여 당시 사두개인들로 대표되는 종교지도자들이 예루살렘에서 사도들로 인해 벌어지고 있는 일에 얼마나 촉각을 곤두세우고 있었는지 알 수 있는 대목이다. 예수님이 살아계셨을 때와 마찬가지로 자신들의 지위에 위기의식을 느끼고 모두 모인 것이다.

8 이에 베드로가 성령이 충만하여 이르되 백성의 관리들과 장로들아 베드로는 군중 앞에서뿐 아니라 예수님을 죽인 종교지도자들 앞에서도 담대하게 말한다. 예수님이 말씀하신 대로 약속이 성취되고 있었다(마 10:18-20). 성령께서 베드로에게 할 말을 주고 계신 것이다.

9 병자에게 행한 착한 일 사실 사도들을 잡아 가둘 이유는 없었다. 베드로는 이것을 강조하고자 병자에게 행한 일이 아

쉬운성경

1 베드로와 요한이 백성들에게 말하고 있을 때, 제사장들과 성전을 경비하던 사람들과 사두개파 사람들이 몰려왔습니다.

2 그들은 두 사도가 백성들에게 죽은 자 가운데서 부활하신 예수님을 가르치고 그들에게 설교하는 것 때문에 마음이 편치 않았습니다.

3 유대 지도자들은 베드로와 요한을 붙잡았습니다. 그러나 날이 어두워졌기 때문에 두 사람을 다음 날까지 감옥에 가두었습니다.

4 그러나 베드로와 요한의 설교를 들은 사람 중에서 많은 사람들이 믿음을 갖게 되었는데, 그 수가 오천 명 정도나 되었습니다.

5 이튿날 유대 통치자들과 장로들과 율법사들이 예루살렘에 모였습니다.

6 대제사장 안나스를 비롯하여 가야바, 요한, 알렉산더, 그리고 대제사장 가문에 속한 사람들이 다 모였습니다.

7 그들은 베드로와 요한을 앞에 세워 놓고 "도대체 너희가 무슨 능력으로, 또 누구의 이름으로 이런 일을 하느냐?"라며 심문하기 시작하였습니다.

8 그때 베드로가 성령으로 충만하여 그들을 향해 다음과 같이 대답했습니다. "백성의 통치자와 장로님들,

9 여러분이 묻고자 하는 것이 오늘 우리가 태어날 때부터 걷지 못하는 사람에게 행한 선한 일에 관한 것입니까? 그 사람이 어떻게 해서 낫게 되었는지를 묻는 것입니까?

10 그렇다면 여러분들과 모든 이스라엘 백성은 이것을 아셔야 합니다. 이 사람이 나은 것은 나사렛 예수 그리스도의 능력으로 말미암은 것이라는 사실입니다. 여러분들은 십자가에 못 박았지만, 하나님께서 다시 살리신 나사렛 예수 그리스도의 이름으로 이 사람이 완전히 나음을 얻어 여러분 앞에 서 있습니다.

무 문제가 없는 착한 일이라고 말한다.

11 이 예수는 너희 건축자들의 버린 돌로서 집 모퉁이의 머릿돌이 되었느니라 유대인들은 예수님을 배척했지만, 예수님은 인류 구원의 중심이 되었음을 상징하는 표현이다(벧전 2:7).

12 다른 이로써는 구원을 받을 수 없나니 천하 사람 중에 구원을 받을 만한 다른 이름을 우리에게 주신 일이 없음이라 하였더라 분명히 알아야 할 것은 예수님 외에는 구원을 얻을 다른 이름이 없다는 것이다. 오늘날 종교 간에 화해 분위기가 조성되는 것은 아름다운 일이지만, 그로 인해 자칫 복음의 내용까지도 양보하는 일이 생겨서는 안 될 것이다.

11 이 예수님은 '건축자들이 버린 돌이지만 집 모퉁이의 머릿돌'*이 되셨습니다.

12 예수님 외에는, 다른 어떤 이에게서도 구원을 받을 수 없습니다. 하나님께서는 온 세상에 우리가 구원 받을 만한 다른 이름을 주신 적이 없습니다."

*4:11 시 118:22에 기록되어 있다.

저자의 묵상

제자들은 갇혔으나 복음은 더 왕성했다. 말씀을 들은 사람 중 남자만 오천 명이나 믿었다. 예수님의 일은 사람에 의해 방해받지 않는다. 성령께서 역사하시기 때문이다. 마찬가지로 예수님의 일이 되는 것도 사람의 능력이 아니라 하나님의 도우심 때문이다(8절). 그러므로 성도는 하나님께서 우리를 사용하심에 늘 감사해야 한다. 사실 우리 없이도 전능하신 하나님은 그분의 뜻을 이루시는 데 문제가 없다. 그러나 하나님은 우리와 함께 일하기를 원하신다. 얼마나 감사한 일인가! 그러므로 주어진 주님의 일에 감격하고 감사하며 임해야 한다. 교회 일을 하다가 섭섭한 일이 있을 때 안 하고 그만두는 것은 있을 수 없는 일이다. 나 같은 존재가 존귀한 주님의 일을 맡았음을 깨달은 성도라면 어떤 상황에서도 감사할 수밖에 없다. 내가 안 하면, 하나님은 그 일을 행할 복을 다른 사람에게 옮기실 수도 있다. 주님의 일을 하면서 불평이나 불만은 생각하지 말아야 한다.

무릎기도 하나님, 부족한 죄인에게 주님의 일을 할 수 있도록 맡겨주시니 감사합니다.

ESV - Acts 4

1 And as they were speaking to the people,
the priests and the captain of the temple and
the Sadducees came upon them,
2 greatly annoyed because they were teaching
the people and proclaiming in Jesus the
resurrection from the dead.
3 And they arrested them and put them in
custody until the next day, for it was already
evening.
4 But many of those who had heard the word
believed, and the number of the men came
to about five thousand.
5 On the next day their rulers and elders and
scribes gathered together in Jerusalem,
6 with Annas the high priest and Caiaphas and
John and Alexander, and all who were of the
high-priestly family.
7 And when they had set them in the midst,
they inquired, "By what power or by what
name did you do this?"
8 Then Peter, filled with the Holy Spirit, said to
them, "Rulers of the people and elders,
9 if we are being examined today concerning a
good deed done to a crippled man, by what
means this man has been healed,
10 let it be known to all of you and to all the
people of Israel that by the name of Jesus
Christ of Nazareth, whom you crucified,
whom God raised from the dead — by him
this man is standing before you well.
11 This Jesus* is the stone that was rejected by
you, the builders, which has become the
cornerstone.*
12 And there is salvation in no one else, for
there is no other name under heaven given
among men* by which we must be saved."

* 4:11 Greek *This one*

* 4:11 Greek *the head of the corner*

* 4:12 The Greek word *anthropoi* refers here to both men and women

2 annoyed 화가 난 proclaim 선포하다 resurrection 부활 3 arrest 체포하다 in custody 구류되어, 감금되어 4 come to ~ (총계가) ~이 되다 5 gather together 회동하다, 서로 모이다 7 midst 가운데, 중앙 9 examine 조사하다 a good deed 선행 crippled 불구의 by what means 어떻게 11 cornerstone 주춧돌

• MEMO •

12 담대한 증인들

월 일

사도행전 4:13-22 • 새찬송 274장 | 통일 332장

• 말씀묵상 전에 성령님의 인도하심을 구하는 기도를 드리십시오.

본문요약 I 공회는 사도들이 전하는 복음을 막고 싶었으나 '병 나은 사람'이라는 확실한 증거가 있어서 어찌하지 못한다. 공회는 마지막 조치로 사도들을 위협했으나, 사도들은 이에 굴하지 않고 담대히 하나님의 뜻을 따르기로 선언한다. 유대 공회원들조차도 이러한 모든 사건이 하나님의 섭리임을 부인할 수 없었다.

13 그들이 베드로와 요한이 담대하게 말함을 보고 그들을 본래 학문 없는 범인으로 알았다가 이상히 여기며 또 전에 예수와 함께 있던 줄도 알고

14 또 병 나은 사람이 그들과 함께 서 있는 것을 보고 비난할 말이 없는지라

15 명하여 공회에서 나가라 하고 서로 의논하여 이르되

16 이 사람들을 어떻게 할까 그들로 말미암아 유명한 [1]표적 나타난 것이 예루살렘에 사는 모든 사람에게 알려졌으니 우리도 부인할 수 없는지라

17 이것이 민간에 더 퍼지지 못하게 그들을 위협하여 이후에는 이 이름으로 아무에게도 말하지 말게 하자 하고

18 그들을 불러 경고하여 도무지 예수의 이름으로 말하지도 말고 가르치지도 말라 하니

19 베드로와 요한이 대답하여 이르되 하나님 앞에서 너희의 말을 듣는 것이 하나님의 말씀을 듣는 것보다 옳은가 판단하라

20 우리는 보고 들은 것을 말하지 아니할 수 없다 하니

21 관리들이 백성들 때문에 그들을 어떻게 처벌할지 방법을 찾지 못하고 다시 위협하여 놓아주었으니 이는 모든 사람이 그 된 일을 보고 하나님께 영광을 돌림이라

22 이 [1]표적으로 병 나은 사람은 사십여 세나 되었더라

1) 또는 이적

1. 오늘 하나님께서 나에게 주신 깨달음은 무엇입니까?

2. 말씀을 어떻게 내 삶에 구체적으로 적용해야 합니까?

절별 해설

13 그들이 베드로와 요한이 담대하게 말함을 보고 베드로와 요한이 공회 앞에서 숨기지 않고 말했다는 뜻이다. 두 사람이 전혀 주저하지 않고 복음의 진리를 전하고 있는 모습을 볼 수 있다.

그들을 본래 학문 없는 범인으로 알았다가 이상히 여기며 또 전에 예수와 함께 있던 줄도 알고 "학문 없는 범인"이라는 말은 전혀 교육받지 못한 사람이라는 의미가 아니라 랍비가 되는 정규과정을 이수하지 못했다는 뜻이다. 당시에는 랍비가 되기 위한 과정이 있었다. 이러한 과정도 이수하지 않은 사도들이 거침없이 말하는 것을 보고 놀란 것이다. 그 당시 관습은 스승이 제자에게 지식을 전수하는 것이었는데, 예수님도 그런 교육을 받지 않았기에 더욱 놀라운 일이었다. 인간은 자신의 상식에 사로잡혀 사는 존재이므로, 이러한 사실은 공회원들에게 매우 기이한 일이었다.

14 또 병 나은 사람이 그들과 함께 서 있는 것을 보고 비난할 말이 없는지라 확실한 증거가 있으면 믿음의 반응을 보여야 하는데, 공회원들은 더 이상 비난할 말이 없는 것을 안타까워하고 있다.

15 명하여 공회에서 나가라 하고 서로 의논하여 이르되 난감해진 공회는 자신들의 의견을 모으기 위해 잠시 퇴정을 명령한다.

17 이것이 민간에 더 퍼지지 못하게 그들을 위협하여 이후에는 이 이름으로 아무에게도 말하지 말게 하자 하고 여기서 두 가지 사실을 알 수 있다. 첫째, 공회의 관심은 무엇이 진실인지에 있지 않고 자신들의 입지를 지키는 데 있다. 백성이 사도들에게 관심을 갖게 되면 자신들의 입지가 상대적으로 약화되므로 이를 염려한 것이다. 둘째, 부인할 수 없는 사실인데도 이를 믿기보다는 사도들을 위협하는 것을 선택한다. 모든 사람이 진리 앞에 겸손한 것은 아니다.

19 하나님 앞에서 너희의 말을 듣는 것이 하나님의 말씀을 듣는 것보다 옳은가 판단하라 공회의 기능은 사건을 바르게 판결하는 것이다. 사도들은 오히려 그들을 향해 무엇이 옳은지 판단하라고 요구한다. 판단받아야 할 사람은 사도들이 아니라 공회원들이었다. 베드로와 요한은 그들의 협박에 단호히 맞선다. 당시의 종교적 배경에서 하나님의 말씀을 따르는 것은 공회도 부인할 수 없는 절대 명제였다.

20 우리는 보고 들은 것을 말하지 아니할 수 없다 하니 사도행전이 계속 강조하는 증인들의 모습이다. 그들은 이 모든 일을 풍문으로 들은 것이 아니라 친히 듣고 목격한 사람들이다.

쉬운성경

13 공의회 의원들은 베드로와 요한이 교육을 받지 못한 평범한 사람인 줄 알고 있었는데, 이렇게 담대하게 말하는 것을 보고 놀랐습니다. 그제서야 비로소 그들은 베드로와 요한이 예수님과 함께 있던 사람이라는 것을 알게 되었습니다.

14 그들은 태어날 때부터 걷지 못하던 사람이었다가 지금은 나은 사람이 베드로와 요한 곁에 서 있는 것을 보고는, 더 이상 아무것도 물을 수가 없었습니다.

15 그래서 그들은 베드로와 요한에게 공의회에서 나가 있으라고 한 뒤에 서로 의논하였습니다.

16 "이 사람들을 어떻게 하면 좋겠소? 예루살렘에 사는 사람이라면 누구나 이들이 큰 표적을 행한 것을 알고 있소. 그리고 우리도 그것을 부인할 수 없소.

17 하지만 이 일이 사람들 사이에 더 이상 퍼지지 않게 하기 위해서라도, 앞으로는 예수님 이름으로 아무에게도 말하지 말라고 그들에게 경고해 두는 것이 좋을 듯하오."

18 그래서 그들은 베드로와 요한을 다시 불러 절대로 예수님의 이름으로 말하지도 말고 가르치지도 말라고 경고했습니다.

19 그러나 베드로와 요한은 이렇게 대답했습니다. "우리가 하나님의 말씀을 듣는 것과 여러분의 말을 듣는 것 중에, 하나님께서 보시기에 어느 것이 더 옳은 것인지 한번 판단해 보십시오.

20 우리는 우리가 보고 들은 것을 말하지 않을 수가 없습니다."

21 조금 전에 일어난 일을 본 사람들이 하나님을 찬양하고 있었기 때문에 유대 통치자들은 두 사람을 어떻게 처벌해야 할지 결정할 수가 없었습니다. 그래서 그들은 몇 마디 경고만 더 하고 사도들을 놓아주었습니다.

22 이 기적으로 병이 나은 사람은 마흔 살이 넘은 사람이었습니다.

21 종교지도자들은 더 이상 제자들을 붙잡아 둘 수 없어 재차 위협하고는 놓아준다. 백성들이 이미 일어난 일로 하나님께 영광을 돌리고 있기에 어쩔 수 없었다.

22 이 표적으로 병 나은 사람은 사십여 세나 되었더라 이 기적이 얼마나 놀라운 일인지 다시금 상기시킨다. 40여 년 동안 걷지 못하던 사람이 일어나 걸은 사건이다.

저자의 묵상

세상은 '무엇이 진리인가'보다는 '무엇이 자신에게 유리한 것인가'에 관심이 있다. 아무리 옳은 일이어도 그것을 통해 자신이 손해를 입으면 외면하려 든다. 유대 종교지도자들은 자신들의 지위에 손상을 입을까 봐 하나님의 분명한 표적 앞에서도 외면했다. 대신 자신들이 죽인 예수님을 따르는 제자들을 위협했다. 모든 것이 자신들의 입장만을 생각한 결과였다. 우리는 그들처럼 행동해서는 안 될 것이다. 주님의 뜻이 분명하다면 때로 내게 손해가 되고 어려움이 닥친다 할지라도, 제자들처럼 굴하지 않고 주님을 따라야 한다. 특별히 복음을 전하는 일에 담대해야 한다. 제자들은 다른 일이 아닌 부활의 주님을 증거하는 일에 담대했다. 예수님이 분명히 살아계심을 믿는 성도라면 지위고하를 막론하고 누구 앞에서도 주님을 부끄러워하지 말아야 한다.

무릎기도 하나님, 어떠한 상황과 여건 속에서도 주님을 담대히 전하게 하소서.

ESV - Acts 4

13 Now when they saw the boldness of Peter and John, and perceived that they were uneducated, common men, they were astonished. And they recognized that they had been with Jesus.
14 But seeing the man who was healed standing beside them, they had nothing to say in opposition.
15 But when they had commanded them to leave the council, they conferred with one another,
16 saying, "What shall we do with these men? For that a notable sign has been performed through them is evident to all the inhabitants of Jerusalem, and we cannot deny it.
17 But in order that it may spread no further among the people, let us warn them to speak no more to anyone in this name."
18 So they called them and charged them not to speak or teach at all in the name of Jesus.
19 But Peter and John answered them, "Whether it is right in the sight of God to listen to you rather than to God, you must judge,
20 for we cannot but speak of what we have seen and heard."
21 And when they had further threatened them, they let them go, finding no way to punish them, because of the people, for all were praising God for what had happened.
22 For the man on whom this sign of healing was performed was more than forty years old.

13 boldness 대담함 perceive 알아채다 uneducated 무식한 common man 보통 사람, 평민 astonished 깜짝 놀란
14 opposition 반대, 적대 15 confer with ~ ~와 협의하다 16 do with ~ ~을 처리하다 notable 주목할 만한 evident 분명히 나타난 18 charge 명령하다 20 cannot but ~ ~하지 않을 수 없다 21 threaten 위협하다

☐ 묵상 체크

13 사도들의 기도

월 일

사도행전 4:23-31 • 새찬송 516장 | 통일 265장

• 말씀묵상 전에 성령님의 인도하심을 구하는 기도를 드리십시오.

본문요약 | 공회에서 풀려난 사도들은 교회로 돌아와 그간의 상황을 상세히 보고하고 함께 기도한다. 그들의 기도는 앞으로 일어날 박해를 면하게 해달라는 기도가 아니었다. 주님의 종들이 담대히 하나님의 말씀을 전하게 해달라는 기도였다. 기도는 응답되었고, 교회는 더욱 성령 충만하여 복음을 증거한다.

23 사도들이 놓이매 그 동료에게 가서 제사
장들과 장로들의 말을 다 알리니
24 그들이 듣고 한마음으로 하나님께 소리
를 높여 이르되 대주재여 천지와 바다와
그 가운데 만물을 지은 이시요
25 또 주의 종 우리 조상 다윗의 입을 통하
여 성령으로 말씀하시기를
[ㄱ]어찌하여 열방이 분노하며 족속들이
허사를 경영하였는고
26 세상의 군왕들이 나서며 관리들이 함
께 모여 주와 그의 그리스도를 대적하
도다
하신 이로소이다
27 과연 헤롯과 본디오 빌라도는 이방인과
이스라엘 백성과 합세하여 하나님께서
기름 부으신 거룩한 [1]종 예수를 거슬러
28 하나님의 [2]권능과 뜻대로 이루려고 예정
하신 그것을 행하려고 이 성에 모였나이
다
29 주여 이제도 그들의 위협함을 굽어보시
옵고 또 종들로 하여금 담대히 하나님의
말씀을 전하게 하여 주시오며
30 손을 내밀어 병을 낫게 하시옵고 [3]표적과
기사가 거룩한 종 예수의 이름으로 이루
어지게 하옵소서 하더라
31 빌기를 다하매 모인 곳이 진동하더니 무
리가 다 성령이 충만하여 담대히 하나님
의 말씀을 전하니라

1) 또는 소자 2) 헬, 손과 3) 또는 이적
ㄱ. 시 2:1, 2

1. 오늘 하나님께서 나에게 주신 깨달음은 무엇입니까?

2. 말씀을 어떻게 내 삶에 구체적으로 적용해야 합니까?

절별 해설

23 사도들이 놓이매 그 동료에게 가서 제사장들과 장로들의 말을 다 알리니 공회에서 풀려난 사도들은 즉시 걱정하는 다른 사도들을 찾아가서 그간의 상황을 알린다. 유대 권력자들이 위협한 내용과 성령님의 도우심을 상세히 나누었을 것이다.

24 그들이 듣고 한마음으로 하나님께 소리를 높여 이르되 모든 이야기를 듣고 난 후 사도들과 동료들은 기도했다. 하나님을 향해 소리 높여 기도했다(lifted their voices). 이것은 그들의 간절한 마음을 보여준다. "한마음으로"는 '뜻을 모아' '나뉘지 않은 마음으로'라는 뜻으로 합심기도의 중요한 자세를 보여준다(행 1:14; 마 18:19).

대주재여 대주재(Sovereign Lord)는 당시 종들이 주인을 부를 때 사용하던 호칭으로, 여기서는 좀 더 강화된 의미로 쓰였다. 즉, 지극히 높으신 하나님의 권위와 권능을 표현하는 말로 쓰였다. 이어지는 내용으로 볼 때, 하나님이 모든 것의 섭리자이고 주인이심을 강조하는 표현이다.

25-26 시편 2편 1-2절을 인용하여 오실 그리스도를 세상이 배척한다는 내용을 언급하고 있다. 민족과 왕과 통치자들이 예수님을 대적할 것이라는 사실은 이미 오래전부터 예언되었다. 성령에 이끌려 기도하는 교회는 예언된 하나님의 뜻을 온전히 분별하고 있었다.

27 헤롯과 본디오 빌라도 헤롯 안디바스는 대헤롯(Herod Great, 마 2:1)의 아들(마 14:3)을 말한다. 당시 로마의 승인하에 갈릴리와 베뢰아 지방을 다스렸다. 본디오 빌라도는 로마 황제 직속의 총독으로 유대와 사마리아 지역 등을 관장하던 사람이다.
이방인과 이스라엘 백성과 합세하여 하나님께서 기름 부으신 거룩한 종 예수를 거슬러 성경의 예언은 그대로 성취되었다. 로마를 대표하는 본디오 빌라도와 유대 관원을 대표하는 헤롯을 중심으로 이방인과 유대인이 뜻을 모아 예수 그리스도를 대적하고 죽인 것이다.

28 하나님의 권능과 뜻대로 이루려고 예정하신 그것을 행하려고 이 성에 모였나이다 초대 교인들은 그리스도를 죽인 세상의 반대와 음모까지도 하나님이 계획하신 섭리임을 깨닫고 있다. 인간이 결정하고 행동하는 것 같아도 모든 것이 하나님의 예정과 섭리 속에 있음을 깨달은 것이다.

29 주여 이제도 그들의 위협함을 굽어보시옵고 위협은 그리스도에게 그치지 않고 이제 그를 따르는 제자들에게도 이어졌다. 그러나 모든 것이 하나님의 섭리 속에 있음을 안 교회는 환난 중에도 위로를 받았을 것이다.

쉬운성경

23 베드로와 요한은 유대 통치자들에게서 풀려나자, 동료들에게로 가서 대제사장과 장로들이 자기들에게 한 말을 그대로 전해 주었습니다.

24 동료들은 그 말을 듣고 소리를 높여 한마음으로 하나님께 기도했습니다. "하늘과 땅과 바다와 그 가운데 있는 모든 것을 창조하신 전능하신 주님,

25 주님께서는 주님의 종인 우리 조상 다윗의 입을 빌려 성령으로 이렇게 말씀하셨습니다.

> '어찌하여 민족들이 화를 내며, 어찌하여 백성이 헛된 계획을 세우는가?

26
> 세상의 왕들이 일어나며 통치자들이 주님과 그분의 그리스도를 대항하기 위해 한자리에 모였다.'*

27 실제로 헤롯 안티파스와 본디오 빌라도가 이방인들과 이스라엘 백성과 합심하여 주님의 거룩한 종이며, 주님께서 기름 부어 그리스도로 세우신 예수님에 대해 음모를 꾸미기 위해 이 곳 예루살렘에 모였습니다.

28 이전에 주님께서 주님의 능력과 뜻대로 계획하신 일을 이 사람들이 그대로 행하였습니다.

29 주님, 이제 그들이 우리를 위협하고 있는 것을 굽어 살피소서. 또 주님의 종들이 주님의 말씀을 담대하게 말할 수 있도록 용기를 주소서.

30 주님의 손을 펼쳐 병을 낫게 해 주시며, 주님의 거룩한 종 예수님의 이름으로 표적과 기적을 행하소서."

31 제자들이 기도를 마치자, 그들이 모여 있는 곳이 흔들렸습니다. 제자들은 모두 성령으로 충만해져서 하나님의 말씀을 담대하게 전하였습니다.

*4:25-26 시 2:1-2에 기록되어 있다.

또 종들로 하여금 담대히 하나님의 말씀을 전하게 하여 주시오며 초대교회는 당면한 박해를 면하게 해달라고 기도하지 않았다. 사도들은 자신의 평안과 안전을 기도하지도 않았다. 오직 그들에게 주어진 사명을 잘 감당하게 해달라고 기도했다. 바로 이것이 우리가 배워야 할 기도의 내용이다.

31 빌기를 다하매 모인 곳이 진동하더니 무리가 다 성령이 충만하여 제자들의 기도가 응답되었음을 보여주는 구절이다. 응답의 결과로 제자들은 담대히 하나님의 말씀을 전했다.

저자의 묵상

공회에서 풀려난 사도들은 권력자들에게 위협당하는 자신들의 상황이 성경 예언의 성취임을 깨달았다. 그래서 권력자들의 박해를 면하게 해달라고 기도하지 않았다. 다만 담대히 하나님의 말씀을 전하며 예수 그리스도를 증거할 수 있도록 기도했다. 제자들은 자신의 환경이 평안해지기를 기도하지 않았다. 비록 자신들이 힘들지라도 하나님의 뜻이 이루어지기를 기도했다. 우리도 제자들의 기도를 배워야 한다. 참된 기도의 동기는 내 평안과 안위가 아니라 하나님의 영광을 먼저 구하는 것이어야 한다. 나 중심으로 기도하다 보면 기도가 욕심으로 흘러갈 수 있다. 제자들처럼 성령 충만하여 말씀의 의미를 깨닫고 하나님의 영광을 위해 기도해야 한다. 우리가 하나님의 영광을 위해 기도하고 행동하는 시간이, 사실은 자신에게도 가장 복된 시간임을 깨닫게 될 것이다(참고. 마 6:33).

무릎 기도 하나님, 어려움이 있어도 제게 주어진 사명을 온전히 감당하게 하소서.

ESV - Acts 4

23 When they were released, they went to their friends and reported what the chief priests and the elders had said to them.
24 And when they heard it, they lifted their voices together to God and said, "Sovereign Lord, who made the heaven and the earth and the sea and everything in them,
25 who through the mouth of our father David, your servant,* said by the Holy Spirit, "'Why did the Gentiles rage, and the peoples plot in vain?
26 The kings of the earth set themselves, and the rulers were gathered together, against the Lord and against his Anointed'*—
27 for truly in this city there were gathered together against your holy servant Jesus, whom you anointed, both Herod and Pontius Pilate, along with the Gentiles and the peoples of Israel,
28 to do whatever your hand and your plan had predestined to take place.
29 And now, Lord, look upon their threats and grant to your servants to continue to speak your word with all boldness,
30 while you stretch out your hand to heal, and signs and wonders are performed through the name of your holy servant Jesus."
31 And when they had prayed, the place in which they were gathered together was shaken, and they were all filled with the Holy Spirit and continued to speak the word of God with boldness.

* 4:25 Or *child;* also verses 27, 30
* 4:26 Or *Christ*

24 sovereign 최고의 25 gentile 이방인 rage 격노하다 plot 모의하다 in vain 헛되이 26 anoint 기름을 바르다
28 predestine ~하도록 운명짓다 take place 일어나다, 발생하다 29 threat 위협 boldness 대담함 30 heal 치유하다

14 월 일

성도들의 미덕

사도행전 4:32-37 • 새찬송 358장 | 통일 400장

• 말씀묵상 전에 성령님의 인도하심을 구하는 기도를 드리십시오.

본문요약 | 예루살렘교회의 아름다운 교제의 모습을 다시 한 번 소개한다. 믿는 사람들의 무리는 물건을 나누어 쓰고, 부동산을 팔아 가난한 사람을 구제했다. 어려운 일을 겪고 기도로 하나가 된 교회는 성령 충만하여 복음을 담대히 전할 뿐 아니라 내부적으로도 아름다운 결속을 나눈다.

32 믿는 무리가 한마음과 한 [1]뜻이 되어 모
든 물건을 서로 통용하고 자기 재물을 조
금이라도 자기 것이라 하는 이가 하나도
없더라
33 사도들이 큰 권능으로 주 예수의 부활을
증언하니 무리가 큰 은혜를 받아
34 그중에 가난한 사람이 없으니 이는 밭과
집 있는 자는 팔아 그 판 것의 값을 가져
다가
35 사도들의 발 앞에 두매 그들이 각 사람의
필요를 따라 나누어 줌이라
36 구브로에서 난 레위족 사람이 있으니 이
름은 요셉이라 사도들이 일컬어 바나바
라(번역하면 위로의 아들이라) 하니
37 그가 밭이 있으매 팔아 그 값을 가지고
사도들의 발 앞에 두니라

1) 또는 영혼

1. 오늘 하나님께서 나에게 주신 깨달음은 무엇입니까?

2. 말씀을 어떻게 내 삶에 구체적으로 적용해야 합니까?

절별 해설

32 믿는 무리가 한마음과 한뜻이 되어 교회가 성령 충만할 때 나타나는 모습이다(행 2:46). 성령은 교회를 하나로 일치시키며 한뜻이 되게 하신다(엡 4:3).

모든 물건을 서로 통용하고 자기 재물을 조금이라도 자기 것이라 하는 이가 하나도 없더라 성령 충만한 교회는 31절에서 보는 것처럼 말씀을 담대히 전함과 동시에 구성원들끼리도 세상에 없는 사랑과 교제를 나눈다. 복음을 전할 때는 순교자적인 담대함을 갖지만, 내면에는 사랑과 애정이 넘친다. 말과 삶이 조화를 이루는 것이 성령 충만의 진정한 모습이다.

33 사도들이 큰 권능으로 주 예수의 부활을 증언하니 무리가 큰 은혜를 받아 사도행전 4장 30절에 나타난 기도에 대한 응답이다. 개인적인 욕심 없이 하나님의 영광만을 위할 때 사도들은 권능을 받았고, 그 권능은 예수님의 부활을 증거하는 데만 사용되었다.

34 그중에 가난한 사람이 없으니 이는 밭과 집 있는 자는 팔아 그 판 것의 값을 가져다가 믿는 무리가 큰 은혜를 받고 부동산(밭과 집)을 팔아 사도들 앞에 내놓았다. 그 혜택은 가난한 사람들에게 돌아갔고, 그 결과 가난한 사람들은 가난에서 벗어날 수 있었다. 약한 자를 보호하고 돌보는 것이 성령 충만한 교회의 모습이다(눅 4:18).

35 사도들의 발 앞에 두매 당시 구제를 포함한 교회의 모든 사역을 사도들이 주도했음을 보여준다.

그들이 각 사람의 필요를 따라 나누어 줌이라 분배의 원칙은 간단했다. 각 사람의 필요에 따라 나누었다. 욕심을 내려놓고 필요에 따라 나눌 수 있었던 것은 성령님의 간섭과 지배가 있었기에 가능했다.

36-37 구브로에서 난 레위족 사람이 있으니 이름은 요셉이라 사도들이 일컬어 바나바라(번역하면 위로의 아들이라) 하니 4장을 마치며 바나바를 소개한다. 바나바는 앞에서 말한 자발적 헌금을 드리는 대표적인 사람이었던 것 같다. 이례적으로 헌금자의 이름을 소개하는 것은, 다음 장에 나오는 아나니아와 삽비라의 행동과 대조하려는 의도인 듯하다. 바나바는 후에 예루살렘교회에서 이방 교회(안디옥교회)로 파송한 첫 번째 사람이 되고(행 11:22), 바울을 안디옥교회에 소개하여 동역한다(행 11:25-26). 그리고 바울의 1차 전도여행의 동역자이기도 했다(행 13:2). 아울러 "위로의 아들"이라는 이름처럼 대인관계가 폭넓은 사람이었다(행 15:37-38).

쉬운성경

32 믿는 사람들의 무리가 다 한마음과 한 정신으로, 자기 것을 자기 것이라고 말하는 사람이 한 사람도 없이, 자기가 가지고 있는 모든 것을 서로 나누어 썼습니다.

33 사도들은 계속해서 큰 능력으로 주 예수님의 부활을 증언하였습니다. 하나님께서는 모든 사람들에게 더 많은 은혜를 베푸셨습니다.

34 그들 중에 부족한 것이 있는 사람은 한 사람도 없었습니다. 때로는 밭이나 집이 있는 사람이 밭이나 집을 팔아 판 돈을 사도들에게 가져와

35 사도들의 발 앞에 놓았습니다. 그러면 사도들은 그 돈을 필요한 사람들에게 각각 나누어 주었습니다.

36 믿는 사람 중에 요셉이라는 사람이 있었습니다. 사도들은 그 사람을 바나바라고 불렀습니다. 바나바란 이름의 뜻은 '격려하는 사람'입니다. 바나바는 키프로스에서 태어난 레위 지파 사람입니다.

37 요셉이 자기의 밭을 팔아 그 돈을 사도들의 발 앞에 갖다 놓았습니다.

저자의 묵상

믿는 사람들이 모인 성령 충만한 교회는 나눔을 실천했다. 자발적으로 헌금했고, 이를 각자의 필요에 따라 나누어 주었다. 그 누구도 욕심부리거나 자기 것만 챙기는 사람이 없었다. 모든 것이 성령께서 함께하신 결과였다. 성령 충만의 모습을 흔히 어떤 황홀경이나 신비한 현상으로 치부하거나, 어떤 것과도 싸워 이기는 투사 같은 면모로 떠올리기 쉽다. 그러나 초대교회가 보여준 성령 충만의 모습은 이웃에 대한 구체적인 사랑과 나눔이었다. 특히 초대교회의 모습이 인상적인 것은, 그들이 외부의 박해와 어려움 중에 복음을 전하며 유무상통의 삶을 실천했다는 것이다. 사람이나 단체는 외적인 어려움이 있으면 내적으로 긴축하며 각박해지는 경향이 있다. 그러나 초대교회 성도들은 어려울수록 더욱 사랑과 구제에 힘썼다. 이러한 사랑이 힘이 되어 외적인 어려움을 이길 수 있었을 것이다. 힘들고 어려울 때일수록 주변에 대한 관심과 사랑을 더욱 기울이는 교회와 성도가 되어야 한다.

무릎 기도 | 하나님, 말로만이 아닌 필요에 따라 서로 나누는 삶을 살게 하소서.

ESV - Acts 4

32 Now the full number of those who believed
were of one heart and soul, and no one said
that any of the things that belonged to him
was his own, but they had everything in
common.
33 And with great power the apostles were
giving their testimony to the resurrection of
the Lord Jesus, and great grace was upon
them all.
34 There was not a needy person among them,
for as many as were owners of lands or
houses sold them and brought the proceeds
of what was sold
35 and laid it at the apostles' feet, and it was
distributed to each as any had need.
36 Thus Joseph, who was also called by the
apostles Barnabas (which means son of
encouragement), a Levite, a native of Cyprus,
37 sold a field that belonged to him and brought
the money and laid it at the apostles' feet.

32 in common 공동으로 33 apostle 사도 testimony 증언 resurrection 부활 34 needy 가난한 proceeds 수입, 매상고
35 distribute 나누어 주다 36 encouragement 격려

15

월 일

교회 안의 거짓

사도행전 5:1-11 • 새찬송 460장 | 통일 515장

• 말씀묵상 전에 성령님의 인도하심을 구하는 기도를 드리십시오.

본문요약 I 아나니아와 삽비라 사건이 소개된다. 소유를 팔아 헌금하는 아름다운 모습을 틈타 거짓된 위선이 드러난다. 두 사람은 사도들 앞에서 죽음을 맞았고, 온 교회는 엄중한 교훈을 얻는다. 사탄은 교회의 미덕을 통해서도 시험한다는 사실을 기억해야 하며, 거룩과 정직은 교회의 진정한 모토여야 함을 알아야 한다.

1 아나니아라 하는 사람이 그의 아내 삽비
라와 더불어 소유를 팔아
2 그 값에서 얼마를 감추매 그 아내도 알더
라 얼마만 가져다가 사도들의 발 앞에 두
니
3 베드로가 이르되 아나니아야 어찌하여
사탄이 네 마음에 가득하여 네가 성령을
속이고 땅값 얼마를 감추었느냐
4 땅이 그대로 있을 때에는 네 땅이 아니며
판 후에도 네 마음대로 할 수가 없더냐
어찌하여 이 일을 네 마음에 두었느냐 사
람에게 거짓말한 것이 아니요 하나님께
로다
5 아나니아가 이 말을 듣고 엎드러져 혼이
떠나니 이 일을 듣는 사람이 다 크게 두
려워하더라
6 젊은 사람들이 일어나 시신을 싸서 메고
나가 장사하니라
7 세 시간쯤 지나 그의 아내가 그 일어난
일을 알지 못하고 들어오니
8 베드로가 이르되 그 땅 판 값이 이것뿐이
냐 내게 말하라 하니 이르되 예 이것뿐이
라 하더라
9 베드로가 이르되 너희가 어찌 함께 꾀하
여 주의 영을 시험하려 하느냐 보라 네
남편을 장사하고 오는 사람들의 발이 문
앞에 이르렀으니 또 너를 메어 내가리라
하니
10 곧 그가 베드로의 발 앞에 엎드러져 혼이
떠나는지라 젊은 사람들이 들어와 죽은
것을 보고 메어다가 그의 남편 곁에 장사
하니
11 온 교회와 이 일을 듣는 사람들이 다 크
게 두려워하니라

1. 오늘 하나님께서 나에게 주신 깨달음은 무엇입니까?

2. 말씀을 어떻게 내 삶에 구체적으로 적용해야 합니까?

절별 해설

1 아나니아라 하는 사람이 그의 아내 삽비라와 더불어 소유를 팔아 아나니아는 '여호와는 은혜로우시다'라는 뜻으로 당시 흔한 이름이었고, 삽비라는 '청옥'이라는 뜻으로 아름다움을 나타내는 이름이었다.

2 그 값에서 얼마를 감추매 그 아내도 알더라 얼마만 가져다가 사도들의 발 앞에 두니 '감추다'는 '횡령하다' '훔치다'라는 의미다(딛 2:10). 구약성경을 헬라어로 번역한 70인역(LXX)에서는 이 단어를 구약시대 아간의 범죄에 사용했다(수 7:1 "가졌음이라", 여기서 '가지다'는 '훔치다'라는 뜻). 즉, 두 사람의 범죄는 구약으로 말하면 여리고 성 전쟁에서 물건을 몰래 훔친 아간의 범죄와 동일하다. 두 사건 모두 하나님의 교회에서 거짓을 행한 사건이다.

3 어찌하여 사탄이 네 마음에 가득하여 네가 성령을 속이고 땅 값 얼마를 감추었느냐 이 사건은 외형상으로는 아나니아와 삽비라가 땅값을 속인 것이지만, 그 내면에는 한참 성장하고 있는 교회를 흠집 내려는 사탄의 의도가 숨어 있다. 사탄은 교회의 가장 아름다운 모습인 소유를 나누는 것을 통해서도 하나님의 교회를 어지럽히고 시험했다.

4 땅이 그대로 있을 때에는 네 땅이 아니며 판 후에도 네 마음대로 할 수가 없더냐 아나니아와 삽비라가 땅을 팔아 헌금하는 것에는 전혀 강제성이 없었다. 두 사람은 자신의 마음대로 할 수 있었다. 사실 땅값의 일부분을 드렸다는 것 자체가 문제 되는 것은 아니다.

어찌하여 이 일을 네 마음에 두었느냐 사람에게 거짓말한 것이 아니요 하나님께로다 하나님을 속이려 한 것이 이들 죄의 본질이다. 자기 임의대로 일부분을 드려도 문제 되지 않았다. 추측건대 아나니아와 삽비라는 바나바의 경우를 보면서 칭찬과 명성을 얻기 위해 헌금했지만, 재물에 대한 욕심으로 일부를 전체라고 속이는 거짓을 행한 것 같다.

9 너희가 어찌 함께 꾀하여 주의 영을 시험하려 하느냐 반복해서 언급되는 아나니아와 삽비라의 죄는 성령과 교회를 속이려고 한 것이다.

11 온 교회와 이 일을 듣는 사람들이 다 크게 두려워하니라 5절에 이어 반복하면서 아나니아와 삽비라 사건이 가져온 결과를 강조하고 있다. 교회는 하나님의 임재가 실재하는 곳이며, 거짓된 믿음과 헌신은 반드시 심판받는다는 교훈을 준다. 거룩과 정직은 성도와 교회가 지켜내야 할 기본 덕목이자 최고 덕목이다.

쉬운성경

1 아나니아라는 사람과 그의 아내 삽비라도 자기들의 땅 일부분을 팔았습니다.

2 아나니아는 땅을 판 돈에서 얼마를 떼어 몰래 숨겨 놓고, 나머지만 사도들의 발 앞에 갖다 놓았습니다. 그의 아내도 이런 내막을 다 알고 있었습니다.

3 그때 베드로가 말했습니다. "아나니아여, 어찌하여 사탄이 그대의 마음에 가득하여 성령을 속이고 땅을 팔아 받은 돈 가운데 얼마를 떼어 놓았소?

4 그 땅은 팔기 전에도 그대의 것이었고, 판 뒤에도 그 돈을 그대 마음대로 할 수 있었소. 그런데 어찌하여 성령을 속일 마음을 먹었소? 그대는 사람을 속인 것이 아니라 하나님을 속인 것이오."

5 아나니아는 이 말을 듣자마자 쓰러져 죽었습니다. 이 소식을 들은 모든 사람들은 몹시 두려워했습니다.

6 젊은이 몇 사람이 들어와 그의 시체를 싸서 밖으로 메고 나가 묻었습니다.

7 세 시간쯤 지나서 아나니아의 아내 삽비라가 들어왔습니다. 삽비라는 방금 전에 무슨 일이 일어났는지 전혀 몰랐습니다.

8 베드로가 삽비라에게 물어 보았습니다. "그대와 그대의 남편 아나니아가 땅을 팔아서 받은 돈이 이것뿐이오?" 삽비라는 "예, 그것뿐입니다"라고 대답했습니다.

9 베드로가 다시 말했습니다. "어찌하여 그대와 그대의 남편은 서로 짜고 주님의 성령을 시험할 수 있단 말이오? 보시오! 그대의 남편을 장사지내고 온 사람들이 문 앞에 있으니, 그들이 그대를 메고 나갈 것이오."

10 그 말이 끝나자마자 삽비라는 베드로 앞에 쓰러져서 죽었습니다. 그 순간 젊은 이들이 들어와 삽비라가 죽은 것을 보고, 그녀를 밖으로 메고 나가 남편 곁에 묻었습니다.

11 온 교회와 이 일을 들은 모든 사람들이 큰 두려움에 사로잡혔습니다.

저자의 묵상

사탄은 외부 공격이 실패하자 내부 공격을 감행한다. 4장에서 교회가 하나 되어 외부의 압력을 이겨내고 나눔을 실천하자, 이번에는 그 나눔 속에서 위선과 거짓의 독소를 만들어낸다. 사탄의 공격은 실로 교묘하다. 성도들이 자발적 헌금을 통해 하나 되고 칭찬받는 일 속에서 거짓이 싹트게 만든다. 이것은 오늘날도 조심해야 할 신앙적 내용이다. 언제나 명분 있는 일에 시험이 많다는 사실을 기억하자. 개인이나 교회나 잘하는 것에는 시험이 많다. 오히려 못하는 일에는 시험이 적은 법이다. 초대교회도 본 장에 나오는 헌금과 구제(6장)에 시험이 있었다. 가장 잘하고 자랑할 만하며 모범적인 분야에 시험이 찾아온다. 성경 많이 읽는 사람, 기도 많이 하는 사람, 헌신 많이 하는 사람 등이 간혹 교회를 소란스럽게 하고 어지럽히는 경향이 있다. 잘 하는 일에 더욱 겸손히 행하는 신앙인이 되자.

무릎 기도 하나님, 정직하고 순결한 개인과 가정 그리고 교회가 되게 하소서.

ESV - Acts 5

1 But a man named Ananias, with his wife
Sapphira, sold a piece of property,
2 and with his wife's knowledge he kept back
for himself some of the proceeds and
brought only a part of it and laid it at the apo-
stles' feet.
3 But Peter said, "Ananias, why has Satan
filled your heart to lie to the Holy Spirit and to
keep back for yourself part of the proceeds
of the land?
4 While it remained unsold, did it not remain
your own? And after it was sold, was it not at
your disposal? Why is it that you have
contrived this deed in your heart? You have
not lied to man but to God."
5 When Ananias heard these words, he fell
down and breathed his last. And great fear
came upon all who heard of it.
6 The young men rose and wrapped him up
and carried him out and buried him.
7 After an interval of about three hours his wife
came in, not knowing what had happened.
8 And Peter said to her, "Tell me whether you*
sold the land for so much." And she said,
"Yes, for so much."
9 But Peter said to her, "How is it that you
have agreed together to test the Spirit of the
Lord? Behold, the feet of those who have
buried your husband are at the door, and
they will carry you out."
10 Immediately she fell down at his feet and
breathed her last. When the young men
came in they found her dead, and they car-
ried her out and buried her beside her
husband.
11 And great fear came upon the whole church
and upon all who heard of these things.

* 5:8 The Greek for *you* is plural here

1 property 재산　2 keep back (무엇의 일부를 계속) 가지다, (나중을 위하여) 남겨두다　proceeds 수입, 매상고　4 at one's disposal ~의 마음대로 사용할 수 있게　contrive 꾸미다　deed 행위　5 breathe one's last 숨을 거두다　6 wrap (감)싸다　bury 묻다, 매장하다　7 interval 간격　8 so much 그만큼　9 agree 합의하다

16 사도들을 통한 기적

월 일

사도행전 5:12-16 • 새찬송 221장 | 통일 525장

• 말씀묵상 전에 성령님의 인도하심을 구하는 기도를 드리십시오.

본문요약 I 사도들을 통해 신기한 능력이 나타나고 복음이 확대되는 내용이다. 교회의 어려움을 해소하고 더 많은 능력이 사도들을 통해 나타남으로써 초대교회의 리더십은 확고해진다. 누구도 사도들을 대적할 수 없고, 오히려 칭송받을 정도로 주님은 증인된 사도들을 높이신다. 사도들의 높아진 권위는 개인의 영광이 아닌 복음의 확장에 쓰인다.

12 사도들의 손을 통하여 민간에 [1]표적과 기
사가 많이 일어나매 믿는 사람이 다 마음
을 같이하여 솔로몬 행각에 모이고
13 그 나머지는 감히 그들과 상종하는 사람
이 없으나 백성이 칭송하더라
14 믿고 주께로 나아오는 자가 더 많으니 남
녀의 큰 무리더라
15 심지어 병든 사람을 메고 거리에 나가 침
대와 요 위에 누이고 베드로가 지날 때에
혹 그의 그림자라도 누구에게 덮일까 바
라고
16 예루살렘 부근의 수많은 사람들도 모여
병든 사람과 더러운 귀신에게 괴로움 받
는 사람을 데리고 와서 다 나음을 얻으니
라

1) 또는 이적

1. 오늘 하나님께서 나에게 주신 깨달음은 무엇입니까?

2. 말씀을 어떻게 내 삶에 구체적으로 적용해야 합니까?

절별 해설

12 사도들의 손을 통하여 민간에 표적과 기사가 많이 일어나매 믿는 사람이 다 마음을 같이하여 솔로몬 행각에 모이고 초대 교인들은 아나니아와 삽비라 사건이 처리되면서 사도들에게 두려움과 존경심을 지니게 된다(11절). 사도들을 통해 주님의 다양한 능력이 계속해서 나타난다. 일련의 사건을 통해 초대교회에서 사도들의 지위를 확고히 세우시는 주님의 섭리를 볼 수 있다.

13 그 나머지는 감히 그들과 상종하는 사람이 없으나 백성이 칭송하더라 사도들의 능력을 바라보는 태도는 크게 세 가지다. 믿고 한마음으로 따르는 무리(12절)와 반대자들(13절의 믿지 않으므로 공동체의 일원이 되지 않으려는 사람들), 그리고 중간 부류다. 중간 부류는 믿지는 않으나 복음에 호의적인 사람들로 구분된다(13절의 칭송하는 백성). 그중 반대자들도 사도들이 행한 객관적 증거를 보고는 감히 대적할 수 없었으며, 호의적인 백성들은 사도들을 칭송하면서 잠재적인 성도가 되어 갔다.

14 믿고 주께로 나아오는 자가 더 많으니 남녀의 큰 무리더라 표적과 기적의 결과로 주님께 나아오는 사람이 많아졌다는 점을 기억하자. 올바른 능력은 행하는 사람을 높이지 않고 항상 주님을 높인다. 사도행전의 기적은 이 사실을 강조한다. 한편 사도행전이 보여주는 중요한 패턴은, 한 번의 고비가 해결되면 그것이 복음의 확장으로 이어진다는 것이다. 교회 내부의 문제가 처리되자 더 큰 능력이 나타나고 왕성한 부흥이 찾아온다.

15 심지어 병든 사람을 메고 거리에 나가 침대와 요 위에 누이고 베드로가 지날 때에 혹 그의 그림자라도 누구에게 덮일까 바라고 사도들의 위상이 어느 정도였는지 보여주는 부분이다. 최고의 권세가 사도들에게 주어지고 있었다. 사도들은 교육받지 못했고 연약한 자들이었으나, 그들이 주님의 일을 감당할 때 주님은 그들의 권위를 누구보다도 높여 주셨다(참고. 행 19:11-12).

16 예루살렘 부근의 수많은 사람들도 모여 병든 사람과 더러운 귀신에게 괴로움 받는 사람을 데리고 와서 다 나음을 얻으니라 사도행전 1장 8절 말씀이 서서히 현실로 나타났다. 복음의 능력은 이제 예루살렘에만 갇혀 있을 수 없었다. 서서히 주변 지역으로 흘러가고 있었다.

쉬운성경

12 사도들은 백성들 사이에서 많은 표적과 기적을 행했습니다. 믿는 사람들이 '솔로몬 행각'에 자주 모였습니다.

13 그들은 백성들에게서 칭찬을 받았습니다. 하지만 사람들은 감히 믿는 사람들의 모임에 끼어들지 못했습니다.

14 이런 중에도 주님을 믿는 사람들은 점점 더 많아졌습니다. 그리하여 남자나 여자나 믿는 사람의 수가 크게 늘어났습니다.

15 그러자 사람들은 베드로가 지나갈 때면 병자를 길에 데리고 나와 침대나 자리에 눕혀 놓고, 베드로의 그림자라도 그들에게 덮이기를 바랐습니다.

16 예루살렘 주변의 여러 마을에서도 사람들이 몰려들었습니다. 그들은 병자와 악한 귀신에게 시달리는 사람들을 데려왔으며, 그들은 모두 고침을 받았습니다.

저자의 묵상

하나님은 사도들을 통해 역사하심으로 그들을 교회의 리더로 확고히 세우신다. 교회 안의 권위는 스스로 만드는 것이 아니다. 주님의 일을 할 때 주님께서 세워주시는 것이다. 스스로 자신을 높이려 들면 오히려 낮아질 뿐이다(눅 14:11). 하나님의 전능하심 아래서 자신을 낮추는 자는 하나님이 높여주신다(벧전 5:6). 높이는 것은 하나님의 일이다. 그러므로 우리는 교회에서 높아지려 하지 말고 겸손히 주님의 일을 감당해야 한다. 그러면 주님께서 우리를 높여주실 것이다(약 4:10).

한편, 아나니아와 삽비라 사건으로 교회 내의 부정적인 죄가 해소되면서 초대교회는 더욱 부흥한다. 위기와 기회는 언제나 동전의 양면 같다. 어려움을 어떻게 대하고 해결하느냐에 따라 그 어려움이 새로운 기회의 발판이 되기도 한다. 어려움 중에도 믿음과 성결을 잃지 말자. 어려움이 지나면 평범할 때 맛보지 못한 더 큰 은혜가 기다리고 있을 것이다.

무릎기도 하나님, 스스로 만드는 권위가 아닌 주님이 세우시는 권세를 체험하게 하소서.

ESV - Acts 5

12 Now many signs and wonders were regularly done among the people by the hands of the apostles. And they were all together in Solomon's Portico.
13 None of the rest dared join them, but the people held them in high esteem.
14 And more than ever believers were added to the Lord, multitudes of both men and women,
15 so that they even carried out the sick into the streets and laid them on cots and mats, that as Peter came by at least his shadow might fall on some of them.
16 The people also gathered from the towns around Jerusalem, bringing the sick and those afflicted with unclean spirits, and they were all healed.

12 regularly 자주 portico 주랑 현관 13 dare 감히 ~하다 hold ~ in high esteem ~을 매우 존중(존경)하다 14 more than ever 더욱더, 점점 더 multitude 다수 15 cot 간이 침대 at least 적어도 16 afflict 몹시 괴롭히다

17

월 일

투옥과 재충돌

사도행전 5:17-32 • 새찬송 420장 | 통일 212장

• 말씀묵상 전에 성령님의 인도하심을 구하는 기도를 드리십시오.

본문요약 | 사도들이 많은 이적을 행하고 교회가 더욱 성장하자, 이에 시기심과 위기감을 느낀 종교지도자들은 사도들을 다시 잡아다가 옥에 가둔다. 그러나 주의 사자가 밤에 그들을 신비한 방법으로 구출하고, 사도들은 주어진 사명에 집중한다. 이로 인해 사도들과 산헤드린 공회는 다시 충돌하지만, 사도들은 그리스도에 대한 변함없는 충성을 보인다.

17 대제사장과 그와 함께 있는 사람 즉 사두
개인의 당파가 다 마음에 시기가 가득하
여 일어나서
18 사도들을 잡아다가 옥에 가두었더니
19 주의 사자가 밤에 옥문을 열고 끌어내어
이르되
20 가서 성전에 서서 이 생명의 말씀을 다
백성에게 말하라 하매
21 그들이 듣고 새벽에 성전에 들어가서 가
르치더니 대제사장과 그와 함께 있는 사
람들이 와서 [1]공회와 이스라엘 족속의 원
로들을 다 모으고 사람을 옥에 보내어 사
도들을 잡아오라 하니
22 부하들이 가서 옥에서 사도들을 보지 못
하고 돌아와
23 이르되 우리가 보니 옥은 든든하게 잠기
고 지키는 사람들이 문에 서 있으되 문을
열고 본즉 그 안에는 한 사람도 없더이다
하니
24 성전 [2]맡은 자와 제사장들이 이 말을 듣
고 의혹하여 이 일이 어찌 될까 하더니
25 사람이 와서 알리되 보소서 옥에 가두었
던 사람들이 성전에 서서 백성을 가르치
더이다 하니
26 성전 [2]맡은 자가 부하들과 같이 가서 그
들을 잡아왔으나 강제로 못함은 백성들
이 돌로 칠까 두려워함이더라
27 그들을 끌어다가 공회 앞에 세우니 대제
사장이 물어

1) 또는 공회 즉 이스라엘 2) 또는 경비대장
3) 또는 오른편에 4) 또는 말씀의

28 이르되 우리가 이 이름으로 사람을 가르
치지 말라고 엄금하였으되 너희가 너희
가르침을 예루살렘에 가득하게 하니 이
사람의 피를 우리에게로 돌리고자 함이
로다
29 베드로와 사도들이 대답하여 이르되 사
람보다 하나님께 순종하는 것이 마땅하
니라
30 너희가 나무에 달아 죽인 예수를 우리 조
상의 하나님이 살리시고
31 이스라엘에게 회개함과 죄 사함을 주시
려고 그를 [3]오른손으로 높이사 임금과 구
주로 삼으셨느니라
32 우리는 이 [4]일에 증인이요 하나님이 자기
에게 순종하는 사람들에게 주신 성령도
그러하니라 하더라

1. 오늘 하나님께서 나에게 주신 깨달음은 무엇입니까?

2. 말씀을 어떻게 내 삶에 구체적으로 적용해야 합니까?

절별 해설

17 대제사장과 그와 함께 있는 사람 즉 사두개인의 당파가 다 마음에 시기가 가득하여 일어나서 사두개인들이 사도들을 못마땅하게 여긴 진짜 이유를 설명하고 있다. 표면적으로는 부활을 믿지 않는 사두개인들이 부활을 전하는 사도들을 위협하는 것처럼 보였으나, 진짜 이유는 사도들의 인기에 대한 시기심이었다. 백성들에 대한 자신들의 종교적 지배력과 기득권이 약화될 것을 두려워한 것이다.

18 사도들을 잡아다가 옥에 가두었더니 4장에서는 베드로와 요한만을 잡았으나, 여기서는 사도들을 모두 붙잡은 것 같다. 이때 사도들은 솔로몬 행각에 모여 예수님에 관한 가르침(28절)["도"(6:7)]을 전하고 있었던 것으로 추정된다.

19 주의 사자가 밤에 옥문을 열고 끌어내어 이르되 23절을 보면 감옥 문은 잠겨 있었고, 그 문을 지키는 사람들도 있었다. 따라서 주의 사자가 사도들을 풀어준 것은 초자연적인 섭리임을 알 수 있다.

20 가서 성전에 서서 이 생명의 말씀을 다 백성에게 말하라 하매 사도들이 풀려난 이유는 "생명의 말씀"을 전할 사명이 있었기 때문이다. 사명자는 묶여 있을 수 없다. 사도들은 생명의 말씀을 백성에게 전하라는 말을 듣고 즉시 순종하여 아침 일찍부터 성전에서 말씀을 전하기 시작한다. 사도들이 풀려나자마자 복음을 전한 것은 위험을 무릅쓴 행동이다. 다시 잡힐 수도 있었다. 그러나 사도들은 도망치거나 피하지 않았다.

26 성전 맡은 자가 부하들과 같이 가서 그들을 잡아왔으나 강제로 못함은 백성들이 돌로 칠까 두려워함이더라 사도들에 대한 백성의 존경심이 어느 정도인지 알 수 있는 대목이다. 당국자들도 사도들을 함부로 체포할 수 없었다.

28 너희가 너희 가르침을 예루살렘에 가득하게 하니 이 사람의 피를 우리에게로 돌리고자 함이로다 대제사장을 위시한 공회가 주동하여 예수님을 죽음으로 내몰았다(마 27:20). 따라서 사도들이 세력을 얻고 예수님이 메시아로 증명되면 그들은 메시아를 죽인 일을 책임져야 했기에 이를 우려하고 있었다. 그러나 사실 그들은 그 책임을 지겠다고 이미 호언한 바 있다(마 27:25).

29 베드로와 사도들이 대답하여 이르되 사람보다 하나님께 순종하는 것이 마땅하니라 사람의 뜻과 하나님의 뜻이 명확히 다를 경우 하나님의 뜻을 따르는 것이 당연한 원리임을 재확인한다(행 4:19).

쉬운성경

17 대제사장과 사두개파에 속한 그의 모든 동료들은 사도들을 향한 시기심이 가득하였습니다.

18 그들은 사도들을 붙잡아 감옥에 가두었습니다.

19 그러나 밤중에 주님의 천사가 감옥 문을 열고, 사도들을 밖으로 데리고 나가며 말했습니다.

20 "너희는 가서 성전에 서서, 이 생명의 말씀을 백성들에게 다 전하여라."

21 사도들은 이 말을 듣고, 아침 일찍 성전으로 가서 가르치기 시작하였습니다. 대제사장과 그의 동료들이 도착하여 이스라엘의 모든 장로로 구성된 공의회를 소집하고, 감옥으로 사람을 보내어 사도들을 데려오게 했습니다.

22 관리들이 감옥에 가 보았으나 사도들은 보이지 않았습니다. 그들은 돌아와서 그 사실을 알렸습니다.

23 "우리가 가서 보니 감옥 문이 굳게 잠겨 있었고, 간수들은 문을 지키고 서 있었습니다. 그런데 문을 열고 보니 감옥 안에는 아무도 없었습니다."

24 이 말을 듣고 성전 경비대장과 제사장들은 사도들에게 일어난 일로 놀라며 당황했습니다.

25 바로 그때, 어떤 사람이 와서 "보십시오! 여러분이 감옥에 가두었던 사람들이 성전 뜰에 서서 백성들을 가르치고 있습니다"라고 말했습니다.

26 그러자 성전 경비대장은 그의 부하들을 밖으로 데리고 나가 사도들을 다시 잡아 왔습니다. 그러나 그들은 사람들이 자기들에게 돌을 던질까 두려워 폭력을 쓰지는 않았습니다.

27 성전 경비대에 속한 사람들이 사도들을 데려와 공의회 앞에 세우자, 대제사장이 사도들에게 물었습니다.

30 너희가 나무에 달아 죽인 예수를 우리 조상의 하나님이 살리시고 제사장들과 장로들은 "나무에 달린 자는 하나님께 저주를 받았다"(신 21:23)는 말씀을 이용하면서, 십자가 형벌을 통해 예수님과 그 영향력을 철저히 매장시키려 했다. 본절은 이런 그들의 저의를 꼬집는 표현이다.

32 우리는 이 일에 증인이요 하나님이 자기에게 순종하는 사람들에게 주신 성령도 그러하니라 하더라 증인된 제자들의 증언과 성령의 역사가 강하게 나타나는 것이, 예수님이 이스라엘의 임금과 구주이심을 드러내는 증거다.

28 "우리가 이 이름으로 가르치지 말라고 단단히 주의를 주었는데도, 그대들은 예루살렘을 온통 그대들의 가르침으로 채워 놓았소. 그리고 예수를 죽인 책임을 우리에게 넘기려 하고 있소."

29 그러자 베드로와 다른 사도들이 대답했습니다. "우리가 사람이 아니라 하나님께 복종해야 하는 것은 당연한 일입니다.

30 여러분이 나무에 매달아 죽인 예수님을 우리 조상의 하나님께서 다시 살리셨습니다.

31 하나님께서는 이 예수님을 높이 올리셔서 하나님 오른편에 앉게 하셨습니다. 하나님께서는 예수님을 우리의 지도자와 구세주로 삼으셔서, 이스라엘에게 회개를 통해 죄 사함을 받게 하셨습니다.

32 우리는 이 일의 증인입니다. 또한 하나님께서 자기에게 복종하는 사람에게 주신 성령 역시 그렇습니다."

저자의 묵상

사도들로 인해 초대교회가 더욱 성장하자 이에 위기감과 시기심을 느낀 유대 종교지도자들이 사도들을 모두 잡아다 옥에 가둔다. 그러나 주의 사자가 나타나, 옥문을 지키는 사람들이 있음에도 감쪽같이 사도들을 풀어 놓는다. 사도들은 생명의 말씀을 백성에게 전하라는 사명을 받는다. 두 가지를 기억하자. 첫째, 어려움이 계속될수록 주님의 도우심도 커진다. 제자들은 두 번째 투옥되나(참고. 행 4:3), 이번에는 주의 사자가 신비한 방법으로 그들을 풀어 놓는다. 사도들은 더욱 힘을 얻고 복음을 전했을 것이다. 어려움이 있으면 주님의 도우심도 커진다는 사실을 기억하자. 둘째, 사명이 있는 곳에 주님의 도우심도 계속된다. 사도들은 생명의 말씀을 전할 사명자였기에 더 이상 옥에 갇혀 있을 수 없었다. 당신도 주님의 함께하심을 계속 체험하고 싶은가? 그렇다면 주어진 사명에 더욱 열심을 내야 할 것이다.

무릎 기도 하나님, 주신 사명을 삶의 모든 영역에서 즉시 순종하게 하소서.

ESV - Acts 5

17 But the high priest rose up, and all who were with him (that is, the party of the Sadducees), and filled with jealousy

18 they arrested the apostles and put them in the public prison.

19 But during the night an angel of the Lord opened the prison doors and brought them out, and said,

20 "Go and stand in the temple and speak to the people all the words of this Life."

21 And when they heard this, they entered the temple at daybreak and began to teach. Now when the high priest came, and those who were with him, they called together the council, all the senate of the people of Israel, and sent to the prison to have them brought.

22 But when the officers came, they did not find them in the prison, so they returned and reported,

23 "We found the prison securely locked and the guards standing at the doors, but when we opened them we found no one inside."

24 Now when the captain of the temple and the chief priests heard these words, they were greatly perplexed about them, wondering what this would come to.

25 And someone came and told them, "Look! The men whom you put in prison are standing in the temple and teaching the people."

26 Then the captain with the officers went and brought them, but not by force, for they were afraid of being stoned by the people.

27 And when they had brought them, they set them before the council. And the high priest questioned them,

28 saying, "We strictly charged you not to teach in this name, yet here you have filled Jerusalem with your teaching, and you intend to bring this man's blood upon us."

29 But Peter and the apostles answered, "We must obey God rather than men.

30 The God of our fathers raised Jesus, whom you killed by hanging him on a tree.

31 God exalted him at his right hand as Leader and Savior, to give repentance to Israel and forgiveness of sins.

32 And we are witnesses to these things, and so is the Holy Spirit, whom God has given to those who obey him."

17 jealousy 질투 18 arrest 체포하다 21 daybreak 새벽 call together a council 회의를 소집하다 senate 원로원 23 securely 단단히 24 perplexed 당황한 wonder 알고 싶어 하다 26 by force 강제로 28 strictly 엄격히 intend to ~ ~할 작정이다 31 exalt 높이다 savior 구세주 repentance 회개 32 witness 증인

• MEMO •

18 가말리엘의 중재

월 일

사도행전 5:33-42 • 새찬송 212장 | 통일 347장

• 말씀묵상 전에 성령님의 인도하심을 구하는 기도를 드리십시오.

본문요약 I 공회가 사도들에게 분노하여 그들을 없애기로 결정할 즈음, 당시 율법교사로서 크게 존경받던 가말리엘이 이 일을 중재한다. 가말리엘은 당시 발생한 두 가지 잘못된 사건을 예로 들며 사도들을 내버려 둘 것을 제안하는데, 이것이 공회에 받아들여진다. 사도들은 주님을 위해 고난받는 것도 기뻐하며 날마다 예수 그리스도를 전파한다.

33 그들이 듣고 크게 노하여 사도들을 없이 하고자 할새
34 바리새인 가말리엘은 율법교사로 모든 백성에게 존경을 받는 자라 공회 중에 일어나 명하여 사도들을 잠깐 밖에 나가게 하고
35 말하되 이스라엘 사람들아 너희가 이 사람들에게 대하여 어떻게 하려는지 조심하라
36 이전에 드다가 일어나 스스로 선전하매 사람이 약 사백 명이나 따르더니 그가 죽임을 당하매 따르던 모든 사람들이 흩어져 없어졌고
37 그 후 호적할 때에 갈릴리의 유다가 일어나 백성을 꾀어 따르게 하다가 그도 망한즉 따르던 모든 사람들이 흩어졌느니라
38 이제 내가 너희에게 말하노니 이 사람들을 상관하지 말고 버려두라 이 사상과 이 소행이 사람으로부터 났으면 무너질 것이요
39 만일 하나님께로부터 났으면 너희가 그들을 무너뜨릴 수 없겠고 도리어 하나님을 대적하는 자가 될까 하노라 하니
40 그들이 옳게 여겨 사도들을 불러들여 채찍질하며 예수의 이름으로 말하는 것을 금하고 놓으니
41 사도들은 그 이름을 위하여 능욕 받는 일에 합당한 자로 여기심을 기뻐하면서 공회 앞을 떠나니라
42 그들이 날마다 성전에 있든지 집에 있든지 예수는 그리스도라고 가르치기와 전도하기를 그치지 아니하니라

1. 오늘 하나님께서 나에게 주신 깨달음은 무엇입니까?

2. 말씀을 어떻게 내 삶에 구체적으로 적용해야 합니까?

절별 해설

33 그들이 듣고 크게 노하여 사도들을 없이하고자 할새 일반 백성들은 사도들의 말을 듣고 죄책감으로 마음이 찔렸으나(행 2:37) 공회원들은 분노한다. 상반된 반응이다. 모든 사람이 복음에 대해 바른 반응을 보이지는 않는다(고후 2:15-16). 오히려 공회원들은 사도들을 죽이려고 한다. 인간의 마음이 얼마나 악하며 회개하지 않는지를 보여준다.

34 바리새인 가말리엘은 율법교사로 모든 백성에게 존경을 받는 자라 이때 가말리엘이 공회의 움직임에 제동을 건다. 가말리엘은 당시 7인의 라반(선생님) 중 한 사람으로, 존경받는 바리새인 지도자였다. 당시 양대 율법학파 중 하나인 힐렐 학파의 거두로, 힐렐의 직계 손자로 알려진 인물이다. 사도 바울도 그의 제자다(행 22:3).

36 드다 드다에 대해서는 정확히 알려진 바가 없다. 그 이름이 유대에서 드문 이름이 아니기에 어떤 반란 사건인지 의견이 분분하지만, 추측건대 BC 4년경 헤롯 대제가 죽은 후 발생한 수많은 민란 중 한 사건으로 추정된다.

37 그 후 호적할 때에 갈릴리의 유다가 일어나 백성을 꾀어 따르게 하다가 그도 망한즉 따르던 모든 사람들이 흩어졌느니라 AD 6년경 로마 정부가 세금 징수를 위해 인구조사를 벌이자 갈릴리의 유다가 이에 불복하여 반란을 일으킨다.

38 이제 내가 너희에게 말하노니 이 사람들을 상관하지 말고 버려 두라 이 사상과 이 소행이 사람으로부터 났으면 무너질 것이요 가말리엘이 언급한 앞의 두 사건은 모두 실패로 끝났고 따르던 사람들은 흩어졌다. 가말리엘은 역사적 사건을 예로 들며 설득력 있게 중재한다. 그가 왜 사도들의 편을 들었는지는 알려져 있지 않다. 후에 가말리엘이 기독교로 개종했다는 설이 있으나 확인되지 않았다. 아마도 사도들이 행한 모든 일을 면밀히 검토한 후 가장 합리적이고 안전한 제안을 한 것으로 보인다.

40 그들이 옳게 여겨 사도들을 불러들여 채찍질하며 예수의 이름으로 말하는 것을 금하고 놓으니 공회에서 비중 있는 인물이던 가말리엘의 제안은 받아들여졌으나, 공회는 1차 심문(행 4:21) 때와 달리 사도들을 채찍질하고 놓아준다. 더 큰 위협을 가한 것이다.

41 사도들은 그 이름을 위하여 능욕 받는 일에 합당한 자로 여기심을 기뻐하면서 공회 앞을 떠나니라 사도들의 기쁨은 어떤 조건이 주는 기쁨이 아니었다. 사도들은 위협과 채찍질 속에서도 기뻐했다. 예수님 때문에 당하는 어려움조차 영광이라고 여겨 기뻐했다. 아마도 산상수훈의 말씀을 생각하며

쉬운성경

33 공의회 의원들은 이 말을 듣고 몹시 화를 내며 사도들을 죽이려 했습니다.

34 갑자기 가말리엘이라는 한 바리새파 사람이 공의회 자리에서 벌떡 일어났습니다. 그는 율법사이며 모든 백성에게 존경을 받는 사람이었습니다. 가말리엘은 사도들을 잠깐 밖에 나가 있게 하고,

35 공의회 의원들에게 이렇게 말했습니다. "이스라엘 사람들이여, 여러분들이 이 사람들에게 어떤 행동을 하려 하는지 깊이 생각해 보십시오.

36 얼마 전에 드다가 출현했을 때의 일을 기억하십니까? 드다는 자기가 대단한 인물이라고 주장했고, 사백 명 가량 되는 사람이 그를 따라다녔습니다. 그러나 그가 죽임을 당하자, 그를 따르던 사람들도 뿔뿔이 흩어져 없어지고 말았습니다. 그가 벌인 운동도 흐지부지되어 버렸습니다.

37 이런 일이 있은 후에는 인구 조사를 할 때 갈릴리의 유다라는 사람이 나타나 백성들을 이끌고 다녔습니다. 그러나 그가 죽임을 당하자, 그를 따르던 사람들 역시 다 흩어지고 말았습니다.

38 그러므로 이번 일에 관하여 내가 충고하고 싶은 것은, 이 사람들에게서 손을 떼고 그대로 내버려 두라는 것입니다. 왜냐하면 그들의 이러한 계획이나 행동이 사람에게서 온 것이라면 실패할 것이지만,

39 만에 하나 그것이 하나님께로부터 온 것이라면, 여러분은 이 사람들이 하는 일을 막을 수 없는 것은 물론이고, 잘못하면 하나님과 맞서 싸우는 것이 되기 때문입니다." 사람들은 가말리엘의 충고에 설득되었습니다.

40 그들은 사도들을 다시 공의회 안으로 불러들여서 매질을 한 후에, 다시는 예수의 이름으로 말하지 말라고 엄하게 명하고 놓아주었습니다.

41 사도들은 예수님 때문에 모욕당하는 것을 영광이라고 생각하여 오히려 기뻐하면서 공의회를 나왔습니다.

42 그들은 날마다 성전 뜰에서, 그리고 집집마다 다니며 예수님이 바로 그리스도라는 복음의 내용을 쉬지 않고 가르치고 전했습니다.

하늘에서의 상급을 바라보았을 것이다(마 5:10-12).

42 사도들은 공회의 결정과 달리 더욱 열심히 복음을 전한다. 장소("성전에 있든지 집에 있든지")와 시간("날마다")을 가리지 않고 복음을 전했다.

저자의 묵상

가말리엘은 지혜롭게 중재한다. 사도들을 상관하지 말고 내버려두면 그들의 증거가 하나님께로부터 난 참 진리인지의 여부가 밝혀질 것이라고 말한다. 만일 그 증거가 하나님께로부터 난 것이면 절대로 사람이 무너뜨릴 수 없다는 것이다. 가말리엘의 말처럼 기독교는 2천 년 동안 수많은 박해가 있었지만 무너지지 않았다. 그것은 기독교가 가짜가 아니고 진리이기 때문이다. 오늘 당신은 바로 그 참 진리를 믿고 있다.

한편, 사도들은 예수님 때문에 모욕당하는 것조차 영광이라 여기며 기뻐한다. 우리는 주님이 좋은 것, 편한 것을 주실 때도 기뻐해야 하지만, 주님을 위해 헌신하고 희생하고 쓰임받는 자리로 부름받을 때도 기뻐해야 한다. 좋을 때는 기뻐하지만 안 될 때는 불평하는 신앙이 되면 안 된다. 힘든 일을 만나도 '주님이 나를 이제 이런 수준까지 쓰시는구나'라는 마음을 가져야 한다.

무릎 기도 하나님, 주를 위한 고난까지도 기쁘게 여긴 사도들을 따르게 하소서.

ESV - Acts 5

33 When they heard this, they were enraged and wanted to kill them.
34 But a Pharisee in the council named Gamaliel, a teacher of the law held in honor by all the people, stood up and gave orders to put the men outside for a little while.
35 And he said to them, "Men of Israel, take care what you are about to do with these men.
36 For before these days Theudas rose up, claiming to be somebody, and a number of men, about four hundred, joined him. He was killed, and all who followed him were dispersed and came to nothing.
37 After him Judas the Galilean rose up in the days of the census and drew away some of the people after him. He too perished, and all who followed him were scattered.
38 So in the present case I tell you, keep away from these men and let them alone, for if this plan or this undertaking is of man, it will fail;
39 but if it is of God, you will not be able to overthrow them. You might even be found opposing God!" So they took his advice,
40 and when they had called in the apostles, they beat them and charged them not to speak in the name of Jesus, and let them go.
41 Then they left the presence of the council, rejoicing that they were counted worthy to suffer dishonor for the name.
42 And every day, in the temple and from house to house, they did not cease teaching and preaching that the Christ is Jesus.

33 enrage 격분하게 하다 34 (be) held in honor 존경받다 give orders 명령을 내리다 36 claim 주장하다 disperse 흩어지게 하다 come to nothing 거품처럼 사라지다 37 perish 죽다 be scattered 뿔뿔이 흩어지다 38 let ~ alone ~을 내버려두다 undertaking 일, 사업 39 overthrow 타도하다 take (one's) advice 충고를 받아들이다 41 count 여기다 suffer 당하다, 겪다 42 cease 중지하다

묵상 체크 □

19 일곱 일꾼을 세움

월 일

사도행전 6:1-7 • 새찬송 333장 | 통일 381장

• 말씀묵상 전에 성령님의 인도하심을 구하는 기도를 드리십시오.

본문요약 | 예루살렘교회가 수적으로 증가하자, 음식을 위한 구제 명단에서 누락되는 사람이 생긴다. 조직이나 행정 체제를 체계적으로 갖추기도 전에 교회의 규모가 커져 생긴 일이다. 사도들은 교회의 핵심이 되는 기도와 말씀 사역에 집중하기로 하고, 구제를 책임질 일곱 사람을 선출하도록 한다. 이는 교회 조직의 확대를 의미하며, 집사제도의 기원이 된다.

1 그때에 제자가 더 많아졌는데 헬라파 유
대인들이 자기의 과부들이 매일의 [1]구제
에 빠지므로 히브리파 사람을 원망하니
2 열두 사도가 모든 제자를 불러 이르되 우
리가 하나님의 말씀을 제쳐 놓고 [2]접대를
일삼는 것이 마땅하지 아니하니
3 형제들아 너희 가운데서 성령과 지혜가
충만하여 칭찬받는 사람 일곱을 택하라
우리가 이 일을 그들에게 맡기고
4 우리는 오로지 기도하는 일과 [3]말씀 사역
에 힘쓰리라 하니
5 온 무리가 이 말을 기뻐하여 믿음과 성령
이 충만한 사람 스데반과 또 빌립과 브로
고로와 니가노르와 디몬과 바메나와 유
대교에 입교했던 안디옥 사람 니골라를
택하여
6 사도들 앞에 세우니 사도들이 기도하고
그들에게 안수하니라
7 하나님의 말씀이 점점 왕성하여 예루살
렘에 있는 제자의 수가 더 심히 많아지고
허다한 제사장의 무리도 이 [4]도에 복종하
니라

1) 헬, 봉사 2) 또는 재정 출납을
3) 헬, 말씀의 봉사에 4) 헬, 믿음

1. 오늘 하나님께서 나에게 주신 깨달음은 무엇입니까?

2. 말씀을 어떻게 내 삶에 구체적으로 적용해야 합니까?

절별 해설

1 당시 교회는 헌금으로 어려운 사람을 돕는 구제에 힘썼다. 그런데 헬라파 유대인에게 속한 과부들이 구제 명단에서 빠지는 일이 발생하자, 헬라파 유대인들이 히브리파 유대인들을 원망한다. 고의적인 누락이라기보다 교회의 규모가 갑자기 커지면서 발생한 일이다. 아마도 히브리파 유대인들이 구제헌금을 나누는 일을 담당했던 것 같다.

헬라파 유대인들 유대 지역이 아닌 다른 지역에 흩어져 살던 유대인(디아스포라) 출신으로, 예루살렘에 와서 거주하며 헬라어를 사용했다. 이들은 히브리어를 사용하는 본토 유대인과 구별되었다. 당시 본토인들에 비해 약간의 차별이 있었던 것으로 추정된다. 전체 유대 사회 내에서 이 두 집단의 갈등과 긴장관계는 초대교회 이전부터 존재해 왔다.

2 **우리가 하나님의 말씀을 제쳐 놓고 접대를 일삼는 것이 마땅하지 아니하니** '접대하다'는 헬라어로 '섬기다'라는 뜻이다. 따라서 접대하는 일은 '식탁의 봉사'라는 뜻으로 구제활동을 의미한다. 본문에는 '집사'라는 직분이 명기되지 않았지만, 집사는 '섬기다'라는 단어에서 유래되었다(두 단어의 어원이 같다–빌 1:1). 집사는 구제하며 섬기는 일을 하는 사람을 의미한다. 일의 심각성을 깨달은 사도들은 제자들을 모으고 자신들의 사명을 중심으로 일의 우선순위를 정한다.

3 사도들이 낸 해결책은 일곱 일꾼을 선택해 음식 나누는 구제를 맡기는 것이었다. 사도들은 "성령과 지혜가 충만하여 칭찬받는 사람"으로 조건을 명시한다. 이처럼 영적으로 성령 충만한 사람이면서도 치우치지 않는 지혜를 보이는 사람이 일꾼이 되어야 한다. 또 일의 결과로 칭찬받는 사람이어야 한다. 이것은 그들의 행위가 객관적으로도 정당하여 인정받는다는 의미일 것이다.

4 **우리는 오로지 기도하는 일과 말씀 사역에 힘쓰리라 하니** 교회의 조직이 생겨난 이유는 표면적으로는 구제 문제 때문이지만, 더 근본적으로는 본질적인 것이 방해받지 않기 위함임을 알 수 있다. 교회 일에 무엇은 중요하고 무엇은 덜 중요하다고 할 수는 없지만, 우선되어야 할 일이 무엇인지 본절이 분명히 밝히고 있다.

5 사도들의 제안에 따라 일곱 사람이 뽑힌다. 공교롭게도 이들의 이름은 모두 헬라식 이름이다. 문제가 헬라파 쪽에서 제기되었으므로 헬라어를 사용하는 사람들을 모두 등용했다는 해석도 있다. 그러나 이름만으로 모든 것을 판단할 수는 없다. 어쨌든 돈 문제가 개입된 구제의 일에 서로 기득권 싸움

쉬운성경

1 날이 갈수록 제자들의 수는 늘어만 갔습니다. 그 무렵에 그리스어를 사용하는 유대인들이 히브리어를 사용하는 유대인들에게 불평을 늘어 놓았습니다. 그것은 히브리어를 사용하는 본토 유대인들이 매일 음식을 나누어 줄 때, 그리스어를 사용하는 유대인 과부들에게는 관심을 쏟지 않아, 그들이 배급을 제대로 받지 못했기 때문입니다.

2 그래서 열두 사도가 제자들을 모두 불러서 말했습니다. "음식을 나누어 주는 일 때문에 우리가 하나님의 말씀을 가르치는 일을 소홀히 하는 것은 옳지 않습니다.

3 그러니 형제 여러분, 여러분들 중에서 성령과 지혜가 충만하다고 인정받은 사람 일곱 명을 뽑으십시오. 그 사람들에게 이 일을 맡기고,

4 우리는 기도하는 일과 하나님의 말씀을 가르치는 일에 온 힘을 기울이겠습니다."

5 모든 사람이 이 말을 좋다고 생각해서 믿음이 좋고 성령이 충만한 스데반을 비롯하여 빌립과 브로고로와 니가노르와 디몬과 바메나와 유대인으로 개종한 안디옥 사람 니골라를 뽑았습니다.

6 사람들이 이들을 사도들 앞으로 데려오자, 사도들이 그 사람들 머리에 손을 얹고 기도했습니다.

7 그 후, 하나님의 말씀은 계속 퍼져 나가서 예루살렘에서 제자의 수가 많이 늘었습니다. 뿐만 아니라 유대인 제사장들 중에서도 믿음을 가지게 된 사람들이 많이 생겨났습니다.

을 벌이기보다 헬라파 사람들의 요구를 대폭 수용한 아름다운 선출임을 알 수 있다.

7 허다한 제사장의 무리도 이 도에 복종하니라 초대교회 당시 복음이 어느 정도로 강력하게 증거되었는지를 보여준다. 당시 종교인을 대표하는 제사장 중 많은 이들도 기독교인이 되었다.

저자의 묵상

예루살렘교회가 커지면서 문제가 발생하기 시작한다. 헌금을 사용하여 구제하는 일에 문제가 생긴 것이다. 사도들은 이 문제를 가볍게 여기지 않고, 이 일을 맡을 일곱 일꾼을 선출해 문제를 해결한다. 사소한 문제라도 방치하면 얼마든지 근본을 흔드는 큰 문제가 될 수 있다. 이것을 잘 알았던 사도들은 구제 문제에 대한 대안을 적극적으로 마련한다.

오늘날도 마찬가지다. 교회는 사람이 모인 곳이다. 모여서 지내다 보면 사소한 분쟁이 생길 수 있다. 그러나 이것을 소홀히 여기면 더 중요한 교회의 본질적인 문제가 마비될 수도 있다. 큰일도 사소한 것에서 출발하는 법이다. 작은 일이라고 무시하지 말고, 기도 중에 원인을 찾아내어 해결하도록 힘써야 한다. 성장하는 교회에 자칫 위기가 될 수도 있는 상황이었지만, 사도들이 잘 대처하여 교회는 더욱 왕성해진다. 교회라고 문제가 없는 것은 아니다. 문제를 감추려 하지 말고 인정하고 대처하면 위기가 곧 기회가 될 수 있다.

무릎기도 하나님, 주님이 찾으시는 일꾼이 되기를 원합니다.

ESV - Acts 6

1 Now in these days when the disciples were increasing in number, a complaint by the Hellenists* arose against the Hebrews because their widows were being neglected in the daily distribution.
2 And the twelve summoned the full number of the disciples and said, "It is not right that we should give up preaching the word of God to serve tables.
3 Therefore, brothers,* pick out from among you seven men of good repute, full of the Spirit and of wisdom, whom we will appoint to this duty.
4 But we will devote ourselves to prayer and to the ministry of the word."
5 And what they said pleased the whole gathering, and they chose Stephen, a man full of faith and of the Holy Spirit, and Philip, and Prochorus, and Nicanor, and Timon, and Parmenas, and Nicolaus, a proselyte of Antioch.
6 These they set before the apostles, and they prayed and laid their hands on them.
7 And the word of God continued to increase, and the number of the disciples multiplied greatly in Jerusalem, and a great many of the priests became obedient to the faith.

* 6:1 That is, Greek-speaking Jews
* 6:3 Or *brothers and sisters*

1 complaint 불평 neglect 무시하다, 등한시하다 distribution 분배, 배급 2 summon 소집하다 preach 전하다, 설교하다 serve tables 공궤를 일삼다 3 pick out ~ ~을 고르다, 선발하다 repute 평판, 신망 appoint to ~ ~에 임명하다 4 devote oneself to ~ ~에 전념하다 5 proselyte 개종자 7 obedient 순종하는

□ 묵상 체크

20 스데반이 붙잡힘

월 일

사도행전 6:8-15 • 새찬송 336장 | 통일 383장

• 말씀묵상 전에 성령님의 인도하심을 구하는 기도를 드리십시오.

본문요약 I 스데반의 활약과 붙잡힘을 기록하고 있다. 스데반은 봉사를 위해 선출된 일곱 일꾼 중 한 명인데, 은혜와 권능이 충만하여 말씀을 증거하며 기사와 표적을 행했다. 스데반이 예루살렘이 아닌 타 지역 출신의 유대인들과 논쟁하여 이기자 그들이 스데반을 중상모략했고, 스데반은 이 일로 공회 앞에 서게 된다.

8 스데반이 은혜와 권능이 충만하여 큰 기사와 [1]표적을 민간에 행하니
9 이른바 자유민들 즉 구레네인, 알렉산드리아인, 길리기아와 아시아에서 온 사람들의 회당에서 어떤 자들이 일어나 스데반과 더불어 논쟁할새
10 스데반이 지혜와 성령으로 말함을 그들이 능히 당하지 못하여
11 사람들을 매수하여 말하게 하되 이 사람이 모세와 하나님을 모독하는 말을 하는 것을 우리가 들었노라 하게 하고
12 백성과 장로와 서기관들을 충동시켜 와서 잡아가지고 공회에 이르러
13 거짓 증인들을 세우니 이르되 이 사람이 이 거룩한 곳과 율법을 거슬러 말하기를 마지 아니하는도다
14 그의 말에 이 나사렛 예수가 이곳을 헐고 또 모세가 우리에게 전하여 준 규례를 고치겠다 함을 우리가 들었노라 하거늘
15 공회 중에 앉은 사람들이 다 스데반을 주목하여 보니 그 얼굴이 천사의 얼굴과 같더라

1) 또는 이적

1. 오늘 하나님께서 나에게 주신 깨달음은 무엇입니까?

2. 말씀을 어떻게 내 삶에 구체적으로 적용해야 합니까?

절별 해설

8 스데반이 은혜와 권능이 충만하여 앞에서 일곱 일꾼을 소개할 때 성령과 지혜, 믿음이 충만하여 칭찬받는 사람들이라고 했다(행 6:3,5). 이런 기본적인 자질과 함께 스데반은 "은혜와 권능"이 충만했다. 그는 사랑과 능력을 균형 있게 소유한 인물이다. **큰 기사와 표적을 민간에 행하니** 누가는 처음으로 사도 외에 다른 사람이 행한 기적을 기록한다. 이를 통해 증인의 범위가 사도를 넘어서고 있음을 알 수 있다.

9 이른바 자유민들 즉 구레네인, 알렉산드리아인, 길리기아와 아시아에서 온 사람들의 회당에서 어떤 자들이 일어나 스데반과 더불어 논쟁할새 스데반과 논쟁을 벌인 사람들은 그리스 여러 지역 출신의 유대인들 중 일부다. 그들은 노예로 끌려갔다가 자유를 얻어 예루살렘에 돌아와 정착한 자유민들이다. 스데반이 그리스 지역 유대인들을 상대로 복음을 전했다는 것은, 복음이 예루살렘의 유대인을 넘어 점점 확대될 것을 암시한다.

10 스데반이 지혜와 성령으로 말함을 그들이 능히 당하지 못하여 탁월한 구변과 지혜로 대적자를 능히 이기게 해주신다는, 누가복음 21장 14-15절의 약속이 성취되고 있다.

11 사람들을 매수하여 말하게 하되 정당한 논쟁으로 스데반을 이기지 못하자 사람들을 매수하여 스데반을 중상모략한다. 이는 세상에서 종종 발견되는 일로, 뜻을 이루기 위해서는 중상모략도 서슴지 않는 사람들의 악한 행태를 보여준다.

13 이 거룩한 곳과 율법을 거슬러 말하기를 마지 아니하는도다 대적자들은 백성과 장로와 서기관들을 충동시켜 스데반을 공회로 잡아온다. 그리고 거짓 증인까지 내세워 스데반의 죄목으로 '거룩한 곳과 율법을 거슬러 말했다'고 중상모략한다. 유대인들에게 성전과 율법은 절대적인 것이다. 그렇기에 스데반을 이런 죄목으로 몰아간 것은 그를 죽이려는 음모가 깔려 있음을 나타낸다.

14 그의 말에 이 나사렛 예수가 이곳을 헐고 스데반의 주장은 예수님의 주장과 같았다. 성전을 헐고 다시 세운다는 것은 성전 되신 예수님의 육체의 부활을 의미한다(요 2:19-22). 성전은 원래 하나님이 이스라엘과 함께하는 임마누엘의 상징이고(출 25:8), 이는 직접적으로 예수님을 가리킨 것이다(마 1:23). **또 모세가 우리에게 전하여 준 규례를 고치겠다 함을 우리가 들었노라 하거늘** 모세의 율법도 결국은 그리스도를 드러내기 위한 것이다(갈 3:19-24). 결론적으로 스데반이 증거한 핵심은 그리스도를 중심으로 성전과 율법을 재해석한 것인데, 대적자들은 그 진의를 왜곡해 이용했다.

쉬운성경

8 스데반은 하나님의 은혜와 능력이 가득한 사람이었습니다. 그는 백성들 사이에서 기적과 표적을 행하였습니다.

9 그러나 구레네와 알렉산드리아와 길리기아와 아시아 출신의 유대인들로 구성된, 이른바 '자유인*의 회당' 출신 사람들 중에 스데반을 반대하는 사람들이 있었습니다. 이들은 합세하여 스데반과 논쟁을 하였습니다.

10 하지만 스데반이 말하는 지혜나 성령을 당해 낼 사람은 아무도 없었습니다.

11 그래서 그들은 돈을 주고 사람들을 사서 "스데반이 모세와 하나님을 모독하는 소리를 우리가 들었습니다"라고 거짓말을 하게 만들었습니다.

12 그들은 이런 식으로 백성과 장로들과 율법사들을 화나게 만들고는, 스데반을 붙잡아 공의회로 끌고 갔습니다.

13 그들은 사람들을 시켜 이렇게 거짓 증언을 하게 했습니다. "이 사람은 항상 이 거룩한 곳인 성전과 율법에 대해 험담을 하였습니다.

14 우리는 이 사람이 나사렛 예수가 이 곳을 헐어 버릴 것이고, 또 모세가 우리에게 전해 준 여러 관습들을 뜯어 고칠 것이라고 말하는 것을 들었습니다."

15 공의회에 모인 사람들 모두가 스데반을 쳐다보았습니다. 그의 얼굴은 마치 천사의 얼굴과 같았습니다.

*6:9 이들은 전에 종이었거나 혹은 그의 아버지가 종이었으나 후에 자유를 얻게 된 사람들이다.

15 공회 중에 앉은 사람들이 다 스데반을 주목하여 보니 그 얼굴이 천사의 얼굴과 같더라 스데반을 죽이려는 자들의 성난 모습과 대조되는 평화로운 모습이다. 누가 진리를 말하고 있는지 간접적으로 표현하고 있다.

저자의 묵상

스데반은 자신을 죽이려는 대적자들과 논쟁한다. 대적자들이 거짓 증인을 내세워 공회 앞에서 고소했으나 스데반의 얼굴은 천사의 얼굴과 같았다고 기록되어 있다. 그들의 살기등등한 모습과 대조적이다. 성령과 믿음이 충만한 스데반은 확신에 가득 차 있었으며 내적인 평안이 있음을 보여주는 표현이다. 우리 모습도 이러해야 한다. 진리를 행한다고 자칫 경직될 수 있다. 주장하는 자세를 취하며 무례하고 딱딱해질 수 있다. 그러나 진정한 진리를 소유한 사람의 모습은 평화롭다. 부드럽고 편협하지 않다. 이런 모습으로도 우리 안에 진리가 있음을 나타내 보일 수 있다. 세상이 우리의 믿음을 시험하고 공격한다 해도 그들과 똑같이 성내고 화내면 안 될 것이다. 악으로 악을 이기기보다는 언제나 선으로 악을 이기는 것이 성경의 가르침이다(롬 12:21). 우리의 신앙을 묻는 자들에게 온유함으로 답해야 한다(벧전 3:15).

무릎기도 하나님, 세상이 위협해도 주님 주시는 평안으로 세상을 이기게 하소서.

ESV - Acts 6

8 And Stephen, full of grace and power, was doing great wonders and signs among the people.
9 Then some of those who belonged to the synagogue of the Freedmen (as it was called), and of the Cyrenians, and of the Alexandrians, and of those from Cilicia and Asia, rose up and disputed with Stephen.
10 But they could not withstand the wisdom and the Spirit with which he was speaking.
11 Then they secretly instigated men who said, "We have heard him speak blasphemous words against Moses and God."
12 And they stirred up the people and the elders and the scribes, and they came upon him and seized him and brought him before the council,
13 and they set up false witnesses who said, "This man never ceases to speak words against this holy place and the law,
14 for we have heard him say that this Jesus of Nazareth will destroy this place and will change the customs that Moses delivered to us."
15 And gazing at him, all who sat in the council saw that his face was like the face of an angel.

9 synagogue 회당 dispute with ~ ~와 논쟁하다 10 withstand 저항하다 11 instigate 부추기다 blasphemous 불경스러운 12 scribe 서기관, 율법학자 seize 붙잡다 13 false witness 거짓 증인 cease 중지하다 14 custom 관습 deliver to ~ ~에 전해주다 15 gaze at ~ ~을 바라보다, 응시하다

21 아브라함의 믿음

월 일

사도행전 7:1-8 • 새찬송 595장 | 통일 372장

• 말씀묵상 전에 성령님의 인도하심을 구하는 기도를 드리십시오.

본문요약 I 7장은 사도행전에서 가장 긴 장으로, 스데반이 자신의 입장을 변호하는 내용이다. 스데반은 구약의 구원 역사 전체를 아우르며 성전과 율법의 의미 및 예수께서 메시아 되심을 증명한다. 여기서는 그 시작으로 아브라함과 족장들의 생애를 요약한다. 아브라함의 생애는 하나님이 주신 약속의 말씀에 오직 믿음으로 반응한 삶이었다.

1 대제사장이 이르되 이것이 사실이냐

2 스데반이 이르되 여러분 부형들이여 들으소서 우리 조상 아브라함이 하란에 있기 전 메소보다미아에 있을 때에 영광의 하나님이 그에게 보여

3 이르시되 네 고향과 친척을 떠나 내가 네게 보일 땅으로 가라 하시니

4 아브라함이 갈대아 사람의 땅을 떠나 하란에 거하다가 그의 아버지가 죽으매 하나님이 그를 거기서 너희 지금 사는 이 땅으로 옮기셨느니라

5 그러나 여기서 발붙일 만한 땅도 유업으로 주지 아니하시고 다만 이 땅을 아직 자식도 없는 그와 그의 후손에게 소유로 주신다고 약속하셨으며

6 하나님이 또 이같이 말씀하시되 그 후손이 다른 땅에서 나그네가 되리니 그 땅 사람들이 종으로 삼아 사백 년 동안을 괴롭게 하리라 하시고

7 또 이르시되 종 삼는 나라를 내가 심판하리니 그 후에 그들이 나와서 이곳에서 나를 섬기리라 하시고

8 할례의 언약을 아브라함에게 주셨더니 그가 이삭을 낳아 여드레 만에 할례를 행하고 이삭이 야곱을, 야곱이 우리 열두 조상을 낳으니라

1. 오늘 하나님께서 나에게 주신 깨달음은 무엇입니까?

2. 말씀을 어떻게 내 삶에 구체적으로 적용해야 합니까?

절별 해설

1 대제사장 당시 대제사장은 가야바로, AD 18–36년까지 대제사장직을 지냈다.

2 여러분 부형들이여 들으소서 스데반이 살기 넘치는 청중에게 부드럽게 다가서고 있음을 보여준다.
영광의 하나님이 그에게 보여 '영광'이라는 단어는 하나님의 직접적인 나타나심을 표현한다(출 40:34). 하나님이 친히 아브라함에게 나타나 그를 부르셨음을 말한다.

3 이르시되 네 고향과 친척을 떠나 아브라함 가문은 당시 갈대아 우르에서 우상을 섬겼다(수 24:2). 그래서 하나님은 아브라함에게 그곳을 떠나라 명하셨다. 믿음의 시작은 불신적 과거와 철저히 단절하는 데서 비롯된다.
내가 네게 보일 땅으로 가라 하시니 아브라함은 떠나라는 명령을 받았으나 구체적인 목적지를 모르고 떠났다(히 11:8). 믿음의 길은 자기가 목적지를 정하는 것이 아니라 하나님의 생각과 계획을 따르는 것이다.

5 그러나 여기서 발붙일 만한 땅도 유업으로 주지 아니하시고 아브라함은 약속의 땅 가나안에서 나그네로 살았다(히 11:9,13). 나중에 아내 사라의 매장지를 마련한 것 외에는 재산으로서 땅을 소유하지 않았다. 눈에 보이는 땅보다 더 중요한 것은 보이지 않는 하나님과 함께 거하는 것이다. 이것이 믿음의 실체다.
다만 이 땅을 아직 자식도 없는 그와 그의 후손에게 소유로 주신다고 약속하셨으며 아브라함은 가나안 땅을 주신다는 하나님의 약속만 믿고 따랐다. 아직 땅도 주시지 않고 자식도 없었지만 그 약속을 굳게 믿었다. 한편, 약속의 후손은 아브라함의 자손인 이스라엘을 의미하며, 궁극적으로 예수 그리스도를 의미한다(갈 3:16).

6 그 후손이 다른 땅에서 나그네가 되리니 5절의 약속은 애굽의 노예생활 이후에 이루어진다고 하셨다.
사백 년 동안 정확하게는 430년이다(출 12:40). 스데반은 대략적인 기간을 말하고 있다.

7 하나님은 애굽을 심판하신 후 아브라함의 후손에게 자유를 주어 그들이 하나님을 섬기게 하겠다고 말씀하신다.

8 할례의 언약을 아브라함에게 주셨더니 그가 이삭을 낳아 여드레 만에 할례를 행하고 할례는 이스라엘이 하나님의 택함 받은 백성임을 몸에 새기는 언약이다(창 17:9–14). 이것은 하나님의 약속이 변치 않을 것을 보여준다.

쉬운성경

1 대제사장이 스데반에게 "당신이 정말 이런 식으로 말했소?"라고 물었습니다.

2 스데반이 대답했습니다. "형제 여러분, 그리고 어르신들, 내 말을 들어 보십시오. 우리의 조상 아브라함이 하란에서 살기 전, 아직 메소포타미아에 있을 때에 영광의 하나님께서 그에게 나타나셨습니다.

3 하나님께서는 아브라함에게 '네 고향과 친척을 떠나 내가 네게 보여 줄 땅으로 가거라' 하고 말씀하셨습니다.

4 그래서 아브라함은 갈대아 땅을 떠나 하란으로 가서 살았습니다. 아브라함의 아버지가 죽은 후에 하나님께서는 아브라함을 지금 여러분이 살고 있는 이 땅으로 보내셨습니다.

5 하지만 하나님께서는 아브라함에게 이곳에서 손바닥만한 땅도 유산으로 물려주지 않고, 아브라함과 그의 자손에게 장차 이 땅을 주시겠다는 약속만 하셨습니다. 그때는 아브라함에게 아직 자식이 없었습니다.

6 하나님께서는 아브라함에게 이렇게 말씀하셨습니다. '네 자손이 남의 땅에서 나그네로 지낼 것이다. 그곳 백성이 사백 년 동안 네 자손을 종으로 삼을 것이며, 네 자손을 학대할 것이다.

7 그러나 네 자손을 종으로 삼는 그 백성을 내가 심판하겠다.' 하나님께서는 계속해서 이렇게 말씀하셨습니다. '그 후에 네 자손이 그 땅에서 나와 이곳에서 나를 섬길 것이다.'

8 그리고 하나님께서는 아브라함에게 언약의 표시로 할례를 받게 하셨습니다. 아브라함은 아들 이삭을 낳고, 팔 일째 되는 날에 그에게 할례를 베풀었습니다. 이삭도 자기 아들 야곱에게 할례를 베풀었고, 야곱도 자기 아들들, 곧 우리의 조상이 되시는 열두 족장들에게 할례를 베풀었습니다.

저자의 묵상

아브라함은 이스라엘 구원 역사의 시작이다. 아브라함은 가나안 땅을 그와 그의 후손에게 주겠다는 하나님의 약속의 말씀을 믿고, 자신이 살던 갈대아 우르를 떠나 가나안으로 향한다. 아브라함은 가나안에 들어가서도 조금의 땅도 가지지 못했고 자녀도 없었으나 하나님의 약속을 계속 신뢰한다. 하나님은 할례의 언약을 아브라함에게 주셨으며, 아브라함은 그 약속의 표로 이삭에게 할례를 행한다.

스데반은 아브라함의 생애를 통해 언약과 믿음의 중요성을 말한다. 아브라함은 하나님의 약속에 오직 믿음으로 반응하여 이스라엘의 조상이 되었다. 믿음은 스데반을 고소하는 유대인들이 자랑하는 율법보다 앞서는 것이며, 하나님의 약속은 믿음을 통해 성취되는 것이지 율법을 통해 성취되는 것이 아님을 말하고 있다(참고. 롬 4:13). 유대인들은 성전과 율법을 중시했으나 정작 그 실체 되신 예수 그리스도를 믿지 않았다. 우리도 이런 어리석은 신앙생활이 되지 않도록 믿음의 실체 되신 예수 그리스도를 온전히 붙드는 삶을 살아야 할 것이다.

무릎기도 하나님, 내 욕심대로 손에 잡히지 않아도 하나님을 믿고 따르게 하소서.

ESV - Acts 7

1 And the high priest said, "Are these things so?"
2 And Stephen said: "Brothers and fathers, hear me. The God of glory appeared to our father Abraham when he was in Mesopotamia, before he lived in Haran,
3 and said to him, 'Go out from your land and from your kindred and go into the land that I will show you.'
4 Then he went out from the land of the Chaldeans and lived in Haran. And after his father died, God removed him from there into this land in which you are now living.
5 Yet he gave him no inheritance in it, not even a foot's length, but promised to give it to him as a possession and to his offspring after him, though he had no child.
6 And God spoke to this effect—that his offspring would be sojourners in a land belonging to others, who would enslave them and afflict them four hundred years.
7 'But I will judge the nation that they serve,' said God, 'and after that they shall come out and worship me in this place.'
8 And he gave him the covenant of circumcision. And so Abraham became the father of Isaac, and circumcised him on the eighth day, and Isaac became the father of Jacob, and Jacob of the twelve patriarchs.

2 appear to ~ ~에게 나타나다 3 kindred 친척 4 remove 이동시키다 5 inheritance 유산 6 to this effect 이런 취지로 sojourner 일시 체류자 enslave 노예로 만들다 afflict 괴롭히다 8 covenant 언약 circumcision 할례 patriarch 족장

22 요셉과 그리스도

월 일

사도행전 7:9-17 • 새찬송 413장 | 통일 470장

• 말씀묵상 전에 성령님의 인도하심을 구하는 기도를 드리십시오.

본문요약 I 스데반은 요셉의 인생 역경과 반전을 통해 그리스도를 드러낸다. 요셉은 죄 없이 형제들에게 팔렸으나, 하나님께서는 그를 높여 애굽의 총리가 되게 하신다. 또 요셉을 통해 하나님의 백성을 흉년에서 구원하신다. 유대인들도 죄 없는 예수님을 죽였으나, 하나님께서는 예수님을 통해 인류를 구원하신다. 이런 의미에서 요셉은 예수님의 전형이다.

9 여러 조상이 요셉을 시기하여 애굽에 팔
았더니 하나님이 그와 함께 계셔
10 그 모든 환난에서 건져 내사 애굽 왕 바
로 앞에서 은총과 지혜를 주시매 바로가
그를 애굽과 자기 온 집의 통치자로 세웠
느니라
11 그때에 애굽과 가나안 온 땅에 흉년이 들
어 큰 환난이 있을새 우리 조상들이 양식
이 없는지라
12 야곱이 애굽에 곡식 있다는 말을 듣고 먼
저 우리 조상들을 보내고
13 또 재차 보내매 요셉이 자기 형제들에게
알려지게 되고 또 요셉의 친족이 바로에
게 드러나게 되니라
14 요셉이 사람을 보내어 그의 아버지 야곱
과 온 친족 일흔다섯 사람을 청하였더니
15 야곱이 애굽으로 내려가 자기와 우리 조
상들이 거기서 죽고
16 세겜으로 옮겨져 아브라함이 세겜 하몰
의 자손에게서 은으로 값 주고 산 무덤에
장사되니라
17 하나님이 아브라함에게 약속하신 때가
가까우매 이스라엘 백성이 애굽에서 번
성하여 많아졌더니

1. 오늘 하나님께서 나에게 주신 깨달음은 무엇입니까?

2. 말씀을 어떻게 내 삶에 구체적으로 적용해야 합니까?

절별 해설

9 여러 조상이 요셉을 시기하여 애굽에 팔았더니 하나님이 그와 함께 계셔 요셉은 구약에서 예수 그리스도의 전형으로 종종 언급되는 인물이다. 요셉은 죄 없이 형제들의 시기로 팔린다(창 37장). 스데반은 요셉의 생애를 통해 예수님을 죽인 유대인들의 잘못이 무엇인지 역사적으로 조명한다. 이스라엘의 조상들은 형제를 팔았고, 그 후손들은 예수님을 죽였다. "여러 조상"(열두 족장들–쉬운성경)이라는 표현은 당시 스데반의 설교를 듣고 있던 유대인들과 요셉의 형제들을 연결시키는 화법이다(참고. 행 7:51).

10 그 모든 환난에서 건져 내사 애굽 왕 바로 앞에서 은총과 지혜를 주시매 바로가 그를 애굽과 자기 온 집의 통치자로 세웠느니라 요셉은 형제들에게 버림받았으나, 하나님이 함께하심으로 역경을 뚫고 마침내 애굽의 총리가 된다(창 39–41장). 스데반은 요셉이 당한 모든 일의 배후에 하나님이 있었음을 강조한다. 한편, 예수님도 그 백성에게 버림받았으나, 하나님이 지극히 높이셨다(요 1:11; 빌 2:9).

11 그때에 애굽과 가나안 온 땅에 흉년이 들어 큰 환난이 있을새 우리 조상들이 양식이 없는지라 당시 애굽과 야곱의 가족이 지내던 가나안 땅에 7년간 큰 흉년이 들었고, 이로 인해 야곱 가족의 고통도 극심했다(창 41:54–42:2).

14 요셉이 사람을 보내어 그의 아버지 야곱과 온 친족 일흔다섯 사람을 청하였더니 결국 팔려온 요셉을 통해 야곱 일가는 흉년의 위기에서 구원받게 된다. 형제들은 악을 행했으나 하나님은 이를 바꾸어 구원이 되게 하셨다. 모든 것이 하나님의 계획이다(시 105:17).

15–16 야곱과 요셉은 애굽에서 죽음을 맞으나 각각 그 시신과 유골을 가나안에 묻어 달라고 유언한다. 야곱은 사후 즉시 막벨라 밭 굴에 장사되고(창 47:29; 50:13), 요셉은 오랜 시간이 흐른 후 유언대로 그 뼈가 세겜에 묻힌다(창 50:25; 수 24:32). 약속의 땅이 자신들에게 주어진 땅이기에 언젠가는 그 자손이 다시 그곳으로 옮겨질 것을 알았던 것이다.

17 하나님이 아브라함에게 약속하신 때가 가까우매 이스라엘 백성이 애굽에서 번성하여 많아졌더니 애굽으로 이주하는 데는 안전한 울타리 안에서 이스라엘을 큰 민족으로 만드시려는 하나님의 의도가 있었다.

쉬운성경

9 열두 족장들은 요셉을 시기하여 그를 이집트에 종으로 팔아 버렸습니다. 그러나 하나님께서는 요셉과 함께 계셨습니다.

10 요셉은 그곳에서 많은 어려움을 당했으나 하나님께서 그때마다 구해 주셨습니다. 또 하나님께서 요셉에게 지혜를 주셔서 이집트 왕 파라오에게 사랑을 받게 하셨습니다. 이집트 왕은 요셉을 총리로 삼아 이집트와 왕궁을 다스리게 했습니다.

11 그때에 온 이집트와 가나안 땅에 큰 가뭄이 들어 사람들이 몹시 고통을 당했습니다. 우리 조상들도 먹을 것이 없었습니다.

12 그러다가 야곱이 이집트에 곡식이 있다는 말을 듣고, 처음으로 우리의 족장들을 이집트로 보냈습니다.

13 그들이 두 번째로 이집트에 갔을 때에 요셉이 형제들에게 자기의 정체를 밝혔습니다. 이집트 왕 파라오도 요셉의 가족에 대해 알게 되었습니다.

14 이 일이 일어난 후, 요셉은 형들을 보내어 자기 아버지 야곱과 식구 일흔다섯 명 전부 이집트로 모셔 오게 했습니다.

15 그리하여 야곱은 이집트로 내려갔고, 야곱과 우리 족장들은 거기서 살다가 죽었습니다.

16 그 뒤에 그들의 시체는 세겜으로 옮겨져서 한 무덤에 묻혔습니다. 그 무덤은 아브라함이 돈을 주고 세겜에 사는 하몰의 자손에게서 산 무덤입니다.

17 하나님께서 아브라함에게 하신 약속이 이루어질 때가 가까워졌을 때에 이집트에 살고 있는 우리 민족의 수는 크게 늘어났습니다.

저자의 묵상

요셉은 여러 면에서 예수님을 예표하는 인물이다. 죄 없이 형제들에 의해 팔려갔다든지, 그럼에도 애굽의 총리가 되어 어려움에 처한 야곱 가족을 구원했다든지 하는 면들이 그리스도의 모습을 예표한다. 예수님은 그의 백성인 유대인에게 고발당해 죽으셨으나 부활하여 온 인류를 구원하셨다.

살다 보면 여러 가지 시련이 있다. 특히 아무 잘못 없이 받는 고난도 얼마든지 있다. 그러나 그것은 더 큰 구원을 이루시려는 하나님의 섭리인 경우가 많다. 그러므로 성도는 끝까지 하나님을 붙들고 인내해야 한다. 순조로울 때만이 아니라 어려울 때도 하나님을 끝까지 신뢰해야 한다. 그것을 통해 하나님의 역사가 드러나고 나타난다. 오늘 겪고 있는 어려움은 훗날 자신을 더 빛나게 하시려는 하나님의 섭리임을 기억해야 한다. 실패하고 넘어져도 포기할 수 없는 길이 믿음의 길이다.

무릎 기도 하나님, 고난조차도 하나님의 뜻을 이루는 과정임을 깨닫게 하소서.

ESV - Acts 7

9 "And the patriarchs, jealous of Joseph, sold him into Egypt; but God was with him
10 and rescued him out of all his afflictions and gave him favor and wisdom before Pharaoh, king of Egypt, who made him ruler over Egypt and over all his household.
11 Now there came a famine throughout all Egypt and Canaan, and great affliction, and our fathers could find no food.
12 But when Jacob heard that there was grain in Egypt, he sent out our fathers on their first visit.
13 And on the second visit Joseph made himself known to his brothers, and Joseph's family became known to Pharaoh.
14 And Joseph sent and summoned Jacob his father and all his kindred, seventy-five persons in all.
15 And Jacob went down into Egypt, and he died, he and our fathers,
16 and they were carried back to Shechem and laid in the tomb that Abraham had bought for a sum of silver from the sons of Hamor in Shechem.
17 "But as the time of the promise drew near, which God had granted to Abraham, the people increased and multiplied in Egypt

9 patriarch 족장 jealous of ~ ~을 시기하는 10 affliction 고통 household 가정 11 famine 기근 14 summon (오라고) 부르다 kindred 친척 16 tomb 무덤 17 multiply 늘다, 증가하다

23 모세

월 일

사도행전 7:18-43 • 새찬송 508장 | 통일 270장

• 말씀묵상 전에 성령님의 인도하심을 구하는 기도를 드리십시오.

본문요약 | 스데반이 구약에 나타난 모세의 역사를 언급한다. 요지는 모세가 이스라엘 백성에게 거절당한 존재임을 드러내는 것이다. 모세는 나이 사십에 자기 힘으로 백성을 도우려 했을 때나 이스라엘을 구원하여 광야 40년을 지내는 동안에도 이스라엘 백성에게 거절당하고, 이스라엘은 애굽으로 마음이 향해 하나님을 거역했다는 내용이다.

18 요셉을 알지 못하는 새 임금이 애굽 왕위
에 오르매
19 그가 우리 족속에게 교활한 방법을 써서
조상들을 괴롭게 하여 그 어린아이들을
내버려 살지 못하게 하려 할새
20 그때에 모세가 났는데 하나님 보시기에
아름다운지라 그의 아버지의 집에서 석
달 동안 길리더니
21 버려진 후에 바로의 딸이 그를 데려다가
자기 아들로 기르매
22 모세가 애굽 사람의 모든 지혜를 배워 그
의 말과 하는 일들이 능하더라
23 나이가 사십이 되매 그 형제 이스라엘 자
손을 돌볼 생각이 나더니
24 한 사람이 원통한 일 당함을 보고 보호하
여 압제 받는 자를 위하여 원수를 갚아
애굽 사람을 쳐 죽이니라
25 그는 그의 형제들이 하나님께서 자기의
손을 통하여 구원해 주시는 것을 깨달으
리라고 생각하였으나 그들이 깨닫지 못
하였더라
26 이튿날 이스라엘 사람끼리 싸울 때에 모
세가 와서 화해시키려 하여 이르되 너희
는 형제인데 어찌 서로 해치느냐 하니
27 그 동무를 해치는 사람이 모세를 밀어뜨
려 이르되 누가 너를 관리와 재판장으로
우리 위에 세웠느냐
28 네가 어제는 애굽 사람을 죽임과 같이 또
나를 죽이려느냐 하니
29 모세가 이 말 때문에 도주하여 미디안 땅
에서 나그네 되어 거기서 아들 둘을 낳으
니라
30 사십 년이 차매 천사가 시내 산 광야 가
시나무 떨기 불꽃 가운데서 그에게 보이
거늘
31 모세가 그 광경을 보고 놀랍게 여겨 알아
보려고 가까이 가니 주의 소리가 있어
32 나는 네 조상의 하나님 즉 아브라함과 이
삭과 야곱의 하나님이라 하신대 모세가
무서워 감히 바라보지 못하더라
33 주께서 이르시되 네 발의 신을 벗으라 네
가 서 있는 곳은 거룩한 땅이니라
34 내 백성이 애굽에서 괴로움 받음을 내가
확실히 보고 그 탄식하는 소리를 듣고 그
들을 구원하려고 내려왔노니 이제 내가
너를 애굽으로 보내리라 하시니라
35 그들의 말이 누가 너를 관리와 재판장으
로 세웠느냐 하며 거절하던 그 모세를 하
나님은 가시나무 떨기 가운데서 보이던
천사의 손으로 관리와 속량하는 자로서
보내셨으니
36 이 사람이 백성을 인도하여 나오게 하고
애굽과 홍해와 광야에서 사십 년간 기사
와 [1]표적을 행하였느니라
37 이스라엘 자손에 대하여 [ㄱ]하나님이 너희
형제 가운데서 나와 같은 선지자를 세우
리라 하던 자가 곧 이 모세라
38 시내 산에서 말하던 그 천사와 우리 조상
들과 함께 광야 교회에 있었고 또 살아

1) 또는 이적 ㄱ. 신 18:15

있는 말씀을 받아 우리에게 주던 자가 이
사람이라
39 우리 조상들이 모세에게 복종하지 아니
하고자 하여 거절하며 그 마음이 도리어
애굽으로 향하여
40 아론더러 이르되 우리를 인도할 신들을
우리를 위하여 만들라 애굽 땅에서 우리
를 인도하던 이 모세는 어떻게 되었는지
알지 못하노라 하고
41 그때에 그들이 송아지를 만들어 그 우상
앞에 제사하며 자기 손으로 만든 것을 기
뻐하더니
42 하나님이 외면하사 그들을 [2]그 하늘의 군
대 섬기는 일에 버려두셨으니 이는 선지
자의 책에 기록된 바
[ㄴ]이스라엘의 집이여 너희가 광야에서
사십 년간 희생과 제물을 내게 드린 일
이 있었느냐
43 몰록의 장막과 신 레판의 별을 받들었
음이여 이것은 너희가 절하고자 하여
만든 형상이로다 내가 너희를 바벨론
밖으로 옮기리라
함과 같으니라

2) 그 하늘의 별들 ㄴ. 암 5:25 이하

1. 오늘 하나님께서 나에게 주신 깨달음은 무엇입니까?

2. 말씀을 어떻게 내 삶에 구체적으로 적용해야 합니까?

절별 해설

19 이스라엘 자손의 번성에 위협을 느낀 애굽 왕은 이스라엘을 힘든 일로 학대하고, 산파를 시켜 갓 태어난 남자아이들을 죽이려 한다. 그러나 이스라엘의 번성을 막아보려는 애굽 왕의 시도는 번번이 실패로 끝난다(출 1:8-21).

21 애굽 왕은 마지막 조치로 남자아이가 태어나면 강에 던지라고 명령한다. 모세는 석 달 만에 강에 버려지지만 하나님의 섭리로 공주의 아들이 된다(출 1:22-2:10). 그 백성을 번성케 하겠다는 아브라함에게 주신 약속이 이루어지고 있었다(창 12:2).

22 모세가 애굽 사람의 모든 지혜를 배워 그의 말과 하는 일들이 능하더라 후에 모세가 광야에서 하나님의 부름을 받아 애굽으로 들어갈 때, 자신은 말을 잘 못한다며 사양한다(출 4:10, 13). 그러나 이것은 모세가 너무도 무거운 사명을 회피하려는 의도에서 말한 것일 뿐 실제로 부족했기 때문은 아니다. 당시 모세는 애굽의 왕자로 세계 최고 수준의 교육을 받았다.

쉬운성경

18 그러다가 요셉을 알지 못하는 새 왕이 이집트를 다스리기 시작했습니다.

19 이 왕은 교묘하게 우리 백성을 속였고, 우리 조상들을 학대하여 갓난아기들을 내다 버려 죽이라고 명령을 내렸습니다.

20 이 시기에 모세가 태어났습니다. 모세는 평범한 아기가 아니었습니다. 모세의 부모는 그를 세 달 동안 집에서 숨겨 길렀습니다.

21 그러나 더 이상 숨길 수가 없어서 모세를 밖에 내다 버리자, 파라오의 딸이 모세를 데려다가 자기의 아들로 삼아 길렀습니다.

22 모세는 이집트 사람들의 모든 지혜를 배워 말에나 행동에서 뛰어난 능력을 나타냈습니다.

23 모세가 사십 세가 되었을 때, 그는 자기 동족인 이스라엘 백성을 돌보아야겠다는 마음이 들었습니다.

27 누가 너를 관리와 재판장으로 우리 위에 세웠느냐 이스라엘 백성은 모세를 전혀 인정하지 않는다. 오히려 모세를 밀어내고 배척한다. 이런 일련의 사건 때문에 모세는 미디안으로 도망치게 된다. 이스라엘이 그렇게 자랑하는 모세도 처음에는 그 동족에게 배신당한 사람이었음이 스데반이 말하려는 요점이다.

33 주께서 이르시되 네 발의 신을 벗으라 네가 서 있는 곳은 거룩한 땅이니라 출애굽기에 의하면, 시내산은 하나님이 임재하시는 장소이자 이스라엘이 하나님을 섬긴 장소이며 율법을 주신 장소다(출 3:12; 19:20-22; 32:1-10). 하나님이 계신 곳은 어디나 거룩하다. 시내산은 호렙산이라고도 불린다.

34 내 백성이 애굽에서 괴로움 받음을 내가 확실히 보고 그 탄식하는 소리를 듣고 그들을 구원하려고 내려왔노니 이제 내가 너를 애굽으로 보내리라 하시니라 하나님이 당신의 백성이 고통받던 현장에 함께 계셨음을 강조하는 표현이다. 하나님이 고통의 시간을 단축하지 않고 430년을 기다리신 이유는 정확히 알 수 없다. 하나님의 백성을 구원할 가장 적절할 시기는 오직 하나님만이 아신다. 다만 이스라엘 백성에게 필요하기에 430년을 허락하신 것이다.

37 이스라엘 자손에 대하여 하나님이 너희 형제 가운데서 나와 같은 선지자를 세우리라 하던 자가 곧 이 모세라 모세의 예언이다. 모세는 믿음의 눈으로 예수 그리스도를 바라보고 예언했다. 모세와 같은 구원자이며 백성을 죄에서 구원할 예수를 증거한 것이다(신 18:15). 베드로도 앞선 설교에서 모세의 예언이 예수 그리스도를 가리킨다고 증거했다(행 3:22).

40-43 아론더러 이르되 우리를 인도할 신들을 우리를 위하여 만들라, 하나님이 외면하사 그들을 그 하늘의 군대 섬기는 일에 버려두셨으니, 내가 너희를 바벨론 밖으로 옮기리라 이스라엘 백성은 단순히 하나님과 모세를 거역한 것뿐 아니라 적극적으로 우상을 만들어 섬겼다. 스

24 모세는 어떤 이스라엘 사람이 이집트 사람에게 억울한 일을 당하는 것을 보았습니다. 그는 이스라엘 사람을 보호하려고 이집트 사람을 때려 죽여 원수를 갚아 주었습니다.

25 모세는 자기 동족들이 하나님께서 자기를 사용하여 그들을 구원해 주신다는 것을 깨달을 것이라고 생각했습니다. 하지만 그들은 깨닫지 못했습니다.

26 이튿날, 모세는 이스라엘 사람 두 명이 서로 싸우는 것을 보고 그들을 화해시키려고 이렇게 말했습니다. '여러분, 당신들은 같은 동포인데 어찌하여 서로를 해치려고 합니까?'

27 그러자 동료에게 해를 입히던 사람이 모세를 떠밀며 말했습니다. '누가 당신을 우리의 지도자와 재판관으로 세웠소?

28 어제 이집트 사람을 죽인 것처럼, 오늘은 나를 죽일 참이요?'

29 모세는 그 말을 듣고 이집트를 떠나 미디안 땅으로 도망쳤습니다. 모세는 그 곳에서 나그네로 살면서 아들을 둘 낳았습니다.

30 사십 년이 지난 뒤에, 시내 산 근처에 있는 광야에서 한 천사가 가시나무 떨기 불꽃 가운데 모세에게 나타났습니다.

31 모세가 그 모습을 보고 놀라 좀더 자세히 살펴보려고 가까이 다가갔을 때, 주님의 음성이 들려 왔습니다.

32 '나는 너의 조상의 하나님, 곧 아브라함의 하나님, 이삭의 하나님, 야곱의 하나님이니라.' 모세는 두려워 떨기 시작했습니다. 감히 얼굴을 들어 소리 나는 곳을 바라보지 못하였습니다.

33 그때, 주님께서 모세에게 말씀하셨습니다. '네 발의 신을 벗어라. 네가 서 있는 곳은 거룩한 곳이다.

34 나는 이집트에 있는 내 백성이 학대받는 것을 보았고, 그들이 부르짖는 소리를 들었다. 나는 내 백성을 해방시키러 내려왔다. 이제 내가 너를 다시 이집트로 보내겠다.'

데반은 광야 40년, 그리고 그 후 바벨론에 망할 때까지 이스라엘의 역사가 우상숭배의 역사였음을 아모스 선지자의 말을 인용해 지적한다(암 5:25-27).

35 하나님께서 보내신 이 모세는 이스라엘 백성들이 '누가 당신을 우리의 지도자와 재판관으로 세웠소?'라고 하면서 저버린 바로 그 모세입니다. 하나님께서는 떨기나무 가운데 그에게 나타난 천사를 통하여 이 모세를 지도자와 해방자로 삼으시고, 그들에게 보내셨습니다.

36 그래서 모세는 백성들을 이집트에서 이끌어 냈습니다. 모세는 이집트에서, 홍해에서, 그리고 사십 년 동안 광야에서 많은 기적과 표적을 행하였습니다.

37 바로 이 모세가 이스라엘 백성에게 '하나님께서 너희 가운데서 나와 같은 예언자를 세워 주실 것이다'라고 말한 사람입니다.

38 이 모세는 시내 산에서 그에게 말씀을 전해 주던 천사와 우리 조상들과 함께 광야 교회에 있었습니다. 모세는 생명의 말씀을 받아 우리에게 전해 주었습니다.

39 그러나 우리 조상들은 모세에게 순종하기를 거부하고 모세를 저버렸습니다. 그들은 마음속으로 이집트로 돌아가려 했습니다.

40 그들은 아론에게 '우리를 이집트에서 인도해 낸 모세에게 무슨 일이 생겼는지 모르겠으니 우리를 인도할 신을 만들어 주십시오'라고 말했습니다.

41 그들이 송아지처럼 생긴 우상을 만든 것이 바로 그때였습니다. 그들은 송아지 우상에게 제물을 바치고, 자기들의 손으로 만든 것을 섬기며 즐거워하였습니다.

42 그러자 하나님께서는 그들에게서 돌아서시고, 그들이 천체들을 섬기게 내버려 두셨습니다. 그것은 예언자들의 책에 적힌 것과 같습니다.

> '이스라엘 백성아, 너희가 광야에 사십 년 동안 있을 때에 나에게 희생 제물과 예물을 가져온 적이 있느냐?

43 너희는 너희가 예배하려고 만든 몰록의 신당과 별의 신 레판의 우상들을 섬겼다. 그러므로 내가 너희를 바빌론 저편으로 포로로 보낼 것이다.'*

*7:42-43 암 5:25-27에 기록되어 있다.

저자의 묵상

이스라엘 백성이 거절하여 미디안 광야로 쫓겨난 모세를 하나님이 이스라엘의 지도자와 구원자로 삼으신다. 그러나 이스라엘은 광야에서도 모세를 거절한다. 모세는 "나와 같은 선지자" 곧 그리스도가 오실 것을 예언한다. 자신의 역할이 메시아를 보여주고 있음을 말한 것이다. 광야 이스라엘 백성의 후손은 모세가 예언한 모세보다 더 큰 예수 그리스도를 거절했다. 이상이 스데반이 모세를 통해 강조하려는 내용이다. 이스라엘이 우상을 섬기며 모세와 하나님을 거역했듯, 이스라엘이 예수님을 배척했다는 것이다. 이처럼 예수님을 비롯해 하나님께 쓰임받은 자들은 사람에게 거절당하는 삶을 살았다. 하나님의 종으로 쓰임받는다는 것은 자기 욕심이 채워지거나 세상에서 보란 듯이 인정받는 것을 의미하지 않는다. 오히려 모세나 예수님처럼 사람들에게 인정받지 못하고 거절당할 수 있다.

무릎 기도 주님, 복음 때문에 가까운 사람에게 거절당할 때 그 아픔을 잘 이겨내게 하소서.

ESV - Acts 7

18 until there arose over Egypt another king
who did not know Joseph.
19 He dealt shrewdly with our race and forced
our fathers to expose their infants, so that
they would not be kept alive.
20 At this time Moses was born; and he was
beautiful in God's sight. And he was brought
up for three months in his father's house,
21 and when he was exposed, Pharaoh's
daughter adopted him and brought him up
as her own son.
22 And Moses was instructed in all the wisdom
of the Egyptians, and he was mighty in his
words and deeds.
23 "When he was forty years old, it came into
his heart to visit his brothers, the children of
Israel.
24 And seeing one of them being wronged, he
defended the oppressed man and avenged
him by striking down the Egyptian.
25 He supposed that his brothers would under-
stand that God was giving them salvation by
his hand, but they did not understand.
26 And on the following day he appeared to
them as they were quarreling and tried to
reconcile them, saying, 'Men, you are
brothers. Why do you wrong each other?'
27 But the man who was wronging his neighbor
thrust him aside, saying, 'Who made you a
ruler and a judge over us?
28 Do you want to kill me as you killed the
Egyptian yesterday?'
29 At this retort Moses fled and became an
exile in the land of Midian, where he became
the father of two sons.
30 "Now when forty years had passed, an angel
appeared to him in the wilderness of Mount
Sinai, in a flame of fire in a bush.
31 When Moses saw it, he was amazed at the
sight, and as he drew near to look, there
came the voice of the Lord:
32 'I am the God of your fathers, the God of

Abraham and of Isaac and of Jacob.' And
Moses trembled and did not dare to look.
33 Then the Lord said to him, 'Take off the
sandals from your feet, for the place where
you are standing is holy ground.
34 I have surely seen the affliction of my people
who are in Egypt, and have heard their
groaning, and I have come down to deliver
them. And now come, I will send you to
Egypt.'
35 "This Moses, whom they rejected, saying,
'Who made you a ruler and a judge?'—this
man God sent as both ruler and redeemer
by the hand of the angel who appeared to
him in the bush.
36 This man led them out, performing wonders
and signs in Egypt and at the Red Sea and
in the wilderness for forty years.
37 This is the Moses who said to the Israelites,
'God will raise up for you a prophet like me
from your brothers.'
38 This is the one who was in the congregation
in the wilderness with the angel who spoke
to him at Mount Sinai, and with our fathers.
He receiv-ed living oracles to give to us.
39 Our fathers refused to obey him, but thrust
him aside, and in their hearts they turned to
Egypt,
40 saying to Aaron, 'Make for us gods who will
go before us. As for this Moses who led us
out from the land of Egypt, we do not know
what has become of him.'
41 And they made a calf in those days, and
offered a sacrifice to the idol and were
rejoicing in the works of their hands.
42 But God turned away and gave them over to
worship the host of heaven, as it is written in
the book of the prophets: "'Did you bring to
me slain beasts and sacrifices, during the
forty years in the wilderness, O house of
Israel?
43 You took up the tent of Moloch and the star
of your god Rephan, the images that you
made to worship; and I will send you into
exile beyond Babylon.'

19 shrewdly 약삭빠르게 force 강요하다 expose (어린애 등을) 버리다 keep alive 살려 두다 20 bring up 기르다, 양육하다 21 adopt 양자로 삼다 22 be instructed in ~ ~을 잘 알다, ~에 밝다 24 avenge ~ ~의 복수를 하다 26 quarrel 다투다 reconcile 화해시키다 27 thrust ~ aside ~을 옆으로 밀치다 29 retort 응수, 말대꾸 30 flame 불꽃 31 be amazed at ~ ~에 깜짝 놀라다 32 tremble 떨다 34 groan 신음하다 deliver 구해내다 35 redeemer 구제자 bush 떨기나무, 관목 36 wilderness 황야, 황무지 38 congregation 회중 oracle 하나님의 말씀 41 offer a sacrifice 제물을 바치다 42 host 군대; 해와 달과 별 slay 죽이다 43 send ~ into exile ~를 추방하다

• MEMO •

24

월 일

하나님의 집

사도행전 7:44-53 • 새찬송 354장 | 통일 394장

• 말씀묵상 전에 성령님의 인도하심을 구하는 기도를 드리십시오.

본문요약 | 스데반이 성전의 의미에 관해 말하고 최후 진술하는 내용이다. 모세 때 장막으로 시작된 성막이 솔로몬 때 이르러 성전이 된다. 그러나 하나님은 인간의 손으로 지은 곳에 계시지 않는다. 스데반은 율법과 마찬가지로 당시 본래의 의미를 상실한 채 장소 자체에 의미를 부여했던 성전에 대한 생각을 바로잡는다.

44 광야에서 우리 조상들에게 증거의 장막
이 있었으니 이것은 모세에게 말씀하신
이가 명하사 그가 본 그 양식대로 만들게
하신 것이라
45 우리 조상들이 그것을 받아 하나님이 그
들 앞에서 쫓아내신 이방인의 땅을 점령
할 때에 여호수아와 함께 가지고 들어가
서 다윗 때까지 이르니라
46 다윗이 하나님 앞에서 은혜를 받아 [1]야곱
의 집을 위하여 하나님의 처소를 준비하
게 하여 달라고 하더니
47 솔로몬이 그를 위하여 집을 지었느니라
48 그러나 지극히 높으신 이는 손으로 지은
곳에 계시지 아니하시나니 선지자가 말
한 바
49 [ㄱ]주께서 이르시되 하늘은 나의 보좌요
땅은 나의 발등상이니 너희가 나를 위
하여 무슨 집을 짓겠으며 나의 안식할
처소가 어디냐
50 이 모든 것이 다 내 손으로 지은 것이
아니냐
함과 같으니라
51 목이 곧고 마음과 귀에 할례를 받지 못한
사람들아 너희도 너희 조상과 같이 항상
성령을 거스르는도다
52 너희 조상들이 선지자들 중의 누구를 박
해하지 아니하였느냐 의인이 오시리라
예고한 자들을 그들이 죽였고 이제 너희
는 그 의인을 잡아 준 자요 살인한 자가
되나니
53 너희는 천사가 전한 율법을 받고도 지키
지 아니하였도다 하니라

1) 다른 사본에, 하나님을 위하여 처소를
ㄱ. 사 66:1 이하

1. 오늘 하나님께서 나에게 주신 깨달음은 무엇입니까?

2. 말씀을 어떻게 내 삶에 구체적으로 적용해야 합니까?

절별 해설

44 증거의 장막 이스라엘의 광야생활 중에 성막이 주어졌다. 성막(회막)은 하나님이 그 백성 가운데 거하신다는 임재의 상징으로, 백성이 제사 드리던 장소다(출 29:42-46). 하나님이 함께하신다는 성막의 의미는 예수 그리스도 안에서 완전히 이루어진다(마 1:23). 성막은 처음부터 장소의 의미보다는 예배와 속죄의 기능을 통해 예수 그리스도를 가리키는 의미였다.

이것은 모세에게 말씀하신 이가 명하사 그가 본 그 양식대로 만들게 하신 것이라 성막은 모세가 임의로 만든 것이 아니라 하나님이 일러주신 방식대로 지은 일종의 이동식 텐트다(출 25:8-9). 하나님이 모든 것을 정해 주셨다는 것은 하나님의 방법대로 하나님을 경배할 것을 의미한다(출 29:38-46). 자신의 방식이 아닌 하나님이 원하시는 대로 믿는 것이 참 신앙이다.

46-47 다윗은 강력한 통일왕국 시대를 이룬 왕이다. 다윗은 자신의 때까지 있었던 성막을 대신해 성전을 지을 열심이 있었다. 그러나 수없이 전쟁하고 피 흘린 다윗 대신 그 아들 솔로몬 때 비로소 건물로서의 성전을 건설한다(대하 6:10).

48-49 성전 건물 자체에 의미를 부여하던 유대인들을 향한 이사야서의 인용이다(사 66:1). 솔로몬도 같은 고백을 한다(대하 6:18). 만물을 지으신 하나님은 인간이 지은 건축물에 국한될 수 없다. 다만 성전이 바른 역할을 하면 그곳에 함께하겠다 약속하셨고, 그렇지 않으면 가차 없이 버리겠다고 하셨다(대하 7:15-16, 19-20). 성전의 중요성은 결코 건물 자체에 있지 않다.

51 목이 곧고 마음과 귀에 할례를 받지 못한 사람들아 너희도 너희 조상과 같이 항상 성령을 거스르는도다 7장 전체를 통해 스데반이 전하는 긴 설교의 결론이다. 이스라엘 백성은 늘 하나님을 거스르며 살았다. 율법이나 성전도 그 진정한 실체는 그리스도를 가리키는 것이다. 그러나 그들은 그리스도를 죽였으며 스데반도 죽이려 하고 있다.

쉬운성경

44 우리 조상들이 광야에서 지낼 때에 증거의 장막이 그들 곁에 있었습니다. 그 장막은 하나님께서 모세에게 명령하셔서 만들게 하신 장막입니다. 이 장막은 모세가 하나님께서 보여 주신 모형을 따라 만든 것입니다.

45 그 후에 여호수아의 인도에 따라 우리 조상들이 이 장막을 가지고 가나안 땅에 들어갈 때에, 하나님께서 그 땅에 살고 있던 여러 민족을 쫓아내셨습니다. 이 장막은 다윗 시대까지 그 땅에 있었습니다.

46 다윗은 하나님 앞에서 은혜를 받은 사람이었습니다. 다윗은 야곱의 집을 위해 하나님의 처소를 짓게 해 달라고 간구하였습니다.

47 그런데 정작 하나님을 위해 집을 지은 사람은 솔로몬이었습니다.

48 하지만 예언자가 말한 것처럼 가장 높으신 하나님께서는 사람이 손으로 지은 집에 살지 않으십니다.

49 '주님께서 말씀하셨다. 하늘은 내 보좌요, 땅은 내 발판이다. 너희가 나를 위해 무슨 집을 지을 수 있겠느냐? 내가 쉴 곳이 어디겠느냐?

50 이 모든 것이 다 내가 만든 것이 아니냐?'*

51 고집 센 사람들이여, 여러분들의 마음은 어찌 그리 완악하며 귀는 꽉 막혔습니까? 여러분들은 여러분의 조상들처럼 항상 성령을 거역하고 있습니다.

52 여러분의 조상들이 핍박하지 않은 예언자가 한 사람이나 있었습니까? 그들은 심지어 의인이 올 것을 예언한 사람들을 죽이기까지 했습니다. 이제 여러분은 바로 그 의인조차도 알아보지 못하고 배반하여 죽였습니다.

53 여러분은 천사들이 전해 준 모세의 율법을 받고도 그것을 지키지 않았습니다."

*7:49-50 사 66:1-2에 기록되어 있다.

저자의 묵상

구약의 성막은 보이지 않는 하나님이 이스라엘 백성과 함께 거하신다는 표로 주신 것이다. 이것이 후에 성전으로 발전한다. 예수님은 자신이 성전이라고 말씀하셨다(요 2:21). 사도 요한도 예수님에 관해 "말씀이 육신이 되어 우리 가운데 거하시매"라고 기록했다(요 1:14). 여기서 '거하다'의 뜻은 구약의 성막과 같이 '장막을 치신다'는 뜻이다. 결국 성막과 성전은 메시아이신 예수 그리스도를 의미한다. 그러므로 성전 예배의 핵심은 건물이나 의식이 아니라 그리스도와 함께하는 진정한 예배와 교제에 있다. 유대인들은 이것을 간과한 채 성전 자체를 중요시하며 예수님을 배척했다.

오늘 우리의 모습에도 이런 것이 없는지 살펴야 한다. 교회는 단순한 건물이 아니라 예수 그리스도와 함께하는 곳이다. 진정으로 하나님께 예배하고 교제하는 일 없이 교회의 건물이나 시설의 화려함, 예배의 외형적 형식을 중요시하고 자랑한다면 구약의 유대인들과 다를 바 없다.

무릎기도 하나님, 내 삶이 하나님을 향한 진정한 예배가 되게 하소서.

ESV - Acts 7

44 "Our fathers had the tent of witness in the wilderness, just as he who spoke to Moses directed him to make it, according to the pattern that he had seen.
45 Our fathers in turn brought it in with Joshua when they dispossessed the nations that God drove out before our fathers. So it was until the days of David,
46 who found favor in the sight of God and asked to find a dwelling place for the God of Jacob.*
47 But it was Solomon who built a house for him.
48 Yet the Most High does not dwell in houses made by hands, as the prophet says,
49 "'Heaven is my throne, and the earth is my footstool. What kind of house will you build for me, says the Lord, or what is the place of my rest?
50 Did not my hand make all these things?'
51 "You stiff-necked people, uncircumcised in heart and ears, you always resist the Holy Spirit. As your fathers did, so do you.
52 Which of the prophets did your fathers not persecute? And they killed those who announced beforehand the coming of the Righteous One, whom you have now betrayed and murdered,
53 you who received the law as delivered by angels and did not keep it."

* 7:46 Some manuscripts *for the house of Jacob*

44 wilderness 황야, 황무지 direct 명령하다 45 in turn 차례차례 dispossess 빼앗다 drive out 몰아내다 48 dwell 살다, 거주하다 49 footstool 발판 51 stiff-necked 완고한, 고집 센 uncircumcised 할례받지 않은 resist 무시하다, 거스르다 52 persecute 박해하다 announce 알리다 betray 배반하다

25

월 일

첫 순교자

사도행전 7:54-60 • 새찬송 414장 | 통일 475장

• 말씀묵상 전에 성령님의 인도하심을 구하는 기도를 드리십시오.

본문요약 I 예수 그리스도의 증인으로서 처음 죽임당한 스데반의 순교 장면을 소개한다. 스데반이 하늘을 우러러 하나님의 영광과 하나님 우편에 서신 예수 그리스도를 보았을 때, 사람들은 스데반을 돌로 쳤다. 한편, 첫 순교의 열매는 사울이라는 또 한 명의 사도를 태동시키는 씨앗이 된다. 스데반은 평화롭게 잠들었다.

54 그들이 이 말을 듣고 마음에 찔려 그를 향하여 이를 갈거늘

55 스데반이 성령 충만하여 하늘을 우러러 주목하여 하나님의 영광과 및 예수께서 하나님 우편에 서신 것을 보고

56 말하되 보라 하늘이 열리고 인자가 하나님 우편에 서신 것을 보노라 한대

57 그들이 큰 소리를 지르며 귀를 막고 일제히 그에게 달려들어

58 성 밖으로 내치고 돌로 칠새 증인들이 옷을 벗어 사울이라 하는 청년의 발 앞에 두니라

59 그들이 돌로 스데반을 치니 스데반이 부르짖어 이르되 주 예수여 내 영혼을 받으시옵소서 하고

60 무릎을 꿇고 크게 불러 이르되 주여 이 죄를 그들에게 돌리지 마옵소서 이 말을 하고 자니라

1. 오늘 하나님께서 나에게 주신 깨달음은 무엇입니까?

2. 말씀을 어떻게 내 삶에 구체적으로 적용해야 합니까?

절별 해설

54 그들이 이 말을 듣고 마음에 찔려 그를 향하여 이를 갈거늘 스데반의 설교는 베드로의 설교와 마찬가지로 듣는 사람들에게 영향을 주었다(행 2:37). 그러나 반응은 정반대다. 이번에는 공회원들이 몹시 화가 나서 이를 갈며 스데반을 죽이려 한다. 복음에 대한 반응이 모두 같지는 않다. 같은 말씀을 듣고도 받는 사람에 따라 상반된 반응을 보이기도 한다.

56 말하되 보라 하늘이 열리고 인자가 하나님 우편에 서신 것을 보노라 한대 55-56절에서는 "예수께서 하나님 우편에 서신 것을 보고"라고 반복해서 기록한다. 보통 '예수께서 하나님 우편에 앉아 계신다'고 기록하는 것이 일반적이다(행 2:35; 엡 1:20; 히 1:3). 여기서는 이제 막 증인의 일을 마치고 순교할 스데반을 도우며 맞이하기 위해 일어서신 주님의 모습으로 이해된다.

58 성 밖으로 내치고 돌로 칠새 율법에 따르면 하나님을 모독한 죄인을 돌로 칠 수 있었다(레 24:15-16). 그러나 당시 사형 집행권은 로마 정부에만 있었으므로 이 처형은 불법적인 처형이다. 로마 정부는 유대인들을 효율적으로 통치하기 위해 가끔은 이런 종교적 재판과 처형을 묵인했던 것 같다.

증인들이 옷을 벗어 사울이라 하는 청년의 발 앞에 두니라 사울은 후에 바울이 되는 인물이다. 사울은 유대식 이름, 바울은 로마식 이름이다. 사울이 스데반 사건에 어떤 식으로 연관되었는지 구체적으로 알 수는 없지만, 증인들이 옷을 벗어 사울의 발 앞에 놓은 것을 볼 때 적극적으로 가담했던 것이 분명하다. 한 증인의 죽음이 또 한 증인을 위한 씨로 뿌려지고 있었다.

59-60 주 예수여 내 영혼을 받으시옵소서, 주여 이 죄를 그들에게 돌리지 마옵소서 예수님이 죽으시던 날 드린 기도와 같은 내용이다(눅 23:34,46). 처절한 죽음의 순간에도 주님을 향한 기도와 자신을 돌로 치는 자들을 용서하는 스데반의 모습은 세상에서 발견할 수 없는 믿음의 모습이다.

이 말을 하고 자니라 성경은 죽음을 '잠들다'라고 표현한다(고전 15:20). 죽음이 끝이 아님을 나타낸다.

쉬운성경

54 공의회 의원들은 스데반이 하는 말을 듣고 몹시 화가 나서 스데반을 보며 이를 갈았습니다.

55 그러나 스데반은 성령이 충만하여 하늘을 쳐다보았습니다. 그는 하나님의 영광과 예수님께서 하나님의 오른편에 서 계신 것을 보았습니다.

56 스데반이 외쳤습니다. "보십시오. 하늘이 열리고 하나님의 오른편에 '인자'가 서 계신 것이 보입니다."

57 그러나 사람들은 귀를 막고 큰소리를 지르며, 모두가 스데반에게 달려들었습니다.

58 그들은 스데반을 성 밖으로 끌고 나가서 그를 향하여 돌을 던졌습니다. 증인들은 자기들의 옷을 벗어 사울이라는 젊은이의 발 앞에 놓았습니다.

59 사람들이 스데반을 돌로 칠 때, 스데반은 "주 예수님, 내 영혼을 받아 주십시오"라고 기도했습니다.

60 스데반은 무릎을 꿇고 큰소리로 "주님, 이 죄를 이 사람들에게 돌리지 마십시오"라고 외쳤습니다. 이 말을 하고 스데반은 잠들었습니다.

저자의 묵상

스데반은 자신을 돌로 치는 자들 앞에서, 자신의 영혼을 주님께 부탁하며 그들의 죄를 사해 달라고 기도한다. 자신을 죽이는 극악무도한 자들 앞에서 매우 자비로운 반응이다. 이런 행동은 스데반보다 앞서 예수님이 십자가에서 보여주셨다. 십자가에서 예수님은 자신을 죽이는 자들을 용서해 달라고 기도하셨다(눅 23:34). 스데반은 마지막 죽음의 순간에도 주님의 모습을 온전히 따른 것이다. 죽음에 이르러서까지 믿음과 신앙을 지키는 증인들의 모습에서 사도행전의 기록이 완전한 사실임을 다시 한 번 확신하게 된다. 더욱이 스데반은 죽는 그 시간까지 주님을 따르고 있었다는 것이 인상적이다. 그랬기에 그의 마지막은 '잠들다'라고 표현된다. 참혹한 죽음과 대조되는 매우 평화로운 묘사다. 주님을 완전히 따를 수만 있다면 세상의 어떤 풍파 앞에서도 평화로울 수 있음을 배운다.

무릎 기도 하나님, 저도 죽음을 넘어선 믿음을 갖게 하소서.

ESV - Acts 7

54 Now when they heard these things they were enraged, and they ground their teeth at him.

55 But he, full of the Holy Spirit, gazed into heaven and saw the glory of God, and Jesus standing at the right hand of God.

56 And he said, "Behold, I see the heavens opened, and the Son of Man standing at the right hand of God."

57 But they cried out with a loud voice and stopped their ears and rushed together* at him.

58 Then they cast him out of the city and stoned him. And the witnesses laid down their garments at the feet of a young man named Saul.

59 And as they were stoning Stephen, he called out, "Lord Jesus, receive my spirit."

60 And falling to his knees he cried out with a loud voice, "Lord, do not hold this sin against them." And when he had said this, he fell asleep.

* 7:57 Or *rushed with one mind*

54 enrage 격분하게 하다 grind one's teeth 이를 갈다 55 gaze 응시하다 56 behold 보라! 57 stop one's ears 귀를 막다 rush at ~ ~에 돌진하다 58 cast ~ out ~을 몰아내다, 내쫓다 witness 증인 garment 옷 60 fall to one's knees 무릎을 꿇다 hold … against ~ … 때문에 ~를 나쁘게 보다

26

월 일

흩어지는 복음

사도행전 8:1-13 • 새찬송 546장 | 통일 399장

• 말씀묵상 전에 성령님의 인도하심을 구하는 기도를 드리십시오.

본문요약 I 스데반의 일이 도화선이 되어 예루살렘교회에 대한 본격적인 박해가 시작된다. 사울이 교회를 완전히 없애려 했으므로 사도들을 제외한 성도들은 각지로 흩어진다. 그중 빌립의 사마리아 전도는 큰 성공을 거둔다. 증인들은 이러한 흩어짐을 전혀 예상치 못했으나, 하나님은 그들을 통해 뜻을 이루셨다.

1 사울은 그가 죽임 당함을 마땅히 여기더라 그날에 예루살렘에 있는 교회에 큰 박해가 있어 사도 외에는 다 유대와 사마리아 모든 땅으로 흩어지니라
2 경건한 사람들이 스데반을 장사하고 위하여 크게 울더라
3 사울이 교회를 잔멸할새 각 집에 들어가 남녀를 끌어다가 옥에 넘기니라
4 그 흩어진 사람들이 두루 다니며 복음의 말씀을 전할새
5 빌립이 사마리아 성에 내려가 그리스도를 백성에게 전파하니
6 무리가 빌립의 말도 듣고 행하는 [1]표적도 보고 한마음으로 그가 하는 말을 따르더라
7 많은 사람에게 붙었던 더러운 귀신들이 크게 소리를 지르며 나가고 또 많은 중풍병자와 못 걷는 사람이 나으니
8 그 성에 큰 기쁨이 있더라
9 그 성에 시몬이라 하는 사람이 전부터 있어 마술을 행하여 사마리아 백성을 놀라게 하며 자칭 큰 자라 하니
10 낮은 사람부터 높은 사람까지 다 따르며 이르되 이 사람은 크다 일컫는 하나님의 능력이라 하더라
11 오랫동안 그 마술에 놀랐으므로 그들이 따르더니
12 빌립이 하나님 나라와 및 예수 그리스도의 이름에 관하여 전도함을 그들이 믿고 남녀가 다 [2]세례를 받으니
13 시몬도 믿고 [2]세례를 받은 후에 전심으로 빌립을 따라다니며 그 나타나는 [1]표적과 큰 능력을 보고 놀라니라

1) 또는 이적 2) 헬, 또는 침례

1. 오늘 하나님께서 나에게 주신 깨달음은 무엇입니까?

2. 말씀을 어떻게 내 삶에 구체적으로 적용해야 합니까?

절별 해설

1 그날에 예루살렘에 있는 교회에 큰 박해가 있어 사도 외에는 다 유대와 사마리아 모든 땅으로 흩어지니라 스데반의 죽음을 시작으로 예루살렘교회에 큰 박해가 일어난다. 견딜 수 없을 정도의 박해였기에 사도를 제외한 성도들은 유대와 사마리아로 흩어진다. 이 흩어짐은 결코 전략적이거나 의도적이지 않았다. 미리 복음전파를 위해 준비하고 결심한 후 흩어진 것이 아니라 타의로 갑자기 이루어진 것이다.

3 사울이 교회를 잔멸할새 각 집에 들어가 남녀를 끌어다가 옥에 넘기니라 7장 58절과 8장 1절에 이어 계속 이 박해 사건에 사울의 이름을 등장시킴으로써, 사울이 모든 일에 주도적으로 가담하고 있음을 보여준다. '잔멸하다'는 뜻은 짐승이 포도원을 파헤치는 것같이 샅샅이 뒤져서 그리스도인을 잡아들였다는 표현이다.

4 그 흩어진 사람들이 두루 다니며 복음의 말씀을 전할새 교회를 향한 박해는 복음의 확산을 가져왔다. 유대인들은 교회를 없애려 했으나, 오히려 복음의 불길을 더욱 크게 번지게 만드는 결과를 낳았다.

5 빌립이 사마리아 성에 내려가 그리스도를 백성에게 전파하니 여기 소개되는 빌립은 6장에서 구제 문제를 맡기기 위해 선출한 일곱 일꾼 중 한 명이다(행 6:5). 사마리아 지역은 유대인과 오랫동안 불화가 그치지 않았다. 사마리아 사람은 주로 유대인과 이방인의 혼혈로 구성되었기에, 유대인들은 그들을 '개'라고 경멸하며 상종하지 않았다. 그런 사마리아 백성에게 복음이 전해진 것은, 복음을 받는 데는 차별이 없음을 보여준다.

6-7 빌립의 사역에는 사도들과 마찬가지로 큰 이적이 함께했다. 당시에는 표적 외에 복음의 능력을 체험할 다른 방법이 없었을 것이다. 그러나 오늘날은 이적보다 더 확실한 성경이 있으므로 지나치게 표적을 의식할 필요는 없다(벧후 1:19).

13 시몬도 믿고 세례를 받은 후에 전심으로 빌립을 따라다니며 그 나타나는 표적과 큰 능력을 보고 놀라니라 9절에 소개된 대로 시몬은 마술로 백성을 사로잡고 있었다. 일설에 따르면, 시몬은 애굽에서 마술을 배웠다고 한다. 애굽의 마술은 눈속임이나 귀신의 힘을 빌어 행하는데 사람들을 사로잡기에 충분했다. 그러나 성경은 이를 분명히 금한다(신 18:10-14). 그런 시몬이 복음에 복종한 것은 복음의 능력을 확실히 깨닫게 하는 부분이다.

쉬운성경

1 사울은 스데반이 죽임당한 것이 마땅하다고 생각했습니다. 그날에 예루살렘 교회에 큰 박해가 시작되었습니다. 사도들을 빼고는 모든 믿는 사람들이 유대와 사마리아 지방으로 흩어졌습니다.

2 경건한 사람들이 스데반을 묻어 주고 그를 생각하며 통곡하였습니다.

3 한편, 사울은 교회를 없애 버리려고 집집마다 찾아다니면서 남자든 여자든 닥치는 대로 끌어 내어 감옥에 넣었습니다.

4 흩어진 사람들은 어디를 가든지 하나님의 말씀을 전했습니다.

5 빌립은 사마리아 성으로 가서, 그곳 사람들에게 그리스도를 전파했습니다.

6 사마리아 사람들은 빌립이 하는 말을 듣고 그가 행하는 기적을 보자, 한마음으로 빌립의 말을 귀담아 들었습니다.

7 이는 그가 악한 귀신에 사로잡힌 사람들에게서 그 귀신들을 쫓아냈기 때문입니다. 귀신들은 큰소리를 지르며 몸에서 빠져 나갔습니다. 빌립은 중풍에 걸린 사람과 다리 저는 사람들도 많이 고쳐 주었습니다.

8 사마리아 성에는 큰 기쁨이 넘쳤습니다.

9 사마리아 성에 시몬이라는 사람이 있었습니다. 빌립이 사마리아에 오기 전만 해도 시몬은 성에서 마술을 하면서 사람들을 놀라게 하기도 하고, 스스로 위대한 인물이라고 하면서 잘난 체하던 사람이었습니다.

10 낮은 사람에서부터 높은 사람에 이르기까지 모두 "이 사람이야말로 '큰 능력'으로 알려진 하나님의 능력을 받은 사람이다"라고 소리를 지르곤 했습니다. 시몬은 백성의 관심을 한몸에 받던 사람이었습니다.

11 시몬이 오랫동안 마술로 사람들을 놀라게 했기 때문에 사람들이 그를 따랐습니다.

12 그러나 빌립이 그들에게 하나님의 나라와 예수 그리스도의 이름에 관한 '복음'을 전하자, 남자 여자 할 것 없이 다 빌립의 말을 믿고 세례를 받았습니다.

13 시몬도 믿고 세례를 받았습니다. 그는 빌립을 따라다니며 빌립이 일으키는 표적과 큰 능력을 보고 놀랐습니다.

저자의 묵상

하나님은 종종 우리의 예상을 뛰어넘어 일하시는 분임을 본문이 보여준다. 본문은 사도행전 1장 8절의 말씀이 이루어지는 과정의 첫 부분이다. 복음은 예루살렘에만 머물지 않고 유대와 사마리아로 흩어진 사람들에 의해 전파된다. 그러나 그 내용을 보면 전혀 예상치 못한 방법임을 알 수 있다. 스데반의 죽음이 도화선이 되어 사울을 중심으로 일어난 박해의 결과로 복음이 흩어진다. 교회를 향한 핍박이 복음의 확산을 가져온 것이다. 성경은 종종 고난이 유익이라고 가르친다(시 119:71). 그러므로 어려움에 처했을 때 낙심하지 말자. 어려움이 어떻게 하나님의 뜻을 이루는 도구가 될지 알 수 없다. 하나님은 준비되거나 의도적으로 흩어진 사람들이 아니라, 도망치다시피 나온 사람들을 통해서도 뜻을 이루신다. 자신이 부족해서 하나님의 일을 할 수 없다는 것은 핑계에 불과하다. 어떠한 상황에서도 뜻을 이루시는 하나님을 믿고, 부족해도 언제나 주어진 자리에서 충성하자.

무릎 기도 하나님, 내 뜻과 계획을 넘어 역사하시는 하나님을 배우게 하소서.

ESV - Acts 8

1 And Saul approved of his execution. And there arose on that day a great persecution against the church in Jerusalem, and they were all scattered throughout the regions of Judea and Samaria, except the apostles.

2 Devout men buried Stephen and made great lamentation over him.

3 But Saul was ravaging the church, and entering house after house, he dragged off men and women and committed them to prison.

4 Now those who were scattered went about preaching the word.

5 Philip went down to the city* of Samaria and proclaimed to them the Christ.

6 And the crowds with one accord paid attention to what was being said by Philip, when they heard him and saw the signs that he did.

7 For unclean spirits, crying out with a loud voice, came out of many who had them, and many who were paralyzed or lame were healed.

8 So there was much joy in that city.

9 But there was a man named Simon, who had previously practiced magic in the city and amazed the people of Samaria, saying that he himself was somebody great.

10 They all paid attention to him, from the least to the greatest, saying, "This man is the power of God that is called Great."

11 And they paid attention to him because for a long time he had amazed them with his magic.

12 But when they believed Philip as he preached good news about the kingdom of God and the name of Jesus Christ, they were baptized, both men and women.

13 Even Simon himself believed, and after being baptized he continued with Philip. And seeing signs and great miracles* performed, he was amazed.

* 8:5 Some manuscripts *a city*
* 8:13 Greek *works of power*

1 approve 찬성하다 execution 사형 집행 2 lamentation 비탄, 애도 3 ravage 파괴하다 drag 억지로 끌어내다 commit to prison 투옥하다 4 be scattered 뿔뿔이 흩어지다 5 proclaim 선포하다 6 with one accord 합심하여 7 paralyzed 마비된 lame 다리를 저는 heal 고치다 12 be baptized 세례를 받다

27 확장되는 복음

월 일

사도행전 8:14-25 • 새찬송 600장 | 통일 242장

• 말씀묵상 전에 성령님의 인도하심을 구하는 기도를 드리십시오.

본문요약 I 사마리아가 복음을 받았다는 소식을 듣고 예루살렘에 있는 사도들은 이를 확인하고자 베드로와 요한을 파견한다. 베드로와 요한이 기도하고 안수하자 성령이 임하여, 이 모든 일이 하나님의 역사임이 증명된다. 한편, 시몬은 이 모든 일을 돈으로 사고 싶어했는데, 이는 확장되는 교회에 새로운 유혹이 될 것을 암시한다.

14 예루살렘에 있는 사도들이 사마리아도
하나님의 말씀을 받았다 함을 듣고 베드
로와 요한을 보내매
15 그들이 내려가서 그들을 위하여 성령 받
기를 기도하니
16 이는 아직 한 사람에게도 성령 내리신 일
이 없고 오직 주 예수의 이름으로 [1]세례
만 받을 뿐이더라
17 이에 두 사도가 그들에게 안수하매 성령
을 받는지라
18 시몬이 사도들의 안수로 성령 받는 것을
보고 돈을 드려
19 이르되 이 권능을 내게도 주어 누구든지
내가 안수하는 사람은 성령을 받게 하여
주소서 하니
20 베드로가 이르되 네가 하나님의 선물을
돈 주고 살 줄로 생각하였으니 네 은과
네가 함께 망할지어다
21 하나님 앞에서 네 마음이 바르지 못하니
이 [2]도에는 네가 관계도 없고 분깃 될 것
도 없느니라
22 그러므로 너의 이 악함을 회개하고 주께
기도하라 혹 마음에 품은 것을 사하여 주
시리라
23 내가 보니 너는 [3]악독이 가득하며 불의에
[4]매인 바 되었도다
24 시몬이 대답하여 이르되 나를 위하여 주
께 기도하여 말한 것이 하나도 내게 임하
지 않게 하소서 하니라
25 두 사도가 주의 말씀을 증언하여 말한 후
예루살렘으로 돌아갈새 사마리아인의 여
러 마을에서 복음을 전하니라

1) 헬, 또는 침례 2) 또는 일에는
3) 헬, 쓴 담즙이 4) 또는 매는 자가 되었도다

1. 오늘 하나님께서 나에게 주신 깨달음은 무엇입니까?

2. 말씀을 어떻게 내 삶에 구체적으로 적용해야 합니까?

절별 해설

16 이는 아직 한 사람에게도 성령 내리신 일이 없고 오직 주 예수의 이름으로 세례만 받을 뿐이더라 혹자는 이 본문을 근거로 믿는 것과 성령받는 것이 별개라고 주장한다. 즉, 기독교인이 되는 것은 회심과 그 후의 성령세례라는 두 단계를 거친다고 주장한다. 그러나 성경의 한결같은 주장은 믿고 거듭날 때 성령이 동시에 우리 안에 거하신다는 것이다(행 2:38-39; 롬 8:9;고전 12:3). 여기서 시차를 둔 이유는 아래(17 절별 해설)에서 언급할 특별한 이유가 있기 때문이다.

17 이에 두 사도가 그들에게 안수하매 성령을 받는지라 예루살렘교회는 사마리아도 하나님의 말씀을 받아들였다는 소식을 접하고 베드로와 요한을 보내 확인한다. 사도들이 와서 기도할 때 성령이 임하심으로 모든 것이 하나님의 뜻과 섭리임이 확인된다. 일반적으로 믿고 회심하는 것과 성령받는 것은 동시에 이루어진다. 그러나 본문에 나타난 대로 하나님이 예외로 시간 간격을 두신 이유는, 유대인과 적대관계인 사마리아인들이 받은 복음이 예루살렘의 복음과 동질의 것임을 사도들을 통해 공식적으로 확인시키시기 위해서다. 이는 앞으로 전개될 복음의 확장과 교회의 일치와 통일성을 위해 무엇보다 중요한 일이다(참고. 행 15:6-11).

20 베드로가 이르되 네가 하나님의 선물을 돈 주고 살 줄로 생각하였으니 네 은과 네가 함께 망할지어다 두 사도가 안수하자 성령이 임하심을 보고, 시몬은 돈으로 이 능력을 사려고 한다. 베드로는 이를 크게 꾸짖으며, 하나님의 영적 은혜는 인간의 노력이나 재물로 얻는 것이 아니라 하나님의 선물임을 분명히 한다. 신약에서는 성령의 다양한 은사를 하나님이 값없이 주시는 선물로 규정한다(고전 12:11). 은사는 받고 싶다고 해서 주어지는 것이 아니라 하나님이 각자에 맞게 나누어주시는 것이다.

쉬운성경

14 사마리아 사람들이 하나님의 말씀을 듣게 되었다는 소식을 듣고, 예루살렘에 남아 있던 사도들은 베드로와 요한을 그들에게 보냈습니다.

15 사마리아에 도착한 베드로와 요한은 사마리아 사람들이 성령을 받게 해 달라고 기도했습니다.

16 이는 그들이 주 예수님의 이름으로 세례만 받았을 뿐, 아직 그들에게 성령이 내려오시지는 않았기 때문입니다.

17 두 사도가 그들에게 손을 얹자, 사마리아 사람들이 성령을 받았습니다.

18 시몬은 사도들이 손을 얹자, 성령이 내려오시는 것을 보고 사도들에게 돈을 주면서

19 "이런 권능을 내게도 주셔서, 내가 손을 얹는 사람도 성령을 받을 수 있게 해 주십시오"라고 말했습니다.

20 베드로가 그에게 대답했습니다. "그대가 하나님의 선물을 돈으로 살 수 있다고 생각했으니, 그대는 돈과 함께 망할 것이오.

21 그대의 마음이 하나님 앞에서 바르지 못하니, 그대는 이 일을 우리와 함께 할 수 없소.

22 그대는 이 악한 생각을 회개하고 주님께 기도하시오. 그러면 그대 마음속에 품고 있는 이런 생각을 주님께서 용서해 주실지도 모르오.

23 내가 보니 그대는 악한 뜻을 품고 있으며 죄에 사로잡혀 있소."

24 그러자 시몬이 대답했습니다. "두 분이 하신 말씀이 제게 일어나지 않도록 저를 위해 기도해 주십시오."

25 베드로와 요한은 주님의 말씀을 증언하고 전한 뒤에 예루살렘으로 돌아갔습니다. 그들은 돌아가는 길에도 사마리아의 여러 마을에 들러 복음을 전했습니다.

저자의 묵상

교회가 확장되면서 교회의 일치와 통일성이라는 문제가 대두된다. 성령께서는 사도를 대표하는 두 사도의 기도를 통해 사마리아에 임하심으로, 사마리아가 하나님의 말씀을 받은 것이 하나님의 뜻임을 보여주신다. 일반적으로 믿고 회심하는 것과 성령받는 것은 동시에 이루어진다. 본문을 잘못 오해하여, 기독교인이 되는 것이 회심과 그 후의 성령세례라는 두 단계를 거친다고 생각해서는 안 된다. 본문의 내용은 특별히 사마리아와 예루살렘교회를 하나로 묶기 위해 하나님께서 행하신 일이다. 교회가 하나 되는 일은 이토록 중요하다. 그러므로 교회의 일치와 화합을 깨는 행동은 삼가야 할 것이다.

한편, 본문에 나타난 시몬의 일화에서 '성직 매매'(죄)라는 뜻의 영어단어 'simony'가 생겨난다. 시몬은 돈을 주고 성령의 능력을 사려 했다. 오늘날도 돈을 주고 성직을 매매하고 부당한 방법으로 교회를 사고파는 일까지 있다고 한다. 하나님의 일을 금전 거래의 대상으로 삼는 그 어떤 행동도 교회는 절대 용납하지 말아야 한다.

무릎 기도 하나님, 누구와도 복음을 나누며 차별을 두지 않게 하소서.

ESV - Acts 8

14 Now when the apostles at Jerusalem heard that Samaria had received the word of God, they sent to them Peter and John,
15 who came down and prayed for them that they might receive the Holy Spirit,
16 for he had not yet fallen on any of them, but they had only been baptized in the name of the Lord Jesus.
17 Then they laid their hands on them and they received the Holy Spirit.
18 Now when Simon saw that the Spirit was given through the laying on of the apostles' hands, he offered them money,
19 saying, "Give me this power also, so that anyone on whom I lay my hands may receive the Holy Spirit."
20 But Peter said to him, "May your silver perish with you, because you thought you could obtain the gift of God with money!
21 You have neither part nor lot in this matter, for your heart is not right before God.
22 Repent, therefore, of this wickedness of yours, and pray to the Lord that, if possible, the intent of your heart may be forgiven you.
23 For I see that you are in the gall* of bitterness and in the bond of iniquity."
24 And Simon answered, "Pray for me to the Lord, that nothing of what you have said may come upon me."
25 Now when they had testified and spoken the word of the Lord, they returned to Jerusalem, preaching the gospel to many villages of the Samaritans.

* 8:23 That is, a bitter fluid secreted by the liver; bile

14 apostle 사도 16 be baptized 세례를 받다 20 perish 멸망하다 obtain 얻다, 획득하다 21 have neither part nor lot in ~ ~에 전혀 관계가 없다 22 repent of ~ ~을 회개하다 wickedness 사악함 intent 의도 23 gall 담즙, 고통, 울분 bond 속박, 구속 iniquity 불법, 부정 25 testify 증언하다

28

월 일

성령에 이끌리는 사람들

사도행전 8:26-40 • 새찬송 324장 | 통일 360장

• 말씀묵상 전에 성령님의 인도하심을 구하는 기도를 드리십시오.

본문요약 I 본문에는 에디오피아의 고위 관리인 내시의 회심 장면이 기록되어 있다. 성령께서는 이 일을 위해 빌립을 명하여 준비하시고 자세하게 인도하신다. 또 내시에게도 적절한 말씀을 통해 궁금증을 허락하신다. 이 모든 일의 배후에는 성령의 인도가 있다. 증인이 어떻게 성령의 친밀한 인도를 받는지 본문이 잘 보여준다.

26 주의 사자가 빌립에게 말하여 이르되 일
어나서 남쪽으로 향하여 예루살렘에서
가사로 내려가는 길까지 가라 하니 그 길
은 광야라
27 일어나 가서 보니 에디오피아 사람 곧 에
디오피아 여왕 간다게의 모든 국고를 맡
은 관리인 내시가 예배하러 예루살렘에
왔다가
28 돌아가는데 수레를 타고 선지자 이사야
의 글을 읽더라
29 성령이 빌립더러 이르시되 이 수레로 가
까이 나아가라 하시거늘
30 빌립이 달려가서 선지자 이사야의 글 읽
는 것을 듣고 말하되 읽는 것을 깨닫느냐
31 대답하되 지도해 주는 사람이 없으니 어
찌 깨달을 수 있느냐 하고 빌립을 청하여
수레에 올라 같이 앉으라 하니라
32 읽는 성경 구절은 이것이니 일렀으되
[ㄱ]그가 도살자에게로 가는 양과 같이
끌려갔고 털 깎는 자 앞에 있는 어린
양이 조용함과 같이 그의 입을 열지 아
니하였도다
33 그가 굴욕을 당했을 때 공정한 재판도
받지 못하였으니 누가 그의 세대를 말
하리요 그의 생명이 땅에서 빼앗김이
로다
하였거늘

1) 헬, 또는 침례
2) 어떤 사본에, 37 '빌립이 이르되 네가 마음을 온전히 하여 믿으면 가하니라 대답하여 이르되 내가 예수 그리스도께서 하나님의 아들인 줄 믿노라'가 있음
3) 헬, 빼앗아간지라 ㄱ. 사 53:7 이하

34 그 내시가 빌립에게 말하되 청컨대 내가
묻노니 선지자가 이 말한 것이 누구를 가
리킴이냐 자기를 가리킴이냐 타인을 가
리킴이냐
35 빌립이 입을 열어 이 글에서 시작하여 예
수를 가르쳐 복음을 전하니
36 길 가다가 물 있는 곳에 이르러 그 내시
가 말하되 보라 물이 있으니 내가 [1)]세례
를 받음에 무슨 거리낌이 있느냐
37 [2)](없음)
38 이에 명하여 수레를 멈추고 빌립과 내시
가 둘 다 물에 내려가 빌립이 [1)]세례를 베
풀고
39 둘이 물에서 올라올새 주의 영이 빌립을
[3)]이끌어간지라 내시는 기쁘게 길을 가므
로 그를 다시 보지 못하니라
40 빌립은 아소도에 나타나 여러 성을 지나
다니며 복음을 전하고 가이사랴에 이르
니라

1. 오늘 하나님께서 나에게 주신 깨달음은 무엇입니까?

2. 말씀을 어떻게 내 삶에 구체적으로 적용해야 합니까?

절별 해설

26 예루살렘에서 가사로 내려가는 길까지 가라 하니 그 길은 광야라 가사는 예루살렘 서남쪽 70km 지점에 위치한 도시다. 예루살렘에서 가사로 가는 길 중 하나가 사막을 지나가는 길이었다.

27 에디오피아 여왕 간다게의 모든 국고를 맡은 관리인 내시가 예배하러 예루살렘에 왔다가 이 내시는 에디오피아의 재무 장관이다. 에디오피아는 아프리카 동부 중앙에 위치한 나라로, 간다게는 특정인의 이름이 아니라 왕을 가리키는 일반적 명칭이다. 내시는 생식 기능이 없는 고자(eunuch)였지만, 먼 곳에서부터 순례 길에 참여할 만큼 하나님을 향한 신앙이 깊은 이방인이었다(God-fearing Gentile).

29 성령이 빌립더러 이르시되 이 수레로 가까이 나아가라 하시거늘 성령이 빌립을 세밀하게 인도해 가신다. 빌립에게 광야로 가라 하고, 수레로 가까이 나아가라 하셨다. 성령은 세밀한 간섭 속에 전할 자를 준비하고 계셨다.

34 그 내시가 빌립에게 말하되 청컨대 내가 묻노니 선지자가 이 말한 것이 누구를 가리킴이냐 자기를 가리킴이냐 타인을 가리킴이냐 내시가 읽고 있던 본문은 이사야 53장 7-8절 말씀이다. 구약에서 메시아 예언으로 가장 유명한 구절이다. 성령은 빌립에게 전하라고 명하셨을 뿐 아니라 내시도 복음을 받을 수 있게 준비시키셨다. 내시가 이사야서의 메시아를 가리키는 부분을 읽으며 궁금증을 갖게 함으로써 빌립의 등장을 준비하셨다. 이처럼 두 사람은 치밀한 성령의 간섭 속에 만나게 된다.

35 빌립이 입을 열어 이 글에서 시작하여 예수를 가르쳐 복음을 전하니 복음전파는 하나님이 만들어 가시는 상황을 통해 예수 그리스도를 전파하는 것이다. 억지로 전하려 하지 말고 상황을 잘 살피면 성령의 준비가 있음을 감지하게 된다.

36 길 가다가 물 있는 곳에 이르러 그 내시가 말하되 보라 물이 있으니 내가 세례를 받음에 무슨 거리낌이 있느냐 세례는 거듭난 표로 주어지는 것이다. 예수님은 친히 아버지와 아들과 성령의 이름으로 세례를 베풀라고 명하신다(마 28:19). 내시는 진정으로 모든 것을 깨닫고 그리스도를 영접한 신자가 된다. 이 일이 에디오피아 복음화의 시작으로 여겨진다.

쉬운성경

26 주님의 천사가 빌립에게 말했습니다. "일어나 예루살렘에서 가사로 내려가는 남쪽 길로 가거라. 그 길은 광야 길이다."

27 빌립이 일어나 가다가 길에서 에티오피아 사람 하나를 만났습니다. 그는 에티오피아의 여왕 간다게의 높은 관리로서, 여왕의 재정을 맡은 사람이었는데, 내시였습니다. 그는 예루살렘에 예배드리러 왔다가

28 본국으로 돌아가는 길이었습니다. 그는 마차에 앉아서 예언자 이사야의 글을 읽고 있었습니다.

29 성령이 빌립에게 "저 마차로 가까이 가거라" 하고 말씀하셨습니다.

30 빌립이 달려가서 그 사람이 예언자 이사야의 글을 읽는 것을 듣고 "지금 읽고 있는 것을 이해하십니까?"라고 물었습니다.

31 그는 "가르쳐 주는 사람이 없는데 제가 어떻게 이해할 수 있겠습니까?"라고 대답했습니다. 그는 빌립에게 마차에 올라와 자기 곁에 앉으라고 부탁했습니다.

32 그가 읽던 성경 구절은 이것이었습니다.
"그는 도살장으로 가는 양처럼 끌려갔다. 털을 깎는 사람 앞에 있는 양처럼 잠잠했으며, 입을 열지 않았다.

33 그는 모욕을 당하고 바른 재판을 받지 못했으니, 누가 감히 그의 후손에 대해 말할 수 있단 말인가? 이 땅 위에서 그의 삶은 끝났다."*

34 에티오피아 내시가 빌립에게 물었습니다. "이 말은 누구를 두고 한 말입니까? 예언자 자신을 두고 한 말입니까, 아니면 다른 사람을 두고 한 말입니까?"

35 빌립이 입을 열어 이 성경 구절로부터 시작해서 그 사람에게 예수님에 관한 복음을 전했습니다.

*8:32-33 사 53:7-8에 기록되어 있다.

39 주의 영이 빌립을 이끌어간지라 '이끌어갔다'(데려갔다)는 '빼앗아갔다'(caught away, snatched)는 뜻으로, 빌립이 갑자기 사라졌거나 떠났음을 의미한다. 어느 경우든 주의 영이 빌립을 움직이고 있음을 나타낸다.

36 그들이 길을 가다가 물이 있는 곳에 이르자 내시가 말했습니다. "보십시오. 여기 물이 있습니다. 제가 세례를 받는 데 장애될 만한 것이 있습니까?"

37 (없음)*

38 내시는 마차를 세우게 했습니다. 빌립은 내시와 함께 물로 내려가 그에게 세례를 베풀었습니다.

39 그들이 물에서 올라오니, 주의 영이 순식간에 빌립을 어디론가 데려가셨습니다. 내시는 빌립을 다시 보지 못했습니다. 하지만 그는 기쁨에 차서 가던 길을 계속 갔습니다.

40 빌립은 아소도라는 성에 나타나, 거기에서부터 가이사랴에 이르기까지 온 마을을 다니면서 복음을 전했습니다.

*8:37 어떤 사본에는 다음과 같은 구절이 있다. 빌립이 말하기를 "당신이 마음을 온전히 하여 믿으면 세례를 받을 수 있습니다." 내시가 대답했습니다. "나는 예수 그리스도께서 하나님의 아들이신 줄 믿습니다."

저자의 묵상

본문은 에디오피아 내시의 회심을 통해 복음이 사마리아를 넘어 점차 이방으로 퍼져갈 것을 보여준다. 이러한 복음의 확장 기록에서 다시 한 번 확인하는 것은, 모든 일이 어떤 인간적인 계획이나 의도에 따라 이루어진 것이 아니라는 점이다. 처음부터 끝까지 성령님의 세밀한 간섭과 계획으로 이루어진다. 하나님의 일은 하나님께서 해나가신다는 진리를 깨닫게 된다. 하나님이 다 하시는 일이지만, 빌립처럼 우리도 그 일의 도구로 쓰임받는다는 것이 영광스러울 뿐이다. 언제나 쓰임받는 것을 부담스러워 할 것이 아니라 기쁘게 감사할 수 있는 성도가 되어야 한다. 빌립은 사마리아의 전도를 이끈 후 곧바로 광야에서 내시를 만났으며, 내시에게 복음을 전한 후 바로 사라진다. 여기서 깨닫게 되는 것은, 증인은 영광을 취하는 사람이 아니라 철저히 하나님의 도구라는 사실이다. 주님의 일을 통해 자신의 영광을 취하지 말고, 언제나 충성하는 본분을 잃지 않는 성도가 되어야 한다.

무릎기도 하나님, 성령께서 친밀하게 인도하시는 증인의 삶이 되게 하소서.

ESV - Acts 8

26 Now an angel of the Lord said to Philip,
"Rise and go toward the south* to the road
that goes down from Jerusalem to Gaza."
This is a desert place.
27 And he rose and went. And there was an
Ethiopian, a eunuch, a court official of
Candace, queen of the Ethiopians, who was
in charge of all her treasure. He had come to
Jerusalem to worship
28 and was returning, seated in his chariot, and
he was reading the prophet Isaiah.
29 And the Spirit said to Philip, "Go over and
join this chariot."
30 So Philip ran to him and heard him reading
Isaiah the prophet and asked, "Do you
under-stand what you are reading?"
31 And he said, "How can I, unless someone
guides me?" And he invited Philip to come
up and sit with him.
32 Now the passage of the Scripture that he
was reading was this: "Like a sheep he was
led to the slaughter and like a lamb before its
shearer is silent, so he opens not his mouth.
33 In his humiliation justice was denied him.
Who can describe his generation? For his
life is taken away from the earth."
34 And the eunuch said to Philip, "About whom,
I ask you, does the prophet say this, about
himself or about someone else?"
35 Then Philip opened his mouth, and beginning
with this Scripture he told him the good news
about Jesus.
36 And as they were going along the road they
came to some water, and the eunuch said,
"See, here is water! What prevents me from
being baptized?"*
38 And he commanded the chariot to stop, and
they both went down into the water, Philip
and the eunuch, and he baptized him.
39 And when they came up out of the water, the
Spirit of the Lord carried Philip away, and the
eunuch saw him no more, and went on his
way rejoicing.
40 But Philip found himself at Azotus, and as he
passed through he preached the gospel to
all the towns until he came to Caesarea.

* 8:26 Or *go at about noon*

* 8:36 Some manuscripts add all or most of verse 37: *And Philip said, "If you believe with all your heart, you may." And he replied, "I believe that Jesus Christ is the Son of God."*

26 desert 황량한 27 eunuch 내시, 환관 be in charge of ~ ~을 담당하다, 책임지다 28 chariot 마차 prophet 예언자, 선지자 32 slaughter 도살 shearer 양털 깎는 사람 33 humiliation 굴욕, 수치 take away 빼앗다, 제거하다 36 prevent from ~ ~을 할 수 없도록 만들다, ~을 막다 40 find oneself at ~ (깨닫고 보니) ~에 있다

• MEMO •

29 사울을 찾아오신 예수님

월 일

사도행전 9:1-9 • 새찬송 505장 | 통일 268장

• 말씀묵상 전에 성령님의 인도하심을 구하는 기도를 드리십시오.

본문요약 I 예루살렘에서 스데반을 죽이고 교회를 박해하는 데 앞장선 사울은, 그것도 모자라 박해로 흩어진 사람들을 잡으러 다메섹까지 간다. 그러다 도중에서 그를 찾아오신 예수님을 만난다. 예수님이 박해자 사울을 직접 찾아와 회심시키신다.

1 사울이 주의 제자들에 대하여 여전히 위
협과 살기가 등등하여 대제사장에게 가
서
2 다메섹 여러 회당에 가져갈 공문을 청하
니 이는 만일 그 도를 따르는 사람을 만
나면 남녀를 막론하고 결박하여 예루살
렘으로 잡아오려 함이라
3 사울이 길을 가다가 다메섹에 가까이 이
르더니 홀연히 하늘로부터 빛이 그를 둘
러 비추는지라
4 땅에 엎드러져 들으매 소리가 있어 이르
시되 사울아 사울아 네가 어찌하여 나를
박해하느냐 하시거늘
5 대답하되 주여 누구시니이까 이르시되
나는 네가 박해하는 예수라
6 너는 일어나 시내로 들어가라 네가 행할
것을 네게 이를 자가 있느니라 하시니
7 같이 가던 사람들은 소리만 듣고 아무도
보지 못하여 말을 못하고 서 있더라
8 사울이 땅에서 일어나 눈은 떴으나 아무
것도 보지 못하고 사람의 손에 끌려 다메
섹으로 들어가서
9 사흘 동안 보지 못하고 먹지도 마시지도
아니하니라

1. 본문에 나타난 예수님은 어떤 분이십니까?

2. 오늘 하나님께서 나에게 주신 깨달음은 무엇입니까?

3. 말씀을 어떻게 내 삶에 구체적으로 적용해야 합니까?

절별 해설

1 사울이 주의 제자들에 대하여 여전히 위협과 살기가 등등하여 대제사장에게 가서 사울은 스데반이 죽게 됨을 마땅히 여기며(행 7:58; 8:1), 예루살렘교회를 잔멸하여 쑥대밭으로 만들고 그리스도인들을 잡아 가둔다(행 8:3). 사울의 잘못된 열심은 거기서 멈추지 않고, 흩어져 도망간 기독교인들까지도 붙잡아 예루살렘으로 끌고 오려 한다.

2 다메섹 여러 회당에 가져갈 공문을 청하니 다메섹은 고대 수리아(시리아)의 수도로, 예루살렘에서 약 240km 떨어진 외국의 도시다. 여행하는 데는 약 일주일 정도 소요되었다. 당시 그곳에는 꽤 많은 유대인 회당이 있었고, 그곳을 중심으로 유대인이 모여 있었던 것으로 추측된다. 당시 유대인들은 어느 곳을 가나 열 명 이상 모이면 회당을 세워 모임을 열었다. 사울은 이 점을 이용해 회당의 도움을 받아 기독교인을 색출해 끌어가려는 계획을 세운다.

4 소리가 있어 이르시되 사울아 사울아 네가 어찌하여 나를 박해하느냐 하시거늘 사울은 예수님의 직접적인 나타나심을 통해 회심한다. 그러나 이것이 모든 신자에게 적용되는 일반적인 방법은 아니다. 8장에 소개된 에디오피아 내시는 빌립이 성경말씀을 해석하여 예수님을 전한 것으로 회심했고, 사마리아 백성도 빌립의 전도와 표적을 통해 예수님을 받아들였다. 이처럼 성도를 부르시는 방법은 매우 다양하다.

7 같이 가던 사람들은 소리만 듣고 아무도 보지 못하여 말을 못하고 서 있더라 같은 사건에 대해 22장 9절에서는 "나와 함께 있는 사람들이 빛은 보면서도 나에게 말씀하시는 이의 소리는 듣지 못하더라"고 기록되어 있어 약간의 혼동이 있을 수 있다. 이것은 사울과 동행한 사람들이 빛을 보고 어떤 소리는 들었지만, 사울이 예수님과 나눈 대화의 구체적인 내용은 듣지 못했다는 의미다.

9 사흘 동안 보지 못하고 먹지도 마시지도 아니하니라 사울이 예수님을 만난 체험이 얼마나 압도적이었는지 보여준다. 사울은 삼 일 동안 보지 못했고 먹지도 마시지도 않았다. 예수의 도를 따르는 사람들을 체포하려던 사울이 예수님에게 붙잡힌 것이다(빌 3:12).

쉬운성경

1 사울은 여전히 주님의 제자들을 죽이겠다는 생각으로 그들을 위협하고 있었습니다. 그는 대제사장에게 가서

2 다마스커스의 여러 회당에 보내는 편지를 써 달라고 했습니다. 남자든 여자든 그 도를 따르는 사람이 있으면, 닥치는 대로 붙잡아서 예루살렘으로 끌고 오려는 것이 그의 생각이었습니다.

3 사울이 길을 떠나 다마스커스 가까이에 이르렀을 때였습니다. 갑자기 하늘로부터 밝은 빛이 사울을 둘러 비췄습니다.

4 사울은 땅에 엎드렸습니다. 그때, "사울아, 사울아, 네가 왜 나를 박해하느냐?" 하는 소리가 뚜렷이 들렸습니다.

5 사울은 "주님은 누구십니까?"라고 물었습니다. "나는 네가 박해하는 예수다.

6 일어나 성으로 들어가거라. 네가 해야 할 일을 일러 줄 사람이 있을 것이다"라는 목소리가 들렸습니다.

7 사울과 함께 길을 가던 사람들은 무슨 소리가 나는 것 같은데, 아무것도 보이지 않으므로 깜짝 놀라 말도 못하고 가만히 서 있었습니다.

8 사울은 땅에서 일어나 눈을 떴으나 아무것도 볼 수 없었습니다. 그래서 사울과 함께 있던 사람들이 그의 손을 잡고 다마스커스로 데려갔습니다.

9 사울은 삼 일 동안 앞을 보지 못했으며, 먹지도 마시지도 않았습니다.

저자의 묵상

사울이 예수님을 만나는 그 유명한 체험의 기록이다. 예수님은, 살기등등하여 예수의 도를 따르는 사람들을 찾아 나선 사울을 찾아오신다. 사울은 이 체험으로 부활하신 예수님을 만나며, 후에 이방인을 위한 사도로 쓰임받는다. 예수님이 사울을 찾아오신 시점은 그가 간절히 주님을 찾던 시점이 아니다. 오히려 예수 믿는 자를 죽이려고 혈안이 되어 있을 때다. 훗날 바울은 이 사건을 회상하면서, 자신이 비방자요 박해자였을 때 주님께서 긍휼을 베푸셨다고 기록한다(딤전 1:13). 또 예수 그리스도께서 자신 같은 박해자를 오래 참으시고 찾아오신 사건은 자신에게만 국한된 것이 아니라, 후에 예수를 믿는 모든 자들에게도 적용된다고 말한다(딤전 1:16). 즉, 예수님은 의인이 아니라 죄인을 찾아오셔서 긍휼을 베푸신다는 것이다. 하나님의 사랑이 위대한 것은, 우리가 그분을 대적할 때 우리를 찾아주시고 회개하게 하신다는 점이다.

무릎 기도 하나님, 주께서 부르신 그날을 기억하며 충성하게 하소서.

ESV - Acts 9

1 But Saul, still breathing threats and murder against the disciples of the Lord, went to the high priest
2 and asked him for letters to the synagogues at Damascus, so that if he found any belonging to the Way, men or women, he might bring them bound to Jerusalem.
3 Now as he went on his way, he approached Damascus, and suddenly a light from heaven shone around him.
4 And falling to the ground, he heard a voice saying to him, “Saul, Saul, why are you persecuting me?”
5 And he said, “Who are you, Lord?” And he said, “I am Jesus, whom you are persecuting.
6 But rise and enter the city, and you will be told what you are to do.”
7 The men who were traveling with him stood speechless, hearing the voice but seeing no one.
8 Saul rose from the ground, and although his eyes were opened, he saw nothing. So they led him by the hand and brought him into Damascus.
9 And for three days he was without sight, and neither ate nor drank.

1 breathe 내뿜다, 발산하다 threat 위협 murder 살인, 살해 2 synagogue 회당 3 approach 다가가다 shine 비치다 4 fall to the ground 땅에 거꾸러지다 persecute 박해하다 7 speechless 말문이 막힌 8 lead ~ by the hand 손을 잡고 ~를 인도하다 9 sight 시력, 봄

30 아나니아

월 일

사도행전 9:10-18 • 새찬송 310장 | 통일 410장

• 말씀묵상 전에 성령님의 인도하심을 구하는 기도를 드리십시오.

본문요약 l 사울을 부르기 위해 주님은 아나니아를 준비시키고 사용하신다. 아나니아는 당시 사도도 집사도 아니었으나, 주님의 인도를 받고 쉽지 않은 상대인 사울을 찾아가 그를 인도하는 역할을 한다. 증인의 범위는 특정 계층에만 머무르지 않으며, 누구라도 주님이 함께하시면 그 역할을 감당할 수 있다는 메시지다.

10 그때에 다메섹에 아나니아라 하는 제자가 있더니 주께서 환상 중에 불러 이르시되 아나니아야 하시거늘 대답하되 주여 내가 여기 있나이다 하니

11 주께서 이르시되 일어나 직가라 하는 거리로 가서 유다의 집에서 다소 사람 사울이라 하는 사람을 찾으라 그가 기도하는 중이니라

12 그가 아나니아라 하는 사람이 들어와서 자기에게 안수하여 다시 보게 하는 것을 [1]보았느니라 하시거늘

13 아나니아가 대답하되 주여 이 사람에 대하여 내가 여러 사람에게 듣사온즉 그가 예루살렘에서 주의 성도에게 적지 않은 해를 끼쳤다 하더니

14 여기서도 주의 이름을 부르는 모든 사람을 결박할 권한을 대제사장들에게서 받았나이다 하거늘

15 주께서 이르시되 가라 이 사람은 내 이름을 이방인과 임금들과 이스라엘 자손들에게 전하기 위하여 택한 나의 그릇이라

16 그가 내 이름을 위하여 얼마나 고난을 받아야 할 것을 내가 그에게 보이리라 하시니

17 아나니아가 떠나 그 집에 들어가서 그에게 안수하여 이르되 형제 사울아 주 곧 네가 오는 길에서 나타나셨던 예수께서 나를 보내어 너로 다시 보게 하시고 성령으로 충만하게 하신다 하니

18 즉시 사울의 눈에서 비늘 같은 것이 벗어져 다시 보게 된지라 일어나 [2]세례를 받고

1) 어떤 사본에, 환상 중에 보았느니라 2) 헬, 또는 침례

1. 본문에 나타난 예수님은 어떤 분이십니까?

2. 오늘 하나님께서 나에게 주신 깨달음은 무엇입니까?

3. 말씀을 어떻게 내 삶에 구체적으로 적용해야 합니까?

절별 해설

10 그때에 다메섹에 아나니아라 하는 제자가 있더니 아나니아는 '하나님은 은혜로우시다'라는 뜻이다. 그는 율법으로도 흠이 없는 경건한 사람으로, 모든 유대인에게 존경받는 사람이었다(행 22:12).

주께서 환상 중에 불러 이르시되 주님은 환상을 통해 뜻을 종종 드러내신다(행 10:3,17; 16:9; 18:9).

11 주님은 정확한 위치("직가라 하는 거리" "유다의 집")와 찾을 사람, 그리고 사울이 하고 있던 일을 자세히 일러주신다. 주님의 인도하심은 세밀하다. 주님의 분명한 인도를 체험하는 것은 성도의 특권이다.

직가라 하는 거리 말 그대로 '곧은 길'이라는 뜻으로, 다메섹의 동문과 서문을 잇는 도로였다. 직가는 현재도 다메섹의 주요 도로다.

12 그가 아나니아라 하는 사람이 들어와서 자기에게 안수하여 다시 보게 하는 것을 보았느니라 하시거늘 사울의 육적인 눈은 일시적으로 멀었지만, 기도 중에 영의 눈은 열려 있었다. 사울은 아나니아가 안수하여 자신이 다시 보게 되는 것을 환상 중에 보았다. 이처럼 무엇을 보느냐가 중요하다. 육신의 눈은 보여도 주님과 영적인 교통이 단절되어 영적으로 중요한 것을 보지 못한다면 그가 바로 맹인이다(참고. 요 9:39-41).

17 형제 사울아 사울은 예루살렘에서 많은 기독교인에게 적지 않은 해를 끼친 박해자였다. 그러나 주님의 중재가 있자 아나니아는 즉시 사울을 형제라고 부른다.

18 즉시 사울의 눈에서 비늘 같은 것이 벗어져 다시 보게 된지라 일어나 세례를 받고 아나니아의 안수로 눈을 뜬 사울은 역시 아나니아에게 세례를 받는다. 지금까지 초대교회의 리더십은 사도와 집사에게 집중되어 있었다. 그러나 본 장에 와서 처음으로 아나니아라는 평신도에게 이방인 사도 바울이 세례를 받고 '주께서 택한 주의 그릇'(15절)으로 세워진다. 이것은 증인의 지평이 점점 더 확대되어 감을 보여준다.

쉬운성경

10 다마스커스에 아나니아라는 어떤 제자가 살고 있었습니다. 주님께서 환상 중에 "아나니아야!" 하고 부르셨습니다. 아나니아는 "주님, 제가 여기 있습니다"라고 대답했습니다.

11 주님께서 아나니아에게 말씀하셨습니다. "일어나 '곧은 길'이라고 하는 거리로 가거라. 그리고 유다의 집에서 사울이라는 다소 사람을 찾아라. 그가 지금 거기서 기도하고 있다.

12 그가 환상 속에서 아나니아라는 사람이 찾아와 자신에게 손을 얹어 시력을 회복시켜 주는 것을 보았다."

13 아나니아가 대답했습니다. "주님, 제가 많은 사람들에게서 그 사람에 관한 소문을 들었는데, 그가 예루살렘에 있는 주님의 성도들에게 많은 해를 입혔다고 합니다.

14 그리고 그 사람은 대제사장들에게서 주님의 이름을 믿는 모든 사람들을 잡아갈 수 있는 권한을 받아 가지고 이곳에 왔다고 합니다."

15 그러나 주님께서 아나니아에게 말씀하셨습니다. "가거라. 그는 이방 사람들과 여러 왕들과 이스라엘 백성 앞에서 나의 이름을 전하도록 선택된 나의 도구이다.

16 그가 내 이름을 위해 얼마나 많은 고난을 당해야 할지를 내가 그에게 보여 주겠다."

17 아나니아는 그곳을 떠나 사울이 있는 집으로 가서 사울에게 손을 얹고 말했습니다. "사울 형제여, 그대가 이리로 오는 길에 나타나셨던 주 예수님께서 나를 보내셨습니다. 예수님께서 나를 보내신 것은 그대의 시력을 다시 회복하고, 성령으로 충만하게 하려는 것입니다."

18 그러자 곧 사울의 눈에서 비늘 같은 것이 떨어져 나가고, 사울은 다시 보게 되었습니다. 사울은 일어나 세례를 받았습니다.

저자의 묵상

증인의 범위가 확대되어 갔다. 사도나 집사가 아닌 평범한 제자 아나니아가 사울의 회심 장면에 등장한다. 참고로 사마리아 백성의 회심 때는 베드로와 요한이 사용되었다(행 8:14). 주님의 일이 특정한 누군가를 통해 이루어져야 한다는 것은 편견이다. 주님이 쓰시면 누구라도 주의 일을 감당한다. 특정인은 되고 나는 안 된다는 식의 생각은 버려야 한다. 신앙에는 계급이나 차별이 없다. 이런 의미에서 성직자와 평신도 혹은 직분자와 평신도를 나누는 것은 옳지 않다. 성직자는 높고 평신도는 낮은 것이 아니다. 다만 기능과 은사에 따라 주어진 일의 구별이 있을 뿐(엡 4:11-12) 직분의 차별은 없다. 직분의 구별이 성도의 일반적인 의무를 구분하지는 않는다. 목회자는 더 성경적으로 살아야 하고 성도는 덜해도 되는 것이 아니다. 맡은 직분의 높낮이가 없듯, 성도와 증인으로서 행해야 하는 의무도 동등하다.

무릎기도 하나님, 아나니아처럼 순종하기 쉽지 않은 명령일지라도 순종하는 삶을 살게 하소서.

ESV - Acts 9

10 Now there was a disciple at Damascus named Ananias. The Lord said to him in a vision, "Ananias." And he said, "Here I am, Lord."
11 And the Lord said to him, "Rise and go to the street called Straight, and at the house of Judas look for a man of Tarsus named Saul, for behold, he is praying,
12 and he has seen in a vision a man named Ananias come in and lay his hands on him so that he might regain his sight."
13 But Ananias answered, "Lord, I have heard from many about this man, how much evil he has done to your saints at Jerusalem.
14 And here he has authority from the chief priests to bind all who call on your name."
15 But the Lord said to him, "Go, for he is a chosen instrument of mine to carry my name before the Gentiles and kings and the children of Israel.
16 For I will show him how much he must suffer for the sake of my name."
17 So Ananias departed and entered the house. And laying his hands on him he said, "Brother Saul, the Lord Jesus who appeared to you on the road by which you came has sent me so that you may regain your sight and be filled with the Holy Spirit."
18 And immediately something like scales fell from his eyes, and he regained his sight. Then he rose and was baptized;

11 behold 보라! 12 regain 되찾다, 회복하다 sight 시력, 봄 13 saint 성도 14 authority 권한 15 chosen 선택된 instrument 도구 gentile 이방인 16 suffer 고통을 받다 for the sake of ~ ~을 위하여 17 depart 떠나다 18 scale 비늘 모양의 것

31

월 일

변화와 그 대가의 지불

사도행전 9:19-31 • 새찬송 257장 | 통일 189장

• 말씀묵상 전에 성령님의 인도하심을 구하는 기도를 드리십시오.

본문요약 I 기력을 회복한 사울은 즉시 다메섹에서 복음을 전파하는 일꾼이 된다. 어제의 동지가 오늘의 적이 되어버리자 유대인들은 그를 죽이려 하고, 사울은 피신해 예루살렘으로 향한다. 예루살렘에서도 사울은 환영받지 못한다. 바나바의 소개로 제자들과는 함께하게 되나, 역시 유대인들의 반대로 고향인 다소로 향한다.

19 음식을 먹으매 강건하여지니라
사울이 다메섹에 있는 제자들과 함께 며
칠 있을새
20 즉시로 각 회당에서 예수가 하나님의 아
들이심을 전파하니
21 듣는 사람이 다 놀라 말하되 이 사람이
예루살렘에서 이 이름을 부르는 사람을
멸하려던 자가 아니냐 여기 온 것도 그들
을 결박하여 대제사장들에게 끌어가고자
함이 아니냐 하더라
22 사울은 힘을 더 얻어 예수를 그리스도라
증언하여 다메섹에 사는 유대인들을 당
혹하게 하니라
23 여러 날이 지나매 유대인들이 사울 죽이
기를 공모하더니
24 그 계교가 사울에게 알려지니라 그들이
그를 죽이려고 밤낮으로 성문까지 지키
거늘
25 그의 제자들이 밤에 사울을 광주리에 담
아 성벽에서 달아 내리니라
26 사울이 예루살렘에 가서 제자들을 사귀
고자 하나 다 두려워하여 그가 제자 됨을
믿지 아니하니
27 바나바가 데리고 사도들에게 가서 그가
길에서 어떻게 주를 보았는지와 주께서
그에게 말씀하신 일과 다메섹에서 그가
어떻게 예수의 이름으로 담대히 말하였
는지를 전하니라
28 사울이 제자들과 함께 있어 예루살렘에
출입하며
29 또 주 예수의 이름으로 담대히 말하고 헬
라파 유대인들과 함께 말하며 변론하니
그 사람들이 죽이려고 힘쓰거늘
30 형제들이 알고 가이사랴로 데리고 내려
가서 다소로 보내니라
31 그리하여 온 유대와 갈릴리와 사마리아
교회가 평안하여 든든히 서 가고 주를 경
외함과 성령의 [1]위로로 진행하여 수가 더
많아지니라

1) 또는 후원으로

1. 오늘 하나님께서 나에게 주신 깨달음은 무엇입니까?

2. 말씀을 어떻게 내 삶에 구체적으로 적용해야 합니까?

절별 해설

20 즉시로 각 회당에서 예수가 하나님의 아들이심을 전파하니 기력을 회복한 사울은 즉시 회당에서 복음을 증거한다. "즉시로"라는 말은, 사울이 체험한 바가 한 치의 망설임도 필요 없는 확실한 것임을 강조한다. 불분명했다면 더 고민했을 것이다.

21 듣는 사람이 다 놀라 말하되 이 사람이 예루살렘에서 이 이름을 부르는 사람을 멸하려던 자가 아니냐 어제의 박해자가 오늘은 복음을 전하고 있으니, 사울의 설교를 들은 사람들은 당연히 놀랐을 것이다.

23 여러 날이 지나매 정확히 3년을 가리킨다(갈 1:18). 사울은 이 기간 동안 아라비아로 갔다가 다시 다메섹으로 돌아온다(갈 1:17). 아라비아에서 무엇을 했는지는 명확하게 알 수 없다. 단지 주어진 사역을 생각하며 준비하는 시간을 가졌다고 보는 것이 자연스럽다.

24-25 다메섹과 아라비아를 오가며 3년 동안 유대인들을 설득하며 굴복시키자, 유대인들은 아레다 왕의 고관을 충동질해 사울을 죽이려고 다메섹 성문을 지킨다(고후 11:32-33). 사울은 밤에 광주리를 타고 들창문으로 성벽을 내려가 다메섹을 떠난다.

27 바나바가 데리고 사도들에게 가서 사울과 바나바가 어떻게 친분을 나누었는지는 알 수 없다. 바나바는 레위 지파의 후손이며, 자신의 소유를 팔아 헌금한 인물이다(행 4:36-37). 교회의 인정을 받던 바나바의 추천으로 사울은 예루살렘교회에 소개된다. 훌륭한 인물 뒤에는 빛나는 조연이 있기 마련이다. 아나니아, 바나바 같은 제자들을 통해 사울은 증인으로 세워져 갔다.

30 형제들이 알고 가이사랴로 데리고 내려가서 다소로 보내니라 11장에 나타나는 대로 다시 바나바의 역할을 통해 사울이 안디옥교회에서 일하게 되기까지 사울은 7-8년 동안 다소에서 지낸다(행 11:25). 본격적인 활동이 아닌 준비 기간으로 사울이 증인으로 다듬어지는 시기였다.

31 그리하여 온 유대와 갈릴리와 사마리아 교회가 평안하여 든든히 서 가고 주를 경외함과 성령의 위로로 진행하여 수가 더 많아지니라 '믿는 사람들의 수가 더 많아진다'는 표현은

쉬운성경

19 그는 음식을 먹고 기운을 되찾았습니다. 사울은 며칠 동안 다마스커스에 있는 제자들과 함께 지냈습니다.

20 그는 곧바로 회당에서 "예수님은 하나님의 아들이다"라고 선포하기 시작했습니다.

21 사울의 설교를 들은 사람들은 놀라서 물었습니다. "이 사람은 예루살렘에서 예수님을 믿던 사람들을 닥치는 대로 죽이던 사람이 아닙니까? 그가 이 곳에 온 것도 제자들을 붙잡아서 대제사장들에게 넘겨주려는 것이 아니었습니까?"

22 그러나 사울은 더욱 힘을 얻어 예수님이 그리스도인 것을 증명하므로, 다마스커스에 사는 유대인들은 당황스러워했습니다.

23 여러 날이 지난 뒤, 유대인들은 사울을 죽이기로 모의하였습니다.

24 그러나 사울은 그들의 계획을 알게 되었습니다. 그들은 사울을 죽이려고 밤낮으로 성문을 철저히 지켰습니다.

25 어느 날 밤, 사울의 제자들이 광주리에 사울을 담아 성벽에 난 구멍을 통해 그를 성 밖으로 달아 내렸습니다.

26 사울은 예루살렘으로 가서 그곳의 제자들과 어울리려 했으나, 그들은 사울이 제자가 되었다는 사실을 믿지 못하고 모두 사울을 두려워했습니다.

27 하지만 바나바는 사울을 데리고 사도들에게로 갔습니다. 바나바는 사도들에게 사울이 길에서 주님을 본 것과, 주님께서 사울에게 하신 말씀과, 사울이 다마스커스에서 담대하게 예수님의 이름을 전한 일을 이야기해 주었습니다.

28 이렇게 해서 사울은 제자들과 함께 지내게 되었습니다. 그는 예루살렘을 자유롭게 다니면서 주 예수님의 이름을 담대하게 전했습니다.

29 사울은 그리스 말을 하는 유대인들과

사도행전에서 자주 등장하는 표현이다(행 2:47; 4:4; 6:7). 한 사건이 해결될 때마다 교회가 성장했음을 보여준다.

이야기도 하고 논쟁을 벌이기도 하였으나, 그들은 사울을 죽이려고 했습니다.

30 형제들이 이 사실을 알고, 사울을 가이사랴로 데려갔다가 다시 다소로 보냈습니다.

31 그러는 동안, 유대와 갈릴리와 사마리아에 있는 교회들이 평화를 되찾았으며, 터전을 든든하게 잡았습니다. 교회는 주님을 두려워하며 성령의 위로를 받아 믿는 사람들의 수가 점점 늘어났습니다.

저자의 묵상

사울의 회심은 예수님을 만난 체험과 아나니아의 역할을 통해 이루어진다. 모든 상황은 매우 분명하여 사울은 즉시 회당에서 복음을 전파한다. 그러나 모든 일이 순탄한 것만은 아니다. 다메섹에 사는 유대인들이 사울을 죽이려 들었다. 여기서 기억할 것은, 주님께 받은 소명이 분명하고 주님을 향한 순종이 있더라도 고난과 어려움이 수반될 수 있다는 사실이다. 가치 있는 일에는 언제나 일정한 대가가 따른다. 사울의 어려움은 계속된다. 다메섹을 탈출하여 예루살렘에 갔으나, 그곳의 제자들이 사울을 믿으려 하지 않는다. 이때 바나바가 등장해 사울을 제자들에게 소개한다. 하나님은 적재적소에 믿음의 동역자를 허락하셔서 함께 주의 일을 만들어 가도록 도우신다. 성경에는 기록되어 있지 않지만, 사울은 이후에도 상당 기간 다소에서 시간을 보낸다. 하나님의 소명은 분명해도 그 일이 이루어지는 데는 시간이 소요된다. 그러나 그 기간은 무의미한 시간이 아니라 하나님이 준비시키시는 시간임을 명심하자.

무릎 기도 하나님, 때를 기다릴 줄 아는 인내와 지혜를 주소서.

ESV - Acts 9

19 and taking food, he was strengthened. For
some days he was with the disciples at
Damascus.
20 And immediately he proclaimed Jesus in the
synagogues, saying, "He is the Son of God."
21 And all who heard him were amazed and
said, "Is not this the man who made havoc in
Jerusalem of those who called upon this
name? And has he not come here for this
purpose, to bring them bound before the
chief priests?"
22 But Saul increased all the more in strength,
and confounded the Jews who lived in
Damascus by proving that Jesus was the
Christ.
23 When many days had passed, the Jews*
plotted to kill him,
24 but their plot became known to Saul. They
were watching the gates day and night in
order to kill him,
25 but his disciples took him by night and let
him down through an opening in the wall,*
lowering him in a basket.
26 And when he had come to Jerusalem, he
attempted to join the disciples. And they
were all afraid of him, for they did not believe
that he was a disciple.
27 But Barnabas took him and brought him to
the apostles and declared to them how on
the road he had seen the Lord, who spoke to
him, and how at Damascus he had preached
boldly in the name of Jesus.
28 So he went in and out among them at Jeru-
salem, preaching boldly in the name of the
Lord.
29 And he spoke and disputed against the
Hellenists.* But they were seeking to kill him.
30 And when the brothers learned this, they
brought him down to Caesarea and sent him
off to Tarsus.
31 So the church throughout all Judea and
Galilee and Samaria had peace and was
being built up. And walking in the fear of the
Lord and in the comfort of the Holy Spirit, it
multiplied.

* 9:23 The Greek word *Ioudaioi* refers specifically here to Jewish religious leaders, and others under their influence, who opposed the Christian faith in that time

* 9:25 Greek *through the wall*

* 9:29 That is, Greek-speaking Jews

19 strengthen 강하게 하다 21 make havoc of ~ ~을 파괴하다, 혼란시키다 22 all the more 더욱더 confound 혼란에 빠뜨리다 23 plot 모의하다 25 let ~ down ~을 (아래로) 내리다 lower 내리다 26 attempt to ~ ~하려고 시도하다 27 declare 밝히다, 선언하다 boldly 대담하게 29 dispute 논쟁하다, 토론하다 seek to ~ ~하려고 시도하다 30 send off to ~ ~로 보내다 31 comfort 위로 multiply 늘다, 증가하다

• MEMO •

32 베드로의 두 기적

월 일

사도행전 9:32-43 • 새찬송 285장 | 통일 209장

• 말씀묵상 전에 성령님의 인도하심을 구하는 기도를 드리십시오.

본문요약 I 베드로를 통해 애니아의 병이 고침받고 다비다가 살아나는 내용이다. 두 기적은 복음이 이방을 향해 퍼져 가고 있음을 의미한다. 사울의 회심으로 이방선교가 준비되고, 한편으로는 베드로에 의해 지중해 연안으로 복음이 확장되고 있었다. 심지어 죽은 사람이 다시 살아나는 기적을 통한 복음의 확장이 하나님의 계획으로 확인된다.

32 그때에 베드로가 사방으로 두루 다니다
가 룻다에 사는 성도들에게도 내려갔더
니
33 거기서 애니아라 하는 사람을 만나매 그
는 중풍병으로 침상 위에 누운 지 여덟
해라
34 베드로가 이르되 애니아야 예수 그리스
도께서 너를 낫게 하시니 일어나 네 자리
를 정돈하라 한대 곧 일어나니
35 룻다와 사론에 사는 사람들이 다 그를 보
고 주께로 돌아오니라
36 욥바에 다비다라 하는 여제자가 있으니
그 이름을 번역하면 도르가라 선행과 구
제하는 일이 심히 많더니
37 그때에 병들어 죽으매 시체를 씻어 다락
에 누이니라
38 룻다가 욥바에서 가까운지라 제자들이
베드로가 거기 있음을 듣고 두 사람을 보
내어 지체 말고 와 달라고 간청하여
39 베드로가 일어나 그들과 함께 가서 이르
매 그들이 데리고 다락방에 올라가니 모
든 과부가 베드로 곁에 서서 울며 도르
가가 그들과 함께 있을 때에 지은 속옷과
겉옷을 다 내보이거늘
40 베드로가 사람을 다 내보내고 무릎을 꿇
고 기도하고 돌이켜 시체를 향하여 이르
되 다비다야 일어나라 하니 그가 눈을 떠
베드로를 보고 일어나 앉는지라
41 베드로가 손을 내밀어 일으키고 성도들
과 과부들을 불러들여 그가 살아난 것을
보이니
42 온 욥바 사람이 알고 많은 사람이 주를
믿더라
43 베드로가 욥바에 여러 날 있어 시몬이라
하는 무두장이의 집에서 머무니라

1. 오늘 하나님께서 나에게 주신 깨달음은 무엇입니까?

2. 말씀을 어떻게 내 삶에 구체적으로 적용해야 합니까?

절별 해설

32 그때에 베드로가 사방으로 두루 다니다가 이미 예루살렘을 벗어나 사마리아에서 복음을 전한 경험이 있던 베드로는(행 8:25), 이제 본격적으로 사방으로 다니며 복음을 전한다. 그러나 아직 이방인에게 복음을 전한 것은 아니다(행 10:28-29). **룻다** 예루살렘과 욥바 사이에 위치한 도시로, 예루살렘에서 북서쪽으로 40km 지점에 위치해 있다.

34 베드로가 이르되 애니아야 예수 그리스도께서 너를 낫게 하시니 일어나 네 자리를 정돈하라 한대 곧 일어나니 예수님도 가버나움에서 한 중풍병자에게 똑같이 명령하여 병을 고쳐주신 적이 있다(막 2:11). 이제 베드로가 같은 기적을 행하고 있다. 예루살렘에서 기적이 나타나고 복음이 확대되었듯, 이제 복음이 사방으로 확대되는 것도 하나님의 뜻임을 이 기적을 통해 확인할 수 있다.

36 욥바 지중해의 항구도시로, 예루살렘에서 북서쪽으로 58km 정도 떨어져 있다.
다비다라 하는 여제자가 있으니 그 이름을 번역하면 도르가라 다비다는 히브리식 이름이고 도르가는 헬라식 이름이다.

38 룻다가 욥바에서 가까운지라 제자들이 베드로가 거기 있음을 듣고 두 사람을 보내어 지체 말고 와 달라고 간청하여 제자들이 베드로를 급히 부른 이유는 정확히 알 수 없다. 다비다를 다시 살려줄 것을 바란 것인지 장례를 치르기 위함인지는 명확하지 않다.

39 모든 과부가 베드로 곁에 서서 울며 도르가가 그들과 함께 있을 때에 지은 속옷과 겉옷을 다 내보이거늘 여기서는 다비다가 행한 선행의 내용을 보여준다. 특별히 성경은 나그네와 고아와 과부에게 선행 베풀 것을 강조한다(신 24:19). 이들은 당시 사회적 약자였기 때문이다.

40 베드로가 사람을 다 내보내고 무릎을 꿇고 기도하고 돌이켜 시체를 향하여 이르되 다비다야 일어나라 하니 그가 눈을 떠 베드로를 보고 일어나 앉는지라 예수님도 야이로의 딸을 살리실 때 사람들을 내보내고 기적을 행하셨다(막 5:40-41). 베드로의 이 같은 행동은 오직 하나님만 의지하고 집중하기 위한 것으로 이해된다.

쉬운성경

32 베드로가 여러 지방을 두루 다니다가 룻다에 사는 성도들에게까지 가게 되었습니다.

33 거기서 베드로는 애니아라는 사람을 만났습니다. 애니아는 중풍에 걸려 팔 년 동안 일어나지 못하고 누워 지내던 사람이었습니다.

34 베드로가 그에게 "애니아여, 예수 그리스도께서 그대를 고쳐 주실 거요. 일어나 자리를 정돈하십시오"라고 말했습니다. 그러자 애니아가 곧 자리에서 일어났습니다.

35 룻다와 사론에 사는 모든 사람들이 그를 보고 주님께로 돌아왔습니다.

36 욥바에 다비다라는 여제자가 있었습니다. 그 이름은 그리스어로 하면 도르가인데, 그 뜻은 '사슴'입니다. 다비다는 언제나 착한 일을 하고, 가난한 사람들을 돕는 일에 힘썼습니다.

37 베드로가 룻다에 머물고 있는 동안, 다비다가 병이 들어 죽고 말았습니다. 사람들은 다비다의 시신을 씻어 다락방에 두었습니다.

38 룻다는 욥바에서 가까운 곳에 있습니다. 욥바에 사는 제자들이 베드로가 룻다에 있다는 말을 듣고 두 사람을 베드로에게 보내어 속히 와 달라고 부탁을 했습니다.

39 베드로가 일어나 그들과 함께 욥바로 갔습니다. 베드로가 그곳에 이르자 사람들이 그를 다락방으로 안내했습니다. 과부들은 베드로의 곁에 서서 울며 도르가가 살아 있을 때, 만든 여러 옷가지들을 베드로에게 보여 주었습니다.

40 베드로는 사람들을 모두 내보낸 뒤에 무릎을 꿇고 기도했습니다. 그리고 나서 시신을 향해 몸을 돌려 "다비다여, 일어나시오!"라고 말했습니다. 그러자 다비다가 눈을 떠서 베드로를 보더니 일어나 앉았습니다.

41 베드로가 손을 내밀어 다비다를 일으키고, 성도들과 과부들을 불러서 다비다가 살아난 것을 보여 주었습니다.

43 베드로가 욥바에 여러 날 있어 시몬이라 하는 무두장이의 집에서 머무니라 무두장이는 죽은 짐승의 가죽을 이용해 가죽 제품을 만드는 직업으로, 유대인이 기피하는 직업이었다. 베드로는 이런 편견을 상관하지 않았다.

42 이 소식이 욥바 전체에 알려지자 많은 사람이 주님을 믿었습니다.

43 베드로는 욥바에 있는 여러 날 동안, 가죽 제품을 만드는 시몬의 집에서 묵었습니다.

저자의 묵상

사울 이야기가 잠시 보류되고 베드로 이야기가 등장한다. 베드로가 애니아를 고침으로 복음이 룻다와 사론에 사는 사람들에게 전해지고(35절), 다비다를 살리는 기적으로 욥바 사람들이 믿게 된다(42절). 베드로에 의해 복음이 사방으로 퍼져 지중해 연안을 따라 확장되어 감을 보여준다. 아직 이방인에게 복음을 전한 것은 아니지만 유대인이 기피하는 시몬의 집에 머무는 등 베드로의 자세도 한결 유연해졌다. 이상의 내용은 10-11장에서 이방인 고넬료의 회심과 이방인 선교에 대한 예루살렘교회의 공식 인정으로 이어진다. 참으로 하나님의 일하심이 차근차근 이루어짐을 볼 수 있다. 사도의 대표격인 베드로의 마음을 조금씩 열어 하나님의 뜻을 이루셨다. 하나님은 우리의 부족함을 아시고 우리가 이해할 수 있는 방식으로 일하신다. 우리가 하나님의 일을 할 수 있도록 차근차근 단계를 거쳐 일을 진행하신다. 이런 주님의 은혜가 없다면 우리는 그분의 일을 감당할 수 없을 것이다.

무릎 기도 하나님, 내 삶이 하나님의 복음을 전하는 축복의 통로가 되게 하소서.

ESV - Acts 9

32 Now as Peter went here and there among them all, he came down also to the saints who lived at Lydda.
33 There he found a man named Aeneas, bedridden for eight years, who was paralyzed.
34 And Peter said to him, "Aeneas, Jesus Christ heals you; rise and make your bed." And immediately he rose.
35 And all the residents of Lydda and Sharon saw him, and they turned to the Lord.
36 Now there was in Joppa a disciple named Tabitha, which, translated, means Dorcas.* She was full of good works and acts of charity.
37 In those days she became ill and died, and when they had washed her, they laid her in an upper room.
38 Since Lydda was near Joppa, the disciples, hearing that Peter was there, sent two men to him, urging him, "Please come to us without delay."
39 So Peter rose and went with them. And when he arrived, they took him to the upper room. All the widows stood beside him weeping and showing tunics* and other garments that Dorcas made while she was with them.
40 But Peter put them all outside, and knelt down and prayed; and turning to the body he said, "Tabitha, arise." And she opened her eyes, and when she saw Peter she sat up.
41 And he gave her his hand and raised her up. Then, calling the saints and widows, he presented her alive.
42 And it became known throughout all Joppa, and many believed in the Lord.
43 And he stayed in Joppa for many days with one Simon, a tanner.

* 9:36 The Aramaic name *Tabitha* and the Greek name *Dorcas* both mean *gazelle*

* 9:39 Greek *chiton*, a long garment worn under the cloak next to the skin

33 bedridden 몸져누운 paralyzed 마비된 34 make one's bed 침대를 정리하다 35 resident 거주자 36 translate 번역하다 charity 자선, 구호 38 urge 열심히 권하다 without delay 지체 없이, 곧바로 39 widow 과부 weep 울다 garment 옷 40 kneel down 무릎을 꿇다 41 saint 성도 43 tanner 무두장이

• MEMO •

33

월 일

환상을 본 고넬료

사도행전 10:1-8 • 새찬송 321장 | 통일 351장

• 말씀묵상 전에 성령님의 인도하심을 구하는 기도를 드리십시오.

본문요약 I 이방인 백부장 고넬료는 기도 중에 하나님의 사자를 만난다. 그리고 지시에 따라 부하를 시켜 욥바에 거하고 있던 베드로를 초청한다. 이 일은 복음이 예루살렘과 온 유대와 사마리아를 넘어 이방으로 넘어가는 분수령이 된다. 하나님의 부르심에는 차별이 없다. 인종이나 대상에 관계없이 복음은 누구에게나 평등하다.

1 가이사랴에 고넬료라 하는 사람이 있으
니 이달리야 부대라 하는 군대의 백부장
이라
2 그가 경건하여 온 집안과 더불어 하나님
을 경외하며 백성을 많이 구제하고 하나
님께 항상 기도하더니
3 하루는 제구 시쯤 되어 환상 중에 밝히
보매 하나님의 사자가 들어와 이르되 고
넬료야 하니
4 고넬료가 주목하여 보고 두려워 이르되
주여 무슨 일이니이까 천사가 이르되 네
기도와 구제가 하나님 앞에 상달되어 기
억하신 바가 되었으니
5 네가 지금 사람들을 욥바에 보내어 베드
로라 하는 시몬을 청하라
6 그는 무두장이 시몬의 집에 유숙하니 그
집은 해변에 있다 하더라
7 마침 말하던 천사가 떠나매 고넬료가 집
안 하인 둘과 부하 가운데 경건한 사람
하나를 불러
8 이 일을 다 이르고 욥바로 보내니라

1. 오늘 하나님께서 나에게 주신 깨달음은 무엇입니까?

2. 말씀을 어떻게 내 삶에 구체적으로 적용해야 합니까?

절별 해설

1 가이사랴 BC 23-15년에 헤롯이 건설한 도시로, 지중해 연안에 위치한 항구도시였다. '가이사의 성'이라는 뜻으로, 헤롯이 로마의 황제 가이사 아구스도를 존경하는 의미에서 이렇게 이름 붙였다. 당시 가이사랴에는 로마 총독부와 군대가 주둔하고 있었다. 한편, 복음서에 등장하는 빌립보 가이사랴와는 별개의 장소다(마 16:13).
이달리야 부대라 하는 군대의 백부장 이탈리아 부대를 말한다. 당시 로마 군대의 편성 단위는 1개 군단이 6천 명으로 구성되었고, 이를 다시 6백 명씩 열 개 대대로 나누어 군사를 관리했다. 1대대는 다시 백 명씩 여섯 개 백인대로 나누었는데, 고넬료는 이 백 명의 군사를 통솔하는 백부장이었다. 백부장에게는 당시 상당한 영향력이 있었다.

2 고넬료는 할례받지 않은 이방인이 분명하다(행 10:28). 당시 유대인들은 이런 이방인을 무시하며 교제하지 않았다. 그러나 고넬료와 그의 가족은 하나님께 대한 신앙이 있었으며, 어려운 이웃을 구제하며 살았다. 이처럼 유대교 공동체로 완전히 개종하지 않으면서 '하나님을 경외하는 사람'(God-fearer)으로 불리는 이방인들이 당시에 있었다(참고. 8:27 절별 해설). 진정한 신앙은 외적 조건에 구애받지 않음을 알 수 있다.

3 제구 시쯤 되어 하루 세 번 드리는 유대인의 기도시간 중 하나로, 오후 3시에 해당한다. 고넬료는 유대인의 규례를 따라 하루 세 번 기도시간에 맞추어 기도생활 했음을 알 수 있다. 하나님은 성도들이 기도할 때 그들에게 나타나고 응답하신다(행 10:9-11). 기도는 하나님을 체험하고 만나는 통로다.

4 네 기도와 구제가 하나님 앞에 상달되어 기억하신 바가 되었으니 하나님은 고넬료의 기도와 구제를 보셨다. 신앙은 균형이 중요하다. 고넬료의 신앙은 기도와 구제, 즉 영성과 삶이 조화를 이룬 것이었다.

5-6 하나님의 사자는 고넬료에게 베드로를 청할 것과 그가 어디에 있는지 자세하게 일러준다. 성도는 기도 중에 갈 길을 구체적으로 인도받는다.

7 고넬료가 집안 하인 둘과 부하 가운데 경건한 사람 하나를 불러 고넬료는 두 종과 함께 경건한 부하 한 명을 보낸다. 하나님의 명령을 전달할 사람으로 경건한 부하를 선택한 것이다. 하나님의 명령을 받드는 고넬료의 조심스러운 자세를 엿볼 수 있다.

쉬운성경

1 가이사랴에 고넬료라는 사람이 있었습니다. 그는 '이탈리아 부대'인 로마 군대의 백부장이었습니다.

2 고넬료는 경건한 사람이었습니다. 그와 그의 집에 사는 모든 사람이 하나님을 공경하고 경외하였습니다. 그는 가난한 사람들에게 아낌없이 돈을 주었고, 늘 하나님께 기도했습니다.

3 어느 날 오후 3시쯤, 고넬료는 환상을 보았습니다. 그는 환상 속에서 하나님의 천사가 다가와 "고넬료야!"라며 부르는 소리를 똑똑히 들었습니다.

4 고넬료는 두려움 속에서 천사를 쳐다보았습니다. 고넬료는 "주님, 무슨 일이십니까?"라고 물었습니다. 천사가 대답했습니다. "하나님께서 네 기도를 들으셨다. 네가 가난한 사람들을 도운 것을 보셨으며, 너를 기억하셨다.

5 지금 사람을 욥바로 보내어 베드로라고 하는 시몬을 모셔 오너라.

6 그는 가죽 제품을 만드는 시몬이라는 사람의 집에 묵고 있는데, 시몬의 집은 바닷가에 있다."

7 자기에게 말하던 천사가 떠나가자, 고넬료는 하인 두 사람과 자기 부하 중에서 경건한 군인 한 사람을 불렀습니다.

8 고넬료는 그들에게 모든 일을 이야기해 준 뒤에 그들을 욥바로 보냈습니다.

저자의 묵상

고넬료는 가정, 이웃, 하나님께 대한 고른 신앙의 소유자였다. 고넬료와 온 집안이 하나님을 경외했고 이웃을 돌보았으며 하나님을 향해 늘 기도했다(2절). 이처럼 참 신앙은 인생 전체에 걸쳐 고르게 나타나며 한쪽으로 기울지 않는다. 교회에서는 경건한데 가정에서는 그렇지 않다면 바른 신앙이 아니다. 건강한 육체가 고르게 성장하듯 건강한 신앙도 한쪽으로 치우치지 않음을 기억하자. 한편, 하나님은 고넬료의 헌신을 통해 그를 더 나은 길로 인도하신다. 이제까지도 잘했지만 베드로를 초청해 더 나은 것을 경험하고 온전한 신앙의 길로 나아가게 하신다.

하나님을 향한 헌신이 더 나은 축복을 낳는다. 내가 가진 것을 하나님을 향해 사용할 때 하나님은 더 좋은 길로 인도하신다. 아무것도 하지 않으면 더 나은 것이 열리지 않는다. 힘들어도 길을 나설 때 더 좋은 경치를 만난다. 신앙도 하는 만큼 더 열리고 더 보인다.

무릎 기도 하나님, 외적 조건에 따라 사람을 차별하지 않게 하소서.

ESV - Acts 10

1 At Caesarea there was a man named Cornelius, a centurion of what was known as the Italian Cohort,

2 a devout man who feared God with all his household, gave alms generously to the people, and prayed continually to God.

3 About the ninth hour of the day* he saw clearly in a vision an angel of God come in and say to him, "Cornelius."

4 And he stared at him in terror and said, "What is it, Lord?" And he said to him, "Your prayers and your alms have ascended as a memorial before God.

5 And now send men to Joppa and bring one Simon who is called Peter.

6 He is lodging with one Simon, a tanner, whose house is by the sea."

7 When the angel who spoke to him had departed, he called two of his servants and a devout soldier from among those who attended him,

8 and having related everything to them, he sent them to Joppa.

* 10:3 That is, 3 P.M.

1 centurion 백부장 cohort (로마의) 보병대 2 devout 경건한 alms 빈민 구호금 3 clearly 명확히, 확실히 4 stare at ~ ~을 응시하다 ascend 올라가다 6 lodge 묵다 tanner 무두장이 7 depart 떠나다 attend 수행하다, 시중들다 8 relate 이야기하다

☐ 묵상 체크

34 환상과 인도

월 일

사도행전 10:9-23 • 새찬송 212장 | 통일 347장

• 말씀묵상 전에 성령님의 인도하심을 구하는 기도를 드리십시오.

본문요약 I 베드로도 환상으로 하나님의 계시를 받는다. 환상 속에서 주님은 베드로에게 각종 짐승이 들어 있는 큰 보자기 같은 그릇을 보이시며 잡아먹으라고 세 번이나 명하신다. 영문을 모르는 베드로는 이를 거절하나, 이것은 고넬료에게 복음을 전하기 위한 준비였다. 많은 기적을 행하고 죽은 사람을 살린 베드로지만, 복음 확장을 위해 아직도 넘어야 할 편견이 남아 있었다.

9 이튿날 그들이 길을 가다가 그 성에 가까
이 갔을 그때에 베드로가 기도하려고 지
붕에 올라가니 그 시각은 제육 시더라
10 그가 시장하여 먹고자 하매 사람들이 준
비할 때에 황홀한 중에
11 하늘이 열리며 한 그릇이 내려오는 것을
보니 큰 보자기 같고 네 귀를 매어 땅에
드리웠더라
12 그 안에는 땅에 있는 각종 네 발 가진 짐
승과 기는 것과 공중에 나는 것들이 있더
라
13 또 소리가 있으되 베드로야 일어나 잡아
먹어라 하거늘
14 베드로가 이르되 주여 그럴 수 없나이다
속되고 깨끗하지 아니한 것을 내가 결코
먹지 아니하였나이다 한대
15 또 두 번째 소리가 있으되 하나님께서 깨
끗하게 하신 것을 네가 속되다 하지 말라
하더라
16 이런 일이 세 번 있은 후 그 그릇이 곧 하
늘로 올려져 가니라
17 베드로가 본 바 환상이 무슨 뜻인지 속으
로 의아해 하더니 마침 고넬료가 보낸 사
람들이 시몬의 집을 찾아 문밖에 서서
18 불러 묻되 베드로라 하는 시몬이 여기 유
숙하느냐 하거늘
19 베드로가 그 환상에 대하여 생각할 때에
성령께서 그에게 말씀하시되 [1]두 사람이
너를 찾으니

1) 어떤 사본에, 세 사람이

20 일어나 내려가 의심하지 말고 함께 가라
내가 그들을 보내었느니라 하시니
21 베드로가 내려가 그 사람들을 보고 이르
되 내가 곧 너희가 찾는 사람인데 너희가
무슨 일로 왔느냐
22 그들이 대답하되 백부장 고넬료는 의인
이요 하나님을 경외하는 사람이라 유대
온 족속이 칭찬하더니 그가 거룩한 천사
의 지시를 받아 당신을 그 집으로 청하여
말을 들으려 하느니라 한대
23 베드로가 불러들여 유숙하게 하니라 이
튿날 일어나 그들과 함께 갈새 욥바에서
온 어떤 형제들도 함께 가니라

1. 본문에 나타난 예수님은 어떤 분이십니까?

2. 오늘 하나님께서 나에게 주신 깨달음은 무엇입니까?

3. 말씀을 어떻게 내 삶에 구체적으로 적용해야 합니까?

9 이튿날 그들이 길을 가다가 그 성에 가까이 갔을 그때에 베드로가 기도하려고 지붕에 올라가니 그 시각은 제육 시더라 고넬료가 환상을 받은 후 하루(정확히 21시간 후)가 지난 정오를 가리킨다(행 10:3). 고넬료가 보낸 사람들이 성에 가까이 접근했을 때 하나님의 계시가 임했다. 하나님의 시간은 항상 정확하다(행 10:17, 19).

10 그가 시장하여 먹고자 하매 사람들이 준비할 때에 점심때여서 베드로는 시장했고, 사람들은 음식을 준비하고 있었다. 하나님은 계시의 소재도 때에 맞게 베드로의 배고픔을 사용하셨다.

14 베드로가 이르되 주여 그럴 수 없나이다 속되고 깨끗하지 아니한 것을 내가 결코 먹지 아니하였나이다 한대 큰 보자기 같은 그릇에 담긴 것에 대한 베드로의 반응으로 볼 때, 그릇 안에는 유대인이 먹어서는 안 되는 짐승이 섞여 있던 것 같다(레 11장).

15 하나님께서 깨끗하게 하신 것을 네가 속되다 하지 말라 하더라 이방인의 구원에 대해 당시 유대인인 베드로가 가졌던 편견을 버리고, 이방인에게도 복음을 전하라는 하나님의 메시지가 담겨 있다.

16 이런 일이 세 번 있은 후 성경에서 어떤 일의 반복은 종종 확고한 하나님의 뜻을 나타낸다(창 41:32).

17 베드로가 본 바 환상이 무슨 뜻인지 속으로 의아해 하더니 베드로는 하나님의 뜻을 즉시 이해하지 못한다. 그러나 베드로는 연이어 일어나는 하나님의 지시에 따라 움직일 수 있었다(19–20절).

23 이튿날 일어나 그들과 함께 갈새 욥바에서 온 어떤 형제들도 함께 가니라 베드로는 함께 간 형제들이 총 아홉 명이라고 밝힌다. 고넬료가 보낸 세 사람 외에 욥바에 있는 형제 중에 여섯 명이 동행했음을 알 수 있다(행 11:11–12). 동행의 이

쉬운성경

9 이튿날 낮 12시쯤, 고넬료가 보낸 사람들이 욥바 근처에 이르렀을 때에, 베드로는 기도하러 지붕으로 올라가 있었습니다.

10 베드로는 배가 고파 무엇이라도 좀 먹었으면 하던 참이었습니다. 사람들이 음식을 준비하고 있던 중에, 베드로는 환상을 보았습니다.

11 베드로는 하늘이 열리고, 큰 보자기 같은 것이 네 모퉁이가 묶여 땅으로 내려오는 것을 보았습니다.

12 그 안에는 갖가지 네 발 달린 짐승들과 땅에 기어다니는 파충류와 날짐승들이 들어 있었습니다.

13 그때 베드로에게 음성이 들려 왔습니다. "베드로야, 일어나 그것들을 잡아먹어라."

14 이에 대해 베드로는 "주님, 그렇게는 못하겠습니다. 저는 속되거나 부정한 것을 지금까지 먹은 적이 없습니다"라고 대답했습니다.

15 두 번째로 음성이 들려 왔습니다. "하나님께서 깨끗하게 하신 것을 '속된 것이다'라고 하지 마라."

16 이런 일이 세 번 있은 뒤에 보자기는 즉시 하늘로 올라갔습니다.

17 자기가 본 환상이 무슨 뜻일까 하고 베드로가 곰곰이 생각하고 있을 때, 고넬료가 보낸 사람들이 시몬의 집을 찾아와 문 앞에 서 있었습니다.

18 그들은 문밖에서 "베드로라는 시몬이 여기 계십니까?"라고 소리쳐 물었습니다.

19 베드로가 아직 그 환상에 대해 생각하고 있는데 성령이 베드로에게 말씀하셨습니다. "시몬아, 세 사람이 너를 찾고 있다.

유는 확실치 않다. 아마도 낯선 이방인의 초청에 임하는 만큼, 모든 과정이 하나님의 뜻임을 증언해 줄 사람과 동행했을 것이다(행 10:45).

20 일어나 내려가거라. 그들은 내가 보낸 사람들이니, 주저하지 말고 그들을 따라가거라."

21 베드로가 그 사람들이 있는 곳으로 내려가 말했습니다. "내가 그대들이 찾는 사람입니다. 무슨 일로 오셨습니까?"

22 그 사람들이 이렇게 대답했습니다. "저희는 고넬료라는 로마 백부장이 보낸 사람들입니다. 고넬료는 의로운 사람이며, 하나님을 경외하는 사람입니다. 그는 모든 유대인들에게도 존경을 받는 사람입니다. 한 거룩한 천사가 고넬료에게 당신을 집으로 모셔다가 당신이 하시는 말씀을 들으라고 분부하였습니다."

23 그러자 베드로는 그들을 집 안으로 불러들여 묵게 했습니다. 이튿날 베드로는 자리에서 일어나 그들과 함께 고넬료의 집을 향해 출발하였습니다. 욥바에서 온 형제 몇 명도 베드로를 따라갔습니다.

저자의 묵상

하나님은 환상과 인도하심을 통해 베드로와 고넬료를 만나게 하신다. 특히 베드로에게는 초월적인 환상을 보여주며 편견을 극복하게 하신다. 자신의 힘으로는 할 수 없는 일이기에 하나님께서 직접 특단의 방법을 사용하신 것이다. 그것도 정확한 시간에(9,17,19절), 적절한 소재를 통해(10절), 반복적으로(16절) 하신다. 이처럼 하나님은 때로는 직접 일하심으로 우리가 감당할 수 없는 부분을 채워주신다. 우리가 할 수 있는 것은 우리가 하도록 도우시지만, 우리가 할 수 없어 보이는 일은 직접 개입하여 일하신다. 그러므로 성도가 세상에서 하나님께 받은 사명과 사역 감당하는 것을 두려워할 필요가 없다. 그 일이 하나님의 일이기에 반드시 이루어질 것을 믿고 나아가면 된다. 만약 내 힘만으로 어려운 일이라면 하나님께서 직접 일하심으로 그것을 이루실 것이다.

무릎 기도 하나님, 주님의 세밀한 인도하심에 민감하게 반응하게 하소서.

ESV - Acts 10

9 The next day, as they were on their journey
and approaching the city, Peter went up on
the housetop about the sixth hour* to pray.
10 And he became hungry and wanted some-
thing to eat, but while they were preparing it,
he fell into a trance
11 and saw the heavens opened and some-
thing like a great sheet descending, being let
down by its four corners upon the earth.
12 In it were all kinds of animals and reptiles
and birds of the air.
13 And there came a voice to him: "Rise, Peter;
kill and eat."
14 But Peter said, "By no means, Lord; for I
have never eaten anything that is common
or unclean."
15 And the voice came to him again a second
time, "What God has made clean, do not call
common."
16 This happened three times, and the thing
was taken up at once to heaven.
17 Now while Peter was inwardly perplexed as
to what the vision that he had seen might
mean, behold, the men who were sent by
Cornelius, having made inquiry for Simon's
house, stood at the gate
18 and called out to ask whether Simon who
was called Peter was lodging there.
19 And while Peter was pondering the vision,
the Spirit said to him, "Behold, three men are
looking for you.
20 Rise and go down and accompany them
without hesitation,* for I have sent them."
21 And Peter went down to the men and said, "I
am the one you are looking for. What is the
reason for your coming?"
22 And they said, "Cornelius, a centurion, an
upright and God-fearing man, who is well
spoken of by the whole Jewish nation, was
directed by a holy angel to send for you to
come to his house and to hear what you
have to say."
23 So he invited them in to be his guests. The
next day he rose and went away with them,
and some of the brothers from Joppa
accompanied him.

* 10:9 That is, noon
* 10:20 Or *accompany them, making no distinction*

10 fall into a trance 무아지경에 빠지다, 황홀해지다 11 descend 내려오다 12 reptile 파충류 14 by no means 터무니없다, 가당치 않다 common 비속한, 천한 17 perplexed 당황한 inquiry 문의, 질문 18 lodge 묵다 19 ponder 깊이 생각하다 20 without hesitation 주저 없이, 바로 22 centurion 백부장 upright 올바른, 정직한 God-fearing 하나님을 두려워하는, 경건한 be well spoken of 평판이 좋다

• MEMO •

☐ 묵상 체크

35 베드로와 고넬료의 만남

월 일

사도행전 10:24-33 • 새찬송 570장 | 통일 453장

• 말씀묵상 전에 성령님의 인도하심을 구하는 기도를 드리십시오.

본문요약 I 베드로는 일행과 함께 가이사랴로 가서 고넬료를 만난다. 고넬료는 가족뿐 아니라 친척과 친구들까지 초청해 베드로를 기다린다. 베드로의 다소 시큰둥한 태도에도 고넬료는 하나님의 은혜를 사모하는 모습을 보인다. 고넬료는 사람들의 시선과 생각이 중요한 것이 아니라 하나님과의 만남이 중요함을 알았기 때문이다.

24 이튿날 가이사랴에 들어가니 고넬료가 그의 친척과 가까운 친구들을 모아 기다리더니
25 마침 베드로가 들어올 때에 고넬료가 맞아 발 앞에 엎드리어 절하니
26 베드로가 일으켜 이르되 일어서라 나도 사람이라 하고
27 더불어 말하며 들어가 여러 사람이 모인 것을 보고
28 이르되 유대인으로서 이방인과 교제하며 가까이하는 것이 위법인 줄은 너희도 알거니와 하나님께서 내게 지시하사 아무도 속되다 하거나 깨끗하지 않다 하지 말라 하시기로
29 부름을 사양하지 아니하고 왔노라 묻노니 무슨 일로 나를 불렀느냐
30 고넬료가 이르되 내가 나흘 전 이맘때까지 내 집에서 제구 시 기도를 하는데 갑자기 한 사람이 빛난 옷을 입고 내 앞에 서서
31 말하되 고넬료야 하나님이 네 기도를 들으시고 네 구제를 기억하셨으니
32 사람을 욥바에 보내어 베드로라 하는 시몬을 청하라 그가 바닷가 무두장이 시몬의 집에 유숙하느니라 하시기로
33 내가 곧 당신에게 사람을 보내었는데 오셨으니 잘하였나이다 이제 우리는 주께서 당신에게 명하신 모든 것을 듣고자 하여 다 하나님 앞에 있나이다

1. 오늘 하나님께서 나에게 주신 깨달음은 무엇입니까?

2. 말씀을 어떻게 내 삶에 구체적으로 적용해야 합니까?

절별 해설

24 고넬료가 그의 친척과 가까운 친구들을 모아 기다리더니 고넬료는 "너와 네 온 집이 구원 받을 말씀"을 들을 것이라는 환상을 보고(행 11:14), 집안 식구뿐 아니라 언급하지 않은 친구들까지 모아 베드로를 기다린다. 이러한 고넬료의 자세는 하나님의 은혜를 주변 사람들과 나누려는 아름다운 모습이다.

25 마침 베드로가 들어올 때에 고넬료가 맞아 발 앞에 엎드리어 절하니 당시 지위로 볼 때 사회적으로는 고넬료가 베드로보다 훨씬 높은 위치에 있었다. 그러나 고넬료는 하나님이 보낸 사도에게 극진한 존경심을 표한다. 체면을 뛰어넘은 겸손한 모습이다.

26 베드로가 일으켜 이르되 일어서라 나도 사람이라 하고 베드로는 자신이 지나친 경배의 대상이 될 수 없음을 밝힌다(행 3:12). 사람들의 대접 앞에서도 자신의 처지와 신분을 잊지 않는 모습이다.

28 유대인으로서 이방인과 교제하며 가까이하는 것이 위법인 줄은 너희도 알거니와 실정법으로 금한 것이라기보다는 관습법에 따른 금지였다. 당시 유대인들은 이방인과 교제하는 것을 금했다. 이는 가나안 땅에서 우상을 섬기던 이방인과 멀리하라고 말씀하신 구절을 확대해석한 결과다(신 7:1-5). 이방인과 교제하며 음식이나 고기를 먹을 경우, 부지중에 율법에 부정한 음식으로 규정한 음식을 먹을 수도 있기에 이방인과의 교제를 금했다.

29 부름을 사양하지 아니하고 왔노라 묻노니 무슨 일로 나를 불렀느냐 베드로가 그다지 흔쾌하게 온 것이 아님을 알 수 있다. 하나님의 사람은 자신의 뜻에 따라 사는 사람이 아니기에, 때로는 마음에 썩 들지 않는 일도 주를 위해 할 수 있다.

33 이제 우리는 주께서 당신에게 명하신 모든 것을 듣고자 하여 다 하나님 앞에 있나이다 고넬료는 자신이 이방인으로서 유대인에게 어떤 취급을 받고 있는지 상관하지 않는다. 고넬료는 오직 진리를 듣기 위해 자신을 비우고 가난한 마음으로 하나님 앞에 서 있을 뿐이다. 사람의 시선을 의식하지 않고 하나님 앞에 서는 것이 진정한 신앙이요 겸손이다.

쉬운성경

24 그들은 다음 날 가이사랴에 도착했습니다. 고넬료는 친척과 친구들을 불러 놓고 베드로를 기다리고 있었습니다.

25 베드로가 안으로 들어가자, 고넬료가 그를 맞이했습니다. 그는 베드로의 발 앞에 엎드려 절했습니다.

26 베드로가 그를 일으켜 세우며 "일어나십시오. 나도 사람일 뿐입니다"라고 말했습니다.

27 베드로가 고넬료와 말하면서 집 안으로 들어가 보니, 사람들이 많이 모여 있었습니다.

28 이들을 향해 베드로가 말했습니다. "여러분도 잘 아시겠지만 유대인이 이방 사람을 사귀거나 그의 집에 찾아가는 것은 유대 법에 어긋나는 일입니다만, 하나님께서는 저에게 어떤 사람도 속되거나 부정하다고 해서는 안 된다는 것을 보여 주셨습니다.

29 그래서 여러분이 저를 불렀을 때 이의를 제기하지 않고 따라온 것입니다. 자, 무슨 일로 저를 부르셨는지 말씀해 주십시오."

30 고넬료가 말했습니다. "사 일 전 이맘때쯤, 그러니까 오후 3시쯤에 집에서 기도하고 있는데, 갑자기 눈부신 옷을 입은 사람이 제 앞에 서 계셨습니다.

31 그는 '고넬료야, 하나님께서 네 기도를 들으셨고, 네가 가난한 사람들을 도운 것을 하나님께서 보시고, 너를 기억하셨다.

32 지금 사람을 욥바로 보내어, 베드로라고 하는 시몬을 모셔 오너라. 그는 가죽 제품을 만드는 시몬이라는 사람의 집에 묵고 있으며, 시몬의 집은 바닷가에 있다'라고 말씀하셨습니다.

33 그래서 나는 곧 당신에게 사람을 보냈습니다. 그런데 이렇게 와 주셨으니 참 잘하셨습니다. 이제 우리 모든 사람은 주님께서 당신에게 하라고 명령하신 모든 말씀을 들으려고 하나님 앞에 모였습니다."

저자의 묵상

고넬료는 자신과 가족을 향한 하나님의 구원 계획을 듣고 베드로를 초청함과 동시에 가족과 친척 그리고 가까운 친구들까지 모아 이 기쁜 일을 함께 나누고자 준비한다. 원래 그가 들은 내용보다도 범위를 넓혀서 친척과 친구들까지 불러 베드로를 기다린다(행 11:14). 이러한 고넬료의 자세는 좋은 것을 주변 사람들과 나누려는 아름다운 모습이다. 슬픔은 나누면 반이 되고, 기쁨은 나누면 배가 된다. 우리도 하나님의 은혜를 주변 사람들과 나누려는 마음을 가져야 할 것이다.

또 베드로는 모든 것을 다 이해하지 못한 상태에서도 하나님의 부르심이 있어 왔다고 말한다(29절). 하나님의 일을 맡은 사람의 올바른 태도를 엿볼 수 있는 대목이다. 하나님의 사람은 자신의 뜻에 따라서 인생을 살아가지 않는다. 때로는 마음에 들지 않는 일도 주님의 뜻이라면 감당해야 한다. 그런 순종을 통해 하나님의 일이 이루어짐을 기억하자.

무릎 기도 하나님, 주변의 시선을 의식하지 않고 늘 하나님 앞에서 살게 하소서.

ESV - Acts 10

24 And on the following day they entered Caesarea. Cornelius was expecting them and had called together his relatives and close friends.
25 When Peter entered, Cornelius met him and fell down at his feet and worshiped him.
26 But Peter lifted him up, saying, "Stand up; I too am a man."
27 And as he talked with him, he went in and found many persons gathered.
28 And he said to them, "You yourselves know how unlawful it is for a Jew to associate with or to visit anyone of another nation, but God has shown me that I should not call any person common or unclean.
29 So when I was sent for, I came without objection. I ask then why you sent for me."
30 And Cornelius said, "Four days ago, about this hour, I was praying in my house at the ninth hour,* and behold, a man stood before me in bright clothing
31 and said, 'Cornelius, your prayer has been heard and your alms have been remembered before God.
32 Send therefore to Joppa and ask for Simon who is called Peter. He is lodging in the house of Simon, a tanner, by the sea.'
33 So I sent for you at once, and you have been kind enough to come. Now therefore we are all here in the presence of God to hear all that you have been commanded by the Lord."

* 10:30 That is, 3 P.M.

24 expect 기다리다 relative 친척, 일가 28 unlawful 불법의 associate with ~ ~와 어울리다 common 비속한, 천한
29 without objection 이의 없이 30 bright 빛나는 clothing 의복, 의류 32 lodge 묵다 33 at once 즉시, 당장

36 복음이 이방인에게

월 일

사도행전 10:34-48 • 새찬송 214장 | 통일 349장

• 말씀묵상 전에 성령님의 인도하심을 구하는 기도를 드리십시오.

본문요약 | 고넬료의 친척과 친구들을 향한 베드로의 설교가 시작된다. 베드로는 예수 그리스도가 누구인지 그분이 하신 일을 설명하고, 자신들이 이 일에 증인된 것을 말한다. 모든 믿는 자들이 죄 사함을 받을 것이라고 말할 때 성령께서 그 자리에 임하신다. 이어 베드로는 세례를 베푼다. 복음이 본격적으로 이방인의 경계를 넘어서고 있었다.

34 베드로가 입을 열어 말하되 내가 참으로 하나님은 사람의 외모를 보지 아니하시고
35 각 나라 중 하나님을 경외하며 의를 행하는 사람은 다 받으시는 줄 깨달았도다
36 만유의 주 되신 예수 그리스도로 말미암아 화평의 복음을 전하사 이스라엘 자손들에게 보내신 말씀
37 곧 요한이 그 [1]세례를 반포한 후에 갈릴리에서 시작하여 온 유대에 두루 전파된 그것을 너희도 알거니와
38 하나님이 나사렛 예수에게 성령과 능력을 기름 붓듯 하셨으매 그가 두루 다니시며 선한 일을 행하시고 마귀에게 눌린 모든 사람을 고치셨으니 이는 하나님이 함께하셨음이라
39 우리는 유대인의 땅과 예루살렘에서 그가 행하신 모든 일에 증인이라 그를 그들이 나무에 달아 죽였으나
40 하나님이 사흘 만에 다시 살리사 나타내시되
41 모든 백성에게 하신 것이 아니요 오직 미리 택하신 증인 곧 죽은 자 가운데서 부활하신 후 그를 모시고 음식을 먹은 우리에게 하신 것이라
42 우리에게 명하사 백성에게 전도하되 하나님이 살아 있는 자와 죽은 자의 재판장으로 정하신 자가 곧 이 사람인 것을 증언하게 하셨고

1) 헬. 또는 침례 2) 헬. 성령의 선물 부어 주심으로

43 그에 대하여 모든 선지자도 증언하되 그를 믿는 사람들이 다 그의 이름을 힘입어 죄 사함을 받는다 하였느니라
44 베드로가 이 말을 할 때에 성령이 말씀 듣는 모든 사람에게 내려오시니
45 베드로와 함께 온 할례 받은 신자들이 이방인들에게도 [2]성령 부어 주심으로 말미암아 놀라니
46 이는 방언을 말하며 하나님 높임을 들음이러라
47 이에 베드로가 이르되 이 사람들이 우리와 같이 성령을 받았으니 누가 능히 물로 [1]세례 베풂을 금하리요 하고
48 명하여 예수 그리스도의 이름으로 [1]세례를 베풀라 하니라 그들이 베드로에게 며칠 더 머물기를 청하니라

1. 오늘 하나님께서 나에게 주신 깨달음은 무엇입니까?

2. 말씀을 어떻게 내 삶에 구체적으로 적용해야 합니까?

절별 해설

34-35 베드로는 자신의 설교를, 자신의 깨달음을 말하는 것부터 시작한다. 베드로는 하나님이 사람의 외모를 보지 않고 중심을 보심을 깨달았다. 어쩌면 이 사건은 고넬료 일가의 구원을 통해 베드로가 깨닫게 되는 이야기라고 할 수 있다. 예수님의 증인들은 주님의 인도하심으로 이방인을 향한 선교가 공식적인 하나님의 뜻임을 알 수 있었다. 그들의 인식의 지평이 넓어지고 있었다.

36 만유의 주 되신 예수 그리스도로 말미암아 화평의 복음을 전하사 이스라엘 자손들에게 보내신 말씀 베드로는 예수 그리스도로 말미암은 복음의 성격을 화평이라고 규정한다. 여기에는 두 가지 의미가 있다. 첫째는 하나님과 인간 사이를 화평하게 하신다는 뜻이고(엡 2:16), 둘째는 그 결과로 사람과 사람 사이의 차별이 없어지고 화목하게 되었다는 뜻이다(엡 2:17-18). 복음이 들어간 곳에서 깨진 관계가 회복되는 것은 자연스러운 일이다.

42 우리에게 명하사 백성에게 전도하되 하나님이 살아 있는 자와 죽은 자의 재판장으로 정하신 자가 곧 이 사람인 것을 증언하게 하셨고 증인으로서 예수 그리스도를 전하는 것은 모든 신자에게 부여된 명령임을 기억하게 하는 말씀이다. 예수님의 구원의 영광을 맛본 증인이라면, 예수님을 소개하는 전도는 선택이 아니라 필수다.

43-44 그를 믿는 사람들이 다 그의 이름을 힘입어 죄 사함을 받는다 하였느니라 베드로가 이 말을 할 때에 성령이 말씀 듣는 모든 사람에게 내려오시니 베드로가 누구나 예수님의 이름을 힘입어 죄를 용서받는다고 설교할 때 성령이 회중에게 임하신다. 이것으로 이방선교가 하나님의 뜻임이 분명해진다.

쉬운성경

34 베드로가 입을 열어 말했습니다. "나는 참으로 하나님께서는 사람을 외모로 차별하지 않는 분이시라는 것을 깨달았습니다.

35 하나님께서는 어느 나라 사람이든지 하나님을 경외하고 의로운 일을 하는 사람을 받아 주십니다.

36 하나님께서는 이스라엘 백성에게 말씀을 보내시고, 예수 그리스도를 통해서 평화의 복음을 선포하셨습니다. 예수님은 모든 백성의 주님이십니다.

37 여러분은 요한이 세례에 관해 설교한 이후, 갈릴리에서 시작하여 온 유대 땅에 걸쳐 발생한 큰 사건을 아실 것입니다.

38 하나님께서는 나사렛 사람인 예수님에게 성령과 능력으로 기름 부으셨습니다. 그분은 두루 다니시면서 선한 일을 하셨고, 귀신에 사로잡힌 사람들을 고쳐 주셨습니다. 이는 하나님께서 예수님과 함께 계셨기 때문입니다.

39 우리는 예수님께서 유대와 예루살렘에서 하신 모든 일을 목격한 증인입니다. 사람들은 예수님을 나무에 매달아 죽였지만,

40 삼 일째 되는 날에 하나님께서는 이 예수님을 죽은 자 가운데서 다시 살리셔서, 사람들 앞에 나타나게 하셨습니다.

41 그러나 예수님께서 모든 사람들에게 나타나신 것이 아니라 하나님께서 이미 증인으로 택하신 우리들에게만 보이셨습니다. 우리는 예수님께서 죽으셨다가 다시 살아나신 뒤에 그분과 함께 먹고 마셨습니다.

42 예수님께서는 우리에게 명하시기를, 하나님께서 이 예수님을 살아 있는 사람과 죽은 사람의 심판자로 세우셨다는 것을 사람들에게 전파하고 증언하라고 하셨습니다.

43 모든 예언자들도 예수님을 믿는 사람은 다 그분의 이름으로 죄를 용서받는다고 증언했습니다."

44 베드로가 이런 말을 하고 있을 때, 말씀을 듣고 있던 모든 사람들 위에 성령께서 내려오셨습니다.

45 베드로와 함께 온 할례받은 신자들이 이방인에게도 성령이 임하심을 보고 놀란다. 머리로 이해하고 입으로 설교했으나 정작 그 결과가 나타나자 놀라고 만다.

45 베드로와 함께 온 할례받은 신자들은 하나님께서 선물로 주신 성령을 이방 사람에게까지 부어 주시는 것을 보고 깜짝 놀랐습니다.

46 이방인들이 방언을 말하고, 하나님을 찬양하는 것을 그들이 들었기 때문입니다. 그때 베드로가 말했습니다.

47 "이 사람들이 우리와 마찬가지로 성령을 받았으니, 이들에게 물로 세례를 주는 것을 누군들 막을 수 있겠습니까?"

48 베드로는 그들에게 예수 그리스도의 이름으로 세례를 받으라고 명하였습니다. 그때 그들은 베드로에게 자기들과 함께 며칠 더 머물다 가라고 부탁했습니다.

저자의 묵상

하나님께서 베드로를 불러 고넬료의 가정을 구원하시지만, 사실은 베드로가 하나님에 대해 깨닫고 배우는 내용이다(34-35절). 하나님은 베드로에게 해야 할 일만 시키시는 것이 아니라, 베드로의 지평을 여시고 더 큰 주의 사람이 되게 하신다. 주님은 특정한 일을 시키기 위해서만 우리를 부르시는 것이 아니다. 그 일을 통해 깨닫게 하고 성숙하게 하려는 의도가 있으시다. 그래서 주의 일을 감당하다 보면 가장 크게 은혜받는 대상이 자신임을 종종 깨닫는다. 하나님의 일을 감당할 때 자신이 잘되고 복되게 된다. 신앙생활에서 우리가 지고 가는 짐은 결코 부담이 아니다. 그 일을 통해 결국 자신이 하나님의 사람으로 거듭나고 성숙해진다는 사실을 기억하고 맡은 일에 충성하자.

무릎기도 하나님, 오늘도 주님의 일에 무지한 우리를 깨우치소서.

ESV - Acts 10

34 So Peter opened his mouth and said: "Truly I
understand that God shows no partiality,
35 but in every nation anyone who fears him
and does what is right is acceptable to him.
36 As for the word that he sent to Israel,
preaching good news of peace through
Jesus Christ (he is Lord of all),
37 you yourselves know what happened
throughout all Judea, beginning from Galilee
after the baptism that John proclaimed:
38 how God anointed Jesus of Nazareth with
the Holy Spirit and with power. He went
about doing good and healing all who were
oppressed by the devil, for God was with
him.
39 And we are witnesses of all that he did both
in the country of the Jews and in Jerusalem.
They put him to death by hanging him on a
tree,
40 but God raised him on the third day and
made him to appear,
41 not to all the people but to us who had been
chosen by God as witnesses, who ate and
drank with him after he rose from the dead.
42 And he commanded us to preach to the
people and to testify that he is the one
appointed by God to be judge of the living
and the dead.
43 To him all the prophets bear witness that
everyone who believes in him receives
forgiveness of sins through his name."
44 While Peter was still saying these things, the
Holy Spirit fell on all who heard the word.
45 And the believers from among the circum-
cised who had come with Peter were amazed,
because the gift of the Holy Spirit was
poured out even on the Gentiles.
46 For they were hearing them speaking in
tongues and extolling God. Then Peter
declared,
47 "Can anyone withhold water for baptizing
these people, who have received the Holy
Spirit just as we have?"
48 And he commanded them to be baptized in
the name of Jesus Christ. Then they asked
him to remain for some days.

34 partiality 편파, 편애 35 acceptable 받아들일 수 있는, 마음에 드는 37 proclaim 선포하다 38 anoint 기름을 바르다 go about ~ing (습관적으로) ~하고 다니다, 열심히 ~하다 oppress 억압하다 39 put ~ to death ~을 죽이다 41 rise from the dead 부활하다 42 testify 증언하다 appoint ~를 명하다, 정하다 46 extol 크게 찬양하다 47 withhold 보류하다, 주지 않다

• MEMO •

37

월 일

베드로의 보고

사도행전 11:1-18 • 새찬송 393장 | 통일 447장

• 말씀묵상 전에 성령님의 인도하심을 구하는 기도를 드리십시오.

본문요약 I 이방인에게도 복음이 전해졌다는 소식은 유대에 있는 사도들과 교회에도 전해진다. 예수를 믿는 할례자들 중에 베드로를 비방하며 무할례자의 집에서 교제한 사실을 비난하는 사람들이 있었다. 이에 베드로는 10장에서 있었던 사건을 자세히 설명한다. 모든 일은 하나님이 하셨고, 자신은 이 일을 할 수밖에 없었다고 보고한다.

1 유대에 있는 사도들과 형제들이 이방인
들도 하나님의 말씀을 받았다 함을 들었
더니
2 베드로가 예루살렘에 올라갔을 때에 할
례자들이 비난하여
3 이르되 네가 무할례자의 집에 들어가 함
께 먹었다 하니
4 베드로가 그들에게 이 일을 차례로 설명
하여
5 이르되 내가 욥바 시에서 기도할 때에 황
홀한 중에 환상을 보니 큰 보자기 같은
그릇이 네 귀에 매어 하늘로부터 내리어
내 앞에까지 드리워지거늘
6 이것을 주목하여 보니 땅에 네 발 가진
것과 들짐승과 기는 것과 공중에 나는 것
들이 보이더라
7 또 들으니 소리 있어 내게 이르되 베드로
야 일어나 잡아먹으라 하거늘
8 내가 이르되 주님 그럴 수 없나이다 속되
거나 깨끗하지 아니한 것은 결코 내 입에
들어간 일이 없나이다 하니
9 또 하늘로부터 두 번째 소리 있어 내게
이르되 하나님이 깨끗하게 하신 것을 네
가 속되다고 하지 말라 하더라
10 이런 일이 세 번 있은 후에 모든 것이 다
시 하늘로 끌려 올라가더라
11 마침 세 사람이 내가 유숙한 집 앞에 서
있으니 가이사랴에서 내게로 보낸 사람
이라

[1] 헬, 또는 침례

12 성령이 내게 명하사 아무 의심 말고 함께
가라 하시매 이 여섯 형제도 나와 함께
가서 그 사람의 집에 들어가니
13 그가 우리에게 말하기를 천사가 내 집에
서서 말하되 네가 사람을 욥바에 보내어
베드로라 하는 시몬을 청하라
14 그가 너와 네 온 집이 구원 받을 말씀을
네게 이르리라 함을 보았다 하거늘
15 내가 말을 시작할 때에 성령이 그들에게
임하시기를 처음 우리에게 하신 것과 같
이 하는지라
16 내가 주의 말씀에 요한은 물로 [1]세례를
베풀었으나 너희는 성령으로 [1]세례를 받
으리라 하신 것이 생각났노라
17 그런즉 하나님이 우리가 주 예수 그리스
도를 믿을 때에 주신 것과 같은 선물을
그들에게도 주셨으니 내가 누구이기에
하나님을 능히 막겠느냐 하더라
18 그들이 이 말을 듣고 잠잠하여 하나님께
영광을 돌려 이르되 그러면 하나님께서
이방인에게도 생명 얻는 회개를 주셨도
다 하니라

1. 오늘 하나님께서 나에게 주신 깨달음은 무엇입니까?

2. 말씀을 어떻게 내 삶에 구체적으로 적용해야 합니까?

절별 해설

2-3 베드로가 예루살렘에 올라갔을 때에 할례자들이 비난하여 이르되 네가 무할례자의 집에 들어가 함께 먹었다 하니 베드로를 비난한 사람은 예수 그리스도를 모르는 유대인들이 아니었다. 그들은 당시 예루살렘교회에 소속된 유대인으로 오순절 이후 예수 그리스도를 믿게 된 사람들이었다. 그들은 이방인이 하나님의 말씀을 받았다는 소식을 기뻐하기보다는, 유대인인 베드로가 그들과 함께 음식을 먹었다는 사실을 문제시한다.

5-17 베드로가 예루살렘교회에 모든 사실을 차례로 설명하는 내용이다. 요약하면, 하나님이 이 모든 일을 친히 행하셨다고 베드로는 증언한다. 하나님은 베드로를 움직이기 위해 크게 네 번에 걸쳐 결정적 증거를 보이신다.

5-10 첫 번째 증거는 환상이다. 그것도 세 번을 반복해서 베드로에게 환상을 보이신다.

11-12 두 번째 하나님이 하신 일은 환상을 바탕으로 베드로에게 가라고 친히 명령하신 것이다. 환상에 이은 분명한 명령은 이 모든 일이 하나님의 일임을 더욱 분명하게 확인시켜준다.

13-14 세 번째는 고넬료에게 행하신 하나님의 준비다. 누가는 고넬료의 환상을 시간의 순서에 따라 가장 먼저 언급한다(행 10:1-8). 하나님이 보여주신 환상 중에 제일 먼저 일어난 사건이기 때문이다.

15-17 네 번째로 베드로가 고넬료와 그 친지들에게 말씀을 전할 때 성령께서 친히 임하신다.

17 내가 누구이기에 하나님을 능히 막겠느냐 사도행전이 말하는 증인은 말 그대로 '옆에서 지켜본 사람'이다. 비유하자면 구경꾼 같은 존재다. 자신들의 의도로 어떤 일을 한 것이 아니라, 하나님이 하시는 일을 지켜보며 반응할 뿐이었다. 모든 일의 주도권은 하나님께 있기 때문이다.

쉬운성경

1 사도들과 유대에 있는 성도들이 이방인들도 하나님의 말씀을 받아들였다는 소식을 들었습니다.

2 그래서 베드로가 예루살렘에 올라가자, 할례받은 신자들이 베드로를 비난했습니다.

3 그들은 베드로에게 "당신은 할례받지 않은 사람의 집에 들어가 함께 식사를 하였소"라고 말했습니다.

4 그래서 베드로는 모든 사실을 질서 정연하게 설명하기 시작했습니다.

5 "내가 욥바에서 기도를 하고 있는 중에 환상을 보았습니다. 하늘에서 큰 보자기 같은 것이 네 모퉁이가 묶인 채 내 앞에까지 내려왔습니다.

6 그 속을 들여다보니 거기에는 네 발 달린 짐승들과 땅에 기어다니는 파충류와 날짐승들이 들어 있었습니다.

7 그때에 '베드로야, 일어나 그것들을 잡아 먹어라' 하는 소리가 들렸습니다.

8 그러나 나는 '주님, 그렇게는 못하겠습니다. 저는 속되거나 부정한 것을 지금까지 먹은 적이 없습니다'라고 대답했습니다.

9 그러자 하늘에서 다시 음성이 들려 왔습니다. '하나님께서 깨끗하게 하신 것을 속된 것이라고 하지 마라.'

10 이런 일이 세 번 있은 뒤에 모든 것이 다시 하늘로 올라갔습니다.

11 바로 그 순간, 내가 묵고 있던 집에 세 사람이 찾아왔습니다. 그들은 가이사랴에서 내게 심부름을 온 사람들이었습니다.

12 성령께서 나에게 주저하지 말고 그들을 따라가라고 말씀하셨습니다. 여기에 있는 형제 여섯 사람도 나와 함께 고넬료의 집으로 갔습니다.

13 고넬료는 우리에게 천사를 본 이야기를 해 주었습니다. 천사가 그에게 와서 서더니

18 그들이 이 말을 듣고 잠잠하여 하나님께 영광을 돌려 이르되 그러면 하나님께서 이방인에게도 생명 얻는 회개를 주셨도다 하니라 너무도 확실한 네 번의 증거 앞에서 어느 누구도 하나님의 뜻을 부인할 수 없었다.

'사람을 욥바로 보내어 베드로라고 하는 시몬을 데려오너라.

14 그가 네게 너와 네 온 집이 구원 받을 말씀을 전해 줄 것이다'라고 말했다고 합니다.

15 내가 입을 열어 말하자, 성령께서 처음에 우리에게 내리셨던 것과 똑같이 그들에게도 내리셨습니다.

16 그때, 나는 '요한은 물로 세례를 주었으나, 너희는 성령으로 세례를 받을 것이다'라고 하신 주님의 말씀이 생각났습니다.

17 하나님께서 우리가 주 예수 그리스도를 믿었을 때에 주신 것과 똑같은 선물을 그들에게도 주셨는데, 내가 누구이기에 감히 하나님께서 하시는 일을 막을 수 있겠습니까?"

18 할례받은 신자들은 베드로의 말을 다 듣더니 더 이상 할 말이 없어졌습니다. 그들은 하나님을 찬양하며, "이제 하나님께서는 이방인에게도 생명에 이르는 회개를 주셨다"라고 말했습니다.

저자의 묵상

영국의 위대한 설교자 로이드 존스는, 자신이 당시에 큰 영향력을 끼치는 설교자였지만 정작 설교할 때 자신은 구경꾼이었다고 말한 적이 있다. 하나님이 자신을 사용하시고 일하시는 것을 옆에서 지켜보는 구경꾼 같았다고 한다. 자신이 하고 있지만 자신이 한 것이 아님을 표현한 말이다.

본문의 베드로도 그러하다. 베드로는 고넬료 사건을 보고하면서 총 네 번에 걸쳐 하나님이 직접 개입하셨다고 진술한다. 할례자들의 비난 앞에 자신은 단지 하나님이 행하신 일을 지켜보았다고 보고한다. 그리고 누가 하나님을 막을 수 있겠냐고 반문한다. 한두 가지도 아닌 네 가지 증거를 들며 하나님의 일하심을 강조한다. 오늘 우리가 감당하는 주의 일도 이와 같다. 우리는 주님의 뜻에 따라 움직여야 한다. 말씀의 증거를 따라 움직여야 하며, 일을 마친 후에는 그것이 주님께서 하신 일임을 분명히 고백할 수 있어야 한다. 이러한 삶일 때 주와 동행하는 삶을 사는 것이다.

무릎기도 하나님, 오늘의 제가 있기까지 인도해 주심에 감사드립니다.

ESV - Acts 11

1 Now the apostles and the brothers* who were throughout Judea heard that the Gentiles also had received the word of God.

2 So when Peter went up to Jerusalem, the circumcision party* criticized him, saying,

3 "You went to uncircumcised men and ate with them."

4 But Peter began and explained it to them in order:

5 "I was in the city of Joppa praying, and in a trance I saw a vision, something like a great sheet descending, being let down from heaven by its four corners, and it came down to me.

6 Looking at it closely, I observed animals and beasts of prey and reptiles and birds of the air.

7 And I heard a voice saying to me, 'Rise, Peter; kill and eat.'

8 But I said, 'By no means, Lord; for nothing common or unclean has ever entered my mouth.'

9 But the voice answered a second time from heaven, 'What God has made clean, do not call common.'

10 This happened three times, and all was drawn up again into heaven.

11 And behold, at that very moment three men arrived at the house in which we were, sent to me from Caesarea.

12 And the Spirit told me to go with them, making no distinction. These six brothers also accompanied me, and we entered the man's house.

13 And he told us how he had seen the angel stand in his house and say, 'Send to Joppa and bring Simon who is called Peter;

14 he will declare to you a message by which you will be saved, you and all your household.'

15 As I began to speak, the Holy Spirit fell on them just as on us at the beginning.

16 And I remembered the word of the Lord, how he said, 'John baptized with water, but you will be baptized with the Holy Spirit.'

17 If then God gave the same gift to them as he gave to us when we believed in the Lord Jesus Christ, who was I that I could stand in God's way?"

18 When they heard these things they fell silent. And they glorified God, saying, "Then to the Gentiles also God has granted repentance that leads to life."

* 11:1 Or *brothers and sisters*
* 11:2 Or *Jerusalem, those of the circumcision*

3 uncircumcised 할례받지 않은 4 order 순서, 차례 5 trance 황홀경, 무아지경 descend 내려오다 6 beast of prey 맹수, 육식 동물 reptile 파충류 8 by no means 터무니없다, 가당치 않다 common 비속한, 천한 12 distinction 구별, 차별 17 stand in one's way 길을 막다 18 fall silent 입을 다물어 버리다 repentance 회개

• MEMO •

38 최초의 이방인 교회

월 일

사도행전 11:19–30 • 새찬송 322장 | 통일 357장

• 말씀묵상 전에 성령님의 인도하심을 구하는 기도를 드리십시오.

본문요약 I 드디어 최초의 이방인 교회가 안디옥에 설립된다. 스데반의 죽음을 계기로 복음은 헬라인에게까지 전파된다. 그 결과 안디옥교회가 세워지고, 바나바와 사울이 그들을 가르친다. 안디옥교회는 예루살렘교회 구제하는 일을 포함해 처음으로 제자들이 '그리스도인'이라는 이름을 얻은 교회다.

19 그때에 스데반의 일로 일어난 환난으로 말미암아 흩어진 자들이 베니게와 구브로와 안디옥까지 이르러 유대인에게만 말씀을 전하는데

20 그중에 구브로와 구레네 몇 사람이 안디옥에 이르러 [1]헬라인에게도 말하여 주 예수를 [2]전파하니

21 주의 손이 그들과 함께하시매 수많은 사람들이 믿고 주께 돌아오더라

22 예루살렘 교회가 이 사람들의 소문을 듣고 바나바를 안디옥까지 보내니

23 그가 이르러 하나님의 은혜를 보고 기뻐하여 모든 사람에게 굳건한 마음으로 주와 함께 머물러 있으라 권하니

24 바나바는 착한 사람이요 성령과 믿음이 충만한 사람이라 이에 큰 무리가 주께 더하여지더라

25 바나바가 사울을 찾으러 다소에 가서

26 만나매 안디옥에 데리고 와서 둘이 교회에 일 년간 모여 있어 큰 무리를 가르쳤고 제자들이 안디옥에서 비로소 그리스도인이라 일컬음을 받게 되었더라

27 그때에 선지자들이 예루살렘에서 안디옥에 이르니

28 그중에 아가보라 하는 한 사람이 일어나 성령으로 말하되 천하에 큰 흉년이 들리라 하더니 글라우디오 때에 그렇게 되니라

29 제자들이 각각 그 힘대로 유대에 사는 형제들에게 [3]부조를 보내기로 작정하고

30 이를 실행하여 바나바와 사울의 손으로 장로들에게 보내니라

1) 어떤 사본에, 헬라파 유대인에게도
2) 헬, 복음으로 전하니
3) 헬, 봉사

1. 오늘 하나님께서 나에게 주신 깨달음은 무엇입니까?

2. 말씀을 어떻게 내 삶에 구체적으로 적용해야 합니까?

절별 해설

19 그때에 스데반의 일로 일어난 환난으로 말미암아 흩어진 자들이 베니게와 구브로와 안디옥까지 이르러 유대인에게만 말씀을 전하는데 사도행전은 증인을 “흩어진 사람들”이라고 부른다(행 8:1,4). 이 말은 ‘의도하지 않은 자들’이라는 뜻이다. 전도하기 위해 결심하고 나선 사람들이 아니라 하나님의 섭리에 밀려 나온 사람들이었다. 그들은 아직도 1장 8절에 나타난 하나님의 말씀을 깨닫지 못하고 유대인에게만 복음을 전하고 있었다.

20 그중에 구브로와 구레네 몇 사람이 안디옥에 이르러 헬라인에게도 말하여 주 예수를 전파하니 구브로는 오늘날 ‘키프로스’(Cyprus)라 불리는 지역으로 바나바의 고향이고(행 4:36), 구레네는 북아프리카 연안에 있는 도시였다. 구브로와 구레네 출신의 유대인(일명 디아스포라) 몇 사람만 안디옥에서 헬라인, 즉 유대인이 아닌 이방인에게도 복음을 전했다.

21 주의 손이 그들과 함께하시매 수많은 사람들이 믿고 주께 돌아오더라 그들은 흩어진 자들 중에 이름도 기록되지 않은, 박해로 쫓겨 온 몇 사람이다. 그렇지만 주님이 그들과 함께하시자 놀라운 결과가 일어난 것을 말한다.

22 예루살렘교회는 이 일을 처리하기 위해 사마리아 때처럼 사람을 보낸다(행 8:14). 바나바가 간 이유는, 그가 전도자들과 같은 고향 출신이기에 이 일을 알아보는 데 적격이라고 판단했기 때문일 것이다.

22-26 바나바의 사역으로 교회가 더 커지자 바나바는 사울을 동역자로 불러 함께 일한다. 사울은 다메섹 사건 이후 고향 다소에 거하고 있었다(행 9:30). 바나바는 이전에도 사울이 회심했을 때 그를 예루살렘교회에 소개했다(행 9:26-27). 바나바는 사람을 세우며 협력할 줄 아는 사람이었다.

26 제자들이 안디옥에서 비로소 그리스도인이라 일컬음을 받게 되었더라 ‘그리스도인’(Christians)은 그리스도를 추종하는 사람들이라는 뜻이다. 이곳을 포함해 신약성경에 세 번 기록된다(행 26:28; 벧전 4:16). 그리스도의 가르침을 실천하는 사람들에게 붙인 이름이다.

28 아가보 이후에도 바울의 투옥을 예언한 사람으로(행 21:10-11) 예루살렘교회의 선지자 중 한 사람이다.
글라우디오 때에 로마의 제4대 황제로 재임 기간은 AD 41-54년 사이이다.

쉬운성경

19 스데반의 일로 발생한 박해 때문에 많은 신자들이 흩어졌습니다. 그들은 베니게와 키프로스와 안디옥까지 피해 가서는 오직 유대인에게만 말씀을 전했습니다.

20 그들 중에는 키프로스와 구레네 출신 사람이 있었는데, 이들은 안디옥에 이르러 그리스 사람들에게도 주 예수님에 관한 복음을 전했습니다.

21 주님의 손길이 그들과 함께하셨으므로, 많은 사람들이 믿고 주님께로 돌아왔습니다.

22 이 소식이 예루살렘에 전해지자, 교회는 바나바를 안디옥으로 보냈습니다.

23 그는 안디옥에 도착하여 하나님의 은혜가 내린 것을 보고 기뻐했습니다. 그리고 모든 사람들에게 “마음을 굳게 하여 주님을 의지하십시오”라고 격려했습니다.

24 바나바는 착한 사람이요, 성령과 믿음이 충만한 사람이었습니다. 그래서 많은 사람들이 주님께로 돌아왔습니다.

25 바나바는 사울을 찾으러 다소로 갔습니다.

26 사울을 찾은 바나바는 사울을 안디옥으로 데려왔습니다. 두 사람은 일 년 동안, 교회에 머물면서 많은 사람을 가르쳤습니다. 제자들은 안디옥에서 처음으로 ‘그리스도인’이라고 불렸습니다.

27 그 무렵, 예언자 몇 사람이 예루살렘에서 안디옥으로 왔습니다.

28 그중에 아가보라는 사람이 있었습니다. 한번은 아가보가 일어나 성령의 감동을 받아 예언하기를, 온 세상에 큰 기근이 닥칠 것이라고 말했습니다. 그런데 실제로 글라우디오가 황제가 되었을 때에 기근이 발생하였습니다.

29 제자들은 자기 형편대로 헌금하여 유대에 사는 형제들을 돕기로 결정하였습니다.

30 그들은 돈을 모아서 바나바와 사울 편에 예루살렘에 있는 교회의 장로들에게 보냈습니다.

29-30 당시 박해와 흉년으로 어려웠던 예루살렘교회를 안디옥교회가 돕는다. 복음은 예루살렘에서 왔지만 도움은 안디옥에서 갔다.

저자의 묵상

안디옥교회는 흩어진 자들 중 이름 없는 몇 사람에 의해 시작된 이방 최초의 교회였으나, 곧 제자들이 '그리스도인'(Christians)이라는 칭호를 얻은 교회다. 안디옥교회를 세운 몇 사람은 이방 출신의 유대인이었는데, 일찍이 예루살렘교회에서 본토 출신 유대인에게 차별을 경험한 적이 있는 사람들이었다(행 6:1-6). 그랬던 그들이 흩어져 이방 최초의 교회를 세운 것이다. 이방인이나 유대인 모두에게 차별을 경험한 그들은, 자신이 겪은 부정적 경험을 긍정적인 에너지로 바꾼다. 바로 그런 사람들이 세운 교회가 그리스도인이라고 불리게 된 것이다. 그러므로 '그리스도인'이란 세상의 온갖 힘들고 어려운 일에도 불구하고 그것을 뛰어넘어 '그리스도를 따르는 사람들'이라고 말할 수 있다. 어려움이 인생을 망치는 것이 아니라 어려움에 지는 사람이 자신의 인생을 망치는 것임을 기억하고, 어떤 부정적인 에너지라 할지라도 긍정의 에너지로 승화하는 참 그리스도인이 되어야 할 것이다.

무릎기도 하나님, 그리스도인이라는 이름에 합당한 삶을 살게 하소서.

ESV - Acts 11

19 Now those who were scattered because of the persecution that arose over Stephen traveled as far as Phoenicia and Cyprus and Antioch, speak-ing the word to no one except Jews.
20 But there were some of them, men of Cyprus and Cyrene, who on coming to Antioch spoke to the Hellenists* also, preaching the Lord Jesus.
21 And the hand of the Lord was with them, and a great number who believed turned to the Lord.
22 The report of this came to the ears of the church in Jerusalem, and they sent Barnabas to Antioch.
23 When he came and saw the grace of God, he was glad, and he exhorted them all to remain faithful to the Lord with steadfast purpose,
24 for he was a good man, full of the Holy Spirit and of faith. And a great many people were added to the Lord.
25 So Barnabas went to Tarsus to look for Saul,
26 and when he had found him, he brought him to Antioch. For a whole year they met with the church and taught a great many people. And in Antioch the disciples were first called Christians.
27 Now in these days prophets came down from Jerusalem to Antioch.
28 And one of them named Agabus stood up and foretold by the Spirit that there would be a great famine over all the world (this took place in the days of Claudius).
29 So the disciples determined, every one according to his ability, to send relief to the brothers* living in Judea.
30 And they did so, sending it to the elders by the hand of Barnabas and Saul.

* 11:20 Or *Greeks* (that is, Greek-speaking non-Jews)
* 11:29 Or *brothers and sisters*

19 scatter 흩어버리다 persecution 박해 23 exhort 강력히 권고하다 steadfast 확고한 26 a whole year 꼬박 1년 28 foretell ~을 예언[예고]하다 famine 기근 take place 일어나다 29 determine 결정하다 relief 구제, 원조 물자

39 헤롯의 박해

월 일

사도행전 12:1-19 • 새찬송 424장 | 통일 216장

• 말씀묵상 전에 성령님의 인도하심을 구하는 기도를 드리십시오.

본문요약 | 야고보가 사도 중 처음으로 헤롯 왕에게 순교당한다. 베드로도 붙잡히지만 하나님께서는 천사를 통해 구출하신다. 베드로는 자신을 위해 기도하고 있던 무리가 모인 장소로 이동한다. 그러나 뜻밖에도, 기도하던 교회는 베드로가 구출된 사실을 믿지 못한다. 베드로는 자신에게 일어난 일을 교회에 알린 후 떠나 다른 곳으로 간다.

1 그때에 헤롯 왕이 손을 들어 교회 중에서 몇 사람을 해하려 하여
2 요한의 형제 야고보를 칼로 죽이니
3 유대인들이 이 일을 기뻐하는 것을 보고 베드로도 잡으려 할새 때는 무교절 기간이라
4 잡으매 옥에 가두어 군인 넷씩인 네 패에게 맡겨 지키고 유월절 후에 백성 앞에 끌어내고자 하더라
5 이에 베드로는 옥에 갇혔고 교회는 그를 위하여 간절히 하나님께 기도하더라
6 헤롯이 잡아내려고 하는 그 전날 밤에 베드로가 두 군인 틈에서 두 쇠사슬에 매여 누워 자는데 파수꾼들이 문밖에서 옥을 지키더니
7 홀연히 주의 사자가 나타나매 옥중에 광채가 빛나며 또 베드로의 옆구리를 쳐 깨워 이르되 급히 일어나라 하니 쇠사슬이 그 손에서 벗어지더라
8 천사가 이르되 띠를 띠고 신을 신으라 하거늘 베드로가 그대로 하니 천사가 또 이르되 겉옷을 입고 따라오라 한대
9 베드로가 나와서 따라갈새 천사가 하는 것이 생시인 줄 알지 못하고 환상을 보는가 하니라
10 이에 첫째와 둘째 파수를 지나 시내로 통한 쇠문에 이르니 문이 저절로 열리는지라 나와서 한 거리를 지나매 천사가 곧 떠나더라
11 이에 베드로가 정신이 들어 이르되 내가 이제야 참으로 주께서 그의 천사를 보내어 나를 헤롯의 손과 유대 백성의 모든 기대에서 벗어나게 하신 줄 알겠노라 하여
12 깨닫고 마가라 하는 요한의 어머니 마리아의 집에 가니 여러 사람이 거기에 모여 기도하고 있더라
13 베드로가 대문을 두드린대 로데라 하는 여자아이가 영접하러 나왔다가
14 베드로의 음성인 줄 알고 기뻐하여 문을 미처 열지 못하고 달려 들어가 말하되 베드로가 대문 밖에 섰더라 하니
15 그들이 말하되 네가 미쳤다 하나 여자아이는 힘써 말하되 참말이라 하니 그들이 말하되 그러면 그의 천사라 하더라
16 베드로가 문 두드리기를 그치지 아니하니 그들이 문을 열어 베드로를 보고 놀라는지라
17 베드로가 그들에게 손짓하여 조용하게 하고 주께서 자기를 이끌어 옥에서 나오게 하던 일을 말하고 또 야고보와 형제들에게 이 말을 전하라 하고 떠나 다른 곳으로 가니라
18 날이 새매 군인들은 베드로가 어떻게 되었는지 알지 못하여 적지 않게 소동하니
19 헤롯이 그를 찾아도 보지 못하매 파수꾼들을 심문하고 죽이라 명하니라 헤롯이 유대를 떠나 가이사랴로 내려가서 머무니라

1. 오늘 하나님께서 나에게 주신 깨달음은 무엇입니까?

2. 말씀을 어떻게 내 삶에 구체적으로 적용해야 합니까?

절별 해설

1 헤롯 왕 헤롯 아그립바 1세를 가리킨다. 신약성경에는 헤롯 왕이 여러 명 등장한다. 그중 본문의 헤롯 왕은 예수님의 탄생 때 사내아이들을 살해한 헤롯 대왕(마 2:16-18)의 손자로, 헤롯 왕가의 다른 왕들보다 유대인에게 더 인기가 있었다고 전해진다.

2 요한의 형제 야고보 세베대의 아들로 베드로, 요한과 함께 예수님의 3대 제자로 불린다(마 17:1; 26:36-37). 야고보는 요한과 함께 예수님의 좌우편에 앉게 해달라고 요청했다가 다른 제자들의 원성을 사기도 한다(막 10:35-45). 야고보는 헤롯이 제거할 첫 목표로 삼을 만큼 예루살렘교회의 중심인물이었다. 한편, 스데반의 죽음과 야고보의 죽음에 차이가 있다면, 야고보의 죽음은 종교 세력의 박해가 아니라 정치 세력의 박해라는 점이다. 당시 기독교는 종교 세력을 넘어 정치 세력의 견제를 받을 만큼 성장해 있었다. 또 당시 교회가 확장되어, 사도인 야고보가 꼭 필요한 상황이었지만, 그를 데려가심으로 하나님의 일이 어떤 특정인에 의해 좌우되지 않음을 드러내신다.

3-4 때는 무교절 기간이라, 유월절 후에 백성 앞에 끌어내고자 하더라 무교절은 이스라엘의 출애굽을 기념하는 절기로 이스라엘 달력 니산월 14일부터 7일간이다(출 12:15-20). 이 기간의 첫 날인 14일이 유월절이다. 무교절은 유월절을 포함한다. 그래서 성경에서는 유월절과 무교절을 같은 말로 혼용하여 쓴다. 유월절에는 재판하거나 처형하는 것이 유대 법에 금지되었기에, 베드로의 재판과 처형을 유월절 기간 후로 미룬 것이다.

7 베드로의 옆구리를 쳐 깨워 이르되 급히 일어나라 하니 쇠사슬이 그 손에서 벗어지더라 베드로는 천사가 옆구리를 쳐서 깨울 정도로 깊이 자고 있었다(6절). 죽기 직전의 사람이 이처럼 평안할 수 있는 것은 생과 사를 하나님께 맡겼기 때문이다. 아무리 사람이 지킨다 해도 하나님이 지키시지 않으면 헛일이다(시 127:1-2).

12 마가라 하는 요한의 어머니 마리아의 집 마가 요한은 바나바의 조카로(골 4:10) 마가복음을 기록한 사람이다. 마가는 후에 바울과 바나바와 함께 1차 전도여행을 떠나지만 임무를 끝까지 완수하지 못한다(행 13:13). 바울과 바나바는 2차 전도여행 때 마가의 동행문제로 결국 갈라선다. 그러나 마가는 후에 바울에게 다시 인정받는다(딤후 4:11). 한편, 교인들은 마가 요한의 어머니의 집에 모여 베드로의 구출을 위해 밤중까지 간절히 기도한다(5절).

쉬운성경

1 이 무렵, 헤롯 아그립바 왕은 교회에 속한 몇 사람을 박해하려는 계획을 가지고 그들을 사로잡았습니다.

2 그는 요한의 형제 야고보를 칼로 죽였습니다.

3 헤롯은 유대인들이 이 일로 기뻐하는 것을 보고, 베드로마저 잡으려 했습니다. 그 때는 무교절 기간이었습니다.

4 헤롯은 베드로를 붙잡아 감옥에 넣고, 군인 네 명씩 네 패에게 맡아 지키게 했습니다. 유월절이 지나면 베드로를 끌어 내어 사람들 앞에서 재판할 작정이었습니다.

5 그래서 베드로는 감옥에 갇혔고, 교회는 베드로를 위해 하나님께 열심히 기도했습니다.

6 헤롯이 베드로를 끌어내려던 전날 밤이었습니다. 베드로는 두 군인 사이에서 사슬에 묶인 채 잠들어 있었고, 문 앞에는 경비병이 문을 지키고 있었습니다.

7 갑자기 주님의 천사가 나타나고, 환한 빛이 감옥을 비추었습니다. 천사가 베드로의 옆구리를 쳐서 깨우며 "어서 일어나라"고 말했습니다. 그 순간, 베드로의 손목에 매여 있던 사슬이 풀렸습니다.

8 천사가 베드로에게 "허리끈을 매고, 신을 신어라"라고 말하여, 베드로는 천사가 시키는 대로 했습니다. 천사는 다시 "겉옷을 입고 나를 따라오너라"라고 말했습니다.

9 베드로는 천사를 따라 밖으로 나가면서도 천사가 하는 일이 꿈인지 생시인지를 알지 못했습니다. 베드로는 자기가 환상을 보고 있다고 생각했습니다.

10 천사와 베드로가 첫 번째 경비병과 두 번째 경비병을 지나 성으로 통하는 철문에 이르자, 철문이 저절로 열렸습니다. 그들이 문을 나와 거리를 한 구역 걸을 때에, 갑자기 천사는 베드로를 떠나 어디론가 사라져 버렸습니다.

15-16 네가 미쳤다 하나 여자아이는 힘써 말하되 참말이라 하니 그들이 문을 열어 베드로를 보고 놀라는지라 로데라는 이름의 여자아이는 베드로의 음성을 듣고 기뻐하며 이 사실을 기도하던 사람들에게 알리나 믿지 않는다. 단순한 의심이 아니라 거듭되는 여자아이의 말에도 베드로의 천사로 간주할 정도였다. 베드로의 구출을 기도하던 사람들에게 실제로 기도가 응답되었으나, 그들은 믿지 못했다고 성경은 기록한다.

17 떠나 다른 곳으로 가니라 베드로는 자신의 구출 과정을 교회에 상세히 알리고, 다른 형제들에게도 이 소식을 전하라고 말한 후 신속히 그곳을 떠난다. 자신이 지금 죽는 것이 하나님의 뜻이 아님을 깨달았기 때문이다. 즉, 베드로는 하나님이 주신 사명이 남아 있음을 알고 몸을 피한 것이다.

11 그제서야 비로소 베드로는 정신이 들어 혼잣말로 중얼거렸습니다. "이제야 나는 이 모든 것이 실제라는 것을 알겠다. 주님께서 천사를 보내어 나를 헤롯의 손에서, 그리고 유대인들의 모든 계략에서 구하셨다."

12 이런 사실을 깨닫고서, 베드로는 마가라고도 하는 요한의 어머니 마리아의 집으로 갔습니다. 그곳에는 많은 사람이 모여서 기도하고 있었습니다.

13 베드로가 바깥문을 두드리자, 로데라는 여종이 문을 열어 주러 나왔습니다.

14 여종은 베드로의 목소리를 알아듣고 너무나 기뻐서, 문을 열어 주는 것도 잊은 채 안으로 달려가 사람들에게 베드로가 문 밖에 와 있다고 알렸습니다.

15 그러자 사람들은 여종에게 "네가 미쳤구나" 하고 말했습니다. 그러나 여종이 계속해서 참말이라고 우기자, 사람들은 "그렇다면 베드로의 천사인가 보다"라고 말했습니다.

16 이런 중에도 베드로는 계속 문을 두드리고 있었습니다. 문을 연 사람들은 베드로를 보고 깜짝 놀랐습니다.

17 베드로가 그들에게 조용히 하라고 손짓을 한 뒤에, 주님께서 자기를 감옥 밖으로 인도해 내신 일을 설명해 주었습니다. 그리고 "이 일을 야고보와 다른 형제들에게도 알리시오"라고 말하고 다른 곳으로 떠났습니다.

18 다음 날 아침, 군인들 사이에서는 베드로가 없어진 일로 한바탕 큰 소동이 일어났습니다.

19 헤롯 아그립바는 철저하게 수색하여 베드로를 찾으라고 명했으나, 그를 찾을 수 없었습니다. 그래서 그는 경비병들을 심문한 뒤에 대신 그들을 처형하라고 명령하였습니다. 그 후에 헤롯은 유대를 떠나 가이사랴로 가서 얼마 동안을 지냈습니다.

저자의 묵상

야고보가 죽고 베드로가 잡히자, 교회는 베드로의 구출을 위해서 간절히 기도한다. 그러나 정작 베드로가 돌아오자, 처음에는 그의 귀환을 믿지 못한다. 너무도 믿기 어려운 일이 일어났기 때문이기도 하지만, 여기에는 기도에 대해 생각해 보아야 할 중요한 요소가 담겨 있다. 즉, 기도가 꼭 기도하는 사람에게 응답받을 조건이 있어서 이루어지는 것은 아니라는 사실이다. 교회는 간절히 기도했지만 실제로 그 일이 이루어지자 믿지 못한 것으로 보아, 그들의 기도는 완전한 기도가 아니었음을 알 수 있다. 그럼에도 하나님은 그들의 기도에 응답하시어 베드로를 구해 주신다. 하나님은 믿음이 부족한 가운데서 드리는 기도도 받으시는 은혜로운 분이다. 우리의 기도는 하나님이 응답하실 정도로 완전한 믿음을 갖추지 못한 경우가 많다. 그래도 하나님은 우리의 기도를 들으신다. 그 하나님께 부족한 기도지만 쉬지 않기로 결심하는 성도가 되어야 한다.

무릎 기도 하나님 아버지, 구한 것은 받은 줄로 믿고 의심하지 않고 기도할 수 있도록 도와주소서.

ESV - Acts 12

1 About that time Herod the king laid violent hands on some who belonged to the church.
2 He killed James the brother of John with the sword,
3 and when he saw that it pleased the Jews, he proceeded to arrest Peter also. This was during the days of Unleavened Bread.
4 And when he had seized him, he put him in prison, delivering him over to four squads of soldiers to guard him, intending after the Passover to bring him out to the people.
5 So Peter was kept in prison, but earnest prayer for him was made to God by the church.
6 Now when Herod was about to bring him out, on that very night, Peter was sleeping between two soldiers, bound with two chains, and sentries before the door were guarding the prison.
7 And behold, an angel of the Lord stood next to him, and a light shone in the cell. He struck Peter on the side and woke him, saying, "Get up quickly." And the chains fell off his hands.
8 And the angel said to him, "Dress yourself and put on your sandals." And he did so. And he said to him, "Wrap your cloak around you and follow me."
9 And he went out and followed him. He did not know that what was being done by the angel was real, but thought he was seeing a vision.
10 When they had passed the first and the second guard, they came to the iron gate leading into the city. It opened for them of its own accord, and they went out and went

along one street, and immediately the angel left him.
11 When Peter came to himself, he said, "Now I am sure that the Lord has sent his angel and rescued me from the hand of Herod and from all that the Jewish people were expecting."
12 When he realized this, he went to the house of Mary, the mother of John whose other name was Mark, where many were gathered together and were praying.
13 And when he knocked at the door of the gate-way, a servant girl named Rhoda came to answer.
14 Recognizing Peter's voice, in her joy she did not open the gate but ran in and reported that Peter was standing at the gate.
15 They said to her, "You are out of your mind." But she kept insisting that it was so, and they kept saying, "It is his angel!"
16 But Peter continued knocking, and when they opened, they saw him and were amazed.
17 But motioning to them with his hand to be silent, he described to them how the Lord had brought him out of the prison. And he said, "Tell these things to James and to the brothers."* Then he departed and went to another place.
18 Now when day came, there was no little disturbance among the soldiers over what had become of Peter.
19 And after Herod searched for him and did not find him, he examined the sentries and ordered that they should be put to death. Then he went down from Judea to Caesarea and spent time there.

* 12:17 Or *brothers and sisters*

1 lay violent hands on ~ ~에 폭력을 휘두르다 3 proceed ~ ~에 착수하다 unleavened 누룩을 넣지 않은 4 seize 붙잡다 deliver over 인도하다, 넘겨주다 squad 팀, 분대 intend to ~ ~하려고 생각하다, 작정하다 5 earnest 열심인 6 sentry 보초, 파수꾼 7 shine 비치다 8 wrap 감다, 두르다 11 come to oneself 정신을 차리다 12 gather together 회동하다 14 recognize 알아보다 15 be out of one's mind 제정신이 아니다, 미쳤다 insist 우기다, 고집하다 16 be amazed 어안이 벙벙하다 17 motion to ~ ~에게 눈짓[손짓]으로 알리다 depart 떠나다 18 no little 적지 않은 disturbance 소란, 소동 (what) become of ~ ~은 어떻게 되는가 19 search for ~ ~을 찾다 examine 심문하다

• MEMO •

40 헤롯의 죽음

월 일

사도행전 12:20-25 • 새찬송 301장 | 통일 460장

• 말씀묵상 전에 성령님의 인도하심을 구하는 기도를 드리십시오.

본문요약 I 헤롯은 두로와 시돈 사람들에게 화가 나 있었다. 그래서 수출하는 양식을 통제함으로써 그들의 상황을 어렵게 한다. 양측의 화해를 위한 특별한 날, 헤롯은 두 지역의 사절단과 백성 앞에서 연설하는데 그 위엄이 대단했다. 그러나 영광을 하나님께 돌리지 않은 헤롯은 죽임을 당한다. 하나님의 말씀은 점점 더 널리 퍼져 복음이 더욱 세력을 얻게 된다.

20 헤롯이 두로와 시돈 사람들을 대단히 노여워하니 그들의 지방이 왕국에서 나는 양식을 먹는 까닭에 한마음으로 그에게 나아와 왕의 침소 맡은 신하 블라스도를 설득하여 화목하기를 청한지라
21 헤롯이 날을 택하여 왕복을 입고 단상에 앉아 백성에게 연설하니
22 백성들이 크게 부르되 이것은 신의 소리요 사람의 소리가 아니라 하거늘
23 헤롯이 영광을 하나님께로 돌리지 아니하므로 주의 사자가 곧 치니 벌레에게 먹혀 죽으니라
24 하나님의 말씀은 흥왕하여 더하더라
25 바나바와 사울이 [1]부조하는 일을 마치고 마가라 하는 요한을 데리고 예루살렘에서 돌아오니라

1) 헬, 봉사를

1. 본문에 나타난 예수님은 어떤 분이십니까?

2. 오늘 하나님께서 나에게 주신 깨달음은 무엇입니까?

3. 말씀을 어떻게 내 삶에 구체적으로 적용해야 합니까?

절별 해설

20 헤롯이 두로와 시돈 사람들에게 왜 화가 났는지는 알 수 없으나, 식량을 무기로 두 지역을 압박했던 것 같다.
두로와 시돈 베니게 지역(오늘날 레바논 지역)에 있는 주요 항구도시다. 이 두 지역은 예로부터 이스라엘과 친분을 맺고 있었다. 예를 들면, 두로 왕 히람은 솔로몬이 성전을 지을 때 특산물로 백향목을 공급하기도 했다(왕상 5:5–6). 두 지역은 유대에서 식량을 수입해 충당했다(왕상 5:9–12).
블라스도 왕의 침소를 맡은 신하로 로마식(헬라식) 이름이다. 헤롯은 로마 황실에서 공부하며 자랐기 때문에 친(親)로마적 성향을 지녔으며 로마인을 신하로 두었던 것 같다. 이에 두로와 시돈 사람들은 사절단을 보내 블라스도의 중재로 헤롯과 화해하고자 한다.

21 헤롯이 날을 택하여 왕복을 입고 단상에 앉아 백성에게 연설하니 역사가 요세푸스에 따르면, 이 날은 로마 황제 글라우디오의 생일이었으며, 헤롯은 이를 축하하기 위해 축제를 벌였다고 한다. 그래서 바로 이 축제날을 화해의 날로 삼고자 했던 것 같다.

22 백성들이 크게 부르되 이것은 신의 소리요 사람의 소리가 아니라 하거늘 헤롯의 연설은 아마도 두로와 시돈 지역의 화해를 선언하는 내용이었을 것이다. 그렇기 때문에 듣고 있던 사절단을 중심으로 백성들이 헤롯의 비위를 맞추기 위해 이런 말을 했을 것이다. 게다가 요세푸스의 기록에 따르면, 당시 헤롯이 입은 왕복은 은으로 장식한 옷이었는데, 햇빛에 반사되어 군중에게는 묘한 존경심과 두려움을 불러일으켰다고 한다.

23 헤롯이 영광을 하나님께로 돌리지 아니하므로 헤롯은 마치 자신이 신이라도 된 듯 교만을 부리다가 죽임을 당한다. 피조물인 인간이 창조주 하나님을 인정하지 않는 것이 가장 큰 죄다. 하나님을 인정하지 않고 교회를 박해하며 야고보 사도를 죽인 헤롯은 결국 비참하게 죽는다. 세상이 핍박자의 권세를 가졌을지라도 결국은 허망하게 망할 것을 보여주는 사건이다.
주의 사자가 곧 치니 벌레에게 먹혀 죽으니라 헤롯이 어떻게 죽었는지 정확히 알 수 없으나, 누가의 기록과 당시의 역사적 기록들을 토대로 추측할 때, 헤롯은 몸속 기생충이 원인이 되어 복통으로 사망한 듯하다. 헤롯은 당시 54세로 왕좌에 등극한 지 7년째였다. 헤롯의 죽음은 하나님의 섭리와 간섭에 의한 심판이었다(참조. 삼하 24:15; 왕하 19:35).

쉬운성경

20 한편 두로와 시돈 사람들은 헤롯에게 몹시 노여움을 사고 있었습니다. 그래서 그들은 무리를 지어 헤롯에게 갔습니다. 그들은 왕의 내실 시종인 블라스도를 회유하여 그의 도움을 받아 헤롯에게 화해를 요청했습니다. 이는 이들 지방 사람들이 헤롯의 영토에서 식량을 공급받았기 때문입니다.

21 약속한 날, 헤롯은 왕의 복장을 하고 왕좌에 앉아 그들에게 연설을 하였습니다.

22 그러자 군중들은 "이것은 사람의 소리가 아니라 신의 소리다"라고 외쳤습니다.

23 그러나 헤롯이 하나님께 영광을 돌리지 않았기 때문에, 주님의 천사가 즉시 헤롯을 내리쳐서 헤롯은 벌레에 먹혀 죽고 말았습니다.

24 하나님의 말씀은 점점 더 널리 퍼져서 믿는 사람이 많아졌습니다.

25 바나바와 사울은 자기들의 사명을 다 마치고, 마가라고도 하는 요한을 데리고 예루살렘에서 돌아왔습니다.

24 하나님의 말씀은 흥왕하여 더하더라 누가가 종종 사용하는 기록 방법으로(행 2:47; 4:4; 6:7; 19:20), 헤롯의 몰락과 대조를 이루는 표현이다. 복음은 어려움이 와도 결국에는 흥왕하지만, 이를 저지하고 방해하는 세력은 힘이 있어도 결국 망한다는 교훈을 담고 있다.

저자의 묵상

'권불십년'이라는 말이 있다. 권세가 십년을 넘지 못한다는 뜻으로, 세상 권력의 유한함과 허망함을 보여준다. 본문의 헤롯은 십 년이 아니라 왕좌에 오른 지 7년째에 죽고 만다. 헤롯은 로마의 황실에서 공부했고 기독교를 박해하며 야고보 사도를 죽이는가 하면, 식량을 무기로 주변 세력을 압박하는 등 권세와 수완을 부린 인물이다. 그랬던 헤롯이 자신의 권세를 자랑하고 연설하는 날, 영광을 하나님께 돌리지 않아 주의 사자가 그를 내리쳐서 죽고 만다. 본문 23절에 보면, 자신이 주변 사람들에게 칭송을 받던 그날에 하나님의 심판을 받아 며칠 후 죽게 된다. 영광의 날이 죽음의 날이 된 것이다. 그러나 대조적으로 하나님의 말씀은 흥왕하여 믿는 사람의 수가 더했다고 기록한다. 아무리 세상적으로 막강한 세력이라도 때가 되면 없어지지만, 인간의 눈에는 미미해 보여도 하나님의 말씀은 영원함을 기억하자.

무릎 기도 | 하나님께 영광을 돌리는 삶을 살게 하소서.

ESV - Acts 12

20 Now Herod was angry with the people of Tyre and Sidon, and they came to him with one accord, and having persuaded Blastus, the king's chamberlain,* they asked for peace, because their country depended on the king's country for food.
21 On an appointed day Herod put on his royal robes, took his seat upon the throne, and delivered an oration to them.
22 And the people were shouting, "The voice of a god, and not of a man!"
23 Immediately an angel of the Lord struck him down, because he did not give God the glory, and he was eaten by worms and breathed his last.
24 But the word of God increased and multiplied.
25 And Barnabas and Saul returned from* Jerusalem when they had completed their service, bringing with them John, whose other name was Mark.

* 12:20 That is, trusted personal attendant
* 12:25 Some manuscripts *to*

20 with one accord 일제히, 합심해서 persuade 설득하다 chamberlain 시종, 궁중고관 depend on … for ~ ~을 위해 …에게 (돈/도움 등을) 기대다[의존하다] 21 appointed 정해진, 지정된 oration 연설 23 strike ~ down ~을 쓰러뜨리다 breathe one's last 숨을 거두다 25 complete 끝마치다

41 최초의 선교사 파송

월 일

사도행전 13:1-12 • 새찬송 219장 | 통일 279장

• 말씀묵상 전에 성령님의 인도하심을 구하는 기도를 드리십시오.

본문요약 | 안디옥교회가 중심이 되어 최초의 선교사인 바나바와 바울을 파송한다. 파송된 두 사람은 첫 번째 전도여행을 하면서 구브로에서 총독 서기오 바울을 전도한다. 선교의 중심이 예루살렘에서 안디옥으로, 베드로에서 바울로 전환되는 부분이다. 지금까지의 선교와 다르게 조직적이고 계획적인 전도여행이 시작됨을 보여준다.

1 안디옥 교회에 선지자들과 교사들이 있으니 곧 바나바와 니게르라 하는 시므온과 구레네 사람 루기오와 분봉 왕 헤롯의 젖동생 마나엔과 및 사울이라
2 주를 섬겨 금식할 때에 성령이 이르시되 내가 불러 시키는 일을 위하여 바나바와 사울을 따로 세우라 하시니
3 이에 금식하며 기도하고 두 사람에게 안수하여 보내니라
4 두 사람이 성령의 보내심을 받아 실루기아에 내려가 거기서 배 타고 구브로에 가서
5 살라미에 이르러 하나님의 말씀을 유대인의 여러 회당에서 전할새 요한을 수행원으로 두었더라
6 온 섬 가운데로 지나서 바보에 이르러 바예수라 하는 유대인 거짓 선지자인 마술사를 만나니
7 그가 총독 서기오 바울과 함께 있으니 서기오 바울은 지혜 있는 사람이라 바나바와 사울을 불러 하나님의 말씀을 듣고자 하더라
8 이 마술사 엘루마는 (이 이름을 번역하면 마술사라) 그들을 대적하여 총독으로 믿지 못하게 힘쓰니
9 바울이라고 하는 사울이 성령이 충만하여 그를 주목하고
10 이르되 모든 거짓과 악행이 가득한 자요 마귀의 자식이요 모든 의의 원수여 주의 바른 길을 굽게 하기를 그치지 아니하겠느냐
11 보라 이제 주의 손이 네 위에 있으니 네가 맹인이 되어 얼마 동안 해를 보지 못하리라 하니 즉시 안개와 어둠이 그를 덮어 인도할 사람을 두루 구하는지라
12 이에 총독이 그렇게 된 것을 보고 믿으며 주의 가르치심을 놀랍게 여기니라

1. 오늘 하나님께서 나에게 주신 깨달음은 무엇입니까?

2. 말씀을 어떻게 내 삶에 구체적으로 적용해야 합니까?

절별 해설

1 안디옥 교회에 선지자들과 교사들이 있으니 안디옥교회는 이후 바울의 3차에 걸친 전도여행의 파송기지가 된다. 또 최초의 이방인 교회로서, 땅끝까지 이르는 선교를 위해 하나님이 사용하신 교회다. 아프리카 흑인[니게르]이던 시므온부터 헤롯과 함께 자란 상류층의 마나엔에 이르기까지 다양한 부류의 일꾼이 모인 교회였다는 점이 이를 잘 보여준다.

2 바나바와 사울을 따로 세우라 하시니 바나바와 사울을 선교사로 파송하는 주체는 성령이다. 교회는 오직 성령의 명령에 순종했다. 사도행전 13장 이전의 선교가 성령의 인도는 있었지만 증인이 준비되지 않은 상태에서 진행된 것이 특징이라면, 13장 이후의 선교는 성령이 교회를 준비시켜 본격적으로 교회 중심의 선교를 시행하신다. 성령은 안디옥교회의 주축인 두 사람을 선교사로 파송하신다.

4-5 구브로에 가서 살라미에 이르러 구브로는 바나바의 고향으로 지중해에서 중요한 위치를 차지하는 섬이었고, 살라미는 구브로의 동쪽 해안에 있는 상업도시였다. 이 두 지역은 바나바에게 익숙한 곳이기도 하고, 선교에 있어 전략적으로 중요한 지역이라고 판단하여 이곳부터 복음 전하기를 시작한 것 같다. **유대인의 여러 회당에서 전할새** 사울과 바나바가 세운 선교 전략의 특징은 구약적 배경이 있는 유대인을 먼저 선교 대상으로 정한 것이다. 하나님을 알고 있는 가까운 사람들을 먼저 선교 대상자로 삼아 전도하는 것은 당연한 순서라고 할 수 있다.

6 바예수라 하는 유대인 거짓 선지자인 마술사를 만나니 당시에 거짓 선지자들이 활동하고 있었다. 이들은 때로 희한한 마술을 통해 자신의 힘을 과시하며 백성을 미혹했다(행 8:9). 거짓 선지자들은 구약시대에도 많았고 어느 시대에나 있어 왔다.

8 그들을 대적하여 총독으로 믿지 못하게 힘쓰니 선교 현장은 영적 전투의 현장임을 알 수 있다. 심한 방해는 물론, 때로는 모진 박해가 바나바와 사울을 기다리고 있었다. 이렇게 힘든 일이기에 교회는 금식하며 기도하는 중에 그들을 안수하여 파송한 것이다(3절).

9 바울이라고 하는 사울이 성령이 충만하여 그를 주목하고 여기서부터 "바울"이라는 이름이 공식적으로 사용되기 시작한다. 당시 로마 지배하에서 유대인들은 유대식(히브리어)과 로마식(헬라어) 두 가지 이름을 사용하곤 했다. 로마 시민권자인 사울 역시 두 가지 이름이 있었다. 이제 세계를 향한 복음의 전령으로 로마식 이름인 바울을 사용하는 것은 시기적절해 보인

쉬운성경

1 안디옥 교회에는 예언자와 교사들이 있었습니다. 그들은 바나바와 니게르라 하는 시므온과 구레네 사람 루기오와 분봉왕 헤롯 안티파스와 함께 자라난 마나엔과 사울입니다.

2 그들이 주님께 예배드리며 금식하고 있을 때에 성령께서 그들에게 말씀하셨습니다. "바나바와 사울을 따로 세워 내가 그들에게 맡긴 일을 하게 하여라."

3 그래서 그들은 금식과 기도를 마친 뒤에 바나바와 사울에게 손을 얹고 그들을 떠나 보냈습니다.

4 바나바와 사울은 성령의 보내심을 받아 실루기아로 내려갔습니다. 그 곳에서 그들은 배를 타고 키프로스로 건너갔습니다.

5 그들은 살라미에 이르러 유대 사람의 회당에서 하나님의 말씀을 전했습니다. 마가 요한도 그들을 돕기 위해 함께 갔습니다.

6 그들이 그 섬을 다 돌고 바보에 도착했습니다. 거기서 바예수라고 하는 유대인 마술사를 만났는데, 그는 거짓 예언자였습니다.

7 바예수는 총독 서기오 바울 곁에 늘 붙어 있었습니다. 서기오 바울은 영리한 사람이었습니다. 그는 바나바와 사울을 불러 하나님의 말씀을 듣고 싶어했습니다.

8 그런데 엘루마라고도 하는 그 마술사가 바나바와 사울의 일을 방해하며, 총독이 예수님을 믿지 못하게 애를 썼습니다.

9 그러나 바울이라고도 부르는 사울이 성령이 충만하여 마술사를 노려보며

10 이렇게 말했습니다. "너 악마의 자식아! 너는 모든 정의의 원수다. 너는 악한 속임수와 죄악으로 가득 차 있다. 주님의 바른 길을 굽게 하는 것을 그치지 못하겠느냐?

다. 바울은 '작은 자'라는 뜻이다.

10–11 복음의 정신은 사랑이다. 그러나 비진리에 대해서는 단호하게 대처해야 한다. 예수님이 병자를 치유하는 사역과 악령을 몰아내는 사역을 동시에 하셨듯이, 복음이 들어가는 곳에는 악한 세력이 쫓겨나고 영혼이 새롭게 되는 일이 함께 일어난다.

11 이제 주님께서 손으로 너를 치실 텐데 그러면 네 눈이 멀어 얼마 동안, 너는 햇빛조차 보지 못할 것이다." 그러자 곧 안개와 어둠이 그에게 내려 그는 앞을 더듬으면서 자기 손을 붙잡아 줄 사람을 찾았습니다.

12 총독이 이 모습을 보고 주를 믿게 되었습니다. 그는 주님에 관한 가르침에 깊은 감명을 받았습니다.

저자의 묵상

성령께서 안디옥교회를 통해 바나바와 사울을 파송하신다. 두 사람은 안디옥교회의 중심인물로 사용되었다(행 11:26). 그런 그들을 성령께서 선교사로 따로 세워 파송하셨다는 사실에 주목할 필요가 있다. 성령께서는 이 일을 통해 안디옥교회의 부흥이 두 사람의 작품이 아니라는 사실을 드러내신다. 겉으로는 바나바와 사울의 수고가 드러나 보이지만, 교회의 부흥은 성령께서 행하신 일이다. 따라서 이 두 사람이 빠진 후에도 안디옥교회는 선교 사역의 중심 역할을 계속 해나간다. 하나님은 이들이 없어도 교회가 건재함을 통해 '교회는 하나님이 통치하시는 곳'임을 드러내신 것이다.

오늘날 한국 교회도 이 사실을 꼭 기억해야 한다. 어떤 사람이 꼭 이 교회를 맡아야 하고, 그래야 혼란이 없고 잘된다고 생각하는 것은 인간적인 생각에 불과하다. 지나치게 어떤 한 인물에 의존하거나 집착하는 현상은 바람직한 모습이 아니다. 교회의 주인은 하나님이다.

무릎 기도 선교 현장에서 영적 전투를 벌이고 있는 선교사들을 성령께서 친히 도우소서.

ESV - Acts 13

1 Now there were in the church at Antioch
prophets and teachers, Barnabas, Simeon
who was called Niger,* Lucius of Cyrene,
Manaen a lifelong friend of Herod the tetrar-
ch, and Saul.
2 While they were worshiping the Lord and
fasting, the Holy Spirit said, "Set apart for me
Barnabas and Saul for the work to which I
have called them."
3 Then after fasting and praying they laid their
hands on them and sent them off.
4 So, being sent out by the Holy Spirit, they
went down to Seleucia, and from there they
sailed to Cyprus.
5 When they arrived at Salamis, they pro-
claimed the word of God in the synagogues
of the Jews. And they had John to assist
them.
6 When they had gone through the whole
island as far as Paphos, they came upon a
certain magician, a Jewish false prophet
named Bar-Jesus.
7 He was with the proconsul, Sergius Paulus,
a man of intelligence, who summoned Bar-
nabas and Saul and sought to hear the word
of God.
8 But Elymas the magician (for that is the
meaning of his name) opposed them, see-
king to turn the proconsul away from the
faith.
9 But Saul, who was also called Paul, filled
with the Holy Spirit, looked intently at him
10 and said, "You son of the devil, you enemy of
all righteousness, full of all deceit and
villainy, will you not stop making crooked the
straight paths of the Lord?
11 And now, behold, the hand of the Lord is
upon you, and you will be blind and unable
to see the sun for a time." Immediately mist
and darkness fell upon him, and he went
about seeking people to lead him by the
hand.
12 Then the proconsul believed, when he saw
what had occurred, for he was astonished at
the teaching of the Lord.

* 13:1 *Niger* is a Latin word meaning *black*, or *dark*

1 lifelong 평생의 tetrarch (속령의) 영주 2 set apart 따로 하다, 구별하다 4 sail to ~ ~로 항해하다 7 proconsul (로마의) 지방 총독 intelligence 지혜, 총명 7 summon 소집하다 8 seek to ~ ~하도록 시도하다 oppose 반대하다 9 look intently at ~ ~을 골똘히 보다 10 deceit 거짓, 기만 villainy 악행 crooked 비뚤어진 11 for a time 잠시, 당분간 12 astonished at ~ ~에 놀란

• MEMO •

42 역사의 주인

월 일

사도행전 13:13-25 • 새찬송 549장 | 통일 431장

• 말씀묵상 전에 성령님의 인도하심을 구하는 기도를 드리십시오.

본문요약 | 바울 일행이 비시디아 안디옥에 이르렀을 때 회당장의 청함을 받고 유대인의 회당에서 설교하는 내용이다. 여기서 누가는 바울의 설교를 처음으로 소개한다. 그 대상은 유대인과 유대교에 입교한 이방 사람들이다. 바울은 이스라엘 역사를 통해 역사의 주인이 하나님임을 강조하고, 그분이 예수 그리스도를 세우셨음을 증명한다.

13 바울과 및 동행하는 사람들이 바보에서
배 타고 밤빌리아에 있는 버가에 이르니
요한은 그들에게서 떠나 예루살렘으로
돌아가고
14 그들은 버가에서 더 나아가 비시디아 안
디옥에 이르러 안식일에 회당에 들어가
앉으니라
15 율법과 선지자의 글을 읽은 후에 회당장
들이 사람을 보내어 물어 이르되 형제들
아 만일 백성을 권할 말이 있거든 말하라
하니
16 바울이 일어나 손짓하며 말하되 이스라
엘 사람들과 및 하나님을 경외하는 사람
들아 들으라
17 이 이스라엘 백성의 하나님이 우리 조상
들을 택하시고 애굽 땅에서 나그네 된 그
백성을 높여 [1]큰 권능으로 인도하여 내사
18 광야에서 약 사십 년간 [2]그들의 소행을
참으시고
19 가나안 땅 일곱 족속을 멸하사 그 땅을
기업으로 주시기까지 약 사백오십 년간
이라
20 그 후에 선지자 사무엘 때까지 사사를 주
셨더니
21 그 후에 그들이 왕을 구하거늘 하나님이
베냐민 지파 사람 기스의 아들 사울을 사
십 년간 주셨다가
22 폐하시고 다윗을 왕으로 세우시고 증언
하여 이르시되 [ㄱ]내가 이새의 아들 다윗
을 만나니 내 마음에 맞는 사람이라 내
뜻을 다 이루리라 하시더니
23 하나님이 약속하신 대로 이 사람의 후손
에서 이스라엘을 위하여 구주를 세우셨
으니 곧 예수라
24 그가 오시기에 앞서 요한이 먼저 회개의
[3]세례를 이스라엘 모든 백성에게 전파하
니라
25 요한이 그 달려갈 길을 마칠 때에 말하되
너희가 나를 누구로 생각하느냐 나는 그
리스도가 아니라 내 뒤에 오시는 이가 있
으니 나는 그 발의 신발끈을 풀기도 감당
하지 못하리라 하였으니

1) 헬, 높이 드신 팔로 2) 어떤 사본에, 기르시고
3) 헬, 또는 침례 ㄱ. 삼상 13:14; 시 89:20

1. 본문에 나타난 예수님은 어떤 분이십니까?

2. 오늘 하나님께서 나에게 주신 깨달음은 무엇입니까?

3. 말씀을 어떻게 내 삶에 구체적으로 적용해야 합니까?

절별 해설

13 요한은 그들에게서 떠나 예루살렘으로 돌아가고 분명한 이유는 알 수 없으나 마가 요한은 바울 일행의 1차 전도여행에서 빠진다. 후에 이 일이 불씨가 되어 바울과 바나바가 갈라서서 각자의 길을 가는 것으로 보아, 마가 요한은 명분 없이 중도에 일을 그만둔 것으로 보인다(행 15:37-39).

14 비시디아 안디옥 사도행전에는 안디옥이 두 개 나온다. 그 중 최초의 이방인 교회가 세워진 곳은 수리아의 안디옥으로, 본문의 안디옥과는 다른 곳이다. 비시디아의 안디옥은 갈라디아 지방의 남부에 있는 정치 군사의 중심지였다. 또 그곳에 회당이 있었던 것으로 보아 상당수의 유대인이 거주했음을 알 수 있다. 여기서 발견되는 바울의 선교 전략은 중심 도시를 먼저 전도함으로써 복음이 퍼져 나가게 했다는 것이다.

15 율법과 선지자의 글을 읽은 후에 … 백성을 권할 말이 있거든 말하라 하니 당시 회당에서는 성경이 먼저 낭독되었으며, 그 후에 해설을 곁들인 설교가 있었다. 바울이 설교에 초대된 것으로 보아 바울의 사역이 이미 그들에게 알려진 것으로 보인다.

16 바울이 일어나 손짓하며 말하되 이스라엘 사람들과 및 하나님을 경외하는 사람들아 들으라 바울이 설교한 대상은 유대인 및 하나님을 경외하여 예배에 참석한 이방인들이었다.

17-23 바울은 이스라엘의 조상 때부터 시작해 출애굽, 가나안 땅 정착, 사사시대, 왕정시대, 그리고 예수 그리스도에 이르는 하나님의 역사를 언급한다. 여기서 사용된 동사 대부분의 주어는 하나님이다. 한마디로, 이스라엘의 역사는 하나님께서 친히 이루어 오신 역사임을 강조한다. 역사의 주인은 사람이 아니라 하나님이라는 것이 바울의 역사관이다. 사울을 폐하기도 하시고 다윗을 세우기도 하신 분이 바로 하나님이다.

19 약 사백오십 년간 이스라엘이 애굽에서 보낸 400년간의 포로생활과 광야에서의 40년, 그리고 가나안 정복기간 10년을 합친 기간이다.

쉬운성경

13 바울과 그 일행은 바보에서 배를 타고 밤빌리아에 있는 버가로 갔습니다. 그곳에서 마가 요한은 그들을 떠나 예루살렘으로 돌아갔습니다.

14 그들은 버가에서 더 나아가다가 비시디아의 안디옥에 이르게 되었습니다. 안식일에 그들은 회당에 들어가 앉았습니다.

15 회당장들은 율법과 예언자들의 글을 읽은 후에 바울과 바나바에게 전갈을 보내어 "형제들이여, 이 사람들에게 권면해 주고 싶은 말이 있으면 하시오"라고 말했습니다.

16 바울이 자리에서 일어나 손짓을 해 가며 말했습니다. "이스라엘 사람들 그리고 하나님을 경외하는 이방인 여러분, 제 말에 귀를 기울여 주십시오.

17 이스라엘 백성의 하나님께서 우리 조상들을 선택하셨습니다. 우리 조상들이 이집트에 있을 때에 하나님께서 그들을 큰 민족으로 높여 주셨고, 큰 능력으로 그들을 그곳에서 인도해 내셨습니다.

18 그리고 광야에서 사십 년 동안, 그들이 행한 일을 참으셨으며,

19 가나안 땅에서 일곱 민족을 쫓아 내시고, 그들의 땅을 이스라엘 백성에게 유업으로 주셔서

20 약 사백오십 년간 차지하게 하셨습니다. 그 뒤에 하나님께서는 예언자 사무엘의 때까지 이스라엘 백성들에게 사사들을 세워 주셨습니다.

21 그런 뒤에 백성이 왕을 요구하자, 하나님께서 그들에게 베냐민 지파 사람 기스의 아들 사울을 주셨습니다. 사울은 사십 년 동안을 다스렸습니다.

22 그 후, 하나님께서는 사울을 물리치시고 다윗을 그들의 왕으로 삼으셨습니다. 하나님께서는 다윗에 대해 '내가 이새의 아들 다윗을 보니, 그는 내 마음에 드는

24-25 유대인들은 바르고 곧은 삶을 살다 간 세례 요한을 존경했다. 이에 바울은 세례 요한의 말을 인용해, 예수님이 요한이 예비한 그리스도라는 사실을 증거한다. 세례 요한은 하나님이 세우신 그리스도의 전령이었다.

사람이다. 그가 내 뜻을 다 이룰 것이다' 라고 말씀하셨습니다.

23 하나님께서는 약속하신 대로 다윗의 자손 가운데서 한 분을 구세주로 삼아 이스라엘에게 보내 주셨는데, 그분이 바로 예수님이십니다.

24 그분이 오시기 전에 요한이 먼저 모든 이스라엘 백성에게 회개의 세례를 선포했습니다.

25 요한은 자기 사명을 다 마칠 무렵에 이렇게 말하였습니다. '너희는 나를 누구라고 생각하느냐? 나는 그리스도가 아니다. 그분은 내 뒤에 오실 것이다. 나는 그분의 신발 끈을 풀어 드리기에도 부족한 사람이다.'

저자의 묵상

세상에는 두 개의 역사관이 존재한다. 하나는 인본주의 역사관이고, 다른 하나는 신본주의 역사관이다. 인본주의 역사관은 역사의 모든 일이 인간의 선택과 힘으로 이루어진다고 믿는다. 반면, 신본주의 역사관을 가진 사람은 본문의 바울처럼 하나님이 역사의 주인임을 믿는다. 하나님은 개인이나 단체, 국가의 흥망성쇠를 결정하신다. 지금까지 역사 속에 악이 국지적으로 존재했지만 결국 선이 승리해 온 것은 우연이 아니다. 우리는 이것을 두 번의 세계대전을 통해 확인했다. 신본주의 역사관을 가진 성도들은 두 가지를 기억해야 한다. 첫째, 자신의 인간적인 조건이나 한계에 머물러서는 안 된다. 자기의 세상적인 능력이나 조건이 어떤 한계를 갖든지, 하나님이 쓰시면 얼마든지 주의 뜻을 이루는 인생이 될 수 있음을 믿어야 한다. 둘째, 다른 사람을 외모로 취하지 말아야 한다. 부족한 자신을 은혜롭게 쓰시는 하나님께서 다른 부족한 사람도 얼마든지 사용하실 수 있음을 믿고, 사람을 외모로 취하거나 무시하지 말아야 한다.

무릎기도 하나님이 역사의 주인임을 확신합니다. 하나님의 뜻을 이 땅에 이루소서.

ESV - Acts 13

13 Now Paul and his companions set sail from
Paphos and came to Perga in Pamphylia.
And John left them and returned to Jerusa-
lem,
14 but they went on from Perga and came to
Antioch in Pisidia. And on the Sabbath day
they went into the synagogue and sat down.
15 After the reading from the Law and the
Prophets, the rulers of the synagogue sent a
message to them, saying, "Brothers, if you
have any word of encouragement for the
people, say it."
16 So Paul stood up, and motioning with his
hand said: "Men of Israel and you who fear
God, listen.
17 The God of this people Israel chose our
fathers and made the people great during
their stay in the land of Egypt, and with
uplifted arm he led them out of it.
18 And for about forty years he put up with*
them in the wilderness.
19 And after destroying seven nations in the
land of Canaan, he gave them their land as
an inheritance.
20 All this took about 450 years. And after that
he gave them judges until Samuel the
prophet.
21 Then they asked for a king, and God gave
them Saul the son of Kish, a man of the tribe
of Benjamin, for forty years.
22 And when he had removed him, he raised
up David to be their king, of whom he test-
ified and said, 'I have found in David the son
of Jesse a man after my heart, who will do all
my will.'
23 Of this man's offspring God has brought to
Israel a Savior, Jesus, as he promised.
24 Before his coming, John had proclaimed a
baptism of repentance to all the people of
Israel.
25 And as John was finishing his course, he
said, 'What do you suppose that I am? I am
not he. No, but behold, after me one is
coming, the sandals of whose feet I am not
worthy to untie.'

* 13:18 Some manuscripts *he carried* (compare Deuteronomy 1:31)

13 set sail 출항하다 14 Sabbath 안식일 15 encouragement 격려 16 motion 몸짓으로 신호하다 17 uplift 들어 올리다 lead out of ~ ~에서 앞장서서 데리고 나오다 18 put up with ~ ~을 참다, 받아들이다 wilderness 황야, 황무지 19 inheritance 유산 22 testify 증언하다 after one's heart 마음에 맞는 23 offspring 자식, 자손 Savior 구세주 25 untie 풀다, 끄르다

• MEMO •

☐ 묵상 체크

43 약속의 성취 예수 그리스도

월 일

사도행전 13:26-37 • 새찬송 546장 | 통일 399장

• 말씀묵상 전에 성령님의 인도하심을 구하는 기도를 드리십시오.

본문요약 I 본문은 바울이 비시디아 안디옥에서 행한 설교의 연속이다. 바울은 예수 그리스도의 죽으심과 부활을 하나님의 약속 성취라는 관점에서 설교한다. 그 증거로 시편과 이사야서의 말씀을 인용한다. 유대인의 무지에도 불구하고, 하나님의 약속은 예수 그리스도를 통해 이루어진다. 오늘도 하나님의 약속은 말씀 안에서 어김없이 이루어진다.

26 형제들아 아브라함의 후손과 너희 중 하
나님을 경외하는 사람들아 이 구원의 말
씀을 우리에게 보내셨거늘
27 예루살렘에 사는 자들과 그들 관리들이
예수와 및 안식일마다 외우는 바 선지자
들의 말을 알지 못하므로 예수를 정죄하
여 선지자들의 말을 응하게 하였도다
28 죽일 죄를 하나도 찾지 못하였으나 빌라
도에게 죽여 달라 하였으니
29 성경에 그를 가리켜 기록한 말씀을 다 응
하게 한 것이라 후에 나무에서 내려다가
무덤에 두었으나
30 하나님이 죽은 자 가운데서 그를 살리신
지라
31 갈릴리로부터 예루살렘에 함께 올라간
사람들에게 여러 날 보이셨으니 그들이
이제 백성 앞에서 그의 증인이라
32 우리도 조상들에게 주신 약속을 너희에
게 전파하노니
33 곧 하나님이 예수를 일으키사 우리 자녀
들에게 이 약속을 이루게 하셨다 함이라
시편 둘째 편에 기록한 바와 같이 ㄱ너는
내 아들이라 오늘 너를 낳았다 하셨고
34 또 하나님께서 죽은 자 가운데서 그를 일
으키사 다시 썩음을 당하지 않게 하실 것
을 가르쳐 이르시되 ㄴ내가 다윗의 거룩
하고 미쁜 은사를 너희에게 주리라 하셨
으며
35 또 다른 시편에 일렀으되 ㄷ주의 거룩한
자로 썩음을 당하지 않게 하시리라 하셨
느니라
36 다윗은 당시에 하나님의 뜻을 따라 섬기
다가 잠들어 그 조상들과 함께 묻혀 썩음
을 당하였으되
37 하나님께서 살리신 이는 썩음을 당하지
아니하였나니

ㄱ. 시 2:7 ㄴ. 사 55:3 ㄷ. 시 16:10

1. 본문에 나타난 예수님은 어떤 분이십니까?

2. 오늘 하나님께서 나에게 주신 깨달음은 무엇입니까?

3. 말씀을 어떻게 내 삶에 구체적으로 적용해야 합니까?

27 예수와 및 안식일마다 외우는 바 선지자들의 말을 알지 못하므로 예수를 정죄하여 선지자들의 말을 응하게 하였도다 유대인들은 안식일마다 외우는 모든 성경 말씀이 예수 그리스도를 가리키는 줄 알지 못했고, 오히려 예수님을 정죄하고 죽였다. 그러나 바울은 이 모든 것이 성경 예언의 성취임을 강조한다. 성경은 이미 그리스도의 오심과 죽으심을 예언했다(참고. 사 53:1-12). 유대인들은 성경 말씀을 읽으면서도 그 진정한 의미를 몰랐던 것이다.

29 성경에 그를 가리켜 기록한 말씀을 다 응하게 한 것이라 바울은 27절에 이어 '응하게 하다'라는 표현을 거듭 사용함으로써, 예수님의 죽음이 성경 예언의 성취임을 거듭 강조한다. 죄 없는 자의 죽음(사 53:4-6), 부자의 무덤에 장사됨(사 53:9) 같은 모든 구체적인 사실이 미리 예언되고 그대로 성취되었다. 특히 당시 십자가형을 받은 자들이 무덤에 매장될 수 없었던 일반적 관습에 비추어 볼 때, 예수님의 죽음과 매장은 성경 예언의 확실한 성취다.

31 갈릴리로부터 예루살렘에 함께 올라간 사람들에게 여러 날 보이셨으니 그들이 이제 백성 앞에서 그의 증인이라 바울은 열두 사도에 포함되지 않는다. 여기서 바울이 지칭한 이들은 예수님의 부활을 목격한 열두 사도로서, 바울은 그들이 이 모든 일의 목격자라고 증거한다.

32 우리도 조상들에게 주신 약속을 너희에게 전파하노니 곧이어 "그들"이 "우리"로 바뀐다. 이제는 예수 그리스도의 부활에 대한 사실이 더 이상 열두 사도만의 문제가 아니었다. 바울 자신을 포함한 하나님의 약속의 말씀을 믿는 모든 사람이 이 일의 증인임을 역설한다.

33-37 바울은 구약성경 세 군데를 인용하여 자신들이 하나님의 약속을 전파하고 있음을 말한다(시 2:7; 사 55:3; 시 16:10). 특히 35-37절의 시편을 인용한 설명은 베드로의 설교와 같다

쉬운성경

26 아브라함의 자손과 하나님을 경외하는 이방인 형제 여러분, 하나님께서 이 구원의 소식을 우리에게 전해 주셨습니다.

27 예루살렘에 사는 사람들과 그 지도자들은 예수님을 알지 못했으며, 안식일마다 읽는 예언자들의 글을 깨닫지 못했습니다. 오히려 그들은 예수님을 죄인 취급하여 예언자의 말씀을 그대로 이루었습니다.

28 그들은 예수님을 죽여야 할 정당한 구실을 찾지 못했지만, 빌라도를 졸라서 예수님을 죽이게 했습니다.

29 그들은 예수님에 관하여 성경에 기록된 모든 말씀대로 예수님께 행했습니다. 그러고 나서 그들은 예수님을 십자가에서 내려 무덤에 두었습니다.

30 그러나 하나님께서는 죽은 사람들 가운데서 예수님을 살리셨습니다.

31 예수님께서는 갈릴리에서 예루살렘까지 자기와 함께 올라간 사람들에게 여러 날 동안 나타나셨습니다. 그들은 지금 백성들에게 예수님을 증언하는 사람들이 되었습니다.

32 우리도 하나님께서 우리 조상들에게 약속하신 복된 소식을 여러분에게 전합니다.

33 하나님께서는 예수님을 죽은 자들 가운데서 살리심으로 조상들의 후손인 우리에게 그 약속을 이루셨습니다. 이 일은 시편 둘째 편에

> '너는 내 아들이다. 오늘 내가 너를 낳았다'

라고 기록되어 있습니다.

34 하나님께서 예수님을 죽은 자들 가운데서 살리시고 썩지 않게 하셨습니다. 이런 뜻으로 하나님께서 '내가 다윗에게 약속한 거룩하고 확실한 복을 너희에게 주

(행 2:27–31). 각각 다른 두 사람이 설교했지만, 한 분 성령님이 말씀하셨음이 분명하다(마 10:20).

겠다'*라고 말씀하신 것이 있습니다.

35 다른 시편에도 하나님께서 이렇게 말씀하셨습니다. '주님께서는 주님의 거룩하신 분을 무덤에서 썩지 않게 하실 것입니다.'*

36 다윗은 평생 하나님의 뜻대로 살다가 죽어서는 조상 곁에 묻혔고, 그의 몸은 썩고 말았습니다.

37 그러나 하나님께서 살리신 분은 썩지 않았습니다.

*13:34 사 55:3에 기록되어 있다.
*13:35 시 16:10에 기록되어 있다.

저자의 묵상

바울이 비시디아 안디옥 회당에서 유대인 이민자를 향해 설교한다. 당시 유대인들은 타국에 흩어져 사는 신세였지만, 열 명만 모이면 회당을 세우고 율법의 말씀을 읽고 가르치는 열심 있는 민족이었다. 그래서 오늘날도 그들의 유대인 정체성을 지키고 있는 것이다. 그러나 바울은 정작 유대인들이 선지자들의 예언과 예수 그리스도에 관한 글을 외우면서도 실제로는 알지 못한다고 지적한다. 이는 인간의 연약한 면을 여실히 보여 준다. 유대인들은 율법을 외웠어도 정작 그 실체이신 예수님을 몰랐고 그래서 죽였다. 우리도 얼마든지 이럴 수 있다. 하나님의 말씀을 읽고 배워도 참뜻을 모를 수 있다. 욕심을 제거하고 말씀을 온전히 객관적으로 바라보며 자신을 비춘다는 것이 얼마나 어려운 일인가! 이런 의미에서 더욱 철저히 낮아지고 겸손해져야 한다. 하나님의 말씀에 대해 뭔가를 알고 있다는 생각을 버리고, 날마다 성령님을 의지하며 살아가는 길 외에는 우리 자신의 무지에서 벗어날 길이 없다.

무릎기도 하나님, 주께서 약속하신 말씀을 모두 믿게 하소서.

ESV - Acts 13

26 “Brothers, sons of the family of Abraham,
and those among you who fear God, to us
has been sent the message of this salvation.
27 For those who live in Jerusalem and their
rulers, because they did not recognize him
nor understand the utterances of the
prophets, which are read every Sabbath,
fulfilled them by condemning him.
28 And though they found in him no guilt worthy
of death, they asked Pilate to have him
executed.
29 And when they had carried out all that was
written of him, they took him down from the
tree and laid him in a tomb.
30 But God raised him from the dead,
31 and for many days he appeared to those
who had come up with him from Galilee to
Jerusalem, who are now his witnesses to the
people.
32 And we bring you the good news that what
God promised to the fathers,
33 this he has fulfilled to us their children by
raising Jesus, as also it is written in the
second Psalm, “‘You are my Son, today I
have begotten you.’
34 And as for the fact that he raised him from
the dead, no more to return to corruption, he
has spoken in this way, “‘I will give you the
holy and sure blessings of David.’
35 Therefore he says also in another psalm,
“‘You will not let your Holy One see corrup-
tion.’
36 For David, after he had served the purpose
of God in his own generation, fell asleep and
was laid with his fathers and saw corruption,
37 but he whom God raised up did not see
corruption.

26 salvation 구원 27 utterance 발언, 말 fulfill 성취하다 condemn 유죄 판결을 내리다 28 worthy of ~ ~할 만한 execute 처형하다 29 carry out ~ ~을 수행[이행]하다 30 raise ~ from the dead ~을 살리다 31 appear to ~ ~에게 나타나다 witness 증인 33 psalm 시편 beget (아버지가 자식을) 보다 34 corruption 부패 36 fall asleep 잠들다

• MEMO •

44 죄 사함을 받으라

월 일

사도행전 13:38-43 • 새찬송 274장 | 통일 332장

• 말씀묵상 전에 성령님의 인도하심을 구하는 기도를 드리십시오.

본문요약 I 본문은 바울이 비시디아 안디옥에서 설교한 마지막 부분이다. 바울은 예수 그리스도로 말미암아 죄 사함 받은 것을 설교한다. 율법으로는 의롭다 함을 얻을 수 없으며, 오직 예수를 믿는 믿음으로만 의롭게 된다는 것이 바울 설교의 핵심이다. 이 설교의 결과로 많은 사람이 복음을 받아들인다. 예수 그리스도만이 죄악 된 세상의 소망이다.

38 그러므로 형제들아 너희가 알 것은 이 사람을 힘입어 죄 사함을 너희에게 전하는 이것이며
39 또 모세의 율법으로 너희가 의롭다 하심을 얻지 못하던 모든 일에도 이 사람을 힘입어 믿는 자마다 의롭다 하심을 얻는 이것이라
40 그런즉 너희는 선지자들을 통하여 말씀하신 것이 너희에게 미칠까 삼가라
41 일렀으되

ㄱ보라 멸시하는 사람들아 너희는 놀라고 멸망하라 내가 너희 때를 당하여 한 일을 행할 것이니 사람이 너희에게 일러줄지라도 도무지 믿지 못할 일이라

하였느니라 하니라
42 그들이 나갈새 사람들이 청하되 다음 안식일에도 이 말씀을 하라 하더라
43 회당의 모임이 끝난 후에 유대인과 유대교에 입교한 경건한 사람들이 많이 바울과 바나바를 따르니 두 사도가 더불어 말하고 항상 하나님의 은혜 가운데 있으라 권하니라

ㄱ. 합 1:5

1. 오늘 하나님께서 나에게 주신 깨달음은 무엇입니까?

2. 말씀을 어떻게 내 삶에 구체적으로 적용해야 합니까?

38 이 사람을 힘입어 죄 사함을 너희에게 전하는 이것이며 바울 설교의 결론은 죄 사함을 받으라는 것이다. 인류가 해결해야 하는 가장 시급한 문제는 바로 죄 문제다. 죄의 영향 아래 있으면, 행하는 모든 일이 죄가 될 수밖에 없다. 죄 문제를 해결하지 않고서 도덕이나 철학을 논하는 것은 돼지 목에 진주 목걸이를 달아주는 격이다.

39 또 모세의 율법으로 너희가 의롭다 하심을 얻지 못하던 모든 일에도 이 사람을 힘입어 믿는 자마다 의롭다 하심을 얻는 이것이라 앞 절에서 언급한 죄 사함을 '의롭다 하심을 얻는다'는 말로 바꾸어 설명한다. 단어만 다를 뿐 의미는 같다. 또 여기서는 바울이 쓴 로마서나 갈라디아서에서 강조하는 '믿음으로만 구원을 얻는다'[以信稱義(이신칭의), Justification by faith]는 교리를 설명한다. 하나님이 인간에게 율법을 주신 목적은, 인간은 스스로 하나님의 기준에 도달할 수 없음을 깨닫게 하기 위함이다. 즉, 율법을 통해 인간의 무능과 한계를 깨닫고, 예수 그리스도에게로 우리 구원의 근거를 옮기게 하기 위함이다(갈 3:19-24). 유대인들은 율법을 잘 지켜서 구원을 얻으려 했다. 그러나 그것은 불가능하다. 오직 예수 그리스도를 믿는 믿음으로만 죄를 극복하고 의로워질 수 있다. 죄로 오염된 인간이 자신의 힘으로는 스스로 구원할 수 없다는 것이 성경의 가르침이다.

41 사람이 너희에게 일러줄지라도 도무지 믿지 못할 일이라 하였느니라 바울은 여기서 하박국 1장 5절 말씀을 인용한다. 하박국 당시의 유대인들은 그들의 죄 때문에 바벨론에 망했다. 그때도 하나님은 선지자를 통해, 결국 그들의 불신앙으로 멸망할 것을 경고하셨다. 그러나 그들은 믿지 않았다. 이처럼 불신앙을 버리고 자신을 부인하며 예수 그리스도를 믿어 구원을 얻는다는 것은 결코 쉽지만은 않은 일이다.

43 바울의 설교를 통해 많은 유대인과 유대교로 개종한 경건한 이방인들이 바울과 바나바를 따랐다고 기록한다. 바울을 반대하는 유대인도 많았지만, 한편으로는 많은 유대인이 바울을 따르며 복음을 받아들였다.

쉬운성경

38 그러므로 형제 여러분, 여러분에게 알려 드리고 싶은 것은, 여러분에게는 예수님으로 말미암는 죄 용서의 복음이 전파되었다는 것입니다. 여러분이 모세의 율법으로는 의를 얻을 수 없지만,

39 믿는 사람은 누구나 예수님을 통해서 의롭다 함을 얻습니다.

40 그러므로 예언자들이 말한 것이 여러분에게 일어나지 않도록 조심하십시오.

41 '보아라, 너희 비웃는 사람들아. 너희는 놀라고 망하여라. 너희가 사는 날 동안, 내가 한 가지 일을 하겠다. 누군가 그 일을 너희에게 일러 주어도 너희는 믿지 않을 것이다.'*

42 바울과 바나바가 회당에서 나갈 때에 사람들이 다음 안식일에도 이런 말씀을 더 해 달라고 부탁했습니다.

43 모임이 끝난 뒤에 많은 유대인과 유대교로 개종한 사람들이 바울과 바나바를 따랐습니다. 바울과 바나바는 그들과 이야기를 나누며 항상 하나님의 은혜 가운데 있으라고 권했습니다.

*13:41 합 1:5에 기록되어 있다.

저자의 묵상

본문에 있는 것처럼 '죄 사함'이나 '의롭다 하심'은 예수 그리스도로 말미암는 것이지 자기가 이루는 것이 아니다(38-39절). 유대인들은 자신이 받은 율법을 준수해 의롭게 된다고 생각했다. 그러나 완전한 의로움에 도달할 수 있는 인간은 없다. 오히려 율법은 그러한 인간의 한계와 죄를 깨닫게 하려는 목적으로 주어졌다. 하나님의 말씀을 통해 자신의 부족과 한계를 보며 깨닫지만, 온전히 지킬 능력이 없는 것을 확인한다. 바로 여기가 주 예수 그리스도를 향한 온전한 신뢰가 시작되는 지점이다.

우리는 모두 망할 수밖에 없는 존재다. 무익한 종이다. 그래서 예수님이 이 땅에 오셨다. 우리에게 죄 사함을 주려고 오신 것이다. 이 사실을 잊지 말자. 그러므로 신앙으로 자신을 인정받으려 하거나 드러내려는 행위는 전혀 옳지 않다. 오직 자신을 통해 예수 그리스도의 은혜가 널리 전파되고 드러나도록 해야 한다.

무릎 기도 | 하나님, 내 의로움을 부인하고 예수 그리스도를 따르게 하소서.

ESV - Acts 13

38 Let it be known to you therefore, brothers, that through this man forgiveness of sins is proclaimed to you,
39 and by him everyone who believes is freed* from everything from which you could not be freed by the law of Moses.
40 Beware, therefore, lest what is said in the Prophets should come about:
41 "'Look, you scoffers, be astounded and perish; for I am doing a work in your days, a work that you will not believe, even if one tells it to you.'"
42 As they went out, the people begged that these things might be told them the next Sabbath.
43 And after the meeting of the synagogue broke up, many Jews and devout converts to Judaism followed Paul and Barnabas, who, as they spoke with them, urged them to continue in the grace of God.

* 13:39 Greek *justified;* twice in this verse

38 forgiveness of sins 죄 사함 40 beware 주의하다 come about 발생하다, 일어나다 41 scoffer 비웃는 사람 astound 크게 놀라게 하다 perish 멸망하다 42 beg 간청하다 43 break up 끝이 나다, 파하다 devout 경건한 convert 개종자 urge 열심히 권하다

45 바울의 적대자들

월 일

사도행전 13:44-52 • 새찬송 346장 | 통일 398장

• 말씀묵상 전에 성령님의 인도하심을 구하는 기도를 드리십시오.

본문요약 I 바울의 설교가 거듭될수록 많은 사람이 모여든다. 이에 유대인의 반대도 점점 심해진다. 처음에는 말로 반박하다가 여의치 않자 성내의 유력자를 선동해 바울과 바나바를 쫓아내기에 이른다. 바울과 바나바는 반대 속에서도 이방인 선교의 정당성을 거듭 확인하고 이고니온을 향해 발길을 옮긴다.

44 그 다음 안식일에는 온 시민이 거의 다
하나님의 말씀을 듣고자 하여 모이니
45 유대인들이 그 무리를 보고 시기가 가득
하여 바울이 말한 것을 반박하고 비방하
거늘
46 바울과 바나바가 담대히 말하여 이르되
하나님의 말씀을 마땅히 먼저 너희에게
전할 것이로되 너희가 그것을 버리고 영
생을 얻기에 합당하지 않은 자로 자처하
기로 우리가 이방인에게로 향하노라
47 주께서 이같이 우리에게 명하시되
ㄱ내가 너를 이방의 빛으로 삼아 너로
땅끝까지 구원하게 하리라
하셨느니라 하니
48 이방인들이 듣고 기뻐하여 하나님의 말
씀을 찬송하며 영생을 주시기로 작정된
자는 다 믿더라
49 주의 말씀이 그 지방에 두루 퍼지니라
50 이에 유대인들이 경건한 귀부인들과 그
시내 유력자들을 선동하여 바울과 바나
바를 박해하게 하여 그 지역에서 쫓아내
니
51 두 사람이 그들을 향하여 발의 티끌을 떨
어 버리고 이고니온으로 가거늘
52 제자들은 기쁨과 성령이 충만하니라

ㄱ. 사 49:6

1. 오늘 하나님께서 나에게 주신 깨달음은 무엇입니까?

2. 말씀을 어떻게 내 삶에 구체적으로 적용해야 합니까?

절별 해설

44 그 다음 안식일에는 온 시민이 거의 다 하나님의 말씀을 듣고자 하여 모이니 바울의 설교와 전도 활동이 얼마나 큰 파장을 불러일으켰는지 알 수 있는 대목이다. 아마도 회당은 비좁아 넓은 광장 같은 곳에 모였을 것이다.

45 유대인들이 그 무리를 보고 시기가 가득하여 바울이 말한 것을 반박하고 비방하거늘 유대인들은 복음의 내용보다도 바울 일행이 얻는 성공에 더 많은 시기심을 보인다. 당시 바울의 영향력이 이방사회 가운데 유대인의 회당이 갖는 영향력을 넘어서고 있었기 때문이다. '반박하다'는 반대했다는 뜻이고, '비방하다'는 저주하고 욕했다는 뜻이다.

46–49 유대인들의 반대는 바울 일행의 이방에 대한 선교를 오히려 더욱 가속화시켰다. 유대인이 복음을 거절함으로 이방인에게 복음을 더 많이 전할 수 있게 된 것이다. 유대인들의 반대가 오히려 이방인에 대한 바울 일행의 소명을 확인하고 굳건하게 하는 계기가 되었다(행 9:15). 때로 반대는 오히려 하나님의 뜻을 이루는 계기가 되며, 거절은 복음의 확장을 위한 섭리의 도구가 된다(롬 11:12).

50 바울과 바나바를 박해하게 하여 그 지역에서 쫓아내니 유대인들은 바울 일행을 시기하여 반대하고 저주한다. 그런데도 복음의 세력이 수그러들지 않자 정치적인 세력을 이용해 선교사들을 추방하기에 이른다. 복음이 그 지방에 두루 퍼졌으나(49절) 박해도 그 강도를 더해 갔다.

51 두 사람이 그들을 향하여 발의 티끌을 떨어 버리고 이 행동은 원래 유대인이 이방인 지역에 갔다가 다시 유대인 지역으로 들어올 때, 이방인 지역에서 묻은 흙먼지까지도 떨어 버리는 의식이었다. 예수님은 이러한 의식을 제자들에게 가르치시며, 복음을 받아들이지 않는 자들에게 이런 단호한 태도를 주문하셨다(마 10:14). 본문에서 바울과 바나바가 취한 행동은 유대인들의 불신앙에 대한 경고의 의미를 담고 있다.

52 제자들은 기쁨과 성령이 충만하니라 여기서 "제자들"은 바울과 바나바의 전도를 받은 비시디아 안디옥의 제자들을 말한다. 복음을 반대한 유대인들의 마음에는 악의가 넘쳤지만, 복음을 받아들인 제자들은 기쁨과 성령이 충만했다. 복음 안에 기쁨이 있기 때문이다.

쉬운성경

44 그 다음 안식일에는 그 도시에 사는 사람이 거의 다 주님의 말씀을 들으려고 몰려들었습니다.

45 그 무리를 보자 유대인들은 시기심에 불타, 바울이 말한 것을 반대하면서 욕을 해댔습니다.

46 그러나 바울과 바나바는 매우 용기 있게 말했습니다. "우리는 하나님의 말씀을 여러분에게 먼저 전해야만 했습니다. 그러나 여러분은 그 말씀을 배척하고 스스로 영원한 생명을 누리기에 합당하지 않은 사람이라고 인정해 버리니, 우리는 이제 이방인들에게 갑니다.

47 주님께서 이와 같이 우리에게 명령하셨기 때문입니다.

'내가 너를 이방의 빛으로 삼았으니,
이는 너를 땅끝까지 이르러 구원이
되게 하기 위해서이다.'*"

48 이방인들은 바울의 말을 듣고 기뻐하며 주님의 말씀을 찬양했습니다. 그리고 영원한 생명을 얻기로 선택된 사람들은 모두 예수님을 믿었습니다.

49 그래서 주님의 말씀은 온 지방에 두루 퍼졌습니다.

50 그러나 유대인들은 경건한 귀부인들과 그 도시의 지도자들을 부추겨서 바울과 바나바를 핍박하게 했고, 마침내 자기들이 살고 있는 지방에서 그들을 내쫓았습니다.

51 바울과 바나바는 그들에게 자기들의 발에 있는 먼지를 떨어 버리고 이고니온으로 갔습니다.

52 제자들은 계속 기쁨과 성령으로 충만하였습니다.

*13:47 사 49:6에 기록되어 있다.

저자의 묵상

성공이 있으면 거기에 따른 방해도 있는 법이다. 바울 일행의 전도가 큰 반향을 일으켰지만 만만치 않은 반대도 있었다. 결코 좋은 일만 일어나지 않는 것이 인생이요 삶이다. 영적인 일에는 특히 사탄의 방해가 심하다. 그러므로 반대를 만나면 새롭게 해석할 필요가 있다. 이 세상을 살아가면서 반대를 만날 때, 그것이 꼭 자기의 잘못 때문만은 아닐 때가 있다. 그것은 주의 뜻대로 살아가려는 자신을 시험하는 사탄의 계략이다. 그러므로 반대에 낙심하지 말고 주의 일에 바르게 쓰임받고 있음을 확신하고 감사하는 데까지 나아가는 신앙인이 되자.

한편, 바울과 바나바의 헌신과 수고가 그 지역에서 쫓겨남으로 끝나는 것 같았지만, 이 일로 제자들은 기쁨과 성령이 충만한 결과를 얻는다. 누군가의 헌신이 있었기에 누군가에게는 기쁨과 충만함이 있는 것이다. 누군가 희생한 사람이 있기에 누군가는 이익을 얻는 것이다. 자기의 이익을 주장하지 않고 희생하고 헌신할 때, 다른 사람이 이익을 얻고 기쁨을 누린다는 사실을 기억하자.

무릎 기도 하나님, 복음을 전할 때 반대를 두려워하지 않게 하소서.

ESV - Acts 13

44 The next Sabbath almost the whole city gathered to hear the word of the Lord.

45 But when the Jews* saw the crowds, they were filled with jealousy and began to contradict what was spoken by Paul, reviling him.

46 And Paul and Barnabas spoke out boldly, saying, "It was necessary that the word of God be spoken first to you. Since you thrust it aside and judge yourselves unworthy of eternal life, behold, we are turning to the Gentiles.

47 For so the Lord has commanded us, saying, "'I have made you a light for the Gentiles, that you may bring salvation to the ends of the earth.'"

48 And when the Gentiles heard this, they began rejoicing and glorifying the word of the Lord, and as many as were appointed to eternal life believed.

49 And the word of the Lord was spreading throughout the whole region.

50 But the Jews incited the devout women of high standing and the leading men of the city, stirred up persecution against Paul and Barnabas, and drove them out of their district.

51 But they shook off the dust from their feet against them and went to Iconium.

52 And the disciples were filled with joy and with the Holy Spirit.

* 13:45 Greek *Ioudaioi* probably refers here to Jewish religious leaders, and others under their influence, in that time; also verse 50

45 jealousy 질투 contradict 반박하다 revile 비방하다 46 boldly 대담하게 thrust ~ aside ~을 듣지 않다 unworthy of ~ ~에 적합하지 않은 eternal life 영원한 생명 48 appoint 정하다 49 spread 퍼지다 50 incite 선동하다 of high standing 신분이 높은 leading 지도적인, 주요한 stir up 일으키다, 유발하다 persecution 박해 drive out of ~ ~에서 몰아내다 51 shake off the dust 티끌을 털다

권별주삶

아가페 주삶 GBS

- 1주(1회–5회) _ 사도행전 1:1–8
  예수 그리스도의 증인, 무엇을 증거할 것인가
- 2주(6회–10회) _ 사도행전 3:1–10
  내게 있는 이것, 예수 그리스도의 이름
- 3주(11회–15회) _ 사도행전 4:32–5:11
  위선, 하나님께 하는 거짓말
- 4주(16회–20회) _ 사도행전 6:1–7
  하나님이 세우시는 사역자의 기준
- 5주(21회–25회) _ 사도행전 7:54–60
  예수님처럼 살고 예수님처럼 죽다
- 6주(26회–30회) _ 사도행전 9:10–20
  아나니아의 질문, 예수님의 대답
- 7주(31회–35회) _ 사도행전 10:24–35
  "일어서라 나도 사람이라"
- 8주(36회–40회) _ 사도행전 12:11–19
  그들이 말하되 "네가 미쳤다"
- 9주(41회–45회) _ 사도행전 13:1–12
  최초의 선교사 바나바와 바울

* GBS 해설서는 뒷면에 있습니다

예수 그리스도의 증인, 무엇을 증거할 것인가

사도행전 1:1-8 | 새찬송 505장 • 통일 268장

주간 말씀묵상 나눔

지난 한 주간 말씀을 묵상한 것이나 삶에 적용한 것이 있으면 돌아가며 간단히 나누어 봅시다.

• 오늘의 성경공부 목표

예수 그리스도의 증인으로서 우리가 증거해야 할 내용은 무엇인지 생각해 봅니다.

1 데오빌로여 내가 먼저 쓴 글에는 무릇 예수께서 행하시며 가르치시기를 시작하심부터
2 그가 택하신 사도들에게 성령으로 명하시고 승천하신 날까지의 일을 기록하였노라
3 그가 고난 받으신 후에 또한 그들에게 확실한 많은 증거로 친히 살아계심을 나타내사 사십 일 동안 그들에게 보이시며 하나님 나라의 일을 말씀하시니라
4 사도와 함께 모이사 그들에게 분부하여 이르시되 예루살렘을 떠나지 말고 내게서 들은 바 아버지께서 약속하신 것을 기다리라
5 요한은 물로 세례를 베풀었으나 너희는 몇 날이 못 되어 성령으로 세례를 받으리라 하셨느니라
6 그들이 모였을 때에 예수께 여쭈어 이르되 주께서 이스라엘 나라를 회복하심이 이때니이까 하니
7 이르시되 때와 시기는 아버지께서 자기의 권한에 두셨으니 너희가 알 바 아니요
8 오직 성령이 너희에게 임하시면 너희가 권능을 받고 예루살렘과 온 유대와 사마리아와 땅끝까지 이르러 내 증인이 되리라 하시니라

• 함께 읽어보기

사도행전은 예수 그리스도의 삶과 죽음과 부활을 직접 목격한 증인들이 성령의 능력을 받고 하나님나라를 담대히 증거하는 내용을 담고 있습니다. 그런 의미에서 '증인들의 행전'이라고 말할 수 있습니다. 증인은 자신이 알고 있는 혹은 경험한 사실을, 그것을 직접 경험하지 못한 사람들에게 말해 주는 사람입니다. 우리나라의 법정에서 사용하는 증인선서에는 이런 문구가 들어 있습니다. "양심에 따라 숨기거나 보태지 아니하고 사실 그대로 말하며…" 우리는 종종 예수 그리스도의 증인임을 자처합니다. 그렇다면 증인으로서 우리는 자신에게 이런 질문을 꼭 던져 보아야 할 것입니다. '내가 예수 그리스도에 대해 알고 있는 사실은 무엇인가?' '나는 무엇을 말해야 하는가?'

도입 질문

1 다른 사람이 아직 모르고 있는 내 강점은 무엇입니까? 스스로 증인이 되어 한 가지씩 말해 봅시다.

함께 나누기

2 사도행전 저자는 누구에게 글을 쓰고 있습니까? 1절

3 1절의 "내가 먼저 쓴 글"은 무엇을 가리킵니까? 그 글에는 어떤 내용이 기록되어 있습니까? 1하–2절

4 예수님은 부활하신 후 사십 일 동안 제자들에게 보이시며 무엇을 말씀하셨습니까? **3절**

5 하나님나라(The Kingdom of God)가 무엇이라고 생각합니까? 각자의 생각을 나누어 봅시다. **3절**

6 예수님은 제자들에게 "아버지께서 약속하신 것을 기다리라"고 말씀하셨습니다. 하나님께서 약속하신 것은 무엇입니까? **4–5절**

7 제자들은 예수님께 무엇을 질문했습니까? 예수님은 뭐라고 대답하셨습니까? **6–8절**

8 예수님은 제자들이 성령의 능력을 받고 예수 그리스도의 증인이 될 것이라고 말씀하셨습니다. 그 말씀은 오늘을 살고 있는 우리 그리스도인들에게도 해당됩니다. 예수 그리스도의 증인으로서 무엇을 어떻게 증거해야 할지 오늘 함께 나눈 말씀을 생각하며 서로 이야기해 봅시다.

9 오늘 성경공부를 통해 나누고 싶거나 깨달은 것이 있으면 이야기해 봅시다.

내게 있는 이것, 예수 그리스도의 이름

사도행전 3:1–10 | 새찬송 91장 • 통일 91장

주간 말씀묵상 나눔

지난 한 주간 말씀을 묵상한 것이나 삶에 적용한 것이 있으면 돌아가며 간단히 나누어 봅시다.

• 오늘의 성경공부 목표

예수 그리스도의 이름이 어떤 과정을 통해 전파되는지 생각해 봅니다.

1 제구 시 기도 시간에 베드로와 요한이 성전에 올라갈새
2 나면서 못 걷게 된 이를 사람들이 메고 오니 이는 성전에 들어가는 사람들에게 구걸하기 위하여 날마다 미문이라는 성전 문에 두는 자라
3 그가 베드로와 요한이 성전에 들어가려 함을 보고 구걸하거늘
4 베드로가 요한과 더불어 주목하여 이르되 우리를 보라 하니
5 그가 그들에게서 무엇을 얻을까 하여 바라보거늘
6 베드로가 이르되 은과 금은 내게 없거니와 내게 있는 이것을 네게 주노니 나사렛 예수 그리스도의 이름으로 일어나 걸으라 하고
7 오른손을 잡아 일으키니 발과 발목이 곧 힘을 얻고
8 뛰어 서서 걸으며 그들과 함께 성전으로 들어가면서 걷기도 하고 뛰기도 하며 하나님을 찬송하니
9 모든 백성이 그 걷는 것과 하나님을 찬송함을 보고
10 그가 본래 성전 미문에 앉아 구걸하던 사람인 줄 알고 그에게 일어난 일로 인하여 심히 놀랍게 여기며 놀라니라

• **함께 읽어보기**

본문에 기록된 등장인물의 말과 행동을 묘사하는 몇 개의 단어는 예수 그리스도의 이름이 어떤 과정을 통해 전파되는지 잘 보여줍니다. "우리를 보라"(4절), "내게 있는 이것을 네게 주노니"(6절), "걷기도 하고 뛰기도 하며 하나님을 찬송하니"(8절), "모든 백성이 … 보고"(9절), "심히 놀랍게 여기며 놀라니라"(10절). 좀 더 자세히 설명해 보면, 예수의 이름을 알지 못하는 사람들, 혹은 예수의 이름이 필요한 사람들이 우리에게 손을 내밀 때, 우리는 그 이름을 증거할 수 있습니다. 예수의 이름을 듣고 변화된 그들은 하나님을 찬송하게 되고, 그것을 목격한 주위 사람들은 놀라며 예수의 이름이 가진 큰 능력을 알게 될 것입니다. 이러한 흐름을 염두에 두고 본문을 읽어 봅시다.

도입 질문

1 당신은 그리스도인입니다. 당신에게 예수의 이름은 어떤 의미가 있습니까?

함께 나누기

2 제구 시 기도시간에 베드로와 요한은 어디에 올라갔습니까? 1절

3 베드로와 요한이 성전 미문에서 나면서부터 걷지 못했던 한 걸인을 만났습니다. 그가 구걸했을 때 베드로가 그를 주목하여 한 말은 무엇입니까? 4절

4 베드로는 자신을 바라보는 걸인에게 뭐라고 명합니까? 6절 걸인에게 어떤 일이 일어났습니까? 7절

5 예수 그리스도의 이름으로 병이 낫게 된 것에 대해 베드로는 "그 이름을 믿으므로"(3장 16절 참고)라고 말합니다. 그 믿음은 누구의 믿음입니까? 베드로와 요한의 믿음입니까, 걸인의 믿음입니까? 각자의 생각을 나누어 봅시다.

6 예수 그리스도의 이름을 받고 고침받은 걸인은 어떤 행동을 했습니까? 8절

7 걸인의 행동을 누가 보았습니까? 9절 그들의 반응은 어떠했습니까? 10절

8 본문을 통해 예수 그리스도의 이름이 어떻게 전파되는지 살펴보고 나누었습니다. 이런 과정들 중에 당신이 감당할 수 있는 역할은 무엇입니까? 각자의 생각을 나누어 봅시다.

9 오늘 성경공부를 통해 나누고 싶거나 깨달은 것이 있으면 이야기해 봅시다.

주간 그룹성경공부 • GBS

3주차 (11회~15회)

위선, 하나님께 하는 거짓말

사도행전 4:32–5:11 | 새찬송 539장 • 통일 483장

주간 말씀묵상 나눔

지난 한 주간 말씀을 묵상한 것이나 삶에 적용한 것이 있으면 돌아가며 간단히 나누어 봅시다.

• 오늘의 성경공부 목표

아나니아와 삽비라의 일화를 통해 위선적인 신앙의 위험성에 대해 배웁니다.

32 믿는 무리가 한마음과 한 뜻이 되어 모든 물건을 서로 통용하고 자기 재물을 조금이라도 자기 것이라 하는 이가 하나도 없더라
33 사도들이 큰 권능으로 주 예수의 부활을 증언하니 무리가 큰 은혜를 받아
34 그중에 가난한 사람이 없으니 이는 밭과 집 있는 자는 팔아 그 판 것의 값을 가져다가
35 사도들의 발 앞에 두매 그들이 각 사람의 필요를 따라 나누어 줌이라
36 구브로에서 난 레위족 사람이 있으니 이름은 요셉이라 사도들이 일컬어 바나바라(번역하면 위로의 아들이라) 하니
37 그가 밭이 있으매 팔아 그 값을 가지고 사도들의 발 앞에 두니라

1 아나니아라 하는 사람이 그의 아내 삽비라와 더불어 소유를 팔아
2 그 값에서 얼마를 감추매 그 아내도 알더라 얼마만 가져다가 사도들의 발 앞에 두니
3 베드로가 이르되 아나니아야 어찌하여 사탄이 네 마음에 가득하여 네가 성령을 속이고 땅값 얼마를 감추었느냐
4 땅이 그대로 있을 때에는 네 땅이 아니며 판 후에도 네 마음대로 할 수가 없더냐 어찌하여 이 일을 네 마음에 두었느냐 사람에게 거짓말한 것이 아니요 하나님께로다
5 아나니아가 이 말을 듣고 엎드러져 혼이 떠나니 이 일을 듣는 사람이 다 크게 두려워하더라

6 젊은 사람들이 일어나 시신을 싸서 메고
나가 장사하니라
7 세 시간쯤 지나 그의 아내가 그 일어난
일을 알지 못하고 들어오니
8 베드로가 이르되 그 땅 판 값이 이것뿐
이냐 내게 말하라 하니 이르되 예 이것
뿐이라 하더라
9 베드로가 이르되 너희가 어찌 함께 꾀하
여 주의 영을 시험하려 하느냐 보라 네
남편을 장사하고 오는 사람들의 발이 문
앞에 이르렀으니 또 너를 메어 내가리라
하니
10 곧 그가 베드로의 발 앞에 엎드러져 혼
이 떠나는지라 젊은 사람들이 들어와 죽
은 것을 보고 메어다가 그의 남편 곁에
장사하니
11 온 교회와 이 일을 듣는 사람들이 다 크
게 두려워하니라

• 함께 읽어보기

'위선'(僞善)이라는 말의 사전적 의미는 '겉으로만 착한 체 하거나 거짓으로 꾸밈, 또는 그런 짓이나 일'입니다. 오늘 본문이 다루고 있는 아나니아와 삽비라 이야기는 위선적인 신앙이 얼마나 위험한지 잘 보여 줍니다. 위선은 하나님께 하는 거짓말입니다. 위선적인 신앙생활은 겉으로 보기에는 신실한 신앙생활과 다른 점이 없기 때문에, 그것이 명백히 드러나기 전까지는 자신 말고는 아무도 알 수 없습니다. 만약 스스로 그것을 깨닫고 돌이키지 않는다면, 평생 하나님께 거짓말하는 신앙으로 살게 될지도 모릅니다. 그러면 신앙생활 가운데 어떻게 위선을 피할 수 있을까요? '지금 나는 하나님 앞에서 정직하게 생각하고 행동하는가?' 하는 질문을 자신에게 늘 던져보면 됩니다. "거짓을 행하는 자는 내 집안에 거주하지 못하며 거짓말하는 자는 내 목전에 서지 못하리로다"(시 101:7).

도입 질문

1 신앙생활 중에 우리가 저지르기 쉬운 위선에는 어떤 것이 있을까요? 각자의 의견을 나누어 봅시다.

함께 나누기

2 오순절 성령강림 후에 "한마음과 한뜻이" 된 초대교회에 나타난 현상은 무엇입니까?
32절

3 누가는 "그중에 가난한 사람이 없으니"라고 말합니다. 공동체 안에 그것이 가능했던 이유는 무엇입니까? 34–35절

4 누가는 자신의 밭을 팔아 공동체와 함께 소유한 한 사람을 소개합니다. 그는 어느 지역, 어느 지파 출신의 누구입니까? 36–37절

5 누가는 자신의 밭을 팔아 공동체 앞에 땅값 얼마를 내놓은 한 사람을 더 소개합니다. 그는 누구입니까? 그의 아내는 누구입니까? 5장 1–2절

6 바나바와 아나니아 부부는 자신의 소유를 팔아 공동체와 함께 나누려 했다는 점에서 비슷해 보입니다. 그러나 누가는 한 가지 큰 차이점을 기록합니다. 그것은 무엇입니까? 2절

7 베드로는 아나니아의 마음속에 무엇이 가득하다고 책망했습니까? 3절 베드로는 아나니아의 행위가 누구에게 거짓말한 것이라고 말했습니까? 4절

8 아나니아와 삽비라는 이 사건으로 죽음을 맞게 됩니다. 이 일을 목격한 교회와 주변 사람들의 반응은 어떠했습니까? 5절, 11절

9 하나님께서 아나니아와 삽비라를 엄히 벌하신 이유는 무엇일까요? 교회 안에 혹은 내 안에 존재하는 위선에 대해 생각해 보고 이야기를 나누어 봅시다.

10 오늘 성경공부를 통해 나누고 싶거나 깨달은 것이 있으면 이야기해 봅시다.

주간 그룹성경공부 • GBS

4주차 (16회~20회)

하나님이 세우시는 사역자의 기준

사도행전 6:1–7 | 새찬송 320장 • 통일 350장

주간 말씀묵상 나눔

지난 한 주간 말씀을 묵상한 것이나 삶에 적용한 것이 있으면 돌아가며 간단히 나누어 봅시다.

• 오늘의 성경공부 목표

하나님이 사역자를 세우실 때 어떤 기준으로 뽑으시는지 살펴보고, 하나님이 기쁘게 사용하시는 사역자가 되도록 노력합시다.

1 그때에 제자가 더 많아졌는데 헬라파 유대인들이 자기의 과부들이 매일의 구제에 빠지므로 히브리파 사람을 원망하니
2 열두 사도가 모든 제자를 불러 이르되 우리가 하나님의 말씀을 제쳐 놓고 접대를 일삼는 것이 마땅하지 아니하니
3 형제들아 너희 가운데서 성령과 지혜가 충만하여 칭찬받는 사람 일곱을 택하라 우리가 이 일을 그들에게 맡기고
4 우리는 오로지 기도하는 일과 말씀 사역에 힘쓰리라 하니
5 온 무리가 이 말을 기뻐하여 믿음과 성령이 충만한 사람 스데반과 또 빌립과 브로고로와 니가노르와 디몬과 바메나와 유대교에 입교했던 안디옥 사람 니골라를 택하여
6 사도들 앞에 세우니 사도들이 기도하고 그들에게 안수하니라
7 하나님의 말씀이 점점 왕성하여 예루살렘에 있는 제자의 수가 더 심히 많아지고 허다한 제사장의 무리도 이 도에 복종하니라

• **함께 읽어보기**

교회에 실망한 많은 성도가 "내가 섬길 수 있는 완벽한 교회는 없는가?" 하고 묻곤 합니다. 그러나 자세히 들여다보면 완벽해 보이는 초대교회에도 많은 문제가 있었습니다. 중요한 것은 부족하고 문제 많은 교회를 더 나은 교회로 만들기 위해, 하나님께서 필요한 사역자를 세우시고 그들을 통해 불완전함 속에서도 하나님의 역사를 이루어가셨다는 사실입니다. 그리고 하나님은 사역자에게 필요한 은사를 부어주셨습니다. 오늘 말씀을 통해 초대교회가 어떤 기준으로 사역자를 선출했는지 살펴봅시다. 그리고 자신에게는 하나님 교회의 사역자로서 어떤 은사가 있는지, 부족한 부분은 무엇인지, 그리고 교회의 부흥과 성장을 위해 어떤 분야에서 봉사하고 섬겨야 할지 생각해 봅시다.

도입 질문

1 당신이 몸담고 있는 교회의 가장 큰 장점은 무엇입니까? 또 가장 부족해 보이는 단점은 무엇입니까? 자기 교회의 장단점을 솔직하게 나누어 봅시다.

함께 나누기

2 예루살렘교회에 제자들(성도들)의 수가 증가함으로 발생한 문제는 무엇입니까? 1절

3 열두 사도는 교회의 문제를 해결하기 위해 어떤 해결책을 마련했습니까? 3절

4 사도들이 사역자를 선택할 때 제시한 자격조건은 무엇입니까? **3절**

5 사역자의 자격조건을 볼 때, 하나님은 사역자를 세우실 때 무엇을 중요하게 보신다고 생각합니까?

6 열두 사도가 사역자 일곱을 선택한 이유는 무엇입니까? **4절**

7 초대교회가 사역자 일곱 명을 세우고, 사도들은 기도와 말씀 사역에 집중했을 때 어떤 결과가 나타났습니까? **7절**

8 초대교회가 선출한 사역자 일곱 명을 우리는 '집사'라고 부릅니다. 오늘날 교회 안에서 이 직분을 맡은 성도들이 본래의 명칭에 걸맞게 사역하고 있다고 생각합니까? 만약 당신이 이 직분을 맡고 있다면 자신은 어떤지 스스로 점검해 봅시다.

9 오늘 성경공부를 통해 나누고 싶거나 깨달은 것이 있으면 이야기해 봅시다.

주간 그룹성경공부 • GBS

5주차 (21회~25회)

예수님처럼 살고 예수님처럼 죽다

사도행전 7:54-60 | 새찬송 453장 • 통일 506장

주간 말씀묵상 나눔

지난 한 주간 말씀을 묵상한 것이나 삶에 적용한 것이 있으면 돌아가며 간단히 나누어 봅시다.

• 오늘의 성경공부 목표

초대교회의 첫 순교자 스데반의 일화가 주는 교훈은 무엇인지 생각해 봅니다.

54 그들이 이 말을 듣고 마음에 찔려 그를 향하여 이를 갈거늘
55 스데반이 성령 충만하여 하늘을 우러러 주목하여 하나님의 영광과 및 예수께서 하나님 우편에 서신 것을 보고
56 말하되 보라 하늘이 열리고 인자가 하나님 우편에 서신 것을 보노라 한대
57 그들이 큰 소리를 지르며 귀를 막고 일제히 그에게 달려들어
58 성 밖으로 내치고 돌로 칠새 증인들이 옷을 벗어 사울이라 하는 청년의 발 앞에 두니라
59 그들이 돌로 스데반을 치니 스데반이 부르짖어 이르되 주 예수여 내 영혼을 받으시옵소서 하고
60 무릎을 꿇고 크게 불러 이르되 주여 이 죄를 그들에게 돌리지 마옵소서 이 말을 하고 자니라

• 함께 읽어보기

주기철 목사님의 일대기를 다룬 영화 중에 "일사각오"(一死覺悟)라는 제목의 영화가 있습니다. 극심한 고문과 박해 속에서 죽음으로 자신의 믿음과 신념을 지킨 주기철 목사님의 삶을 '일사각오'라는 네 글자로 표현한 것입니다. 자신에게 소중한 것을 지키기 위해 죽음을 각오한다는 이 사자성어는, 본문에 나타난 스데반의 마음을 잘 설명해 줍니다. 스데반은 예수 그리스도처럼 살기 위해 죽음을 각오했습니다. 심지어 죽는 순간까지도 예수님처럼 말하고 기도했습니다. 예수님을 닮기 원한다고 늘 고백하며 그분의 삶을 살아내려는 당신의 마음속에도 이러한 '일사각오'의 간절함이 있습니까?

도입 질문

1 '일사각오'의 믿음을 보여준 성경인물은 누가 있을까요? 생각나는 대로 말해 봅시다.

함께 나누기

2 스데반의 설교를 들은 군중은 어떤 반응을 보였습니까? 54절

3 스데반은 무엇이 충만했습니까? 스데반이 하늘을 주목하여 본 것은 무엇입니까? 55절

4 스데반은 자신이 본 것을 군중에게 말했습니다. 스데반의 말을 들은 군중은 어떻게 행동했습니까? 56-58절

5 증인들은 자신의 옷을 벗어 누구의 발 앞에 두었습니까? 58절

6 스데반은 돌에 맞으며 뭐라고 부르짖었습니까? 59절 예수님이 십자가에서 돌아가시기 직전 하신 말씀은 무엇입니까? 눅 23:46 참고

7 스데반이 죽기 직전 무릎을 꿇고 드린 기도의 내용은 무엇입니까? 60절 예수님이 자신을 십자가에 못 박은 자들을 위해 드린 기도는 무엇입니까? 눅 23:34 참고

8 스데반의 믿음의 여정은 무척 짧았습니다. 그러나 누구보다도 예수님을 닮은 삶이었습니다. 예수님처럼 담대히 말씀을 전했고, 성난 군중에게 죽임당하는 순간에도 예수님이 십자가에서 남기신 말씀을 기억했습니다. 예수님처럼 살다가 예수님처럼 죽은 스데반의 삶이 주는 교훈은 무엇입니까?

9 오늘 성경공부를 통해 나누고 싶거나 깨달은 것이 있으면 이야기해 봅시다.

아나니아의 질문, 예수님의 대답

사도행전 9:10-20 | 새찬송 364장 • 통일 482장

주간 말씀묵상 나눔

지난 한 주간 말씀을 묵상한 것이나 삶에 적용한 것이 있으면 돌아가며 간단히 나누어 봅시다.

• 오늘의 성경공부 목표

하나님과의 인격적인 관계를 통해 그분과 소통하고 순종하는 삶이 무엇인지 생각해 봅니다.

10 그때에 다메섹에 아나니아라 하는 제자
가 있더니 주께서 환상 중에 불러 이르
시되 아나니아야 하시거늘 대답하되 주
여 내가 여기 있나이다 하니
11 주께서 이르시되 일어나 직가라 하는 거
리로 가서 유다의 집에서 다소 사람 사
울이라 하는 사람을 찾으라 그가 기도하
는 중이니라
12 그가 아나니아라 하는 사람이 들어와서
자기에게 안수하여 다시 보게 하는 것을
보았느니라 하시거늘
13 아나니아가 대답하되 주여 이 사람에 대
하여 내가 여러 사람에게 듣사온즉 그가
예루살렘에서 주의 성도에게 적지 않은
해를 끼쳤다 하더니
14 여기서도 주의 이름을 부르는 모든 사람
을 결박할 권한을 대제사장들에게서 받
았나이다 하거늘
15 주께서 이르시되 가라 이 사람은 내 이
름을 이방인과 임금들과 이스라엘 자손
들에게 전하기 위하여 택한 나의 그릇이
라
16 그가 내 이름을 위하여 얼마나 고난을
받아야 할 것을 내가 그에게 보이리라
하시니
17 아나니아가 떠나 그 집에 들어가서 그에
게 안수하여 이르되 형제 사울아 주 곧
네가 오는 길에서 나타나셨던 예수께서
나를 보내어 너로 다시 보게 하시고 성
령으로 충만하게 하신다 하니

18 즉시 사울의 눈에서 비늘 같은 것이 벗
어져 다시 보게 된지라 일어나 세례를
받고
19 음식을 먹으매 강건하여지니라
사울이 다메섹에 있는 제자들과 함께 며
칠 있을새
20 즉시로 각 회당에서 예수가 하나님의 아
들이심을 전파하니

• 함께 읽어보기

아이들이 3-4세쯤 되었을 때 가장 많이 하는 질문 중 하나가 '왜?'입니다. 작은 호기심도 그냥 지나치지 않고 부모에게 묻습니다. 이 나이 때가 아이들의 인지능력이 급속도로 발달하는 시기이기 때문입니다. 이 시기에 부모의 대답은 중요한 역할을 합니다. 아이들은 부모의 대답을 통해 새로운 지식과 가치를 배울 뿐 아니라, 부모와의 인격적인 관계를 기반으로 세상과 타인에 대한 신뢰감을 형성합니다. 마찬가지로, 나와 세상을 향한 하나님의 뜻을 정확히 알고 하나님께 순종하는 삶을 살기 위해 하나님께 늘 질문하고 하나님의 말씀에 귀 기울일 필요가 있습니다. 오늘 본문에 나오는 아나니아는 다메섹에 사는 주의 제자입니다. 아나니아의 일화는 질문하고, 깨닫고, 순종하는 제자의 모습을 잘 보여줍니다.

도입 질문

1 기도하는 중에 혹은 말씀을 묵상하는 중에, 평소 가지고 있던 신앙생활의 고민이나 궁금증이 해결된 적이 있습니까? 서로 이야기를 나누어 봅시다.

함께 나누기

2 다메섹에서 환상 중에 예수님의 음성을 들은 제자는 누구입니까? **10절**

3 예수님께서 아나니아에게 무엇을 명령하셨습니까? **11절**

4 아나니아는 뭐라고 대답했습니까? 13–14절

5 아나니아는 사울에 대해 들은 것을 예수님께 대답합니다. 다시 말해, 아나니아는 예수님의 명령에 질문을 던지고 있는 것입니다. 아나니아의 태도에 대해 어떤 생각이 듭니까? 자유롭게 이야기해 봅시다.

6 예수님께서 아나니아에게 주신 대답은 무엇입니까? 15–16절

7 예수님의 대답을 들은 아나니아는 즉각 순종합니다. 아나니아가 사울을 찾아가 한 일은 무엇입니까? 17–18절 기력을 회복한 사울은 회당에서 무엇을 전파했습니까? 20절

8 마치 일상의 대화 같은 본문의 일화가 오늘 당신에게 전해 주는 교훈은 무엇입니까?

9 오늘 성경공부를 통해 나누고 싶거나 깨달은 것이 있으면 이야기해 봅시다.

주간 그룹성경공부 • GBS

7주차 (31회~35회)

“일어서라 나도 사람이라”

사도행전 10:24-35 | 새찬송 218장 • 통일 369장

주간 말씀묵상 나눔

지난 한 주간 말씀을 묵상한 것이나 삶에 적용한 것이 있으면 돌아가며 간단히 나누어 봅시다.

• 오늘의 성경공부 목표

초대교회 역사에서 고넬료 일화의 중요성에 대해 공부해 봅니다.

24 이튿날 가이사랴에 들어가니 고넬료가
그의 친척과 가까운 친구들을 모아 기다
리더니
25 마침 베드로가 들어올 때에 고넬료가 맞
아 발 앞에 엎드리어 절하니
26 베드로가 일으켜 이르되 일어서라 나도
사람이라 하고
27 더불어 말하며 들어가 여러 사람이 모인
것을 보고
28 이르되 유대인으로서 이방인과 교제하
며 가까이하는 것이 위법인 줄은 너희도
알거니와 하나님께서 내게 지시하사 아
무도 속되다 하거나 깨끗하지 않다 하지
말라 하시기로
29 부름을 사양하지 아니하고 왔노라 묻노
니 무슨 일로 나를 불렀느냐
30 고넬료가 이르되 내가 나흘 전 이맘때까
지 내 집에서 제구 시 기도를 하는데 갑
자기 한 사람이 빛난 옷을 입고 내 앞에
서서
31 말하되 고넬료야 하나님이 네 기도를 들
으시고 네 구제를 기억하셨으니
32 사람을 욥바에 보내어 베드로라 하는 시
몬을 청하라 그가 바닷가 무두장이 시몬
의 집에 유숙하느니라 하시기로
33 내가 곧 당신에게 사람을 보내었는데 오
셨으니 잘하였나이다 이제 우리는 주께
서 당신에게 명하신 모든 것을 듣고자
하여 다 하나님 앞에 있나이다
34 베드로가 입을 열어 말하되 내가 참으
로 하나님은 사람의 외모를 보지 아니
하시고
35 각 나라 중 하나님을 경외하며 의를 행
하는 사람은 다 받으시는 줄 깨달았도다

• 함께 읽어보기

초기 기독교가 표방한 복음의 큰 특징 중 하나는, 공동체 안에 차별이 존재하지 않았다는 점입니다. 예수 그리스도 안에서 유대인과 헬라인, 종과 자유인, 남자와 여자의 차별이 없었습니다. 차별이 없다는 말은 초기 기독교인들이 당시의 사회적 제도나 관습을 부정하면서 사회적 평등을 추구했다는 의미가 아닙니다. 그들은 예수 안에서 모든 사람이 똑같이 구원의 은혜를 누릴 수 있다는 사실을 믿었고, 성령 안에서 신분과 지위에 상관없이 서로 돌아보고 교제하는 삶을 추구했다는 의미입니다. 본문에 기록된 고넬료 일화는 이방인 그리스도인들에 대한 초기 기독교인들의 태도와 생각이 어떠했는지를 잘 보여줍니다.

도입 질문

1 외모나 말투가 주는 선입견 때문에 누군가를 오해한 적이 있습니까? 각자의 경험을 나누어 봅시다.

함께 나누기

2 누가는 가이사랴에 거주하고 있던 고넬료에 대해 뭐라고 기록합니까? **10장 1–2절 참고**

3 베드로가 고넬료의 집에 들어올 때 고넬료는 어떻게 행동했습니까? **25절** 이때 베드로는 뭐라고 말합니까? **34절**

4 "일어서라 나도 사람이라"는 베드로의 말에서 느낄 수 있는 성품은 무엇입니까? 각자의 생각을 자유롭게 나누어 봅시다.

5 유대인으로서 이방인과 교제하며 가까이하는 것은 베드로 당시에 어떻게 규정되었습니까? 하나님께서 베드로에게 지시하신 말씀은 무엇입니까? 28절

6 기도하던 고넬료에게 하나님의 사자가 나타나 한 말은 무엇입니까? 31–32절

7 고넬료의 이야기를 들은 후 베드로가 한 고백은 무엇입니까? 34–35절

8 유대인과 이방인의 교제가 허락되지 않았던 당시의 사회적 상황을 고려해 볼 때, 고넬료 일화가 전하고 있는 중요한 메시지는 무엇입니까? 베드로의 고백(34–35절)을 중심으로 생각해 보고 이야기를 나누어 봅시다.

9 오늘 성경공부를 통해 나누고 싶거나 깨달은 것이 있으면 이야기해 봅시다.

그들이 말하되 "네가 미쳤다"

사도행전 12:11-19 | 새찬송 70장 • 통일 79장

주간 말씀묵상 나눔

지난 한 주간 말씀을 묵상한 것이나 삶에 적용한 것이 있으면 돌아가며 간단히 나누어 봅시다.

• 오늘의 성경공부 목표

하나님의 일하심이 자신의 생각과 예상을 벗어날 때 어떤 마음의 자세를 가져야 할지 생각해 봅니다.

11 이에 베드로가 정신이 들어 이르되 내가 이제야 참으로 주께서 그의 천사를 보내어 나를 헤롯의 손과 유대 백성의 모든 기대에서 벗어나게 하신 줄 알겠노라 하여
12 깨닫고 마가라 하는 요한의 어머니 마리아의 집에 가니 여러 사람이 거기에 모여 기도하고 있더라
13 베드로가 대문을 두드린대 로데라 하는 여자아이가 영접하러 나왔다가
14 베드로의 음성인 줄 알고 기뻐하여 문을 미처 열지 못하고 달려 들어가 말하되 베드로가 대문 밖에 섰더라 하니
15 그들이 말하되 네가 미쳤다 하나 여자아이는 힘써 말하되 참말이라 하니 그들이 말하되 그러면 그의 천사라 하더라
16 베드로가 문 두드리기를 그치지 아니하니 그들이 문을 열어 베드로를 보고 놀라는지라
17 베드로가 그들에게 손짓하여 조용하게 하고 주께서 자기를 이끌어 옥에서 나오게 하던 일을 말하고 또 야고보와 형제들에게 이 말을 전하라 하고 떠나 다른 곳으로 가니라
18 날이 새매 군인들은 베드로가 어떻게 되었는지 알지 못하여 적지 않게 소동하니
19 헤롯이 그를 찾아도 보지 못하매 파수꾼들을 심문하고 죽이라 명하니라 헤롯이 유대를 떠나 가이사랴로 내려가서 머무니라

• **함께 읽어보기**

헤롯 왕의 박해로 야고보는 죽임을 당했고 베드로는 옥에 갇혔습니다. 두 사도에게 닥친 갑작스러운 일로 교회는 모여 간절히 기도했고, 하나님께서는 천사를 보내어 베드로를 감옥에서 이끌어내셨습니다(12장 1-10절 참조). 그러나 마리아의 집에 모여 기도하고 있던 대부분의 사람들은, 자신의 눈으로 직접 확인하기 전까지는 문 밖에서 문을 두드리는 사람이 베드로라는 사실을 믿지 못했습니다. 단지 여자아이 한 명만 그를 베드로라고 믿었습니다. 본문에는 당시 마리아의 집에서 기도하고 있던 사람들이 어떤 반응을 보였는지 자세히 기록되어 있습니다. '내가 만약 그 자리에 있었다면 나는 어떻게 반응했을까?'라는 질문을 염두에 두고 당시 상황 속으로 들어가 봅시다.

도입 질문

1 예수님의 부활 소식을 여자들에게 전해 들은 사도들은(베드로를 제외하고) 그 말을 믿지 않았습니다(눅 24:11 참고). 예수님은 살아계실 동안 자신의 부활에 대해 제자들에게 말씀해 주셨습니다(눅 24:6-7 참고). 그런데도 제자들이 믿지 않은 이유는 무엇일까요?

함께 나누기

2 주의 사자(천사)를 따라 감옥에서 나온 베드로가 정신을 차린 후 고백한 것은 무엇입니까? 11절

3 베드로는 천사를 따라 옥에서 나와 어디로 갔습니까? 12절

4 베드로가 마리아의 집 대문을 두드렸을 때 영접하러 나온 여자아이의 이름은 무엇입니까? 여자아이는 어떤 반응을 보였습니까? 그리고 어떤 행동을 취했습니까? **13–14절**

5 여자아이의 말을 들은 사람들은 처음 어떻게 반응했습니까? **15절상**

6 여자아이는 자신을 미쳤다고 하는 사람들에게 뭐라고 말했습니까? 그러자 사람들은 또 뭐라고 말했습니까? **15절하**

7 문을 열고 베드로를 본 사람들의 반응은 어떠했습니까? 베드로는 사람들에게 무엇을 당부했습니까? **16–17절**

8 베드로의 갑작스러운 방문에 사람들의 반응은 두 가지로 나뉘었습니다. 문을 여는 것도 잊을 만큼 크게 기뻐한 여자아이가 있었던 반면, 여자아이를 미쳤다고 말한(혹은 베드로의 천사가 온 것이라고 말한) 사람들이 있었습니다. 같은 날 같은 장소에서 같은 기도제목을 가지고 기도하고 있던 사람들 사이에서 이처럼 상반된 반응이 나타난 이유는 무엇일까요? 각자의 생각을 말해 봅시다.

9 오늘 성경공부를 통해 나누고 싶거나 깨달은 것이 있으면 이야기해 봅시다.

최초의 선교사 바나바와 바울

사도행전 13:1-12 | 새찬송 495장 • 통일 271장

주간 말씀묵상 나눔

지난 한 주간 말씀을 묵상한 것이나 삶에 적용한 것이 있으면 돌아가며 간단히 나누어 봅시다.

• 오늘의 성경공부 목표

최초의 선교사 바나바와 바울이 파송되는 과정과 그들의 선교사역을 보면서, 선교사와 선교사역에 대해 바른 인식을 갖고 복음전파에 적극적으로 참여하는 기회로 삼읍시다.

1 안디옥 교회에 선지자들과 교사들이 있으니 곧 바나바와 니게르라 하는 시므온과 구레네 사람 루기오와 분봉 왕 헤롯의 젖동생 마나엔과 및 사울이라
2 주를 섬겨 금식할 때에 성령이 이르시되 내가 불러 시키는 일을 위하여 바나바와 사울을 따로 세우라 하시니
3 이에 금식하며 기도하고 두 사람에게 안수하여 보내니라
4 두 사람이 성령의 보내심을 받아 실루기아에 내려가 거기서 배 타고 구브로에 가서
5 살라미에 이르러 하나님의 말씀을 유대인의 여러 회당에서 전할새 요한을 수행원으로 두었더라
6 온 섬 가운데로 지나서 바보에 이르러 바예수라 하는 유대인 거짓 선지자인 마술사를 만나니
7 그가 총독 서기오 바울과 함께 있으니 서기오 바울은 지혜 있는 사람이라 바나바와 사울을 불러 하나님의 말씀을 듣고자 하더라
8 이 마술사 엘루마는 (이 이름을 번역하면 마술사라) 그들을 대적하여 총독으로 믿지 못하게 힘쓰니
9 바울이라고 하는 사울이 성령이 충만하여 그를 주목하고
10 이르되 모든 거짓과 악행이 가득한 자요 마귀의 자식이요 모든 의의 원수여 주의 바른 길을 굽게 하기를 그치지 아니하겠느냐

11 보라 이제 주의 손이 네 위에 있으니 네
가 맹인이 되어 얼마 동안 해를 보지 못
하리라 하니 즉시 안개와 어둠이 그를 덮
어 인도할 사람을 두루 구하는지라
12 이에 총독이 그렇게 된 것을 보고 믿으며
주의 가르치심을 놀랍게 여기니라

• **함께 읽어보기**

한국세계선교협의회(KWMA)가 발표한 '2018년 12월 한국선교사 파송현황'에 따르면, 171개국에서 27,993명이 활동하고 있는 것으로 나타났습니다. 1866년 한국 최초의 외국인 선교사 토머스 선교사가 대동강 강변에서 순교한 후 150여 년 만에 한국은 세계선교의 주요국가로 부상했습니다. 한국 교회가 이만큼 부흥하기까지 수많은 외국선교사들의 희생과 순교가 있었고, 그 증거가 '양화진 외국인선교사묘원'에 있습니다. 그런 의미에서 한국 교회는 복음에 빚진 교회이고, 지금은 그 빚을 갚기 위해 전 세계로 선교사를 파송하고 있습니다. 그러나 여전히 복음을 듣지 못한 미전도 종족이 2018년 현재 6,640개 부족 31억 명에 달합니다. 세계 인구의 41퍼센트에 해당합니다. 이것이 바로 선교사역을 멈출 수 없는 이유입니다. 게다가 이슬람권과 중국, 인도 등에서는 지금도 극심한 박해가 일어나고 있습니다. 최초의 선교사 바나바와 바울의 모습을 통해 선교사와 선교사역을 재조명해 봅시다.

도입 질문

1 당신이 전도했던 것 중 가장 기억에 남은 것은 무엇입니까? 전도하면서 환영받을 때와 거절당할 때의 느낌을 솔직하게 나누어 봅시다.

함께 나누기

2 안디옥교회의 선지자와 교사들이 금식할 때 성령께서 어떤 명령을 주셨습니까? 2절

3 안디옥교회가 바나바와 사울을 파송할 때 어떤 절차를 밟았습니까? 3절

4 바나바와 바울은 제일 처음 어디에 가서 누구에게 하나님의 말씀을 전했습니까? 4–5절

5 당신은 선교사 혹은 전도자로서 지금 사명을 충실하게 감당하고 있습니까? 또 그 사명을 감당하기 위해 금식과 기도에 힘쓰고 있습니까?

6 총독 서기오 바울이 바나바와 바울에게서 하나님의 말씀을 듣고자 할 때 방해한 마술사는 누구입니까? 6–8절

7 총독이 주의 가르치심을 놀랍게 여긴 결정적인 계기는 무엇입니까? 11–12절

8 선교 혹은 전도 사역을 감당할 때 방해자나 대적을 만나면 어떤 태도를 취해야 할까요? 무조건 용서하고 품어야 할까요, 아니면 단호히 맞서 싸워야 할까요? 자신이나 선교사님들의 경험담을 바탕으로 생각을 나누어 봅시다.

9 오늘 성경공부를 통해 나누고 싶거나 깨달은 것이 있으면 이야기해 봅시다.

권별주삶

아가페 주삶 GBS 해설서

- 1주(1회–5회) _ 사도행전 1:1–8
  예수 그리스도의 증인, 무엇을 증거할 것인가
- 2주(6회–10회) _ 사도행전 3:1–10
  내게 있는 이것, 예수 그리스도의 이름
- 3주(11회–15회) _ 사도행전 4:32–5:11
  위선, 하나님께 하는 거짓말
- 4주(16회–20회) _ 사도행전 6:1–7
  하나님이 세우시는 사역자의 기준
- 5주(21회–25회) _ 사도행전 7:54–60
  예수님처럼 살고 예수님처럼 죽다
- 6주(26회–30회) _ 사도행전 9:10–20
  아나니아의 질문, 예수님의 대답
- 7주(31회–35회) _ 사도행전 10:24–35
  "일어서라 나도 사람이라"
- 8주(36회–40회) _ 사도행전 12:11–19
  그들이 말하되 "네가 미쳤다"
- 9주(41회–45회) _ 사도행전 13:1–12
  최초의 선교사 바나바와 바울

1 가이드》 누구에게나 자신만의 강점이 있습니다. 그러나 그것을 잘 알지 못한다면 확신 있게 말할 수 없을 것입니다. 반대로 자신의 강점을 잘 알고 있는 사람은 자신 있게 그것에 대해 말할 수 있을 것입니다. 무엇을 말해야 할지 알고 있다는 것이 중요한 이유입니다.

2 답》 데오빌로

해설》 데오빌로라는 이름은 테오스(하나님)와 필레오(친구)의 합성어로 기원전 3세기부터 사용된 평범한 헬라식 이름입니다. '하나님의 친구' 혹은 '하나님의 사랑을 받는 자'라는 의미가 있습니다. 누가복음에는 "데오빌로 각하"라고 호칭이 함께 기록되어 있는 것을 고려해 볼 때(눅 1:3), 아마도 사회적으로 상당한 지위에 있었을 것으로 생각됩니다. 아마도 누가는 데오빌로를 통해 예수 그리스도의 복음이 널리 알려지기를 기대했을 것입니다.

3 답》 누가복음 / 예수께서 행하시며 가르치시기를 시작하심부터 승천하신 날까지의 일

해설》 누가복음은 예수님이 세상에서 행하신 능력과 사역, 고난과 죽음, 그리고 승천까지의 일을 다루고 있습니다. 사도행전은 예수님이 승천하신 후 성령을 받은 제자들이 어떤 일들이 일어났는지를 기록합니다. 오늘 본문에서 누가는 사도행전의 이야기를 시작하기 전에 누가복음의 내용을 요약해 주고 있습니다.

4 답》 하나님나라의 일

해설》 예수님이 부활하신 후 사십 일 동안 제자들과 함께 지내면서 전하신 말씀의 주제는 하나님나라에 관한 것이었습니다. 하나님나라의 복음은 두 가지 중요한 내용을 포함합니다. 첫째, 예수 그리스도께서 고난을 받고 제삼 일에 죽은 자 가운데서 살아나셨다. 둘째, 예수의 이름을 믿음으로 받게 되는 구원이 예루살렘에서 시작되어 모든 족속에게 전파될 것이다(눅 24:46-47 참고).

5 가이드》 복음서와 사도행전에서 말하는 하나님나라는 믿는 자들이 죽은 후 가게 될 내세를 의미하지 않습니다. 그것은 예수 그리스도의 구원의 복음이 모든 족속에게 전파됨으로 이루어질 하나님의 온전한 통치를 의미합니다. 실제적 의미에서 하나님나라는 그분의 통치 아래 살아가는 모든 믿는 자들의 삶의 방식과 태도를 포함합니다. 주기도문에 이런 구절이 있습니다. "나라가 임하시오며 뜻이 하늘에서 이루어진 것같이 땅에서도 이루어지이다"(마 6:10). 하나님의 뜻이 우리 삶과 이 땅 가운데 온전히 이루어지는 상태, 그것이 바로 하나님나라입니다.

6 답》 성령 세례

해설》 예수님은 제자들에게 예루살렘에 남아 하나님께서 보내실 성령을 기다리라고 말씀하셨습니다. "성령으로 세례를 받으리라"는 표현에는 두 가지 의미가 있습니다. 첫째, 성령을 통한 회개와 죄 씻음을 의미합니다. 둘째, 성령이 주시는 능력을 의미합니다. 이 두 가지는 예수 그리스도의 증인으로서 꼭 갖추어야 할 요소입니다.

7 답》 이스라엘 나라를 회복하심이 이때니이까 / 때와 시기는 하나님의 권한에 두신 것이고, 너희는 성령을 받고 땅끝까지 이르러 내 증인이 될 것이다.

해설》 '이스라엘 나라의 회복'이라는 표현은 하나님나라에 대한 제자들의 생각이 이스라엘 민족이라는 좁은 테두리에서 벗어나지 못하고 있음을 보여줍니다. 예수님은 "예루살렘과 온 유대와 사마리아와 땅끝까지 이르러 내 증인이 되리라"고 말씀하시면서, 제자들에게 하나님의 나라가 이스라엘뿐 아니라 온 민족과 열방을 포함하고 있음을 깨우쳐주십니다.

8 가이드》 예수 그리스도로부터 시작된 하나님나라는 아직 현재진행형입니다. 히브리서는 "우리에게 구름같이 둘러싼 허다한 증인들이 있으니"(히 12:1)라고 말합니다. 수많은 증인의 대열에 우리도 서 있다는 사실을 늘 기억해야 할 것입니다. 예수 그리스도께서 이루신 구원을 확신합니까? 늘 성령님과 동행하며, 삶 가운데 예수 그리스도의 구원의 복음을 증거하고 있습니까? 하나님나라의 백성으로서 그분의 나라를 확장해 나가는 삶을 살려고 애쓰고 있습니까?

*서로 기도 제목을 나누면서 뒤에 있는 기도 노트를 활용하십시오(p.206-207).

1 가이드》 세종대왕은 한글, 이순신 장군은 거북선 혹은 명량대첩을 떠올리게 합니다. '예수'라는 이름은 무엇을 생각나게 합니까? 십자가, 하나님의 아들, 부활 등 많은 생각이 떠오를 것입니다. 그런 생각이 바로 우리가 예수 그리스도의 이름에 부여하는 의미일 것입니다. 그리고 '예수의 도를 따르는 사람'(행 9:2)이 곧 그리스도인입니다.

2 답》 성전

해설》 당시 유대인들은 하루 세 번 성전에서 기도했습니다(오전 9시, 12시, 오후 3시). 초대교회 성도들도 같은 시간에 성전에 모여 기도했을 것으로 생각됩니다(행 2:46). 베드로와 요한은 아마도 초대교회 성도들의 기도 모임에 가는 길이었을 것입니다.

3 답》 우리를 보라

해설》 베드로는 성전 미문에 앉아 구걸하던 사람에게 "우리를 보라"고 말합니다. 이 말은 베드로가 걸인이 집중해서 보아야 할 무엇인가를 주려 한다는 것을 암시합니다.

4 답》 나사렛 예수 그리스도의 이름으로 일어나 걸으라 / 발과 발목이 곧 힘을 얻고 뛰어 서서 걷게 되었다.

해설》 걸인에게 가장 필요한 것은 하루를 버틸 수 있는 은과 금이 아니었습니다. 근본적인 문제의 해결이었습니다. 베드로는 자신에게 있는 것, 즉 예수 그리스도의 이름과 능력이 그 문제를 해결할 것이라는 확신과 믿음이 있었습니다. 그래서 담대하게 걸인의 오른손을 잡아 일으켰고, 나면서부터 걷지 못했던 걸인은 걷게 됩니다. 예수님이 이전에 행하셨던 기적들이(마 11:5 참고) 성령을 받은 베드로와 요한을 통해 이어지고 있다는 사실은 주목할 만합니다.

5 가이드》 "그 이름을 믿음으로"라는 구절이 갖는 모호함 때문에 학자들 사이에서도 여러 의견이 있습니다. 그러나 반드시 둘 중 하나일 필요는 없습니다. 성령께서 베드로의 믿음을 통해 일하셨을 뿐 아니라, 동시에 걸인에게도 믿음을 허락하셨을 것입니다. 예수 그리스도의 이름을 전하는 자, 그리고 그 이름을 받는 자의 믿음 둘 다 필요한 것입니다.

6 답》 성전으로 걸어 들어가면서 하나님을 찬송했다.

해설》 평생 동안 단 한 번도 걷지 못했던 사람이 첫발을 디디며 걷기도 하고 뛰기도 할 때 느꼈을 감격은 말로 다 표현할 수 없을 것입니다. 예수의 이름이 걸인에게 새로운 삶을 허락해 준 것입니다. 예수의 이름을 믿고 구원받던 그때의 감격이 기억납니까?

7 답》 모든 백성이 보았다. / 심히 놀랍게 여기며 놀랐다.

해설》 고침받은 걸인의 찬송하는 모습을 모든 백성이 목격했습니다. 백성들은 이 광경을 기이하게 여기며 매우 놀라워했습니다. 아마도 그들은 '예수 그리스도의 이름이 무엇이기에 이런 기적이 일어나는가?' 하는 궁금증을 갖게 되었을 것입니다. 한 사람의 구원과 회복은 그것으로 그치는 것이 아니라 주변 사람들에게 예수 그리스도를 소개하는 통로가 됩니다.

8 가이드》 오순절 성령의 임재 후에 사도들을 통해 기사와 표적이 많이 나타났습니다(행 2:43). 오늘 본문을 통해 저자인 누가는 베드로의 기적을 자세히 기록함으로써, 그러한 기적이 초대교회 시대의 복음전파에 어떤 역할을 했는지 알려줍니다. 예수를 알기 전 우리는 걸인과 같은 삶을 살았을지도 모릅니다. 그러나 예수 믿고 성령의 능력을 힘입은 우리는 이제 베드로처럼 담대히 예수님의 증인이 되어야 할 것입니다.

*서로 기도 제목을 나누면서 뒤에 있는 기도 노트를 활용하십시오(p.206-207).

1 가이드》 기도 열심히 하는 척, 믿음 좋은 척 등의 경험이 있는지 조심스럽게 나누어 봅시다.

2 답》 믿는 무리가 한마음과 한뜻이 되어 모든 물건을 서로 통용했다.

해설》 누가는 당시 초대교회의 상황을 두 가지 면에서 기술합니다. 첫째, 외적으로 회개하고 세례받는 신도의 수가 많아졌다(행 2:41). 둘째, 내적으로 믿는 무리가 한마음과 한뜻이 되어 모든 물건을 서로 통용했다. "한마음과 한뜻"이라는 표현은 성령 안에서 성도들이 경험한 친밀함, 하나 됨을 의미합니다.

3 답》 밭과 집이 있는 자들이 그것을 팔아 그 값을 사도들에게 가져오면, 사도들이 그 돈을 필요한 사람들에게 나누어 주었기 때문이다.

해설》 '한마음과 한뜻이 된' 공동체가 가장 먼저 한 일은 연약한 지체들의 필요를 채우기 위해 자신의 넉넉함을 온전히 나누는 것이었습니다. 당시 유대 지역에 밭과 집이 있는 사람들은 전체 인구의 10퍼센트 정도였다고 합니다. 그리스도인에게 물질은 나눔의 수단입니다. 하나님께서 많은 물질을 허락하셨다면 더 많이 나누어야 할 책임을 함께 주신 것입니다.

4 답》 구브로 / 레위 지파 / 요셉(바나바)

해설》 그의 원래 이름인 요셉은 당시 유대 지역에서는 흔한 이름이었습니다. 사도들은 그를 바나바라 불렀는데, 번역하면 '위로의 아들'이라는 뜻입니다. 바나바는 바울을 두려워하는 예루살렘의 제자들에게 바울을 소개하고 그들 사이를 중재했습니다(행 9:27). 누가는 안디옥 지역의 성공적인 선교활동에 바나바가 중요한 역할을 했다고 기록합니다. "바나바는 착한 사람이요 성령과 믿음이 충만한 사람이라"(행 11:24).

5 답》 아나니아 / 삽비라

해설》 '삽비라'라는 이름은 당시 예루살렘 지역에 거주하던 부유한 계층에서 주로 쓰이던 이름입니다. 초대교회 구성원 중에 당시 사회적으로 부유한 자들이 포함되어 있었음을 암시합니다.

6 답》 소유를 판 값에서 얼마를 감추었다.

해설》 자신의 재산을 팔아 공동체를 위해 함께 나누던 몇몇 부유한 구성원들은(밭과 집이 있었던 사람들) 공동체 안에서 큰 칭찬과 존경을 받았을 것입니다. 아나니아와 삽비라의 나눔은 성령에 이끌린 것이 아니었습니다. 단지 공동체 안에서 인간적 칭찬과 존경을 얻기 위한 개인적인 욕심에서 비롯된 것이었습니다.

7 답》 사탄이 네 마음에 가득하다. / 하나님께 거짓말한 것이다.

해설》 베드로는 아나니아의 행동 속에 하나님의 교회를 흔들려는 사탄의 의도가 있는 것으로 간주했습니다. 아나니아에 대한 하나님의 심판은 결국 사탄의 악한 의도에 대한 심판이었습니다.

8 답》 온 교회와 이 일을 듣는 사람들이 다 크게 두려워하였다.

해설》 아나니아와 삽비라의 죽음을 목격한 초대교회 공동체는 하나님을 경외하며 더욱 결속했을 것입니다. 교회 밖의 사람들 역시 초자연적인 하나님의 능력이 사도들과 믿는 무리와 함께하고 있음을 분명히 알게 되었을 것입니다.

9 가이드》 아나니아와 삽비라의 내면의 동기를 알 수 없는 상황에서, 그들의 행위는 표면적으로는 희생적이고 또 칭송받을 만하게 보일 것입니다. 만약 하나님께서 벌하시지 않았다면, 하나님께 거짓말을 했음에도 공동체 안에서는 계속 존경과 칭찬을 받는 모순적 상황이 발생했을 것입니다. 위선의 가장 큰 위험이 바로 여기에 있습니다. 자신 안에 위선적인 모습이 있지는 않은지 늘 살펴야 할 것입니다.

1 가이드》 지상에 세워진 교회에는 예외 없이 장단점이 있습니다. 문제없는 교회는 없다고 해도 과언이 아닙니다. 중요한 것은, 그런 교회의 문제를 해결하기 위해 하나님이 필요한 사역자를 준비하고 사용하신다는 사실입니다. 지금 다른 사람의 눈에는 보이지 않는데 당신의 눈에 보이는 교회의 단점이 있다면, 그것은 하나님께서 당신이 사역하기를 기대하시는 바로 그 부분이라고 생각하면 틀림없을 것입니다.

2 답》 구제 문제

해설》 당시 교회는 헌금으로 과부와 가난한 자를 구제하는 데 힘썼습니다. 그런데 히브리파 유대인들은 구제 명단에 있는 반면, 헬라파 유대인들은 구제 명단에서 빠지는 일이 발생했습니다. 고의는 아니고 교회의 급성장으로 발생한 행정적인 문제였을 것입니다.

3 답》 사역자 일곱 명을 택하여 구제 사역을 맡겼다.

해설》 사도들이 제시한 해결책은 사역자 일곱을 택해 구제 사역을 일임하는 것이었습니다. '7'이라는 숫자는 성경에서 완벽한 수를 상징하며 유대인의 마을, 즉 공회에서 공공의 업무를 처리하는 데 필요한 전형적인 인원이었습니다.

4 답》 성령과 지혜가 충만하여 칭찬받는 사람

해설》 성령이 충만하다는 것은 영성이 깊은 사람을 의미하며, 지혜가 충만하다는 것은 편견이나 선입관 없이 매사에 분별력이 있다는 뜻입니다. 또 칭찬받는 사람이란 다른 사람에게 좋은 평판을 받는 사람을 뜻합니다. 한 마디로 실제적인 삶의 문제에 하나님의 말씀을 적절하게 적용하여, 공정하고 객관적으로 처리하는 능력이 있는 사람을 가리킵니다.

5 가이드》 하나님은 사역자를 선택하실 때 재능이나 능력보다 성품을 더 중요하게 보신다는 사실을 알 수 있습니다. 흔히 사람들은 스펙이나 능력을 더 중요하게 생각하지만, 하나님은 인격을 더 중요하게 보십니다. 그리고 능력이 부족하다면 얼마든지 능력을 선물로 더해 주십니다. 자신의 부족한 부분을 능력에서 찾지 말고 인격적인 면에서 찾아보고, 하나님의 성품을 닮아가는 사람이 되도록 노력합시다.

6 답》 오로지 기도하는 일과 말씀 사역에 힘쓰기 위해서

해설》 초대교회가 구제 문제로 사역자 일곱을 세우지만, 더 근본적인 이유는 사도들이 기도와 말씀 사역이라는 본질적인 사명에 집중하기 위해서였습니다. 교회가 감당해야 할 많은 선한 사역이 있지만, 최우선순위는 기도와 말씀에 있음을 명심해야 합니다.

7 답》 하나님의 말씀이 점점 왕성하여 제자의 수가 심히 많아지고 제사장의 무리도 복종했다.

해설》 교회가 사역을 분담하고, 그 사역에 맞는 적임자를 선출해 체계적이고 조직적으로 사역을 감당할 때, 성장과 부흥은 자연스럽게 따라옵니다. 자격이 없는 사람을 무리해서 세우거나, 기도와 말씀보다 다른 사역을 더 우선시할 때 교회는 정체되거나 쇠퇴할 수 있습니다.

8 가이드》 본래 집사는 '시중들다'라는 뜻의 헬라어 '디아코네인'에서 유래하여, 영어로는 '디콘' 우리말로는 '집사'가 되었습니다. 초대교회는 집사라는 호칭을 사용하지 않고 '구제 사역을 위해 선택받은 사람'이라고 불렀습니다. 호칭보다는 섬기는 행위에 더 초점을 둔 것입니다. 그런데 오늘날 일부 교회에서는 집사라는 직분을 교회 계급 구조의 한 부분으로 인식하고 있습니다. '너나 나나 다 집사'라는 의식이 만연합니다. 오늘날의 교회가 초대교회의 본질을 회복하려면 호칭이 아니라 그 속에 담긴 봉사와 섬김에 집중해야 합니다.

1 가이드》 "죽으면 죽으리이다"(에 4:16)라고 고백한 에스더, 풀무불 속의 다니엘의 세 친구(단 3: 26), 사자굴 속의 다니엘(단 6:22), 처녀의 몸으로 예수님 잉태하는 것을 두려워하지 않은 마리아(눅 1:38), 스데반, 바울 등 많은 믿음의 선진을 떠올려 볼 수 있습니다.

2 답》 마음에 찔려 스데반을 향해 이를 갈았다.

해설》 스데반은 세 가지 이유로 군중을 책망했습니다. 그들은 성령을 거스르고, 선지자들을 박해했으며, 율법을 받고도 지키지 않았습니다(행 7:51–53 참고). "마음에 찔려"라는 헬라어 단어 '디에프리온토'는 마음 깊은 곳에 있는 심한 분노를 나타냅니다. 군중의 이러한 내면의 분노는 '이를 갈았다'는 표현을 통해 다시 한 번 묘사됩니다.

3 답》 성령이 충만했다. / 하나님의 영광과 예수께서 하나님 우편에 서신 것을 보았다.

해설》 '예수께서 하나님 우편에 서셨다'라는 표현은 예수님이 스데반을 맞을 준비를 하신 것으로 해석되기도 합니다. 세상과 타협하지 않는 그리스도인은 종종 핍박을 받기도 합니다(요 15:18). 그러나 예수님이 서서 응원하고 계심을 기억하며 꿋꿋이 예수의 길을 가야 할 것입니다.

4 답》 큰 소리를 지르며 귀를 막고 스데반에게 달려들어 성 밖으로 내치고 돌로 쳤다.

해설》 "보라 하늘이 열리고 인자가 하나님 우편에 서신 것을 보노라"라는 스데반의 말에 군중은 극렬한 반응을 보입니다. 그들에게 예수는 십자가에서 죽은 죄인 중 한 명에 불과했습니다. 그런데 스데반은 본문에서 예수님이 인자(하나님의 아들, 단 7:14 참고)이고, 하나님의 보좌 옆에 있다고 증언합니다. 그들의 기준에서 보면 이것은 신성모독에 해당합니다. 성 밖에서 돌로 쳐 죽이는 규정은 신성모독의 죄를 처벌하기 위해 모세의 율법이 정한 것이기도 합니다(레 24:14 참고).

5 답》 사울이라 하는 청년

해설》 유대의 전통에 따르면 신성모독 죄를 범한 사람은 돌로 치기 전에 발가벗깁니다. 죄인에게 돌을 던지는 사람들 역시 겉옷을 벗어 자신이 그 일에 증인임을 표시해야 합니다. 오늘 본문의 "증인들이 옷을 벗어 사울이라 하는 청년의 발 앞에 두니라"라는 기록은, 스데반을 돌로 치는 일이 사울의 허락 아래 이루어졌음을 의미합니다. 이것은 당시 기독교인을 박해하는 일에 사울이 앞장서고 있었음을 짐작하게 합니다.

6 답》 주 예수여 내 영혼을 받으시옵소서 / 아버지 내 영혼을 아버지 손에 부탁하나이다

해설》 죽음을 직감한 스데반은 자신의 영혼을 위해 부르짖어 기도합니다. 스데반의 부르짖음은 십자가에서 하신 예수님의 말씀을 기억나게 합니다.

7 답》 주여 이 죄를 그들에게 돌리지 마옵소서 / 아버지 저들을 사하여 주옵소서 자기들이 하는 것을 알지 못함이니이다

해설》 스데반은 자신에게 돌을 던지는 사람들까지도 용서하며 그들을 위한 마지막 기도를 드립니다. 이것 역시 예수님이 십자가에서 드리신 기도와 같습니다. 죽는 순간까지 예수님을 본받고자 한 스데반의 간절한 마음이 느껴집니까?

8 가이드》 오늘 본문에 기록된 스데반의 일화를 통해, 예수님 닮기를 소원한 스데반이 어떻게 살았고 어떻게 죽음을 맞았는지 살펴보았습니다. 예수님 닮기를 원한다는 우리의 많은 고백과 찬양 가운데 스데반 같은 간절한 마음과 결연한 의지가 포함되어 있습니까?

*서로 기도 제목을 나누면서 뒤에 있는 기도 노트를 활용하십시오(p.206–207).

1 가이드》 신앙생활 중에 하나님께 대한, 하나님의 일하심에 대한 많은 질문이 생긴다는 것은 믿음 안에서 성장하고 있다는 증거입니다. 기도와 말씀을 통해 그 답을 알게 되었을 때 느끼는 기쁨은 신앙생활의 비타민과 같습니다. 그리스도인으로서 한 번쯤 그런 경험이 있을 것입니다. 서로 나누어 봅시다.

2 답》 아나니아

해설》 바울은 아나니아에 관해 "율법에 따라 경건한 사람으로 거기 사는 모든 유대인들에게 칭찬을 듣는"(행 22:12 참고) 사람이라고 기록합니다. 환상 중에 예수님이 부르실 때, 아나니아는 "주여 내가 여기 있나이다"라고 대답합니다. 아브라함(창 22:1), 모세(출 3:4), 이사야 선지자도 하나님이 부르실 때 그렇게 대답했습니다(사 6:8). 당신은 하나님께 즉시 대답할 준비가 되어 있습니까?

3 답》 일어나 직가라 하는 거리로 가서 유다의 집에서 다소 사람 사울을 찾으라

해설》 예수님은 사울이 머물고 있는 곳을 거리의 이름까지 상세히 언급하면서 설명해 주십니다. 그리고 사울에게는 아나니아가 방문하여 안수할 것을 미리 말해 놓으셨습니다(12절 참고). 사울을 이방인을 위한 사도로 세우기 위한 모든 준비 과정이 하나님의 계획 안에 있었음을 보여줍니다.

4 답》 사울이 예루살렘에서 주의 성도에게 적지 않은 해를 끼쳤다, 다메섹에 사는 그리스도인들을 결박할 권한을 대제사장에게서 받았다.

해설》 아나니아는 사울에게 안수하여 눈을 뜨게 하라는 예수님의 명령을 선뜻 이해할 수 없었을 뿐 아니라 두려웠을 것입니다. 사울이 그동안 많은 그리스도인을 핍박해 온 사실을 알고 있기 때문입니다(행 22:4-5 참고).

5 가이드》 우리는 보통 두 가지 경우에 질문을 합니다. 첫째, 상대방의 말에 동의할 수 없을 때 반박하기 위해 질문합니다. 둘째, 상대방의 의도를 더 정확히 알기 위해 질문하기도 합니다. 아나니아가 예수님께 던진 질문은 두 번째 경우에 해당합니다. 하나님의 뜻을 더욱 잘 알기 위해 질문하고, 성경 속에서 혹은 기도 가운데 하나님께서 주시는 답을 찾는 훈련은 신앙생활에 유익합니다. "우리가 여호와를 알자 힘써 여호와를 알자"(호 6:3).

6 답》 가라 이 사람은 내 이름을 이방인과 임금들과 이스라엘 자손들에게 전하기 위하여 택한 나의 그릇이라

해설》 예수님은 아나니아에게, 사울이 이방인 선교를 위한 그릇으로 사용될 것을 말씀하십니다. 어떤 그릇을 선택할지, 어떤 장소에서 어떤 용도로 사용할지는 그릇의 주인이 결정합니다. 예수님은 사울을 "나의 그릇"이라고 말씀하십니다. 이 표현은 사울의 삶이 하나님께 온전히 속해 있음을 말해 줍니다. 그릇이 무엇을 담고 있는지가 그 그릇의 가치를 결정합니다. 당신은 무엇을 담고 있습니까?

7 답》 사울에게 안수하여 눈을 뜨게 하고 세례를 주었다. / 각 회당에서 예수가 하나님의 아들이심을 전파했다.

해설》 아나니아는 사울을 찾아가 안수합니다. 아나니아는 사울을 "형제 사울아"라고 부릅니다. 사울에 대한 예수님의 계획을 알게 된 후, 아나니아에게 사울은 더 이상 두려움과 거리낌의 대상이 아닌 형제였던 것입니다. 눈을 뜨고 기력을 회복한 사울은 복음을 전파하는 사도로 다시 태어납니다. 자신의 인간적인 생각과 두려움을 내려놓고 예수님의 명령에 순종한 아나니아를 통해 하나님께서 이루신 일이었습니다.

8 가이드》 아나니아는 예수님이 환상 중에 부르실 때 즉시 응답했습니다. 그러나 아나니아는 사울에 대한 예수님의 명령에 솔직하게 반응하며 의문을 갖습니다. 그러자 예수님은 아나니아가 이해할 수 있도록 설명하셨고, 결국 아나니아는 순종함으로 그 계획에 동참합니다. 오늘 본문은 아나니아가 예수님과 얼마나 친밀한 인격적 관계를 맺고 있었는지를 잘 보여줍니다. 지금 당신과 예수님의 관계는 어떻습니까?

1 가이드》 최근의 심리학 연구는, 어떤 한 사람에 대한 첫인상이 그 사람과의 관계에 많은 영향을 끼친다고 보고합니다. 그러나 사귐이 지속되면서 첫인상이 틀렸다는 것을 알게 되는 경우도 많습니다. 그런 경험을 나누어 봅시다.

2 답》 이달리야 부대라 하는 군대의 백부장 / 고넬료가 경건하여 온 집안과 더불어 하나님을 경외하며 백성을 많이 구제하고 하나님께 항상 기도했다.

해설》 고넬료는 이달리야 군대의 백부장으로 사회적으로도 상당한 위치에 있는 사람이었습니다. 그는 이방인이었지만 하나님을 믿었습니다. 당시 이방인 중에는 고넬료처럼 하나님을 경외하기는 하지만 할례받기를 꺼려서 유대교로 개종하지 않은 사람들이 있었습니다.

3 답》 베드로의 발 앞에 엎드려 절했다. / 일어서라 나도 사람이라

해설》 고넬료는 마치 하나님의 사자를 대하듯 베드로의 발 앞에 엎드려 절을 합니다. "엎드리어 절하니"라고 번역된 헬라어 '프로스쿠네오'는 '엎드리다' 혹은 '예배하다'라는 뜻이 있습니다. 고넬료는 베드로에게 최고의 존경심을 표현한 것입니다.

4 가이드》 당시 베드로는 초대교회에서 가장 영향력 있는 사도였습니다. 베드로의 설교를 듣고 삼천 명이 회개하고 세례를 받았고(행 2:41), 나면서부터 걷지 못한 걸인은 걷게 되었습니다(행 3:7). 그런 놀라운 능력을 행하였음에도 베드로는 교만하지 않았습니다. 베드로가 고넬료에게 "나도 사람이라"고 말할 수 있었던 이유는, 아마도 하나님 앞에서는 자신 역시 고넬료와 다를 바 없는 한 인간이라는 사실을 자각했기 때문일 것입니다.

5 답》 유대 법에 어긋나는 위법으로 규정되었다. / 아무도 속되다 하거나 깨끗하지 않다 하지 말라

해설》 "위법"이라고 번역된 헬라어 '아테미토스'는 '금지된' '허락되지 않은' 정도의 의미입니다. 당시 유대인들은 율법이 정한 방식대로 정결함을 유지해야 했습니다. 이방인의 부정한 음식과 관습으로 자신들이 더럽혀질지도 모른다고 생각했기 때문에, 이방인과의 교제를 금지했습니다.

6 답》 하나님이 고넬료의 기도를 들으시고 그의 구제를 기억하셨으니, 사람을 욥바에 보내어 베드로라 하는 시몬을 청하라

해설》 누가는 하나님이 이방인의 기도와 구제를 받으셨다는 것을 강조합니다. 이것은 오늘 본문의 주된 주제입니다. 이 주제는 베드로의 고백(34-35절)으로 더 확실히 드러납니다. 하나님께서 고넬료와 베드로의 만남을 세밀하게 계획하시고 지침을 주셨다는 사실도 주목할 만합니다.

7 답》 하나님은 사람의 외모를 보지 아니하시고 각 나라 중 하나님을 경외하며 의를 행하는 사람은 다 받으시는 줄 깨달았도다

해설》 고넬료의 이야기를 들은 베드로는 하나님께서 이방인에게 예수님의 복음을 전하기 위해 이 모든 일을 계획하셨다는 사실을 알게 됩니다. 유대인은 이방인을 죄인 취급하며 가까이하지 않았지만, 예수 그리스도의 복음은 결코 이방인과 유대인을 차별하지 않는다는 사실을 깨닫게 된 것입니다. 오늘날 우리에게는 당연한 사실이지만, 오직 자신들만이 하나님께 선택받은 민족이라고 생각했던 당시 유대인에게는 쉽게 받아들이기 힘든 사실이었습니다.

8 가이드》 누가가 말하고 싶었던 중요한 주제는 바로 예수 그리스도의 복음은 유대인과 이방인을 차별하지 않는다는 것입니다. "나도 사람이라"는 베드로의 말은 그 주제의 시작입니다. 하나님께서 이방인 고넬료의 기도를 들으시고 베드로를 통해 예수 그리스도의 복음이 전파되도록 계획하셨다는 사실, 하나님께서 사람의 외모를 보지 않으신다는 것을 깨달았다는 베드로의 고백, 이 모든 사건은 향후 초대교회의 이방인 선교에 중요한 근거가 됩니다.

*서로 기도 제목을 나누면서 뒤에 있는 기도 노트를 활용하십시오(p.206-207).

1 가이드》 인간은 누구나 눈에 보이는 것, 경험으로 이해할 수 있는 것이 아니면 일단 의심하는 경향이 있습니다. 이것은 자연스러운 반응입니다. 제자들이 베드로가 옥에서 놓여난 사실을 믿지 못한 것도 그런 맥락에서 이해할 수 있습니다. 그러나 성경은 보지 않고도 믿는 자들이 복되다고 말합니다. "너는 나를 본 고로 믿느냐 보지 못하고 믿는 자들은 복되도다"(요 20:29).

2 답》 내가 이제야 참으로 주께서 그의 천사를 보내어 나를 헤롯의 손과 유대 백성의 모든 기대에서 벗어나게 하신 줄 알겠노라

해설》 자신에게 벌어진 일이 환상인 줄 알았던 베드로는(9절 참조) 정신을 차리고 나서 그 모든 것이 하나님께서 하신 일임을 고백합니다. 베드로의 고백은 바로 왕과 애굽인들의 손에서 이스라엘 백성을 구원하신 출애굽 사건을 생각나게 합니다(출 14:30 참조).

3 답》 마가라 하는 요한의 어머니 마리아의 집으로 갔다.

해설》 초기 기독교인들은 종종 가정 교회 형태로 함께 모여 기도하고 예배하면서 건강한 공동체성을 키워갔습니다. 마리아의 집에 모인 성도들은 베드로를 위해 간절히 기도하고 있었을 것입니다(12:5 참조).

4 답》 로데 / 베드로인 줄 알고 기뻐했다. / 문을 미처 열지 못하고 달려 들어가 사람들에게 알렸다.

해설》 로데라 하는 여자아이가 베드로의 음성을 기억했던 것으로 보입니다. 베드로를 포함한 여러 성도가 이전에 마리아의 집에 자주 모였던 것으로 생각해 볼 수 있습니다. 로데는 크게 기뻐했습니다. 베드로가 돌아온 것이 하나님의 응답임을 의심 없이 믿었기 때문입니다..

5 답》 여자아이에게 미쳤다고 했다.

해설》 로데의 반응과는 너무나 대조적인, 조금은 당황스러운 반응입니다. "미쳤다"고 번역된 헬라어 '마이네이'는 성경에서 비이성적이라 생각되는 언행을 가리킬 때(행 26:24-25; 고전 14:23), 혹은 귀신 들린 사람을 묘사할 때 쓰였습니다(요 10:20). 그들은 로데가 제정신이 아니라고 생각했습니다. 하나님께서 놀라운 기적을 행하셨음에도 자신들의 생각과 경험의 틀 안에 갇혀 있던 그들이 내린 결론은 안타깝게도 "(로데) 네가 미쳤다"였던 것입니다.

6 답》 참말이라 / 그러면 그의 천사라

해설》 여자아이는 힘써 자신의 주장을 굽히지 않았고, 그것을 본 나머지 사람들은 생각해 낼 수 있는 범위에서 다른 의견을 냅니다. 그들은 문 밖에 선 그가 '베드로의 천사'일 것이라고 추측했습니다. 당시 이스라엘 백성에게 널리 읽힌 문헌 중에 수호천사를 언급하는 몇몇 구절이 있는 것으로 미루어 볼 때, 아마도 이스라엘 백성은 '(수호)천사'의 존재를 인정했던 것 같습니다(마 18:10; 히 1:14 참조).

7 답》 그들이 문을 열어 베드로를 보고 놀랐다. / 야고보와 형제들에게, 주께서 자기를 이끌어 옥에서 나오게 하신 일을 전하라고 당부했다.

해설》 사도행전에서 '놀랐다'는 단어는 주로 성령께서 행하시는 일에 대한 사람들의 반응을 묘사할 때 사용되었습니다(행 2:7; 8:13; 9:21; 10:45). 베드로는 자신을 보고 놀라는 사람들에게, 하나님께서 자신에게 행하신 일을 증거했습니다. 그리고 야고보와 형제들에게도 그 일을 전하고 격려할 것을 당부합니다. 교회는 때로 세상의 핍박을 받습니다. 그러나 그때마다 하나님은 교회의 든든한 피난처가 되어주시고 위로하십니다.

8 가이드》 마리아의 집에서 베드로를 위해 기도하던 무리가 정확히 무엇을 구했는지는 본문에서 말하고 있지 않습니다. 그러나 한 가지 분명한 것은, 로데라는 여자아이를 제외한 나머지 사람들은 '하나님께서 베드로를 감옥에서 이끌어내실 것'을 전혀 기대하지 않았다는 것입니다. 그런 일은 현실적으로 불가능하다고 생각했을지도 모릅니다. 그러나 하나님은 때로 인간이 전혀 생각하지 못한 방법으로 우리의 기도에 응답하십니다. 우리의 지식과 경험으로 이해할 수 없는 일을 하나님께서 우리에게 보여주실 때, 그때 우리에게 필요한 것은 무엇일까요? 바로 오늘 본문에 소개된 '한 여자아이'와 같은 믿음이 아닐까요?

1 가이드》 교회와 성도가 해야 할 지상 최대의 과제는 복음전파를 통한 하나님나라의 확장입니다. 해외에 나가 선교하는 것이나 국내에 남아 전도하는 것은 모두 본질적으로 동일한 사역입니다. 그리스도인은 예외 없이 모두 복음전파의 사역자로 부름받았습니다. 환영받든 거절당하든, 때를 얻든 못 얻든 복음전파에 힘쓰는 성도가 되어야 합니다.

2 답》 바나바와 사울을 따로 세우라는 명령

해설》 바나바와 사울을 따로 세운 주체는 교회가 아니라 성령님이었습니다. 즉, 성령께서 교회를 준비시킨 후 본격적으로 교회 중심의 선교를 시행하신 것입니다. 그리고 바나바와 사울을 따로 세운 이유는 성령께서 시키시는 일을 특별히 감당하게 하기 위함이었습니다.

3 답》 금식하고 기도하고 안수하여 보냈다.

해설》 금식은 하나님께 초점을 두기 위해 특정 기간 음식을 절제하는 것을 의미합니다. 따라서 금식하며 기도하는 것은 하나님의 음성을 듣고 그분의 뜻을 깨닫기 위한 신앙적인 행위입니다. 또 안수는 특정한 소명과 직무를 감당할 사람을 공개적으로 축복하며 구별하여 세우는 의식입니다. 이로써 바나바와 사울은 초대교회 최초 선교사로 파송됩니다.

4 답》 유대인의 여러 회당

해설》 수준 높은 교육을 받은 바리새인 출신의 사울은 제일 먼저 동족인 유대인을 선교 대상으로 삼았습니다. 그래서 그들이 주로 모이는 회당에서 하나님의 말씀을 전했습니다. 이것은 사도행전 1장 8절에서 먼저 예루살렘과 온 유대에 복음을 전한 뒤 사마리아와 땅 끝까지 가서 증인이 되라고 하신 말씀을 충실하게 따르고 있음을 보여줍니다.

5 가이드》 최근 선교학에서는 선교를 크게 둘로 구분합니다. 죄인에게 예수 그리스도의 십자가 복음을 충실하게 전하는 '미시오 크리스티'(Missio Christi)와, 교리와 관계없이 사회 구제, 환경 생명 운동을 통해 하나님의 사랑을 전하는 '미시오 데이'(Missio Dei)로 나눕니다. 어느 쪽이든 넓은 의미에서 우리가 감당해야 할 선교입니다. 그리고 이 선교활동이 제대로 이루어지기 위해서는 기도와 금식을 통한 깊은 영성이 뒷받침되어야 합니다.

6 답》 바예수, 헬라 식 이름은 엘루마

해설》 총독은 로마의 고위 관원으로 하나님 말씀에 관심을 보였습니다. 그러나 옆에서 시중들던 유대인 거짓 선지자이자 마술사인 바예수가 총독이 믿지 못하도록 방해했습니다. 이와 같이 복음전도에는 늘 방해자와 대적이 있기 마련입니다. 이것을 이상히 여기지 말고 그럴수록 더욱 힘써 복음을 전해야 합니다.

7 답》 바울의 책망으로 바예수가 맹인이 된 것을 보고 믿으며 주의 가르치심을 놀랍게 여겼다.

해설》 바예수의 방해와 대적에 대해, 바울이 성령 충만하여 바예수가 일정 기간 맹인이 될 것을 선언합니다. 그러자 바울의 선언대로 바예수는 맹인이 되었고, 이를 본 총독은 그것을 보고 믿으며 주의 가르침을 놀랍게 여겼습니다. 한 마디로 이 기적은 총독 서기오 바울이 예수님을 믿게 하려는 것이었습니다.

8 가이드》 선교의 정신은 영혼에 대한 사랑입니다. 그러나 비진리에 대해서는 단호한 태도를 취해야 합니다. 복음이 전파되는 곳에는 항상 사탄과의 영적 전쟁이 벌어집니다. 우리는 사람과 그 영혼은 사랑해야 하지만, 배후에 있는 악한 영에 대해서는 예수님의 이름으로 강하게 대적해야 합니다. 그럴 때 하나님의 놀라운 기적이 나타나고, 그것을 보고 믿는 사람들이 생겨납니다. 그러므로 복음전파와 선교를 위해 영적인 전신갑주로 무장해야 합니다.

*서로 기도 제목을 나누면서 뒤에 있는 기도 노트를 활용하십시오(p.206-207).

기도 노트 *Prayer Note*

● 하나님께서 기도에 응답하셨으면 'Yes', 거절하셨으면 'No', 보류 중이시면 'Wait'에 체크해 보세요.
시간이 흐른 뒤 하나님의 세심한 인도하심을 느낄 수 있습니다.

날짜 Date	기도 대상 Who	기도 제목 Title	응답 여부 Yes	No	Wait

Prayer Note

날짜 Date	기도 대상 Who	기도 제목 Title	응답 여부		
			Yes	No	Wait

권별주삶

아가페 주삶

사도행전(상)

초판 1쇄 발행 2019년 11월 22일

지은이 오대환

펴낸이 정형철
기획편집 방재경
디자인 박지영, 정육남

펴낸곳 ㈜아가페출판사
등록 제21-754호(1995년 4월 12일)
주소 (06698) 서울시 서초구 효령로8길 5 (방배동)
전화 584-4835(본사)
팩스 586-3078(본사)
홈페이지 www.iagape.co.kr

ISBN 978-89-537-1943-9 (04230)
ISBN 978-89-537-1934-7 (세트)

이 도서의 국립중앙도서관 출판시도서목록(CIP)은 서지정보유통지원시스템 홈페이지(http://seoji.nl.go.kr)와 국가자료공동목록시스템(http://nl.go.kr/kolisnet)에서 이용하실 수 있습니다. (CIP제어번호: CIP2019043928)

아가페 출판사

그리스도인의 생명의 양식, 말씀묵상!

권별주삶은 날짜와 관계없이 성경을 이어서 빠짐없이 묵상할 수 있기 때문에
성경의 문맥을 이해하는 데 효과적입니다.
또 권별로 모아두면 훌륭한 성경 해설서가 됩니다.

45회분 묵상

권별주삶

아가페 주삶

• 주야로 묵상하는 삶 •

사도행전 하 14~28장

개역개정 + 쉬운성경 + ESV

깊이 있는 해설 중심의 『주삶』은
객관적인 절별 해설을 통해 말씀의 뜻을 바르게 해석해 주는 말씀묵상집입니다.

AGAPE
[주]아가페출판사

권별주삶

아가페 주삶

• 주야로 묵상하는 삶 •

사도행전(하)

주삶의 정신 1

『주삶』은 에티오피아 내시에게
말씀을 해석해 준 빌립 집사의 역할을 하기 원합니다.

말씀을 올바르게 깨닫기 위해서는 빌립과 같은 신령한 조력자가 필요합니다.
이제 『주삶』은 '객관적이고 정확한 절별 해설'을 통해
그리스도인의 매일 말씀묵상을 돕고자 합니다.

주삶의 정신 2

'묵상'은 하루 중 가장 방해받지 않는
귀중한 시간에 하는 것입니다.
그리고 깨달은 말씀을 종일 생각하는 것입니다.

진정한 그리스도인이 되기 위해서는 묵상한 말씀을 늘 되새겨야 합니다.
그것이 주야로 묵상하는 삶이며 '주삶의 정신'입니다.

주삶의 정신 3

'오늘 말씀묵상을 하지 않으면 밥을 먹지 않겠다.'
참된 성도는 굳은 결심의 소유자여야 합니다.

매일 말씀묵상을 하지 않으면 영혼이 병들고 성장하지 않기 때문입니다.
일주일에 한두 끼만 먹는 사람이
건강한 삶을 살 수 없는 것과 같은 이치입니다.

Contents

해설 집필자 소개

오대환 목사_ 사도행전

· 합동신학대학원 졸업 (목회학 M.Div)
· 영국 Trinity College 졸업 (실천신학 MA)
· 미국 San Francisco Theological Seminary (실천신학 D.Min 과정 이수)
· 온마음교회 담임목사

김건일 목사_ GBS 및 해설서

· 침례신학대학교 신학대학원(신학 M.Div)
· Southwestern Baptist Theological Seminary(신약학 Th.M)
· Southwestern Baptist Theological Seminary(신약학 Ph.D) 과정 중
· 뿌리깊은교회 협동목사

권별주삶

아가페

주삶

• 주야로 묵상하는 삶 •

사도행전(하)

AGAPE
[주]아가페출판사

아가페

주삶 단체 활용법

「권별주삶」의 특징

- 「**권별주삶**」은 가족, 교회 소그룹, 직장 신우회 등 각종 성경공부 모임에 활용하면 좋습니다.
- 「**권별주삶**」은 날짜에 구애받지 않는 5일 동안의 개인 묵상과 1일의 주간성경공부(GBS)로 구성되어 있습니다.

「권별주삶」의 단체 활용법

➤ 5일 동안 개인적으로 묵상하고, 1주일에 1회씩 모여 GBS 모임을 가지면 좋습니다.

- 주중 첫날부터 5일째까지 개인묵상 시간을 통해 말씀을 묵상하고, 6일째는 지난 5일간 주신 메시지를 거듭 기억하며 복습합니다.
- 7일째 주간성경공부 모임에서, 한 주 동안 묵상한 말씀을 삶에 적용하고 체험과 깨달음을 서로 공유합니다.

➤ 단체 성경공부 모임의 말씀묵상을 하면서 아래의 구체적인 활용법을 따라하세요.

예) 토요일이나 주일에 GBS 모임을 할 경우

1주차	GBS	2주차	GBS	3주차	GBS	…	6주차	GBS
월,화,수,목,금	1	월,화,수,목,금	2	월,화,수,목,금	3		월,화,수,목,금	6
01~05회		06~10회		11~15회			26~30회	

예) 금요일에 GBS 모임을 할 경우

1주차	GBS	2주차	GBS	3주차	GBS	…	6주차	GBS
토,월,화,수,목	1	토,월,화,수,목	2	토,월,화,수,목	3		토,월,화,수,목	6
01~05회		06~10회		11~15회			26~30회	

「**권별주삶**」은 각종 성경공부 모임의 계획에 맞춰 차별화 된 스케줄 구성이 가능합니다.

아가페

주삶20 개인 활용법

「권별주삶」의 특징

- 「권별주삶」은 날짜가 특정되지 않아 순차적으로 깊이 있는 말씀묵상이 가능합니다.
- 「권별주삶」은 개인별 맞춤 스케줄에 따라 시간을 활용함으로써, 하나님의 말씀을 거듭 상고하고 깊이 체험할 수 있게 도와줍니다.

「권별주삶」의 개인 활용법

➤ 아래 「권별주삶」의 개인 활용법을 따라 꾸준히 묵상하면서 하나님과 동행하세요.

- 먼저 묵상을 시작하는 날짜를 기록합니다. 개인 스케줄에 맞춰 날짜와 관계없이 성경을 이어서 빠짐없이 묵상할 수 있습니다.
- 주중 첫날부터 5일째까지 개인묵상 시간을 통해 말씀을 묵상하고, 6일째는 지난 5일간 주신 메시지를 거듭 기억하며 복습합니다.
- 7일째 주간성경공부 모임에서, 한 주 동안 묵상한 말씀을 삶에 적용하고 체험과 깨달음을 서로 공유합니다.
- 교훈과 묵상한 것을 메모합니다. 묵상과 적용이 「권별주삶」의 깊이 있는 해설과 곁들여져 말씀을 더욱 쉽게 이해하는 나만의 묵상노트가 됩니다.
- 「권별 주삶」 시리즈를 권별로 모아두세요. 성경의 문맥을 살려 그 자체로 말씀을 쉽게 이해하게 해주는 훌륭한 성경해설서로 활용할 수 있습니다.

*** 「권별주삶」을**

나만의 묵상노트이자 성경해설서로 만든다는 목표를 가지고 꾸준히 하면,
하나님과의 친밀한 교제 안에서 변화된 자신을 체험할 수 있습니다.

아가페 주삶

개인 말씀묵상 활용법

1 날짜 기록

묵상한 날짜를 기록합니다.

2 찬양과 기도

먼저 찬양한 후, 성령님의 도우심을 구하는 기도를 드립니다.

3 본문요약

'본문요약'을 읽고 흐름을 파악합니다.

4 개역개정성경 읽기

성경 본문을 정독합니다.

☐ 묵상 체크

46 이고니온

월 일

사도행전 14:1-7 • 새찬송 522장 | 통일 269장

• 말씀묵상 전에 성령님의 인도하심을 구하는 기도를 드리십시오.

본문요약 | 바울과 바나바는 자신들을 반대하는 유대인들에게 쫓겨나 이고니온으로 갔다. 그러나 그곳에서도 바울을 반대하는 세력은 바울을 비방하고 심지어 돌로 치려 했다. 복음에 대한 반대가 더욱 심해져서 그들은 또 도망하여 루가오니아의 두 성으로 가서 복음을 전한다. 옳은 일에는 지불해야 할 대가가 따르는 법이다.

1 이에 이고니온에서 두 사도가 함께 유대인의 회당에 들어가 말하니 유대와 헬라의 허다한 무리가 믿더라
2 그러나 순종하지 아니하는 유대인들이 이방인들의 마음을 선동하여 형제들에게 악감을 품게 하거늘
3 두 사도가 오래 있어 주를 힘입어 담대히 말하니 주께서 그들의 손으로 [1]표적과 기사를 행하게 하여 주사 자기 은혜의 말씀을 증언하시니
4 그 시내의 무리가 나뉘어 유대인을 따르는 자도 있고 두 사도를 따르는 자도 있는지라
5 이방인과 유대인과 그 관리들이 두 사도를 모욕하며 돌로 치려고 달려드니
6 그들이 알고 도망하여 루가오니아의 두 성 루스드라와 더베와 그 근방으로 가서
7 거기서 복음을 전하니라

1) 또는 이적

1. 오늘 하나님께서 나에게 주신 깨달음은 무엇입니까?

2. 말씀을 어떻게 내 삶에 구체적으로 적용해야 합니까?

14

7 묵상과 적용

'묵상과 적용' 질문을 통해 깨달은 말씀과 적용한 내용을 적습니다.

'말씀묵상'은

말씀과 기도를 통해 날마다 하나님의 음성에 귀 기울이고 그 음성을 따라 살아가고자 하는 그리스도인을 위한 경건의 시간입니다. '말씀묵상'은 하루 중 가장 귀중한 시간에 아무도 방해하지 않는 곳에서 해야 합니다. 그리고 깨달은 말씀을 주야로 묵상하는 것입니다.

절별 해설

1 **이고니온** 비시디아 안디옥에서 남동쪽으로 160km 떨어진 곳에 위치한 도시로, 오늘날 터키의 코냐(Konya)라는 도시다. 당시 이곳은 농업과 상업의 중심지였다. 바울은 종종 대도시를 전략적 선교지로 선택했다. 중심 도시에서 복음을 전하면 이를 통하여 복음의 영향력이 주변 지역으로 퍼져 나가기 쉬운 이점 때문이었을 것이다.

두 사도가 함께 유대인의 회당에 들어가 말하니 바울의 아름다운 헌신의 자세를 엿볼 수 있는 대목이다. 그렇게 괴롭히는 비시디아 안디옥의 유대인들을 향하여 발에 티끌을 떨어 버리고 이고니온으로 왔지만, 바울은 또다시 복음 전파의 시작을 유대인의 회당에서 시작하고 있다. 복음 안에서 원수는 없다. 원수도 사랑하고 구원받도록 하는 것이 성도의 일이다.

3 **두 사도** 이 구절에서는 바울과 함께 바나바도 사도라고 부르고 있는데, 이로 인해 바울이나 예수님의 열두 사도와 혼동을 일으킬 수 있다. "사도"라는 의미는 일반적으로 '보냄을 받은 자'라는 의미다. 그러므로 여기서는 열두 사도나 바울처럼 주님의 부활을 친히 목격하고 증인으로 임명된 사람만을 뜻하기보다는, 복음을 위해 교회가 보낸 선교사라는 의미로 보는 것이 타당하다(행 13:3).

오래 있어 주를 힘입어 담대히 말하니 주께서 그들의 손으로 표적과 기사를 행하게 하여 주사 자기 은혜의 말씀을 증언하시니 바울과 바나바는 이고니온에 오래 머물 람들이 죄를 버리고 의를 선택하는 것 이루어지지는 않는다. 때로는 그들의 주 오랜 시간이 걸리기도 한다. 이것은 게 많은 인내가 요구된다는 것을 말해

4 복음 전파의 결과로 성내의 무리가 두 이 들어가는 곳에는 연합도 있지만 분 서로 다른 사람들이 하나 되는 경험도 사람들과는 어쩔 수 없이 분리되는 아픔

6 **그들이 알고 도망하여 루가오니아의 와 그 근방으로 가서** 두 사도의 행적 쫓겨나고 이고니온에서는 도망했다고 의 정도가 점점 더 심해져서 이번에는 있고 가치 있는 일일수록 그에 대한 다 는 것을 알 수 있다.

쉬운성경

1 이고니온에서도 바울과 바나바가 여느 때처럼 유대 회당에 들어가 복음을 전하자, 수많은 유대인과 그리스인이 믿었습니다.

2 그러나 믿으려 하지 않는 유대인들은 이방인들을 부추겨서 형제들을 대적하게 했습니다.

3 바울과 바나바는 오랫동안 이고니온에 머물면서 주님을 의지하여 담대하게 말했습니다. 주님께서 그들에게 기적과 표적을 행할 능력을 주셔서, 그들이 주님의 말씀을 전할 때, 그 은혜의 말씀이 참되다는 것을 보여주셨습니다.

4 그러나 그 도시 사람들은 두 편으로 나뉘었습니다. 그래서 한쪽은 유대인 편을 들고 다른 쪽은 사도들 편을 들었습니다.

5 이방인들과 유대인들은 자기들의 지도자들과 한 패가 되어 바울과 바나바를 핍박하며 돌로 쳐 죽이려 했습니다.

6 바울과 바나바는 그것을 알고 루가오니아 지방의 두 도시인 루스드라와 더베

5 쉬운성경 읽기

쉬운성경을 정독하며
본문을 대조합니다.

6 절별 해설

'절별 해설'을 참고하며 읽습니다.

8 저자의 묵상

절별 해설 집필자가 묵상 후
전하는 메시지입니다.

저자의 묵상

바울과 바나바의 선교 여정은 쉽지 않았다. 선교사로서 이방인들을 위하여 나섰지만 그 과정은 평탄하지 않았다. 특히 두 사도가 가는 곳마다 유대인들이 그들을 방해하고 괴롭혔다. 비시디아 안디옥에서 쫓겨났건만 이번에는 이고니온에서 돌로 치려고 달려들었다. 그럼에도 본문은 두 사도가 그곳을 떠나지 않고 오래 있으면서 주님의 말씀을 전했다고 기록한다(3절). 유대인들의 박해에도 불구하고 오랫동안 담대히 복음을 전하므로 열매가 많았다(1절). 영혼을 구원하는 일은 단시간에 이루어지지 않는다. 물론 하나님의 은혜로 되는 것이지만, 전하는 자에게는 인내가 요구되는 일이다.

아일랜드 출신의 사상가 에드먼드 버크는 "능력보다 인내가 더 많은 것을 이루어낸다"라고 말한 적이 있다. 정말로 그렇다. 능력이 있어도 인내하지 못하면 결실하지 못하는 경우가 허다하다. 특히 영적인 일, 영혼을 구원하는 일에는 전하는 자의 인내가 필수적이다.

무릎 기도	하나님, 바울과 바나바처럼 전도자로서의 인내를 갖게 하소서.

9 무릎 기도

'무릎 기도'로 기도합니다.

10

한글과 영어 본문(ESV)
대조를 통해
본문의 바른 뜻을
파악할 수 있습니다.

ESV - Acts 14

1 Now at Iconium they entered together into the Jewish synagogue and spoke in such a way that a great number of both Jews and Greeks believed.
2 But the unbelieving Jews stirred up the Gentiles and poisoned their minds against the brothers.*
3 So they remained for a long time, speaking boldly for the Lord, who bore witness to the word of his grace, granting signs and wonders to be done by their hands.
4 But the people of the city were divided; some sided with the Jews and some with the apostles.
5 When an attempt was made by both Gentiles and Jews, with their rulers, to mistreat them and to stone them,
6 they learned of it and fled to Lystra and Derbe, cities of Lycaonia, and to the surrounding country,
7 and there they continued to preach the gospel.

* 14:2 Or *brothers and sisters*

2 poison one's mind against ~ …에게서 ~의 마음을 돌려놓다 3 boldly 대담하게 bear witness to ~ ~을 증언하다 grant 허가하다 4 divide 나누다 side with ~ ~의 편을 들다 5 attempt 공격, 습격 mistreat 학대하다

16

아가페

주삶 단체 활용법 – 소그룹·구역예배

1

주중에 전 구성원이 개인적으로 매일 말씀을 묵상하고, 1주일에 1회씩 모여 GBS 교재 부분을 가지고 나눕니다.

2

GBS를 시작할 때 지난 한 주간 개인 묵상을 통해 깨달은 것이나 삶에 적용한 일이 있으면 한 사람씩 돌아가며 나눕니다.

구역예배, 청년부 성경공부, 직장 신우회 등 각종 성경공부 모임에 활용하면 좋습니다.

주간 그룹성경공부 · GBS | **1주차** (46회~50회)

돌에 맞아 죽더라도 전해야 했던 복음

사도행전 14:19–28 | 새찬송 341장 · 통일 367장

주간 말씀묵상 나눔

지난 한 주간 말씀묵상한 것이나 삶에 적용한 것이 있으면 돌아가며 간단히 나누어 봅시다.

• 오늘의 성경공부 목표

바울이 어떠한 심정으로 복음을 전했는지 살펴보고 교훈을 얻도록 합니다.

19 유대인들이 안디옥과 이고니온에서 와
서 무리를 충동하니 그들이 돌로 바울을
쳐서 죽은 줄로 알고 시외로 끌어 내치
니라
20 제자들이 둘러섰을 때에 바울이 일어나
그 성에 들어갔다가 이튿날 바나바와 함
께 더베로 가서
21 복음을 그 성에서 전하여 많은 사람을
제자로 삼고 루스드라와 이고니온과 안
디옥으로 돌아가서
22 제자들의 마음을 굳게 하여 이 믿음에
머물러 있으라 권하고 또 우리가 하나님
의 나라에 들어가려면 많은 환난을 겪어
야 할 것이라 하고
23 각 교회에서 장로들을 택하여 금식 기도
하며 그들이 믿는 주께 그들을 위탁하고
24 비시디아 가운데로 지나서 밤빌리아에
이르러
25 말씀을 버가에서 전하고 앗달리아로 내
려가서
26 거기서 배 타고 안디옥에 이르니 이곳은
두 사도가 이룬 그 일을 위하여 전에 하
나님의 은혜에 부탁하던 곳이라
27 그들이 이르러 교회를 모아 하나님이 함
께 행하신 모든 일과 이방인들에게 믿음
의 문을 여신 것을 보고하고
28 제자들과 함께 오래 있으니라

176

'말씀묵상'은

말씀과 기도를 통해 날마다 하나님의 음성에 귀 기울이고 그 음성을 따라 살아가고자 하는 그리스도인을 위한 경건의 시간입니다. '말씀묵상'은 하루 중 가장 귀중한 시간에 아무도 방해하지 않는 곳에서 해야 합니다. 그리고 깨달은 말씀을 주야로 묵상하는 것입니다.

• 함께 읽어보기

바울과 바나바는 안디옥, 이고니온, 루스드라에서 담대히 예수 그리스도의 복음을 전했습니다. 온 시민이 거의 다 하나님의 말씀을 듣고자 모였고(행 13:44), 허다한 무리가 믿었으며(행 14:1), 성령의 표적과 기사가 나타났습니다. 특히, 루스드라에서는 나면서 걷지 못하게 된 사람을 고치기도 했습니다(행 14:8-10). 복음은 그 어느 때보다도 능력 있게 전파되었지만, 반대로 바울을 시기하는 유대인들의 박해는 점점 더 심해졌습니다. 안디옥과 이고니온에서 바울을 핍박했던 유대인들은 루스드라까지 쫓아와서 군중들을 충동했고, 성난 군중들은 급기야 바울을 돌로 쳤습니다.

오늘 본문은 죽었다고 여겨져 성 밖으로 내쳐졌던 바울이 정신을 차리고 일어나 다시 복음을 전하는 모습을 묘사합니다. 만신창이가 되었을 몸을 돌보는 것, 또다시 돌에 맞아 죽을 수도 있는 위험을 피하는 것이 당연한 상황이었지만, 바울은 굴하지 않고 '복음' 전하는 일을 선택했습니다. 바울의 뜨거운 마음이 느껴집니까?

도입 질문

1 주변 사람들의 염려와 만류에도 불구하고, 꿋꿋이 나의 소신을 지켰던 적이 있습니까?

함께 나누기

2 루스드라에서 바울이 전도할 …
서 왔습니까? 19절a

3 군중의 무리가 바울에게 한 …

4 제자들이 바울 주위에 둘러섰을 때 어떤 일이 벌어졌습니까? 20절

5 바울이 일어나서 먼저 간 곳은 어디입니까? 그가 한 일은 무엇입니까? 20-21절

6 돌에 맞아 죽을 뻔했던 바울은 정신을 차린 후에 다시 그 성으로 들어갑니다. 그리고 다시 복음을 전합니다. 바울은 돌에 맞아 만신창이가 되었을 몸을 이끌고, 자신을 돌로 쳤던 무리들이 있었던 그 위험한 곳으로 다시 돌아가서, 계속 복음을 전했던 것입니다. 무엇이 바울을 그렇게 하도록 만들었을까요? 각자의 생각을 자유롭게 나누어 봅시다.

7 바울이 루스드라와 이고니온과 안디옥으로 돌아가서 제자들에게 권면한 말은 무엇입니까? 22절

8 바울과 바나바가 배를 타고 안디옥에 도착하여 교회에 보고한 내용은 무엇입니까? 26-27절

9 오늘 본문이 다루고 있는 바울의 일화는 우리에게 어떤 교훈을 줍니까?

10 오늘 성경공부를 통해서 나누고 싶거나 깨달은 것이 있으면 서로 이야기해 봅시다.

178

3

GBS 순서에 따라 리더가 진행하며, 각자 묵상을 통해 느낀 것과 깨달은 것을 나눕니다.

agape

"복 있는 사람은
악인들의 꾀를 따르지 아니하며
죄인들의 길에 서지 아니하며
오만한 자들의 자리에 앉지 아니하고
오직 여호와의 율법을 즐거워하여
그의 율법을 주야로 묵상하는도다"

- 시편 1:1-2 -

46~90days

사도행전을 묵상하기 전에

저자

누가. 사도행전의 전편 격인 누가복음의 저자기도 하다. 당시 누가는 엄격한 교육을 받은 의사였고(골 4:14) 바울의 전도여행에 동참했던 인물로, 사도행전을 객관적인 입장에서 기록하기에 충분한 사람이었다.

기록 시기

여러 설이 있으나 AD 60-63년으로 보는 것이 일반적이다. 그 이유는, 네로의 기독교 박해(AD 64년)가 기록되어 있지 않았고, 예루살렘 멸망(AD 70년)이 전혀 언급되지 않았다는 점을 들 수 있다.

기록 배경

신약의 역사서라 불리는 사도행전은 예수님의 생애를 다룬 사복음서와 교회의 이야기를 다룬 서신서 사이에 위치한다. 이 위치가 사도행전의 기록 배경을 잘 설명해 준다. 즉, 사도행전은 예수님의 승천 이후 교회가 어떤 과정을 통해 세워졌는지 말해 주는 책이다. 예수님이 승천하신 후 약속대로 성령이 임하신다. 그리고 제자들은 복음의 증인이 되었으며, 복음은 예루살렘과 온 유대, 사마리아와 땅끝까지 뻗어 나간다. 본서는 이러한 초대교회의 모습과 교회가 이방으로 확장되는 모습을 소개함으로써 사복음서와 서신서를 내용적으로 훌륭하게 이어주고 있다.

단락 구분

1. 예루살렘교회가 세워짐(1:1–7:60)
   1) 성령강림 이전의 준비(1:1–26)
   2) 성령강림과 예루살렘교회의 탄생(2:1–3:26)
   3) 박해와 시험(4:1–5:42)
   4) 일곱 집사 선출과 스데반(6:1–7:60)

2. 온 유대와 사마리아로 흩어진 교회(8:1–12:25)
   1) 빌립의 사마리아 전도와 사역(8:1–40)
   2) 사울의 회심(9:1–31)

3) 고넬료의 회심(9:32–11:18)
4) 복음의 확대와 박해(11:19–12:25)

3. 땅끝을 향하여(13:1–28:31)
1) 바울의 1차 전도여행(13:1–14:28)
2) 예루살렘 공의회(15:1–35)
3) 바울의 2차 전도여행(15:36–18:22)
4) 바울의 3차 전도여행(18:23–21:16)
5) 로마를 향하여(21:17–28:31)

내 증인이 되리라!

"오직 성령이 너희에게 임하시면 너희가 권능을 받고 예루살렘과 온 유대와 사마리아와 땅끝까지 이르러 내 증인이 되리라 하시니라"(행 1:8). 이것이 사도행전의 주제 성구다. 여기서 '증인'이라는 단어는 성경 전체에 걸쳐 200여 회나 사용되는데, 그중 10%에 해당하는 20여 회 정도가 사도행전에 기록되어 있다. '증인'은 사도행전의 키워드다.

'증인'은 누구인가?

직접적으로는 열두 사도를 가리킨다. 예수님의 제자들은 우리 같은 연약한 사람이었다. 우리와 별반 다르지 않다. 그들은 갈릴리 사람이었다(행 1:11). 제대로 교육도 받지 못한 어부가 대부분이었다. 어려움이 닥치면 도망가고 심지어는 여종 앞에서조차 예수님을 부인한 제자도 있었다. 그들은 보통 사람과 다른 의지가 강한 초인이 아니라 지극히 평범하고 나약한 사람이었다. 그런데 나중에는 이 '증인'이라는 단어가 예수님을 믿는 모든 사람을 가리킨다.

그런 그들이 한 일은 무엇인가?

성경에는 "증인이 되리라"고 기록되어 있는데, 그렇다면 제자들은 무엇에 대한 증인이 되었는가? 바로 예수님의 부활을 목격한 증인이 되었다(행 3:15; 10:39–41). 즉, 갈릴리와 유대와 예루살렘을 거닐며 말씀을 가르치고 병자를 고치신 그분, 3년간을 따라다니며 가장 가까이서 모신 그분이 하나님의 아들이심을 증거했다. 또 죄인들과 만나 대화하던 그분이 죽으시고 부활하신 그리스도임을 증거했다. 그들은 '예수 부활의 증인'이 된 것이다.

그 증언의 진실성을 어떻게 증명했는가?

사도행전과 기독교 역사가 기록하는 대로, 그들은 그리스도의 부활을 증언하다 순교했다. 목숨을 걸고 자신의 증언의 진실성을 증명하다가 결국 순교의 증인이 된 것이다(행 7:58-60; 12:2). 이 순교는 비단 사도들에게만 국한된 것이 아니다. 스데반의 순교를 포함해 초기 기독교는 순교의 역사다. 이로 인해 '증인'이라는 뜻을 가진 헬라어 '마르투스'(martus)에서 영어의 '순교자'(martyr)라는 단어가 파생되었다. 초기 제자들을 필두로 얼마나 많은 사람이 오랜 기간 목숨을 걸고 증인이 되었으면 이런 단어가 생겼겠는가!

그런데 여기서 한 가지 짚고 넘어갈 것이 있다. 예수님이 십자가에 달리실 때는 예수님을 버리고 도망갔던 제자들이 어떻게 순교할 수 있었을까? 그것은 그들이 부활하신 주님을 직접 목격했기 때문이다. 그리고 성령이 임하셨기 때문이다. 이것이 사도행전이 전하는 메시지다. 이 토대 위에서 교회가 세워지고 기독교가 성장했다.

왜 "증인이 되리라"고 말씀하셨는가?

예수님은 제자들에게 '증인이 되라'고 하지 않고 '증인이 되리라'고 말씀하셨다. 여기에는 중요한 차이가 있다. 그것은 이 일의 주도권이 바로 하나님께 있다는 것이다. 즉, 증인은 스스로 되는 것이 아니라 세워지고 만들어져 가는 것이다. 제자들이 스스로 결심하거나 능력이 있어 이 일을 감당한 것이 아니다. 부족한 제자들에게 40일간 예수님의 부활을 목격하게 하시고, 성령을 통해 끊임없이 가르치고 연단하셨기에 가능한 일이다. 때로는 환난으로 흩기도 하시고 베드로를 찾아와 환상을 보이기도 하시며, 바울이라는 반대자를 하루아침에 복음의 증인으로 세우기도 하셨다. 주님께서 친히 그들을 만들고 세워 증인이 되게 하신 것이다.

그들이 증인이 되었을때

제자들이 주님의 증인으로 바로 서자, 복음은 점점 힘 있게 퍼져 나갔다(행 12:24; 19:20). 이 순서가 중요하다. 사도행전을 이해할 때 대개는 단순히 전도에 초점을 둔다. 그리고 '땅끝까지 나아가 전도하자'고 외친다. 또는 교회성장학적인 관점에서 사도행전을 접근하기도 한다. 성장을 위한 과업으로서 전도를 강조하며, 인격적인 면보다는 사역에 초점을 맞추기도 한다. 물론 사역도 중요하지만 그것은 사도행전이 말하고자 하는 메시지와는 거리가 있다. 사도행전은 부족한 제자들이 성령에 의해 예수 그리스도의 증인이 되어 가는 은혜로운 메시지를 강조한다. 그들이 수행한 사역 자체보다는 그들의 변화에 초점을 둔다. 다시 말해, 사도행전은 성장이나 과업 수행이 목적이 아니라 그들 자신이 증인(사도)으로 만들어져 가고 세워져 가는 데 초점을 둔 이야기다. 전도는 그 과정에서 자연스럽게 이루어진다. 즉, 사람(증인)이 먼저고 일(사역)은 그 다음이다. 그들이 증인이 되어 감에 따라 복음은 점점 더 확장되었다.

왜 이 순서가 중요한가?

마태복음 7장 21-23절이 여기에 답한다. 이 말씀에는 두 가지 놀라운 사실이 기록되어 있다. 첫째, 주님과 무관해도 얼마든지 큰 성과를 낼 수 있다는 것이다. 심지어 어떤 이들은 주의 이름으로 예언하고 귀신을 내어쫓고 많은 기적을 행했으나, 그들은 주님과 아무 상관이 없는 자들이었다. 이렇듯 주님과 무관하더라도 얼마든지 큰일을 행할 수 있다. 그렇기 때문에 성장 자체가 중요한 것은 아니다. 따라서 결과만으로 모든 것을 판단할 수는 없다. 둘째, 그날에 많은 사람이 앞서 말한 것을 행할 것이다. 적지 않은 사람이 이런 모습으로 주님 앞에 설 것이라는 경고다. 결국 중요한 것은 인격의 변화다. 전도를 포함한 영적인 일은 매우 중요하다. 그러나 주님과의 참다운 인격적 관계가 우선이다. 이것이 사도행전이 말하는 '증인으로 변화되는 과정'에 우선적으로 관심을 두어야 하는 이유다.

사도행전의 진정한 메시지

우리가 하는 일의 변화가 아니라 우리 자신을 변화시키는 이야기가 사도행전이다. 우리가 바뀌면 우리가 하는 일도 바뀐다. 이것이 올바른 순서다. 현대 교회가 성장을 위한 발판으로만 사도행전을 바라본다면, 부족한 자들에게 세밀히 간섭하시고 그들을 세워 주의 나라를 위한 일꾼으로 사용해 가시는 주님의 은혜로운 메시지를 놓치게 될 것이다. 성과와 결과 위주로 판단하지 말고 올바른 과정을 통해 결과를 만들어 가시는 주님을 만나야 한다.

☐ 묵상 체크

46 이고니온

월 일

사도행전 14:1-7 • 새찬송 522장 | 통일 269장

• 말씀묵상 전에 성령님의 인도하심을 구하는 기도를 드리십시오.

본문요약 I 바울과 바나바는 자신들을 반대하는 유대인들에게 쫓겨나 이고니온으로 갔다. 그러나 그곳에서도 바울을 반대하는 세력은 바울을 비방하고 심지어 돌로 치려 했다. 복음에 대한 반대가 더욱 심해져서 그들은 또 도망하여 루가오니아의 두 성으로 가서 복음을 전한다. 옳은 일에는 지불해야 할 대가가 따르는 법이다.

1 이에 이고니온에서 두 사도가 함께 유대
인의 회당에 들어가 말하니 유대와 헬라
의 허다한 무리가 믿더라
2 그러나 순종하지 아니하는 유대인들이
이방인들의 마음을 선동하여 형제들에게
악감을 품게 하거늘
3 두 사도가 오래 있어 주를 힘입어 담대히
말하니 주께서 그들의 손으로 [1]표적과 기
사를 행하게 하여 주사 자기 은혜의 말씀
을 증언하시니
4 그 시내의 무리가 나뉘어 유대인을 따르
는 자도 있고 두 사도를 따르는 자도 있
는지라
5 이방인과 유대인과 그 관리들이 두 사도
를 모욕하며 돌로 치려고 달려드니
6 그들이 알고 도망하여 루가오니아의 두
성 루스드라와 더베와 그 근방으로 가서
7 거기서 복음을 전하니라

1) 또는 이적

1. 오늘 하나님께서 나에게 주신 깨달음은 무엇입니까?

2. 말씀을 어떻게 내 삶에 구체적으로 적용해야 합니까?

절별 해설

1 이고니온 비시디아 안디옥에서 남동쪽으로 160km 떨어진 곳에 위치한 도시로, 오늘날 터키의 코냐(Konya)라는 도시다. 당시 이곳은 농업과 상업의 중심지였다. 바울은 종종 대도시를 전략적 선교지로 선택했다. 중심 도시에서 복음을 전하면 이를 통하여 복음의 영향력이 주변 지역으로 퍼져 나가기 쉬운 이점 때문이었을 것이다.

두 사도가 함께 유대인의 회당에 들어가 말하니 바울의 아름다운 헌신의 자세를 엿볼 수 있는 대목이다. 그렇게 괴롭히는 비시디아 안디옥의 유대인들을 향하여 발에 티끌을 떨어 버리고 이고니온으로 왔지만, 바울은 또다시 복음 전파의 시작을 유대인의 회당에서 시작하고 있다. 복음 안에서 원수는 없다. 원수도 사랑하고 구원받도록 하는 것이 성도의 일이다.

3 두 사도 이 구절에서는 바울과 함께 바나바도 사도라고 부르고 있는데, 이로 인해 바울이나 예수님의 열두 사도와 혼동을 일으킬 수 있다. "사도"라는 의미는 일반적으로 '보냄을 받은 자'라는 의미다. 그러므로 여기서는 열두 사도나 바울처럼 주님의 부활을 친히 목격하고 증인으로 임명된 사람만을 뜻하기보다는, 복음을 위해 교회가 보낸 선교사라는 의미로 보는 것이 타당하다(행 13:3).

오래 있어 주를 힘입어 담대히 말하니 주께서 그들의 손으로 표적과 기사를 행하게 하여 주사 자기 은혜의 말씀을 증언하시니 바울과 바나바는 이고니온에 오래 머물면서 복음을 전했다. 사람들이 죄를 버리고 의를 선택하는 것은 짧은 시간에 모두 다 이루어지지는 않는다. 때로는 그들의 잘못을 잡아 주는 데 아주 오랜 시간이 걸리기도 한다. 이것은 복음을 전하는 사람에게 많은 인내가 요구된다는 것을 말해 준다.

4 복음 전파의 결과로 성내의 무리가 두 부류로 나뉘었다. 복음이 들어가는 곳에는 연합도 있지만 분리도 있다. 믿음 안에서 서로 다른 사람들이 하나 되는 경험도 하지만, 세상을 따르는 사람들과는 어쩔 수 없이 분리되는 아픔도 겪는다(눅 12:51–53).

6 그들이 알고 도망하여 루가오니아의 두 성 루스드라와 더베와 그 근방으로 가서 두 사도의 행적을 보면, 안디옥에서는 쫓겨나고 이고니온에서는 도망했다고 기록된다. 더욱이 박해의 정도가 점점 더 심해져서 이번에는 돌로 맞을 뻔했다. 의미 있고 가치 있는 일일수록 그에 대한 대가를 더 크게 지불한다는 것을 알 수 있다.

쉬운성경

1 이고니온에서도 바울과 바나바가 여느 때처럼 유대 회당에 들어가 복음을 전하자, 수많은 유대인과 그리스인이 믿었습니다.

2 그러나 믿으려 하지 않는 유대인들은 이방인들을 부추겨서 형제들을 대적하게 했습니다.

3 바울과 바나바는 오랫동안 이고니온에 머물면서 주님을 의지하여 담대하게 말했습니다. 주님께서 그들에게 기적과 표적을 행할 능력을 주셔서, 그들이 주님의 말씀을 전할 때, 그 은혜의 말씀이 참되다는 것을 보여주셨습니다.

4 그러나 그 도시 사람들은 두 편으로 나뉘었습니다. 그래서 한쪽은 유대인 편을 들고 다른 쪽은 사도들 편을 들었습니다.

5 이방인들과 유대인들은 자기들의 지도자들과 한 패가 되어 바울과 바나바를 핍박하며 돌로 쳐 죽이려 했습니다.

6 바울과 바나바는 그것을 알고 루가오니아 지방의 두 도시인 루스드라와 더베와 그 근처의 마을로 피했습니다.

7 그들은 그곳에서도 복음을 전했습니다.

저자의 묵상

바울과 바나바의 선교 여정은 쉽지 않았다. 선교사로서 이방인들을 위하여 나섰지만 그 과정은 평탄하지 않았다. 특히 두 사도가 가는 곳마다 유대인들이 그들을 방해하고 괴롭혔다. 비시디아 안디옥에서 쫓겨났건만 이번에는 이고니온에서 돌로 치려고 달려들었다. 그럼에도 본문은 두 사도가 그곳을 떠나지 않고 오래 있으면서 주님의 말씀을 전했다고 기록한다(3절). 유대인들의 박해에도 불구하고 오랫동안 담대히 복음을 전하므로 열매가 많았다(1절). 영혼을 구원하는 일은 단시간에 이루어지지 않는다. 물론 하나님의 은혜로 되는 것이지만, 전하는 자에게는 인내가 요구되는 일이다.

아일랜드 출신의 사상가 에드먼드 버크는 "능력보다 인내가 더 많은 것을 이루어낸다"라고 말한 적이 있다. 정말로 그렇다. 능력이 있어도 인내하지 못하면 결실하지 못하는 경우가 허다하다. 특히 영적인 일, 영혼을 구원하는 일에는 전하는 자의 인내가 필수적이다.

무릎 기도 | 하나님, 바울과 바나바처럼 전도자로서의 인내를 갖게 하소서.

ESV - Acts 14

1 Now at Iconium they entered together into the Jewish synagogue and spoke in such a way that a great number of both Jews and Greeks believed.
2 But the unbelieving Jews stirred up the Gentiles and poisoned their minds against the brothers.*
3 So they remained for a long time, speaking boldly for the Lord, who bore witness to the word of his grace, granting signs and wonders to be done by their hands.
4 But the people of the city were divided; some sided with the Jews and some with the apostles.
5 When an attempt was made by both Gentiles and Jews, with their rulers, to mistreat them and to stone them,
6 they learned of it and fled to Lystra and Derbe, cities of Lycaonia, and to the surrounding country,
7 and there they continued to preach the gospel.

* 14:2 Or *brothers and sisters*

2 poison one's mind against ~ …에게서 ~의 마음을 돌려놓다　3 boldly 대담하게　bear witness to ~ ~을 증언하다　grant 허가하다　4 divide 나누다　side with ~ ~의 편을 들다　5 attempt 공격, 습격　mistreat 학대하다

묵상 체크 □

47 제우스와 헤르메스

월 일

사도행전 14:8–18 • 새찬송 322장 | 통일 357장

• 말씀묵상 전에 성령님의 인도하심을 구하는 기도를 드리십시오.

본문요약 I 본문에는 두 사도가 핍박을 피해서 도망간 루스드라에서 발생한 기적 사건이 기록되어 있다. 바울과 바나바가 나면서부터 걷지 못한 사람을 고치자 루스드라 사람들이 이들을 제우스와 헤르메스라고 부르며 숭배하려 했다. 두 사도는 경배 받으실 분은 오직 하나님이심을 가르치며 간신히 무리를 진정시킨다.

8 루스드라에 발을 쓰지 못하는 한 사람이
앉아 있는데 나면서 걷지 못하게 되어 걸
어 본 적이 없는 자라
9 바울이 말하는 것을 듣거늘 바울이 주목
하여 구원받을 만한 믿음이 그에게 있는
것을 보고
10 큰 소리로 이르되 네 발로 바로 일어서라
하니 그 사람이 일어나 걷는지라
11 무리가 바울이 한 일을 보고 루가오니아
방언으로 소리 질러 이르되 신들이 사람
의 형상으로 우리 가운데 내려오셨다 하
여
12 바나바는 제우스라 하고 바울은 그중에
말하는 자이므로 헤르메스라 하더라
13 시외 제우스 신당의 제사장이 소와 화환
들을 가지고 대문 앞에 와서 무리와 함께
제사하고자 하니
14 두 사도 바나바와 바울이 듣고 옷을 찢고
무리 가운데 뛰어 들어가서 소리 질러
15 이르되 여러분이여 어찌하여 이러한 일
을 하느냐 우리도 여러분과 같은 성정을
가진 사람이라 여러분에게 복음을 전하
는 것은 이런 헛된 일을 버리고 천지와
바다와 그 가운데 만물을 지으시고 살아
계신 하나님께로 돌아오게 함이라
16 하나님이 지나간 세대에는 모든 민족으
로 자기들의 길들을 가게 방임하셨으나
17 그러나 자기를 증언하지 아니하신 것이
아니니 곧 여러분에게 하늘로부터 비를
내리시며 결실기를 주시는 선한 일을 하
사 음식과 기쁨으로 여러분의 마음에 만
족하게 하셨느니라 하고
18 이렇게 말하여 겨우 무리를 말려 자기들
에게 제사를 못하게 하니라

1. 오늘 하나님께서 나에게 주신 깨달음은 무엇입니까?

2. 말씀을 어떻게 내 삶에 구체적으로 적용해야 합니까?

8 루스드라 이고니온에서 남쪽으로 40km 지점에 위치한 지역으로, 바울과 바나바가 유대인들의 핍박을 피하여 도망한 곳이었다(6절). 루스드라는 인구가 적고 중요한 교역로도 없으며 문맹률이 높은 지역으로, 두 사도가 황급히 몸을 피한 곳이었을 뿐 전략적으로 선택한 지역은 아니었다. 그러나 의도하지 않고 선택한 뜻밖의 지역에서도 하나님의 큰 역사가 나타났다.

9 바울이 말하는 것을 듣거늘 바울이 주목하여 구원받을 만한 믿음이 그에게 있는 것을 보고 믿음은 말씀을 들음에서 난다(롬 10:17). 나면서부터 걷지 못하던 사람은 바울의 말을 듣고 믿음을 갖게 되었다. 이 믿음은 그의 영혼뿐만 아니라 육신의 병도 고침을 받게 했다. 하나님의 역사는 믿음이 있을 때 나타난다는 진리를 다시금 확인시켜 준다.

11 이 지역 사람들은 당시 그들만의 고유한 방언을 가지고 있었다. 사람들은 바울이 행한 큰 기적을 보고 흥분하여 자신들에게 전해 오는 미신과 연결시키며 그들만의 방언으로 소리 질렀을 것으로 생각된다. 당시 이 지역에는 제우스와 헤르메스에 얽힌 미신이 전해지고 있었다. 그것은, 두 신이 인간의 차림으로 이웃 지역인 브루기아를 방문했을 때, 어느 노부부가 그들을 영접하여 복을 받았고, 대접하지 않은 사람들은 홍수로 죽임을 당했다는 이야기다.

12 바나바는 제우스라 하고 바울은 그중에 말하는 자이므로 헤르메스라 하더라 제우스는 그리스 신화에 등장하는 최고의 신이며, 헤르메스는 제우스의 아들이다. 바나바가 더 연장자였기에 그를 제우스라고 부른 것 같다.

14 두 사도 바나바와 바울이 듣고 옷을 찢고 무리 가운데 뛰어 들어가서 소리 질러 유대인들에게 있어서 옷을 찢는 행위는 자신의 처지를 강하게 비관하는 모습을 상징한다(창 37:29; 수 7:6). 바울과 바나바는 신속하면서도 적극적으로 무리의 행동을 저지했다. 하나님께만 영광을 돌리려는 두 사도의 모습이 생생하게 나타나 있다.

15–18 바울과 바나바가 비시디아 안디옥의 유대인 회당에서 복음을 전할 때는 구약을 직접 인용하여 예수 그리스도를 증거했다. 그러나 이곳은 유대인의 회당도 없고 이방인들이 주류였기에, 자연을 통해 나타나는 하나님의 계시에 근거하여

쉬운성경

8 루스드라에는 태어나면서부터 걷지 못하는 사람이 앉아 있었습니다. 그는 지금까지 걸어 본 적이 없는 사람이었습니다.

9 이 사람은 바울이 하는 말을 잘 들었습니다. 바울이 그 사람을 똑바로 쳐다보니, 그에게 고침을 받을 만한 믿음이 있다는 것을 알 수 있었습니다.

10 그래서 바울은 "당신 발로 똑바로 일어나 서시오" 하고 큰소리로 말했습니다. 그러자 그 사람이 벌떡 일어나 걷기 시작했습니다.

11 무리가 바울이 한 일을 보자, 루가오니아 말로 "신들이 사람의 모습을 하고 우리에게 내려왔다"라고 소리 질렀습니다.

12 그리고 사람들은 바나바를 '제우스'라고 불렀고, 말하는 일을 주로 하는 바울을 '헤르메스'라고 불렀습니다.

13 도시 외곽에 제우스 신전이 있었습니다. 그 신전을 섬기는 제우스의 제사장이 소 몇 마리와 꽃을 성문으로 가져와 군중들과 함께 바울과 바나바에게 제사를 드리려고 했습니다.

14 바나바와 바울은 이 소식을 듣고는 자기들의 옷을 찢으며 군중 속으로 뛰어가면서 소리쳤습니다.

15 "여러분, 어찌하여 이런 행동을 하십니까? 우리도 여러분과 똑같은 사람에 지나지 않습니다. 우리가 이곳에 온 것은 여러분에게 복음을 전하여 여러분이 이 헛된 일들에서 돌이켜, 살아계신 하나님께로 돌아오게 하려는 것입니다. 하나님께서는 하늘과 땅과 바다와 그 안에 있는 모든 것을 지으신 분입니다.

16 지나간 세대에는 하나님께서 모든 민족이 자기 방식대로 살게 내버려 두셨습니다.

17 하지만 하나님께서는 그때도 자신이 어떤 분인지 알리지 않으신 것이 아닙니다. 하나님께서는 하늘에서 비를 내려 주시고,

천지의 주재이신 하나님을 설명하고 있다. 이처럼 대상에 맞게 선교하는 태도는 복음 전도자가 가져야 할 중요한 자세다.

때를 따라 열매를 맺게 하시는 등 여러분에게 선한 일을 행하셨습니다. 하나님께서는 먹을 것을 풍성히 주시고, 여러분의 마음에 기쁨을 가득 채워 주셨습니다."

18 바울과 바나바는 이 말로 무리를 겨우 말려, 자기들에게 제사를 드리지 못하게 했습니다.

저자의 묵상

로이드 존스는 부흥에 관한 고전적인 책 「부흥」을 썼다. 그 책에서 존스는 역사적으로 일어난 부흥의 다양한 성격을 몇 가지로 정리했다. 첫째, 갑자기 혹은 점진적으로 시작 그리고 끝남. 둘째 소수 혹은 다수에게 나타남. 셋째, 위대한 사람을 통해 혹은 평범한 사람을 통해 나타남. 넷째, 대도시 혹은 작은 마을에서 시작됨. 어떤 때는 실패를 경험한 사람을 통해 부흥이 나타났고(웨슬리), 주어진 능력이 일정 기간 후에 떠나기도 하는 등(데이비드 몰간) 가히 예측할 수 없고 컨트롤할 수 없는 성격을 가진 것이 하나님이 일으키시는 '부흥'이라고 했다.

본문에서도 바울과 바나바는 몸을 피한 그곳에서 하나님의 큰 역사를 만난다. 그러므로 성도는 계획하지 않은 부분에 대해서도 하나님의 일하심을 받아들이는 열린 마음과 자세를 늘 잊지 않아야 한다. 내 생각만 고집할 것이 아니라 예상치 못한 하나님의 역사를 받아들일 준비를 늘 하고 있어야 한다.

무릎기도 하나님, 어떤 경우에도 하나님께만 영광을 돌리는 삶을 살기 원합니다.

ESV - Acts 14

8 Now at Lystra there was a man sitting who
could not use his feet. He was crippled from
birth and had never walked.
9 He listened to Paul speaking. And Paul,
looking intently at him and seeing that he
had faith to be made well,*
10 said in a loud voice, "Stand upright on your
feet." And he sprang up and began walking.
11 And when the crowds saw what Paul had
done, they lifted up their voices, saying in
Lycaonian, "The gods have come down to
us in the likeness of men!"
12 Barnabas they called Zeus, and Paul,
Hermes, because he was the chief speaker.
13 And the priest of Zeus, whose temple was at
the entrance to the city, brought oxen and
garlands to the gates and wanted to offer
sacrifice with the crowds.
14 But when the apostles Barnabas and Paul
heard of it, they tore their garments and
rushed out into the crowd, crying out,
15 "Men, why are you doing these things? We
also are men, of like nature with you, and we
bring you good news, that you should turn
from these vain things to a living God, who
made the heaven and the earth and the sea
and all that is in them.
16 In past generations he allowed all the
nations to walk in their own ways.
17 Yet he did not leave himself without witness,
for he did good by giving you rains from
heaven and fruitful seasons, satisfying your
hearts with food and gladness."
18 Even with these words they scarcely
restrained the people from offering sacrifice
to them.

* 14:9 Or *be saved*

8 crippled 불구의 9 look intently at~ ~을 골똘히 보다 10 upright 똑바로, 꼿꼿이 spring 벌떡 일어서다 11 in the likeness of ~ ~로 가장하여, ~로 속여 13 ox(en) 황소(들) garland 화환, 화관 14 tear 찢다 rush out 허둥지둥 밖으로 뛰쳐나가다 15 nature 성질, 기질 turn from ~ ~을 그만두다, 버리다 vain 헛된 17 fruitful 수확이 많은 18 scarcely 간신히, 가까스로 restrain 제지하다

• MEMO •

묵상 체크 □

48

월 일

1차 전도여행의 마무리

사도행전 14:19-28 • 새찬송 301장 | 통일 460장

• 말씀묵상 전에 성령님의 인도하심을 구하는 기도를 드리십시오.

본문요약 I 바울의 1차 전도여행이 마무리되는 내용이다. 바울은 루스드라에서 유대인들 때문에 돌에 맞기도 했으나 더베까지 가게 된다. 바울과 바나바는 거기서부터 전도여행을 떠났던 길의 역순으로, 세워진 교회들을 방문하여 그들을 격려하고 지도자들을 세워 교회를 든든하게 한다. 또한 그들을 파송한 수리아의 안디옥 교회로 돌아와서 하나님께서 인도하신 걸음들을 보고한다.

19 유대인들이 안디옥과 이고니온에서 와서
무리를 충동하니 그들이 돌로 바울을 쳐
서 죽은 줄로 알고 시외로 끌어 내치니라
20 제자들이 둘러섰을 때에 바울이 일어나
그 성에 들어갔다가 이튿날 바나바와 함
께 더베로 가서
21 복음을 그 성에서 전하여 많은 사람을 제
자로 삼고 루스드라와 이고니온과 안디
옥으로 돌아가서
22 제자들의 마음을 굳게 하여 이 믿음에 머
물러 있으라 권하고 또 우리가 하나님의
나라에 들어가려면 많은 환난을 겪어야
할 것이라 하고
23 각 교회에서 장로들을 택하여 금식 기도
하며 그들이 믿는 주께 그들을 위탁하고
24 비시디아 가운데로 지나서 밤빌리아에
이르러
25 말씀을 버가에서 전하고 앗달리아로 내
려가서
26 거기서 배 타고 안디옥에 이르니 이곳은
두 사도가 이룬 그 일을 위하여 전에 하
나님의 은혜에 부탁하던 곳이라
27 그들이 이르러 교회를 모아 하나님이 함
께 행하신 모든 일과 이방인들에게 믿음
의 문을 여신 것을 보고하고
28 제자들과 함께 오래 있으니라

1. 오늘 하나님께서 나에게 주신 깨달음은 무엇입니까?

2. 말씀을 어떻게 내 삶에 구체적으로 적용해야 합니까?

절별 해설

19 그들이 돌로 바울을 쳐서 죽은 줄로 알고 시외로 끌어 내치니라 안디옥과 이고니온에서 온 유대인들은 집요하게 바울을 따라다니며 그의 복음 전도를 방해했다. 그로 인해 방금 전까지 바울을 신이라며 떠받들던 사람들까지도 유대인들의 충동에 넘어가서 바울을 돌로 치고 시외에 버린다. 사람들의 태도는 이렇게 상황에 따라 언제든지 변할 수 있다.

20 제자들이 둘러섰을 때에 바울이 일어나 그 성에 들어갔다가 이튿날 바나바와 함께 더베로 가서 폭도들이 떠나자 제자들은 바울이 죽은 줄 알고 그를 장사할 생각으로 둘러섰던 것 같다. 그만큼 바울의 상태가 심각했다는 뜻도 된다. 그때 하나님의 은혜가 나타난다. 여기서 '일어났다'는 말은 갑자기 의식을 차리고 일어났다는 뜻이다. 그러고 나서 바울은 쉼 없이 이튿날 바로 약 96km 떨어진 더베로 간다. 부상당한 몸으로 어떻게 이것이 가능했을까? 하나님의 은혜와 힘 주심 외에는 설명이 되지 않는다. 이 사건은 바울이 유일하게 돌에 맞은 사건이었다(고후 11:25).

21-23 바울의 선교 전략을 확인할 수 있는 부분이다. 첫째, 1차 전도여행을 마치면서 바울은 자신이 복음을 전하고 교회를 세운 지역을 다시 방문하여 성도들을 격려하고 믿음을 굳건하게 했다. 신변의 위협이 있는 지역을 다시 방문하는 일은 쉬운 일이 아니다. 그럼에도 바울은 교회를 굳건하게 하는 일을 더욱 중요하게 여겼다. 둘째, 바울은 각 교회에 지도자들을 세워 교회가 스스로 설 수 있도록 했다.

26-27 거기서 배 타고 안디옥에 이르니 … 교회를 모아 하나님이 함께 행하신 모든 일과 이방인들에게 믿음의 문을 여신 것을 보고하고 여기서의 안디옥은 비시디아 안디옥이 아니라 바울과 바나바를 파송한 수리아(Syria)의 안디옥 교회를 말한다. 바울의 1차 전도여행은 대략 2년여의 시간(AD 47-49년)이 걸렸을 것으로 추정되며, 바울과 바나바는 총 2천km에 달하는 거리를 여행했다. 그것도 결코 편안하지 않은 조건에서 복음을 전했다. 바울은 이 모든 것을 교회에 보고하며 어려움 속에서도 아름답게 맺은 복음의 열매를 나누었다.

쉬운성경

19 그때, 안디옥과 이고니온에서 유대인들이 와서 사람들을 부추겨 바울을 향해 돌을 던지게 했습니다. 그들은 바울이 죽은 줄 알고 도시 밖으로 끌어냈습니다.

20 그러나 제자들이 바울 주위에 둘러섰을 때에 그가 깨어 일어나 도시 안으로 들어갔습니다. 이튿날, 바울과 바나바는 그 도시를 떠나 더베로 갔습니다.

21 바울과 바나바가 더베에서 복음을 전하자, 많은 사람이 제자가 되었습니다. 바울과 바나바는 다시 루스드라와 이고니온과 안디옥으로 돌아갔습니다.

22 그들은 그곳에서 제자들을 격려하고, 믿음 안에 머물러 있으라고 권했습니다. 그리고 "하나님나라에 들어가려면 많은 고난을 겪어야 한다"고 말했습니다.

23 그리고 제자들을 위해 각 교회에 장로들을 임명하고 기도와 금식을 한 후, 그들이 믿는 주님께 장로들을 돌보아 달라고 맡겼습니다.

24 그런 뒤에 두 사도는 비시디아를 거쳐 밤빌리아로 갔습니다.

25 그들은 버가에서 말씀을 전하고 앗달리아로 내려갔습니다.

26 그리고 앗달리아에서 배를 타고 안디옥으로 돌아왔습니다. 안디옥은 그들이 선교의 일을 위해 하나님의 은혜에 부탁했던 곳입니다. 이제 두 사도는 그 일을 다 마쳤습니다.

27 바울과 바나바는 안디옥에 도착해서 교회의 신도들을 불러 모았습니다. 그리고 하나님께서 자기들과 함께 행하신 일과 이방인들에게 믿음의 문을 열어 주신 것을 교회 앞에 보고하였습니다.

28 바울과 바나바는 그곳에서 제자들과 오랫동안 함께 지냈습니다.

저자의 묵상

바울은 1차 전도여행을 마무리하면서, 위험을 무릅쓰고 자신을 쫓아냈던 지역으로 다시 들어가서, 세워진 교회를 굳건하게 하고 지도자들을 세웠다. 하나님의 일을 시작하는 것도 중요하지만 유지하고 발전시키는 것이 더욱 중요하다. 바울은 어렵게 세운 교회를 그냥 내버려 두지 않고 다시 돌아보고 지도자들을 세움으로 교회를 든든하게 했다. 하나님의 은혜로 시작된 일에 대해서 끝까지 마무리하고 책임지려는 자세가 중요하다. 우리 주변에는 일을 시작만 하고 마무리하지 못하는 사람들이 있다. 성도는 이런 삶을 살아서는 안 된다.

또한, 바울은 자신을 파송한 교회로 돌아와 그동안의 일을 보고하며 하나님의 은혜를 나누었다. 자신을 파송한 교회에 대한 책임까지 다하는 바울의 모습을 보며, 일을 완수하는 것만이 아니라 그 일을 마치게 해 주신 하나님의 은혜를 주변 사람들과 나누는 것까지 소홀히 하지 않아야겠다고 다짐한다.

무릎기도 모든 일을 시작하고 마치게 하시는 하나님께 감사를 드립니다.

ESV - Acts 14

19 But Jews came from Antioch and Iconium,
and having persuaded the crowds, they
stoned Paul and dragged him out of the city,
supposing that he was dead.
20 But when the disciples gathered about him,
he rose up and entered the city, and on the
next day he went on with Barnabas to
Derbe.
21 When they had preached the gospel to that
city and had made many disciples, they
returned to Lystra and to Iconium and to
Antioch,
22 strengthening the souls of the disciples,
encouraging them to continue in the faith,
and saying that through many tribulations we
must enter the kingdom of God.
23 And when they had appointed elders for
them in every church, with prayer and fasting
they committed them to the Lord in whom
they had believed.
24 Then they passed through Pisidia and came
to Pamphylia.
25 And when they had spoken the word in
Perga, they went down to Attalia,
26 and from there they sailed to Antioch, where
they had been commended to the grace of
God for the work that they had fulfilled.
27 And when they arrived and gathered the
church together, they declared all that God
had done with them, and how he had
opened a door of faith to the Gentiles.
28 And they remained no little time with the
disciples.

19 persuade 설득하다 drag … out of ~ ~에서 …을 끌어내다 suppose 추측하다 22 strengthen 강하게 하다 encourage 격려하다 tribulation 시련, 고난 23 elder 장로, 원로 commit 맡기다 26 sail to ~ ~로 항해하다 commend (~의 보살핌에) 맡기다 27 declare (결과를) 발표하다 28 no little 적지 않은, 상당한

☐ 묵상 체크

49 예루살렘 회의

월 일

사도행전 15:1-11 • 새찬송 430장 | 통일 456장

• 말씀묵상 전에 성령님의 인도하심을 구하는 기도를 드리십시오.

본문요약 I 어떤 사람들이 유대로부터 내려와서 안디옥에 이르러 형제들에게 잘못된 교훈을 가르쳤다. 그것은 율법을 지키고 할례를 받지 않으면 믿음만으로는 구원을 받지 못한다는 것이었다. 이 문제가 불거지자, 바울과 바나바는 예루살렘 교회에 가서 사도와 장로들과 회의를 한다. 베드로의 중재를 통해, 오직 믿음으로만, 즉 '주 예수의 은혜로 구원받는다'는 사실이 예루살렘 교회의 공식적인 입장으로 준비된다.

1 어떤 사람들이 유대로부터 내려와서 형
제들을 가르치되 너희가 모세의 법대로
할례를 받지 아니하면 능히 구원을 받지
못하리라 하니
2 바울 및 바나바와 그들 사이에 적지 아니
한 다툼과 변론이 일어난지라 형제들이
이 문제에 대하여 바울과 바나바와 및 그
중의 몇 사람을 예루살렘에 있는 사도와
장로들에게 보내기로 작정하니라
3 그들이 교회의 전송을 받고 베니게와 사
마리아로 다니며 이방인들이 주께 돌아
온 일을 말하여 형제들을 다 크게 기쁘게
하더라
4 예루살렘에 이르러 교회와 사도와 장로
들에게 영접을 받고 하나님이 자기들과
함께 계셔 행하신 모든 일을 말하매
5 바리새파 중에 어떤 믿는 사람들이 일어
나 말하되 이방인에게 할례를 행하고 모
세의 율법을 지키라 명하는 것이 마땅하
다 하니라
6 사도와 장로들이 이 일을 의논하러 모여
7 많은 변론이 있은 후에 베드로가 일어나
말하되 형제들아 너희도 알거니와 하나
님이 이방인들로 내 입에서 복음의 말씀
을 들어 믿게 하시려고 오래전부터 너희
가운데서 나를 택하시고
8 또 마음을 아시는 하나님이 우리에게와
같이 그들에게도 성령을 주어 증언하시
고
9 믿음으로 그들의 마음을 깨끗이 하사 그
들이나 우리나 차별하지 아니하셨느니라
10 그런데 지금 너희가 어찌하여 하나님을
시험하여 우리 조상과 우리도 능히 메지
못하던 멍에를 제자들의 목에 두려느냐
11 그러나 우리는 그들이 우리와 동일하게
주 예수의 은혜로 구원받는 줄을 믿노라
하니라

1. 오늘 하나님께서 나에게 주신 깨달음은 무엇입니까?

2. 말씀을 어떻게 내 삶에 구체적으로 적용해야 합니까?

절별 해설

1 어떤 사람들이 유대로부터 내려와서 "어떤 사람들"이 누구인지 정확히는 알 수 없다. 그러나 그들의 주장을 볼 때, 그들은 율법을 매우 중요시하는 바리새파 그리스도인이었을 것이다(5절). 그들의 주장을 요약하면, 예수님을 믿는 믿음만으로 구원 얻는 것이 아니라 유대인들처럼 할례와 모세의 율법을 지켜야만 구원을 얻는다는 것이었다.

2 바울 및 바나바와 그들 사이에 적지 아니한 다툼과 변론이 일어난지라 바울과 바나바의 견해는 단호했다. 오직 믿음으로만 구원을 얻을 수 있으며 행위로는 구원을 얻지 못한다는 것이다(갈 2:16). 이런 갈등을 해소하기 위해 안디옥 교회는 바울과 바나바를 포함한 몇 사람을 예루살렘 교회로 보낸다. 해결하기 어려운 문제가 있을 때 권위 있는 제삼자에게 묻는 것은 매우 지혜로운 처사다.

6 이방인이 교회의 일원이 되는 자격에 관한 문제를 해결하기 위해 공식적인 회의가 예루살렘에서 열린다. 이것은 하나님의 섭리였다. 하나님께서는, 바울이 1차 전도여행을 성공적으로 마친 시점에서 교회가 이 문제를 공식적으로 결정하게 함으로써, 이후에 펼쳐질 이방 선교가 더욱 탄력을 받도록 준비하셨다. 교회의 갈등은 새로 협의된 공식 입장을 결정하게 되었다는 점에서 유익했다. 문제가 곧 기회가 된 것이다.

7-11 베드로의 설명이다. 이때를 위해서 하나님은 이미 베드로에게 고넬료 집안의 회심 사건을 경험하게 하셨다. 하나님의 일하심에는 한 치의 오차도 없다. 하나님은 교회가 이 문제를 지혜롭게 결정할 수 있도록 이미 베드로를 준비시켜 놓으셨던 것이다.

10 능히 메지 못하던 멍에 율법을 가리킨다. 율법을 완전하게 지킬 수 있는 사람은 없다. 단지 율법을 통해, 인간이 얼마나 하나님의 법을 지킬 수 없는 유한한 존재인가를 확인할 뿐이었다(롬 3:19-20).

11 주 예수의 은혜로 구원받는 줄을 믿노라 베드로의 중재를 통해, "하나님의 은혜로 값 없이"(롬 3:24), "오직 믿음의 법으로"(롬 3:27) 구원받는다는 사실이 교회의 공식적인 입장으로

쉬운성경

1 어떤 사람들이 유대에서 안디옥으로 와서 이방인 형제들에게 "모세가 가르친 풍습대로 할례를 받지 않으면 여러분은 구원받을 수 없습니다"라고 가르치기 시작했습니다.

2 이 사건 때문에 바울과 바나바와 그들 사이에 격렬한 충돌과 논쟁이 발생했습니다. 그래서 안디옥 교회는 바울과 바나바와 다른 몇 사람을 예루살렘으로 올라가게 해서, 사도들과 장로들이 이 문제를 어떻게 생각하는지 알아보게 하였습니다.

3 바울과 그 일행은 교회의 전송을 받아 여행길을 떠났습니다. 그들은 베니게와 사마리아 지방을 거쳐 가면서 이방인들이 하나님께로 돌아온 이야기를 전했습니다. 그들은 모든 형제들에게 큰 기쁨을 주었습니다.

4 그들이 예루살렘에 이르자, 사도들과 장로들과 온 교회가 그들을 환영했습니다. 그들은 하나님께서 그들을 통해 일하신 모든 것을 보고했습니다.

5 그런데 바리새파에 속해 있다가 신자가 된 사람들 중에 "이방인들도 할례를 받아야 하며, 모세의 율법을 지켜야 합니다"라고 주장하는 사람들이 있었습니다.

6 사도들과 장로들이 이 문제를 의논하러 모였습니다.

7 많은 토론이 있은 후에 베드로가 일어나 말했습니다. "형제 여러분, 하나님께서 얼마 전에 여러분들 중에서 나를 선택하시고 이방인들에게 복음을 전하게 하셔서 그들도 이 복음을 듣고 믿게 하신 것을 여러분들도 아실 것입니다.

8 모든 사람의 생각을 아시는 하나님께서 우리에게 성령을 주신 것과 똑같이 그들에게도 주셔서 그들을 인정하셨습니다.

9 하나님께서는 우리와 이방인들을 차별

준비된다. 오직 구원은 하나님의 은혜로만(Sola Gratia) 얻을 수 있다.

하지 않으셨습니다. 하나님께서는 그들의 믿음을 보시고 그들의 마음을 깨끗하게 하셨습니다.

10 그런데 지금 여러분은 어찌하여 우리 조상들이나 우리나 모두 질 수 없었던 짐을 이방인 신자들에게 지워서 하나님을 시험하려 하십니까?

11 우리는 그들과 마찬가지로 주 예수님의 은혜로 구원을 받는다는 사실을 믿습니다."

저자의 묵상

교회에 문제가 있는 것이 이상한 일은 아니다. 사람들이 모여 신앙생활을 하다 보면 여러 가지 의견 충돌이 생길 수 있다. 그러므로 문제가 있는 것이 문제가 아니라, 그것을 어떻게 처리하느냐가 진정한 문제가 되는 것이다. 무조건 감추고 쉬쉬하는 것만이 능사는 아니다. 교회 전체의 유익과 신앙의 보호를 위해서라면 그 문제를 드러내 놓고 직면해야 한다. 그렇게 문제를 제대로 처리하면 오히려 그것을 통해 교회는 더 큰 성장을 이룬다. 한편, 베드로는 이 문제를 적절히 설명했다. 하나님은 사실 이런 문제를 해결하시기 위해 오래전부터 준비하셨고, 베드로에게 고넬료의 일을 경험하게 하심으로 예루살렘 회의를 준비하고 계셨다. 하나님은 우리보다 앞서서 준비하시는 하나님이시다. 이런 모습을 보면서, 오늘 내가 행한 정당한 판단이나 행동이 사실은 하나님의 준비와 은혜로 되었음을 인정하고, 언제나 그분께 감사와 영광을 돌려야 할 것이다.

무릎 기도 하나님, 문제가 생겼을 때 피하지 않고 해결함으로써 그것이 기회가 되게 하소서.

ESV - Acts 15

1 But some men came down from Judea and
were teaching the brothers, "Unless you are
circumcised according to the custom of
Moses, you cannot be saved."
2 And after Paul and Barnabas had no small
dissension and debate with them, Paul and
Barnabas and some of the others were
appointed to go up to Jerusalem to the
apostles and the elders about this question.
3 So, being sent on their way by the church,
they passed through both Phoenicia and
Samaria, describing in detail the conversion
of the Gentiles, and brought great joy to all
the brothers.*
4 When they came to Jerusalem, they were
welcomed by the church and the apostles
and the elders, and they declared all that
God had done with them.
5 But some believers who belonged to the
party of the Pharisees rose up and said, "It is
necessary to circumcise them and to order
them to keep the law of Moses."
6 The apostles and the elders were gathered
together to consider this matter.
7 And after there had been much debate,
Peter stood up and said to them, "Brothers,
you know that in the early days God made a
choice among you, that by my mouth the
Gentiles should hear the word of the gospel
and believe.
8 And God, who knows the heart, bore witness
to them, by giving them the Holy Spirit just
as he did to us,
9 and he made no distinction between us and
them, having cleansed their hearts by faith.
10 Now, therefore, why are you putting God to
the test by placing a yoke on the neck of the
disciples that neither our fathers nor we have
been able to bear?
11 But we believe that we will be saved through
the grace of the Lord Jesus, just as they will."

* 15:3 Or *brothers and sisters;* also verse 22

1 circumcise 할례를 베풀다 custom 관습(법) 2 no small 작지 않은, 대단한 dissension 불화, 충돌 debate 토론(하다) elder 장로, 원로 3 describe in detail 상세히 진술하다 conversion 개종 4 declare 분명히 말하다 5 it is necessary to ~ ~할 필요가 있다 6 consider 고찰하다 8 bear witness to ~ ~을 증언하다 9 make no distinction between ~ ~을 차별하지 않다 10 put ~ to the test ~을 시험하다 yoke 멍에

• MEMO •

50 예루살렘 회의의 결정

월 일

사도행전 15:12-21 • 새찬송 221장 | 통일 525장

• 말씀묵상 전에 성령님의 인도하심을 구하는 기도를 드리십시오.

본문요약 I 예루살렘 회의에 참석한 회중은 바울과 바나바가 이방 선교를 통해 체험한 하나님의 일하심을 경청한 후에 야고보의 최종적인 의견을 듣는다. 야고보는 아모스서의 말씀을 인용하여 이방인들이 구원 얻는 것이 하나님의 뜻임을 밝힌다. 다만 흩어져 사는 유대인들을 위해 이방 형제들이 반드시 금해야 할 몇 가지를 중재안으로 내놓는다.

12 온 무리가 가만히 있어 바나바와 바울이
하나님께서 자기들로 말미암아 이방인
중에서 행하신 [1]표적과 기사에 관하여 말
하는 것을 듣더니
13 말을 마치매 야고보가 대답하여 이르되
형제들아 내 말을 들으라
14 하나님이 처음으로 이방인 중에서 자기
이름을 위할 백성을 취하시려고 그들을
돌보신 것을 시므온이 말하였으니
15 선지자들의 말씀이 이와 일치하도다 기
록된 바
16 [ㄱ]이후에 내가 돌아와서 다윗의 무너진
장막을 다시 지으며 또 그 허물어진 것
을 다시 지어 일으키리니
17 이는 그 남은 사람들과 내 이름으로 일
컬음을 받는 모든 이방인들로 주를 찾
게 하려 함이라 하셨으니
18 즉 예로부터 이것을 알게 하시는 주의
말씀이라
함과 같으니라
19 그러므로 내 의견에는 이방인 중에서 하
나님께로 돌아오는 자들을 괴롭게 하지
말고
20 다만 우상의 더러운 것과 음행과 목매어
죽인 것과 피를 멀리하라고 편지하는 것
이 옳으니
21 이는 예로부터 각 성에서 모세를 전하는
자가 있어 안식일마다 회당에서 그 글을
읽음이라 하더라

1) 또는 이적 ㄱ. 암 9:11,12

1. 오늘 하나님께서 나에게 주신 깨달음은 무엇입니까?

2. 말씀을 어떻게 내 삶에 구체적으로 적용해야 합니까?

절별 해설

12 온 무리가 가만히 있어 이방인도 율법을 지켜야 한다는 주장으로 의견이 분분하고 소란스럽던 회중들은(5절) 베드로의 말을 듣고 잠잠해진다. 이방인이나 유대인이나 예수를 믿는 믿음으로만 구원을 얻는다는 베드로의 설명이, 너무도 분명한 하나님의 뜻으로 확인되었기 때문이다. 하나님의 뜻이 분명하게 드러날 때 어지러운 교회는 조용하게 된다. 다른 어떤 것으로도 분란을 잠재울 수는 없다.

13 야고보 신약에는 여러 명의 야고보가 등장한다. 그중 본문의 야고보는 예수님의 친동생인 야고보다(마 13:55). 그는 처음에는 예수님을 믿지 않았으나(요 7:5) 부활하신 주님을 뵙고 제자가 되었으며(고전 15:7), 예루살렘 교회의 지도자가 되었다(갈 2:9).

14 시므온이 말하였으니 본장 7–11절에서 베드로가 말한 것을 가리킨다. "시므온"은 '시몬'과 같은 말로 베드로의 히브리어 이름이다. '베드로'는 '바위'란 뜻의 헬라어 이름이다. 한편, 여기서 야고보가 베드로를 "시므온"이라는 히브리어 본명으로 부른 것은, 이방 선교의 정당성을 말하는 사람이 다름 아닌 히브리 사람 베드로라는 점을 강조하기 위한 것으로 보인다.

15–17 아모스 9장 11–12절의 인용이다. 그 말씀은 다윗의 무너진 장막이 메시아에 의해 다시 세워지고, 만국이 메시아이신 그리스도의 소유가 된다는 것이다. 야고보는 구약성경을 인용하여, 이방 선교가 갑자기 제기된 문제가 아니라 오래전부터 계획된 하나님의 뜻임을 강조한다.

18 이사야 45장 21절의 인용이다. "이 일을 옛부터 듣게 한 자가 누구냐 이전부터 그것을 알게 한 자가 누구냐 나 여호와가 아니냐 나 외에 다른 신이 없나니."

20 하나님께로 돌아온 이방인들에게 피해야 할 몇 가지를 당부한다. "우상의 더러운 것", 곧 우상에게 바친 제물을 먹지 말 것과, "음행"으로 불리는 온갖 종류의 옳지 않은 성적 행위를 금하는 것과, 또한 목 졸라 죽인 짐승의 고기와 피를 먹는 것을 금한다는 것이었다(참고. 레 3:17). 이러한 것들은 당시 유대인들의 율법에서 직접적으로 금지하는 조항들이었다.

21 이는 예로부터 각 성에서 모세를 전하는 자가 있어 각 성[도시]에서 안식일마다 회당에 모인 사람들은 세계 각지에 흩어져 살던 유대인들로, 흔히 '디아스포라'(Diaspora)라고 불린다. 한편, 예루살렘 회의가 이방 형제들에게 율법의 짐을 지우지는 않으면서도 중요한 몇 가지를 당부한 것은 유대인들을 위한 배려였다. 이것은 유대인과 이방인의 '하나 됨'을 깨지 않으려는 최소한의 조치로 해석된다.

쉬운성경

12 그러자 온 무리가 잠잠해졌습니다. 그들은 바울과 바나바의 말에 귀를 기울였습니다. 바울과 바나바는 하나님께서 이방인들 가운데에서 그들을 통해 행하신 모든 기적과 표적에 대해 이야기했습니다.

13 그들이 말을 마치자, 야고보가 대답했습니다. "형제 여러분, 제가 한 마디 하겠습니다.

14 하나님께서 처음으로 이방인들 중에서 자기 백성을 삼으시려고 그들을 찾아오신 이야기를 시몬 곧, 베드로가 전해 주었습니다.

15 예언자들의 말도 이것과 일치합니다. 예언서에 이렇게 기록되어 있습니다.

16 '이 일이 있은 뒤에 내가 다시 와서 다윗의 무너진 장막을 다시 짓겠다. 폐허가 된 곳을 다시 짓고 바로 세우겠다.

17 그러면 살아남은 사람들과 나의 이름을 부르는 모든 이방인들이 나를 찾을 것이다. 이것은 이 일을 행하시는 여호와의 말이다.

18 이것은 오래전부터 알게 한 일이다.'*

19 그러므로 내가 판단하기로는, 하나님께로 돌아온 이방 형제들을 괴롭히지 말고

20 그들에게 편지를 써서, 우상에게 바친 더러운 음식을 먹지 말 것과 음란한 행동을 하지 말 것과 목 졸라 죽인 짐승의 고기와 피를 먹지 말라고 하는 것이 좋겠습니다.

21 이는 예로부터 도시마다 모세의 율법을 선포하는 사람이 있어서, 안식일마다 회당에 모세의 글을 읽어 왔기 때문입니다."

*15:16–18 암 9:11–12에 기록되어 있다.

저자의 묵상

예루살렘 교회가 이방인 선교 문제를 결정하는 방식에 주의를 기울일 필요가 있다. 야고보 사도가 최종 발언을 하기 전에 교회는 바나바와 바울의 보고와 베드로의 간증을 들었다. 이에 야고보는 성경에 예언된 말씀을 인용하며 이방인 선교의 정당성을 인정했다. '말씀'과 '상황'은 하나님이 우리를 인도하시는 중요한 방법이다. 주어진 상황을 면밀히 살피고 그것이 말씀과 어떤 관련이 있는가를 살펴보아야 한다. 야고보는 여러 사람의 증언과 성경 말씀이 일치함을 깨닫고, 이방인들이 구원 얻는 것이 하나님의 뜻임을 인정했다(15절). 하나님은 '환경'을 통해 역사하시고 '말씀'을 통해 이를 확신하도록 우리를 도우시는 분이시다. 그러므로 이 두 가지를 면밀히 살피는 노력을 통해 하나님의 뜻을 분별할 수 있는 것이다. 환경을 살필 때에도 자의적으로 치우치지 않고 객관성을 유지하기 위해서 가급적 여러 사람의 이야기를 듣고 상황을 살필 필요가 있다. 하나님은 우리가 지각을 사용하여 하나님의 뜻을 이해하기를 원하신다(히 5:14).

무릎기도 하나님, 교회의 일치와 단결을 위하여 기도합니다.

ESV - Acts 15

12 And all the assembly fell silent, and they
listened to Barnabas and Paul as they
related what signs and wonders God had
done through them among the Gentiles.
13 After they finished speaking, James replied,
"Brothers, listen to me.
14 Simeon has related how God first visited the
Gentiles, to take from them a people for his
name.
15 And with this the words of the prophets
agree, just as it is written,
16 "'After this I will return, and I will rebuild the
tent of David that has fallen; I will rebuild its
ruins, and I will restore it,
17 that the remnant* of mankind may seek the
Lord, and all the Gentiles who are called by
my name, says the Lord, who makes these
things
18 known from of old.'
19 Therefore my judgment is that we should not
trouble those of the Gentiles who turn to
God,
20 but should write to them to abstain from the
things polluted by idols, and from sexual
immorality, and from what has been
strangled, and from blood.
21 For from ancient generations Moses has had
in every city those who proclaim him, for he
is read every Sabbath in the synagogues."

* 15:17 Or *rest*

12 assembly 회중 relate 이야기하다 16 ruin 폐허, 잔해 restore 회복시키다 17 remnant 잔존자 mankind 인류, 인간 18 from of old 옛날부터 20 abstain from ~ ~을 삼가다, 그만두다 pollute 더럽히다 immorality 부도덕 strangle 목 졸라 죽이다 21 ancient 고대의, 옛날의

51

월 일

교회가 보낸 편지

사도행전 15:22-29 • 새찬송 272장 | 통일 330장

• 말씀묵상 전에 성령님의 인도하심을 구하는 기도를 드리십시오.

본문요약 I 예루살렘 교회가 심사숙고 끝에 주어진 문제에 대한 결정을 내린다. 그리고 특별히 선택된 두 사람이 편지를 가지고 바나바와 바울과 함께 안디옥 교회로 향한다. 그 결정은 최소한의 내용 외에는 이방인 형제들에게 더 이상 율법의 무거운 짐을 지우지 않는 결정이었다. 복음은 인간을 얽어매는 것이 아니라 자유롭게 만드는 것이다.

22 이에 사도와 장로와 온 교회가 그중에서
사람들을 택하여 바울과 바나바와 함께
안디옥으로 보내기를 결정하니 곧 형제
중에 인도자인 바사바라 하는 유다와 실
라더라
23 그 편에 편지를 부쳐 이르되 사도와 장로
된 형제들은 안디옥과 수리아와 길리기
아에 있는 이방인 형제들에게 문안하노
라
24 들은즉 우리 가운데서 어떤 사람들이 우
리의 지시도 없이 나가서 말로 너희를 괴
롭게 하고 마음을 혼란하게 한다 하기로
25-26 사람을 택하여 우리 주 예수 그리스도
의 이름을 위하여 생명을 아끼지 아니하
는 자인 우리가 사랑하는 바나바와 바울
과 함께 너희에게 보내기를 만장일치로
결정하였노라
27 그리하여 유다와 실라를 보내니 그들도
이 일을 말로 전하리라
28 성령과 우리는 이 요긴한 것들 외에는 아
무 짐도 너희에게 지우지 아니하는 것이
옳은 줄 알았노니
29 우상의 제물과 피와 목매어 죽인 것과 음
행을 멀리할지니라 이에 스스로 삼가면
잘되리라 평안함을 원하노라 하였더라

1. 오늘 하나님께서 나에게 주신 깨달음은 무엇입니까?

2. 말씀을 어떻게 내 삶에 구체적으로 적용해야 합니까?

절별 해설

22 사도와 장로와 온 교회가 예루살렘 회의에 관여한 구성원들을 말한다. 일부 사람들이 아니라 교회 전체가 이 문제를 의논하고 결정했다는 사실이 암시되어 있다. 그러므로 이 결정은 교회의 공식적인 입장이며, 이견의 여지가 없는 것이다. **곧 형제 중에 인도자인 바사바라 하는 유다와 실라더라** "바사바"라 하는 유다는 '바사바'라 하는 요셉(행 1:23)의 형제로 짐작되는 인물이다. 실라는 로마 시민권자였으며(행 16:37) 바울의 2차 전도여행부터 동행한 인물이다.

23 그 편에 편지를 부쳐 이르되 예루살렘 회의는 안디옥에 보낼 특사를 뽑고 그들 편에 공식적인 결정을 편지에 적어 보낸다. 결정사항을 말로 전달할 수도 있지만, 특사와 편지를 함께 보낸 것을 볼 때, 이 문제를 신중히 처리하려 했음을 알 수 있다. 중요한 문제일수록 더욱 신중하게 처리해야 한다. 자칫 대수롭지 않게 대처하다가 큰 낭패를 볼 수 있기 때문이다.

24 말로 너희를 괴롭게 하고 마음을 혼란하게 한다 하기로 '괴롭히다'는 '혼란에 빠뜨리고 어지럽게 한다'는 뜻을 가지고 있다. 잘못된 진리가 갖는 특성은 사람을 혼란스럽게 한다는 것이다(갈 1:7). 그러나 바른 진리는 우리의 마음을 그리스도께로 인도하며, 자유하고 평안하게 해 준다(요 8:32; 마 11:28-30). 아울러 말[언어]이 사람의 마음을 아프게 하는 폭력이 될 수 있다는 사실도 명심할 필요가 있다.

25 우리가 사랑하는 바나바와 바울 예루살렘 회의가 가져다 준 부차적인 이익은, 바나바와 바울이 이방인 선교를 위해 선택된 사람들임이 공식적으로 인정된 것이었다. 이는 앞으로 전개될 바울의 전도여행에 힘을 실어 주는 조처였다. 하나님의 일하심에는 생각지 못했던 문제까지도 해결하는 능력이 있다.

28 성령과 우리는 이 요긴한 것들 외에는 아무 짐도 너희에게 지우지 아니하는 것이 옳은 줄 알았노니 예루살렘 회의의 결정은 그들 스스로 내린 결정이 아니었다. 성령께서 야고보를 통해 구약의 예언을 인용하게 하시고, 베드로의 경험과 바나바와 바울의 보고를 사용하신 결과였다. 이 결정의 핵심은 이방인 형제들에게 율법의 무거운 짐을 지우지 않는 것이었다. 진리는 우리를 얽어매는 것이 아니라 자유하게 하는 것이다(갈 5:1).

쉬운성경

22 사도들과 장로들과 온 교회가 자기들 중에서 몇 사람을 뽑아서 바울과 바나바와 함께 안디옥으로 보내기로 결정했습니다. 뽑힌 사람들은 신자들 가운데서 지도자로 있던 바사바라고 불리는 유다와 실라였습니다.

23 그리고 이 사람들 편에 이러한 편지를 써 보냈습니다. "여러분의 형제인 사도들과 장로들이 안디옥과 시리아와 길리기아에 있는 모든 이방인 형제에게 문안드립니다.

24 우리 가운데 몇 사람이 여러분에게 가서, 우리가 시키지도 않은 말을 해서 여러분을 혼란에 빠뜨리고 마음을 아프게 했다는 소식을 들었습니다.

25 그래서 우리는 몇 사람을 뽑아 사랑하는 형제 바나바와 바울과 함께 여러분에게 보내기로 의견 일치를 보았습니다.

26 바나바와 바울은 우리 주 예수 그리스도의 이름을 위해 자기 목숨도 내놓은 사람들입니다.

27 그래서 우리는, 우리가 쓴 편지의 내용이 사실임을 분명히 하려고 그들과 함께 유다와 실라를 보냅니다.

28 여러분에게 다음에 말하는 요구 사항 이외에 다른 어떠한 짐도 지우지 않는 것이 성령과 우리의 생각입니다.

29 우상에 바친 제물과 피와 목 졸라 죽인 짐승의 고기를 먹지 마십시오. 그리고 음란한 어떠한 행동도 하지 마십시오. 이런 일만 지키면 잘 될 것입니다. 그럼 안녕히 계십시오."

저자의 묵상

예루살렘 회의는 회의의 결정을 안디옥 교회에 전달하는 데 신중을 기했다. 단순히 편지만을 보낸 것이 아니라 신망 받는 두 사람을 택하여 함께 보냈다. 그들의 임무는 이 결정을 말로도 전달하는 것이었다(27절). 여기서 성령의 인도함을 받는 교회의 신중하고 아름다운 모습을 엿볼 수 있다. 단순히 편지만을 보냈을 때 그 내용을 보증하기가 쉽지 않을 수 있다. 그 결과 바울의 반대파들이 편지의 내용을 믿지 않으려 들 수도 있었고, 교회에 쓸데없는 소란이 생길 수도 있었다. 편지와 함께 두 사람을 보냄으로써 이 모든 문제를 완전한 방법으로 마무리 짓고 있었다. 두 사람은 후에 여러 말로 교회를 위로했다(32절). 결론적으로 예루살렘 회의는 이 문제를 행정적으로만 처리하지 않고 사람을 투입함으로 교회를 안정시켰던 것이다. 행정적으로 결정하는 것도 중요하지만, 이후에 모든 당사자들을 포용하는 일도 중요하다. 우리도 교회 일을 할 때 결정만 강조할 것이 아니라 사람의 마음까지 위로하려는 자세를 가져야 할 것이다.

무릎 기도 하나님, 성령이 주시는 자유함을 누리는 신앙생활이 되기를 기도합니다.

ESV - Acts 15

22 Then it seemed good to the apostles and the
elders, with the whole church, to choose
men from among them and send them to
Antioch with Paul and Barnabas. They sent
Judas called Barsabbas, and Silas, leading
men among the brothers,
23 with the following letter: "The brothers, both
the apostles and the elders, to the brothers*
who are of the Gentiles in Antioch and Syria
and Cilicia, greetings.
24 Since we have heard that some persons
have gone out from us and troubled you*
with words, unsettling your minds, although
we gave them no instructions,
25 it has seemed good to us, having come to
one accord, to choose men and send them
to you with our beloved Barnabas and Paul,
26 men who have risked their lives for the name
of our Lord Jesus Christ.
27 We have therefore sent Judas and Silas,
who themselves will tell you the same things
by word of mouth.
28 For it has seemed good to the Holy Spirit
and to us to lay on you no greater burden
than these requirements:
29 that you abstain from what has been
sacrificed to idols, and from blood, and from
what has been strangled, and from sexual
immorality. If you keep yourselves from
these, you will do well. Farewell."

* 15:23 Or *brothers and sisters;* also verses 32, 33, 36
* 15:24 Some manuscripts *some persons from us have troubled you*

23 greeting (편지 서두의) 인사말 24 unsettle (마음을) 어지럽히다 instruction 지시 25 come to an accord 합의에 이르다 beloved 가장 사랑하는 26 risk one's life 목숨[생명]을 걸다 28 burden 부담, 짐 29 abstain from ~ ~을 삼가다 sacrifice to ~ ~에게 제물로 바치다 29 strangle 목 졸라 죽이다 immorality 부도덕 keep … from ~ …가 ~하지 못하게 하다 farewell 잘 있거라!

☐ 묵상 체크

52 두 사도의 결별

월 일

사도행전 15:30-41 • 새찬송 350장 | 통일 393장

• 말씀묵상 전에 성령님의 인도하심을 구하는 기도를 드리십시오.

본문요약 | 예루살렘 회의의 결과가 안디옥 교회에 통보됨으로써 이방 교회는 큰 위로를 받았다. 그러나 이방 교회의 큰 문제가 해결되고 나서 본격적인 2차 전도여행을 앞두고, 바울과 바나바는 마가 요한의 문제로 다투고 각자의 길을 가게 된다. 하나님의 뜻을 인간이 모두 알 수는 없다. 하지만 그분은 합력하여 선을 이루시는 분이다.

30 그들이 작별하고 안디옥에 내려가 무리
를 모은 후에 편지를 전하니
31 읽고 그 [1]위로한 말을 기뻐하더라
32 유다와 실라도 선지자라 여러 말로 형제
를 [2]권면하여 굳게 하고
33 얼마 있다가 평안히 가라는 전송을 형제
들에게 받고 자기를 보내던 사람들에게
로 돌아가되
34 [3](없음)
35 바울과 바나바는 안디옥에서 유하며 수
다한 다른 사람들과 함께 주의 말씀을 가
르치며 전파하니라
36 며칠 후에 바울이 바나바더러 말하되 우
리가 주의 말씀을 전한 각 성으로 다시
가서 형제들이 어떠한가 방문하자 하고
37 바나바는 마가라 하는 요한도 데리고 가
고자 하나
38 바울은 밤빌리아에서 자기들을 떠나 함
께 일하러 가지 아니한 자를 데리고 가는
것이 옳지 않다 하여
39 서로 심히 다투어 피차 갈라서니 바나바
는 마가를 데리고 배 타고 구브로로 가고
40 바울은 실라를 택한 후에 형제들에게 주
의 은혜에 부탁함을 받고 떠나
41 수리아와 길리기아로 다니며 교회들을
견고하게 하니라

1) 또는 권면 2) 또는 위로
3) 어떤 사본에, 34 '실라는 그들과 함께 유하기를 작정하고'가 있고 또 35 '바울과 바나바도'라 하였음

1. 오늘 하나님께서 나에게 주신 깨달음은 무엇입니까?

2. 말씀을 어떻게 내 삶에 구체적으로 적용해야 합니까?

절별 해설

31 읽고 그 위로한 말을 기뻐하더라 이방인들의 구원에 관한 문제가 분명하게 확정됨으로써 이방 교회는 큰 시름을 덜고 복음 안에서 자유함을 누리게 되었다.

32 유다와 실라도 선지자라 여러 말로 형제를 권면하여 굳게 하고 당시 선지자는 교회에서 말씀을 풀어 설교를 하고 예언을 하기도 하였다. 선지자는 사도 다음으로, 은사를 받아 교회를 섬기던 사람들이며(고전 12:28), 설교나 예언을 하기도 했다는 점에서 교사와는 구별된다. 선지자의 역할이 교사의 역할보다는 그 규모 면에서 다소 넓다고 볼 수 있다. 따라서 유다와 실라는 예루살렘 교회에서 지도급 위치에 있었던 인물들임을 알 수 있다.

36 며칠 후에 바울이 바나바더러 말하되 우리가 주의 말씀을 전한 각 성으로 다시 가서 형제들이 어떠한가 방문하자 하고 이제 막 시작하려는 2차 전도여행의 목적이 나타나 있다. 그것은 이미 세워진 교회를 더욱 견고하게 하려는 데 목적이 있었다.

39 서로 심히 다투어 피차 갈라서니 하나님의 뜻은 참으로 오묘하다. 이방 교회의 문제가 해결되고 이방 선교의 문이 활짝 열린 이 시점에, 그동안 함께해 온 두 사도가 결별하게 된다. 결별의 이유는 마가 요한의 동행문제 때문이었다. 마가 요한은 1차 전도여행 당시 밤빌리아에서 중도 포기했던 인물이다(행 13:13). 바울은 마가 요한의 전력을 들어 동행을 거부했으나, 바나바는 그럼에도 불구하고 마가 요한에게 기회를 주려고 한 것이다.

아마도 바나바는 사람 중심의 생각을 한 것으로 보인다. 그래서 마가 요한을 다시 세워주려 한 것이다. 반면, 바울은 사역[일] 자체에 무게중심을 두어 마가 요한을 배제시키려 했다. 그가 함께 가면 전도여행이 또 차질을 빚을 수 있다는 생각에서였다. 그러나 후에 마가 요한은 바울과 다시 합류하게 되고 바울의 인정을 받게 된다(골 4:10; 딤후 4:11).

39–41 전도대가 한 대에서 두 대로 나뉜다. 바나바와 마가는 구브로로 가고, 바울과 실라는 수리아와 길리기아로 떠난다. 이 이후로 바나바의 행적은 소개되지 않고 바울의 행적만 소개된다. 비록 바나바의 행적이 나타나 있지는 않지만, 하나님은 바나바를 통해서도 일하셨을 것이다. 그리고 두 사도의 결별이 복음을 더욱 확장시켰을 것이 분명하다. 하나님은 인간의 부족함도 선하게 사용하시는 분이기 때문이다.

쉬운성경

30 그들은 예루살렘을 떠나 안디옥으로 내려갔습니다. 안디옥에서 신자들을 불러 모으고 그 편지를 전해 주었습니다.

31 안디옥 교회는 그 권면의 말씀을 읽고 기뻐했습니다.

32 유다와 실라는 예언자이므로 신자들을 권면하며 그들에게 힘을 북돋워 주었습니다.

33 그들은 거기서 얼마 동안, 머물다가 평안히 가라는 신자들의 인사를 받고 자기들을 보낸 사람들에게로 돌아갔습니다.

34 (없음)*

35 바울과 바나바는 안디옥에 계속해서 머물러 있으면서 다른 여러 사람과 함께 주님의 말씀을 가르치며 전파하였습니다.

36 며칠 뒤에 바울이 바나바에게 말했습니다. "우리가 주님의 말씀을 전한 바 있는 여러 도시로 다시 가서 신자들을 방문하고 그들이 어떻게 지내는지 알아봅시다."

37 바나바는 마가라 불리는 요한도 데려가고 싶었습니다.

38 그러나 바울은 마가 요한이 그들과 함께 계속 일하지 않고 밤빌리아에서 그들을 떠난 사람이기 때문에 그를 데려가는 것을 좋게 여기지 않았습니다.

39 바울과 바나바는 이 일 때문에 심하게 다투었습니다. 그러다가 둘은 마침내 갈라서고 말았습니다. 바나바는 마가를 데리고 배를 타고 키프로스로 떠나갔습니다.

40 반면, 바울은 실라를 선택하였으며, 주님의 은혜를 빌어 주는 안디옥 신자들의 환송을 받고 실라와 함께 그곳을 떠났습니다.

41 바울은 시리아와 길리기아를 다니면서 각 교회에게 힘을 북돋워 주었습니다.

*15:34 어떤 사본에는 다음과 같은 구절이 있다. "그러나 실라는 그들과 함께 머물고자 하였다."

저자의 묵상

안디옥 교회의 문제가 해결되고 이방 선교가 활짝 열렸다고 생각되는 시점에, 바울과 바나바가 갈라서는 뜻하지 않은 악재가 발생했다. 그러나 결국 이 문제는 한 개의 전도대가 두 개로 나뉘어 확장되는 결과를 이룬다. 하나님의 섭리는 언제나 우리의 생각을 넘어선다. 안디옥 교회의 이방 선교 문제가 해결되어 모든 일이 순조로울 것 같은 때에, 두 사도가 의견 대립으로 갈라서는 것이, 겉으로는 후퇴 같지만 사실은 진보를 이룬 것이다. 일단 두 사도는 이방 선교를 앞두고 자신들이 갈라선 모습을 보면서, 더욱 자신들의 모습을 돌아보며 겸손해지는 계기가 되었을 것이다. 게다가 두 개의 전도대가 탄생함으로 복음이 더 확장되었다. 하나님은 부정적으로 보이는 사건을 통해서도 하나님의 뜻을 이루시며, 모든 것이 형통해 보이는 사도들을 겸손하게 하셨다. 이것을 보며, 우리는 성도에게 발생하는 부정적으로 보이는 일도 하나님의 관점에서 바라보고 긍정적으로 승화시킬 수 있는 믿음의 안목을 가져야 한다.

무릎 기도 하나님, 서로의 차이가 잘 활용되어 주를 위해 더욱 영광이 되는 교회가 되게 하소서.

ESV - Acts 15

30 So when they were sent off, they went down to Antioch, and having gathered the congregation together, they delivered the letter.

31 And when they had read it, they rejoiced because of its encouragement.

32 And Judas and Silas, who were themselves prophets, encouraged and strengthened the brothers with many words.

33 And after they had spent some time, they were sent off in peace by the brothers to those who had sent them.*

35 But Paul and Barnabas remained in Antioch, teaching and preaching the word of the Lord, with many others also.

36 And after some days Paul said to Barnabas, "Let us return and visit the brothers in every city where we proclaimed the word of the Lord, and see how they are."

37 Now Barnabas wanted to take with them John called Mark.

38 But Paul thought best not to take with them one who had withdrawn from them in Pamphylia and had not gone with them to the work.

39 And there arose a sharp disagreement, so that they separated from each other. Barnabas took Mark with him and sailed away to Cyprus,

40 but Paul chose Silas and departed, having been commended by the brothers to the grace of the Lord.

41 And he went through Syria and Cilicia, streng-thening the churches.

* 15:33 Some manuscripts insert verse 34: *But it seemed good to Silas to remain there*

30 congregation 회중 deliver (전언 등을) 전하다 31 rejoice 기뻐하다 encouragement 격려 32 strengthen 강하게 하다 35 preach the word 복음을 전하다 38 withdraw from ~ ~에서 물러나다 39 disagreement 다툼, 불일치 separate from ~ ~에서 분리하다 40 depart 떠나다 commend (~의 보살핌에) 맡기다

묵상 체크 ☐

53 하나님의 인도

월 일

사도행전 16:1-10 • 새찬송 379장 | 통일 429장

• 말씀묵상 전에 성령님의 인도하심을 구하는 기도를 드리십시오.

본문요약 I 바울은 2차 전도여행 중 루스드라에서 디모데와 동행한다. 디모데는 주변 사람들에게 칭찬을 듣는 사람으로 이후 바울의 중요한 동역자가 된다. 한편, 성령께서 직접 인도하심으로 바울 일행은 오늘날 유럽 지역인 마게도냐로 향한다. 사람을 주시고 장소를 허락하시는 하나님의 인도는 바울 사역의 핵심적인 원동력이었다.

1 바울이 더베와 루스드라에도 이르매 거
기 디모데라 하는 제자가 있으니 그 어머
니는 믿는 유대 여자요 아버지는 헬라인
이라
2 디모데는 루스드라와 이고니온에 있는
형제들에게 칭찬받는 자니
3 바울이 그를 데리고 떠나고자 할새 그 지
역에 있는 유대인으로 말미암아 그를 데
려다가 할례를 행하니 이는 그 사람들이
그의 아버지는 헬라인인 줄 다 앎이러라
4 여러 성으로 다녀갈 때에 예루살렘에 있
는 사도와 장로들이 작정한 규례를 그들
에게 주어 지키게 하니
5 이에 여러 교회가 믿음이 더 굳건해지고
수가 날마다 늘어가니라
6 성령이 아시아에서 말씀을 전하지 못하
게 하시거늘 그들이 브루기아와 갈라디
아 땅으로 다녀가
7 무시아 앞에 이르러 비두니아로 가고자
애쓰되 예수의 영이 허락하지 아니하시
는지라
8 무시아를 지나 드로아로 내려갔는데
9 밤에 환상이 바울에게 보이니 마게도냐
사람 하나가 서서 그에게 청하여 이르되
마게도냐로 건너와서 우리를 도우라 하
거늘
10 바울이 그 환상을 보았을 때 우리가 곧
마게도냐로 떠나기를 힘쓰니 이는 하나
님이 저 사람들에게 복음을 전하라고 우
리를 부르신 줄로 인정함이러라

1. 오늘 하나님께서 나에게 주신 깨달음은 무엇입니까?

2. 말씀을 어떻게 내 삶에 구체적으로 적용해야 합니까?

절별 해설

1 바울이 더베와 루스드라에도 이르매 더베와 루스드라는 바울이 1차 전도여행 때 방문한 지역이다(행 14:20–21). 바울은 2차 전도여행을 통하여 이미 전도했던 지역의 교회들을 다시 방문하여 그들의 신앙을 견고하게 하고자 했다(행 15:41). **거기 디모데라 하는 제자가 있으니** 디모데는 외할머니 '로이스'와 어머니 '유니게'의 신앙을 이어받은 믿음의 사람으로(딤후 1:5; 3:15), 이후에 바울 사역에 중요한 동역자가 되었다(행 17:14–15). 특별히 바울이 아들같이 여겼던 디모데는(딤후 1:2; 2:1) 주변 사람들에게도 여러모로 칭찬을 듣는 사람이었다(2절). 성숙한 인격과 삶은 하나님의 일을 하는 사람들에게 필수적이라 할 수 있다.

3 바울이 … 유대인으로 말미암아 그를 데려다가 할례를 행하니 디모데는 모계쪽으로는 유대 혈통의 사람이었으나, 그의 아버지는 헬라 사람이었다. 그래서 바울은 디모데에게 할례를 행하여 앞으로 있을 유대인들을 위한 선교에 어려움을 제거한다. 할례가 구원의 조건이 아님이 확인된 바 있지만(행 15:10–11), 그럼에도 바울은 디모데에게 할례를 행하여, 할례를 중시하는 유대인들에게 복음을 전할 때 불필요한 마찰을 줄이려 한 것이다. 모든 것이 복음 사역을 위한 선택이었다.

4 예루살렘에 있는 사도와 장로들이 작정한 규례 15장은 예루살렘 교회 회의에 대한 기록이다. 여기서 규례는 예루살렘 회의의 결정 사항을 일컫는다(행 15:29).

6–7 성령께서 두 번이나 아시아(에베소를 중심한 지역)와 비두니아 지역에서의 복음 전도를 막으셨다. 성령께서 구체적으로 어떤 방법을 사용하셨으며, 왜 아시아에서의 복음 전도를 막으셨는지는 알 수 없다. 다만 알 수 있는 것은, 그것이 바울 일행을 위한 최선이라는 것뿐이다(참고. 롬 8:28).

10 우리를 부르신 줄로 인정함이러라 두 번에 걸친 성령의 금지와 한 번의 마게도냐인 환상을 통해, 바울 일행은 오늘날의 유럽 지역인 마게도냐로 가는 것이 하나님의 뜻임을 확신했다. 성령님은 반복적인 인도하심을 통해 그분의 뜻을 명확하게 하셨다. 이처럼 우리도 반복적으로 계속되는 일들에 주의할 필요가 있다.

여기서 '인정했다'라는 말은 '의견을 모으다', '다양한 자료들로부터 추론해 내다'라는 뜻이다. 바울 일행이 이 문제를 결정할 때 의논하고 합의해서 결론을 도출했다는 의미다. 이제까지 이루어진 성령의 금지와 환상을 토대로 주변 사람들과 의논해서 이런 결정을 내린 것이다.

쉬운성경

1 바울이 더베를 방문하고 루스드라에 이르렀을 때, 마침 디모데라는 젊은 제자가 그곳에 있었습니다. 디모데의 어머니는 유대인으로서 예수를 믿는 사람이었으나, 아버지는 그리스인이었습니다.

2 디모데는 루스드라와 이고니온의 신자들에게 평판이 좋았습니다.

3 바울은 전도여행에 디모데를 데려가고 싶었습니다. 그런데 디모데의 아버지가 그리스인이라는 것을 그 지방에 사는 모든 유대인이 알고 있었기 때문에, 바울은 디모데에게 할례를 베풀었습니다.

4 바울과 그 일행은 여러 도시를 다니면서 예루살렘에 있는 사도들과 장로들이 정한 규정을 사람들에게 전하여 지키게 했습니다.

5 그리하여 교회들은 믿음이 더 든든해지고 날마다 그 수가 불어났습니다.

6 그들이 아시아 지방에서 복음 전하는 것을 성령께서 막으셨기 때문에 바울과 그 일행은 브루기아와 갈라디아 지방을 두루 다녔습니다.

7 그들은 무시아 지방 가까이 이르러 비두니아로 가려 했습니다. 그러나 예수님의 영이 허락하지를 않았습니다.

8 그래서 그들은 무시아를 지나서 드로아로 내려갔습니다.

9 바울은 밤에 어떤 마케도니아 사람이 바울 앞에 서서 "마케도니아로 건너와서 우리를 도와 주십시오"라고 애원하는 환상을 보았습니다.

10 바울이 그 환상을 본 뒤에, 우리는 하나님께서 우리를 부르셔서 마케도니아 사람들에게 복음을 전하게 하셨다고 확신하고는 즉시 마케도니아로 떠날 준비를 했습니다.

저자의 묵상

바울 일행은 분명한 성령님의 인도하심에 따라서 마게도냐행을 결정했다. 본문에 나타난 성령의 인도하심을 받는 방법을 살펴보자. 첫째, '막힘'은 또 다른 '열림'의 시작임을 기억하자. 내가 원하는 대로 일이 이루어지지 않는 상황이 발생해도 그것을 부정적으로만 생각하지 말자. 금지와 막힘은 또 다른 사역의 시작을 뜻한다는 사실을 기억하고, 실패 앞에서도 긍정적인 생각을 가져야 한다. 둘째, 성령님의 객관적인 인도를 받아야 한다. 우리는 하나님의 뜻을 헤아리고 인도를 받는다는 것을 지나치게 주관적인 느낌이나 생각만으로 판단하는 경향이 있다(물론 이것도 중요하다!). 그러나 본문이 말하는 하나님의 뜻을 헤아리는 방법은 매우 객관적이다. 나타난 상황을 보며 주변의 동역자들과 의논하여 뜻을 헤아렸다. 하나님의 인도를 주관적인 느낌이나 생각에만 의존하지 말자. 하나님의 말씀을 통하고, 지금 나타난 상황을 정리하며, 주변의 신실한 사람들과 의논해서 객관적 소명과 인도를 확인하는 것이 매우 중요하다.

무릎기도 하나님, 성령께서 인도하시는 내용을 잘 감지할 수 있게 하소서.

ESV - Acts 16

1 Paul* came also to Derbe and to Lystra. A
disciple was there, named Timothy, the son
of a Jewish woman who was a believer, but
his father was a Greek.
2 He was well spoken of by the brothers* at
Lystra and Iconium.
3 Paul wanted Timothy to accompany him,
and he took him and circumcised him
because of the Jews who were in those
places, for they all knew that his father was a
Greek.
4 As they went on their way through the cities,
they delivered to them for observance the
decisions that had been reached by the
apostles and elders who were in Jerusalem.
5 So the churches were strengthened in the
faith, and they increased in numbers daily.
6 And they went through the region of Phrygia
and Galatia, having been forbidden by the
Holy Spirit to speak the word in Asia.
7 And when they had come up to Mysia, they
attempted to go into Bithynia, but the Spirit of
Jesus did not allow them.
8 So, passing by Mysia, they went down to
Troas.
9 And a vision appeared to Paul in the night: a
man of Macedonia was standing there,
urging him and saying, "Come over to
Macedonia and help us."
10 And when Paul* had seen the vision, imme-
diately we sought to go on into Macedonia,
concluding that God had called us to preach
the gospel to them.

* 16:1 Greek *He*
* 16:2 Or *brothers and sisters;* also verse 40
* 16:10 Greek *he*

2 be well spoken of 평판이 좋다 3 accompany 동행하다 circumcise 할례를 베풀다 4 deliver (전언 등을) 전하다 observance 준수 decision 결정 reach (결론에) 도달하다 apostle 사도 5 increase in number 수가 증가하다 6 forbid 허락하지 않다 7 come up to ~ ~에 이르다 attempt to ~ ~하려고 시도하다 9 appear to ~ ~에게 나타나다 10 conclude ~라고 추론[단정]하다

☐ 묵상 체크

54 빌립보에서 만난 사람들

월 일

사도행전 16:11-18 • 새찬송 390장 | 통일 444장

• 말씀묵상 전에 성령님의 인도하심을 구하는 기도를 드리십시오.

본문요약 | 바울 일행은 성령의 인도를 따라 마게도냐의 첫 성[도시]인 빌립보에 도착한다. 안식일에 기도처를 발견하고 그곳에서 말씀을 전하던 중, 루디아가 믿고 그의 가정이 세례를 받게 된다. 한편, 귀신 들린 여종이 바울에게 고침을 받는다. 하나님께서는 바울의 여행 경로와 일정만이 아니라 구원받을 사람들도 만나게 하셨다. 이 모든 것이 바울에게는 큰 위로였을 것이다.

11 우리가 드로아에서 배로 떠나 사모드라
게로 직행하여 이튿날 네압볼리로 가고
12 거기서 빌립보에 이르니 이는 마게도냐
지방의 [1]첫 성이요 또 로마의 식민지라
이 성에서 수일을 유하다가
13 안식일에 우리가 기도할 곳이 있을까 하
여 문밖 강가에 나가 거기 앉아서 모인
여자들에게 말하는데
14 두아디라 시에 있는 자색 옷감 장사로서
하나님을 섬기는 루디아라 하는 한 여자
가 말을 듣고 있을 때 주께서 그 마음을
열어 바울의 말을 따르게 하신지라
15 그와 그 집이 다 [2]세례를 받고 우리에게
청하여 이르되 만일 나를 주 믿는 자로
알거든 내 집에 들어와 유하라 하고 강권
하여 머물게 하니라
16 우리가 기도하는 곳에 가다가 점치는 귀
신 들린 여종 하나를 만나니 점으로 그
주인들에게 큰 이익을 주는 자라
17 그가 바울과 우리를 따라와 소리 질러 이
르되 이 사람들은 지극히 높은 하나님의
종으로서 구원의 길을 너희에게 전하는
자라 하며
18 이같이 여러 날을 하는지라 바울이 심히
괴로워하여 돌이켜 그 귀신에게 이르되
예수 그리스도의 이름으로 내가 네게 명
하노니 그에게서 나오라 하니 귀신이 즉
시 나오니라

1) 또는 첫째가는 성이요 2) 헬. 또는 침례

1. 오늘 하나님께서 나에게 주신 깨달음은 무엇입니까?

2. 말씀을 어떻게 내 삶에 구체적으로 적용해야 합니까?

절별 해설

11 바울 일행의 전도 여정은 순조로워 보였다. 빌립보로 가는 것이 하나님의 뜻임을 확증하기라도 하듯이, 그들은 순풍을 만나 이틀 만에 빌립보에서 동남쪽으로 16km 지점에 위치한 네압볼리에 이른다. 원래 드로아에서 네압볼리까지는 해로로 약 250km 정도 되는 거리로, 당시의 뱃길로 적어도 수 일이 걸렸다(참고. 행 20:6). 그 당시 바람에 의존하는 배들이 이렇게 순풍을 만나는 일은 흔한 일이 아니었다. 모든 것이 하나님의 인도와 도우심인 것을 알 수 있는 대목이다.

12 거기서 빌립보에 이르니 이는 마게도냐 지방의 첫 성이요 마게도냐는 그리스 북부 지방을 가리킨다. 빌립보는 마게도냐에서 가장 중요한 성[도시]으로, 바울이 그 지경에서 처음으로 복음을 전한 성이었다. 빌립보는 알렉산더 대왕의 아버지가 자신의 이름을 따서 명명한 곳이다.

13 당시 흩어져 살던 유대인들은 남자 열 명만 모여도 회당을 만들었다. 그러나 빌립보 성에 회당이 없는 것으로 보아 그곳에는 유대인들이 거의 없었던 것 같다. 회당이 없는 곳에서는 이처럼 기도처를 마련해서 모이곤 했는데, 주로 강가나 들판이 기도처로 이용되었다.

14 당시 두아디라 시는 염색공업이 발달해 있었다. 루디아는 그곳 출신으로 자색 옷감 장사였다. 평소 하나님을 섬기던 루디아는 바울의 말을 듣고 마음이 열려 바울을 따르게 된다. 이처럼 하나님의 말씀을 들을 때 사람들은 회심하게 된다(롬 10:17). 바울이 자신의 말로 루디아의 마음을 연 것이 아니라, 주님께서 말씀을 통해 그녀의 마음을 여셨다.

16 이번에는 바울이 기도처에 가다가 귀신 들린 여종을 만난다. 그 여종의 '주인들'이라고 복수로 언급된 점을 볼 때, 여러 사람이 이 여종을 이용하여 큰돈을 벌고 있었음을 알 수 있다.

17–18 귀신들도 하나님이 누구신지, 바울이 어떤 일을 하는지 알고 있었다. 당시 이 여종은 신통하다는 소문이 있었으므로, 여종이 말하는 대로 내버려 두었다면 혹시 복음전파에 도움이 되지 않았을까? 그러나 기독교는 사람을 이용하지 않고 사람 자체를 중시하는 종교다. 바울은 여러 주인에게 착취당하는 여종을 보며 마음이 괴로웠을 것이고, 귀신이 여종의 인격을 지배하는 것도 참을 수 없었을 것이다. 그렇기 때문에 바울은 그 여종의 외침을 그대로 내버려 둘 수 없었던 것이다.

쉬운성경

11 우리는 배를 타고 드로아를 떠나 곧장 사모드라게로 갔다가 이튿날, 네압볼리로 갔습니다.

12 다시 네압볼리를 떠나서 로마의 식민지요, 마케도니아 지방의 중심 도시인 빌립보로 갔습니다. 우리는 며칠 동안, 그곳에서 머물렀습니다.

13 우리는 안식일에 기도처가 있을 만한 곳을 찾아 성문 밖 강가로 갔습니다. 우리는 그곳에 앉아, 모여든 여자들에게 말하기 시작하였습니다.

14 그 여자들 중에 두아디라라는 도시에서 온 루디아라는 여자가 있었습니다. 루디아는 자주색 옷감 장수였으며, 하나님을 섬기는 사람이었습니다. 루디아가 바울의 말을 귀담아 들을 수 있도록 주님께서 그녀의 마음을 여셨습니다.

15 루디아와 그 집안 식구들이 다 세례를 받았습니다. 그리고 루디아는 "제가 참으로 주님을 믿는 사람이라고 생각하신다면, 저희 집에 오셔서 머물러 주십시오"라고 간청하면서 우리를 자기 집으로 데리고 갔습니다.

16 하루는 우리가 기도처로 가다가 귀신 들린 여종 하나를 만났습니다. 그 여종은 점을 쳐서 자기 주인들에게 많은 돈을 벌게 해 주던 여자였습니다.

17 이 여자가 바울과 우리를 따라오면서 큰소리로 "이 사람들은 가장 높으신 하나님의 종들이다. 이 사람들은 여러분에게 구원의 길을 전하고 계시다"라고 외쳤습니다.

18 그 여자가 며칠이고 계속 이렇게 하자, 참다못한 바울은 돌아서서 그 귀신에게 "내가 예수 그리스도의 이름으로 네게 명령한다. 그 여자에게서 나오너라!"라고 말했습니다. 그 순간, 귀신이 그 여자에게서 나왔습니다.

저자의 묵상

바울은 빌립보에서 두 여인을 만난다. 루디아에게서는 복음전파를 위한 도움을 받았고, 귀신 들린 여종에게는 귀신을 쫓아내는 도움을 주었다. 이처럼 하나님께서는 바울의 전도여행 기간 중에 누군가에게서는 도움을 받고, 또 누군가를 도와주는 일을 계속하게 하셨다. 그리스도인들은 누군가의 도움을 감사히 수용할 수 있어야 한다. 도움을 받아야 또 남을 도울 수 있다. 그러나 바울은 루디아가 가진 것을 의도적으로 이용하지는 않았다. 루디아의 강권에 못 이겨 도움을 받았다. 루디아가 가진 것을 이용하려 한다면 옳지 않다. 이런 원리는 귀신 들린 여종의 경우에서도 발견된다. 바울은 다른 사람이나 귀신이 여종을 착취하거나 지배하는 것을 옳지 않게 생각했기에 귀신을 내쫓았다. 결국 바울은 두 여인에게서 도움을 주고받는 상반된 일을 한 것 같지만, 따지고 보면 한 가지 일을 한 것이다. 기독교는 사람이나 그가 가진 것을 이용하지 않는다. 단지 그 사람 자체를 귀중히 여기고 사랑할 뿐이다.

무릎 기도 하나님, 주의 말씀의 풍성함을 깨닫도록 루디아처럼 마음을 열어 주소서.

ESV - Acts 16

11 So, setting sail from Troas, we made a direct
voyage to Samothrace, and the following
day to Neapolis,
12 and from there to Philippi, which is a leading
city of the* district of Macedonia and a
Roman colony. We remained in this city
some days.
13 And on the Sabbath day we went outside the
gate to the riverside, where we supposed
there was a place of prayer, and we sat
down and spoke to the women who had
come together.
14 One who heard us was a woman named
Lydia, from the city of Thyatira, a seller of
purple goods, who was a worshiper of God.
The Lord opened her heart to pay attention
to what was said by Paul.
15 And after she was baptized, and her
household as well, she urged us, saying, "If
you have judged me to be faithful to the
Lord, come to my house and stay." And she
prevailed upon us.
16 As we were going to the place of prayer, we
were met by a slave girl who had a spirit of
divination and brought her owners much
gain by fortune-telling.
17 She followed Paul and us, crying out, "These
men are servants of the Most High God, who
proclaim to you the way of salvation."
18 And this she kept doing for many days. Paul,
having become greatly annoyed, turned and
said to the spirit, "I command you in the
name of Jesus Christ to come out of her."
And it came out that very hour.

* 16:12 Or *that*

11 set sail 출항하다 make a voyage 항해하다 direct 직행의 12 colony 식민지 14 seller 판매자 pay attention to ~ ~에 유의하다 15 household 가정, 가족 urge 열심히 권하다 prevail (up)on ~ ~을 설득하다 16 divination 점(占) gain 벌이, 수익 fortune-telling 점(술) 17 salvation 구원 18 annoyed 화가 난

55 투옥과 찬송

월 일

사도행전 16:19-26 • 새찬송 31장 | 통일 46장

• 말씀묵상 전에 성령님의 인도하심을 구하는 기도를 드리십시오.

본문요약 | 바울이 여종을 지배하고 있던 악령을 쫓아내자 더 이상 여종을 통해 이익을 볼 수 없음을 안 주인들이 바울과 실라를 붙잡아 고소한다. 결국 두 사람은 매를 많이 맞고 깊은 옥에 갇힌다. 그러나 그들이 기도하고 찬송할 때 큰 지진이 나서 옥문이 열린다. 복음의 일꾼들이, 이해할 수 없는 고난 중에도 하나님을 찬송하는 모습이 어떤 힘을 갖는지를 보여주는 장면이다.

19 여종의 주인들은 자기 수익의 소망이 끊
어진 것을 보고 바울과 실라를 붙잡아 장
터로 관리들에게 끌어갔다가
20 상관들 앞에 데리고 가서 말하되 이 사람
들이 유대인인데 우리 성을 심히 요란하
게 하여
21 로마 사람인 우리가 받지도 못하고 행하
지도 못할 풍속을 전한다 하거늘
22 무리가 일제히 일어나 고발하니 상관들
이 옷을 찢어 벗기고 매로 치라 하여
23 많이 친 후에 옥에 가두고 간수에게 명하
여 든든히 지키라 하니
24 그가 이러한 명령을 받아 그들을 깊은 옥
에 가두고 그 발을 차꼬에 든든히 채웠더
니
25 한밤중에 바울과 실라가 기도하고 하나
님을 찬송하매 죄수들이 듣더라
26 이에 갑자기 큰 지진이 나서 옥터가 움직
이고 문이 곧 다 열리며 모든 사람의 매
인 것이 다 벗어진지라

1. 오늘 하나님께서 나에게 주신 깨달음은 무엇입니까?

2. 말씀을 어떻게 내 삶에 구체적으로 적용해야 합니까?

절별 해설

19 장터로 관리들에게 끌어갔다가 여기의 "장터"는 당시 광장(아고라, agora)이라 불리던 장소로 도시의 중앙에 위치했다. 광장은 장터로 사용되기도 했으며, 여러 대중 집회의 장소로 사용되는 등 고대인들의 생활 중심지였다. 따라서 광장에는 도시의 치안을 담당하던 관리들이 상주하고 있었다.

20-21 여종의 주인들은 자신들이 분노한 진짜 이유(19절)는 숨기고, 바울과 실라에게 풍속을 문란하게 한다는 죄목을 붙였다. 당시 로마 식민지 안에서는 자신이 섬기는 종교를 자유롭게 섬길 수는 있었으나, 다른 민족에게 그것을 강요하는 것은 금지되어 있었다. 여종의 주인들은 이 점을 이용했다. 인간은 때로는 자신의 목적을 이루기 위해서 얼마든지 진면목을 숨긴 채 행동하는 존재들이다. 이러한 성향은 죄의 결과라 할 수 있다.

22 무리가 일제히 일어나 고발하니 상관들이 옷을 찢어 벗기고 매로 치라 하여 관리들은 여종의 주인들의 말과 군중의 반응만을 참고로 하여 바울과 실라를 매로 친다. 제기된 혐의에 대한 재판이나 조사는 전혀 이루어지지 않았다. 한쪽의 이야기만을 듣고 어떤 일을 판단하는 것은 공정한 태도가 아니다.

23-24 바울과 실라는 심한 매질을 당하고 중죄인들이 갇히는 깊은 감옥에 갇힌다. 사실상 바울과 실라는 로마 시민권자였기 때문에(행 16:37), 그들의 신분을 밝혔더라면 이러한 봉변은 면했을 것이다. 당시 로마 시민은 정당한 판결 없이는 매를 맞지 않았으며 억울한 판결도 면할 수 있었다. 게다가 해당 지역의 법을 인정할 수 없을 때는 로마 황제에게 직접 재판을 의뢰할 수도 있었다(행 25:11). 그러나 바울과 실라는 자신들이 가진 세속적인 권리를 의지하지 않았던 것 같다(참고. 빌 3:20).

25-26 바울과 실라가 고통 중에 보인 모습은 가히 놀랍다. 한밤중에 이런 일이 일어났다는 것이 더욱 놀랍다. 한밤중은 낮에 맞은 고통이 가장 심하게 나타나는 시간이다. 그러나 그들은 이러할 때라도 자신의 처지를 비관하고 그렇게 만든 사람들을 원망하기보다는 오히려 기도하고 찬송했다(살전 5:16-18). 그리고 그것을 감옥의 죄수들이 들었다. 이 부분은 신앙인이 세상에서 어떤 모습으로 살아가야 하는지 보여주는 대목이다.

쉬운성경

19 여종의 주인들은 돈을 벌 희망이 사라진 것을 보고, 바울과 실라를 붙잡아 광장에 있는 관리들에게로 끌고 갔습니다.

20 그들이 바울과 실라를 로마 관리에게로 데려가서 말했습니다. "이 사람들은 유대인들인데 우리 도시에서 소란을 피우고 있습니다.

21 이들은 우리 로마 사람들로서는 받아들이거나 실천할 수 없는 풍습을 선전하고 있습니다."

22 군중들도 합세하여 바울과 실라를 공격했습니다. 로마 관리는 바울과 실라의 옷을 찢고 매질하라고 명령했습니다.

23 그들은 바울과 실라를 호되게 때린 뒤에 감옥에 가두었습니다. 그리고 간수에게 그들을 잘 지키라고 명령했습니다.

24 간수는 그 명령을 받고 바울과 실라를 깊숙한 감옥에 가두고, 그들의 발에 쇠고랑을 단단히 채웠습니다.

25 한밤중에 바울과 실라는 하나님께 기도를 하며 찬송을 불렀습니다. 다른 죄수들도 그들의 기도와 찬송 소리를 듣고 있었습니다.

26 그때, 갑자기 감옥까지도 흔들릴 정도의 큰 지진이 발생했습니다. 감옥 문이 모두 열리면서 죄수들을 묶고 있던 사슬들도 다 풀렸습니다.

저자의 묵상

바울 일행이 빌립보에 온 것은 앞에서 살펴본 대로 성령님의 명확한 인도가 있었기 때문이다. 그래서 순풍에 돛 단 듯이 빌립보에 왔고, 루디아를 만나는 것까지는 모든 것이 순조로웠다. 그러나 바울이 귀신 들린 여종을 고쳐준 사건 때문에 바울과 실라는 매를 맞고 옥에 갇히게 된다. 하나님의 인도는 우리에게 쉽고 편리한 상황만을 가져다주지는 않는다. 때로는 분명한 인도가 있었지만, 때로는 본문처럼 어려움이 오는 경우도 많다. 그러므로 어떤 상황만을 가지고 하나님의 인도가 아니라고 생각하지 말아야 한다. 비록 고난의 시간일지라도, 하나님이 나를 단련하시고 함께하시는 시간이라고 생각해야 한다. 또한 그 속에서 감사와 찬양을 잊지 말아야 한다. 바울이 이런 상황을 원망하지 않고 고통 중에서 기도하고 찬송했을 때 하나님의 기적을 체험했다. 어떤 형편에서도 하나님과 신앙을 부정하지 않는 그 사람에게 하나님의 역사는 나타나는 법이다.

무릎 기도 하나님, 어떤 경우에도 기도와 찬송이 그치지 않는 삶을 살게 하소서.

ESV - Acts 16

19 But when her owners saw that their hope of gain was gone, they seized Paul and Silas and dragged them into the marketplace before the rulers.

20 And when they had brought them to the magistrates, they said, "These men are Jews, and they are disturbing our city.

21 They advocate customs that are not lawful for us as Romans to accept or practice."

22 The crowd joined in attacking them, and the magistrates tore the garments off them and gave orders to beat them with rods.

23 And when they had inflicted many blows upon them, they threw them into prison, ordering the jailer to keep them safely.

24 Having received this order, he put them into the inner prison and fastened their feet in the stocks.

25 About midnight Paul and Silas were praying and singing hymns to God, and the prisoners were listening to them,

26 and suddenly there was a great earthquake, so that the foundations of the prison were shaken. And immediately all the doors were opened, and everyone's bonds were unfastened.

19 seize 붙잡다 marketplace 시장, 장터 20 magistrate 행정장관, 치안판사 disturb 어지럽히다 21 advocate 주장하다 lawful 합법적인 22 tear off 잡아 찢다 garment 옷 give orders 명령을 내리다 23 throw ~ into prison ~을 투옥하다 jailer 교도관, 간수 24 fasten 단단히 고정시키다 stock 차꼬 26 foundation 토대 bond 속박

□ 묵상 체크

56 교회를 배려하는 바울

월 일

사도행전 16:27-40 • 새찬송 210장 | 통일 245장

• 말씀묵상 전에 성령님의 인도하심을 구하는 기도를 드리십시오.

본문요약 I 감옥의 옥문이 열리는 사건을 통해 간수와 그의 가족이 구원을 얻는다. 한편, 바울과 실라는 자신들의 죄도 묻지 않고 처벌한 관리들에게 자신들이 로마 시민권자임을 밝힌다. 관리들은 두려워하며 두 사람을 직접 방문하여 그 도시에서 떠나기를 청한다. 바울이 뒤늦게 로마 시민권을 사용한 이유는, 자신이 떠난 뒤에 남겨질 교회를 온전히 보호하려는 의도로 볼 수 있다.

27 간수가 자다가 깨어 옥문들이 열린 것을
보고 죄수들이 도망한 줄 생각하고 칼을
빼어 자결하려 하거늘
28 바울이 크게 소리 질러 이르되 네 몸을
상하지 말라 우리가 다 여기 있노라 하니
29 간수가 등불을 달라고 하며 뛰어 들어가
무서워 떨며 바울과 실라 앞에 엎드리고
30 그들을 데리고 나가 이르되 선생들이여
내가 어떻게 하여야 구원을 받으리이까
하거늘
31 이르되 주 예수를 믿으라 그리하면 너와
네 집이 구원을 받으리라 하고
32 주의 말씀을 그 사람과 그 집에 있는 모
든 사람에게 전하더라
33 그 밤 그 시각에 간수가 그들을 데려다가
그 맞은 자리를 씻어 주고 자기와 그 온
가족이 다 [1]세례를 받은 후
34 그들을 데리고 자기 집에 올라가서 음식
을 차려 주고 그와 온 집안이 하나님을
믿으므로 크게 기뻐하니라
35 날이 새매 상관들이 부하를 보내어 이 사
람들을 놓으라 하니
36 간수가 그 말대로 바울에게 말하되 상관
들이 사람을 보내어 너희를 놓으라 하였
으니 이제는 나가서 평안히 가라 하거늘
37 바울이 이르되 로마 사람인 우리를 죄도
정하지 아니하고 공중 앞에서 때리고 옥
에 가두었다가 이제는 가만히 내보내고
자 하느냐 아니라 그들이 친히 와서 우리
를 데리고 나가야 하리라 한대
38 부하들이 이 말을 상관들에게 보고하니
그들이 로마 사람이라 하는 말을 듣고 두
려워하여
39 와서 권하여 데리고 나가 그 성에서 떠나
기를 청하니
40 두 사람이 옥에서 나와 루디아의 집에 들
어가서 형제들을 만나 보고 [2]위로하고 가
니라

1) 헬, 또는 침례 2) 권면하고

1. 오늘 하나님께서 나에게 주신 깨달음은 무엇입니까?

2. 말씀을 어떻게 내 삶에 구체적으로 적용해야 합니까?

절별 해설

27 간수가 자다가 깨어 … 죄수들이 도망한 줄 생각하고 칼을 빼어 자결하려 하거늘 당시의 법으로는, 간수가 죄수들을 지키고 있을 때 죄수가 탈옥하면, 간수에게 그 죄를 물어 간수를 대신 처형했다. 그렇기 때문에 간수는 죄수들이 탈옥한 줄 알고 어차피 죽음을 당할 것이라 여겨 미리 자살하려 했던 것이다.

28 우리가 다 여기 있노라 다급한 바울이 큰 소리로 간수를 제지한다. 바울과 실라는 그렇다 치고, 다른 죄수들은 옥문이 열렸는데도 왜 도망가지 않고 그대로 있었을까? 이것도 또한 하나님의 역사라고밖에 이해할 방법이 없다. 옥문이 열렸으나 다른 모든 죄수들의 마음을 붙잡으신 분은 하나님이셨다.

30 내가 어떻게 하여야 구원을 받으리이까 아마도 간수는 바울과 실라가 왜 투옥되었는지 전모를 알고 있었던 것 같다. 왜냐하면 옥문이 열리는 사건이 수습되자마자 바로 엎드려서 자신이 구원 얻을 방도를 묻고 있기 때문이다. 여기서 다시 한 번, 인간에게 가장 시급한 것은 자신의 영혼이 구원받는 것임을 알 수 있다.

31 이르되 주 예수를 믿으라 그리하면 너와 네 집이 구원을 받으리라 하고 성경에는 분명히 '내가 예수를 믿으면 나 자신뿐만 아니라 온 집안이 구원을 얻을 것'이라고 기록되어 있다. 당신의 가족 중에 아직 하나님을 믿지 않는 사람이 있다면 이 말씀을 의지하여 기도하라.

37 날이 새자 관리들은 바울 일행을 조용히 풀어주어 모든 일을 신속히 마무리하고자 했다. 그런데 바울이 전날에는 밝히지 않았던 로마 시민권을 갑자기 들고 나온다. 그리고 그들의 상관들이 친히 와서 자신들을 데리고 나가라고 요구한다. 왜 그랬을까? 절차상의 하자를 물어 단순히 억울함을 풀려고 그랬을까? 아니다. 앞서 말한 대로, 바울은 복음전파를 위해서 자신의 로마 시민권을 적절히 사용했으나(행 23:11; 25:11), 자기 자신의 안위를 위해서는 사용한 기록이 없다. 여기서도 바울이 자신의 로마 시민권을 사용하여 자신을 처벌한 사람들에게 경각심을 불러일으키려고 한 이유는, 자신이 떠난 이후에 교회의 안전을 위한 배려 때문으로 해석된다.

쉬운성경

27 간수가 잠에서 깨어, 감옥 문이 다 열린 것을 보고는 죄수들이 벌써 도망쳤을 것이라고 생각하고 칼을 꺼내어 자결하려 했습니다.

28 그러자 바울이 큰소리로 소리쳤습니다. "당신 몸을 해하지 마시오. 우리는 다 여기 있습니다."

29 간수가 등불을 달라고 해서 안으로 뛰어들어가, 두려워 떨면서 바울과 실라 앞에 엎드렸습니다.

30 그리고 그들을 바깥으로 데리고 나와 "선생님들, 제가 어떻게 해야 구원을 받을 수 있겠습니까?"라고 물었습니다.

31 바울과 실라가 간수에게 말했습니다. "주 예수님을 믿으십시오. 그러면 당신과 당신의 집안이 구원을 얻을 것입니다."

32 그리고 바울과 실라는 간수와 그의 집에 있는 모든 사람에게 주님의 말씀을 전했습니다.

33 그날 밤, 그 시각에 간수는 바울과 실라를 데려다가 상처를 씻어 주었습니다. 그리고 그 자리에서 그와 온 가족이 세례를 받았습니다.

34 간수는 바울과 실라를 자기 집으로 데려가서 음식을 대접했습니다. 그와 온 가족은 하나님을 믿게 된 것을 매우 기뻐했습니다.

35 다음 날 아침, 로마 관리들이 부하들을 보내어 "그 사람들을 풀어 주라"고 명령했습니다.

36 간수가 이 말을 바울에게 전했습니다. "관리들이 선생님과 실라를 풀어 주라고 전령을 보내왔습니다. 이제 나오셔서 평안히 가십시오."

37 하지만 바울은 그들에게 이렇게 말했습니다. "로마 시민인 우리를 재판도 하지 않고 사람들 앞에서 매질하고 감옥에 넣더니, 이제 와서 슬그머니 우리를 놓아

39-40 관리들의 태도는 전날과는 아주 상반되게 변해 있었다. 친히 바울과 실라를 찾아와 설득한 후 데리고 나가서 떠나기를 청한다. 바울은 즉시 떠나지 않고, 루디아의 집에서 회심한 간수의 가족들을 포함한 형제들을 만나서 위로한 후에야 그 도시를 떠난다. 이러한 바울의 모든 행동은 관리들에게 다 보고되었을 것이다. 이는 후에 복음을 믿는 교회가 단순히 유대인뿐만 아니라 로마 시민권자들까지도 포함하고 있다는 권위와 인상을 주었을 것이다. 이러한 행동은 교회를 보호하는 일종의 장치가 되었다.

주려는 겁니까? 안 됩니다! 그 사람들이 직접 와서 우리를 데리고 나가라고 하시오!"

38 부하들이 관리들에게 가서 바울이 한 말을 전했습니다. 관리들은 바울과 실라가 로마 시민이라는 말을 듣고 두려워했습니다.

39 그래서 그들은 가서 바울과 실라에게 사과하고 그들을 데리고 나가, 그 도시에서 떠나 달라고 부탁했습니다.

40 감옥에서 나온 바울과 실라는 루디아의 집으로 갔습니다. 그들은 거기서 신자들을 만나 격려하고 그곳을 떠났습니다.

저자의 묵상

바울은 빌립보에 남겨진 교회를 위해서 자신의 로마 시민권을 적절히 사용했다. 바울은 자신을 위해서는 로마 시민권의 특권을 사용하지 않았다. 아마도 복음 전도자로서 자기 자신을 위해서는 육신의 특권을 의지하지 않으려는 마음에서였을 것이다(참고. 빌 3:7-8). 하나님의 사람은 세상적인 방법보다 하나님을 더욱 의지해야 한다. 그럴 때 더 큰 은혜를 경험하는 것을 볼 수 있다. 비록 매를 맞고 감옥에 들어갔지만, 그 일로 인해 간수의 가정이 구원을 받고 빌립보 교회가 세워졌던 것이다. 이런 모습은 바울의 사역 곳곳에서 찾아볼 수 있다. 바울은 고린도 교회에서도 자신의 언변보다 성령의 능력을 더욱 의지했다(고전 2:1-5). 하나님의 사람이 가급적 인간적인 방법을 의지하지 않고 하나님의 능력을 의지하려는 모습은 오늘 우리에게도 큰 반향을 불러온다. 일이 되게 하려고 인간적인 술수를 의지할 것이 아니라 더디게 보여도 하나님을 의지하며 나아가야 한다.

무릎 기도 하나님, 나 자신만이 아니라 교회를 생각하는 큰 믿음을 주소서.

ESV - Acts 16

27 When the jailer woke and saw that the prison
doors were open, he drew his sword and
was about to kill himself, supposing that the
prisoners had escaped.
28 But Paul cried with a loud voice, "Do not
harm yourself, for we are all here."
29 And the jailer* called for lights and rushed in,
and trembling with fear he fell down before
Paul and Silas.
30 Then he brought them out and said, "Sirs,
what must I do to be saved?"
31 And they said, "Believe in the Lord Jesus,
and you will be saved, you and your
household."
32 And they spoke the word of the Lord to him
and to all who were in his house.
33 And he took them the same hour of the night
and washed their wounds; and he was
baptized at once, he and all his family.
34 Then he brought them up into his house and
set food before them. And he rejoiced along
with his entire household that he had
believed in God.
35 But when it was day, the magistrates sent
the police, saying, "Let those men go."
36 And the jailer reported these words to Paul,
saying, "The magistrates have sent to let you
go. Therefore come out now and go in
peace."
37 But Paul said to them, "They have beaten us
publicly, uncondemned, men who are
Roman citizens, and have thrown us into
prison; and do they now throw us out
secretly? No! Let them come themselves
and take us out."
38 The police reported these words to the
magistrates, and they were afraid when they
heard that they were Roman citizens.
39 So they came and apologized to them. And
they took them out and asked them to leave
the city.
40 So they went out of the prison and visited
Lydia. And when they had seen the brothers,
they encouraged them and departed.

* 16:29 Greek *he*

27 jailer 교도관, 간수 draw one's sword 칼을 뽑다 kill oneself 자살하다 29 call for 필요로 하다, 찾다 rush 돌진하다 tremble 떨다 33 wound 상처, 부상 baptize 세례를 주다 34 entire 전체의 35 magistrate 행정장관, 치안판사 37 publicly 공개적으로 uncondemned 유죄 판결을 받지 않은 throw ~ out ~을 내쫓다

• MEMO •

☐ 묵상 체크

57 데살로니가 전도

월 일

사도행전 17:1-9 • 새찬송 579장 | 통일 304장

• 말씀묵상 전에 성령님의 인도하심을 구하는 기도를 드리십시오.

본문요약 | 빌립보를 떠난 바울과 실라는 마게도냐의 수도인 데살로니가에 도착한다. 바울은 그곳에서 늘 하던 대로 유대인의 회당에서 복음을 전했다. 많은 사람들이 복음을 듣고 믿은 반면에, 유대인들은 시장의 불량배들을 동원하여 야손과 다른 형제들을 괴롭힌다. 갖은 고생을 하면서도 바울은 부모의 심정으로 데살로니가 전도를 수행했다(살전 2:1-12).

1 그들이 암비볼리와 아볼로니아로 다녀가
데살로니가에 이르니 거기 유대인의 회
당이 있는지라
2 바울이 자기의 관례대로 그들에게로 들
어가서 세 안식일에 성경을 가지고 강론
하며
3 뜻을 풀어 그리스도가 해를 받고 죽은 자
가운데서 다시 살아나야 할 것을 증언하
고 이르되 내가 너희에게 전하는 이 예수
가 곧 그리스도라 하니
4 그중의 어떤 사람 곧 경건한 헬라인의 큰
무리와 적지 않은 귀부인도 권함을 받고
바울과 실라를 따르나
5 그러나 유대인들은 시기하여 저자의 어
떤 불량한 사람들을 데리고 떼를 지어 성
을 소동하게 하여 야손의 집에 침입하여
그들을 백성에게 끌어내려고 찾았으나
6 발견하지 못하매 야손과 몇 형제들을 끌
고 읍장들 앞에 가서 소리 질러 이르되
천하를 어지럽게 하던 이 사람들이 여기
도 이르매
7 야손이 그들을 맞아 들였도다 이 사람들
이 다 가이사의 명을 거역하여 말하되 다
른 임금 곧 예수라 하는 이가 있다 하더
이다 하니
8 무리와 읍장들이 이 말을 듣고 소동하여
9 야손과 그 나머지 사람들에게 보석금을
받고 놓아주니라

1. 오늘 하나님께서 나에게 주신 깨달음은 무엇입니까?

2. 말씀을 어떻게 내 삶에 구체적으로 적용해야 합니까?

절별 해설

1 데살로니가 데살로니가는 마게도냐 지방(그리스 북부지역)의 수도로, 테르마이크 만(Thermaic Gulf)의 윗부분에 위치한 항구 도시였다. 데살로니가는 정치, 무역, 교통, 상업의 중심 도시였다. 대륙의 비옥한 토지에서 생산되는 농산물을 에게 해를 거쳐 각지로 운송하는 요충지 역할을 했으므로 경제적으로 윤택하고 인구도 많았던 도시였다. 또한 그곳에는 유대인의 회당이 있었다. 이러한 조건을 갖춘 데살로니가는 복음의 전략적 요충지로도 충분한 가치가 있었다.

2 바울이 자기의 관례대로 그들에게로 들어가서 세 안식일에 성경을 가지고 강론하며 지금까지 살펴본 대로, 바울은 어느 곳을 가든 늘 습관적으로 유대인의 회당에 들어가 복음을 전했다. 여기에는 크게 두 가지 이유가 있어 보인다. 첫째, 바울은 유대인을 형제로서 사랑하고 복음을 전할 우선적 대상으로 여겼기 때문이다(롬 9:1–5). 둘째, 구약에 익숙한 유대인들을 전도함으로써 자연스럽게 이방인 선교의 초석을 쌓고자 했기 때문이다(행 14:1). "세 안식일"은 3주를 의미한다.

3 뜻을 풀어 … 증언하고 이르되 '증언하다'의 헬라어 의미는 '옆에 놓다'라는 뜻이다. 바울은 구약의 메시아와 예수 그리스도를 나란히 놓고 구약의 말씀이 어떻게 예수 그리스도를 통해 성취되었는지 설명했다. 구약성경은 '오실 메시아'를 우리 죄를 위해 고난당하고 죽임을 당하는 존재로 예언했다(사 53:4–6). 그러나 예수님 당시 유대인들은 이런 모습의 메시아를 기대하지 않았고, 이해하지도 못했다(마 27:40–44). 유대인들처럼 내가 믿고 싶은 대로 믿는 것은 신앙이라고 할 수 없다. 성경에 기록된 대로 믿는 것이야말로 참신앙이다.

4–7 바울의 전도는 그 열매도 상당했으나 유대인들의 반대 또한 만만치 않았다. 바울은 이때의 자세한 상황을 데살로니가전서에서 말하고 있다(살전 2:1–12). 한마디로 바울은 데살로니가에서 "유모가 자기 자녀를 기름과 같이", "아버지가 자기 자녀에게 하듯" 부모의 심정과 자세로 복음을 전했다(참고. 살전 2:7, 11). 빌립보와 데살로니가에서 많은 고난이 있었지만, 바울은 그 모든 것을 스스로 감수하면서 데살로니가 교인들에게 경제적인 폐를 끼치지 않았다(살전 2:9). 이것은 아무런 대가나 보상을 기대하지 않는 진정한 부모의 자세였다. 온갖 고난을 당하면서도 묵묵히 복음을 전하며 생명까지도 다 내주었던 것이다(살전 2:8). 이것이 하나님이 원하시는 진정한 전도자의 마음이다.

쉬운성경

1 바울과 실라는 암비볼리와 아볼로니아를 지나 데살로니가에 도착했습니다. 거기에는 유대인 회당이 있었습니다.

2 바울은 습관대로 회당으로 들어가 삼 주에 걸쳐 안식일마다 성경을 가지고 유대인들과 토론을 했습니다.

3 바울은 그리스도가 고난을 받고 죽은 자 가운데서 다시 살아나야 한다는 것을 설명하고 증명했습니다. 그리고 "내가 여러분에게 전하고 있는 이 예수님이 바로 그리스도입니다"라고 말했습니다.

4 유대인 중에 그 말에 설득되어 바울과 실라를 따르는 사람들이 생겼습니다. 하나님을 경외하는 많은 그리스인들과 적잖은 귀부인들도 바울을 따랐습니다.

5 그러나 유대인들이 이들을 시기하여 시장에서 불량배들을 모아 폭동을 일으켜 도시를 혼란에 빠지게 했습니다. 그들은 바울과 실라를 군중 앞으로 끌어내려고 야손의 집으로 쳐들어갔습니다.

6 그러나 바울과 실라를 찾지 못하자, 그들은 야손과 다른 형제 몇 사람을 마을의 관원들에게 끌고 가서 큰소리로 외쳤습니다. "가는 곳마다 문제를 일으키던 사람들이 여기에도 나타났습니다.

7 그런데 야손이 그들을 자기 집으로 맞아들였습니다. 그들은 모두 가이사의 법을 어겨가며 예수라 하는 다른 왕이 있다고 말하면서 황제의 명령을 거스르는 행동을 합니다."

8 무리와 마을의 관원들은 이 말을 듣고는, 당황하였습니다.

9 그러나 마을의 관원들은 야손과 다른 신자들에게서 보석금을 받고 그들을 풀어 주었습니다.

저자의 묵상

바울의 데살로니가 전도는 열매도 많았지만 유대인들의 반대 또한 만만치 않았다. 그러나 바울은 온갖 어려움 속에서도 부모의 심정과 자세로 데살로니가 교인들을 섬겼다고 고백한다. 바울은 고통을 당하면서도 데살로니가 교회를 향해서는 부드러웠다. 마치 부모가 세상에서 온갖 고생을 하면서도, 자기 자식에게는 부드럽고 좋은 것으로 먹이고 입히려는 마음과 같았다. 바울처럼, 믿는 자들은 복음 안에서 영적 부모가 되어야 한다. 일반적으로 사람은 자신의 처지가 힘들면 남들에게 짜증과 부정적인 모습을 보이기 마련이다. 바울은 그렇지 않았다.

주님의 일을 하는 우리의 마음도 이와 같아야 한다. 내가 힘들어도 교회를 섬기고 성도들에게 사랑을 베풀고자 노력해야 한다. 이런 것들로 우리 자신을 살펴야 한다. 우리 마음이 고난 속에서도 넉넉하고 부드러운지를 점검해야 한다. 이런 마음이 예수 안에서 생명을 가진 사람들의 특징이다. 이것은 위선적인 모습이 아니라 진정으로 세상의 고난이 흔들지 못하는 생명을 가진 사람들의 모습인 것이다.

무릎 기도 | 하나님, 부모의 심정과 자세로 교회와 성도들을 섬기게 하소서.

ESV - Acts 17

1 Now when they had passed through
Amphipolis and Apollonia, they came to
Thessalonica, where there was a synagogue
of the Jews.
2 And Paul went in, as was his custom, and on
three Sabbath days he reasoned with them
from the Scriptures,
3 explaining and proving that it was necessary
for the Christ to suffer and to rise from the
dead, and saying, "This Jesus, whom I
proclaim to you, is the Christ."
4 And some of them were persuaded and
joined Paul and Silas, as did a great many of
the devout Greeks and not a few of the
leading women.
5 But the Jews* were jealous, and taking
some wicked men of the rabble, they formed
a mob, set the city in an uproar, and attacked
the house of Jason, seeking to bring them
out to the crowd.
6 And when they could not find them, they
dragged Jason and some of the brothers
before the city authorities, shouting, "These
men who have turned the world upside down
have come here also,
7 and Jason has received them, and they are
all acting against the decrees of Caesar,
saying that there is another king, Jesus."
8 And the people and the city authorities were
disturbed when they heard these things.
9 And when they had taken money as security
from Jason and the rest, they let them go.

* 17:5 Greek *Ioudaioi* probably refers here to Jewish religious leaders, and others under their influence, in that time; also verse 13

1 synagogue 회당 2 reason with ~ 이치를 따져 ~를 설득하다 Scripture 성경 4 devout 경건한 not a few 상당수의 leading 지도적인, 주요한 5 jealous 질투하는 rabble 오합지졸 mob 폭도 uproar 소란, 소동 6 authorities 관헌, 권력자 turn ~ upside down ~을 엉망으로 만들다 7 decree 법령, 명령 8 disturbed 마음이 동요한 9 take ~ as security ~을 저당잡다

58 베뢰아 사람들이 성경을 대하는 태도

월 일

사도행전 17:10-15 • 새찬송 199장 | 통일 234장

• 말씀묵상 전에 성령님의 인도하심을 구하는 기도를 드리십시오.

본문요약 I 바울과 실라는 밤에 베뢰아로 향했다. 유대인들의 위협과 방해로 더 이상 데살로니가 선교가 어려웠기 때문이다. 한편, 베뢰아의 유대인들과 헬라인들은 성경에 대한 진지한 태도를 가지고 있었다. 그들은 말씀을 생각 없이 받지 않았고 날마다 성경을 자세히 연구했다. 건전한 비판정신은 더 확실한 믿음을 소유하는 밑거름이 된다.

10 밤에 형제들이 곧 바울과 실라를 베뢰아
로 보내니 그들이 이르러 유대인의 회당
에 들어가니라
11 베뢰아에 있는 사람들은 데살로니가에
있는 사람들보다 더 너그러워서 간절한
마음으로 말씀을 받고 이것이 그러한가
하여 날마다 성경을 상고하므로
12 그중에 믿는 사람이 많고 또 헬라의 귀부
인과 남자가 적지 아니하나
13 데살로니가에 있는 유대인들은 바울이
하나님의 말씀을 베뢰아에서도 전하는
줄을 알고 거기도 가서 무리를 움직여 소
동하게 하거늘
14 형제들이 곧 바울을 내보내어 바다까지
가게 하되 실라와 디모데는 아직 거기 머
물더라
15 바울을 인도하는 사람들이 그를 데리고
아덴까지 이르러 그에게서 실라와 디모
데를 자기에게로 속히 오게 하라는 명령
을 받고 떠나니라

1. 오늘 하나님께서 나에게 주신 깨달음은 무엇입니까?

2. 말씀을 어떻게 내 삶에 구체적으로 적용해야 합니까?

절별 해설

10 밤에 형제들이 곧 바울과 실라를 베뢰아로 보내니 점점 더 거세진 유대인들의 위협으로 바울과 실라는 밤에 데살로니가를 떠나야 했다. 유대인들이 바울과 실라를 잡고자 했기 때문이다(5절). 사실 자신들의 안전보다도 자신들로 인해 데살로니가 형제들에게 더 이상 어려움을 주지 않으려고(6–9절) 바울과 실라는 데살로니가를 떠난다. 여기서 우리는 자신의 처지뿐만 아니라 남까지도 배려해야 하는 전도자가 겪는 삶의 어려움을 본다. 나만 옳으면 그만이라는 생각에서 벗어나 다른 이들도 배려할 줄 알아야 한다.

베뢰아 데살로니가에서 서남쪽으로 약 80km 정도 떨어져 있는 도시다.

11 베뢰아에 있는 사람들은 데살로니가에 있는 사람들보다 더 너그러워서 간절한 마음으로 말씀을 받고 이것이 그러한가 하여 날마다 성경을 상고하므로 '너그럽다'는 말은 편견 없이 마음이 열려 있는 상태를 의미한다(more open-minded–NLT). 그래서 베뢰아 사람들은 말씀을 더욱 열심히 들을 수 있었다. 편견은 참으로 무서운 것이다. 편견은 마음과 귀를 닫아 버리게 하고 옳은 말도 무시하게 한다.

베뢰아 사람들은 말씀을 듣는 데서 그치지 않고 "이것이 그러한가" 날마다 성경을 상고했다. 본문의 '상고하다'라는 단어는 법정에서 행해지는 자세한 조사와 검토를 의미하는 단어다. 그들은 그만큼 철저하게 성경을 연구했다. 그리고 그 연구하는 시기에 있어서도, 안식일이나 정해진 날뿐만 아니라 날마다 성경을 연구하며 성경을 가까이했다.

12 베뢰아 사람들이 성경 말씀을 대하는 진지한 태도는 풍성한 결실을 낳았다. 여기서 한 가지 기억할 사실은, 단순히 이들의 진지한 노력 덕분에 믿음이 생긴 것은 아니라는 것이다. 성경은 믿음과 구원이 하나님의 선물이라고 말씀하기 때문이다(엡 2:8). 큰 맥락에서 본다면, 말씀에 대한 진지한 태도도 하나님의 은혜의 결과라고 볼 수 있다.

13 베뢰아에서 좋은 일만 있었던 것은 아니다. 데살로니가에서 온 유대인들의 방해가 계속되었다. 바울 일행의 사역을 방해하는 유대인들의 열심은 정말 대단한 것이었다. 바울 자신도 과거에 이런 열심을 가져 그리스도인들을 박해한 적이 있었다(9:2). 열심 자체가 중요한 것은 아니다. 옳은 일에 열심을 내는 것이 중요하다. 잘못된 열심은 오히려 나를 파괴한다는 사실을 명심하자.

14–15 형제들이 곧 바울을 내보내어 바다까지 가게 하되 … 실라와 디모데를 자기에게로 속히 오게 하라는 명령을 받고 떠나니라 바울 혼자만 먼저 베뢰아를 떠나, 에게 해 만의 해변을 따

쉬운성경

10 밤이 되자, 신자들은 곧바로 바울과 실라를 베뢰아로 보냈습니다. 바울과 실라는 베뢰아에 도착하여 유대인의 회당으로 들어갔습니다.

11 베뢰아 사람들은 데살로니가 사람들보다 더 고상한 성품을 가진 사람들이었습니다. 그들은 바울과 실라의 말을 열정적으로 받아들였으며, 바울이 한 말이 사실인지를 알아보려고 날마다 성경을 연구했습니다.

12 그래서 그들 가운데 믿는 사람이 많이 생겼습니다. 뿐만 아니라 그리스의 귀부인과 남자들도 적지 않게 믿게 되었습니다.

13 그러나 데살로니가의 유대인들은 바울이 베뢰아에서도 하나님의 말씀을 가르친다는 것을 듣고, 거기까지 가서 사람들을 선동하고 소란을 피웠습니다.

14 그래서 형제들은 급히 바울을 바닷가로 보냈습니다. 하지만 실라와 디모데는 베뢰아에 그대로 남아 있었습니다.

15 바울을 수행하던 사람들은 바울을 아테네까지 인도하였습니다. 그들은 가능한 한 빨리 실라와 디모데를 바울에게로 데려오라는 지시를 받고 베뢰아로 돌아갔습니다.

라 항해하여 아덴(아테네)에 이른다. 바울이 유대인의 주공격 대상이었기 때문이다. 모든 전도여행을 바울이 주도한 것이 사실이나, 그렇다고 해서 바울 혼자 모든 사역을 수행한 것은 아니었다. 그래서 바울은 실라와 디모데를 속히 보내 달라고 부탁한다. 훌륭한 사역자 뒤에는 반드시 그에 못지않은 훌륭한 동역자가 있다. 모두가 겸손한 마음을 갖는 자세가 필요하다.

저자의 묵상

바울이 수많은 지역으로 선교여행을 다니며 교회를 세웠지만, 베뢰아 사람들이 보여준 태도는 독특한 것이었다. 그들은 말씀을 받고 '이것이 그러한가' 날마다 상고했다고 한다. 유대인들처럼 무작정 말씀을 배척하지도 않았고, 그렇다고 해서 무턱대고 감정적으로 말씀을 받아들이지도 않았다. 그들은 '받은 말씀이 그러한가' 성경을 상고하면서 살폈다. 이는 베뢰아 사람들이 지성을 수반한 건전한 비판정신을 소유했음을 보여준다.

흔히 어떤 사람들은 성경을 따지지 말고 믿으라고 한다. 물론 성경은 인간 지성으로 다 이해할 수 없는 부분이 있기에, 성령님이 주시는 믿음으로 받아들여야 할 부분이 분명히 있다. 그러나 대부분 하나님의 말씀은 인간에게 주신 것이기에 우리가 이해할 수 있게 주셨다. 그러므로 말씀을 잘 따져보고 믿는 것이 필요하다. 그래야 잘못된 가르침이나 이단에 빠지지 않을 뿐만 아니라 더욱 확고한 신앙을 소유하게 된다.

무릎기도 하나님, 말씀에 대한 열심을 가지고 날마다 묵상할 수 있게 해 주소서.

ESV - Acts 17

10 The brothers* immediately sent Paul and Silas away by night to Berea, and when they arrived they went into the Jewish synagogue.
11 Now these Jews were more noble than those in Thessalonica; they received the word with all eagerness, examining the Scriptures daily to see if these things were so.
12 Many of them therefore believed, with not a few Greek women of high standing as well as men.
13 But when the Jews from Thessalonica learned that the word of God was proclaimed by Paul at Berea also, they came there too, agitating and stirring up the crowds.
14 Then the brothers immediately sent Paul off on his way to the sea, but Silas and Timothy remained there.
15 Those who conducted Paul brought him as far as Athens, and after receiving a command for Silas and Timothy to come to him as soon as possible, they departed.

* 17:10 Or *brothers and sisters;* also verse 14

10 synagogue 회당 11 noble 고결한, 고상한 eagerness 열의, 열심 examine 고찰하다 Scripture 성경 12 of high standing 신분이 높은 13 agitate 동요하게 하다 stir up ~ ~을 부추기다 14 send off to ~ ~로 보내다 15 conduct 이끌다, 안내하다

☐ 묵상 체크

59 우상의 도시 아덴

월 일

사도행전 17:16-21 • 새찬송 84장 | 통일 96장

• 말씀묵상 전에 성령님의 인도하심을 구하는 기도를 드리십시오.

본문요약 I 바울이 아덴(아테네)에서 복음을 전하게 된 동기와 과정을 기술하고 있다. 바울은 아덴에 도착하여 실라와 디모데를 기다리던 중, 그 도시에 만연한 우상들을 보고 분노하여 전도를 결심한다. 바울은 때와 장소를 가리지 않고 예수 부활의 복음을 전했다. 바울은 아덴의 아름다움에 도취하는 대신 그들에게 진정으로 필요한 것을 우선으로 전했다.

16 바울이 아덴에서 그들을 기다리다가 그
성에 우상이 가득한 것을 보고 마음에 격
분하여
17 회당에서는 유대인과 경건한 사람들과
또 장터에서는 날마다 만나는 사람들과
변론하니
18 어떤 에피쿠로스와 스토아 철학자들도
바울과 쟁론할새 어떤 사람은 이르되 이
말쟁이가 무슨 말을 하고자 하느냐 하고
어떤 사람은 이르되 이방 신들을 전하는
사람인가보다 하니 이는 바울이 예수와
부활을 전하기 때문이러라
19 그를 붙들어 아레오바고로 가며 말하기
를 네가 말하는 이 새로운 가르침이 무엇
인지 우리가 알 수 있겠느냐
20 네가 어떤 이상한 것을 우리 귀에 들려
주니 그 무슨 뜻인지 알고자 하노라 하니
21 모든 아덴 사람과 거기서 나그네 된 외국
인들이 가장 새로운 것을 말하고 듣는 것
이외에는 달리 시간을 쓰지 않음이더라

1. 오늘 하나님께서 나에게 주신 깨달음은 무엇입니까?

2. 말씀을 어떻게 내 삶에 구체적으로 적용해야 합니까?

절별 해설

16 그 성에 우상이 가득한 것을 보고 마음에 격분하여 아덴(Athens)은 당시 헬라 문화의 중심지로, 오늘날 그리스의 수도 아테네를 말한다. 아덴은 학문과 예술, 정치, 문화 등 모든 서양 문명의 근원이 되는 곳이다. 도시 이름이 '아테나'(Athena)라는 여신의 이름에서 유래되었을 정도로 신들의 도시로 불리기도 했다. 도시 곳곳에는 아덴 사람들이 섬기는 우상들이 가득했다. 오늘날은 이런 것들을 예술품이라고 부르지만, 당시 바울의 눈으로 보았을 때, 그들이 섬기던 신들은 우상에 불과했다. 바울은 이에 분노를 느꼈던 것이다.

'격분하다'라는 말은, 보통 구약에서 우상숭배를 행하던 이스라엘에 대한 하나님의 마음을 나타낼 때 쓰이던 표현이었다(신 9:7-8). 하나님의 사람 바울은 단순한 분노가 아니라 하나님 편에서의 의로운 분노를 드러내고 있었다. 믿는 자들은 이처럼 모든 것을 하나님의 시선으로 대해야 한다.

17 바울의 의로운 분노는 구체적인 행동으로 나타났다. 시간과 장소, 대상을 가리지 않고 바울은 만나는 모든 유대인과 헬라인들에게 복음을 전했다. 참믿음은 구체적인 행동으로 표현된다는 것을 바울의 모습에서 다시금 확인할 수 있다. 행함이 없는 믿음은 죽은 믿음이다(약 2:26).

18 에피쿠로스와 스토아 철학자들 '에피쿠로스 철학'(Epicureanism)은 그리스 철학자 에피쿠로스에 의해 창시되었다. 에피쿠로스 학파는 신의 존재는 부정하지 않았지만, 신을 인간과는 무관한 멀리 있는 존재로 인식했으며, 사후 세계의 존재를 믿지 않았다. 오직 현실에서의 행복과 평안만을 추구한 그들의 사상은 시간이 지날수록 육체적인 쾌락을 추구하는 방향으로 발전했다. 반면에, '스토아 철학'(Stoicism)은 제논에 의해 창시되었으며, 에피쿠로스 사상이 보여준 향락과 쾌락을 배격하고 이성적이고 도덕적인 금욕 생활을 강조했다.

19 그를 붙들어 아레오바고로 가며 "아레오바고"는 아덴의 재판장소로 유명한 곳이었다. 소크라테스도 이곳에서 재판을 받았다고 한다. 그러나 이 부분에서는 앞뒤의 정황을 살펴볼 때, 공식적인 재판을 위해 바울을 체포했다기보다는, 바울의 말을 공개적으로 듣고 싶어서 공개 설명을 요구한 것으로 보인다.

21 가장 새로운 것을 말하고 듣는 것 이외에는 달리 시간을 쓰지 않음이더라 당시 철학과 문화의 중심지답게 아덴 사람들은 새로운 것에 큰 관심을 기울였다. 그러나 새로운 것이 항상 최선은 아니라는 사실을 알아야 한다. 오래된 것 중에서도 가치 있고 의미 있는 것들은 계속 발전시켜야 한다. 하나님을 경외하는 믿음이 바로 그런 것이다.

쉬운성경

16 바울은 아테네에서 실라와 디모데를 기다리고 있는 동안, 온 도시가 우상들로 가득 찬 것을 보고 대단히 화가 났습니다.

17 그래서 바울은 회당에서 유대인들과 하나님을 경외하는 그리스인들과 토론을 벌였습니다. 그리고 광장에서 만나는 사람들과도 날마다 토론하였습니다.

18 어떤 에피쿠로스 철학자들과 스토아 철학자들이 바울과 논쟁을 하게 되었습니다. 그들 중에 어떤 사람은 "이 수다쟁이가 무슨 말을 하려고 하는가?"라고 말하기도 하였고, 또 어떤 사람은 "그가 외국의 다른 신들에 관해서 말하는 것 같다"고 말하기도 하였습니다. 이 사람들이 이렇게 말한 것은 바울이 그들에게 예수님과 부활에 관한 복음을 전했기 때문입니다.

19 그들이 바울을 붙잡아 아레오바고에 있는 시의회로 데려가서 바울에게 이렇게 물었습니다. "당신이 전하고 있는 이 새로운 가르침이 무엇인지 우리가 알아듣기 쉽게 설명해 줄 수 있겠소?

20 당신이 하는 말은 우리에게는 무척 낯설고 새로운 것이오. 대체 그것이 무엇인지 알고 싶소."

21 아테네 사람과 그곳에 사는 외국 사람들은 새로운 것이라면 무엇이든지 말하거나 듣는 것으로 시간을 보내는 사람들이었습니다.

저자의 묵상

아덴은 아테나라는 전쟁의 여신의 이름에서 그 명칭이 유래될 정도로 신들의 도시였다. 당시 아덴에는 공식 우상이 300개, 신상은 3만 개가 있었다고 전해진다. 아덴은 학문과 철학의 도시로 헬레니즘 최고의 문화적 번영을 누린 도시였지만, 영적으로는 부패한 세상에 불과했다. 바울은 이에 분노를 느낀 것이다. 아덴은 현대 도시를 연상케 한다. 최고의 과학문명과 번영이 이루어지고 있는 인간의 삶의 이면에는 최고의 영적 부패가 도사리고 있다. 바벨탑처럼 인간의 능력이 개발될수록 하나님께 대한 반항심도 고조되는 것이 인간의 역사다. 바울은 세상의 외적인 위세에 압도되지 않았다. 오직 그들에게 예수 그리스도가 필요함을 인식하고 복음을 전했다. 우리도 그래야 한다. 누가 얼마나 대단한 사람이고, 얼마나 많이 배웠고, 얼마나 돈이 많고 하는 것들은 중요하지 않다. 오히려 그들은 그래서 더 죄인이고 더 주님이 필요한 존재들이다.

무릎기도 하나님, 세상의 화려함에 도취되기보다는 주님을 알지 못하는 사람들을 불쌍히 여기게 하소서.

ESV - Acts 17

16 Now while Paul was waiting for them at
Athens, his spirit was provoked within him as
he saw that the city was full of idols.
17 So he reasoned in the synagogue with the
Jews and the devout persons, and in the
marketplace every day with those who
happened to be there.
18 Some of the Epicurean and Stoic
philosophers also conversed with him. And
some said, "What does this babbler wish to
say?" Others said, "He seems to be a
preacher of foreign divinities"—because he
was preaching Jesus and the resurrection.
19 And they took him and brought him to the
Areopagus, saying, "May we know what this
new teaching is that you are presenting?
20 For you bring some strange things to our
ears. We wish to know therefore what these
things mean."
21 Now all the Athenians and the foreigners
who lived there would spend their time in
nothing except telling or hearing something
new.

16 provoke 화나게 하다 full of ~ ~로 가득찬 idol 우상 17 reason with ~ 이치를 따져 ~를 설득하다 marketplace 시장 happen 우연히 ~하다 18 philosopher 철학자 converse with ~ ~와 이야기하다 babbler 수다쟁이 preacher 전도자 divinity 신(神) resurrection 부활 21 nothing except 오직, 그저

묵상 체크 ☐

60 진정한 종교

월 일

사도행전 17:22-34 • 새찬송 313장 | 통일 352장

• 말씀묵상 전에 성령님의 인도하심을 구하는 기도를 드리십시오.

본문요약 | 바울은 아레오바고 법정에서 복음을 전했다. 아덴 사람들은 종교심이 강해서 '알지 못하는 신'까지 섬기고 있었다. 바울은 그들이 '알지 못하고 섬기는 그 신'이 '하나님'이심을 알려주며, 하나님께서 천지를 지으시고 다스리는 분이심을 전했다. 그리고 그 하나님을 인간의 생각과 물질로 형상을 만들어 섬기는 것이 얼마나 어리석은가를 설명했다.

22 바울이 아레오바고 가운데 서서 말하되
아덴 사람들아 너희를 보니 범사에 종교
심이 많도다
23 내가 두루 다니며 너희가 위하는 것들을
보다가 알지 못하는 신에게라고 새긴 단
도 보았으니 그런즉 너희가 알지 못하고
위하는 그것을 내가 너희에게 알게 하리
라
24 우주와 그 가운데 있는 만물을 지으신 하
나님께서는 천지의 주재시니 손으로 지
은 전에 계시지 아니하시고
25 또 무엇이 부족한 것처럼 사람의 손으로
섬김을 받으시는 것이 아니니 이는 만민
에게 생명과 호흡과 만물을 친히 주시는
이심이라
26 인류의 모든 족속을 한 혈통으로 만드사
온 땅에 살게 하시고 그들의 연대를 정하
시며 거주의 경계를 한정하셨으니
27 이는 사람으로 혹 [1]하나님을 더듬어 찾아
발견하게 하려 하심이로되 그는 우리 각
사람에게서 멀리 계시지 아니하도다
28 우리가 그를 힘입어 살며 기동하며 존재
하느니라 너희 시인 중 어떤 사람들의 말
과 같이 우리가 그의 소생이라 하니
29 이와 같이 하나님의 소생이 되었은즉 하
나님을 금이나 은이나 돌에다 사람의 기
술과 고안으로 새긴 것들과 같이 여길 것
이 아니니라
30 알지 못하던 시대에는 하나님이 간과하
셨거니와 이제는 어디든지 사람에게 다
명하사 회개하라 하셨으니
31 이는 정하신 사람으로 하여금 천하를 공
의로 심판할 날을 작정하시고 이에 그를
죽은 자 가운데서 다시 살리신 것으로 모
든 사람에게 믿을 만한 증거를 주셨음이
니라 하니라
32 그들이 죽은 자의 부활을 듣고 어떤 사람
은 조롱도 하고 어떤 사람은 이 일에 대
하여 네 말을 다시 듣겠다 하니
33 이에 바울이 그들 가운데서 떠나매
34 몇 사람이 그를 가까이하여 믿으니 그중
에는 아레오바고 관리 디오누시오와 다
마리라 하는 여자와 또 다른 사람들도 있
었더라

1) 헬, 신

1. 오늘 하나님께서 나에게 주신 깨달음은 무엇입니까?

2. 말씀을 어떻게 내 삶에 구체적으로 적용해야 합니까?

절별 해설

22 아덴 사람들아 너희를 보니 범사에 종교심이 많도다 아덴 사람들의 우상숭배의 현실을 지적하는 말이다. '종교심이 많다'는 것은 수많은 신들을 섬긴다는 뜻이다. 그러나 신이 많다는 것은 참 신이 없다는 뜻도 된다. 종교심 자체를 나쁘다고 할 수는 없지만, 그것이 여러 신을 섬기는 다신론이 되지 않도록 경계해야 한다.

23 알지 못하는 신에게라고 새긴 단도 보았으니 아덴 사람들은 다신론을 믿었기에 모든 신을 섬기고자 했다. 그들은 행여 한 신이라도 빠뜨렸다가 재앙을 당할까 두려워하여 미처 생각지 못한 신들까지도 이런 식으로 섬기고 있었다. 어리석게도 인간이 신을 만들어 내고 있었다.

24-27 바울이 아덴 사람들에게 하나님을 소개하고 있다. 하나님은 우주 만물을 창조하시고 주관하시며, 모든 민족을 다스리시는 분이다. 하나님은 천지의 주재시니, 인간이 지은 신전에 거하지 않으시며, 사람이 손으로 그 형상을 만들어 섬기는 것 또한 필요로 하지 않으신다. 인간이 자신들의 필요에 따라 만들어 낸 우상들은 이런 의미에서 진정한 종교가 될 수 없다.

28-29 우리가 그의 소생이라 하니, 이와 같이 하나님의 소생이 되었은즉 바울은 BC 3세기 경에 활동했던 두 명의 철학자 아라투스와 클레안테스가 쓴 글을 인용한다(28절). 이 글에서 보는 것처럼, 당시 아덴 사람들은 자신들이 제우스의 자녀라고 믿었다. 그러나 바울은 인간이 제우스의 자녀가 아니라 하나님의 자녀임을 가르친다. 또한 우상숭배의 어리석음도 증명한다. 즉, 인간보다 훨씬 높으신 하나님을 인간의 생각이나 이 세상의 물질로 그 형상을 만들어 섬기는 것은, 하나님을 인간 아래에 두는 어리석은 일이라는 것이다.

32-34 아덴 전도를 통해 당시의 영향력 있는 관리 디오누시오를 포함한 소수의 몇 사람이 믿기는 했지만, 전체적으로는 큰 반향을 일으키지는 못한 것 같다. 왜냐하면 바울이 복음을 조롱하며 거절하는 사람들을 보고 곧 그 자리를 떠났기 때문이다(33절). 후에 바울은 이 일을 기억하며, 인간의

쉬운성경

22 바울이 아레오바고 시의회 앞에 서서 말했습니다. "아테네 시민 여러분, 내가 보기에 여러분은 모든 면에서 종교심이 강한 사람들입니다.

23 내가 이곳저곳을 돌아다니면서 여러분이 섬기는 것들을 자세히 살펴보았는데, 그 중에서 '알지 못하는 신에게'라는 글을 새긴 제단도 보았습니다. 그러므로 여러분이 알지도 못하고 섬기는 그 신에 대해 여러분에게 알려 드리겠습니다.

24 그분은 온 세상과 그 안에 있는 모든 것을 창조하신 하나님으로서 하늘과 땅의 주님이시며, 사람이 지은 신전에서 살지 않으십니다.

25 또한 이 하나님께서는 모든 사람에게 생명과 호흡과 모든 것을 주시는 분이시기 때문에 무엇인가 부족한 것이 있어서 사람의 손으로 섬겨야 하는 분이 아닙니다.

26 하나님께서는 한 사람으로부터 세계 모든 인류를 만들어 땅 위에 살게 하셨습니다. 그리고 그들이 살 시대와 지역의 경계를 정해 주셨습니다.

27 이렇게 하신 것은 사람들이 하나님을 찾기를 바라시기 때문입니다. 사람들은 하나님을 더듬어 찾기만 하면 찾을 수 있습니다. 사실 하나님께서는 우리 각 사람에게서 멀리 떨어져 계시지 않습니다.

28 우리는 하나님 안에서 살고 있고 하나님 안에서 움직이며 존재하고 있습니다. 시인 가운데 '우리는 그분의 자녀입니다'라고 말하는 사람도 있지 않습니까?

29 우리는 하나님의 자녀이므로 하나님 자신을 사람의 생각으로나 손으로 만들어 낼 수 있는 금이나 은이나 돌 같은 우상으로 생각해서는 안 됩니다.

30 사람들이 하나님을 알지 못했던 시대에는 하나님께서 눈감아 주셨지만, 이제는 어디서나 온 세상 사람들에게 회개하라고 명령하십니다.

철학과 지혜의 허구를 경계하고 오직 십자가와 예수님만을 신뢰할 것을 강조했다(고전 2:1-5; 골 2:8).

31 하나님께서는 자기가 정하신 한 사람을 시켜 온 세상을 의롭게 심판하실 날을 정하셨습니다. 하나님께서는 그를 죽은 자들 가운데서 살리심으로 모든 이에게 그 증거를 보이셨습니다."

32 부활에 관한 이야기를 듣고 비웃는 사람들도 있었지만 "이 내용에 관해 나중에 더 듣고 싶다"라고 말하는 사람들도 있었습니다.

33 그리고는 바울은 그들을 떠나갔습니다.

34 그때, 바울이 전한 말을 믿고 바울을 따르게 된 사람이 몇 사람 있었습니다. 그렇게 믿게 된 사람들 중에는 아레오바고 시의회의 의원인 디오누시오와 다마리라는 여자와 그 밖에 몇 사람이 더 있었습니다.

저자의 묵상

바울은 아덴 사람들의 '종교성'을 통해 하나님이 누구이신지 전파했다. 하나님을 모르는 인간에게도 막연하게 '종교심'이란 것이 있다. 파스칼의 말처럼, 인간의 내부에는 하나님으로만 채워지는 공간이 있기 때문일 것이다. 우리를 만드신 분이 하나님이시기 때문에 인간은 본능적으로 하나님을 찾게 되어 있다. 이런 종교성의 존재는 전능하신 하나님이 살아계심을 보여주는 내적인 증거다. 그러나 종교성이 잘못 사용되면, 어리석게도 아덴 사람들처럼 인간이 신을 만들어 내기도 한다. 자신들의 필요와 두려움을 투영하여 신을 만들고 섬기는 것이다. 성경은 이것을 우상숭배라고 부른다.

진정한 종교는 인간의 뜻을 우선시하여 만들어지는 것이 아니다. 내 뜻, 내 필요를 우선시해서는 안 된다. 전능자의 필요가 나를 통해 이루어지고 펼쳐져야 한다. 그래서 그리스도인들은 고난이 와도 하나님의 말씀[성경]을 지키며 살아가는 것이다. 당신의 신앙은 당신의 필요가 우선인가? 아니면 하나님의 말씀이 당신을 통해 나타나고 행해지는 것이 우선인가?

무릎기도 하나님을 내 필요에 따라 믿는 것이 아니라 하나님의 말씀대로 믿게 하소서.

ESV - Acts 17

22 So Paul, standing in the midst of the
Areopagus, said: "Men of Athens, I perceive
that in every way you are very religious.
23 For as I passed along and observed the
objects of your worship, I found also an altar
with this inscription: 'To the unknown god.'
What there-fore you worship as unknown,
this I proclaim to you.
24 The God who made the world and
everything in it, being Lord of heaven and
earth, does not live in temples made by
man,*
25 nor is he served by human hands, as though
he needed anything, since he himself gives
to all mankind life and breath and everything.
26 And he made from one man every nation of
mankind to live on all the face of the earth,
having determined allotted periods and the
boundaries of their dwelling place,
27 that they should seek God, and perhaps feel
their way toward him and find him. Yet he is
actually not far from each one of us,
28 for "'In him we live and move and have our
being';* as even some of your own poets
have said, "'For we are indeed his offspring.'*
29 Being then God's offspring, we ought not to
think that the divine being is like gold or silver
or stone, an image formed by the art and
imagination of man.
30 The times of ignorance God overlooked, but
now he commands all people everywhere to
repent,
31 because he has fixed a day on which he will
judge the world in righteousness by a man
whom he has appointed; and of this he has
given assurance to all by raising him from
the dead."
32 Now when they heard of the resurrection of
the dead, some mocked. But others said,
"We will hear you again about this."
33 So Paul went out from their midst.
34 But some men joined him and believed,
among whom also were Dionysius the
Areopa-gite and a woman named Damaris
and others with them.

* 17:24 Greek *made by hands*
* 17:28 Probably from Epimenides of Crete
* 17:28 From Aratus's poem "Phainomena"

22 in the midst of ~ ~한가운데서 perceive 이해하다 religious 종교적인 23 altar 제단 inscription 비문 26 allotted 할당된 dwelling place 거주지, 거처 27 feel one's way 손으로 더듬어 나아가다 29 the divine being 신, 하나님 30 ignorance 무지 overlook 눈감아주다 repent 회개하다 31 assurance 보증, 확언 32 resurrection 부활 mock 조롱하다

• MEMO •

61 고린도에서의 사역

월 일

사도행전 18:1-17 • 새찬송 420장 | 통일 212장

• 말씀묵상 전에 성령님의 인도하심을 구하는 기도를 드리십시오.

본문요약 | 바울은 상업과 무역의 도시 고린도에서 스스로 천막을 만들어 생계를 유지하며 복음을 전했다. 실라와 디모데가 합류한 이후로는 말씀 사역에 더욱 전념할 수 있었으나, 유대인들의 방해 또한 만만치 않았다. 주님은 환상을 통해 바울을 위로하셨다. 유대인들이 복음전파를 법으로 막고자 재판을 걸었으나 총독 갈리오는 이것이 단순히 종교적 문제임을 지적하며 사건을 기각한다.

1 그 후에 바울이 아덴을 떠나 고린도에 이르러
2 아굴라라 하는 본도에서 난 유대인 한 사람을 만나니 글라우디오가 모든 유대인을 명하여 로마에서 떠나라 한 고로 그가 그 아내 브리스길라와 함께 이달리야로부터 새로 온지라 바울이 그들에게 가매
3 생업이 같으므로 함께 살며 일을 하니 그 생업은 천막을 만드는 것이더라
4 안식일마다 바울이 회당에서 강론하고 유대인과 헬라인을 권면하니라
5 실라와 디모데가 마게도냐로부터 내려오매 바울이 하나님의 말씀에 붙잡혀 유대인들에게 예수는 그리스도라 밝히 증언하니
6 그들이 대적하여 비방하거늘 바울이 옷을 털면서 이르되 너희 피가 너희 머리로 돌아갈 것이요 나는 깨끗하니라 이후에는 이방인에게로 가리라 하고
7 거기서 옮겨 하나님을 경외하는 디도 유스도라 하는 사람의 집에 들어가니 그 집은 회당 옆이라
8 또 회당장 그리스보가 온 집안과 더불어 주를 믿으며 수많은 고린도 사람도 듣고 믿어 [1]세례를 받더라
9 밤에 주께서 환상 가운데 바울에게 말씀하시되 두려워하지 말며 침묵하지 말고 말하라
10 내가 너와 함께 있으매 어떤 사람도 너를 대적하여 해롭게 할 자가 없을 것이니 이는 이 성중에 내 백성이 많음이라 하시더라
11 일 년 육 개월을 머물며 그들 가운데서 하나님의 말씀을 가르치니라
12 갈리오가 아가야 총독 되었을 때에 유대인이 일제히 일어나 바울을 대적하여 법정으로 데리고 가서
13 말하되 이 사람이 율법을 어기면서 하나님을 경외하라고 사람들을 권한다 하거늘
14 바울이 입을 열고자 할 때에 갈리오가 유대인들에게 이르되 너희 유대인들아 만일 이것이 무슨 부정한 일이나 불량한 행동이었으면 내가 너희 말을 들어 주는 것이 옳거니와
15 만일 문제가 언어와 명칭과 너희 법에 관한 것이면 너희가 스스로 처리하라 나는 이러한 일에 재판장 되기를 원하지 아니하노라 하고
16 그들을 법정에서 쫓아내니
17 모든 사람이 회당장 소스데네를 잡아 법정 앞에서 때리되 갈리오가 이 일을 상관하지 아니하니라

1) 헬, 또는 침례

1. 오늘 하나님께서 나에게 주신 깨달음은 무엇입니까?

2. 말씀을 어떻게 내 삶에 구체적으로 적용해야 합니까?

절별 해설

1 고린도에 이르러 고린도는 그리스 남부지역인 아가야 지방의 항구도시이자 수도다. 일찍부터 무역과 상업이 발달하여 경제적인 부를 크게 누렸으며, 이로 인해 성적인 타락이 극심했던 지역이었다. 심지어 '고린도인이 되다'라는 헬라어에서 '성적으로 타락하다'라는 뜻이 파생되었을 정도였다. 특히 미와 사랑의 여신 아프로디테를 섬기는 신전에서는 천 명의 여사제들이 매춘을 행하며 도시를 타락시키고 있었다.

2 아굴라와 브리스길라는 바울을 도와 복음을 전하고 교회를 세우는 일에 헌신했던 사람들이다(롬 16:3; 고전 16:19; 딤후 4:19). 이들은 로마 황제 글라우디오 때에 일어났던 유대인의 폭동 때문에 로마에서 추방되어 쫓겨나온 사람들이었다.

5 바울이 하나님의 말씀에 붙잡혀 기다리던 실라와 디모데가 합류하자, 바울은 더욱 "하나님의 말씀에 붙잡혀" 복음을 전했다. 이 부분에 관해서는, 고린도전서 2장 1–5절이 잘 설명해 준다. 바울은 모든 인간적인 언변이나 수단, 지혜를 내려놓고 오직 그리스도와 십자가만을 증거했다. 음란의 도시를 잠재울 수 있는 것은 오직 말씀의 능력뿐임을 확신했을 것이다.

9–10 바울은 천막 만드는 일로 생업을 이으면서 말씀 사역을 병행한다. 복음을 전하며 한편으로는 유대인들의 반대와도 싸우는 등 어려운 일도 많았지만, 이 모든 것을 이길 수 있었던 것은 주님의 위로가 있었기 때문이다. 이처럼 하나님은 적절한 때에 그분의 사역자를 가까이에서 도우신다.

12 갈리오가 아가야 총독 되었을 때에 AD 51–52년경의 일이다. 당시 로마의 총독이 새로 부임하면 원활한 통치를 위해서 백성들의 요구를 쉽게 들어주는 경향이 있었다. 유대인들은 이 점을 이용해 이때가 바울을 고소할 적기라고 생각했다. 갈리오는 유명한 철학자이자 네로의 스승이었던 세네카의 동생으로, 그 성정이 온화하고 관대했으며 공정한 사람으로 알려져 있다.

13 이 사람이 율법을 어기면서 유대인들은 바울이 자신들의 율법을 어기고 있다고 주장했다. 당시 유대교는 로마가 공인한 종교였고, 로마는 공인된 종교 외에는 포교를 허락하지 않았다. 유대인들은 바울의 복음전파를 막기 위해 로마법을 적용하여, 바울이 유대교와 다른 사상을 가

쉬운성경

1 그 뒤에 바울은 아테네를 떠나 고린도로 갔습니다.

2 그곳에서 바울은 아굴라라는 유대인을 만났습니다. 아굴라는 본도 지방에서 태어났지만, 글라우디오가 모든 유대인에게 로마를 떠나라고 명령했기 때문에 그의 아내 브리스길라와 함께 얼마 전에 이탈리아에서 고린도로 옮겨 왔습니다. 바울이 아굴라와 브리스길라를 찾아갔습니다.

3 마침, 그들의 직업이 같았기 때문에 바울은 그들과 함께 묵으면서 그들과 같이 일했습니다. 천막 만드는 것이 그들의 직업이었습니다.

4 바울은 안식일마다 회당에서 유대인과 그리스인과 함께 토론을 하면서 그들을 설득하려 했습니다.

5 실라와 디모데가 마케도니아에서 고린도로 온 이후, 바울은 말씀을 전하는 일에만 힘썼습니다. 그는 예수님께서 그리스도이심을 유대인들에게 증언했습니다.

6 그러나 그들은 바울에게 대들며 욕을 했습니다. 그래서 바울은 자기 옷에서 먼지를 털며 그들에게 말했습니다. "여러분이 구원 받지 못한다면 그것은 여러분의 책임입니다. 나에게는 잘못이 없습니다. 이제 나는 이방인들에게 가겠습니다."

7 바울은 회당에서 나와 디디오* 유스도라는 사람의 집으로 갔습니다. 그는 하나님을 경외하는 이방인이었습니다. 그의 집은 회당 바로 옆에 있었습니다.

8 회당장 그리스보와 그의 온 집안 식구가 주님을 믿었습니다. 그러자 고린도에 사는 다른 많은 사람들이 이 소식을 듣고 예수님을 믿고, 세례를 받았습니다.

9 어느 날 밤, 환상 중에 주님께서 바울에게 말씀하셨습니다. "두려워하지 마라. 조용히 있지 말고 계속해서 말하여라.

10 내가 너와 함께 있다. 내 백성이 이 도시에 많다. 그러므로 아무도 너를 공격하거나 해치지 못할 것이다."

11 바울은 그곳에 일 년 육 개월 동안을 머물면서 사람들에게 하나님의 말씀을 가르쳤습니다.

르친다고 주장했다. 바울이 전하는 사상이 유대교와 다르다는 것만 증명되면, 로마법에 의해 그를 막을 수 있다고 판단한 것이다.

15 만일 문제가 언어와 명칭과 너희 법에 관한 것이면 갈리오는 단순히 이 문제가 유대인들의 종교적인 문제임을 지적하고 있다. 갈리오는 로마법을 적용할 때 공식적으로 바울의 포교를 금지할 만한 아무 이유를 발견할 수 없으며, 바울이 전하는 복음이 로마가 공인하는 유대교와 크게 다르지 않다는 사실을 인정했다. 이 판결은 결과적으로 복음을 공식적으로 인정하는 중요한 사건이 되었다.

17 유대인들이 왜 소스데네를 때렸는지 정확히 알 수는 없다. 다만 모든 판결이 자신들에게 불리하게 되자, 회당장으로서 유대인들을 대표했을 소스데네에게 일이 성사되지 못한 책임을 물어 때린 것 같다. 그러나 갈리오는 그것까지도 상관하지 않았다. 한편, 이 사건이 유대인들의 의도대로 되지 않은 것은 분명한 하나님의 섭리다. 하나님은 바울을 보호하실 것을 미리 약속하셨다(10절).

12 갈리오가 아가야 지방의 총독이 되었을 때에 유대인들이 합심하여 바울에게 몰려가 그를 재판정으로 끌고 갔습니다.

13 유대인들은 갈리오에게 "이 사람이 우리의 법을 어겨가면서 사람들에게 하나님을 섬기라고 유혹하고 있습니다"라고 고소했습니다.

14 바울이 막 입을 열려고 하는데 갈리오가 유대인들에게 말했습니다. "여러분, 고소하는 것이 어떤 범죄나 나쁜 행동에 관한 것이라면 내가 들어 주겠소.

15 그러나 여러분이 지금 말하는 것은 언어와 명칭과 여러분들의 율법에 관한 것들이오. 그러니 이런 문제는 여러분 스스로 해결하도록 하시오. 나는 이런 사건에 재판관이 되기는 싫소."

16 이 말을 하고 갈리오는 그들을 재판정에서 몰아냈습니다.

17 그러자 그들은 회당장 소스데네를 붙들어다가 재판정 앞에서 마구 때렸습니다. 그래도 갈리오는 이 일에 조금도 참견하지 않았습니다.

*18:7 개역 성경과 다른 고대 사본에는 '디도'라고도 표기되어 있다.

저자의 묵상

아덴이 우상의 도시라면 고린도는 음란의 도시였다. 고린도는 넘쳐나는 풍요로움 때문에 성적 타락이 만연한 도시였다. 그러나 이런 도시도 주님의 능력을 막을 수 없었다. 바울이 고린도에서 일 년 육 개월을 사역하는 동안 수많은 성도들이 생겨났다(7–8절). 원래 죄가 많은 곳에 은혜도 큰 법이다. 주님은 우리가 감당하기 어려운 일을 만날 때 이를 감당할 수 있도록 능력과 사람을 허락하신다. 본문에도 아굴라와 브리스길라 부부 외에 실라와 디모데까지 바울과 함께했다. 주님은 밤에 바울에게 나타나 위로와 격려를 주셨다. 신앙생활도 마찬가지다. 어려움이 많을수록 주님의 도움도 크다는 사실을 기억해야 한다. 바울처럼 세속의 도전이 클수록 더욱 하나님의 말씀에 붙잡혀야 한다. 바울은 인간적인 방법을 의지하지 않고 더욱 주님만을 의지하면서 이 난관을 극복했다(참고. 고전 2:1–5). 복잡한 세상을 이기는 방법은 더욱 단순하게 하나님의 말씀을 의지하는 길뿐이다.

무릎기도 하나님, 타락한 이 세상에서 오직 하나님의 말씀을 붙드는 삶이 되게 하소서.

ESV - Acts 18

1 After this Paul* left Athens and went to Corinth.

2 And he found a Jew named Aquila, a native of Pontus, recently come from Italy with his wife Priscilla, because Claudius had commanded all the Jews to leave Rome. And he went to see them,

3 and because he was of the same trade he stayed with them and worked, for they were tentmakers by trade.

4 And he reasoned in the synagogue every Sabbath, and tried to persuade Jews and Greeks.

5 When Silas and Timothy arrived from Macedonia, Paul was occupied with the word, testifying to the Jews that the Christ was Jesus.

6 And when they opposed and reviled him, he shook out his garments and said to them, "Your blood be on your own heads! I am innocent. From now on I will go to the Gentiles."

7 And he left there and went to the house of a man named Titius Justus, a worshiper of God. His house was next door to the synagogue.

8 Crispus, the ruler of the synagogue, believed in the Lord, together with his entire household. And many of the Corinthians hearing Paul believed and were baptized.

9 And the Lord said to Paul one night in a vision, "Do not be afraid, but go on speaking and do not be silent,

10 for I am with you, and no one will attack you to harm you, for I have many in this city who are my people."

11 And he stayed a year and six months, teaching the word of God among them.

12 But when Gallio was proconsul of Achaia, the Jews* made a united attack on Paul and brought him before the tribunal,

13 saying, "This man is persuading people to worship God contrary to the law." But when Paul was about to open his mouth, Gallio said to the Jews, "If it were a matter of wrongdoing or vicious crime, O Jews, I would have reason to accept your complaint.

15 But since it is a matter of questions about words and names and your own law, see to it yourselves. I refuse to be a judge of these things."

16 And he drove them from the tribunal.

17 And they all seized Sosthenes, the ruler of the synagogue, and beat him in front of the tribunal. But Gallio paid no attention to any of this.

* 18:1 Greek *he*

* 18:12 Greek *Ioudaioi* probably refers here to Jewish religious leaders, and others under their influence, in that time; also verses 14 (twice), 28

2 native ~ 출신자 3 tentmaker 천막 제작자 by trade 직업상 4 reason 도리를 설명하다 5 be occupied with ~ ~으로 바쁘다, 여념이 없다 testify 증언하다 6 oppose 반대하다 revile 비방하다 shake out 털다 innocent 죄 없는 gentile 이방인 9 vision 환상 silent 침묵하는 12 proconsul (로마의) 지방 총독 make an attack (up)on ~ ~을 공격하다 tribunal 법정 13 persuade 설득하다 contrary to ~ ~에 거슬러 14 wrongdoing 범죄 vicious 사악한 crime 범죄 complaint 불평, 고소 15 a matter of ~ ~의 문제 see to ~ ~을 처리하다 17 pay no attention 고려하지 않다

• MEMO •

묵상 체크 □

62 2차 전도여행을 마치다

월 일

사도행전 18:18-23 • 새찬송 197장 | 통일 178장

• 말씀묵상 전에 성령님의 인도하심을 구하는 기도를 드리십시오.

본문요약 I 바울은 고린도에서의 사역을 정리하고 에베소와 예루살렘 교회를 거쳐 그를 파송한 수리아의 안디옥 교회로 돌아간다. 이로써 2년여에 걸친 2차 전도여행이 마무리된다. 바울의 2차 전도여행을 통해 유럽에 복음이 전파되었다. 이때에 성령께서 바울과 그 일행을 강하게 붙드셔서 고린도를 포함한 유럽에 교회를 세우셨다.

18 바울은 더 여러 날 머물다가 형제들과 작
별하고 배 타고 수리아로 떠나갈새 브리
스길라와 아굴라도 함께하더라 바울이
일찍이 서원이 있었으므로 겐그레아에서
머리를 깎았더라
19 에베소에 와서 그들을 거기 머물게 하고
자기는 회당에 들어가서 유대인들과 변
론하니
20 여러 사람이 더 오래 있기를 청하되 허락
하지 아니하고
21 작별하여 이르되 만일 하나님의 뜻이면
너희에게 돌아오리라 하고 배를 타고 에
베소를 떠나
22 가이사랴에 상륙하여 올라가 교회의 안
부를 물은 후에 안디옥으로 내려가서
23 얼마 있다가 떠나 갈라디아와 브루기아
땅을 차례로 다니며 모든 제자를 굳건하
게 하니라

1. 오늘 하나님께서 나에게 주신 깨달음은 무엇입니까?

2. 말씀을 어떻게 내 삶에 구체적으로 적용해야 합니까?

절별 해설

18 바울은 고린도에서의 사역을 마치고 자신을 파송한 수리아의 안디옥 교회를 향하여 귀환 길에 오른다.

바울이 일찍이 서원이 있었으므로 겐그레아에서 머리를 깎았더라 바울은 고린도의 동쪽 항구인 겐그레아에서 머리를 깎았다. 바울이 어떤 서원을 했는지는 알 수 없으나, 고린도에서의 사역과 관련된 어떤 특별한 목적을 가지고, 일정 기간 자신을 하나님께 구별하여 헌신하는 나실인의 서약을 했던 것 같다. 그만큼 바울이 고린도에서의 사역에 헌신하고 집중했음을 알 수 있다. 나실인의 서약을 하면 일정 기간 머리털을 자르지 않았으며, 그 기간이 끝나면 머리털을 잘라 불태워 하나님께 드렸다(민 6:5, 18–20). 바울이 머리털을 깎았다는 말은 서원의 기간이 끝났음을 의미한다. 바울은 율법으로 구원받는다는 유대인들의 주장에는 반대했지만, 스스로는 율법을 무시하지 않고 소중히 지킴으로써 균형 있는 복음 전도자의 모습을 보였다(고전 9:19–23).

19 당시에 고린도에서 가이사랴까지는 단번에 배로 여행하기 어려웠기 때문에 중간에 에베소를 거쳐야만 했다. 바울은 수리아를 향해 가는 여정에 잠시 경유해 가는 에베소였지만, 역시 자신의 사역을 멈추지 않고 회당에 들어가 복음을 전했다. 바울은 때를 얻든지 못 얻든지 어느 곳에서나 말씀을 전파했다(딤후 4:2).

20–21 바울이 에베소에서 복음을 전파한 결과 반응은 좋았으나, 그는 훗날을 기약하며 에베소를 떠난다. 바울이 서둘러 떠난 까닭은 아마도 팔레스타인으로 떠나는 배 시간이 정해져 있었기 때문으로 추정된다. 바울은 3차 전도여행 중에 다시 에베소를 방문하여 3년간 머무르면서 말씀을 가르치게 된다(행 20:31).

22 가이사랴에 도착한 바울은 예루살렘 교회로 올라가서 2차 전도여행의 성과를 설명했던 것 같다. 그 후에야 다시 안디옥으로 향한다. '올라가'라는 표현은 당시에 예루살렘이 아닌 다른 지역에서 예루살렘으로 갈 때 쓰던 습관적인 언어 표현이었다(갈 1:18; 2:1). 바울은 자신의 전도 사역을 설명하는 일도 게을리하지 않았다. 이것은 자신이 행한 일을 자랑하기 위함이 아니라 이방 교회에 행하신 하나님의 역사를 드러내고자 하는 이유 때문이었다(갈 2:2).

23 **얼마 있다가** 바울은 오래지 않아 다시 3차 전도여행을 시작한다. 이번에도 1차와 2차 전도여행 때 세워진 비시디아 안디옥, 이고니온, 루스드라, 더베 지역의 교회들을 다시 방문하여 그들의 신앙을 격려했다.

쉬운성경

18 바울은 형제들과 함께 고린도에 며칠 더 머물다가 그들과 작별하고 배를 타고 시리아로 갔습니다. 브리스길라와 아굴라도 그와 동행하였습니다. 바울은 항해하기 전에 그가 이전에 맹세한 것이 있어서 겐그레아에서 머리를 깎았습니다.

19 그들은 에베소에 도착했습니다. 그곳에서 바울은 브리스길라와 아굴라와 헤어진 후, 혼자서 회당으로 가서 유대인들과 토론을 했습니다.

20 유대인들이 바울에게 좀더 머물러 달라고 말했지만 바울은 거절했습니다.

21 하지만 바울은 그들과 헤어지면서 "하나님의 뜻이라면 다시 돌아오겠습니다"라고 약속했습니다. 그리고 배를 타고 에베소를 떠났습니다.

22 바울은 가이사랴에 내려 예루살렘으로 올라가 인사한 뒤, 다시 안디옥으로 내려갔습니다.

23 바울은 한동안, 안디옥에 머물러 있다가 그곳을 떠나 갈라디아와 브루기아 지방을 두루 다니면서 모든 신자들에게 힘을 북돋워 주었습니다.

저자의 묵상

바울의 2차 전도여행이 끝난다. 이 기간 동안 복음은 빌립보와 고린도를 중심으로 유럽 지역에 전파된다. 유럽에 복음을 전한 것은 바울이 처음부터 의도한 것은 아니었지만, 하나님께서는 그들을 그곳으로 인도하셨다(행 16:6-10). 바울의 삶과 선교 여정을 보며 우리 신앙 인생도 생각해 본다. 인생이 내가 원하는 대로만 되는 것은 아니다. 때로 하나님은 내가 원하지 않는 곳으로 가게 하시며(요 21:18), 원하지 않는 사람을 만나게도 하시고, 뜻밖의 사건을 경험하게도 하신다. 그러나 분명한 것은 이것이 하나님의 역사라는 사실이다. 성도는 '어디서' '무엇을' 하느냐 보다는 '어떤 자세로' 하느냐에 집중해야 한다. 어떤 일이든지 하나님의 인도가 있을 때에는 내 원래 의도와 달라도 그 일에 최선을 다해야 한다.

바울은 에베소에서도 그렇게 했다. 비록 잠시 들른 곳이지만 바울은 최선을 다해 복음을 전했고 좋은 결과를 얻었으며 후일을 기약한다. 언제 어디서나 주어진 일에 최선을 다하는 것이 주님의 종된 자세다.

무릎 기도 하나님, 때를 얻든지 못 얻든지 말씀을 전파할 수 있기를 기도합니다.

ESV - Acts 18

18 After this, Paul stayed many days longer and then took leave of the brothers* and set sail for Syria, and with him Priscilla and Aquila. At Cenchreae he had cut his hair, for he was under a vow.
19 And they came to Ephesus, and he left them there, but he himself went into the synagogue and reasoned with the Jews.
20 When they asked him to stay for a longer period, he declined.
21 But on taking leave of them he said, "I will return to you if God wills," and he set sail from Ephesus.
22 When he had landed at Caesarea, he went up and greeted the church, and then went down to Antioch.
23 After spending some time there, he departed and went from one place to the next through the region of Galatia and Phrygia, strengthening all the disciples.

* 18:18 Or *brothers and sisters;* also verse 27

18 take leave 작별을 고하다 set sail for ~ ~을 향해 출항하다 vow 맹세, 서약 20 period 기간 decline 정중히 거절하다
21 will 원하다, 바라다 22 land 착륙하다 greet 인사하다 23 region 지역, 지방 strengthen 강하게 하다

☐ 묵상 체크

63 아볼로

월 일

사도행전 18:24-28 • 새찬송 218장 | 통일 369장

• 말씀묵상 전에 성령님의 인도하심을 구하는 기도를 드리십시오.

본문요약 I 알렉산드리아 출신의 유대인 아볼로는 언변이 좋고 성경에 능통했으며 열심 있는 사람이었으나 부족한 면도 가지고 있었다. 요한의 세례만 알고 있던 아볼로를 브리스길라와 아굴라가 데려다가 '하나님의 도'를 더 자세히 설명해 준다. 그 후 아볼로는 성경을 통해 예수님을 그리스도라 증언하며 많은 사람에게 유익을 주게 된다.

24 알렉산드리아에서 난 아볼로라 하는 유
대인이 에베소에 이르니 이 사람은 언변
이 좋고 성경에 능통한 자라
25 그가 일찍이 주의 도를 배워 열심으로 예
수에 관한 것을 자세히 말하며 가르치나
요한의 [1]세례만 알 따름이라
26 그가 회당에서 담대히 말하기 시작하거
늘 브리스길라와 아굴라가 듣고 데려다
가 하나님의 도를 더 정확하게 풀어 이르
더라
27 아볼로가 아가야로 건너가고자 함으로
형제들이 그를 격려하며 제자들에게 편
지를 써 영접하라 하였더니 그가 가매 은
혜로 말미암아 믿은 자들에게 많은 유익
을 주니
28 이는 성경으로써 예수는 그리스도라고
증언하여 공중 앞에서 힘 있게 유대인의
말을 이김이러라

1) 헬, 또는 침례

1. 오늘 하나님께서 나에게 주신 깨달음은 무엇입니까?

2. 말씀을 어떻게 내 삶에 구체적으로 적용해야 합니까?

절별 해설

24 알렉산드리아에서 난 아볼로라 하는 유대인 알렉산드리아는 BC 4세기에 알렉산더 대왕이 세운 도시로서, 북아프리카에서 학문의 중심지가 된 곳이었다. 또한 BC 2세기경 히브리어 구약성경을 헬라어로 번역한 70인경이 만들어진 곳이기도 하다. 알렉산드리아는 많은 유대인이 거주하고 있었던 도시였다. 아볼로는 이런 학문적 배경을 바탕으로 언변과 철학 그리고 성경에 능통한 사람이었던 것으로 보인다.

25 아볼로는 일찍부터 '주의 도'를 배워 열심히 가르쳤으나 오직 요한의 세례만 알고 있었다. 다시 말해, 회개를 상징하는 요한의 세례는 알고 있었지만, 예수님이 승천하신 후 이루어진 성령 세례와 성도와 함께하는 성령의 일하심에 대해서는 무지했던 것 같다(행 19:3–6). 아마도 아볼로는 성령의 사역을 알지 못하고 예수님에 관한 자신의 제한적인 지식만을 가지고 예수님을 증거했던 것 같다. 열심만 가지고 모든 일을 할 수는 없다. 제대로 알고 하는 것이 더욱 중요하다.

26 브리스길라와 아굴라가 듣고 데려다가 하나님의 도를 더 정확하게 풀어 이르더라 브리스길라와 아굴라의 아름다운 동역의 장면이 소개되고 있다. 그들은 아볼로의 부족한 면을 사람들 앞에서 지적하지 않았다. 그를 조용히 개인적으로 데려다가 그에게 부족한 면을 정확하게 설명해 주었다. 우리도 사람을 세울 때에는 이런 지혜로움이 필요하다.

27 아볼로는 아가야, 즉 고린도로 가길 원했다(고전 3:6). 이에 에베소의 형제들이 아볼로를 격려하며 추천서를 써서 고린도의 제자들에게 그를 영접할 것을 요청한다. 고린도에서의 아볼로의 사역은 많은 사람에게 유익을 가져다주는 결과를 낳았다. 아볼로가 이렇게 되기까지는 그의 배후에 신앙의 선배들의 도움과 협력이 있었음을 알 수 있다.

쉬운성경

24 아볼로라는 유대인이 에베소에 왔습니다. 그는 알렉산드리아에서 태어났으며 교육을 많이 받았고 성경에 능통한 사람이었습니다.

25 그는 주님에 관한 '도'도 배워서 알고 있었기 때문에 예수님에 관한 일들을 말하고 자세히 가르쳤습니다. 그러나 그는 요한의 세례밖에 몰랐습니다.

26 아볼로가 회당에서 용기 있게 말하는 것을 브리스길라와 아굴라가 듣고, 그를 자기들 집으로 데려다가 하나님의 '도'에 대해 더 자세히 설명해 주었습니다.

27 아볼로가 아가야 지방으로 가고 싶어 하자 에베소의 신자들은 격려하면서 그 곳의 신자들에게 아볼로를 영접하라고 편지를 썼습니다. 아볼로는 그 지방에 도착하여, 하나님의 은혜로 믿게 된 사람들에게 많은 도움을 주었습니다.

28 그는 사람들 앞에서 유대인들과 열정적으로 토론을 하여 그들의 주장을 물리쳤으며, 성경을 이용해서 예수님께서 그리스도이심을 증명했습니다.

저자의 묵상

브리스길라와 아굴라에 의해서 아볼로가 더 완전하게 세움을 받는다. 이들의 모습에서 우리가 배워야 할 점을 깨닫게 된다. 먼저 브리스길라와 아굴라는 아볼로를 가르치되 공개적으로 지적하기보다는 은밀하게 행함으로써 아볼로를 보호했다. 남을 가르칠 때 자신을 드러내고 돋보이려 하는 유혹에 빠질 때가 있다. 그러나 이 부부는 그런 모습을 전혀 보이지 않는다. 아볼로를 가르치되 주님의 일을 위해 그를 철저하게 보호하는 아름다운 모습을 보여준다. 훌륭한 사람의 배후에는 또 다른 훌륭한 사람의 보살핌이 있었다.

아볼로에게도 배울 점이 있다. 아볼로는 브리스길라 부부를 만나기 전에도 이미 그가 가진 언변과 지식으로 능력 있는 사역을 감당하고 있었다. 그럼에도 자신의 생각을 고집하지 않고 브리스길라와 아굴라의 가르침을 순순히 받아들이는 모습을 보인다. 이 또한 아름답다. 자신의 사역만을 고집하며 남에게 배우려 하지 않았다면 아볼로는 더 온전하고 더 크게 쓰임 받지 못했을 것이다.

무릎기도 하나님, 다른 사람을 배려하여 세워주는 삶을 살게 하소서.

ESV - Acts 18

24 Now a Jew named Apollos, a native of
Alexandria, came to Ephesus. He was an
eloquent man, competent in the Scriptures.
25 He had been instructed in the way of the
Lord. And being fervent in spirit,* he spoke
and taught accurately the things concerning
Jesus, though he knew only the baptism of
John.
26 He began to speak boldly in the synagogue,
but when Priscilla and Aquila heard him, they
took him aside and explained to him the way
of God more accurately.
27 And when he wished to cross to Achaia, the
brothers encouraged him and wrote to the
disciples to welcome him. When he arrived,
he greatly helped those who through grace
had believed,
28 for he powerfully refuted the Jews in public,
showing by the Scriptures that the Christ
was Jesus.

* 18:25 Or *in the Spirit*

24 eloquent 말 잘하는 competent in ~ ~에 있어서 유능한 25 be instructed in ~ ~에 밝다, 잘 알다 fervent 열심인, 뜨거운 accurately 정확히 concerning ~에 관한 baptism 세례 26 take ~ aside ~을 (비밀 이야기를 위해) 한쪽으로 데리고 가다 28 refute ~의 잘못을 밝히다 in public 사람들이 있는 데서

묵상 체크 ☐

64 에베소에 임하신 성령

월 일

사도행전 19:1-7 • 새찬송 569장 | 통일 442장

• 말씀묵상 전에 성령님의 인도하심을 구하는 기도를 드리십시오.

본문요약 | 바울이 3차 전도여행을 시작한 후 에베소에 도착한다. 그곳에서 바울은 예수님을 믿지만 성령에 대해서는 무지한 불완전한 신앙을 소유한 제자들을 만난다. 그들은 바울을 통해 비로소 성령을 체험하게 된다. 복음이 전파되던 초기에는 이와 같이 불완전한 상태의 성도들이 있었다. 하나님께서는 가장 적절한 때에 역사하셔서 그들을 온전히 채워 주셨다.

1 아볼로가 고린도에 있을 때에 바울이 윗지방으로 다녀 에베소에 와서 어떤 제자들을 만나
2 이르되 너희가 믿을 때에 성령을 받았느냐 이르되 아니라 우리는 성령이 계심도 듣지 못하였노라
3 바울이 이르되 그러면 너희가 무슨 [1]세례를 받았느냐 대답하되 요한의 [1]세례니라
4 바울이 이르되 요한이 회개의 [1]세례를 베풀며 백성에게 말하되 내 뒤에 오시는 이를 믿으라 하였으니 이는 곧 예수라 하거늘
5 그들이 듣고 주 예수의 이름으로 [1]세례를 받으니
6 바울이 그들에게 안수하매 성령이 그들에게 임하시므로 방언도 하고 예언도 하니
7 모두 열두 [2]사람쯤 되니라

1) 헬, 또는 침례 2) 헬, 남자

1. 오늘 하나님께서 나에게 주신 깨달음은 무엇입니까?

2. 말씀을 어떻게 내 삶에 구체적으로 적용해야 합니까?

절별 해설

1 에베소는 애초에 바울이 2차 전도여행 때 방문하고자 했던 도시였으나 그때에는 허락되지 않았다(행 16:6). 그러나 3차 전도여행 중에는 에베소에서의 복음 전도의 문이 열리게 된다. 이처럼 모든 일에는 하나님의 때가 있다는 것을 알 수 있다. 에베소는 바울이 도착하기 직전에 아볼로가 사역했던 곳이었다(행 18:24-25). 에베소는 당시 로마 통치하에서 아시아 주의 수도였으며, 천혜의 항구도시로 상업과 종교가 발달한 곳이었다.

2 너희가 믿을 때에 성령을 받았느냐 원래 성령 세례는 여기 바울의 질문에 나타난 것처럼, 죄인이 회개하고 예수 그리스도를 믿을 때에 성령을 받는 것이 일반적이다(행 2:38; 롬 8:9; 고전 12:3). 그러나 이들은 예수님을 믿는 제자들이었음에도 불구하고 성령의 존재에 대해 무지했다. 아마도 아볼로의 신앙이 불완전하여 성령을 몰랐을 때, 그에 의해 예수를 믿게 된 사람들인 것 같다(행 18:25-26).

이것은 매우 예외적인 경우라고 보아야 할 것이다. 물론 사마리아 교회에서도 이런 동일한 현상이 있었다(행 8:16-17). 그때에도 베드로와 요한이 안수하자, 이미 예수님을 믿고 있던 제자들에게 성령이 임하셨다. 혹자들은 이 본문을 근거로, 믿는 것과 성령이 임하는 것은 별개라고 주장하며, 성령을 받는 것이 더 고차원적인 신앙의 경지라고 해석한다. 그러나 이 경우는 어디까지나 하나님의 뜻에 따른 예외적인 사항이므로, 예외적인 사건이 일반적인 원리로 주장되어서는 안 된다.

4 요한이 회개의 세례를 베풀며 아볼로와 에베소의 제자들이 알고 행했던 세례는 요한의 회개의 세례였다. 이 세례는 주님의 사역을 준비시키는 예비적 성격이 강했으며, 죄를 지적하고 회개를 강조하는 것으로(막 1:4) 성령 세례와는 구별된다(요 1:33).

6 바울이 그들에게 안수하자 성령이 임하시고 여러 은사가 나타났다. 이제 사마리아에 이어(행 8:17) 이방 교회에도 성령이 명백히 임하신 것이다. 이것은 베드로가 고넬료의 집에서도 이미 확인한 일이었다(행 10:44). 성령께서는 예수를 믿는 모든 자들이 같은 성령을 받은 한 백성임을 그들에게 계속해서 보여주고 계셨다. 이번에도 그 일을 이방인의 사도 바울을 통해서 공식적으로 확인시켜 주심으로써 교회가 하나 되도록 섭리하신 것이다. 이런 이유로 예수님을 믿은 자에게 이후 성령이 임하시는 예외적인 사건을 허락하시는 것이다(참고. 행 8:17 절별 해설).

쉬운성경

1 아볼로가 고린도에 있는 동안, 바울은 북부 지방을 거쳐서 에베소에 이르게 되었습니다. 바울은 거기서 몇몇 제자들을 만났습니다.

2 바울이 그들에게 물었습니다. "여러분은 믿을 때에 성령을 받았습니까?" 그들이 대답했습니다. "우리는 성령이 계시다는 것조차 들어 본 적이 없습니다."

3 바울이 다시 물었습니다. "그러면 여러분은 어떤 세례를 받았습니까?" 그들이 대답했습니다. "요한의 세례를 받았습니다."

4 바울이 말했습니다. "요한은 회개의 세례를 베풀었습니다. 요한은 사람들에게 자기 뒤에 오실 분을 믿으라고 외쳤는데, 그분이 바로 예수님이십니다."

5 그들은 이 말을 듣고, 주 예수님의 이름으로 세례를 받았습니다.

6 바울이 그들에게 손을 얹자, 성령께서 그들에게 내려오셨습니다. 그러자 그들은 방언으로 말하고 예언을 하기 시작했습니다.

7 그곳에 있던 사람은 모두 열두 명쯤 되었습니다.

저자의 묵상

하나님께서는 적절한 때에 에베소 형제들의 문제를 해결해 주셨다. 앞에서 아볼로의 문제가 브리스길라와 아굴라를 통해 해결되었듯이 여기서는 바울을 통해 해결해 주셨다. 복음이 퍼져 가는 시초에 다소 오해와 부족이 있었지만, 모든 것은 하나님의 뜻과 섭리에 의해 채워졌다. 우리는 언제나 하나님의 일하심의 충족성을 믿어야 한다. 그것이 꼭 채워져야 하고 필요한 일이라면 하나님께서 어떤 식으로든 그것을 채워 주실 것을 믿어야 한다. 인간적인 생각으로 조급해 할 필요가 없다.

중국의 문화혁명 때, 선교사들이 다 쫓겨나고 그때까지의 선교가 모두 허사가 되는 듯했다. 그리스도인들은 몹시 아쉬워했다. 그러나 공산당에 의해서 중국에 만연해 있던 우상숭배가 척결되고 나서 다시 선교의 문이 열리게 되었다. 선교사들이 했다면 상당한 시간이 걸렸을 일을 하나님께서는 이런 방식으로 해결하셨다. 하나님의 일이 내 뜻과 계획대로 되지 않는다고 조급해하거나 안달할 필요가 없다. 하나님의 때를 믿고 기다리면 반드시 인도함을 받을 것이다.

무릎 기도 하나님, 항상 성령 충만한 삶이 되기를 기도합니다.

ESV - Acts 19

1 And it happened that while Apollos was at Corinth, Paul passed through the inland* country and came to Ephesus. There he found some disciples.
2 And he said to them, "Did you receive the Holy Spirit when you believed?" And they said, "No, we have not even heard that there is a Holy Spirit."
3 And he said, "Into what then were you baptized?" They said, "Into John's baptism."
4 And Paul said, "John baptized with the baptism of repentance, telling the people to believe in the one who was to come after him, that is, Jesus."
5 On hearing this, they were baptized in* the name of the Lord Jesus.
6 And when Paul had laid his hands on them, the Holy Spirit came on them, and they began speaking in tongues and prophesying.
7 There were about twelve men in all.

* 19:1 Greek *upper* (that is, highland)
* 19:5 Or *into*

1 inland 내륙의　3 baptize 세례를 주다　4 repentance 회개　come after ~ ~의 뒤를 잇다　6 speak in tongues 방언하다　prophesy 예언하다

□ 묵상 체크

65 에베소의 부흥

월 일

사도행전 19:8-20 • 새찬송 183장 | 통일 172장

• 말씀묵상 전에 성령님의 인도하심을 구하는 기도를 드리십시오.

본문요약 I 바울은 에베소 회당에서 석 달, 두란노 서원에서 두 해 동안 하나님나라와 말씀을 가르쳤다. 그 결과 에베소뿐만 아니라 온 아시아에 사는 사람들에게 주의 말씀이 증거되었고, 기적과 두려운 일이 나타나 많은 사람들이 회개했다. 에베소는 우상숭배와 마술이 넘쳐나는 도시였으나, 세상이 악할수록 하나님의 은혜 또한 더욱 강력하게 나타났다.

8 바울이 회당에 들어가 석 달 동안 담대히
하나님나라에 관하여 강론하며 권면하되
9 어떤 사람들은 마음이 굳어 순종하지 않
고 무리 앞에서 이 도를 비방하거늘 바울
이 그들을 떠나 제자들을 따로 세우고 두
란노 서원에서 날마다 강론하니라
10 두 해 동안 이같이 하니 아시아에 사는
자는 유대인이나 헬라인이나 다 주의 말
씀을 듣더라
11 하나님이 바울의 손으로 놀라운 능력을
행하게 하시니
12 심지어 사람들이 바울의 몸에서 손수건
이나 앞치마를 가져다가 병든 사람에게
얹으면 그 병이 떠나고 [1]악귀도 나가더라
13 이에 돌아다니며 마술하는 어떤 유대인
들이 [2]시험삼아 [1]악귀 들린 자들에게 주
예수의 이름을 불러 말하되 내가 바울이
전파하는 예수를 의지하여 너희에게 명
하노라 하더라
14 유대의 한 제사장 스게와의 일곱 아들도
이 일을 행하더니
15 악귀가 대답하여 이르되 내가 예수도 알
고 바울도 알거니와 너희는 누구냐 하며
16 악귀 들린 사람이 그들에게 뛰어올라 눌
러 이기니 그들이 상하여 벗은 몸으로 그
집에서 도망하는지라
17 에베소에 사는 유대인과 헬라인들이 다
이 일을 알고 두려워하며 주 예수의 이름
을 높이고

1) 헬, 악령 2) 또는 망령되이

18 믿은 사람들이 많이 와서 자복하여 행한
일을 알리며
19 또 마술을 행하던 많은 사람이 그 책을
모아 가지고 와서 모든 사람 앞에서 불사
르니 그 책 값을 계산한즉 은 오만이나
되더라
20 이와 같이 주의 말씀이 힘이 있어 흥왕하
여 세력을 얻으니라

1. 오늘 하나님께서 나에게 주신 깨달음은 무엇입니까?

2. 말씀을 어떻게 내 삶에 구체적으로 적용해야 합니까?

절별 해설

8 회당에 들어가 석 달 동안 바울은 2차 전도여행 말미에 에베소 회당에서 전도한 경험이 있다. 그때 바울은 더 머물러 달라는 요청을 받았으나 오래 머물지는 못했다(행 18:19-20). 아마도 이런 이유 때문인지 사도행전에 기록된 전도여행 중에서는 가장 오랫동안 머물며 복음을 전파한 곳이 바로 에베소였다.

9 무리 앞에서 이 도를 비방하거늘 바울이 그들을 떠나 제자들을 따로 세우고 두란노 서원에서 날마다 강론하니라 방해하는 무리들이 생겨나자, 바울은 제자들을 따로 구분하여 교회를 세우고 두란노 서원에서 날마다 말씀을 가르쳤다. 바울은 반대하는 무리로 인하여 이제 막 믿기 시작한 성도들이 어려움을 당하지 않도록 믿는 자들을 구별한 것이었다. 부딪치는 것만이 상책은 아니다. 필요하다면 피하는 것도 나를 지키는 믿음의 한 방편이다(참고. 창 12:1).

10 두란노 서원에서의 가르침은 2년간 계속되었다. 그 결과 에베소뿐만 아니라 아시아 전역에 주의 말씀이 전파되었다. 요한계시록에 기록된 소아시아의 일곱 교회도 이때 세워진 듯하다(계 2-3장). 한편, 8-10절에서는 매 절마다 말씀이 선포된 것이 강조되어 있다. 20절에도 "주의 말씀이 힘이 있어 흥왕"했다고 기록되어 있다. 성경이 말하는 부흥은 하나님의 말씀이 전파될 때 나타났다. 즉, 말씀의 부흥이다. 우리나라도 기독교가 전파되던 초기에는 '부흥회'를 '사경회'라 하여 말씀을 배우는 일에 초점을 두었는데, 그때에 놀라운 부흥의 역사가 일어났다.

11-12 에베소는 마술과 주술, 우상숭배가 성행했던 지역이었다. 그렇기 때문에 하나님은 이곳에 바울을 통해 놀라운 능력을 보이셨는데, 심지어 바울이 천막을 만들 때 사용하던 손수건이나 앞치마를 통해서도 기적이 일어났다. 죄가 많은 곳에 하나님의 역사도 강하게 나타났다(롬 5:20). 이것이 때와 장소를 따라 역사하시는 하나님의 은혜다.

13-19 당시에 마술사(오늘날 마술사와는 다르다)와 주술사들은 종종 권위 있는 이름을 이용하여 악령을 쫓아냈다. 스게와의 일곱 아들이 예수님의 이름을 이용하다가 봉변을 당하는 것도 이런 이유에서다. 올바른 믿음 없이 예수님의 이름만을 부른다고 해서 능력이 나타나는 것은 아니다. 예수님도 "나더러 주여 주

쉬운성경

8 바울은 회당에 들어가서 세 달 동안, 하나님의 말씀을 담대하게 전했습니다. 그리고 하나님의 나라에 관해 토론도 하고 받아들이도록 설득했습니다.

9 그러나 어떤 사람들은 마음이 굳어져서 믿지 않고 오히려 군중들 앞에서 '도'를 욕하고 다녔습니다. 그래서 바울은 그런 사람들을 떠나 신자들을 데리고 두란노 학원으로 가서 날마다 사람들과 토론을 했습니다.

10 그 일은 이 년 동안, 계속되었습니다. 그리하여 아시아 지방의 모든 유대인과 그리스인이 주님의 말씀을 듣게 되었습니다.

11 하나님께서 바울의 손을 빌려 놀라운 기적들을 일으키셨습니다.

12 심지어 사람들이 바울이 몸에 지니던 손수건이나 앞치마를 병든 사람 위에 얹기만 해도 병이 낫고 귀신이 쫓겨 나갔습니다.

13 그러나 사방으로 돌아다니면서 귀신을 쫓아내는 유대인 중에서도 주 예수님의 이름을 이용하여 귀신을 쫓아내려는 사람들이 있었습니다. 그들은 "바울이 전파하는 그 예수의 이름으로 명령한다. 그 사람에게서 나오너라"고 말하곤 했습니다.

14 유대인 대제사장 스게와라는 사람의 일곱 아들들이 바로 이런 일을 하였습니다.

15 그런데 악한 귀신이 그들에게 말했습니다. "내가 예수님도 알고 바울도 알지만, 너희는 누구냐?"

16 그러더니 귀신들린 사람이 그들에게 달려들었습니다. 귀신들린 사람은 스게와의 아들들보다 힘이 세어서 그들을 때리고 옷을 찢었습니다. 그래서 그들은 발가벗긴 채 그 집에서 도망쳤습니다.

17 이 일이 에베소에 사는 모든 유대인과

여 하는 자마다 다 천국에 들어갈 것이 아니요 … 아버지의 뜻대로 행하는 자라야 들어가리라"고 말씀하셨다(마 7:21). 이 일이 있은 후 에베소에서는 회개 운동이 일어났으며, 은 오만(오만 명의 하루치 임금)에 해당하는 주술에 관한 책들이 불태워졌다. 참으로 놀라운 부흥의 모습이라고 할 수 있다.

그리스인들에게 알려지자, 그들은 두려움에 사로잡혔으며, 주 예수님의 이름을 찬양했습니다.

18 믿는 사람들이 많이 나와 사람들 앞에서 자기들이 행한 일들을 고백하기 시작했습니다.

19 그들 중에는 마술을 부리던 사람들도 있었는데, 그들은 자기들의 마술책을 가져다가 사람들 앞에서 다 태워 버렸습니다. 그 책 값을 계산하면 은화* 오만 개가량 되었습니다.

20 이렇게 해서 주님의 말씀은 점점 힘있게 퍼져 나갔습니다.

*19:19 은화 하나는 당시 하루 품삯에 해당한다.

저자의 묵상

에베소 지역은 마술과 주술, 우상숭배가 성행하는 지역이었다. 그렇기 때문에 하나님께서는 그곳 사정에 맞게 바울을 통해 큰 이적이 일어나게 하셨다. 심지어 바울이 천막을 만들 때 사용하던 손수건이나 앞치마를 통해서도 기적이 일어났다. 하나님은 상황에 맞게 우리를 도와주시고 인도하신다. 세상이 악할수록 성도들이 그것을 이겨낼 수 있는 더 강한 은혜와 도움을 주시는 것이 사실이다. 어려움이 심할수록 주님의 위로도 넘칠 것을 믿어야 한다.

한편, 바울은 에베소 전도에서 유대인들의 반대를 피해 제자들을 따로 세우고 두란노 서원에서 복음을 전파했다. 바울은 믿음과 고집을 구분할 줄 아는 사람이었다. 제자들을 위해 싸우는 대신 반대하는 무리로부터 분리하여 가르쳤다. 부딪치는 것만이 능사는 아니며, 때로는 더 큰 효과를 위해서 다툼을 피하는 것도 현명한 방법임을 명심할 필요가 있다.

무릎기도 하나님, 변화가 있는 부흥을 기대하게 하소서.

ESV - Acts 19

8 And he entered the synagogue and for three
months spoke boldly, reasoning and
persuad-ing them about the kingdom of God.
9 But when some became stubborn and
continued in unbelief, speaking evil of the
Way before the congregation, he withdrew
from them and took the disciples with him,
reasoning daily in the hall of Tyrannus.*
10 This continued for two years, so that all the
residents of Asia heard the word of the Lord,
both Jews and Greeks.
11 And God was doing extraordinary miracles
by the hands of Paul,
12 so that even handkerchiefs or aprons that
had touched his skin were carried away to
the sick, and their diseases left them and the
evil spirits came out of them.
13 Then some of the itinerant Jewish exorcists
undertook to invoke the name of the Lord
Jesus over those who had evil spirits,
saying, "I adjure you by the Jesus whom
Paul proclaims."
14 Seven sons of a Jewish high priest named
Sceva were doing this.
15 But the evil spirit answered them, "Jesus I
know, and Paul I recognize, but who are
you?"
16 And the man in whom was the evil spirit
leaped on them, mastered all* of them and
overpowered them, so that they fled out of
that house naked and wounded.
17 And this became known to all the residents
of Ephesus, both Jews and Greeks. And fear
fell upon them all, and the name of the Lord
Jesus was extolled.
18 Also many of those who were now believers
came, confessing and divulging their
practices.
19 And a number of those who had practiced
magic arts brought their books together and
burned them in the sight of all. And they
counted the value of them and found it came
to fifty thousand pieces of silver.
20 So the word of the Lord continued to
increase and prevail mightily.

* 19:9 Some manuscripts add *from the fifth hour to the tenth* (that is, from 11 A.M. to 4 P.M.)
* 19:16 Or *both*

9 stubborn 완고한, 고집스러운 congregation 회중 withdraw from ~ ~에서 물러나다 11 extraordinary 비범한, 놀라운 12 apron 앞치마 evil spirit 귀신, 악령 13 itinerant 순회하는 undertake 착수하다 invoke (신의 이름을) 부르다 adjure 엄명하다 16 leap on ~ ~에 달려들다 master 굴복시키다 17 extol 찬양하다 18 divulge (비밀을) 누설하다 20 prevail 널리 퍼지다

• MEMO •

☐ 묵상 체크

66 데메드리오의 사건

월 일

사도행전 19:21-41 • 새찬송 357장 | 통일 397장

• 말씀묵상 전에 성령님의 인도하심을 구하는 기도를 드리십시오.

본문요약 | 바울의 에베소 전도가 성공을 거두자 데메드리오를 비롯한 아데미 신상 모형을 만들어 팔아 풍족하게 지내던 사람들이 소동을 일으킨다. 우상을 통한 돈벌이가 힘들어졌기 때문이다. 서기장은 이들의 집회가 명분이 없음을 지적하며 무리를 해산시킨다. 복음은 세상이 위협을 느낄 정도로 그 영향력이 대단했다.

21 이 일이 있은 후에 바울이 마게도냐와 아
가야를 거쳐 예루살렘에 가기로 작정하
여 이르되 내가 거기 갔다가 후에 로마도
보아야 하리라 하고
22 자기를 돕는 사람 중에서 디모데와 에라
스도 두 사람을 마게도냐로 보내고 자기
는 아시아에 얼마 동안 더 있으니라
23 그때쯤 되어 이 도로 말미암아 적지 않은
소동이 있었으니
24 즉 데메드리오라 하는 어떤 은장색이 은
으로 아데미의 신상 모형을 만들어 직공
들에게 적지 않은 벌이를 하게 하더니
25 그가 그 직공들과 그러한 영업하는 자들
을 모아 이르되 여러분도 알거니와 우리
의 풍족한 생활이 이 생업에 있는데
26 이 바울이 에베소뿐 아니라 거의 전 아시
아를 통하여 수많은 사람을 권유하여 말
하되 사람의 손으로 만든 것들은 신이 아
니라 하니 이는 그대들도 보고 들은 것이
라
27 우리의 이 영업이 천하여질 위험이 있을
뿐 아니라 큰 여신 아데미의 신전도 무시
당하게 되고 온 아시아와 천하가 위하는
그의 위엄도 떨어질까 하노라 하더라
28 그들이 이 말을 듣고 분노가 가득하여 외
쳐 이르되 크다 에베소 사람의 아데미여
하니
29 온 시내가 요란하여 바울과 같이 다니는
마게도냐 사람 가이오와 아리스다고를

1) 또는 하늘로서

붙들어 일제히 연극장으로 달려 들어가
는지라
30 바울이 백성 가운데로 들어가고자 하나
제자들이 말리고
31 또 아시아 관리 중에 바울의 친구된 어떤
이들이 그에게 통지하여 연극장에 들어
가지 말라 권하더라
32 사람들이 외쳐 어떤 이는 이런 말을, 어
떤 이는 저런 말을 하니 모인 무리가 분
란하여 태반이나 어찌하여 모였는지 알
지 못하더라
33 유대인들이 무리 가운데서 알렉산더를
권하여 앞으로 밀어내니 알렉산더가 손
짓하며 백성에게 변명하려 하나
34 그들은 그가 유대인인 줄 알고 다 한 소
리로 외쳐 이르되 크다 에베소 사람의 아
데미여 하기를 두 시간이나 하더니
35 서기장이 무리를 진정시키고 이르되 에
베소 사람들아 에베소 시가 큰 아데미와
[1]제우스에게서 내려온 우상의 신전지기
가 된 줄을 누가 알지 못하겠느냐
36 이 일이 그렇지 않다 할 수 없으니 너희
가 가만히 있어서 무엇이든지 경솔히 아
니하여야 하리라
37 신전의 물건을 도둑질하지도 아니하였고
우리 여신을 비방하지도 아니한 이 사람
들을 너희가 붙잡아 왔으니
38 만일 데메드리오와 그와 함께 있는 직공
들이 누구에게 고발할 것이 있으면 재판
날도 있고 총독들도 있으니 피차 고소할

것이요
39 만일 그 외에 무엇을 원하면 정식으로 민회에서 결정할지라
40 오늘 아무 까닭도 없는 이 일에 우리가 소요 사건으로 책망 받을 위험이 있고 우리는 이 불법 집회에 관하여 보고할 자료가 없다 하고
41 이에 그 모임을 흩어지게 하니라

1. 오늘 하나님께서 나에게 주신 깨달음은 무엇입니까?

2. 말씀을 어떻게 내 삶에 구체적으로 적용해야 합니까?

절별 해설

21 이 일이 있은 후에 바울이 마게도냐와 아가야를 거쳐 예루살렘에 가기로 작정하여 바울이 약 3년간의 에베소 전도를 거의 마무리하고 있는 시점을 의미한다(행 20:31). 바울은 마게도냐와 아가야를 거쳐 예루살렘에 갔다가 로마까지 들르겠다는 계획을 가지고 있었다. 그러나 모든 계획은 바울 스스로 세운 것이 아니라 성령에 의해 이끌린 것이 분명하다. 본문에서 '작정하여'라는 말은 '성령에 의해 이끌리어(compelled by the Spirit–NLT)'란 뜻이다. 우리 삶 속에서 늘 놓치지 말아야 하는 것은, 우리의 계획이 성령님과의 교제 속에서 결정되어야 한다는 사실이다.

22 바울이 예루살렘으로 가는 도중 마게도냐와 아가야를 거쳐서 가려고 했던 이유는, 당시에 가난했던 예루살렘 교회의 성도들을 위한 연보(구제헌금)를 마련하기 위해서였다(롬 15:25–26; 고전 16:1–3). 여기에는 깊은 뜻이 있었다. 이방 교회가 모교회인 예루살렘 교회를 돕게 함으로써 여전히 남아 있는 이방 교회에 대한 거부감을 없애고, 모든 교회가 그리스도 안에서 하나라는 것을 확인시키려 했던 것이다(참고. 고후 8:14). 이 일을 위해 바울은 디모데와 에라스도를 먼저 보내서 헌금 준비하는 일을 점검하도록 했다(고전 16:10). 우리도 늘 성도 간에 하나 되기를 힘써 실천해야 한다.

24–31 에베소에는 은으로 아데미의 신상 모형을 만들어 많은 이윤을 취하던 사람들이 있었다. 그들은 바울의 복음전파로 인해 우상의 실체가 드러나고

쉬운성경

21 그 후에 바울은 마케도니아와 아가야 지방을 거쳐 예루살렘으로 갈 결심을 하였습니다. 그리고 "나는 예루살렘에 갔다가 로마도 꼭 가 봐야겠습니다"라고 말했습니다.

22 바울은 자기를 돕는 사람 가운데 두 사람, 곧 디모데와 에라스도를 먼저 마케도니아로 보냈습니다. 그리고 그는 아시아에 얼마 동안을 더 머물렀습니다.

23 그 무렵, 에베소에서는 예수님의 '도' 때문에 적지 않은 소란이 일어났습니다.

24 데메드리오라는 은 세공인이 있었는데, 은으로 아데미 여신의 신전 모형을 만드는 사람이었습니다. 그는 이 일로 직공들에게도 많은 돈을 벌게 했습니다.

25 그가 직공들과 이런 일에 종사하는 사람들을 불러 놓고 말했습니다. "여러분, 여러분도 아시다시피 우리는 이 사업으로 소득이 꽤 좋았습니다.

26 그런데 여러분들도 보고 들은 대로, 바울이라는 이 사람이 에베소뿐만 아니라 아시아의 거의 모든 지방에서 사람이 만든 신은 신이 아니라고 말합니다. 그는 수많은 사람들을 설득하여 그들의 마음을 돌려 놓았습니다.

27 이러다가는 우리 사업이 명성을 잃게 될 위험이 있을 뿐만 아니라 사람들이 위대한 아데미 여신의 신전을 우습게 여길 위험이 있습니다. 그렇게 되면 아시아와 온 세계의 모든 사람들이 섬기는 아데미 여신의 위엄이 땅에 떨어질 것입니다."

28 이 말을 들은 사람들은 격분하여 "에베소의 여신 아데미는 위대하다!"라고 소리지르기 시작했습니다.

29 도시는 순식간에 소란스러워졌습니다. 군중들은 바

자신들의 장사가 어렵게 되자 소동을 일으킨다. 겉으로는 아데미 여신을 위하는 척하며 종교적 이유를 말하지만, 사실은 경제적 이유 때문에 일으킨 소동이었다. 우상숭배를 조장하는 그 이면에는 언제나 돈 문제가 숨겨져 있음을 명심해야 한다.

'아데미' 여신은 12개의 유방을 지닌 여자의 모습을 하고 있으며 다산의 상징이었다. 아데미 신전은 가로와 세로가 각각 120m와 60m에 달하는 엄청난 규모로 고대 7대 불가사의 중 하나로 불린다.

33 유대인들이 무리 가운데서 알렉산더를 권하여 앞으로 밀어내니 알렉산더가 손짓하며 백성에게 변명하려 하나 에베소에는 많은 유대인들이 살고 있었다. 그들은 이 사건 때문에 자칫 자신들이 피해를 입지 않을까 염려했다. 그래서 그들은 알렉산더를 통해 자신들은 그리스도인들과는 무관함을 밝히려 했다. 이전까지만 해도, 그들도 분명 에베소에서 복음이 전파되며 벌어진 일들을 보고 두려움을 느껴 주 예수의 이름을 높였다(17절). 그러나 성난 군중들을 보자 자신의 안위에만 급급한 모습이다. 결국 그들의 시도는 실패한다(34절).

35–37 서기장은 에베소 시 행정부에서 선출된 대표로서 모든 종류의 집회에 대해 책임을 져야 했다. 이 소동을 중재하는 데 있어 최적임자로서 서기장이 첫 번째로 지적한 것은, 누구도 에베소가 아데미 여신을 섬기는 대표 도시임을 부정한 적이 없다는 사실이다. 서기장은 잡혀 온 그리스도인들조차 신전에서 물건을 훔치거나 여신을 비방한 적이 없다고 확인해 준다. 여기에 주목할 내용이 들어 있다. 당시 그리스도인들은 아데미를 대놓고 비방하거나 파손하지 않았다는 사실이다. 그들은 잘못된 것을 지적하기보다는 진리[주의 말씀]를 가르치는 데 초점을 두었다(행 19:8, 10, 20).

울과 함께 여행하던 마케도니아 사람 가이오와 아리스다고를 붙잡고 한꺼번에 극장으로 몰려갔습니다.

30 그때, 바울도 군중들 속으로 들어가려 했지만 제자들이 말렸습니다.

31 또 바울과 친하게 지내던 아시아의 관리 몇 사람들도 사람을 보내어 바울더러 극장에 들어가지 말라고 권했습니다.

32 극장 안에서는 사람들이 소리를 지르는데 어떤 사람은 이렇게, 다른 사람은 저렇게 외쳐대는 바람에 극장 안은 완전히 난장판이 되고 말았습니다. 심지어 자기들이 그곳에 왜 모였는지조차 모르는 사람들도 많았습니다.

33 유대인들이 알렉산더라고 하는 사람을 앞으로 밀어내자, 군중들 중 몇 사람이 그를 다그쳤습니다. 알렉산더가 손짓으로 사람들에게 조용히 하라고 한 후, 군중들에게 변명을 하려고 했습니다.

34 그러자 군중은 알렉산더가 유대인인 것을 알고 한 목소리로 "에베소의 여신 아데미는 위대하다"라고 두 시간이나 외쳐댔습니다.

35 마침내 에베소 시의 서기관이 나와 군중을 진정시키고 이렇게 말했습니다. "에베소 시민 여러분, 에베소가 위대한 아데미 여신의 신전과 하늘에서 내려온 그 신상을 지키는 곳이라는 것은 온 세상이 다 아는 사실입니다.

36 이것은 부인할 수 없는 사실이므로 시민 여러분은 마음을 가라앉히고 경솔한 행동은 삼가시기 바랍니다.

37 여러분은 이 사람들을 이리로 끌고 왔으나, 이 사람들은 우리 여신을 모욕한 적도 없고 그 신전에서 무엇을 훔치지도 않았습니다.

38 우리에게는 재판정이 있고 재판관들도 있습니다. 만약 데메드리오와 그의 직공들이 누구를 고소할 일이 있다면, 당사자들이 재판정으로 가서 옳고 그름을 가려야 할 것입니다.

39 그 밖에 여러분이 해결하고자 하는 문제가 있다면, 그것은 공식적인 모임에서 다루어야 할 것입니다.

40 이는 제가 이런 말을 하는 것은 아무런 이유도 없이 소동을 일으킨 책임이 우리에게 있다고 비난을 받을 위험이 있고, 또 이 소동에 대해 변명할 말이 없기 때문입니다."

41 그는 이렇게 말하고 모임을 해산시켰습니다.

저자의 묵상

에베소에서도 복음의 영향력은 미신을 타파하고 막대한 분량의 미신 책들이 불살라지게 했으며(행 19:19), 우상의 모형을 팔아 부를 축적하던 사람들에게 위협이 될 정도였다. 우리나라에서도 20세기 초에 평양에 복음이 전해지자, 술집과 기생들은 생계의 위협을 느꼈다고 한다. 그래서 기생조합에서는 대표격인 두 목사를 넘어뜨리기 위해서 기생 대표를 뽑아 유혹 작전을 펼쳤다는 이야기가 있다. 이처럼 복음은 엄청난 힘과 영향력을 가지고 있다.

복음은 우리의 삶을 변화시키며 인식의 체계를 바꾼다. 복음이 들어가는 곳에는 언제나 변화가 일어나기 마련이다. 변화가 없다면 그 복음은 변질되거나 잘못된 것이다. 복음이 당신을 어떻게 변화시키고 있는지 자신 있게 말할 수 있겠는가 생각해 보라. 복음 때문에 당신의 삶에서 어떤 부분이 변화되었고 또한 그러한 변화는 다른 사람의 삶에 어떤 선한 도전을 끼치고 있는가? 우리의 신앙생활에서 반드시 확인하고 넘어가야 할 문제다.

무릎 기도 주여, 우리와 우리 자녀들의 세대에도 이런 복음의 영향력을 회복하게 도우소서.

ESV - Acts 19

21 Now after these events Paul resolved in the
Spirit to pass through Macedonia and Achaia
and go to Jerusalem, saying, "After I have
been there, I must also see Rome."
22 And having sent into Macedonia two of his
helpers, Timothy and Erastus, he himself
stayed in Asia for a while.
23 About that time there arose no little
disturbance concerning the Way.
24 For a man named Demetrius, a silversmith,
who made silver shrines of Artemis, brought
no little business to the craftsmen.
25 These he gathered together, with the
workmen in similar trades, and said, "Men,
you know that from this business we have
our wealth.
26 And you see and hear that not only in
Ephesus but in almost all of Asia this Paul
has persuaded and turned away a great
many people, saying that gods made with
hands are not gods.
27 And there is danger not only that this trade of
ours may come into disrepute but also that
the temple of the great goddess Artemis may
be counted as nothing, and that she may
even be deposed from her magnificence,
she whom all Asia and the world worship."
28 When they heard this they were enraged
and were crying out, "Great is Artemis of the
Ephesians!"
29 So the city was filled with the confusion, and
they rushed together into the theater,

dragging with them Gaius and Aristarchus,
Macedonians who were Paul's companions
in travel.
30 But when Paul wished to go in among the
crowd, the disciples would not let him.
31 And even some of the Asiarchs,* who were
friends of his, sent to him and were urging
him not to venture into the theater.
32 Now some cried out one thing, some
another, for the assembly was in confusion,
and most of them did not know why they had
come together.
33 Some of the crowd prompted Alexander,
whom the Jews had put forward. And
Alexander, motioning with his hand, wanted
to make a defense to the crowd.
34 But when they recognized that he was a
Jew, for about two hours they all cried out
with one voice, "Great is Artemis of the
Ephesians!"
35 And when the town clerk had quieted the
crowd, he said, "Men of Ephesus, who is
there who does not know that the city of the
Ephesians is temple keeper of the great
Artemis, and of the sacred stone that fell
from the sky?*
36 Seeing then that these things cannot be
denied, you ought to be quiet and do nothing
rash.
37 For you have brought these men here who
are neither sacrilegious nor blasphemers of
our goddess.
38 If therefore Demetrius and the craftsmen
with him have a complaint against anyone,
the courts are open, and there are procon-
suls. Let them bring charges against one
another.
39 But if you seek anything further,* it shall be
settled in the regular assembly.
40 For we really are in danger of being charged
with rioting today, since there is no cause
that we can give to justify this commotion."
41 And when he had said these things, he
dismissed the assembly.

* 19:31 That is, high-ranking officers of the province of Asia
* 19:35 The meaning of the Greek is uncertain
* 19:39 Some manuscripts *seek about other matters*

21 resolve 결심하다 23 no little 적지 않은, 상당한 disturbance 소동, 소란 24 shrine 사당, 신전 craftsman 장인 27 come into disrepute 평판이 나쁘다 count ~라 간주하다 as nothing 아무것도 아닌, 하찮은 depose from ~ ~에서 물러나게 하다, 퇴위시키다 magnificence 장엄, 장대 28 enrage 격분하게 하다 29 confusion 혼란 31 urge 열심히 권하다 venture 위험을 무릅쓰고 가다 32 be in confusion 혼란에 빠지다 33 prompt 촉구하다, 부추기다 motion 몸짓으로 신호하다 defense 변명, 변호 35 town clerk 서기(관) 36 rash 경솔한, 성급한 37 sacrilegious 신성을 더럽히는 blasphemer 모독자 38 craftsman 장인 proconsul (로마의) 지방 총독 bring charges against ~ ~를 고발하다 39 be settled 결판이 나다 40 riot 폭동을 일으키다 commotion 소란, 소동 41 dismiss 해산시키다

• MEMO •

67 마게도냐와 헬라 방문

월 일

사도행전 20:1-6 • 새찬송 293장 | 통일 414장

• 말씀묵상 전에 성령님의 인도하심을 구하는 기도를 드리십시오.

본문요약 I 바울은 에베소를 떠나 마게도냐 지역의 교회들을 방문하고 헬라에서 석 달을 보낸다. 그 후에 예루살렘으로 가기 위해 다시 마게도냐를 거쳐 드로아에 이른다. 이 고단한 여정 속에는, 고린도 교회를 아끼는 바울의 아름다운 배려와 복음 전도자로서 자신의 사명을 다하기 위해 불필요한 위험을 피해 가는 모습들이 담겨 있다.

1 소요가 그치매 바울은 제자들을 불러 권
한 후에 작별하고 떠나 마게도냐로 가니
라
2 그 지방으로 다녀가며 여러 말로 제자들
에게 권하고 헬라에 이르러
3 거기 석 달 동안 있다가 배 타고 수리아
로 가고자 할 그때에 유대인들이 자기를
해하려고 공모하므로 마게도냐를 거쳐
돌아가기로 작정하니
4 [1]아시아까지 함께 가는 자는 베뢰아 사람
부로의 아들 소바더와 데살로니가 사람
아리스다고와 세군도와 더베 사람 가이
오와 및 디모데와 아시아 사람 두기고와
드로비모라
5 그들은 먼저 가서 드로아에서 우리를 기
다리더라
6 우리는 무교절 후에 빌립보에서 배로 떠
나 닷새 만에 드로아에 있는 그들에게 가
서 이레를 머무니라

1) 어떤 사본에는, '아시아까지'가 없음

1. 오늘 하나님께서 나에게 주신 깨달음은 무엇입니까?

2. 말씀을 어떻게 내 삶에 구체적으로 적용해야 합니까?

절별 해설

1 마게도냐로 가니라 바울은 에베소를 떠나 드로아를 거쳐 마게도냐로 갔다. 이때 바울은 드로아에서 디도를 만날 예정이었다(고후 2:12–13). 디도를 만나서 고린도 교회의 상태가 어떻게 호전되었는지 듣고자 했으나, 디도를 만나지 못하고 마음이 편치 않은 가운데 마게도냐로 가게 된다.

바울의 원래 계획은 고린도 교회로 '두 번 은혜를 얻게 하기 위하여' 마게도냐로 가는 길에 먼저 고린도를 들르고, 다시 마게도냐에서 돌아올 때 고린도 교회를 들를 예정이었다(고후 1:15–16). 그러나 이 계획을 바꾸어 드로아를 거쳐 직접 마게도냐로 간 이유는 고린도 교회를 위한 배려 때문이었다(고후 1:23–2:1). 즉, 바울은 근심 중에 고린도 교회를 방문하지 않기 위해서 행로를 변경하여 마게도냐로 직접 간 것이었다(고후 2:1).

바울은 마게도냐의 빌립보에서 결국 디도를 만나, 고린도 교회가 바울이 에베소에서 쓴 고린도전서의 권면을 받아들여 회개했다는 소식을 듣고 기뻐한다(고후 7:5–7). 한편, 바울이 방문 계획을 바꾼 일로 그의 대적자들은 바울을 믿지 못할 사람이라고 비방했다. 바울이 이를 전해 듣고, 모든 사정을 자세히 써 보낸 것이 지금의 고린도후서다. 방문 계획을 바꾸어 오해를 받아가면서까지 바울은 고린도 교회를 사랑하고 아꼈다(고후 1:23).

2–3 헬라에 이르러 거기 석 달 동안 있다가 헬라[그리스]는 아가야 지방의 고린도 교회를 의미한다. 모든 것이 원만해진 후에, 바울은 고린도에서 석 달을 지냈다. 이 기간 동안 그는 로마서를 썼다. 그러고 나서 바울은 고린도에서 직접 배를 타고 수리아를 거쳐 예루살렘으로 가려 했다. 그러나 이때 유대인들이 자기를 죽이려고 모의한다는 사실을 알고 행로를 바꾸어 마게도냐를 거쳐 드로아로 간다. 바울이 행한 바와 같이, 사명을 위해서는 불필요한 위험은 피해 갈 줄도 아는 지혜가 있어야 한다.

4 여기에 언급된 사람들은 마게도냐에서 모아진 구제헌금을 예루살렘 교회에 전달할 대표들이자 바울의 선교의 열매를 상징하는 인물들로 여겨진다. 이들은 헌금을 잘 전달하고 이방 교회의 존재를 알리는 바울의 중요한 동역자들이었다.

쉬운성경

1 소동이 그치자, 바울은 신자들을 불러오게 해서 격려한 뒤에 작별 인사를 했습니다. 바울은 그곳을 떠나 마케도니아 지방으로 갔습니다.

2 그는 마케도니아로 가는 길에 여러 지방에 들러 신자들에게 격려하는 말을 많이 하고 그리스에 도착했습니다.

3 바울은 그리스에서 세 달을 지냈습니다. 그는 배를 타고 시리아로 가려 했으나 유대인들이 그를 해치려는 음모를 꾸몄기 때문에 마케도니아를 거쳐서 시리아로 돌아가기로 작정했습니다.

4 그때, 바울과 동행한 사람은 베뢰아 사람 부로의 아들 소바더와 데살로니가 사람 아리스다고와 세군도와 더베 사람 가이오와 디모데와 아시아 사람 두기고와 드로비모였습니다.

5 이들은 드로아에 먼저 가서 우리를 기다리고 있었습니다.

6 우리는 무교절이 지난 뒤에, 빌립보에서 배를 타고 오 일 만에 드로아에서 그들을 만나 그곳에서 칠 일 동안을 머물렀습니다.

저자의 묵상

바울의 전도여행은 그때그때의 사정에 따라 조금씩 변하기도 했다. 본문의 여정 속에 있었던 고린도 방문은 고린도 교회의 형편을 고려해서 방문 계획을 바꾸었고, 예루살렘으로의 귀환 과정도 유대인들의 암살 모의 때문에 길을 돌아가는 결정을 했다. 모두가 주께 받은 사명을 잘 감당하게 위해 행해진 결정들이었다. 흔히들 고집과 신념은 차이가 있다고 한다. 고집은 남의 말을 듣지 않는 것이지만, 신념은 남의 말을 들으면서도 나의 갈 길을 가는 태도를 말한다. 그리스도인으로서 이 땅에서 주께서 주신 일들을 잘 감당하기 위해서 우리는 고집 대신 신념을 키워야 한다. 뚝심 있게 주의 일을 해 나가면서도 남의 말을 들을 줄 알아야 하고, 바울처럼 환경도 살필 줄도 알아야 한다. 내가 가진 원칙을 지키는 데 급급한 나머지 더 큰 일을 그르치는 사람들을 많이 봐왔다. 주님께 조금이라도 더 이익이 된다면 내 자존심마저 내려놓고 다른 사람의 의견과 환경을 살필 줄 아는 여유가 필요하다.

무릎기도 하나님, 바울처럼 다른 이들의 형편을 살피고 배려하는 여유를 주소서.

ESV - Acts 20

1 After the uproar ceased, Paul sent for the disciples, and after encouraging them, he said farewell and departed for Macedonia.
2 When he had gone through those regions and had given them much encouragement, he came to Greece.
3 There he spent three months, and when a plot was made against him by the Jews* as he was about to set sail for Syria, he decided to return through Macedonia.
4 Sopater the Berean, son of Pyrrhus, accompanied him; and of the Thessalonians, Aristarchus and Secundus; and Gaius of Derbe, and Timothy; and the Asians, Tychicus and Trophimus.
5 These went on ahead and were waiting for us at Troas,
6 but we sailed away from Philippi after the days of Unleavened Bread, and in five days we came to them at Troas, where we stayed for seven days.

* 20:3 Greek *Ioudaioi* probably refers here to Jewish religious leaders, and others under their influence, in that time; also verse 19

1 uproar 소동, 소란 cease 그치다 say farewell 고별인사를 하다 depart 떠나다 2 encouragement 격려 3 plot 음모, 계략 be about to ~ 막 ~하려는 참이다 set sail for ~ ~을 향해 출항하다 4 accompany 동행하다 6 unleavened 누룩을 넣지 않은

☐ 묵상 체크

68 말씀을 사랑한 유두고

월 일

사도행전 20:7-12 • 새찬송 202장 | 통일 241장

• 말씀묵상 전에 성령님의 인도하심을 구하는 기도를 드리십시오.

본문요약 I 바울은 안식 후 첫날 드로아에서 모임을 주관했다. 바울의 설교와 당부가 밤중까지 계속되자, 하루 종일 일하고 모인 사람들 중에 유두고가 졸다가 삼 층에서 떨어져 죽는다. 하지만 하나님께서는 유두고를 살려 주셔서 교회를 위로하신다. 초대교회 성도들이 모이는 데 힘쓰며 예배와 말씀을 사모하는 모습이 생생하게 드러난 본문이다.

7 그 주간의 첫날에 우리가 떡을 떼려 하여
모였더니 바울이 이튿날 떠나고자 하여
그들에게 강론할새 말을 밤중까지 계속
하매
8 우리가 모인 윗다락에 등불을 많이 켰는
데
9 유두고라 하는 청년이 창에 걸터 앉아 있
다가 깊이 졸더니 바울이 강론하기를 더
오래 하매 졸음을 이기지 못하여 삼 층에
서 떨어지거늘 일으켜보니 죽었는지라
10 바울이 내려가서 그 위에 엎드려 그 몸을
안고 말하되 떠들지 말라 생명이 그에게
있다 하고
11 올라가 떡을 떼어 먹고 오랫동안 곧 날이
새기까지 이야기하고 떠나니라
12 사람들이 살아난 청년을 데리고 가서 적
지 않게 위로를 받았더라

1. 오늘 하나님께서 나에게 주신 깨달음은 무엇입니까?

2. 말씀을 어떻게 내 삶에 구체적으로 적용해야 합니까?

절별 해설

7 그 주간의 첫날에 오늘날 일요일을 가리킨다. 기독교 전통에서는 일요일을 '주일'(the Lord's day)로 불렀다. 주일은 주께서 부활하신 날이었기 때문이다(눅 24:1). 당시 유대교는 안식일인 토요일을 거룩한 날로 지켰으나, 초대교회는 주님이 부활하신 날을 기념하여 자연스럽게 주일에 모여 떡을 떼며 교제를 나누었다. 여기서 '떡을 뗀다'는 것은 성만찬을 포함하는 교제의 식사를 가리킨다. 초대교회는 식사 중에 주님을 기념하는 성만찬을 베풀었다(고전 11:20-33). 본절은 초대교회 성도들이 일주일의 첫날인 주일에 모였다는 첫 번째 기록이다.

9 유두고라 하는 청년이 … 졸음을 이기지 못하여 삼 층에서 떨어지거늘 일으켜보니 죽었는지라 아마도 저녁에 시작된 바울의 강론이 밤중까지 길어지자, 하루 종일 일하고 모임에 참석한 유두고가 졸음을 이기지 못한 것 같다. 게다가 다락에 등불을 많이 켠 상태였고, 유두고가 창턱에 앉아야 할 만큼 사람들이 많이 모였기에 자리도 불편하고 숨쉬기도 힘들었을 것이다. 혹자는 유두고에 대해서 말씀을 듣다가 졸았다고 비난하는 경우가 있다. 그러나 본문 어디에도 그를 비난한 듯한 흔적은 없다. 오히려 유두고는 그렇게 피곤한 몸으로 끝까지 집회에 참석하려는 사람이었다. 누가도 그 자리에 있었다(7절의 '우리가'라는 표현). 누가는 의사였기에 유두고가 삼 층에서 떨어져 죽은 것을 확인할 수 있었다. 어떤 사람들은 유두고가 잠시 정신을 잃은 것이라고 주장하지만, 의사인 누가는 그가 분명히 죽었음을 밝히고 있다.

10 바울이 내려가서 그 위에 엎드려 바울의 모습은 흡사 수넴 여인의 죽은 아들을 살리는 엘리사의 모습과 비슷하다(왕하 4:34). 모습이야 어떻든 바울의 행동은 죽은 유두고를 살리기 위해 하나님께 간절히 기도하는 모습이다.

11 날이 새기까지 이야기하고 떠나니라 바울의 강론은 일방적인 설교가 아니었다. 사람들의 질문을 받고 이야기하는 형식을 취했다. 바울은 이런 식으로 밤새 이야기를 나누고 이튿날 떠난다. 여기서 바울을 포함한 초대교회 성도들의 열정을 느낄 수 있다. 그들은 하루 종일 일한 뒤 저녁에 피곤한 몸을 이끌고 모였음에도 불구하고, 밤새도록 서로 묻고 대답하면서 하나님의 말씀을 배우고 성도의 교제를 나누었다. 바울은 하나라도 더 가르쳐 주려고 했을 것이며, 성도들은 하나라도 더 배우려 했을 것이다. 모두가 아름다운 하나님나라 백성들의 모습이다.

쉬운성경

7 안식일 다음 날, 우리가 교제의 식사를 나누기 위해 모였을 때에 바울이 설교를 시작했습니다. 그는 다음 날에 떠나기로 되어 있어서 한밤중까지 신자들에게 설교를 계속했습니다.

8 우리가 모인 다락방에는 등불을 많이 켜 놓았습니다.

9 유두고라고 하는 청년이 창문에 자리 잡고 앉아 있었는데, 바울의 말이 너무 오래 계속되자, 잠이 들어 그만 삼 층에서 떨어졌습니다. 사람들이 그를 일으켜 보니, 이미 죽어 있었습니다.

10 바울이 내려가 유두고 위에 엎드려 그를 껴안고 말했습니다. "걱정하지 마십시오. 이 청년이 아직 살아 있습니다."

11 바울은 다시 위층으로 올라가서 빵을 떼어 먹은 후에 날이 새도록 오랫동안 설교를 하고 떠나갔습니다.

12 사람들은 살아난 젊은이를 집으로 데려가면서 큰 위로를 받았습니다.

저자의 묵상

드로아 성도들은 열악한 환경에도 불구하고 말씀을 듣는 일에 넘치는 열정을 가지고 있었다. 그들은 하루 종일 일하고 저녁에 모였는데, 그들이 모인 다락방은 켜놓은 등불에서 나오는 그을음으로 공기가 혼탁했을 것이다. 유두고라 하는 청년도 하루 종일 일하고 참석했을 것이다. 드로아 성도들은 육체적·환경적 어려움에도 불구하고, 밤새도록 하나님의 말씀을 듣는 일에 열심을 냈다.
오늘날 교회는 드로아 성도들과는 비교도 할 수 없을 만큼 좋은 환경에서 예배를 드린다. 그러나 어쩐지 우리의 예배는 열정을 잃어가는 느낌이다.

구소련이 무너지고 동구권이 열렸을 때, 많은 선교학자들은 공산권이었던 동구권에 있는 성도들이 드리는 순수한 예배를 보고 감탄했다. 비록 자유롭지 못한 가운데 키워온 믿음이지만, 그들의 예배는 순수하고 열정적이었다. 좁은 곳에서 몇 시간을 진행해도 모두가 싫은 내색이 전혀 없이 감동 속에 예배를 드렸던 것이다. 살아나야 하는 것은 유두고뿐만이 아니라 오늘 우리들인지도 모른다.

무릎 기도 하나님, 말씀을 사랑하고 성도의 교제를 사랑하는 열심을 주소서.

ESV - Acts 20

7 On the first day of the week, when we were gathered together to break bread, Paul talked with them, intending to depart on the next day, and he prolonged his speech until midnight.
8 There were many lamps in the upper room where we were gathered.
9 And a young man named Eutychus, sitting at the window, sank into a deep sleep as Paul talked still longer. And being overcome by sleep, he fell down from the third story and was taken up dead.
10 But Paul went down and bent over him, and taking him in his arms, said, "Do not be alarmed, for his life is in him."
11 And when Paul had gone up and had broken bread and eaten, he conversed with them a long while, until daybreak, and so departed.
12 And they took the youth away alive, and were not a little comforted.

7 gather together ~을 모으다 break bread 함께 식사하다 intend to ~ ~하려고 생각하다 depart 떠나다 prolong 연장하다 9 sink into ~ (어떤 감정·상태)에 빠져들다 be overcome by ~ (피로·졸음 등이) 몰려오다 10 bend over ~ 몸을 ~위로 굽히다 11 converse with ~ ~와 이야기하다 daybreak 새벽 12 not a little 적지않게, 크게 comfort 위로하다

69 밀레도

월 일

사도행전 20:13-38 • 새찬송 463장 | 통일 518장

• 말씀묵상 전에 성령님의 인도하심을 구하는 기도를 드리십시오.

본문요약 | 오순절까지 예루살렘에 도착하기 원했던 바울은 밀레도에서 에베소 장로들을 초청하여 작별의 시간을 갖는다. 바울은 에베소 사역을 회고하며 예루살렘을 향해 가는 자신의 계획과 각오를 밝힌다. 바울이 떠난 후에 교회 내에 발생할 거짓된 가르침을 조심하라고 경고하며, 사사로운 탐심에 얽매이지 말 것을 당부한다. 아쉬운 석별의 정을 나눈다.

13 우리는 앞서 배를 타고 앗소에서 바울을
태우려고 그리로 가니 이는 바울이 [1]걸어
서 가고자 하여 그렇게 정하여 준 것이라
14 바울이 앗소에서 우리를 만나니 우리가
배에 태우고 미둘레네로 가서
15 거기서 떠나 이튿날 기오 앞에 오고 그
이튿날 사모에 들르고 또 그 다음 날 밀
레도에 이르니라
16 바울이 아시아에서 지체하지 않기 위하
여 에베소를 지나 배 타고 가기로 작정하
였으니 이는 될 수 있는 대로 오순절 안
에 예루살렘에 이르려고 급히 감이러라
17 바울이 밀레도에서 사람을 에베소로 보
내어 교회 장로들을 청하니
18 오매 그들에게 말하되 아시아에 들어온
첫날부터 지금까지 내가 항상 여러분 가
운데서 어떻게 행하였는지를 여러분도
아는 바니
19 곧 모든 겸손과 눈물이며 유대인의 간계
로 말미암아 당한 시험을 참고 주를 섬긴
것과
20 유익한 것은 무엇이든지 공중 앞에서나
각 집에서나 거리낌이 없이 여러분에게
전하여 가르치고
21 유대인과 헬라인들에게 하나님께 대한
회개와 우리 주 예수 그리스도께 대한 믿
음을 증언한 것이라
22 보라 이제 나는 성령에 매여 예루살렘으
로 가는데 거기서 무슨 일을 당할는지 알
지 못하노라
23 오직 성령이 각 성에서 내게 증언하여 결
박과 환난이 나를 기다린다 하시나
24 내가 달려갈 길과 주 예수께 받은 사명
곧 하나님의 은혜의 복음을 증언하는 일
을 마치려 함에는 나의 생명조차 조금도
귀한 것으로 여기지 아니하노라
25 보라 내가 여러분 중에 왕래하며 하나님
의 나라를 전파하였으나 이제는 여러분
이 다 내 얼굴을 다시 보지 못할 줄 아노
라
26 그러므로 오늘 여러분에게 증언하거니와
모든 사람의 피에 대하여 내가 깨끗하니
27 이는 내가 꺼리지 않고 하나님의 뜻을 다
여러분에게 전하였음이라
28 여러분은 자기를 위하여 또는 온 양 떼를
위하여 삼가라 성령이 그들 가운데 여러
분을 감독자로 삼고 [2]하나님이 자기 피
로 사신 교회를 보살피게 하셨느니라
29 내가 떠난 후에 사나운 이리가 여러분에
게 들어와서 그 양 떼를 아끼지 아니하며
30 또한 여러분 중에서도 제자들을 끌어 자
기를 따르게 하려고 어그러진 말을 하는
사람들이 일어날 줄을 내가 아노라
31 그러므로 여러분이 일깨어 내가 삼 년이
나 밤낮 쉬지 않고 눈물로 각 사람을 훈
계하던 것을 기억하라
32 지금 내가 여러분을 주와 및 그 은혜의
말씀에 부탁하노니 그 말씀이 여러분을

1) 또는 육로로
2) 어떤 사본에, 주께서

능히 든든히 세우사 거룩하게 하심을 입은 모든 자 가운데 기업이 있게 하시리라
33 내가 아무의 은이나 금이나 의복을 탐하지 아니하였고
34 여러분이 아는 바와 같이 이 손으로 나와 내 동행들이 쓰는 것을 충당하여
35 범사에 여러분에게 모본을 보여준 바와 같이 수고하여 약한 사람들을 돕고 또 주 예수께서 친히 말씀하신 바 주는 것이 받는 것보다 복이 있다 하심을 기억하여야 할지니라
36 이 말을 한 후 무릎을 꿇고 그 모든 사람들과 함께 기도하니
37 다 크게 울며 바울의 목을 안고 입을 맞추고
38 다시 그 얼굴을 보지 못하리라 한 말로 말미암아 더욱 근심하고 배에까지 그를 전송하니라

1. 오늘 하나님께서 나에게 주신 깨달음은 무엇입니까?

2. 말씀을 어떻게 내 삶에 구체적으로 적용해야 합니까?

절별 해설

13 바울이 걸어서 가고자 하여 바울은 일행을 드로아에서 앗소까지 배로 보내고 홀로 해안가의 길을 따라 약 32km를 걸어간다. 왜 그랬는지 정확히 알 수는 없으나 그 전날 밤을 지새운(7절) 피곤한 몸으로 강행군을 한 것을 보면 특별한 의도가 있었던 것 같다. 아마도 향후 자신의 사역에 대해 기도하며 성령의 인도하심을 묻는 시간이 필요했던 것 같다. 예수님도 종종 홀로 있는 시간을 가지셨다(마 14:23; 26:39).

17 바울이 밀레도에서 사람을 에베소로 보내어 교회 장로들을 청하니 여기서의 "장로"는 '감독'과 같은 뜻으로 쓰였다(17, 28절). 이들은 교회의 전반적인 일을 맡아 섬기는 역할을 했다(28절). 바울은 가는 곳마다 지도자들을 세워 교회를 든든히 지키게 하였다(행 14:23). 신실한 지도자를 키우는 것은 하나님의 교회를 세우는 데 필수적인 일이다. 바울이 장로들을 밀레도로 부른 이유도 다시금 저들을 하나님의 사람으로 온전하게 하려는 의도가 있었을 것이다.

쉬운성경

13 우리는 먼저 배를 타고 앗소로 항해하였습니다. 앗소에 도착해서 바울을 그 배에 태울 생각에서였습니다. 이런 계획을 세운 것은 바울이 걸어서 앗소까지 가겠다고 했기 때문입니다.

14 우리는 앗소에서 바울을 만나서 그를 배에 태워 미둘레네로 갔습니다.

15 이튿날에는 미둘레네를 떠나 기오에서 가까운 곳에 이르렀고, 다음 날, 사모로 건너갔다가, 그 다음 날, 밀레도에 도착했습니다.

16 바울은 아시아 지방에서 너무 오랜 시간을 보내지 않으려고 에베소를 들르지 않고 지나가려고 했습니다. 그는 가능하다면 오순절 안에 예루살렘에 도착하려고 서둘렀습니다.

17 바울이 밀레도에서 에베소로 사람을 보내어 교회 장로들을 불렀습니다.

18 장로들이 오자, 바울은 그들에게 이렇게

18 내가 항상 여러분 가운데서 어떻게 행하였는지를 여러분도 아는 바니 바울은 3년간의 에베소 생활을 회고하며 자신의 모든 행적을 장로들이 잘 알고 있을 것이라고 말한다. 이 비슷한 말을 고린도 교회에도 한 적이 있다(고전 4:11-16). 바울은 말로만 가르치는 데 그치지 않고 친히 자신의 삶으로 본을 보였다. 가장 훌륭한 교육은 역시 삶으로 가르치는 것이다.

22-24 갈 바를 알지 못하고 나아갔던 아브라함처럼, 바울도 성령의 인도에 따라 예루살렘으로 가지만 어떤 일이 기다리고 있는지는 구체적으로 알지 못했다. 한 가지 분명한 사실은 결박과 환난이 그를 기다린다는 것이었다. 그러나 바울은 추호의 주저함도 없이 전도자로서의 사명을 위해 예루살렘으로 나아간다. 바울은 불필요한 일에 목숨을 걸지 않았다(행 20:3). 그러나 사명을 위해서는 목숨을 걸었다. 어떤 일에 우리의 삶의 목적을 둘 것인지를 생각하게 만드는 부분이다.

28 자기를 위하여 또는 온 양 떼를 위하여 삼가라 대체로 좋은 지도자는 남을 위해 전적으로 자신의 삶을 희생하는 사람이라고 생각하는 경향이 있다. 그러나 본문을 살펴보면, 하나님이 맡기신 교회를 보살필 때, 양 떼인 성도들도 잘 돌봐야 하지만, 그러기 위해서는 먼저 자신을 돌아볼 것을 당부한다. 자신의 삶이 제대로 정돈되어 있지 않은 사람은 다른 사람의 삶을 돌볼 수 없기 때문이다. 자기 할 일은 제대로 하지 않으면서 주의 일을 한다고 나서는 사람은 분명히 잘못된 신앙관을 가진 사람이다.

29 사나운 이리가 여러분에게 들어와서 초대교회에는 많은 잘못된 가르침과 거짓 선생들이 있었다. 그들은 사나운 이리에 비유되었는데(마 7:15), 이는 성경에서 벗어난 사상을 가르치거나 주장하는 자들을 총괄하여 이르는 말이다(갈 1:9; 빌 3:2). 좋은 목자는 양에게 좋은 꼴을 먹임과 동시에(27절) 양들을 위험에서 보호해야 하는 두 가지 책임이 있다.

말했습니다. "내가 아시아에 온 첫날부터 여러분과 함께 지내면서 어떻게 생활해 왔는지 여러분들은 잘 아실 겁니다.

19 그동안, 나는 유대인들이 지어 낸 모함으로 몹시 고통을 당했습니다. 그러나 나는 언제나 겸손히, 때로는 눈물을 흘리며 주님을 섬겼습니다.

20 나는 여러분에게 유익이 되는 것이라면 무엇이든 주저하지 않고 전파하였습니다. 나는 그것을 공중 앞에서나 여러분의 집에서 여러분을 가르쳤습니다.

21 유대인들과 그리스인들 모두에게 회개하고 하나님께 돌아올 것과 우리 주 예수님을 믿으라고 선포했습니다.

22 그러나 이제 나는 성령의 명령에 따라 예루살렘으로 갑니다. 그곳에서 내게 무슨 일이 닥칠지 나는 알지 못합니다.

23 다만 내가 아는 것은 어느 도시에 가든지 감옥과 환난이 나를 기다리고 있다고 성령께서 내게 경고해 주셨다는 사실뿐입니다.

24 그러나 나는 내 목숨을 아깝게 생각하지 않습니다. 예수님께로부터 받은 사명, 곧 사람들에게 하나님의 은혜의 복음을 전하는 일을 다 마칠 수만 있다면 말입니다.

25 나는 여러분과 함께 있는 동안, 줄곧 하나님의 나라를 전했습니다. 이제 나의 설교를 들으신 여러분 중에는 나의 얼굴을 다시 볼 수 있는 사람이 아무도 없으리라는 것을 나는 압니다.

26 그러므로 오늘 여러분에게 엄숙히 선언합니다. 여러분 가운데 설령 누군가 구원 받지 못하는 사람이 있다고 하더라도 내게는 책임이 없습니다.

27 그것은 내가 주저하지 않고 하나님의 모든 뜻을 여러분에게 전해 주었기 때문입니다.

30 또한 여러분 중에서도 … 어그러진 말을 하는 사람들이 일어날 줄을 내가 아노라 교회를 혼란에 빠트리고 진리를 파괴하는 도전적인 거짓 사상이 교회 바깥에만 있는 것은 아니다. 바울은 교회 내부에서 생기게 될 위험을 지적하고 있다(딤후 1:15). 어쩌면 이것이 더 위험한 것일지도 모른다. 교회 안에 있는 양의 탈을 쓴 이리를 경계해야 한다. 교회라고 해서 모두가 다 하나님께 속한 것은 아니다. 진정한 복음이 선포될 때에만 하나님께 속한 교회라고 할 수 있다.

쉬운성경

28 여러분은 자신들과 모든 맡겨진 양 떼를 잘 살피고 그들을 잘 돌보십시오. 성령께서 여러분을 감독자로 세우셔서 하나님께서 자기 아들의 피로 사신 교회를 돌보게 하셨습니다.

29 내가 떠난 뒤에 어떤 사람들이 사나운 이리처럼 교회에 들어와서 양 떼를 해치려 할 것을 나는 압니다.

30 또한 여러분 가운데서도 진리를 왜곡되게 말하고, 제자들을 유혹하여 자기를 따르게 하는 사람들도 나타날 것입니다.

31 그러므로 깨어 있으십시오. 내가 삼 년 동안을 밤낮으로, 때로는 눈물을 흘리며 여러분 한 사람 한 사람에게 쉬지 않고 교훈한 것을 기억하십시오.

32 이제 나는 하나님과 하나님의 은혜의 말씀에 여러분을 맡깁니다. 그 말씀은 여러분을 능히 세울 수 있고 모든 거룩한 백성들과 함께 기업을 받을 수 있는 말씀입니다.

33 나는 그 누구의 금이나 은이나 옷을 탐낸 적이 없습니다.

34 여러분 자신도 아시듯이 나는 언제나 직접 일을 해서 나와 내 일행에게 필요한 것을 마련했습니다.

35 나는 모든 일에서 여러분에게 모범을 보였습니다. 여러분은 저처럼 열심히 일해서 약한 사람을 도와야 합니다. 또한 '주는 것이 받는 것보다 복이 있다'고 하신 주 예수님의 말씀을 기억해야 합니다."

36 바울은 이 말을 마친 뒤에 무릎을 꿇고 모든 사람들과 함께 기도했습니다.

37 그들은 다 바울을 껴안고 작별의 입맞춤을 하면서 울었습니다.

38 특히 그들은 다시는 자기를 보지 못하리라는 바울의 말을 듣고 슬퍼하였습니다. 그리고 그들은 배 타는 곳까지 바울을 배웅했습니다.

저자의 묵상

바울은 밀레도에서 에베소 장로들을 마지막으로 만나 그들에게 교회를 부탁한다. 부탁하는 방식에 있어서 자신이 그들에게 보인 모범을 따라 권면했다. 가장 좋은 가르침은 삶으로 보여주는 것이라는 말이 있다. 내가 행하지 못하는 것을 남에게 강요하는 것은 옳지 않다. 바울은 그의 다른 서신서에서도 '나를 본받으라'(너희는 나를 본받는 자가 되라_고전 11:1)는 말을 한다. 언뜻 보면 교만한 말처럼 들리고 '주님을 본받으라'고 해야 맞을 것 같다. 그러나 좀 더 생각해 보면 '나를 본받으라'는 말이 올바른 표현임을 알 수 있다. '주님을 본받으라'는 표현은, 말은 맞지만 전혀 무책임한 소리가 될 수 있다. 자신은 하지 않으면서 남에게만 권하는 것이 될 수도 있기 때문이다. 바울은 그렇게 하지 않는다. 물론 그 자신이 주님의 삶을 본받고 따라가지만, 자신이 따라간 삶을 다른 사람들에게 권면하는 방식을 취한다. 이처럼 지도자로서 성도들을 이끌 때, 바울과 같이 솔선수범하는 자세가 필요하다.

무릎기도 하나님, 바울과 같은 신실한 지도자가 세워지게 하소서.

ESV - Acts 20

13 But going ahead to the ship, we set sail for Assos, intending to take Paul aboard there, for so he had arranged, intending himself to go by land.
14 And when he met us at Assos, we took him on board and went to Mitylene.
15 And sailing from there we came the following day opposite Chios; the next day we touched at Samos; and* the day after that we went to Miletus.
16 For Paul had decided to sail past Ephesus, so that he might not have to spend time in Asia, for he was hastening to be at Jerusalem, if possible, on the day of Pentecost.
17 Now from Miletus he sent to Ephesus and called the elders of the church to come to him.
18 And when they came to him, he said to them: "You yourselves know how I lived among you the whole time from the first day that I set foot in Asia,
19 serving the Lord with all humility and with tears and with trials that happened to me through the plots of the Jews;
20 how I did not shrink from declaring to you anything that was profitable, and teaching you in public and from house to house,
21 testifying both to Jews and to Greeks of repentance toward God and of faith in our Lord Jesus Christ.*
22 And now, behold, I am going to Jerusalem, constrained by* the Spirit, not knowing what will happen to me there,
23 except that the Holy Spirit testifies to me in every city that imprisonment and afflictions await me.
24 But I do not account my life of any value nor as precious to myself, if only I may finish my course and the ministry that I received from the Lord Jesus, to testify to the gospel of the grace of God.
25 And now, behold, I know that none of you

among whom I have gone about proclaiming
the kingdom will see my face again.
26 Therefore I testify to you this day that I am
innocent of the blood of all,
27 for I did not shrink from declaring to you the
whole counsel of God.
28 Pay careful attention to yourselves and to all
the flock, in which the Holy Spirit has made
you overseers, to care for the church of
God,* which he obtained with his own
blood.*
29 I know that after my departure fierce wolves
will come in among you, not sparing the
flock;
30 and from among your own selves will arise
men speaking twisted things, to draw away
the disciples after them.
31 Therefore be alert, remembering that for
three years I did not cease night or day to
admonish every one with tears.
32 And now I commend you to God and to the
word of his grace, which is able to build you
up and to give you the inheritance among all
those who are sanctified.
33 I coveted no one's silver or gold or apparel.
34 You yourselves know that these hands
ministered to my necessities and to those
who were with me.
35 In all things I have shown you that by
working hard in this way we must help the
weak and remember the words of the Lord
Jesus, how he himself said, 'It is more
blessed to give than to receive.'"
36 And when he had said these things, he knelt
down and prayed with them all.
37 And there was much weeping on the part of
all; they embraced Paul and kissed him,
38 being sorrowful most of all because of the
word he had spoken, that they would not see
his face again. And they accompanied him to
the ship.

* 20:15 Some manuscripts add *after remaining at Trogyllium*
* 20:21 Some manuscripts omit *Christ*
* 20:22 Or *bound in*
* 20:28 Some manuscripts *of the Lord*
* 20:28 Or *with the blood of his Own*

13 set sail 출항하다 take ~ aboard ~를 태우다, 싣다 arrange (예)정하다 15 opposite ~의 맞은편에 16 hasten 서둘러 가다 Pentecost 수장절, 오순절 18 set foot in ~ ~에 상륙하다, ~에 들어가다 19 humility 겸손 trial 시련, 고난 20 shrink from ~ ~을 꺼리다 22 constrain 강제하다 23 imprisonment 투옥, 감금 affliction 고통, 고난 24 account 여기다, 간주하다 of value 귀중한, 가치 있는 26 innocent of ~ 무죄인 28 overseer 감독(자) obtain 얻다, 획득하다 31 alert 경계하는 cease 중지하다 admonish 훈계하다 32 commend (~의 보살핌에)맡기다 inheritance 유산 sanctify 성별하다 33 covet 몹시 탐내다 34 minister to ~ ~에게 (필요를) 충족시켜 주다 necessity 필수품 36 kneel down 무릎을 꿇다 37 embrace 포옹하다

• MEMO •

70 어려워도 가야 할 길

월 일

사도행전 21:1-14 • 새찬송 543장 | 통일 342장

• 말씀묵상 전에 성령님의 인도하심을 구하는 기도를 드리십시오.

본문요약 I 밀레도를 떠난 바울 일행은 고스, 로도, 바다라를 거쳐 두로에 상륙하여 7일을 머문다. 그곳에서 바울은 예루살렘에 가지 말라는 첫 번째 권고를 듣는다. 그 후 돌레마이를 거쳐 가이사랴의 전도자 빌립의 집에 머물 때 다시 한 번 제자들의 만류를 듣는다. 그러나 어렵고 힘들어도 가야 할 길이 분명했던 바울은 그 걸음을 멈추지 않았다.

1 우리가 그들을 작별하고 배를 타고 바로 고스로 가서 이튿날 로도에 이르러 거기서부터 바다라로 가서
2 베니게로 건너가는 배를 만나서 타고 가다가
3 구브로를 바라보고 이를 왼편에 두고 수리아로 항해하여 두로에서 상륙하니 거기서 배의 짐을 풀려 함이러라
4 제자들을 찾아 거기서 이레를 머물더니 그 제자들이 성령의 감동으로 바울더러 예루살렘에 들어가지 말라 하더라
5 이 여러 날을 지낸 후 우리가 떠나갈새 그들이 다 그 처자와 함께 성문 밖까지 전송하거늘 우리가 바닷가에서 무릎을 꿇어 기도하고
6 서로 작별한 후 우리는 배에 오르고 그들은 집으로 돌아가니라
7 두로를 떠나 항해를 다 마치고 돌레마이에 이르러 형제들에게 안부를 묻고 그들과 함께 하루를 있다가
8 이튿날 떠나 가이사랴에 이르러 일곱 집사 중 하나인 전도자 빌립의 집에 들어가서 머무르니라
9 그에게 딸 넷이 있으니 처녀로 예언하는 자라
10 여러 날 머물러 있더니 아가보라 하는 한 선지자가 유대로부터 내려와
11 우리에게 와서 바울의 띠를 가져다가 자기 수족을 잡아매고 말하기를 성령이 말씀하시되 예루살렘에서 유대인들이 이같이 이 띠 임자를 결박하여 이방인의 손에 넘겨주리라 하거늘
12 우리가 그 말을 듣고 그곳 사람들과 더불어 바울에게 예루살렘으로 올라가지 말라 권하니
13 바울이 대답하되 여러분이 어찌하여 울어 내 마음을 상하게 하느냐 나는 주 예수의 이름을 위하여 결박 당할 뿐 아니라 예루살렘에서 죽을 것도 각오하였노라 하니
14 그가 권함을 받지 아니하므로 우리가 주의 뜻대로 이루어지이다 하고 그쳤노라

1. 오늘 하나님께서 나에게 주신 깨달음은 무엇입니까?

2. 말씀을 어떻게 내 삶에 구체적으로 적용해야 합니까?

절별 해설

4 제자들을 찾아 거기서 이레를 머물더니 바울 일행이 예루살렘을 향해 가는 바쁜 일정 속에서도 두로에서 일주일을 머물 수밖에 없었던 까닭은 짐을 내리고 싣는 하역 작업 때문이었다(3절). 그러나 바울은 그 시간을 그냥 보내지 않고 그곳의 제자들을 찾았다. 여기서 "찾아"는 의도적으로 제자들을 찾아 만났다는 뜻이다. 성도 간의 교제야말로 이 세상에서 가장 값지게 시간을 보내는 방법이다. 한편, 이곳에서 성령의 감동을 받은 제자들이 바울의 예루살렘행을 만류한다.

7 형제들에게 여기에 사용된 "형제들"이란 표현을 통해 성도의 사귐이 친형제와 같이 가깝고 따뜻한 관계였음을 알 수 있다. 이를 통해 우리의 사귐을 돌아보아야 할 것이다. 성도 간의 만남은 이익 중심의 이해관계가 아니라 사랑 중심의 진실한 관계가 되어야 한다.

9 예언하는 자라 성경이 말하는 "예언"은 기록된 하나님의 말씀의 뜻을 드러내어 가르치는 것(고전 14:3, 19)과 미래의 일들을 예언하는 것(행 21:11) 모두를 의미한다. 여기서 주의할 것은 미래의 일을 말할 때에도 그 목적이 개인의 이익을 위한 것이 아니라는 사실이다. 이런 점에서 예언은 개인의 이익을 목적으로 복채를 받고 점을 치는 주술적인 행위와는 근본적으로 구별된다.

12 바울에게 예루살렘으로 올라가지 말라 권하니 성령에 의한 아가보의 예언이 있은 후, 바울의 일행과 가이사랴 사람들은 두로의 제자들에 이어(4절) 두 번째로 예루살렘에 가지 말라고 바울을 만류한다. 여기서 문제가 발생한다. 바울은 성령에 이끌리어 예루살렘으로 간다고 말했기 때문이다(행 19:21; 20:22-23). 제자들 역시 성령에 감동되어 바울에게 가지 말라고 간청한다. 이 모순되는 상황을 어떻게 해석해야 하는가? 성령께서 두로와 가이사랴에서 주신 감동은 바울이 예루살렘에 가면 결박과 환난을 당할 것이라는 예언이었다(20:23). 이것을 듣고 제자들이 인간적으로 바울을 아끼는 마음에서 예루살렘행을 만류한 것이다. 그러나 성령께서 바울에게 가지 말라는 명령을 주시지는 않았다. 성령께서는 결박과 환난이 바울을 기다린다는 사실만을 말씀하신 것이다.

쉬운성경

1 우리는 그들과 작별 인사를 한 뒤에 배를 타고 곧장 고스로 갔습니다. 이튿날, 우리는 로도에 들렀다가 거기서 바다라로 떠났습니다.

2 그곳에서 우리는 베니게로 가는 배를 만나서 그 배를 타고 떠났습니다.

3 키프로스 섬이 눈앞에 나타났을 때에 우리는 그 섬을 왼쪽에 두고 시리아로 가다가 두로에 배를 댔습니다. 그 곳에서 배가 짐을 풀기로 되어 있었기 때문입니다.

4 우리는 두로에서 신자들을 만나 일 주일을 그들과 함께 지냈습니다. 그들은 성령께서 알려 주신 대로 바울에게 예루살렘에 가지 말라고 만류했습니다.

5 그러나 그들과 함께한 시간이 다 되자, 우리는 그곳을 떠나 여행길에 올랐습니다. 모든 신자들이 아내와 아이들을 데리고 도시 바깥까지 나와 우리를 배웅해 주었습니다. 우리는 모두 바닷가에서 무릎을 꿇고 기도했습니다.

6 서로 작별 인사를 나눈 후, 우리는 배에 올랐고, 두로 지방의 신자들은 각자 집으로 돌아갔습니다.

7 우리는 두로를 출발하여 항해를 계속하여 돌레마이에 이르렀습니다. 우리는 그곳의 형제들과 인사를 하고 그들과 함께 하루를 지냈습니다.

8 이튿날, 우리는 돌레마이를 떠나 가이사랴로 갔습니다. 그곳에서 일곱 집사 가운데 한 사람인 전도자 빌립의 집에 들어가 그와 함께 지냈습니다.

9 빌립에게는 결혼하지 않은 네 딸이 있었습니다. 그들은 모두 예언하는 사람이었습니다.

10 우리가 여러 날, 그곳에 머물고 있는 동안, 아가보라는 예언자가 유대에서 내려왔습니다.

11 그가 우리에게 와서 바울의 허리띠를 가

13-14 바울은 온갖 경고와 만류 속에도 자신의 길을 멈추지 않는다. 제자들의 사랑 어린 권고도 받아들이지 않는다. 그 길이 자신이 가야 할 길임을 확신했기 때문이다.

져다가 자기 손과 발을 묶고 말했습니다. "성령께서 예루살렘에 사는 유대인들이 이 허리띠 임자를 이와 같이 묶어서 이방인들에게 넘겨줄 것이라고 말씀하십니다."

12 우리는 그 말을 듣고 그곳 사람들과 함께 바울에게 예루살렘에 올라가지 말라고 간곡하게 말했습니다.

13 그때, 바울은 이렇게 대답했습니다. "어찌하여 그렇게 울면서 나의 마음을 아프게 하십니까? 나는 예루살렘에서 묶이는 것뿐만 아니라 주 예수님의 이름을 위해 죽는 것까지도 각오하고 있습니다."

14 바울이 우리의 권함을 받아들이려 하지 않았기 때문에 우리는 "주님의 뜻대로 되기를 바랍니다"라고만 말하고 더 이상 아무 말도 하지 않았습니다.

저자의 묵상

바울이 예루살렘을 향해 가는 길은 험난한 길임이 분명했다. 바울이 가는 곳마다 성령께서 이를 알리셨다. 그럼에도 바울은 그 길을 가는 것을 멈추지 않았고, 이를 옆에서 지켜보는 제자들은 바울을 아끼는 인간적인 안타까움을 가지고 그를 만류한다. 둘 다 아름다운 모습이다. 자신에게 주어진 사명의 길을 걸어가는 것은 바울 자신의 몫이지만, 이를 옆에서 지켜보고 아껴주는 제자들의 모습도 아름답다. 결국 바울의 생각이 확고한 것을 안 제자들은 더 이상 바울을 만류하지 않고 주의 뜻에 맡긴다. 사명은 자신이 감당하는 것이지만 그 속에서 성도들의 아름다운 사랑을 만난다. 서로를 아껴주고 생각해 주는 사랑이야말로 외롭고 힘들게 사명의 길을 걸어가야 하는 사명자들에게 더없이 귀한 것이다. 우리는 서로를 사랑하고 아껴주는 일에 인색함이 없어야 한다. 그런 사랑 속에서 어쩌면 더욱 사명을 깨닫고 외롭지 않게 그 길을 걸어갈 수 있을 것이다.

무릎 기도 하나님, 힘들어도 마땅히 해야 할 일을 할 수 있도록 기도합니다.

ESV - Acts 21

1 And when we had parted from them and set
sail, we came by a straight course to Cos,
and the next day to Rhodes, and from there
to Patara.*
2 And having found a ship crossing to
Phoenicia, we went aboard and set sail.
3 When we had come in sight of Cyprus,
leaving it on the left we sailed to Syria and
landed at Tyre, for there the ship was to
unload its cargo.
4 And having sought out the disciples, we
stayed there for seven days. And through the
Spirit they were telling Paul not to go on to
Jerusalem.
5 When our days there were ended, we
departed and went on our journey, and they
all, with wives and children, accompanied us
until we were outside the city. And kneeling
down on the beach, we prayed
6 and said farewell to one another. Then we
went on board the ship, and they returned
home.
7 When we had finished the voyage from Tyre,
we arrived at Ptolemais, and we greeted the
brothers* and stayed with them for one day.
8 On the next day we departed and came to
Caesarea, and we entered the house of
Philip the evangelist, who was one of the
seven, and stayed with him.
9 He had four unmarried daughters, who
prophesied.
10 While we were staying for many days, a
prophet named Agabus came down from
Judea.
11 And coming to us, he took Paul's belt and
bound his own feet and hands and said,
"Thus says the Holy Spirit, 'This is how the
Jews* at Jerusalem will bind the man who
owns this belt and deliver him into the hands
of the Gentiles.'"
12 When we heard this, we and the people
there urged him not to go up to Jerusalem.
13 Then Paul answered, "What are you doing,
weeping and breaking my heart? For I am
ready not only to be imprisoned but even to
die in Jerusalem for the name of the Lord
Jesus."
14 And since he would not be persuaded, we
ceased and said, "Let the will of the Lord be
done."

* 21:1 Some manuscripts add and *Myra*
* 21:7 Or *brothers and sisters;* also verse 17
* 21:11 Greek *Ioudaioi* probably refers here to Jewish religious leaders, and others under their influence, in that time

1 part from ~ ~와 헤어지다 3 come in sight of ~ ~이 보이기 시작하다 unload 짐을 내리다 cargo 뱃짐, 화물 4 seek out ~ ~을 찾아내다 5 go on a journey 여행을 떠나다 6 farewell 작별(인사) 7 voyage 항해 greet 인사하다 8 evangelist 복음 전도자 9 prophesy 예언하다 11 bind 묶다, 결박하다 deliver into ~ ~에 넘겨주다 12 urge 열심히 권하다 13 weep 울다 break one's heart ~을 비통하게 만들다

• MEMO •

71 화합을 위해 노력하는 바울

월 일

사도행전 21:15–26 • 새찬송 412장 | 통일 469장

• 말씀묵상 전에 성령님의 인도하심을 구하는 기도를 드리십시오.

본문요약 I 바울이 마침내 예루살렘에 도착했다. 바울은 예루살렘 교회 형제들의 영접을 받으며 야고보를 만나 이방 선교의 성과를 보고한다. 이 자리에서 야고보는 바울이 받고 있는 오해를 풀어 주기 위해 율법이 명한 결례를 행할 것을 제안했고, 바울은 이것을 받아들인다. 바울은 율법을 존중함으로써 유대인 그리스도인들과의 화합을 추구했던 것이다.

15 이 여러 날 후에 여장을 꾸려 예루살렘으
로 올라갈새
16 가이사랴의 몇 제자가 함께 가며 한 오랜
제자 구브로 사람 나손을 데리고 가니 이
는 우리가 그의 집에 머물려 함이라
17 예루살렘에 이르니 형제들이 우리를 기
꺼이 영접하거늘
18 그 이튿날 바울이 우리와 함께 야고보에
게로 들어가니 장로들도 다 있더라
19 바울이 문안하고 하나님이 자기의 사역
으로 말미암아 이방 가운데서 하신 일을
낱낱이 말하니
20 그들이 듣고 하나님께 영광을 돌리고 바
울더러 이르되 형제여 그대도 보는 바에
유대인 중에 믿는 자 수만 명이 있으니
다 율법에 열성을 가진 자라
21 네가 이방에 있는 모든 유대인을 가르치
되 모세를 배반하고 아들들에게 할례를
행하지 말고 또 관습을 지키지 말라 한다
함을 그들이 들었도다
22 그러면 어찌할꼬 그들이 필연 그대가 온
것을 들으리니
23 우리가 말하는 이대로 하라 서원한 네 사
람이 우리에게 있으니
24 그들을 데리고 함께 결례를 행하고 그들
을 위하여 비용을 내어 머리를 깍게 하라
그러면 모든 사람이 그대에 대하여 들은
것이 사실이 아니고 그대도 율법을 지켜
행하는 줄로 알 것이라
25 주를 믿는 이방인에게는 우리가 우상의
제물과 피와 목매어 죽인 것과 음행을 피
할 것을 결의하고 편지하였느니라 하니
26 바울이 이 사람들을 데리고 이튿날 그들
과 함께 결례를 행하고 성전에 들어가서
각 사람을 위하여 제사 드릴 때까지의 결
례 기간이 만기된 것을 신고하니라

1. 오늘 하나님께서 나에게 주신 깨달음은 무엇입니까?

2. 말씀을 어떻게 내 삶에 구체적으로 적용해야 합니까?

절별 해설

16 가이사랴의 제자들은 바울을 위해 그와 기꺼이 동행하는 한편, 예루살렘에 집이 있으며 믿은 지 오래된 제자 나손을 동행시켜 바울의 예루살렘행을 도왔다. 가이사랴의 형제들은 바울이 예루살렘에서 어려움을 당할 것을 알고 처음에는 예루살렘행을 반대했다(12절). 그러나 모든 것을 주님께 맡기고(14절) 적극적으로 바울을 돕는다. 이것은 쉬운 행동이 아니었다. 이미 그들은 바울이 당할 고난을 아가보의 예언을 통해 알고 있었다(10–11절). 자칫 바울 옆에 있다가 자신들도 위험에 빠질 수 있었다. 그러나 이런 어려움 속에서도 주를 위해 바울을 도왔다. 참으로 모든 것을 초월한 형제간의 사랑이라 할 수 있다.

19 바울은 예루살렘 교회의 대표격인 예수님의 친동생 야고보를 만나 그동안 있었던 이방인 선교의 성과를 자세히 보고했다. 그렇게 한 이유는 복음전파가 헛되지 않게 하려는 의도 때문이었다(참고. 갈 2:2). 또한 본문에 언급되지는 않았지만, 바울은 마게도냐와 아가야 지방의 이방 교회들이 모금한 구제헌금을 전달했을 것이다(롬 15:25–27). 이것은 이방 교회와 유대인 교회를 하나로 연결시키려는 바울의 노력이었다.

21 바울은 믿음으로 구원받는다고 이방인들을 가르쳤기 때문에 율법 지키는 것을 중요시했던 유대인들과 늘 마찰이 있었다(행 15:1; 18:13). 바울의 의도는, 구원을 얻는 것이 온전히 믿음으로만 되는 것이며, 율법을 지키고 할례를 행해서 얻는 것이 아님을 강조하는 데 있었다. 그러나 그렇다고 해서 율법 자체를 무시한 것은 아니었다. 오히려 바울 자신은 율법을 존중했다(행 16:3; 18:18). 그러나 소문은 항상 사실보다 과장되게 전해지는 법이다.

23–24 야고보는 수많은 유대인 그리스도인들을 위해서, 바울이 율법을 존중한다는 증거로 결례를 행해 줄 것을 요청한다. "결례"는 하나님께 서원한 사람이 서원을 마칠 때 드리는 의식이다. 마침 예루살렘 교회에 나실인 서약을 한 네 사람이 있었던 것 같다. 서약을 마치는 날에는 제사 예물을 드렸는데, 당시에는 가난한 사람들을 위해 예물을 대신 드리는 미덕이 있었다. 따라서 야고보는 그들의 머리를 깎는 비용을 바울이 대신 지불해 줄 것을 제안하는 것이다.

쉬운성경

15 이렇게 여러 날이 지난 뒤, 우리는 떠날 준비를 하여 예루살렘을 향해 출발했습니다.

16 가이사랴 출신 제자들 몇 사람도 우리와 함께 갔습니다. 그들은 키프로스 사람 나손의 집으로 우리를 데려가 거기에서 묵을 수 있게 해 주었습니다. 나손은 오래전에 신자가 된 사람이었습니다.

17 우리가 예루살렘에 도착하자, 형제들이 우리를 반갑게 맞아 주었습니다.

18 이튿날, 바울은 우리와 함께 야고보를 방문했습니다. 그 자리에는 장로들도 다 모여 있었습니다.

19 바울은 그들에게 인사를 하고, 하나님께서 그의 선교로 이방인들에게 행하신 일을 낱낱이 들려 주었습니다.

20 그들은 바울의 말을 듣고, 하나님께 영광을 돌렸습니다. 그리고 바울에게 이렇게 말했습니다. "형제님, 아시겠지만 유대인 가운데 신자가 된 사람이 수만 명입니다. 그들은 모세의 율법을 지키는 일에 매우 열성입니다.

21 그런데 그 유대인들 사이에서는 당신이 이방인들과 어울려 사는 유대인들에게 모세의 율법에서 떠나 자녀에게 할례도 행하지 말고, 유대의 관습도 지키지 말라고 가르쳤다는 소문이 돌고 있습니다.

22 그러니 어떻게 하면 좋겠습니까? 틀림없이 그들은 당신이 이곳에 왔다는 소식을 듣게 될 것입니다.

23 그러니 우리가 일러 주는 대로 하십시오. 우리 중에 하나님께 서약을 한 사람이 네 명 있습니다.

24 이 사람들을 데리고 가서 함께 정결 의식을 행하십시오. 그리고 형제께서 그들의 머리를 깎는 값을 대 주십시오. 그러면 그들이 그대에 대한 소문이 모두 사실이 아니고, 그대도 율법을 지키며 살고 있다는 것을 알게 될 것입니다.

25 이방인 신자들에 대해서는 우리가 이
미 그들에게 편지를 써서 우상에게 바친
음식과 피와 목 졸라 죽인 짐승의 고기를
먹지 말 것과 음란한 행동을 멀리할 것을
부탁한 적이 있습니다."

26 이튿날, 바울은 그 사람들과 함께 정
결 의식을 행하였습니다. 그런 뒤에 그는
성전 뜰로 가서 정결 의식이 끝나는 날짜
와 그날에 각 사람을 위해 예물을 바칠
날짜를 신고했습니다.

26 바울은 야고보의 제안을 받아들인다. 이것이야말로 교회의 화합을 위해 노력하는 진정한 자유인의 모습이다(고전 9:19–23).

저자의 묵상

마침내 예루살렘에 도착한 바울은 야고보 사도를 찾아가서 그동안의 이방인 선교 사역을 소상히 보고한다. 바울은 이방인의 사도로 부름 받아, 사실 예루살렘에서 유대인을 중심으로 사역하던 야고보와는 사역의 성격이 달랐다. 그럼에도 바울은 기존의 사도들이 가지고 있는 질서와 권위를 존중했다. 남의 권위를 인정할 때 내 권위도 존중되는 법이다. 기존의 질서를 무시하면서 새로운 일을 하려는 것은 교만이다. 바울의 모습에서 기존의 질서를 따름으로 하나님께서 주신 화합을 추구하는 건강한 태도를 배운다. 한편, 바울은 야고보의 제안을 받아들여 결례 의식에 참여하여 비용을 대신 지불한다. 이는 바울에 대한 유대인들의 오해를 풀고자 했던 행동이다. 이방인의 사도로 부름 받았기에 굳이 이렇게까지 할 필요는 없었다. 그러나 바울은 교회의 화합을 위해 받아들인다. 화합을 위해 진리에서 벗어난 것만 아니면 포용하려는 바울의 정신을 배워야 한다.

무릎기도 하나님, 제가 가는 곳마다 화합과 평화가 깃들게 하소서.

ESV - Acts 21

15 After these days we got ready and went up
to Jerusalem.
16 And some of the disciples from Caesarea
went with us, bringing us to the house of
Mnason of Cyprus, an early disciple, with
whom we should lodge.
17 When we had come to Jerusalem, the
brothers received us gladly.
18 On the following day Paul went in with us to
James, and all the elders were present.
19 After greeting them, he related one by one
the things that God had done among the
Gentiles through his ministry.
20 And when they heard it, they glorified God.
And they said to him, "You see, brother, how
many thousands there are among the Jews
of those who have believed. They are all
zealous for the law,
21 and they have been told about you that you
teach all the Jews who are among the
Gentiles to forsake Moses, telling them not
to circumcise their children or walk according
to our customs.
22 What then is to be done? They will certainly
hear that you have come.
23 Do therefore what we tell you. We have four
men who are under a vow;
24 take these men and purify yourself along
with them and pay their expenses, so that
they may shave their heads. Thus all will
know that there is nothing in what they have
been told about you, but that you yourself
also live in observance of the law.
25 But as for the Gentiles who have believed,
we have sent a letter with our judgment that
they should abstain from what has been
sacrificed to idols, and from blood, and from
what has been strangled,* and from sexual
immorality."
26 Then Paul took the men, and the next day
he purified himself along with them and went
into the temple, giving notice when the days
of purification would be fulfilled and the
offering presented for each one of them.

* 21:25 Some manuscripts omit *and from what has been strangled*

16 lodge 머무르다 19 relate 이야기하다 20 zealous 열심인 21 forsake 버리다 circumcise 할례를 베풀다 22 certainly 분명히 23 vow 맹세, 서약 24 purify 정화하다 expense 비용, 경비 shave one's head 머리를 밀다 observance 준수 25 abstain from ~ ~를 삼가다 sacrifice to ~ ~에게 제물로 바치다 strangle 목 졸라 죽이다 immorality 부도덕(성) 26 give notice ~ ~을 알리다, 통고하다 fulfill 수행하다 offering 제물

• MEMO •

묵상 체크 □

72 붙잡히는 바울

월 일

사도행전 21:27-36 • 새찬송 397장 | 통일 454장

• 말씀묵상 전에 성령님의 인도하심을 구하는 기도를 드리십시오.

본문요약 I 일주일간의 결례를 거의 마칠 무렵, 아시아에서 온 유대인들의 충동으로 모함을 받은 바울은 예루살렘 백성들에게 붙잡힌다. 황급히 출동한 로마 군대에 의해 결박당한 바울은 안전하게 로마군 기지로 호송된다. 바울은 유대인들을 위해 선한 의도로 결례를 행했으나, 이것이 오히려 오해와 모함을 불러일으켰다.

27 그 이레가 거의 차매 아시아로부터 온 유
대인들이 성전에서 바울을 보고 모든 무
리를 충동하여 그를 붙들고
28 외치되 이스라엘 사람들아 도우라 이 사
람은 각처에서 우리 백성과 율법과 이 곳
을 비방하여 모든 사람을 가르치는 그 자
인데 또 헬라인을 데리고 성전에 들어가
서 이 거룩한 곳을 더럽혔다 하니
29 이는 그들이 전에 에베소 사람 드로비모
가 바울과 함께 시내에 있음을 보고 바울
이 그를 성전에 데리고 들어간 줄로 생각
함이러라
30 온 성이 소동하여 백성이 달려와 모여 바
울을 잡아 성전 밖으로 끌고 나가니 문들
이 곧 닫히더라
31 그들이 그를 죽이려 할 때에 온 예루살렘
이 요란하다는 소문이 군대의 천부장에
게 들리매
32 그가 급히 군인들과 백부장들을 거느리
고 달려 내려가니 그들이 천부장과 군인
들을 보고 바울 치기를 그치는지라
33 이에 천부장이 가까이 가서 바울을 잡아
두 쇠사슬로 결박하라 명하고 그가 누구
이며 그가 무슨 일을 하였느냐 물으니
34 무리 가운데서 어떤 이는 이런 말로, 어
떤 이는 저런 말로 소리치거늘 천부장이
소동으로 말미암아 진상을 알 수 없어 그
를 영내로 데려가라 명하니라
35 바울이 층대에 이를 때에 무리의 폭행으
로 말미암아 군사들에게 들려가니
36 이는 백성의 무리가 그를 없이하자고 외
치며 따라감이러라

1. 오늘 하나님께서 나에게 주신 깨달음은 무엇입니까?

2. 말씀을 어떻게 내 삶에 구체적으로 적용해야 합니까?

절별 해설

27 그 이레가 거의 차매 결례를 행하는 데 걸리는 기간인 7일이 거의 다 되었을 때쯤, 아시아(아마도 바울이 3년간 있었던 에베소로 추정됨)에서 온 유대인들이 바울을 모함한다. 그들은 바울과 이방인 드로비모 모두를 잘 알고 있었다(29절).

28 우리 백성과 율법과 이곳을 비방하여 유대인들이 자부심을 갖는 세 가지가 있었는데, 하나님께서 자신들만 택하셨다고 생각하는 선민의식과 율법 그리고 성전이다. 바울은 이 세 가지를 비방했다는 오해를 받는다. 예수님과 스데반도 같은 오해를 받았었다(마 5:17; 막 15:29; 행 6:13–14). 그러나 이것은 유대인들의 오해일 뿐 바울은 율법의 진정한 의미를 가르친 것이었다(갈 3:23–29). 게다가 이들이 바울을 고소하는 시점에, 바울은 정작 율법을 존중하여 결례를 행하고 있었다.

성전에 들어가서 이 거룩한 곳을 더럽혔다 바울이 또 오해받은 것은 이방인 드로비모를 데리고 성전에 들어갔다는 것이다(29절). 당시 성전은 안쪽으로부터 차례로 성전, 제사장의 뜰, 이스라엘의 뜰, 여인의 뜰, 이방인의 뜰로 구성되어 있었다. 이방인의 뜰과 여인의 뜰 사이에는 높이 1.4m의 벽이 가로막혀 있어서 이방인은 더 이상 안쪽으로 접근할 수 없었다. 만일 이방인이 그 경계를 넘어오면 로마인이라 할지라도 죽임을 당했다. 유대인들은 바울이 이방인 드로비모를 데리고 바로 이 금지구역인 이스라엘의 뜰로 들어갔다고 생각한 것이다. 단순한 착각이라기보다는 성전모독죄로 몰아붙여 바울을 죽이기 위한 의도적인 모함이었다(31절).

34 천부장(천명의 군사를 거느린 군인 지휘관)이 개입하여 바울을 체포함으로써 바울을 죽이려던 그들의 시도는 실패로 돌아갔다. 흥분한 군중이 저마다 아우성치는 소리에 천부장은 바울의 정확한 죄목을 알 수가 없었다. 천부장은 바울을 조용히 심문하기 위해 당시 로마 군대의 요새였던 안토니아 요새로 데려가라고 명령한다. 바울이 폭도들로부터 안전하게 보호되는 이 모든 과정은 하나님의 섭리에 의한 것이었다.

쉬운성경

27 칠 일이 거의 끝나 갈 즈음에, 아시아 지역에서 온 유대인들은 바울이 성전 뜰에 있는 것을 보고 무리를 충동질하여 바울을 붙잡았습니다.

28 그 유대인들은 이렇게 소리 질렀습니다. "이스라엘 동포 여러분, 좀 도와주십시오. 이 사람은 가는 곳마다 우리 백성과 모세의 율법과 성전을 거스르는 말로 모든 사람을 가르치는 사람입니다. 더욱이 지금은 그리스 사람들을 성전 안으로 데리고 와서 이 거룩한 곳을 더럽혀 놓았습니다."

29 그들이 이렇게 주장하는 것은, 그들이 전에 에베소 사람 드로비모가 바울과 함께 예루살렘에 있는 것을 본 적이 있었으므로, 분명히 바울이 그 사람을 성전 안으로 데리고 들어왔을 것이라고 생각했기 때문입니다.

30 그러자 온 도시는 시끄러워지고 사람들이 몰려와 바울을 붙잡아 성전 바깥으로 끌어냈습니다. 그리고 바로 성전 문이 닫혔습니다.

31 그들이 바울을 죽이려 하는 순간에 예루살렘 도시 전체에 폭동이 일어났다는 보고가 로마 군대 천부장에게 전달되었습니다.

32 그는 즉시 백부장 몇 명과 군인들을 거느리고 군중들에게로 달려갔습니다. 폭도들은 로마 군대 천부장과 군인들을 보자, 바울을 때리던 것을 멈추었습니다.

33 천부장은 가까이 가서 바울을 체포했습니다. 그리고 군인들에게 바울을 쇠사슬 두 개로 묶으라고 명령한 다음, 그가 누구이며 또 어떤 일을 했는지를 물었습니다.

34 그러자 군중들은 너도 나도 소리를 질러 대며 대답을 하는데, 그들의 말이 저마다 달랐습니다. 천부장은 사람들의 아우성치는 소리에 이 사건의 진상을 알 수 없어서 군인들에게 바울을 병영 안으로 끌고 가라고 명령했습니다.

35 바울이 층계에 이르렀을 때에는 군중들의 폭행이 너무나 격렬했기 때문에 군인들이 바울을 호위해야만 했습니다.

36 군중들은 바울의 뒤를 따라가며, 계속해서 "그를 없애 버려라!" 하고 소리쳤습니다.

저자의 묵상

의도가 좋다고 해서 반드시 결과가 좋은 것은 아니다. 바울은 유대인과 이방 교회의 화합을 위해서 결례를 행하는 일에 참여했지만, 이것이 또 다른 불씨가 되어 오해와 모함을 받게 된다. 바울의 선한 의도가 오히려 유대인들에게 이용당할 소재를 제공한 처지가 된 것이다. 의도와는 다른 정반대의 결과다. 그러나 그렇다고 해서 주를 위한 선한 일을 그만둘 수는 없다. 성경은 선을 행하면서 낙심하지 말라고 한다. 때가 되면 열매가 나타나기 때문이다(갈 6:9). 당장은 불이익을 당하는 것 같아도 결국에는 열매를 거두게 된다. 바울은 이 일 때문에 구금되기 시작하여 결국엔 로마까지 가게 된다. 바울을 죽이려는 유대인들의 의도 속에서, 어찌 보면 가장 안전한 방법으로 로마까지 가서 복음 전하는 사명을 완수한다. 하나님의 일은 안 되는 것처럼 보여도 결국에는 이루어진다. 당연한 말이지만 배후에 하나님이 역사하고 계시기 때문이다. 이 믿음을 가지고 살자.

무릎기도 | 하나님, 성급히 판단함으로 다른 사람을 오해하지 않도록 도와주소서.

ESV - Acts 21

27 When the seven days were almost
completed, the Jews from Asia, seeing him
in the temple, stirred up the whole crowd and
laid hands on him,
28 crying out, "Men of Israel, help! This is the
man who is teaching everyone everywhere
against the people and the law and this
place. Moreover, he even brought Greeks
into the temple and has defiled this holy
place."
29 For they had previously seen Trophimus the
Ephesian with him in the city, and they
supposed that Paul had brought him into the
temple.
30 Then all the city was stirred up, and the
people ran together. They seized Paul and
dragged him out of the temple, and at once
the gates were shut.
31 And as they were seeking to kill him, word
came to the tribune of the cohort that all
Jerusalem was in confusion.
32 He at once took soldiers and centurions and
ran down to them. And when they saw the
tribune and the soldiers, they stopped
beating Paul.
33 Then the tribune came up and arrested him
and ordered him to be bound with two
chains. He inquired who he was and what he
had done.
34 Some in the crowd were shouting one thing,
some another. And as he could not learn the
facts because of the uproar, he ordered him
to be brought into the barracks.
35 And when he came to the steps, he was
actually carried by the soldiers because of
the violence of the crowd,
36 for the mob of the people followed, crying
out, "Away with him!"

27 complete 끝마치다 stir up ~ ~을 자극시키다 lay hands on ~ ~을 붙잡다 28 defile 더럽히다 29 suppose 추측하다 30 drag … out of ~ …을 ~에서 끌어내다 31 tribune (로마의) 군단 사령관 cohort (로마의) 보병대 be in confusion 혼란에 빠지다 32 centurion 백부장 33 inquire 묻다 34 uproar 소란, 소동 barrack 막사, 병영 36 mob 폭도 away with ~ ~를 치우다, 쫓아버리다

☐ 묵상 체크

73 군중을 향한 자기변호

월 일

사도행전 21:37-22:11 • 새찬송 288장 | 통일 204장

• 말씀묵상 전에 성령님의 인도하심을 구하는 기도를 드리십시오.

본문요약 l 바울은 붙잡혀 로마 군영 안으로 들어가기 직전에 천부장에게 요청하여 자신을 변호할 기회를 갖는다. 바울은 성난 백성들을 향하여 자신이 다메섹으로 가던 중 예수님을 만난 사실을 고백한다. 바울은 예수의 '도'를 따르는 사람들을 박해하던 사람이었으나, 자신이 박해하던 예수를 만남으로 변화되었다. 바울의 경우처럼 신앙은 실제적인 사실을 바탕으로 이루어진다.

37 바울을 데리고 영내로 들어가려 할 그때
에 바울이 천부장에게 이르되 내가 당신
에게 말할 수 있느냐 이르되 네가 헬라
말을 아느냐
38 그러면 네가 이전에 소요를 일으켜 자객
사천 명을 거느리고 광야로 가던 애굽인
이 아니냐
39 바울이 이르되 나는 유대인이라 소읍이
아닌 길리기아 다소 시의 시민이니 청컨
대 백성에게 말하기를 허락하라 하니
40 천부장이 허락하거늘 바울이 층대 위에
서서 백성에게 손짓하여 매우 조용히 한
후에 히브리 말로 말하니라
1 부형들아 내가 지금 여러분 앞에서 변명
하는 말을 들으라
2 그들이 그가 히브리 말로 말함을 듣고 더
욱 조용한지라 이어 이르되
3 나는 유대인으로 길리기아 다소에서 났
고 이 성에서 자라 가말리엘의 문하에서
우리 조상들의 율법의 엄한 교훈을 받았
고 오늘 너희 모든 사람처럼 하나님께 대
하여 열심이 있는 자라
4 내가 이 도를 박해하여 사람을 죽이기까
지 하고 남녀를 결박하여 옥에 넘겼노니
5 이에 대제사장과 모든 장로들이 내 증인
이라 또 내가 그들에게서 다메섹 형제들
에게 가는 공문을 받아 가지고 거기 있는
자들도 결박하여 예루살렘으로 끌어다가
형벌 받게 하려고 가더니
6 가는 중 다메섹에 가까이 갔을 때에 오정
쯤 되어 홀연히 하늘로부터 큰 빛이 나를
둘러 비치매
7 내가 땅에 엎드러져 들으니 소리 있어 이
르되 사울아 사울아 네가 왜 나를 박해하
느냐 하시거늘
8 내가 대답하되 주님 누구시니이까 하니
이르시되 나는 네가 박해하는 나사렛 예
수라 하시더라
9 나와 함께 있는 사람들이 빛은 보면서도
나에게 말씀하시는 이의 소리는 듣지 못
하더라
10 내가 이르되 주님 무엇을 하리이까 주께
서 이르시되 일어나 다메섹으로 들어가
라 네가 해야 할 모든 것을 거기서 누가
이르리라 하시거늘
11 나는 그 빛의 광채로 말미암아 볼 수 없
게 되었으므로 나와 함께 있는 사람들의
손에 끌려 다메섹에 들어갔노라

1. 본문에 나타난 예수님은 어떤 분이십니까?

2. 오늘 하나님께서 나에게 주신 깨달음은 무엇입니까?

3. 말씀을 어떻게 내 삶에 구체적으로 적용해야 합니까?

절별 해설

37 네가 헬라 말을 아느냐 바울은 천부장에게 당시 사용되던 '코이네 헬라어'를 사용하여 대화를 시도했다. 천부장은 바울이 헬라어를 사용하는 것을 보고 단순한 범죄자가 아님을 알았을 것이다.

38 천부장은 바울을 몇 년 전에 발생했던 폭동에 연루된 '애굽인'으로 생각하고 있었다. 그 애굽인은 백성을 모아 로마에 봉기했다가 총독 벨릭스에게 진압되자, 그 후 종적을 감추었다. 천부장은 바울을 그 애굽인으로 오해한 것이다.

39 백성에게 말하기를 허락하라 바울은 자신을 죽이려는 폭도들 앞에서도 굴하지 않고 자신에게 일어난 그리스도의 일을 전하기를 원했다. 바울은 어떤 형편에 처해 있든지 그리스도를 드러내는 일에만 관심을 가졌던 사람이다(빌 1:20).

40-22:1 히브리 말로 말하니라 부형들아 바울은 군중들을 향해서 그들에게 친숙한 히브리어를 사용했다. 그리고 성난 군중들을 향해 예의를 갖추어 "부형들아"라고 가족처럼 부른다. 바울은 당황하지 않았으며 친근하게 군중들에게 다가가고 있었다. 스데반도 자신을 죽이려는 사람들을 이렇게 불렀다(행 7:2). 신앙은 어떤 상황에서도 우리 영혼을 여유 있게 만드는 원천이 된다.

2-5 바울은 히브리어의 사용에 이어 자신의 유대적 출신 성분과 배경을 말함으로써 자신이 얼마나 철저한 유대인인지를 밝히고 있다(빌 3:5). 바울은 다소 출신으로 예루살렘에 유학하여 당시 유명한 바리새파 선생이었던 가말리엘에게서 배웠다(행 5:34). 게다가 바울은 예수의 "도"를 따르는 사람들을 전면에서 열심히 박해하던 사람이었다. 심지어 그들을 체포하기 위해 다메섹까지 원정을 떠날 정도였다. 이 모든 설명은 바울이 그리스도인이 된 과정을 이해시키는 데 매우 적절한 것이었다. 바울은 자신이 절대로 자기 의지로 예수를 믿게 된 것이 아님을 강조하고 있다.

6-11 바울은 그리스도교의 박해자였던 자신이 어떻게 그리스도인이 되었는지 설명하고 있다. 그것은 실제로 일어난 사건으로, 꾸며낸 이야기가 아니었다. 그렇지 않고는 바울의 변화

쉬운성경

37 바울이 병영 안으로 끌려들어갈 때에 그는 천부장에게 "천부장님께 한 말씀 드려도 되겠습니까?"라고 물었습니다. 천부장이 대답했습니다. "그리스 말을 할 줄 아는가?

38 당신은 혹시 얼마 전에 폭동을 일으키고 테러범 사천 명을 거느리고 광야로 나간 이집트 사람이 아닌가?"

39 바울이 이렇게 대답했습니다. "아닙니다. 나는 길리기아 지방의 다소에서 태어난 유대인이며, 그 유명한 도시의 시민입니다. 제가 저 사람들에게 말할 수 있게 허락해 주십시오."

40 천부장이 허락하자, 바울은 층계 위에 올라서서 손을 내저어 무리를 조용하게 했습니다. 잠잠해지자 바울이 히브리 말로 연설했습니다.

1 "저의 아버지와 형제가 되시는 여러분, 이제 제가 해명해 드리겠으니 잘 들어 주시기 바랍니다."

2 그들은 바울이 히브리 말로 연설하는 것을 듣고는 더 조용해졌습니다. 바울은 말을 계속했습니다.

3 "나는 유대인입니다. 길리기아 지방의 다소에서 태어났지만 이 도시에서 자랐고 가말리엘의 제자로서 그 밑에서 우리 조상의 율법대로 엄격한 교육을 받았습니다. 나는 오늘, 여기 모인 모든 사람들처럼 하나님에 대해 열심이 있었습니다.

4 나는 예수의 '도'를 따르는 사람들을 핍박하여 그들을 죽이기까지 했으며, 남자든 여자든 가리지 않고 그들을 붙잡아 감옥에 넣었습니다.

5 대제사장과 모든 장로들이 내 말이 사실이라는 것을 증언해 줄 것입니다. 나는 그들에게서 다마스커스에 있는 형제들에게 보내는 공문서를 받았습니다. 그래서 나는 그곳에 있는 신자들을 붙잡아 예루살렘으로 데려와서 벌을 받게 하려고 다마스커스로 떠났습니다.

6 정오쯤 되어 내가 다마스커스에 가까이 이르렀을 때에 갑자기 하늘로부터 밝은 빛이 나를 둘러 비췄습니다.

를 설명할 길이 없다. 철학적 설득을 통해서 이루어진 일이 아니었다. 그랬다면 이미 모든 지식을 갖춘 바울 같은 사람이 변화될 수 있었겠는가?

7 나는 땅에 엎어졌고, '사울아, 사울아, 어찌하여 나를 박해하느냐?'라는 소리를 들었습니다.

8 내가 '주님, 당신은 누구십니까?'라고 물었더니 그분이 내게 '나는 네가 박해하는 나사렛 예수다'라고 대답하셨습니다.

9 나와 함께 있던 사람들은 그 빛은 보았으나, 나에게 말씀하시는 분의 음성은 듣지 못했습니다.

10 나는 '주님, 제가 어떻게 하면 되겠습니까?'라고 물었습니다. 그때, 주님께서는 '일어나 다마스커스로 가거라. 거기에 가면, 네가 해야 할 일을 모두 일러 줄 사람이 있을 것이다'라고 대답하셨습니다.

11 나는 그 빛의 광채 때문에 앞을 보지 못하게 되었습니다. 그래서 나와 함께 가던 사람들의 손에 이끌려 다마스커스로 들어갔습니다.

저자의 묵상

바울은 자신을 죽이려 하는 유대인들에게 변론한다. 자신에게 일어났던 일을 자세히 설명한다. 바울은 예수를 믿을 이유가 전혀 없었던 사람이었다. 예수에 대해 어느 정도 호감을 가졌던 인물도 아니었다. 오히려 극도의 반감을 가지고 예수 믿는 자들을 죽이려고 다메섹으로 향하던 사람이었다. 그런 바울이 변하여 이제는 예수를 천하에 전하며, 옛날 자신이 죽이려 했던 그리스도인이 되어 유대인들의 박해를 받고 있다. 사실 이런 변화만큼 주님의 살아계심을 명확히 설명해 주는 내용은 없다. 바울의 말대로 그가 다메섹 도상에서 예수님을 만나지 않았다면 도저히 앞뒤가 설명이 되지 않는다. 바울은 실제로 주님을 만났고 그래서 이런 변화가 뒤따랐던 것이다. 신앙은 사변이나 철학이 아니다. 신앙은 실존하는 능력이다. 그렇기 때문에 주님을 만난 사람의 삶은 반드시 변화가 나타난다. 죄를 미워하며 주님을 따르고 세상을 따르지 않는 변화가 나타난다. 이런 변화로 우리의 그리스도인 된 증거를 확인해야 한다.

무릎기도 바울을 변화시키신 살아계신 하나님께 영광을 돌립니다.

ESV - Acts 21-22

37 As Paul was about to be brought into the barracks, he said to the tribune, "May I say something to you?" And he said, "Do you know Greek?

38 Are you not the Egyptian, then, who recently stirred up a revolt and led the four thousand men of the Assassins out into the wilderness?"

39 Paul replied, "I am a Jew, from Tarsus in Cilicia, a citizen of no obscure city. I beg you, permit me to speak to the people."

40 And when he had given him permission, Paul, standing on the steps, motioned with his hand to the people. And when there was a great hush, he addressed them in the Hebrew language,* saying:

1 "Brothers and fathers, hear the defense that I now make before you."

2 And when they heard that he was addressing them in the Hebrew language,* they became even more quiet. And he said:

3 "I am a Jew, born in Tarsus in Cilicia, but brought up in this city, educated at the feet of Gamaliel* according to the strict manner of the law of our fathers, being zealous for God as all of you are this day.

4 I persecuted this Way to the death, binding and delivering to prison both men and women,

5 as the high priest and the whole council of elders can bear me witness. From them I received letters to the brothers, and I journeyed toward Damascus to take those also who were there and bring them in bonds to Jerusalem to be punished.

6 "As I was on my way and drew near to Damascus, about noon a great light from heaven suddenly shone around me.

7 And I fell to the ground and heard a voice saying to me, 'Saul, Saul, why are you persecuting me?'

8 And I answered, 'Who are you, Lord?' And he said to me, 'I am Jesus of Nazareth, whom you are persecuting.'

9 Now those who were with me saw the light but did not understand* the voice of the one who was speaking to me.

10 And I said, 'What shall I do, Lord?' And the Lord said to me, 'Rise, and go into Damascus, and there you will be told all that is appointed for you to do.'

11 And since I could not see because of the brightness of that light, I was led by the hand by those who were with me, and came into Damascus.

* 21:40 Or *the Hebrew dialect* (probably Aramaic)
* 22:2 Or *the Hebrew dialect* (probably Aramaic)
* 22:3 Or *city at the feet of Gamaliel, educated*
* 22:9 Or *hear with understanding*

38 revolt 반란, 봉기 assassin 암살자 39 obscure 구석진, 벽촌의 permit 허락하다 40 motion to ~ ~에게 손짓으로 알리다 hush 정숙, 침묵 address 연설하다 1 defense 변명 3 bring up 기르다, 양육하다 strict 엄격한 manner 방법, 방식 5 bear witness 증인이 되다 bond 속박, 구속 punish 벌주다 6 shine 비치다 10 appoint 정하다, 명하다 11 lead by the hand 손을 잡고 이끌다, 인도하다

• MEMO •

☐ 묵상 체크

74 바울의 변증

월 일

사도행전 22:12-30 • 새찬송 323장 | 통일 355장

• 말씀묵상 전에 성령님의 인도하심을 구하는 기도를 드리십시오.

본문요약 I 군중 앞에서 행한 바울의 변호다. 저명한 유대인 아나니아를 통해 세례를 받고, 예루살렘 성전에서 기도할 때에 환상 중에 자신이 이방인의 사도로 부르심을 받았음을 역설한다. 군중들은 일제히 소리를 지르며 옷을 벗어 던지고 티끌을 날리며 바울을 죽이려 했다. 천부장은 군중들의 요구에 편승하여 바울을 채찍질하려다가, 바울이 로마 시민권자임을 알고는 멈춘다.

12 율법에 따라 경건한 사람으로 거기 사는
모든 유대인들에게 칭찬을 듣는 아나니
아라 하는 이가
13 내게 와 곁에 서서 말하되 형제 사울아
[1]다시 보라 하거늘 즉시 그를 쳐다보았노
라
14 그가 또 이르되 우리 조상들의 하나님이
너를 택하여 너로 하여금 자기 뜻을 알게
하시며 그 의인을 보게 하시고 그 입에서
나오는 음성을 듣게 하셨으니
15 네가 그를 위하여 모든 사람 앞에서 네가
보고 들은 것에 증인이 되리라
16 이제는 왜 주저하느냐 일어나 주의 이름
을 불러 [2]세례를 받고 너의 죄를 씻으라
하더라
17 후에 내가 예루살렘으로 돌아와서 성전
에서 기도할 때에 황홀한 중에
18 보매 주께서 내게 말씀하시되 속히 예루
살렘에서 나가라 그들은 네가 내게 대하
여 증언하는 말을 듣지 아니하리라 하시
거늘
19 내가 말하기를 주님 내가 주를 믿는 사람
들을 가두고 또 각 회당에서 때리고
20 또 주의 증인 스데반이 피를 흘릴 때에
내가 곁에 서서 찬성하고 그 죽이는 사람
들의 옷을 지킨 줄 그들도 아나이다
21 나더러 또 이르시되 떠나가라 내가 너를
멀리 이방인에게로 보내리라 하셨느니라
22 이 말하는 것까지 그들이 듣다가 소리 질
러 이르되 이러한 자는 세상에서 없애 버
리자 살려 둘 자가 아니라 하여
23 떠들며 옷을 벗어 던지고 티끌을 공중에
날리니
24 천부장이 바울을 영내로 데려가라 명하
고 그들이 무슨 일로 그에 대하여 떠드는
지 알고자 하여 채찍질하며 심문하라 한
대
25 가죽 줄로 바울을 매니 바울이 곁에 서
있는 백부장더러 이르되 너희가 로마 시
민 된 자를 죄도 정하지 아니하고 채찍질
할 수 있느냐 하니
26 백부장이 듣고 가서 천부장에게 전하여
이르되 어찌하려 하느냐 이는 로마 시민
이라 하니
27 천부장이 와서 바울에게 말하되 네가 로
마 시민이냐 내게 말하라 이르되 그러하
다
28 천부장이 대답하되 나는 돈을 많이 들여
이 시민권을 얻었노라 바울이 이르되 나
는 나면서부터라 하니
29 심문하려던 사람들이 곧 그에게서 물러
가고 천부장도 그가 로마 시민인 줄 알고
또 그 결박한 것 때문에 두려워하니라
30 이튿날 천부장은 유대인들이 무슨 일로
그를 고발하는지 진상을 알고자 하여 그
결박을 풀고 명하여 제사장들과 온 공회

1) 또는 쳐다보라 2) 헬. 또는 침례

를 모으고 바울을 데리고 내려가서 그들 앞에 세우니라

1. 오늘 하나님께서 나에게 주신 깨달음은 무엇입니까?

2. 말씀을 어떻게 내 삶에 구체적으로 적용해야 합니까?

절별 해설

12 율법에 따라 경건한 사람 아나니아에 대한 소개다. '아나니아'라는 이름은 '여호와는 은혜로우시다'라는 뜻으로, 그는 바울의 눈을 뜨게 해 주었고 그의 소명을 전달한 인물이었다. 특히 아나니아는 율법을 잘 지킨 경건한 사람으로 다른 유대인들에게 칭찬받는 사람이었다. 바울이 이 점을 강조한 이유는, 자신에게 주어진 소명이 경건한 유대인에 의해 전달되고 확인된 객관적 사실임을 드러내려는 것이었다. 이것은 바울이 지금까지 해 온 이방 선교의 정당성에 대한 설득력을 갖게 한다.

15 네가 그를 위하여 모든 사람 앞에서 네가 보고 들은 것에 증인이 되리라 증인의 정의가 잘 나타나 있다. 증인은 자기의 생각이나 체험을 전달하는 사람이 아니다. 자신이 하나님으로부터 받은 것만을 전하는 사람이다. 증인이 된 것도 자신의 뜻대로 된 것이 아닌 것처럼, 그가 전하는 내용도 철저히 자기 것이 아닌 하나님의 뜻이어야 한다.

17 예루살렘으로 돌아와서 성전에서 기도할 때에 이번에는 성전을 인용하여 자신의 소명에 대한 정통성을 강조한다. 바울이 성전에서 기도하며 유대인으로서의 의무를 다하고 있을 때, 하나님의 환상이 임했다. 그것은 이방인에게 전해진 복음의 정통성에 대한 또 다른 증거였다.

쉬운성경

12 다마스커스에 아나니아라는 사람이 있었습니다. 아나니아는 모세의 율법을 따라 사는 경건한 사람이었으며, 그곳에 사는 유대인들에게 존경을 받는 사람이었습니다.

13 아나니아가 나를 찾아와 내 곁에 서서 '사울 형제, 눈을 뜨시오' 하고 내게 말했습니다. 그 순간, 나는 눈을 떠 그를 보았습니다.

14 그때, 아나니아가 말했습니다. '우리 조상의 하나님께서 오래전에 당신을 택하셔서 그분의 뜻을 알게 하셨고, 그 의로우신 분을 보게 하시며 그분의 입에서 나오는 말씀을 듣게 하셨습니다.

15 당신은 모든 사람들에게 당신이 보고 들은 것을 전하는 그분의 증인이 될 것입니다.

16 그러니 이제 무엇을 더 기다리겠습니까? 일어나 세례를 받으십시오. 그리고 그분의 이름을 부르십시오. 그러면 죄 사함을 얻게 될 것입니다.'

17 그 후, 내가 예루살렘으로 돌아와 성전 뜰에서 기도하고 있는 도중에 어떤 환상을 보게 되었습니다.

18 그 환상 중에 주님을 보았는데, 주님께서 내게 말씀하셨습니다. '서둘러 예루살렘을 떠나라. 이곳 사람들은 네가 나를 증언하는 것을 받아들이지 않을 것이다.'

절별 해설

19-21 바울은 예루살렘 사람들이 자신의 말을 들어줄 것이라 생각했다. 왜냐하면 자신이 과거에 그리스도인들을 박해하고 스데반을 죽이는 데 가담한 사실을 그들도 알기 때문에, 자기가 변화되어 전하는 복음도 틀림없이 받아들일 것이라고 생각한 것이다. 바울은 원래 예루살렘에서 복음을 전하기를 원했으나 이방으로 보내신 분은 하나님이셨다.

22 이러한 자는 세상에서 없애 버리자 살려 둘 자가 아니라 바울의 간증을 들은 군중의 반응이다. 군중들은 바울과 그를 통해 일어난 이방 선교에 대한 하나님의 섭리를 믿지 않았다. 이러한 배경에는 유대인의 오래된 선민의식이 자리 잡고 있다. 그들은 이방인을 자신들과 절대로 동등하게 여기지 않았으며(행 11:2-3), 바울이 이방인의 사도가 되어 그들에게 아무 조건도 없이 구원을 전파한다는 것을 더더욱 받아들일 수 없었다.

23 떠들며 옷을 벗어 던지고 티끌을 공중에 날리니 이러한 행동은 보통 유대인들이 기가 막힌 상황을 당했을 때 보이는 행동이다(창 37:29; 수 7:6). 군중들은 바울이 하는 모든 말을 절대로 수긍할 수 없는 이단적인 행태로 간주했기에 이런 반응을 보인 것이다. 스데반을 죽일 때도 이런 모습을 나타냈었다(행 7:57-58).

25 당시 로마 시민권자는 로마의 힘이 미치는 지역에서는 죄가 확정되기 이전에 형벌을 받지 않았다. 당시 채찍질 형은 참혹한 것으로, 채찍의 끝에 동물 뼈나 쇳조각을 붙여 때렸기 때문에 죄인의 고통이 극심했다. 때로 채찍질 당하는 죄인은 심각한 부상을 입기도 했다. 특별한 상황이 아니라면 로마 시민권자라는 특권을 잘 사용하지 않던 바울도(행 16:22-23, 37-40), 주를 위해 로마까지 가야 한다는 사명감을 가지고 있었으므로(행 19:21) 불필요한 형벌을 면하려 한 것 같다.

28 당시의 로마 시민권은 앞에서 본 것처럼 큰 특권이었기에 돈을 주고 사고파는 일도 많았다. 천부장이 돈을 많이 주고 시민권을 샀다는 말에서, 시민권의 특권이 얼마나 대단한 것인가를 알 수 있다. 한편, 바울은 아버지가 로마 시민권자였기

19 그래서 나는 대답했습니다. '주님, 이들은 제가 여러 회당을 돌아다니며 주님을 믿는 사람들을 잡아 감옥에 가두고 때리기까지 한 일을 잘 알고 있습니다.

20 뿐만 아니라 주님의 증인인 스데반이 죽임을 당할 때에 제가 그 자리에 있던 것도 알고 있습니다. 저는 그때, 거기에 서서 그들이 스데반을 죽이는 일에 찬성했으며 그를 죽이는 사람들의 옷을 맡아 주기까지 했습니다.'

21 그러나 주님께서는 내게 '가거라. 내가 너를 멀리 이방인들에게 보내겠다' 하고 말씀하셨습니다."

22 사람들은 바울의 말을 여기까지 듣고 있다가, 목소리를 높여 "이런 놈은 없애 버려라. 살려 두어서는 안 된다"라고 소리 질렀습니다.

23 그들은 고함을 지르며 옷을 벗어 던지고, 공중에 먼지를 날렸습니다.

24 그러자 천부장이 부하들에게 바울을 병영 안으로 데려가라고 명령했습니다. 그리고는 사람들이 바울에게 그렇게 소리 지르는 이유가 무엇인지를 알아내려고 바울을 때리면서 조사해 보라고 했습니다.

25 군인들이 바울을 묶고 때리려 하자, 바울이 옆에 서 있던 로마 백부장에게 말했습니다. "죄가 있다는 것이 밝혀지지도 않은 로마 시민을 때리는 것이 로마법에 맞는 일입니까?"

26 그 말을 들은 백부장은 천부장에게 가서 "이제 어떻게 하실 계획입니까? 이 사람은 로마 시민입니다"라고 알렸습니다.

27 천부장이 바울에게 다가가 물었습니다. "당신이 로마 시민이라는 말이 참말이오?" 바울이 "그렇습니다" 하고 대답했습니다.

에 아들에게도 시민권이 세습된 경우의 사람이었다. 바울의 가문이 얼마나 부유하고 영향력이 있었는지 짐작할 수 있다.

28 천부장이 말했습니다. "나는 돈을 많이 들여서 로마 시민권을 얻었소." 바울이 말했습니다. "나는 태어날 때부터 로마 시민인 사람입니다."

29 그러자 바울을 심문하려던 사람들이 곧 물러났습니다. 천부장은 바울이 로마 시민이라는 사실을 알고 그를 결박한 일로 두려워했습니다.

30 이튿날, 천부장은 유대인들이 무슨 일 때문에 바울을 고소하는지 알아보려 했습니다. 그래서 그는 대제사장들과 유대 공의회를 소집하게 했습니다. 천부장은 바울을 묶은 사슬을 풀어 주고 그를 데리고 나가 공의회 앞에 세웠습니다.

저자의 묵상

소명에는 주관적 요소와 객관적 요소가 있다. 주관적 요소가 개인적인 체험에 바탕을 두고 있다면 객관적 요소는 타인 등에 의해 확인되는 요소다. 본문의 바울도 다메섹 도상에서 주님의 음성을 듣는 체험을 함과 동시에 아나니아를 통해 그에게 주어진 소명[일]이 하나님의 뜻임이 확인되었다. 청교도들은 목회자를 뽑을 때에 객관적 소명을 중요시했다고 전해진다. 사실 주관적 소명은 객관적으로 확인할 길이 없다. 그렇기 때문에 아무리 목회자가 되는 것이 하나님께서 자신에게 주신 뜻이라고 말하는 사람이라도, 그에게 목회자가 될 만큼의 소양이나 자질이 없으면 객관적 소명이 없는 것으로 보았다고 한다. 원래 '직업'(vocation)이란 말은 그 어원이 '소명'(calling)이란 말에서 유래되었다. 따라서 우리가 주의 이름으로 어떤 일을 하든지 소명을 염두에 두어야 한다. 소명은 객관적인 은사와 증거로 확인해야 한다. 당신의 직업이나 은사, 소명을 발견하고 싶다면, 남들이 인정하는 객관적 증거가 있는지 살펴보라.

무릎 기도 | 주님의 일을 할 때에 소명의 분명한 증거들을 발견하게 하소서.

ESV - Acts 22

12 "And one Ananias, a devout man according
to the law, well spoken of by all the Jews
who lived there,
13 came to me, and standing by me said to me,
'Brother Saul, receive your sight.' And at that
very hour I received my sight and saw him.
14 And he said, 'The God of our fathers
appointed you to know his will, to see the
Righteous One and to hear a voice from his
mouth;
15 for you will be a witness for him to everyone
of what you have seen and heard.
16 And now why do you wait? Rise and be
baptized and wash away your sins, calling
on his name.'
17 "When I had returned to Jerusalem and was
praying in the temple, I fell into a trance
18 and saw him saying to me, 'Make haste and
get out of Jerusalem quickly, because they
will not accept your testimony about me.'
19 And I said, 'Lord, they themselves know that
in one synagogue after another I imprisoned
and beat those who believed in you.
20 And when the blood of Stephen your witness
was being shed, I myself was standing by
and approving and watching over the
garments of those who killed him.'
21 And he said to me, 'Go, for I will send you far
away to the Gentiles.'"
22 Up to this word they listened to him. Then
they raised their voices and said, "Away with
such a fellow from the earth! For he should
not be allowed to live."
23 And as they were shouting and throwing off
their cloaks and flinging dust into the air,
24 the tribune ordered him to be brought into
the barracks, saying that he should be
examined by flogging, to find out why they
were shouting against him like this.
25 But when they had stretched him out for the
whips,* Paul said to the centurion who was
standing by, "Is it lawful for you to flog a man
who is a Roman citizen and uncondemned?"
26 When the centurion heard this, he went to
the tribune and said to him, "What are you
about to do? For this man is a Roman
citizen."
27 So the tribune came and said to him, "Tell
me, are you a Roman citizen?" And he said,
"Yes."
28 The tribune answered, "I bought this
citizenship for a large sum." Paul said, "But I
am a citizen by birth."
29 So those who were about to examine him
withdrew from him immediately, and the
tribune also was afraid, for he realized that
Paul was a Roman citizen and that he had
bound him.
30 But on the next day, desiring to know the real
reason why he was being accused by the
Jews, he unbound him and commanded the
chief priests and all the council to meet, and
he brought Paul down and set him before
them.

* 22:25 Or *when they had tied him up with leather strips*

12 devout 경건한 be well spoken of 평판이 좋다 14 appoint 정하다, 명하다 15 witness 증인 16 baptize 세례를 주다 wash away one's sins 죄를 씻다 17 fall into a trance 무아지경에 빠지다 18 make haste 바삐 서두르다 testimony 증언 19 synagogue 회당 imprison 가두다 20 shed (피, 눈물 등을) 흘리다 approve 찬성하다 garment 옷 22 raise one's voice 소리 지르다 away with ~ ~를 치우다 fellow (경멸적) 녀석, 놈 23 throw off (옷 등을) 벗어 던지다 cloak 외투, 겉옷 fling 던지다 24 examine 심문하다 flog 채찍질하다 25 whip 채찍질 centurion 백부장 lawful 합법적인 uncondemned 유죄 판결을 받지 않은 28 citizenship 시민권 a large sum 많은 액수의 돈 by birth 태어날 때부터, 타고난 29 withdraw from ~ ~에서 철수하다 30 council 의회, 공회

묵상 체크 □

75 누가 죄인인가?

월 일

사도행전 23:1-10 • 새찬송 511장 | 통일 263장

• 말씀묵상 전에 성령님의 인도하심을 구하는 기도를 드리십시오.

본문요약 I 바울의 죄목을 밝혀내기 위해서 이번에는 공회가 소집된다. 바울은 부끄러움 없이 하나님을 섬긴 것을 말했으나, 대제사장 아나니아는 이에 분노하여 매질을 명한다. 결국 부활에 관한 바리새인과 사두개인의 입장 차이 때문에 공회는 큰 분란을 겪은 후 해산한다. 바울은 잡힌 몸이었으나 물러서지 않고 당당히 임했으며, 공회는 바울을 단죄하지 못했다.

1 바울이 공회를 주목하여 이르되 여러분
형제들아 오늘까지 나는 범사에 양심을
따라 [1]하나님을 섬겼노라 하거늘
2 대제사장 아나니아가 바울 곁에 서 있는
사람들에게 그 입을 치라 명하니
3 바울이 이르되 회칠한 담이여 하나님이
너를 치시리로다 네가 나를 율법대로 심
판한다고 앉아서 율법을 어기고 나를 치
라 하느냐 하니
4 곁에 선 사람들이 말하되 하나님의 대제
사장을 네가 욕하느냐
5 바울이 이르되 형제들아 나는 그가 대제
사장인 줄 알지 못하였노라 기록하였으
되 ㄱ너의 백성의 관리를 비방하지 말라
하였느니라 하더라
6 바울이 그중 일부는 사두개인이요 다른
일부는 바리새인인 줄 알고 공회에서 외
쳐 이르되 여러분 형제들아 나는 바리새
인이요 또 바리새인의 아들이라 죽은 자
의 소망 곧 부활로 말미암아 내가 심문을
받노라
7 그 말을 한즉 바리새인과 사두개인 사이
에 다툼이 생겨 무리가 나누어지니
8 이는 사두개인은 부활도 없고 천사도 없
고 영도 없다 하고 바리새인은 다 있다
함이라
9 크게 떠들새 바리새인 편에서 몇 서기관
이 일어나 다투어 이르되 우리가 이 사람
을 보니 악한 것이 없도다 혹 영이나 혹
천사가 그에게 말하였으면 어찌 하겠느
냐 하여
10 큰 분쟁이 생기니 천부장은 바울이 그들
에게 찢겨질까 하여 군인을 명하여 내려
가 무리 가운데서 빼앗아 가지고 영내로
들어가라 하니라

1) 헬, 하나님께 백성 노릇 하였노라 ㄱ. 출 22:28

1. 오늘 하나님께서 나에게 주신 깨달음은 무엇입니까?

2. 말씀을 어떻게 내 삶에 구체적으로 적용해야 합니까?

절별 해설

1 바울이 공회를 주목하여 이르되 천부장은 군중들에 의해 바울의 단죄가 이루어지지 않자 공회를 소집했다(행 22:30). 공회는 유대인들의 율법 문제를 다루는 최고 기관으로, 70명으로 구성되었으며 '산헤드린 공회'라 불렸다. 공회는 예수 그리스도와 기독교에 대해 적대적인 태도를 견지하고 있었다(행 4:15-21; 5:27-42). 바울은 공회를 주목했다(gazing intently-NLT). 이것은 시선을 피하지 않는 모습으로, 바울의 의연하고 당당한 모습을 보여준다. 그는 비록 잡힌 몸이지만 죄가 없기에 당당했으며 정당하게 할 말을 이어갔다(3절).

2 그 입을 치라 명하니 이 명령을 한 대제사장 아나니아는 원래 포악한 성격의 소유자로 알려져 있다. "입을 치라"는 것은 심각한 모욕을 의미한다.

3 회칠한 담이여 바울의 분노 섞인 이 말은, 속은 볼품없으나 겉은 칠을 해서 번듯한 담, 즉 겉과 속이 다른 사람을 의미한다(마 23:27). 공정한 재판을 해야 할 사람이 바울의 죄가 결정되기도 전에 매질을 하라는 것은 모순된 행동으로 불법임을 지적하는 말이다.

5 바울은 말하는 사람이 대제사장인 줄 몰랐다. 아마도 급히 소집된 회의 탓에 아나니아가 대제사장의 옷을 제대로 입지 않은 점과 바울의 시력이 썩 좋지 않은 이유 때문이었을 것으로 추측된다.

6-10 바리새인과 사두개인은 원래가 하나 되기 어려운 사람들이었다. 사두개인은 영적인 실재를 거부하여 부활, 천사, 영이 없다고 주장하며, 보이는 현세의 영광을 추구하여 부와 권세를 거머쥐고 있었던 그룹이었다. 바리새인은 사두개인처럼 부와 권세는 없지만 율법을 수호한다는 자부심으로 살아가는 그룹이었다. 그런 이들이 오직 그리스도교에 대한 시기심 때문에 하나로 뭉쳐 있었다(행 4:16-18). 바울이 한 마디를 던지자 부활에 대해서도 하나로 정리된 의견을 갖지 못하고 있던 그들의 모습이 적나라하게 드러난다. 자기들끼리는 의견이 달라도 서로를 수용하면서, 유독 바울이 전하는 복음만을 단죄하여 막겠다는 생각은 그것 자체로도 공정하지 못한 것이다. 한편, 저들이 바울을 단죄하지 못한 것은 결국 바울에게 아무 잘못이 없다는 것을 증명해 주는 것이다.

쉬운성경

1 바울이 유대 공의회를 똑바로 쳐다보며 말했습니다. "형제 여러분, 나는 이날까지 하나님 앞에서 선한 양심을 가지고 살아왔습니다."

2 그 순간, 대제사장 아나니아가 바울 가까이 서 있는 사람들에게 바울의 입을 치라고 명령했습니다.

3 그러자 바울이 아나니아에게 말했습니다. "하나님께서 당신을 치실 것이오! 당신은 겉만 하얗게 회칠한 벽과 같소. 당신은 율법대로 나를 재판한다고 거기에 앉아 있으면서 어떻게 스스로는 율법을 어겨 가며 나를 치라고 말할 수 있소?"

4 바울 가까이 서 있던 사람들이 바울에게 말했습니다. "당신이 하나님의 대제사장을 감히 욕할 수 있소?"

5 바울이 대답했습니다. "형제 여러분, 나는 그 사람이 대제사장인 줄 몰랐습니다. 성경에도 이르기를 '네 백성의 지도자를 욕하지 마라'고 하였습니다."

6 바울은 공의회에 모인 사람 가운데 일부는 사두개파 사람이었고, 일부는 바리새파 사람이라는 것을 알고는, 큰소리로 말했습니다. "형제 여러분, 나는 바리새파 사람이며 바리새파 사람의 아들입니다. 나는 지금 죽은 사람이 부활할 것이라는 소망 때문에 재판을 받고 있습니다."

7 바울이 이렇게 말을 하자, 바리새파 사람들과 사두개파 사람들 사이에 다툼이 일어나 공의회 의원들이 나뉘었습니다.

8 그것은 사두개파 사람들은 죽은 사람의 부활이 없으며 천사나 영도 없다고 주장한 반면, 바리새파 사람들은 그것을 다 인정하였기 때문입니다.

9 그래서 큰 소동이 일어났습니다. 바리새파 사람들 중에서 율법학자 몇 사람이 일어나 "우리는 이 사람에게서 아무런 잘못도 찾을 수 없습니다. 어쩌면 천사나 영이 이 사람을 시켜서 말하는 것인지도 모릅니다"라고 바울을 두둔했습니다.

10 다툼이 점점 심각해지자, 천부장은 유대인들 때문에 바울의 몸이 찢겨지지나 않을까 걱정이 되었습니다. 천부장은 군인들에게, 내려가서 강제로라도 바울을 군중들 손에서 빼내어 병영으로 데리고 가라고 명령했습니다.

저자의 묵상

공회를 구성하고 있는 바리새인과 사두개인은 원래가 친한 사이가 아니었다. 사두개인은 현세적인 권력과 부를 추종했으며, 바리새인은 상대적으로 율법을 수호한다는 명분에 치중해 있었다. 그러나 이 둘은 그리스도교를 박해하는 데에는 한 목소리를 내고 있었다. 바울이 이들의 모순을 발견하고 질문하자 모임은 분쟁으로 끝을 맺는다. 하나님은 성도에게 세상을 이길 지혜와 능력을 주시고 계셨다. 바울이 그들을 이길 수 있었던 이유는 어쩌면 당연하다. 비진리는 진리를 이길 수 없다. 세상은 자신의 모순조차도 스스로 해결하지 못한다. 그러면서도 진리에 대해 본문의 두 그룹처럼 판단하려 든다. 얼마나 우스운 노릇인가! 세상은 교회를 판단할 자격이 없다. 왜냐하면 세상은 진리를 모르기 때문이다. 오직 하나님의 말씀을 맡은 교회만이 세상을 판단하고 기준을 제시할 수 있다. 교회는 세상의 기준이다. 세상이 교회를 흠집 내려고 만들어 내는 말에 위축될 필요가 없다.

무릎 기도 세상의 어떤 것으로도 뒤엎을 수 없는 진리를 주심에 감사합니다.

ESV - Acts 23

1 And looking intently at the council, Paul said, "Brothers, I have lived my life before God in all good conscience up to this day."
2 And the high priest Ananias commanded those who stood by him to strike him on the mouth.
3 Then Paul said to him, "God is going to strike you, you whitewashed wall! Are you sitting to judge me according to the law, and yet contrary to the law you order me to be struck?"
4 Those who stood by said, "Would you revile God's high priest?"
5 And Paul said, "I did not know, brothers, that he was the high priest, for it is written, 'You shall not speak evil of a ruler of your people.'"
6 Now when Paul perceived that one part were Sadducees and the other Pharisees, he cried out in the council, "Brothers, I am a Pharisee, a son of Pharisees. It is with respect to the hope and the resurrection of the dead that I am on trial."
7 And when he had said this, a dissension arose between the Pharisees and the Sadducees, and the assembly was divided.
8 For the Sadducees say that there is no resurrection, nor angel, nor spirit, but the Pha-risees acknowledge them all.
9 Then a great clamor arose, and some of the scribes of the Pharisees' party stood up and contended sharply, "We find nothing wrong in this man. What if a spirit or an angel spoke to him?"
10 And when the dissension became violent, the tribune, afraid that Paul would be torn to pieces by them, commanded the soldiers to go down and take him away from among them by force and bring him into the barracks.

1 look intently at ~ ~을 골똘히 보다 in all good conscience 양심상 3 and yet 그럼에도 불구하고 contrary to ~ ~을 거슬러 4 revile 욕을 하다 5 speak evil of ~ ~을 비방하다 6 perceive 눈치 채다 with respect to ~ ~에 관하여 resurrection 부활 be on trial 재판에 회부되어 있다 7 dissension 불화, 의견 충돌 8 acknowledge 인정하다 9 clamor 소동, 소란 contend 다투다, 논쟁하다 10 tear to pieces 갈기갈기 찢다 by force 강제로

□ 묵상 체크

76 가이사랴 총독부로 이송됨

월 일

사도행전 23:11-35 • 새찬송 300장 | 통일 406장

• 말씀묵상 전에 성령님의 인도하심을 구하는 기도를 드리십시오.

본문요약 I 주님은 붙잡혀 어려움을 겪고 있는 바울을 격려하셨다. 사십 명의 유대인들이 바울을 암살하겠다는 계획을 세우지만, 바울의 생질을 통해 이 사실이 바울과 천부장에게 알려지고 천부장은 지체하지 않고 그 밤에 병력을 동원하여 바울을 총독이 거주하고 있는 가이사랴로 호송한다.

11 그날 밤에 주께서 바울 곁에 서서 이르시
되 담대하라 네가 예루살렘에서 나의 일
을 증언한 것같이 로마에서도 증언하여
야 하리라 하시니라
12 날이 새매 유대인들이 당을 지어 맹세하
되 바울을 죽이기 전에는 먹지도 아니하
고 마시지도 아니하겠다 하고
13 이같이 동맹한 자가 사십여 명이더라
14 대제사장들과 장로들에게 가서 말하되
우리가 바울을 죽이기 전에는 아무것도
먹지 않기로 굳게 맹세하였으니
15 이제 너희는 그의 사실을 더 자세히 물어
보려는 척하면서 공회와 함께 천부장에
게 청하여 바울을 너희에게로 데리고 내
려오게 하라 우리는 그가 가까이 오기 전
에 죽이기로 준비하였노라 하더니
16 바울의 생질이 그들이 매복하여 있다 함
을 듣고 와서 영내에 들어가 바울에게 알
린지라
17 바울이 한 백부장을 청하여 이르되 이 청
년을 천부장에게로 인도하라 그에게 무
슨 할 말이 있다 하니
18 천부장에게로 데리고 가서 이르되 죄수
바울이 나를 불러 이 청년이 당신께 할
말이 있다 하여 데리고 가기를 청하더이
다 하매
19 천부장이 그의 손을 잡고 물러가서 조용
히 묻되 내게 할 말이 무엇이냐
20 대답하되 유대인들이 공모하기를 그들이
바울에 대하여 더 자세한 것을 묻기 위함
이라 하고 내일 그를 데리고 공회로 내려
오기를 당신께 청하자 하였으니
21 당신은 그들의 청함을 따르지 마옵소서
그들 중에서 바울을 죽이기 전에는 먹지
도 않고 마시지도 않기로 맹세한 자 사십
여 명이 그를 죽이려고 숨어서 지금 다
준비하고 당신의 허락만 기다리나이다
하니
22 이에 천부장이 청년을 보내며 경계하되
이 일을 내게 알렸다고 아무에게도 이르
지 말라 하고
23 백부장 둘을 불러 이르되 밤 제삼 시에
가이사랴까지 갈 보병 이백 명과 기병 칠
십 명과 창병 이백 명을 준비하라 하고
24 또 바울을 태워 총독 벨릭스에게로 무사
히 보내기 위하여 짐승을 준비하라 명하
며
25 또 이 아래와 같이 편지하니 일렀으되
26 글라우디오 루시아는 총독 벨릭스 각하
께 문안하나이다
27 이 사람이 유대인들에게 잡혀 죽게 된 것
을 내가 로마 사람인 줄 들어 알고 군대
를 거느리고 가서 구원하여다가
28 유대인들이 무슨 일로 그를 고발하는지
알고자 하여 그들의 공회로 데리고 내려
갔더니
29 고발하는 것이 그들의 율법 문제에 관한
것뿐이요 한 가지도 죽이거나 결박할 사
유가 없음을 발견하였나이다
30 그러나 이 사람을 해하려는 간계가 있다
고 누가 내게 알려 주기로 곧 당신께로
보내며 또 고발하는 사람들도 당신 앞에

서 그에 대하여 말하라 하였나이다 하였
더라
31 보병이 명을 받은 대로 밤에 바울을 데리
고 안디바드리에 이르러
32 이튿날 기병으로 바울을 호송하게 하고
영내로 돌아가니라
33 그들이 가이사랴에 들어가서 편지를 총
독에게 드리고 바울을 그 앞에 세우니
34 총독이 읽고 바울더러 어느 영지 사람이
냐 물어 길리기아 사람인 줄 알고
35 이르되 너를 고발하는 사람들이 오거든
네 말을 들으리라 하고 헤롯 궁에 그를
지키라 명하니라

1. 오늘 하나님께서 나에게 주신 깨달음은 무엇입니까?

2. 말씀을 어떻게 내 삶에 구체적으로 적용해야 합니까?

절별 해설

11 그날 밤에 주께서 바울 곁에 서서 이르시되 바울은 붙잡혀 이틀 동안을 감금 상태로 끌려 다니며 군중과 공회 앞에서 힘든 시간을 겪고 있었다(행 22:30). 그런 바울에게 주님께서 친히 나타나셔서 바울을 위로하고 격려하셨다. "곁에 서서"라는 표현은 주님의 위로가 얼마나 가깝고 직접적인 것이었는가를 느끼게 해주는 표현이다. 이처럼 주님은 성도가 어려움을 겪는 그 현장에 항상 가까이 계신다는 사실을 본문은 말해주고 있다(행 7:56; 왕하 6:16-17 참조). 특별히 이 대목에서 눈에 띄는 것은 바울의 로마행을 주님이 확인해 주신 것이다. 이것은 또한 바울의 소원이기도 했다(행 19:21). 주님은 위로와 함께 도달해야 할 목적지를 분명히 언급하심으로써, 바울이 이 모든 것을 참고 견딜 수 있도록 도와주셨다.

12-13 바울을 죽이기 위해 조직된 암살단의 비장함을 엿볼 수 있다. 유대인들은 무언가 특별할 일을 달성하기 위해서 단식을 결심하는 경우가 있었다(삼상 14:24). 이러한 사실로 볼 때, 이들은 단순히 바울을 미워하는 일반 사람들이 아니라 오늘날의 테러리스트 수준에 해당하는 전문적인 단체임을 알 수 있다. 그 수도 사십여 명이나 되었으니 매우 심각한 상황이라 할 수 있다.

14 대제사장들과 장로들에게 가서 말하되 바울을 죽이려고 동맹한 자들이 공회와 결탁한 사실을 알 수 있다. 역사가 요세푸스에 의하면, 당시 대제사장 아나니아는 포악한 인물로 사람을 암살

쉬운성경

11 그날 밤에 주님께서 바울 곁에 서서 말씀하셨습니다. "용기를 내어라. 네가 예루살렘에서 나를 증언한 것같이 로마에서도 나를 증언하여야 한다."

12 이튿날 아침, 유대인들은 바울을 죽일 음모를 꾸몄습니다. 그들은 바울을 죽이기 전에는 아무것도 먹지도 않고 마시지도 않겠다고 맹세했습니다.

13 이러한 음모에 가담한 사람들은 사십 명이 넘었습니다.

14 그들이 대제사장들과 장로들에게 가서 말했습니다. "우리는 바울을 죽이기 전에는 아무것도 입에 대지 않겠다고 맹세했습니다.

15 그러니 이제 여러분들과 공의회에서는 천부장에게 가서 바울이 한 일에 대해 좀 더 자세히 심문할 것이 있으니 바울을 내어 달라고 부탁하십시오. 그러면 우리는 기다리고 있다가 바울이 이리로 오는 길에 그를 없애 버리겠습니다. 준비는 이미 다 되어 있습니다."

16 그러나 바울의 조카가 이 음모를 듣고 병영으로 가서 바울에게 그 사실을 알려 주었습니다.

17 그래서 바울이 백부장 한 명을 불러

하는 일도 서슴지 않았다고 한다. 이 암살단은 대제사장 아나니아에게 사주를 받은 사람들로 추측된다.

16-21 그들의 계획은 다시 공회를 여는 척해서 바울을 끌고 나오게 한 뒤 도중에 암살하려는 것이었다. 당시 로마군의 요새에서 산헤드린 공회로 가는 도중에는 좁은 길들이 있었는데, 아마도 그곳에서 바울을 죽이려 했던 것 같다. 이 사실을 바울의 생질이 어떻게 알게 됐는지는 정확히 알려져 있지 않다. 그러나 이처럼 철저한 유대인의 계획이 있었지만, 이 사실이 알려지게 함으로써 바울이 보호받도록 하신 것은 분명한 하나님의 섭리였다.

23 밤 제삼 시에 가이사랴까지 천부장은 바울의 생질이 전한 말을 듣고 바울을 안전하게 호송하기 위해서 지금 시간으로 밤 9시에 바울을 가이사랴까지 호송할 계획을 세운다. 암살자들의 시선을 피해 안전하게 바울을 이송하려고 총 470명의 군졸을 준비하여 밤중에 이 계획을 실행에 옮긴다. 이 정도의 병력이면 당시 예루살렘의 로마 군영 안에 머무르던 병력의 절반에 해당하는 숫자였다. 천부장이 이렇게까지 바울의 안전에 관심을 기울인 것은, 바울이 로마 시민권자였다는 표면적 이유 외에 바울을 보호하시는 주님의 강력한 섭리가 있었음이 분명하다. 하나님은 때로는 믿지 않는 세상의 세력을 이용하셔서라도 얼마든지 믿는 자들을 보호하신다(스 1:1-4).

27 이 사람이 유대인들에게 잡혀 죽게 된 것을 내가 로마 사람인 줄 들어 알고 군대를 거느리고 가서 구원하여다가 천부장 루시아는 벨릭스 총독에게 편지를 써 보낸다. 이것은 당시의 관행으로, 죄수를 보낼 때는 그 죄목을 적어 보내야 했다. 바울의 경우는 죄목을 밝히지 못한 경우였으므로 더욱 상세한 설명이 필요했을 것이다. 천부장은 최대한 자신에게 유리하게 편지를 쓰고 있다. 그 내용은 전혀 사실과 다른 것이었다. 천부장은 처음에는 바울이 로마 시민인지 모르고 그를 고문하여 죄를 자백받고자 했다

"이 젊은이를 천부장에게 데려가 주십시오. 천부장에게 전할 말씀이 있답니다"라고 말했습니다.

18 백부장이 바울의 조카를 데리고 천부장에게 가서 말했습니다. "바울이란 죄수가 저를 불러 이 젊은이를 천부장님께 데려가 달라고 부탁해서 데려왔습니다. 천부장님께 드릴 말씀이 있답니다."

19 천부장이 젊은이의 손을 잡고 아무도 없는 곳으로 데려가 물었습니다. "내게 전할 말이 무엇이냐?"

20 젊은이가 말했습니다. "유대인들이 천부장님께 바울을 심문할 것이 더 있다는 구실을 대면서 내일 바울을 그들의 공의회로 끌어내어 달라고 천부장님께 청하기로 결정했답니다.

21 그러나 그들의 말을 곧이듣지 마십시오. 사십 명도 더 되는 사람들이 숨어서 바울을 기다리고 있습니다. 그들은 바울을 죽이기 전에는 아무것도 먹지도 않고 마시지도 않겠다고 맹세까지 하였습니다. 그들은 지금 준비를 다 해 놓고 천부장님의 승낙만 기다리고 있습니다."

22 천부장이 젊은이를 돌려보내면서 "네가 이 내용을 내게 알렸다고 아무에게도 말하지 마라" 하고 단단히 주의를 주었습니다.

23 천부장이 백부장 두 명을 불러 다음과 같이 명령했습니다. "병사 이백 명과 기병대 칠십 명과 창을 쓰는 병사 이백 명을 무장시켜 오늘 밤 9시에 가이사랴로 떠날 준비를 갖추게 하여라.

24 또 바울을 총독 벨릭스에게 안전하게 호송할 수 있도록 그를 태울 짐승도 준비해 두도록 하여라."

25 그리고 천부장은 이러한 내용의 편지를 썼습니다.

26 "글라우디오 루시아가 총독 벨릭스 각하에게 문안드립니다.

27 이 사람은 유대인들에게 잡혀 살해당할 뻔한 사람입니다. 그런데 저는 이 사람이 로마 시민이라는 것을 알고는 제 병사들을 데리고 가서 그를 구했습니다.

28 저는 유대인들이 무슨 일로 이 사람을 고소하는지 알고 싶어 그들의 공의회로 이 사람을 데려갔습니다.

(행 22:24). 사실 이 내용이 알려지면 천부장은 벨릭스에게 문책을 받을 수도 있었기 때문에 편지에서는 모든 것을 자신의 공으로 돌리고 있었던 것이다. 신앙 없는 세상은 이처럼 정직하지 못하다.

29 거기서 저는 그들이 이 사람을 고소하는 것이 그들의 율법에 관한 것일 뿐, 이 사람에게는 사형을 당하거나 감옥에 갇힐 만한 죄가 없다는 것을 알았습니다.

30 그런데 유대인들이 이 사람을 죽이려는 음모를 꾸민다는 정보를 듣고 저는 곧바로 이 사람을 각하께 보내는 것입니다. 그리고 그 유대인들에게도 이 사람에 대해 고소할 말이 있으면 각하께 직접 하라고 일러 두었습니다."

31 군인들은 명령대로 그날 밤으로 바울을 데리고 안디바드리까지 갔습니다.

32 이튿날에는 기병대에게 바울을 가이사랴로 호송하라고 부탁하고 다른 군인들은 예루살렘에 있는 병영으로 돌아갔습니다.

33 기병대는 가이사랴에 도착하여 총독에게 편지를 전달하고 바울도 그에게 넘겨주었습니다.

34 총독은 편지를 읽고 나서 바울에게 어느 지방 사람이냐고 물었습니다. 총독은 바울이 길리기아 사람이라는 것을 알고는

35 바울에게 이렇게 말했습니다. "그대를 고소하는 사람들이 도착하면 그때, 그대의 말을 들어 보겠소." 그리고는 바울을 헤롯이 지은 왕궁에 가두어 지키라고 명령을 내렸습니다.

저자의 묵상

주님의 일을 감당하는 사람들에게 주님으로부터 위로와 보호가 있다는 사실을 보여주는 본문이다. 바울은 예루살렘에 가면 환난과 박해가 기다린다는 사실을 알고 각오를 하고 왔다. 그러나 그렇다고 해서 그에게 위로가 필요 없다는 말은 아니다. 순간순간마다 주님의 위로가 있어야 했다. 주님은 곁에 서서 바울을 위로하시고, 그가 로마까지 가게 될 것을 말씀하셨다. 주님의 위로와 격려 없이 누가 주의 일을 자기 힘만으로 수행할 수 있을 것인가! 사역자의 결심이 사역을 가능하게 하는 것이 아니라, 주님의 크고 작은 위로가 그 길을 갈 수 있도록 만들어 주는 원동력이다. 게다가 주님은 실제적인 살해 위협으로부터 바울을 보호하셨다. 유대인들의 계략이 드러나게 하심으로 바울을 지키셨다. 보통 위로와 보호는 동시에 이루어지는 경우가 많다. 오늘도 주님의 이런 배려와 도움 덕분에 우리가 주의 일을 할 수 있다는 사실을 명심하고 늘 영광을 주님께 돌려야 할 것이다.

무릎 기도 | 주님, 당신의 위로와 보호를 때마다 경험할 수 있기를 원합니다.

11 The following night the Lord stood by him and said, "Take courage, for as you have testified to the facts about me in Jerusalem, so you must testify also in Rome."
12 When it was day, the Jews made a plot and bound themselves by an oath neither to eat nor drink till they had killed Paul.
13 There were more than forty who made this conspiracy.
14 They went to the chief priests and elders and said, "We have strictly bound ourselves by an oath to taste no food till we have killed Paul.
15 Now therefore you, along with the council, give notice to the tribune to bring him down to you, as though you were going to determine his case more exactly. And we are ready to kill him before he comes near."
16 Now the son of Paul's sister heard of their ambush, so he went and entered the barracks and told Paul.
17 Paul called one of the centurions and said, "Take this young man to the tribune, for he has something to tell him."
18 So he took him and brought him to the tribune and said, "Paul the prisoner called me and asked me to bring this young man to you, as he has something to say to you."
19 The tribune took him by the hand, and going aside asked him privately, "What is it that you have to tell me?"
20 And he said, "The Jews have agreed to ask you to bring Paul down to the council tomorrow, as though they were going to inquire somewhat more closely about him.
21 But do not be persuaded by them, for more than forty of their men are lying in ambush for him, who have bound themselves by an oath neither to eat nor drink till they have killed him. And now they are ready, waiting for your consent."
22 So the tribune dismissed the young man, charging him, "Tell no one that you have informed me of these things."
23 Then he called two of the centurions and said, "Get ready two hundred soldiers, with seventy horsemen and two hundred spearmen to go as far as Caesarea at the third hour of the night.*
24 Also provide mounts for Paul to ride and bring him safely to Felix the governor."
25 And he wrote a letter to this effect:
26 "Claudius Lysias, to his Excellency the governor Felix, greetings.
27 This man was seized by the Jews and was about to be killed by them when I came upon them with the soldiers and rescued him, having learned that he was a Roman citizen.
28 And desiring to know the charge for which they were accusing him, I brought him down to their council.
29 I found that he was being accused about questions of their law, but charged with nothing deserving death or imprisonment.
30 And when it was disclosed to me that there would be a plot against the man, I sent him to you at once, ordering his accusers also to state before you what they have against him."
31 So the soldiers, according to their instructions, took Paul and brought him by night to Antipatris.
32 And on the next day they returned to the barracks, letting the horsemen go on with him.
33 When they had come to Caesarea and delivered the letter to the governor, they presented Paul also before him.
34 On reading the letter, he asked what province he was from. And when he learned that he was from Cilicia,
35 he said, "I will give you a hearing when your accusers arrive." And he commanded him to be guarded in Herod's praetorium.

* 23:23 That is, 9 P.M.

11 take courage 용기를 내다 testify 증언하다 12 oath 맹세, 서약 13 conspiracy 음모 15 council 의회, 공회 give notice to ~ ~에게 알리다, 통고하다 as though ~ 마치 ~인 것처럼 determine 결정하다 16 ambush 매복(공격) barrack 막사, 병영 19 take ~ by the hand ~의 손을 잡다 privately 몰래, 은밀히 20 inquire 묻다, 조사하다 21 lie in ambush for ~ ~을 숨어 기다리다 consent 허락[동의] 22 dismiss (사람을) 가게 하다 23 horseman 기병 spearman 창병 24 provide 주다 mount (말 등의) 탈것 governor (식민지의) 총독 25 to this effect 이런 취지로 27 seize 붙잡다 29 charge with ~ ~의 죄로 기소하다 deserve death 죽어 마땅하다 imprisonment 투옥, 감금 30 disclose 폭로하다 plot 음모 31 instruction 지시, 명령 32 barrack 막사, 병영 34 province 지방, 주

77 총독 벨릭스의 법정

월 일

사도행전 24:1-9 • 새찬송 521장 | 통일 253장

• 말씀묵상 전에 성령님의 인도하심을 구하는 기도를 드리십시오.

본문요약 I 바울이 가이사랴로 이송된 후 닷새 뒤에 총독 벨릭스 앞에서 재판이 열린다. 유대인들은 변호사 더둘로를 내세워 바울의 세 가지 죄목을 지적한다. 이것은 바울이 잡힌 후에 군중과 공회 다음으로 받은 세 번째 심문이자 로마 권력에 의해 행해진 첫 번째 정식 재판이었다. 복음의 증인 바울은 정식 재판을 통해 복음의 진위를 증언하게 되었다.

1 닷새 후에 대제사장 아나니아가 어떤 장로들과 한 변호사 더둘로와 함께 내려와서 총독 앞에서 바울을 고발하니라
2 바울을 부르매 더둘로가 고발하여 이르되
3 벨릭스 각하여 우리가 당신을 힘입어 태평을 누리고 또 이 민족이 당신의 선견으로 말미암아 여러 가지로 개선된 것을 우리가 어느 모양으로나 어느 곳에서나 크게 감사하나이다
4 당신을 더 괴롭게 아니하려 하여 우리가 대강 여짜옵나니 관용하여 들으시기를 원하나이다
5 우리가 보니 이 사람은 전염병 같은 자라 천하에 흩어진 유대인을 다 소요하게 하는 자요 나사렛 이단의 우두머리라
6 그가 또 성전을 더럽게 하려 하므로 우리가 잡았사오니 [1](6하반-8상반 없음)
8 당신이 친히 그를 심문하시면 우리가 고발하는 이 모든 일을 아실 수 있나이다 하니
9 유대인들도 이에 참가하여 이 말이 옳다 주장하니라

1. 오늘 하나님께서 나에게 주신 깨달음은 무엇입니까?

2. 말씀을 어떻게 내 삶에 구체적으로 적용해야 합니까?

1) 어떤 사본에는 24:6하반절-8상반절에 다음 내용이 더 있다. '그래서 우리의 율법대로 재판하려고 했으나 7 천부장 루시아가 와서 그를 우리 손에서 강제로 빼앗아 갔나이다 8 그리고는 그를 고발하는 사람들에게 각하께 가라고 명하였나이다'

절별 해설

1 닷새 후에 이 기간 동안 유대인들은 바울을 고발할 철저한 준비를 갖추고 그 뜻을 이루기 위해 '더둘로'라는 변호사를 대동하고 총독의 법정을 찾아왔다. 더둘로는 당시 로마법과 유대법 모두에 능통한 법률 전문가로서 바울을 고소하기에 적합한 인물이었을 것이다.

3 매우 형식적인 아부의 말로, 벨릭스의 환심을 사서 재판을 유리하게 하려는 의도에서 비롯된 말이다. 당시 유대 총독 벨릭스는 AD 52–60년 사이에 유대를 다스렸다. 원래는 노예 신분이었으나 총독의 자리에까지 오르게 된 인물이었다. 역사가들에 의하면, 노예로서의 경험 때문이었는지 벨릭스는 성격이 포악하고 잔인했으며, 재임 기간 중 일어난 반란에 대해 매우 잔혹하게 진압하여 유대인들의 원성을 샀다고 전해진다. 이러한 사실로 보아 더둘로의 말처럼 총독의 통치에 유대인들이 '크게 감사한다'는 것은 사실과는 많이 다른 것이었다. 본문은 자신의 뜻을 이루기 위해서 수단과 방법을 가리지 않는 세상의 모습을 적나라하게 보여준다.

4 당신을 더 괴롭게 아니하려 하여 우리가 대강 여짜옵나니 '대강 말한다'는 것은 요점만을 말하겠다는 뜻이다. 장황하게 설명함으로 총독을 괴롭히지 않겠다는 말이다. 이것은 최대한 총독의 심기를 건드리지 않음으로써 재판을 유리하게 하려는 심리적인 전술이다. 바울을 향한 유대인들의 공격이 무서울 정도로 철저한 것이었음을 알 수 있는 부분이다. 그러나 결국 그러한 그들의 공격도 진리인 복음을 넘어뜨릴 수는 없었다.

5–6 이 사람은 전염병 같은 자라 천하에 흩어진 유대인을 다 소요하게 하는 자요 더둘로는 바울을 "전염병 같은 자"라고 칭했는데, 그의 말처럼 바울의 복음 전도는 마치 전염병처럼 매우 생명력 있게 전파되고 있었음을 알 수 있다. 한편, 로마는 점령지의 평화를 원했기 때문에, 유대인들을 선동했다는 것은 당시로서는 큰 죄목이 될 수 있었다[첫 번째 죄목]. 그러나 소요는 바울이 일으킨 것이 아니라 유대인들이 일으킨 것이었다(행 21:27).

나사렛 이단의 우두머리라, 그가 또 성전을 더럽게 하려 하므로 바울의 두 번째[이단(분파주의)], 세 번째[신성모독] 죄목이다. 그들은 바울을 '나사렛 이단의 우두머리'라고 표현함으로써 반란의 기운을 느끼게 했으며(행 5:36–37), 성전을 더럽혔다고 주장하여 성전모독죄로 몰아붙였다. 당시의 성전모독죄는 사형까지도 집행할 수 있는 죄목이었다(행 21:28 절별 해설 참조).

쉬운성경

1 오 일 뒤에 대제사장 아나니아가 장로 몇 사람과 더둘로라고 하는 법률가를 데리고 가이사랴에 왔습니다. 그들이 온 것은 총독에게 바울을 고소하기 위해서였습니다.

2 바울이 안으로 불려 들어가자, 더둘로가 고소하기 시작했습니다. "벨릭스 각하! 우리는 각하 덕분에 오랫동안 평화를 누려 왔으며 각하의 지혜로운 일 처리로 우리 나라의 잘못된 일들이 많이 고쳐졌습니다.

3 우리는 언제 어디서나 이 모든 일이 각하의 공로 때문인 것을 인정하며 각하께 감사하고 있습니다.

4 이제 더 이상 각하께 폐가 되지 않게 간단히 말씀드리겠으니 저희 말을 들어 주시기 바랍니다.

5 우리는 이 사람이 온 세계에 있는 유대인들을 선동하고 문제를 일으키는 사람인 것을 알게 되었습니다. 이 사람은 나사렛 이단의 두목입니다.

6 심지어는 그가 성전까지 더럽히려고 하여 우리가 그를 붙잡았습니다.

7 (없음)*

8 총독 각하께서 이 사람을 직접 심문해 보시면 우리가 그를 고소하는 이유를 아실 수 있을 것입니다."

9 다른 유대인들도 가세하면서 그의 말이 모두 사실이라고 주장했습니다.

*24:6 하반절–8상반절 어떤 사본에는 다음과 같은 구절이 있다. "우리는 우리의 법으로 그를 재판하려 했지만, 7 천부장 루시아가 그를 우리에게서 강제로 빼앗아 갔습니다. 8 그리고는 그를 고소하는 사람들에게 각하께 직접 고소하라고 명령하였습니다."

저자의 묵상

유대인들은 변호사 더둘로를 통하여 바울을 고소했다. 더둘로의 말에서 눈에 띄는 대목이 있다. 그것은 바울을 가리켜 '천하에 흩어진 유대인을 다 소요하게 한다'고 말한 것이다. 바울 한 사람의 영향력이 대단했음을 보여주는 대목이다. 바울의 복음 전도 사역에 이방인들뿐만 아니라 모든 유대인들이 흔들렸다. 이처럼 그리스도교와 복음은 당시에 위세가 대단했다. 이것은 바울 개인의 능력이 아니라 성령에 의한 복음의 능력이다. 복음은 힘[생명력]이 있다. 성령께서 바울이 가는 곳마다 함께하시고 역사하셨기 때문이다.

예나 지금이나 복음은 영향력이다. 복음의 영향력은 복음을 전하는 사람의 인격과 삶이 전제된 것이다. 교회는 건물이나 숫자로 평가할 곳이 아니다. 아무리 재물이 많아도 복음의 영향력 없이 간신히 명맥만을 유지하는 기독교라면 그것은 기독교가 아니다. 성도는 '예수의 이름으로' 세상에 영향력을 끼치는 인격과 삶을 가져야 하고, 그런 사람들이 모인 장소가 교회가 되어야 한다.

무릎 기도 하나님, 생명력 있는 복음의 증인이 되기 원합니다.

ESV - Acts 24

1 And after five days the high priest Ananias came down with some elders and a spokesman, one Tertullus. They laid before the governor their case against Paul.
2 And when he had been summoned, Tertullus began to accuse him, saying: "Since through you we enjoy much peace, and since by your foresight, most excellent Felix, reforms are being made for this nation,
3 in every way and everywhere we accept this with all gratitude.
4 But, to detain* you no further, I beg you in your kindness to hear us briefly.
5 For we have found this man a plague, one who stirs up riots among all the Jews throughout the world and is a ringleader of the sect of the Nazarenes.
6 He even tried to profane the temple, but we seized him.*
8 By examining him yourself you will be able to find out from him about everything of which we accuse him."
9 The Jews also joined in the charge, affirming that all these things were so.

* 24:4 Or *weary*

* 24:6 Some manuscripts add *and we would have judged him according to our law.* [7] *But the chief captain Lysias came and with great violence took him out of our hands,* [8] *commanding his accusers to come before you.*

1 spokesman 대변인, 연설가 2 summon 소환하다 foresight 선견지명, 통찰력 3 gratitude 감사 4 detain 붙들다, 지체하게 하다 5 plague 전염병 stir up a riot 폭동을 선동하다 ringleader 주모자, 우두머리 sect 분파, 종파 6 profane 모독하다 9 affirm 증언하다, 확인하다

□ 묵상 체크

78 당당한 고백

월 일

사도행전 24:10-21 • 새찬송 336장 | 통일 383장

• 말씀묵상 전에 성령님의 인도하심을 구하는 기도를 드리십시오.

본문요약 I 재판 순서에 따라 고발자의 고소가 있은 후 바울의 변호가 이어진다. 바울은 지적받은 세 가지 죄목에 대해 조목조목 자신의 무죄를 입증한다. 특히 바울은 죄수의 몸으로 당당하게 자신의 신앙을 고백한다. 세상의 그 어떤 법정이나 사람도 바울을 주눅 들게 하지 못했다. 진리 가운데 서 있는 사람은 어떤 환경에서도 당당하다.

10 총독이 바울에게 머리로 표시하여 말하
라 하니 그가 대답하되 당신이 여러 해
전부터 이 민족의 재판장 된 것을 내가
알고 내 사건에 대하여 기꺼이 변명하나
이다
11 당신이 아실 수 있는 바와 같이 내가 예
루살렘에 예배하러 올라간 지 열이틀밖
에 안 되었고
12 그들은 내가 성전에서 누구와 변론하는
것이나 회당 또는 시중에서 무리를 소동
하게 하는 것을 보지 못하였으니
13 이제 나를 고발하는 모든 일에 대하여 그
들이 능히 당신 앞에 내세울 것이 없나이
다
14 그러나 이것을 당신께 고백하리이다 나
는 그들이 이단이라 하는 도를 따라 조상
의 하나님을 섬기고 율법과 선지자들의
글에 기록된 것을 다 믿으며
15 그들이 기다리는 바 하나님께 향한 소망
을 나도 가졌으니 곧 의인과 악인의 부활
이 있으리라 함이니이다
16 이것으로 말미암아 나도 하나님과 사람
에 대하여 항상 양심에 거리낌이 없기를
힘쓰나이다
17 여러 해 만에 내가 내 민족을 구제할 것
과 제물을 가지고 와서
18 드리는 중에 내가 결례를 행하였고 모임
도 없고 소동도 없이 성전에 있는 것을
그들이 보았나이다 그러나 아시아로부터
온 어떤 유대인들이 있었으니
19 그들이 만일 나를 반대할 사건이 있으면
마땅히 당신 앞에 와서 고발하였을 것이
요
20 그렇지 않으면 이 사람들이 내가 공회 앞
에 섰을 때에 무슨 옳지 않은 것을 보았
는가 말하라 하소서
21 오직 내가 그들 가운데 서서 외치기를 내
가 죽은 자의 부활에 대하여 오늘 너희
앞에 심문을 받는다고 한 이 한 소리만
있을 따름이니이다 하니

1. 오늘 하나님께서 나에게 주신 깨달음은 무엇입니까?

2. 말씀을 어떻게 내 삶에 구체적으로 적용해야 합니까?

절별 해설

10 총독이 바울에게 머리로 표시하여 말하라 하니 당시 법정에서는 총독이 죄수에게 일일이 말로 지시하지 않고 단지 머릿짓으로 표시하여 발언하게 하는 경우가 있었다. 이것은 자신의 권위를 과시하려는 고압적인 태도로서, 세상은 이처럼 힘에 근거한 강압적인 권위를 내세운다. 그러나 진정한 권위는 강압적인 태도에서 나오는 것이 아니라 겸손한 섬김에서 나온다고 주님은 말씀하셨다(마 20:25-27).

11-13 바울은 첫 번째 죄목인 '소요죄[선동죄]'에 대해 입장을 밝힌다. 자신은 예루살렘에 온 지 12일밖에 되지 않았기에 소동을 일으킬 만한 시간도 없었으며, 결정적으로 소동을 일으켰다는 아무런 증거가 없다고 말한다. 억울한 일을 당할 때 흥분하기보다는 바울처럼 침착하게 대처하는 태도가 필요하다.

14 그러나 이것을 당신께 고백하리이다 나는 그들이 이단이라 하는 도를 따라 조상의 하나님을 섬기고 두 번째 죄목인 '이단의 우두머리'라는 죄목에 대한 해명이다. 바울은 한편으로는 자신의 믿음이 유대인의 것과 다르지 않음을 강조하면서도, 다른 한편으로는 예수 그리스도를 믿는 자신의 믿음에 대한 분명한 신앙고백을 감추지 않는다. 총독의 위엄이 짓누르는 법정에서, 그것도 죄수의 신분으로 이런 신앙고백을 한다는 것은 쉬운 일이 아니다. 우리도 어떠한 형편에 처해 있든지 주님에 대한 신앙고백이 흔들려서는 안 될 것이다.

15 의인과 악인의 부활 바울은 자신이 가진 신앙의 궁극적인 소망을 '부활'이라고 표현한다. 이것은 단지 바리새인과 사두개인의 분열을 조장하기 위해 사용된 전략만은 아니었다(행 23:6-10). 바울의 신앙은 항상 부활에 대한 소망으로 가득했다(21절, 고전 15장). 기독교 신앙의 가장 중요한 특징은 '부활'에 있다. 이 세상의 삶이 전부가 아니다. 우리는 부활할 것이다. 우리에게는 영원한 삶이 기다리고 있다. 이 확신이 우리로 하여금 이 세상에서의 삶을 조절하게 해준다(16절). 이 세상의 어떠한 형편에서도 우리가 굴하지 않고 당당하게 살아가도록 도와준다(마 10:28).

쉬운성경

10 총독이 바울에게 말하라고 몸짓하자, 바울이 대답했습니다. "각하께서 수 년 동안, 이 민족의 재판장이 되신 것을 제가 알고 있습니다. 그래서 저와 관련된 일을 각하께 변명하게 된 것을 기쁘게 생각합니다.

11 제가 예루살렘에 예배드리러 올라간 것은 십이 일밖에 되지 않습니다. 이것은 각하께서 조사해 보시면 금방 아실 수 있을 것입니다.

12 그리고 저를 고소하는 사람들은 제가 성전 뜰에서 누구와 논쟁한 것이나, 회당에서나 도시 안에서나 사람들을 선동한 것을 본 적이 없습니다.

13 그리고 이들이 지금 저를 고소하고 있지만 총독 각하께 그 내용에 대한 증거는 제시하지 못하고 있습니다.

14 그러나 저는 각하께 이 사실을 고백합니다. 저는 유대인들이 소위 이단이라고 말하는 예수의 '도'를 따르는 사람으로서, 우리 조상의 하나님을 섬기며 모세의 율법과 예언자들의 책에 적힌 것도 다 믿는다는 사실입니다.

15 저는 이 사람들이 간직하고 있는 것과 똑같이, 하나님께 대한 소망을 가지고 있습니다. 그것은 의로운 사람이든 불의한 사람이든 모든 사람이 다시 부활하리라는 소망입니다.

16 그래서 저는 언제나 하나님과 사람들 앞에서 저의 깨끗한 양심을 간직하려고 힘쓰고 있습니다.

17 저는 여러 해 동안 예루살렘을 떠나 있다가, 저희 민족에게 구제금을 전하고 하나님께 예물을 바치려고 예루살렘에 다시 돌아왔습니다.

18 그들이 저를 본 것은 제가 성전 뜰에서 정결 예식을 행하고 있을 때였습니다. 저는 소동을 일으키지도 않았고 제 주위에 군중들이 모여 있지도 않았습니다.

19 그 자리에는 아시아에서 온 유대인들이 있었는데, 저를 고소할 일이 있었다면 그들이 직접 각하 앞에 와서 저를 고소했을 것입니다.

20 그렇지 않으면, 제가 예루살렘에서 유대인의 공의회 앞에 섰을 때에 이들이 제게서 무슨 잘못을 찾아냈는지, 여기 서 있는 이 사람들에게 말해 보라고 하십시오.

21 제가 그들 앞에 섰을 때, 한 말은 오직 하나, 곧 '오늘 제가 여러분 앞에서 재판받는 것은 죽은 사람의 부활에 관한 것 때문이다'라고 외친 것뿐입니다."

저자의 묵상

세상의 최고 권력자 앞에서도 바울은 당당하다. 자신이 위법을 저지르지도 않았거니와 진리를 전파하다가 이 상황에 이르렀기 때문이다. 바울은 부활에 관한 분명한 확신을 가진 사람이었다. 본문을 따라 묵상해 보면, 성도가 이 세상에서 당당하기 위해서는 두 가지가 필요한 것 같다. 첫째는 위법함이 없어야 한다. 세상의 기준에 맞추어 보아도 부끄러울 것이 없는 삶을 살 때 우리는 당당할 수 있다. 간혹 교회가 세상보다 더 못한 윤리적 기준을 가져서 세상의 지탄을 받는 경우가 있다. 세상 법이나 관습에 비추어도 교회는 언제나 그 위에 있어야 한다. 둘째, 내세의 확신이 있어야 한다. 부활과 천국에 대한 확신은 이 땅에서 권력자든지 부유한 자든지를 가리지 않고 그들 앞에서 전혀 주눅 들지 않게 만드는 요소다. 이 땅의 것이 전부가 아니기에 주님의 부활을 소망하며 사는 사람은 이 땅의 권세와 가치 앞에서도 언제나 당당할 수 있는 것이다.

무릎 기도 하나님, 부활의 소망이 충만한 삶이 되기를 기도합니다.

ESV - Acts 24

10 And when the governor had nodded to him
to speak, Paul replied: "Knowing that for
many years you have been a judge over this
nation, I cheerfully make my defense.
11 You can verify that it is not more than twelve
days since I went up to worship in Jeru-
salem,
12 and they did not find me disputing with
anyone or stirring up a crowd, either in the
temple or in the synagogues or in the city.
13 Neither can they prove to you what they now
bring up against me.
14 But this I confess to you, that according to
the Way, which they call a sect, I worship the
God of our fathers, believing everything laid
down by the Law and written in the Pro-
phets,
15 having a hope in God, which these men
themselves accept, that there will be a
resurrection of both the just and the unjust.
16 So I always take pains to have a clear con-
science toward both God and man.
17 Now after several years I came to bring alms
to my nation and to present offerings.
18 While I was doing this, they found me
purified in the temple, without any crowd or
tumult. But some Jews from Asia—
19 they ought to be here before you and to
make an accusation, should they have
anything against me.
20 Or else let these men themselves say what
wrongdoing they found when I stood before
the council,
21 other than this one thing that I cried out while
standing among them: 'It is with respect to
the resurrection of the dead that I am on trial
before you this day.'"

10 nod to ~ ~에게 고개를 끄덕이다 cheerfully 기꺼이 11 verify 진실임을 확인하다 12 dispute with ~ ~와 논쟁하다 14 confess 고백하다 sect 분파, 종파 16 take pains to ~ ~하는 데 애를 쓰다, 공을 들이다 have a clear conscience 양심에 부끄럽지 않다 17 alms 구호금 offering 제물 18 tumult 소동, 소란 19 accusation 고발 20 wrongdoing 범죄, 불법 행위 21 with respect to ~ ~에 관하여

79 바울을 구금하는 벨릭스

월 일

사도행전 24:22-27 • 새찬송 425장 | 통일 217장

• 말씀묵상 전에 성령님의 인도하심을 구하는 기도를 드리십시오.

본문요약 | 벨릭스 총독은 소송 중인 문제를 바로 처결하지 않고 좀 더 자유로운 분위기에서 바울을 구금하는 한편, 자신의 아내와 더불어 바울의 강론을 듣는다. 벨릭스는 결국 2년 동안 바울을 감금하게 되는데, 그 이유는 유대인의 환심을 사기 위함과 동시에 바울에게서 뇌물을 받으려는 속셈 때문이었다. 벨릭스는 자신의 이익과 정치적 목적을 위해 바울을 이용한 것이다.

22 벨릭스가 이 도에 관한 것을 더 자세히
아는 고로 연기하여 이르되 천부장 루시
아가 내려오거든 너희 일을 처결하리라
하고
23 백부장에게 명하여 바울을 지키되 자유
를 주고 그의 친구들이 그를 돌보아 주는
것을 금하지 말라 하니라
24 수일 후에 벨릭스가 그 아내 유대 여자
드루실라와 함께 와서 바울을 불러 그리
스도 예수 믿는 도를 듣거늘
25 바울이 의와 절제와 장차 오는 심판을 강
론하니 벨릭스가 두려워하여 대답하되
지금은 가라 내가 틈이 있으면 너를 부르
리라 하고
26 동시에 또 바울에게서 돈을 받을까 바라
는 고로 더 자주 불러 같이 이야기하더라
27 이태가 지난 후 보르기오 베스도가 벨릭
스의 소임을 이어받으니 벨릭스가 유대
인의 마음을 얻고자 하여 바울을 구류하
여 두니라

1. 오늘 하나님께서 나에게 주신 깨달음은 무엇입니까?

2. 말씀을 어떻게 내 삶에 구체적으로 적용해야 합니까?

절별 해설

22 연기하여 이르되 천부장 루시아가 내려오거든 너희 일을 처결하리라 유대를 오래 통치한 벨릭스는 소송의 쟁점을 이미 잘 알고 있었으나(10절), 이 문제를 정치적으로 이용한다. 즉, 바울에겐 죄가 없지만 유대인들의 환심을 사기 위해서 천부장이 온 다음에 처리하겠다는 구실로 즉각적인 판결을 미룬다. 당시 벨릭스는 유대인들과 사이가 좋지 않았기 때문에 이러한 정치적 결정을 내린 것이다.

23 감금 생활 중에도 바울에게는 상당히 많은 자유가 주어졌다. 바울이 로마 시민권자인 점도 있지만, 벨릭스가 이미 바울이 무죄인 것을 알고 있었기에 이런 조치를 취한 것이다.

24 그 아내 유대 여자 드루실라 벨릭스의 세 번째 부인으로, 야고보 사도를 죽인 헤롯 아그립바 1세의 막내딸이었다(행 12:1-23). 원래는 다른 남자의 아내였으나 그녀의 미모에 반한 벨릭스의 유혹에 넘어가 남편을 버리고 벨릭스와 결혼했다.

25 바울이 의와 절제와 장차 오는 심판을 강론하니 바울이 왜 이런 주제로 강론했는지 짐작할 수 있다. 바울은 벨릭스 부부의 온전하지 못한 생활을 지적한 것이다. "의"는 벨릭스의 의롭지 못한 유대 통치를, "절제"는 그들의 합당하지 않은 결혼을, "심판"은 마지막 때에 이 모든 일에 책임이 뒤따를 것을 강조한 강론이었다. 비록 죄수의 신분이었지만 하나님의 사람 바울은 용기 있는 발언을 서슴지 않았다.

25-26 벨릭스가 두려워하여 … 동시에 또 바울에게서 돈을 받을까 바라는 고로 인간의 이중적인 마음이 잘 드러나 있다. 벨릭스는 바울의 강론을 듣고 두려운 마음이 들었지만 회개하지는 않았다. 이후에도 그가 바울을 계속 부른 이유는 돈 때문이었다. 결국 벨릭스의 관심은 진리가 아닌 돈에 더 치우쳐 있었던 것이다.

27 이태가 지난 후 벨릭스가 바울을 그런 식으로 잡아둔 지 2년이 흘렀다. 주님으로부터 로마를 향한 약속을 분명히 받았던 바울에게(행 23:11) 이 기간은 다소 이해할 수 없는 지루한 시간처럼 보일 수도 있었을 것이다. 그러나 틀림없이 이 기간은 그동안 전도여행 등으로 지친 바울이 쉬면서 자신의 로마행을 준비하는 의미 있는 시간이었을 것이다. 하나님은 모든 일을 합력하여 선을 이루신다는 사실을 기억하자(롬 8:28). 그러므로 이 기간은 벨릭스의 정치적인 목적에 이용당한 시간이 아니라 하나님이 바울을 로마로 보내기 전에 준비시킨 시간이었다. 모든 것을 하나님의 관점에서 보라!

쉬운성경

22 당시에 벨릭스는, 이미 예수의 '도'에 관한 것을 자세히 알고 있었으므로, "천부장 루시아가 오면, 여러분들이 제기한 고소 문제를 처리하겠소"라고 말하고서 재판을 연기하였습니다.

23 벨릭스는 백부장에게 명령하여 바울을 잘 지키되, 어느 정도 자유를 주고 친지들이 그를 돌보아 주는 것을 막지 말라고 말했습니다.

24 며칠 뒤에 벨릭스는 유대인인 자기 아내 드루실라와 함께 와서 바울을 불러 내어 그리스도 예수를 믿는 것에 관한 가르침을 들었습니다.

25 그러나 바울이 정의와 절제하는 일과 장차 임할 심판에 대해 이야기하자 벨릭스는 두려워하며 "지금은 그만하고 가시오. 시간이 나면 다시 그대를 부르겠소"라고 말했습니다.

26 그러면서도 벨릭스는 바울에게서 돈을 받을 수 있지는 않을까 하는 기대감에 바울을 자주 불러내어 함께 이야기를 나누었습니다.

27 두 해가 지난 후에 보르기오 베스도가 벨릭스의 후임으로 총독이 되었습니다. 그런데 벨릭스는 유대인들에게 환심을 사려고 바울을 그대로 감옥에 가두어 두었습니다.

저자의 묵상

벨릭스는 인간의 이중성을 보여준다. 벨릭스는 바울의 강론을 듣고 두려워하면서도 회개하지 않았고, 바울을 정치적으로 활용하며 돈을 바라고 바울을 붙잡아 두었다. 한편으로는 두려워하면서도 다른 한편으로는 여전히 죄를 짓고 있는 인간의 전형적인 모습이다. 이런 이중성은 인간 누구에게나 있다. 그러나 그리스도인은 이것을 정당화하면 안 된다. 하나님의 말씀에 위배되는 것을 알고 마음이 찔리면서도 죄를 계속 짓는 어리석은 자리에서 벗어나야 할 것이다.

한편, 바울이 겪은 2년간의 옥고는 로마행을 말씀하신 주님의 뜻이 더디 이루어지는 것처럼 느껴지게 할 수도 있다. 그러나 우리를 향하신 주님의 뜻은 언제나 가장 적절한 시기에 이루어짐을 믿자. 바울에게도 정신없이 달려온 선교사로서의 삶을 차분히 정리하며 로마행을 준비하는 기간으로 하나님께서 허락하신 시간이었을 것이다. 내가 원하는 시간에 어떤 일이 이루어지지 않더라도, 주님께서 최적의 시간으로 인도하신다는 확신은 절대로 놓지 말아야 한다.

무릎기도 | 하나님, 말씀을 들을 때에 즉시 회개할 수 있는 마음을 주소서.

ESV - Acts 24

22 But Felix, having a rather accurate knowledge of the Way, put them off, saying, "When Lysias the tribune comes down, I will decide your case."
23 Then he gave orders to the centurion that he should be kept in custody but have some liberty, and that none of his friends should be prevented from attending to his needs.
24 After some days Felix came with his wife Drusilla, who was Jewish, and he sent for Paul and heard him speak about faith in Christ Jesus.
25 And as he reasoned about righteousness and self-control and the coming judgment, Felix was alarmed and said, "Go away for the present. When I get an opportunity I will summon you."
26 At the same time he hoped that money would be given him by Paul. So he sent for him often and conversed with him.
27 When two years had elapsed, Felix was succeeded by Porcius Festus. And desiring to do the Jews a favor, Felix left Paul in prison.

22 rather 상당히 accurate 정확한 23 keep ~ in custody ~을 감금하여 두다 liberty 자유 prevent from ~ ~을 막다 attend to ~ ~을 돌보다, 시중들다 25 reason 도리를 설명하다 alarmed 불안해하는 26 converse with ~와 담화를 나누다 27 elapse (시간이) 지나다 succeed 뒤를 잇다

80 가이사에게 상소하는 바울

월 일

사도행전 25:1-12 • 새찬송 292장 | 통일 415장

• 말씀묵상 전에 성령님의 인도하심을 구하는 기도를 드리십시오.

본문요약 | 베스도가 새 총독으로 부임한 후 유대 지도자들은 다시 바울을 암살할 계획을 세웠으나 실패로 돌아간다. 가이사랴에서 다시 재판이 열린 후 베스도가 바울에게 예루살렘에서의 재판을 제의했으나, 바울은 로마 황제 가이사에게 상소한다. 소망이 없는 재판 대신 상소를 통해 로마행을 결심한 것이다. 세월은 지나도 유대인들의 악함은 여전했다.

1 베스도가 부임한 지 삼 일 후에 가이사랴
에서 예루살렘으로 올라가니
2 대제사장들과 유대인 중 높은 사람들이
바울을 고소할새
3 베스도의 호의로 바울을 예루살렘으로
옮기기를 청하니 이는 길에 매복하였다
가 그를 죽이고자 함이더라
4 베스도가 대답하여 바울이 가이사랴에
구류된 것과 자기도 멀지 않아 떠나갈 것
을 말하고
5 또 이르되 너희 중 유력한 자들은 나와
함께 내려가서 그 사람에게 만일 옳지 아
니한 일이 있거든 고발하라 하니라
6 베스도가 그들 가운데서 팔 일 혹은 십
일을 지낸 후 가이사랴로 내려가서 이튿
날 재판 자리에 앉고 바울을 데려오라 명
하니
7 그가 나오매 예루살렘에서 내려온 유대
인들이 둘러서서 여러 가지 중대한 사건
으로 고발하되 능히 증거를 대지 못한지
라
8 바울이 변명하여 이르되 유대인의 율법
이나 성전이나 가이사에게나 내가 도무
지 죄를 범하지 아니하였노라 하니
9 베스도가 유대인의 마음을 얻고자 하여
바울더러 묻되 네가 예루살렘에 올라가
서 이 사건에 대하여 내 앞에서 심문을
받으려느냐
10 바울이 이르되 내가 가이사의 재판 자리
앞에 섰으니 마땅히 거기서 심문을 받을
것이라 당신도 잘 아시는 바와 같이 내가
유대인들에게 불의를 행한 일이 없나이
다
11 만일 내가 불의를 행하여 무슨 죽을 죄를
지었으면 죽기를 사양하지 아니할 것이
나 만일 이 사람들이 나를 고발하는 것이
다 사실이 아니면 아무도 나를 그들에게
내줄 수 없나이다 내가 가이사께 상소하
노라 한대
12 베스도가 배석자들과 상의하고 이르되
네가 가이사에게 상소하였으니 가이사에
게 갈 것이라 하니라

1. 오늘 하나님께서 나에게 주신 깨달음은 무엇입니까?

2. 말씀을 어떻게 내 삶에 구체적으로 적용해야 합니까?

절별 해설

1 베스도 벨릭스의 뒤를 이어 AD 60년에 총독으로 부임했는데 2년 후에 죽었다. 베스도는 부임 인사차 예루살렘의 산헤드린 공회를 방문한 것 같다.

2 대제사장들과 유대인 중 높은 사람들이 바울을 고소할새 베스도를 만난 자리에서 대제사장들과 유대인 지도자들은 다시금 바울을 고소한다. 2년이란 시간이 흘렀지만 여전히 그들은 죄 없는 바울을 제거 대상으로 주목하고 있었다.

3 그들은 더 나아가서 2년 전에 세웠던 계획을 또다시 실행하려 했다(행 23:20–21). 바울을 예루살렘으로 다시 옮겨 재판하자고 제안한 후 도중에서 암살하려는 계획이었다. 처음 부임한 베스도가 유대인들과의 좋은 관계를 위해서 노력한다는 것을 알고 이 점을 악용하려 든 것이다. 유대인들이 악한 일을 계획하고 추진하는 모습이 얼마나 집요한지 알 수 있다. 악인도 이렇게까지 하는데, 우리는 과연 선을 계획하고 추진함에 있어서 어느 정도의 인내심과 꾸준함을 가졌는지 돌아보아야 할 것이다.

4 베스도는 바울이 가이사랴에 갇혀 있으며, 자기도 곧 예루살렘을 떠날 것이라는 이유를 들어 바울을 고소하는 자들의 제안을 거절했다.

6–9 베스도 앞에서 다시 재판이 열린다. 그러나 이 재판은 벨릭스 때의 재판과 거의 다른 점이 없었다. 여전히 예루살렘에서 온 유대인들은 바울의 죄를 증명하지 못했으며, 바울은 자신의 무죄를 변명했다. 다른 점이 있다면, 베스도가 유대인들을 의식해서 이번에는 바울에게 예루살렘에서의 재판을 제안한 것이다.

11 아무도 나를 그들에게 내줄 수 없나이다 내가 가이사께 상소하노라 총독이 주재하는 재판에서 더 이상 공정한 판결을 기대할 수 없는데다 자신을 예루살렘으로 보내려 하자(9절), 바울은 로마 황제에게 상소한다. 단순히 죽는 것이 두려워서가 아니라 로마로 가야 하는 자신의 사명 때문이었다. 당시 로마 시민권자는 하급 법정에서의 판결에 불만이 있으면 상급 법정인 로마

쉬운성경

1 베스도는 총독으로 부임한 지 삼 일 뒤에 가이사랴를 떠나 예루살렘으로 올라갔습니다.

2 대제사장들과 유대인 지도자들이 베스도 앞에 나타나 그에게 바울을 고소했습니다.

3 그들은 베스도에게 환심을 사 가며 바울을 다시 예루살렘으로 보내 달라고 간청했습니다. 그들은 길에 사람들을 매복시켰다가 바울을 죽일 계획이었습니다.

4 그러나 베스도는, 바울은 가이사랴에 갇혀 있고 자신도 곧 그리로 돌아갈 것이므로,

5 "그 사람이 정말로 잘못된 행동을 했다면, 여러분들 중에서 몇 사람이 나와 함께 가이사랴로 가서 그곳에서 그를 고발하시오"라고 대답했습니다.

6 베스도가 예루살렘에 팔 일인가 십 일인가를 더 머물다가 가이사랴로 돌아갔습니다. 이튿날, 그는 재판석에 앉아서 바울을 데려오라고 명령했습니다.

7 바울이 나타나자, 예루살렘에서 온 유대인들이 그를 에워싸고 여러 가지 무거운 죄목을 대며 바울을 고발하기 시작했습니다. 그러나 그 죄를 입증할 만한 증거는 아무도 제시하지 못했습니다.

8 바울은 이렇게 자신을 변명했습니다. "나는 유대인의 율법이나 성전이나 로마 황제를 거스르는 죄를 지은 적이 없었습니다."

9 그러나 베스도가 유대인의 환심을 사려고 바울에게 물었습니다. "그대는 예루살렘으로 올라가서 이 여러 가지 고소 문제에 대해 내 앞에서 재판받기를 원하는가?"

10 바울이 말했습니다. "나는 지금 황제의 법정에 서 있습니다. 나는 이곳에서 재판을 받아야 합니다. 각하께서도 잘 아

황제 가이사에게 상소할 수 있었다. 본문의 "가이사"는 특정인의 이름이 아니라 로마 황제를 지칭하는 일반적인 칭호다.

시듯 나는 유대인들에게 어떤 죄도 짓지 않았습니다.

11 혹 내게 잘못한 일이 있어 법에 따라 사형을 당해야 한다면, 죽음을 피할 생각은 없습니다. 그러나 이들이 고발한 내용이 사실이 아니라면, 어느 누구도 나를 이들에게 넘겨줄 수 없습니다. 나는 로마 황제*에게 상소하겠습니다."

12 베스도는 이 문제를 두고 배심원들과 상의한 뒤에 "그대가 황제에게 상소했으니, 황제에게 가게 될 것이오"라고 선포했습니다.

*25:11 또는 '가이사'

저자의 묵상

총독이 바뀌고 시간이 흘렀지만 달라진 것은 없었다. 유대인들은 여전히 살기등등했으며, 새로 부임한 총독은 애매한 행정을 계속하려 했다. 이에 바울은 예루살렘에서 다시 재판을 받자는 총독의 제안을 거절하고 로마 황제 가이사에게 상소한다. 바울은 낙심할 수도 있는 상황이었지만 자신이 할 수 있는 최선의 방법을 동원하여 로마행을 결심한다. 바울은 끝까지 자신의 사역을 감당하려는 태도를 보인다. 죄로 변함이 없는 세상 앞에서도 성도는 하나님의 사역을 계속 감당하겠다는 태도를 버리지 말아야 한다. 세상이 죄를 짓는 부정적인 측면에서 변함이 없듯이, 우리는 주님의 일을 한다는 긍정적인 측면에서 변함이 없어야 한다. 유대인들은 악을 행함에 있어서도 집요한 열심을 보였다. 저들이 악을 행하는 데도 그런 집념을 보였다면, 우리가 선을 행하는 데 집념을 가져야 함은 당연한 일이다.

무릎기도 하나님, 변하지 않는 세상을 위해 긍휼과 인내의 마음으로 기도하게 하소서.

ESV - Acts 25

1 Now three days after Festus had arrived in the province, he went up to Jerusalem from Caesarea.

2 And the chief priests and the principal men of the Jews laid out their case against Paul, and they urged him,

3 asking as a favor against Paul* that he summon him to Jerusalem—because they were planning an ambush to kill him on the way.

4 Festus replied that Paul was being kept at Caesarea and that he himself intended to go there shortly.

5 "So," said he, "let the men of authority among you go down with me, and if there is anything wrong about the man, let them bring charges against him."

6 After he stayed among them not more than eight or ten days, he went down to Caesarea. And the next day he took his seat on the tribunal and ordered Paul to be brought.

7 When he had arrived, the Jews who had come down from Jerusalem stood around him, bringing many and serious charges against him that they could not prove.

8 Paul argued in his defense, "Neither against the law of the Jews, nor against the temple, nor against Caesar have I committed any offense."

9 But Festus, wishing to do the Jews a favor, said to Paul, "Do you wish to go up to Jerusalem and there be tried on these charges before me?"

10 But Paul said, "I am standing before Caesar's tribunal, where I ought to be tried. To the Jews I have done no wrong, as you yourself know very well.

11 If then I am a wrongdoer and have committed anything for which I deserve to die, I do not seek to escape death. But if there is nothing to their charges against me, no one can give me up to them. I appeal to Caesar."

12 Then Festus, when he had conferred with his council, answered, "To Caesar you have appealed; to Caesar you shall go."

* 25:3 Greek *him*

1 province 지방, 주 3 ambush 매복, 공격 5 man of authority 권위자 bring charges against ~ ~를 기소하다 6 take one's seat 자리에 앉다 tribunal 법정 8 commit an offense 범행을 저지르다 9 do ~ a favor ~에게 호의를 베풀다 be tried 재판을 받다 11 wrongdoer 범죄자 deserve to ~ ~할 만하다 escape death 목숨을 건지다 give up to ~ ~에 넘겨주다 appeal 상소하다, 상고하다 12 confer with ~ ~과 협의하다

• MEMO •

□ 묵상 체크

81 아그립바의 도움을 구하는 베스도

월 일

사도행전 25:13-27 • 새찬송 505장 | 통일 268장

• 말씀묵상 전에 성령님의 인도하심을 구하는 기도를 드리십시오.

본문요약 | 아그립바 왕의 방문을 받은 베스도는 바울의 문제를 그와 의논한다. 그간의 재판 과정을 설명하자, 아그립바는 바울을 만나기로 한다. 이튿날 대단한 위세를 부리며 나타난 아그립바와 버니게 앞에 바울이 서게 된다. 베스도의 요청으로 시작된 일이지만, 이것은 복음을 '이방인과 임금들' 앞에서 증거하게 하시려는 하나님의 뜻이었다.

13 수일 후에 아그립바 왕과 버니게가 베스
도에게 문안하러 가이사랴에 와서
14 여러 날을 있더니 베스도가 바울의 일로
왕에게 고하여 이르되 벨릭스가 한 사람
을 구류하여 두었는데
15 내가 예루살렘에 있을 때에 유대인의 대
제사장들과 장로들이 그를 고소하여 정
죄하기를 청하기에
16 내가 대답하되 무릇 피고가 원고들 앞에
서 고소 사건에 대하여 변명할 기회가 있
기 전에 내주는 것은 로마 사람의 법이
아니라 하였노라
17 그러므로 그들이 나와 함께 여기 오매 내
가 지체하지 아니하고 이튿날 재판 자리
에 앉아 명하여 그 사람을 데려왔으나
18 원고들이 서서 내가 짐작하던 것 같은 악
행의 혐의는 하나도 제시하지 아니하고
19 오직 자기들의 종교와 또는 예수라 하는
이가 죽은 것을 살아 있다고 바울이 주장
하는 그 일에 관한 문제로 고발하는 것뿐
이라
20 내가 이 일에 대하여 어떻게 심리할는지
몰라서 바울에게 묻되 예루살렘에 올라
가서 이 일에 심문을 받으려느냐 한즉
21 바울은 황제의 판결을 받도록 자기를 지
켜 주기를 호소하므로 내가 그를 가이사
에게 보내기까지 지켜 두라 명하였노라
하니
22 아그립바가 베스도에게 이르되 나도 이
사람의 말을 듣고자 하노라 베스도가 이
르되 내일 들으시리이다 하더라
23 이튿날 아그립바와 버니게가 크게 위엄
을 갖추고 와서 천부장들과 시중의 높은
사람들과 함께 접견 장소에 들어오고 베
스도의 명으로 바울을 데려오니
24 베스도가 말하되 아그립바 왕과 여기 같
이 있는 여러분이여 당신들이 보는 이 사
람은 유대의 모든 무리가 크게 외치되 살
려 두지 못할 사람이라고 하여 예루살렘
에서와 여기서도 내게 청원하였으나
25 내가 살피건대 죽일 죄를 범한 일이 없더
이다 그러나 그가 [1]황제에게 상소한 고로
보내기로 결정하였나이다
26 그에 대하여 황제께 확실한 사실을 아뢸
것이 없으므로 심문한 후 상소할 자료가
있을까 하여 당신들 앞 특히 아그립바 왕
당신 앞에 그를 내세웠나이다
27 그 죄목도 밝히지 아니하고 죄수를 보내
는 것이 무리한 일인 줄 아나이다 하였더
라

1) 헬. 아구스도에게

1. 오늘 하나님께서 나에게 주신 깨달음은 무엇입니까?

2. 말씀을 어떻게 내 삶에 구체적으로 적용해야 합니까?

절별 해설

13 아그립바 왕과 버니게 아그립바 왕은 사도행전 12장에서 요한의 형제 야고보를 죽인 헤롯 아그립바 1세의 아들이며, 버니게는 그의 누이였다. 두 사람을 둘러싸고 당시 버니게가 남편이 죽은 후 아그립바의 궁에서 함께 살면서 근친상간의 죄를 범했다는 소문이 파다했다. 그들이 베스도의 부임을 축하하기 위해 방문한 것이다.

16 로마 사람의 법 유대인들은 무조건 바울을 정죄하기를 청했으나, 당시 로마의 법은 죄인의 변호 기회를 보장했다. 그러므로 이를 무시하고 유대인들이 바울의 정죄를 먼저 청한 것은 절차에 있어서도 문제가 되는 것이었다(15절).

23 이튿날 아그립바와 버니게가 크게 위엄을 갖추고 와서 공식 석상에서 바울을 만나는 만큼 이들은 왕의 위세를 부리며 나타났다. "위엄"(pomp)은 왕이 공식적인 의식에 등장할 때 입는 화려한 옷과 장식, 음악 등의 모든 것을 가리킨다. 그런데 아무리 공식 석상이라고는 하지만, 한 사람의 죄수를 만나면서 이처럼 화려한 모양으로 나타난 데는 이유가 있었다. 그들은 겉모습의 화려함으로 무언가를 숨기려는 것이 분명했다. 즉, 두 사람 사이의 불륜 관계에 대한 여러 소문들을 왕의 위엄으로 누르려는 것이었다. 속이 공허할수록 겉을 화려하게 꾸미려는 인간의 어리석은 모습이 잘 드러나 있다.

26 상소할 자료가 있을까 하여 당신들 앞 특히 아그립바 왕 당신 앞에 그를 내세웠나이다 베스도의 난처한 처지가 소개된다. 당시 해당 지역의 총독이 죄수를 로마 황제에게 보낼 때에는 합당한 죄목을 적어 보내야 했다. 베스도 자신의 판단으로는 바울에게 죄가 없지만(18, 25절) 유대인들 때문에 풀어줄 수는 없었고(24절), 로마로 그냥 보내자니 죄목이 분명치 않으면 문책을 받을 수도 있었다(27절). 이러한 여러 이유로 바울의 죄목을 구체화하기 위해서 아그립바 왕 앞에 바울을 세웠다고 베스도는 말하지만, 이 일은 하나님의 섭리

쉬운성경

13 며칠이 지난 뒤, 유대의 아그립바 왕과 버니게가 베스도에게 환영 인사를 하기 위해 가이사랴로 왔습니다.

14 그들이 가이사랴에서 여러 날을 머물게 되어 베스도는 아그립바 왕과 바울 사건을 논의하였습니다. 베스도가 말했습니다. "이곳에 벨릭스가 옥에 가두어 둔 사람이 한 사람 있습니다.

15 내가 예루살렘에 갔더니, 대제사장들과 장로들이 그 사람을 고소하면서 그에게 유죄 판결을 내려달라고 요구했습니다.

16 그러나 나는, 어떤 사람이 고소를 당했을 때, 그 사람을 고소한 사람과 마주하게 해서 고소한 것에 대해 변명할 기회를 주지 않고 그들에게 넘겨주는 것은 로마의 관습에 어긋난다고 말해 주었습니다.

17 그래서 유대인들이 나를 따라 이곳 가이사랴로 왔습니다. 나는 시간을 끌지 않고 그 이튿날, 재판을 소집하고 재판석에 앉아서 그 사람을 불러오게 했습니다.

18 유대인들이 일어나 그를 고발하며 죄목을 늘어놓았지만, 내가 예상했던 것만큼 악한 죄는 없었습니다.

19 그들이 바울과 논쟁을 한 것은 간단히 말해서, 그들의 종교에 관한 것과 예수라는 어떤 죽은 자에 관한 것이었습니다. 바울은 그 자가 살아 있다고 주장합니다.

20 나는 이와 같은 문제를 어떻게 조사해야 할지 몰라 망설이다가, 바울에게 예루살렘으로 가서 이 문제에 대해 재판 받기를 원하느냐고 물어 보았습니다.

21 그러나 바울이 황제에게 판결을 받을 때까지 그대로 갇혀 있겠다고 해서 나는 바울을 로마에 계신 황제에게 보낼 때까지 그를 가두어 두라고 명령했습니다."

22 그러자 아그립바가 베스도에게 "나도 그 사람의 말을 듣고 싶소"라고 말했습니다. 베스도는 "내일 그의 말을 들을 수 있게 하겠습니다"라고 대답했습니다.

23 이튿날, 아그립바와 버니게는 화려한 행

였다. 이는 바울이 받은 사명처럼 복음을 "이방인과 임금들" 앞에서 전파하기 위한 것이었다(행 9:15). 이런 자리가 아니고서는 바울이 일일이 총독과 왕 그리고 고위 관리들에게 복음을 자세히 증거할 기회가 있었겠는가? 이 모든 것은 복음이 전파되게 하시는 하나님의 섭리였다.

렬을 갖추고 군대 지휘관들과 그 도시의 유지들과 함께 재판정에 나타났습니다. 베스도가 명령하자, 바울이 끌려나왔습니다.

24 그때, 베스도가 말했습니다. "아그립바 왕 전하, 그리고 이 자리에 함께하신 여러분, 이 사람을 보십시오. 이 사람은 이곳과 예루살렘에 있는 모든 유대인들이 살려 두어서는 안 된다고 소리치면서 나에게 고소한 사람입니다.

25 그러나 내가 판단하기에 그는 죽임을 당할 만한 죄를 범하지 않았습니다. 그런데 그가 황제에게 상소하였으므로 그를 로마로 보내기로 결정했습니다.

26 하지만 이 사람에 관해서 황제께 써 보낼 만한 자료가 내게는 없습니다. 그래서 이 사람을 여러분 앞에, 특별히 아그립바 왕 앞에 불러 낸 것입니다. 나는 여러분이 이 사람을 심문하면 황제께 보고할 자료가 생기지 않을까 기대하고 있습니다.

27 황제께 죄수를 보내면서 그 죄목이 무엇인지 알리지 않는 것은 사리에 맞지 않는 일이라고 생각합니다."

저자의 묵상

바울은 예루살렘에서 붙잡힌 후 총 다섯 번의 재판을 받았다. 군중, 공회, 벨릭스, 베스도 그리고 본문의 아그립바 왕 앞에서 재판을 받는다. 그 기간도 2년 이상 소요되었다. 그러나 이 기간은 절대로 무의미한 시간이 아니었다. 로마행을 준비하는 기간이자, 총독과 임금과 같은 고위층에까지 복음을 전할 기회가 되었기 때문이다. 바울은 사도행전 9장 15절에서 "이 사람은 내 이름을 이방인과 임금들과 이스라엘 자손들에게 전하기 위하여 택한 나의 그릇이라"는 소명을 받았다. 그런 바울이 3차에 걸친 이방 전도여행을 마치고, 이제는 이스라엘 백성과 총독과 임금을 포함한 고위층에게 복음을 전하게 되었던 것이다.

이러한 상황을 경험한 바울은 훗날 자신의 서신에서 '어떠한 형편에든지 자족하기를 배웠다'고도 고백했으며(빌 4:11), 심지어 자신의 투옥이 '복음 전파에 진전이 되었다'고도 기록했다(빌 1:12-13). 그런 이유로 자신의 제자인 디모데에게도 '때를 얻든지 못 얻든지 말씀을 전파하라'고 권면했다(딤후 4:2). 우리가 처한 모든 상황은 무의미한 순간이 없다. 심지어 고난의 시간까지도 주님이 쓰시는 시간임을 명심하고 믿음으로 반응해야 할 것이다.

무릎기도 하나님, 때를 얻든지 못 얻든지 복음을 전파하게 하소서.

ESV - Acts 25

13 Now when some days had passed, Agrippa
the king and Bernice arrived at Caesarea
and greeted Festus.
14 And as they stayed there many days, Festus
laid Paul's case before the king, saying,
"There is a man left prisoner by Felix,
15 and when I was at Jerusalem, the chief
priests and the elders of the Jews laid out
their case against him, asking for a sentence
of condemnation against him.
16 I answered them that it was not the custom
of the Romans to give up anyone before the
accused met the accusers face to face and
had opportunity to make his defense
concerning the charge laid against him.
17 So when they came together here, I made
no delay, but on the next day took my seat
on the tribunal and ordered the man to be
brought.
18 When the accusers stood up, they brought
no charge in his case of such evils as I
supposed.
19 Rather they had certain points of dispute
with him about their own religion and about a
certain Jesus, who was dead, but whom
Paul asserted to be alive.
20 Being at a loss how to investigate these
questions, I asked whether he wanted to go
to Jerusalem and be tried there regarding
them.
21 But when Paul had appealed to be kept in
custody for the decision of the emperor, I
ordered him to be held until I could send him
to Caesar."
22 Then Agrippa said to Festus, "I would like to
hear the man myself." "Tomorrow," said he,
"you will hear him."
23 So on the next day Agrippa and Bernice
came with great pomp, and they entered the
audi-ence hall with the military tribunes and
the prominent men of the city. Then, at the
com-mand of Festus, Paul was brought in.
24 And Festus said, "King Agrippa and all who
are present with us, you see this man about
whom the whole Jewish people petitioned
me, both in Jerusalem and here, shouting
that he ought not to live any longer.
25 But I found that he had done nothing
deserving death. And as he himself
appealed to the emperor, I decided to go
ahead and send him.
26 But I have nothing definite to write to my lord
about him. Therefore I have brought him
before you all, and especially before you,
King Agrippa, so that, after we have exa-
mined him, I may have something to write.
27 For it seems to me unreasonable, in sending
a prisoner, not to indicate the charges
against him."

15 sentence 선고, 판결 condemnation 유죄 판결 16 the accused 피고, 피의자 meet face to face 대면하다 17 tribunal 법정 19 assert 강력히 주장하다 20 be at a loss 어쩔 줄을 모르다 investigate 조사하다 regarding ~에 대하여 21 be kept in custody 구류(감금) 중이다 23 with great pomp 화려하게 prominent 중요한, 유명한 24 petition 청원하다 26 definite 확실한 27 unreasonable 불합리한

• MEMO •

☐ 묵상 체크

82 예수님을 믿기 이전의 바울

월 일

사도행전 26:1-11 • 새찬송 597장 | 통일 378장

• 말씀묵상 전에 성령님의 인도하심을 구하는 기도를 드리십시오.

본문요약 | 바울이 아그립바 왕 앞에서 예수 그리스도를 믿기 이전의 자신의 과거를 이야기하는 내용이다. 바울은 예루살렘에 사는 유대인들이 다 인정할 정도로 지독한 바리새인이었으며, 예수님을 믿는 자들을 박해하던 사람이었다. 그런 그가 이제는 예수님의 부활을 증거하는 사람이 되었음을 강조한다. 예수님을 만난 사람들의 특징은 그 전후가 확연히 다르다는 것이다.

1 아그립바가 바울에게 이르되 너를 위하
여 말하기를 네게 허락하노라 하니 이에
바울이 손을 들어 변명하되
2 아그립바 왕이여 유대인이 고발하는 모
든 일을 오늘 당신 앞에서 변명하게 된
것을 다행히 여기나이다
3 특히 당신이 유대인의 모든 풍속과 문제
를 아심이니이다 그러므로 내 말을 너그
러이 들으시기를 바라나이다
4 내가 처음부터 내 민족과 더불어 예루살
렘에서 젊었을 때 생활한 상황을 유대인
이 다 아는 바라
5 일찍부터 나를 알았으니 그들이 증언하
려 하면 내가 우리 종교의 가장 엄한 파
를 따라 바리새인의 생활을 하였다고 할
것이라
6 이제도 여기 서서 심문 받는 것은 하나님
이 우리 조상에게 약속하신 것을 바라는
까닭이니
7 이 약속은 우리 열두 지파가 밤낮으로 간
절히 하나님을 받들어 섬김으로 얻기를
바라는 바인데 아그립바 왕이여 이 소망
으로 말미암아 내가 유대인들에게 고소
를 당하는 것이니이다
8 당신들은 하나님이 죽은 사람을 살리심
을 어찌하여 못 믿을 것으로 여기나이까
9 나도 나사렛 예수의 이름을 대적하여 많
은 일을 행하여야 될 줄 스스로 생각하고
10 예루살렘에서 이런 일을 행하여 대제사
장들에게서 권한을 받아 가지고 많은 성
도를 옥에 가두며 또 죽일 때에 내가 찬
성 투표를 하였고
11 또 모든 회당에서 여러 번 형벌하여 강제
로 모독하는 말을 하게 하고 그들에 대하
여 심히 격분하여 외국 성에까지 가서 박
해하였고

1. 오늘 하나님께서 나에게 주신 깨달음은 무엇입니까?

2. 말씀을 어떻게 내 삶에 구체적으로 적용해야 합니까?

절별 해설

2 다행히 여기나이다 바울은 아그립바 왕 앞에서 자신의 입장을 변호하게 된 것을 '행운'(I am fortunate–NLT)이라고 말한다. 이 의미는, 3절에서 보는 것처럼, 아그립바가 벨릭스나 베스도와는 다르게 유대인의 모든 풍속과 문제를 아는 사람이므로 정확하고 공정한 판단을 기대할 수 있었기 때문이다.

3 그러므로 내 말을 너그러이 들으시기를 바라나이다 바울은 최대한의 예의를 갖추어 자신의 변론을 시작하고 있다. 자신이 말하고자 하는 내용이 중요하다면 형식을 갖추는 것도 매우 중요하다. 누구보다도 바울은 억울한 입장에 처한 사람이었다. 2년 동안 갇혀 있었지만 아무런 죄도 찾아내지 못한 채 재판이 계속되고 있었다. 그럼에도 바울은 울분을 터트리기보다는 예의 있는 형식을 갖추어 다시 한 번 자신의 입장을 변호한다.

4–5 그 당시는 본토에 거하는 유대인들과 세계 각지에 흩어져 사는 유대인들(Diaspora)이 있었는데, 아무래도 유대 밖에 사는 유대인들은 율법에 대해 다소 자유로운 입장을 취하는 면이 적지 않았다. 바울은 길리기아 다소에서 출생했지만 예루살렘에서 자랐기 때문에(행 22:3), 누구보다도 율법에 열심을 가진 엄격한 바리새인이었다. 이 사실은 유대인들이 다 잘 알고 있었으며, 바울의 이런 과거야말로 현재의 자신을 설명하는 데 가장 적절한 것이었다. 철저한 율법주의자가 변하여 자신이 박해하던 복음의 전도자가 되었다는 것은 무언가 합당한 원인이 있었음을 짐작하게 해 준다.

7 이 약속은 우리 열두 지파가 밤낮으로 간절히 하나님을 받들어 섬김으로 얻기를 바라는 바인데 여기서 이스라엘이 간절히 기다리는 소망은 메시아에 대한 약속이다. 바울은 바로 그 메시아 때문에 자신이 고소를 당했다고 말하며, 바로 그 메시아가 죽었다가 다시 살아나신 예수 그리스도이심을 증거한다(8절). 바울과 같이 누구보다도 철저한 교육을 받은 바리새인이 변한 원인은 바로 부활하신 예수 그리스도를 그가 만났기 때문이었다.

9–11 바울은 박해자로서 열심이었던 자신의 과거를 다시 설명한다. 엄격한 바리새인으로 자라서 열심 있는 박해자가 되기까지 바울은 누구보다도 앞장서서 예수님을 대적한 사람이었다(9

쉬운성경

1 아그립바가 바울에게 말했습니다. "당신 자신에 대해 해명할 기회를 주겠다." 그러자 바울이 손을 들어올리며 변명을 하기 시작했습니다.

2 "아그립바 왕이시여, 저와 관련하여 유대인들이 고소한 것에 대해 오늘 왕 앞에서 해명하게 된 것을 다행으로 생각합니다.

3 그것은 왕께서 유대인의 관습과 유대인들이 서로 다투고 있는 문제들을 잘 알고 계시기 때문입니다. 부탁드리고 싶은 것은 제 말을 끝까지 들어 달라는 것입니다.

4 모든 유대인들은 저의 일생을 다 알고 있습니다. 저의 어린 시절부터 시작하여 동족 가운데서, 그리고 예루살렘에서 어떻게 살아왔는지 잘 알고 있습니다.

5 그들이 저를 안 지는 오래 되었습니다. 그들은 하려고만 했다면, 제가 우리 종교의 가장 엄격한 바리새파 사람이고, 바리새파 사람으로서 생활하였다는 것을 증언할 수도 있을 것입니다.

6 지금 제가 여기 서서 재판을 받게 된 것은 하나님께서 우리 조상들에게 약속하신 것에 대한 소망 때문입니다.

7 이 소망은 우리 열두 지파가 밤이나 낮이나 열심을 다해 하나님을 섬기면서 그 약속이 이루어지기를 바라는 것이었습니다. 왕이시여, 바로 이 소망 때문에 저는 유대인들에게 고발을 당한 것입니다.

8 여러분은 어찌하여 하나님께서 죽은 사람을 살리시는 것이 믿지 못할 일이라고 생각하십니까?

9 한때는 저 역시 나사렛 예수의 이름을 반대하는 일에 온 힘을 쏟아야 한다고 확신했던 사람입니다.

10 제가 예루살렘에서 했던 일이 그런 일이었습니다. 저는 대제사장들에게서

절). 바울의 고백처럼 예수 그리스도를 만난 사실 외에는 그 무엇도 그의 이러한 변화를 설명할 길이 없다.

권한을 받아 많은 성도들을 감옥에 가두었습니다. 그리고 그들을 죽이는 일에 찬성했습니다.

11 저는 회당마다 찾아다니면서 여러 번 그들을 처벌했으며 강제로 예수님을 저주하게 했습니다. 그들을 향한 저의 분노가 어찌나 심하였던지 저는 다른 도시에까지 찾아다니면서 그들을 박해하기도 했습니다.

저자의 묵상

어떤 한 사람의 변화에는 합당한 원인이 있기 마련이다. 인간은 좀처럼 변하지 않는다. 변화가 있다면 그에 상응하는 원인이 있었기 때문이다. 본문에서 바울은 자신이 죽었다가 다시 살아나신 예수님(8절)을 만났다고 말한다. 예수를 믿는 자들을 박해했던 바울의 삶은 바뀌어 오히려 예수를 전하는 사람이 되었다. 바울의 이러한 변화가 그가 진정으로 예수 그리스도를 만났다는 증거가 된다. 만약 만나지 못했다면 이렇게 큰 변화가 일어날 수 없기 때문이다. 부활하신 그리스도를 만난 사건이 바울의 삶을 변화시킨 원인이었던 것이다.

우리도 마찬가지다. 우리 삶의 변화가 우리가 주님을 만난 사실을 증명한다는 것을 기억해야 한다. 예수를 믿는다고 하면서 그의 삶이 변화하지 않는다면, 그는 진실로 예수를 만나지 못한 사람이다. 주님을 만난 사람은 죄를 미워하게 되고 예수 그리스도를 온전히 따르게 된다. 당신의 삶이 당신의 신앙의 진정성을 보여준다는 사실을 기억하라.

무릎 기도 예배를 통해 주님을 만나는 체험이 깊어지도록 도와주소서.

ESV - Acts 26

1 So Agrippa said to Paul, "You have
permission to speak for yourself." Then Paul
stretched out his hand and made his
defense:
2 "I consider myself fortunate that it is before
you, King Agrippa, I am going to make my
defense today against all the accusations of
the Jews,
3 especially because you are familiar with all
the customs and controversies of the Jews.
There-fore I beg you to listen to me patiently.
4 "My manner of life from my youth, spent from
the beginning among my own nation and in
Jerusalem, is known by all the Jews.
5 They have known for a long time, if they are
willing to testify, that according to the strictest
party of our religion I have lived as a
Pharisee.
6 And now I stand here on trial because of my
hope in the promise made by God to our
fathers,
7 to which our twelve tribes hope to attain, as
they earnestly worship night and day. And for
this hope I am accused by Jews, O king!
8 Why is it thought incredible by any of you
that God raises the dead?
9 "I myself was convinced that I ought to do
many things in opposing the name of Jesus
of Nazareth.
10 And I did so in Jerusalem. I not only locked
up many of the saints in prison after
receiving authority from the chief priests, but
when they were put to death I cast my vote
against them.
11 And I punished them often in all the synago-
gues and tried to make them blaspheme,
and in raging fury against them I persecuted
them even to foreign cities.

1 speak for oneself 자신을 변호하다 stretch out one's hand 손[팔]을 뻗다 2 consider oneself 자처하다 3 custom 관습(법) controversy 논쟁 patiently 참을성 있게 7 attain 도달하다, 이르다 earnestly 열심히 8 incredible 믿을 수 없는 9 convince 확신시키다 oppose 반대하다 10 lock up 철장 안에 가두다 put to death 죽이다 cast one's vote 투표하다 11 blaspheme 신성을 모독하다 fury 분노

• MEMO •

83 부르심과 회심

월 일

사도행전 26:12-23 • 새찬송 501장 | 통일 255장

• 말씀묵상 전에 성령님의 인도하심을 구하는 기도를 드리십시오.

본문요약 | 바울이 다메섹으로 가던 도중 해보다 더 밝은 빛을 통해 예수 그리스도를 만났던 체험을 고백하는 내용이다. 예수 믿는 자들을 박해하는 바울에게 예수님께서 친히 찾아오셔서 그의 생각을 바꾸셨으며, 그를 복음을 전하는 전도자로 삼으셨다. 바울은 스스로 깨우친 것이 아니었다. 예수님의 찾아오심이 바울이 회심한 배경이었다.

12 그 일로 대제사장들의 권한과 위임을 받
고 다메섹으로 갔나이다
13 왕이여 정오가 되어 길에서 보니 하늘로
부터 해보다 더 밝은 빛이 나와 내 동행
들을 둘러 비추는지라
14 우리가 다 땅에 엎드러지매 내가 소리를
들으니 히브리 말로 이르되 사울아 사울
아 네가 어찌하여 나를 박해하느냐 [1]가시
채를 뒷발질하기가 네게 고생이니라
15 내가 대답하되 주님 누구시니이까 주께
서 이르시되 나는 네가 박해하는 예수라
16 일어나 너의 발로 서라 내가 네게 나타난
것은 곧 네가 나를 본 일과 장차 내가 네
게 나타날 일에 너로 종과 증인을 삼으려
함이니
17 이스라엘과 이방인들에게서 내가 너를
구원하여 그들에게 보내어
18 그 눈을 뜨게 하여 어둠에서 빛으로, 사
탄의 권세에서 하나님께로 돌아오게 하
고 죄 사함과 나를 믿어 거룩하게 된 무
리 가운데서 기업을 얻게 하리라 하더이
다
19 아그립바 왕이여 그러므로 하늘에서 보
이신 것을 내가 거스르지 아니하고
20 먼저 다메섹과 예루살렘에 있는 사람과
유대 온 땅과 이방인에게까지 회개하고
하나님께로 돌아와서 회개에 합당한 일
을 하라 전하므로

1) 가축을 앞으로 몰기 위한 끝이 뾰족한 막대기

21 유대인들이 성전에서 나를 잡아 죽이고
자 하였으나
22 하나님의 도우심을 받아 내가 오늘까지
서서 높고 낮은 사람 앞에서 증언하는 것
은 선지자들과 모세가 반드시 되리라고
말한 것밖에 없으니
23 곧 그리스도가 고난을 받으실 것과 죽은
자 가운데서 먼저 다시 살아나사 이스라
엘과 이방인들에게 빛을 전하시리라 함
이니이다 하니라

1. 본문에 나타난 예수님은 어떤 분이십니까?

2. 오늘 하나님께서 나에게 주신 깨달음은 무엇입니까?

3. 말씀을 어떻게 내 삶에 구체적으로 적용해야 합니까?

절별 해설

13 하늘로부터 해보다 더 밝은 빛이 나와 내 동행들을 둘러 비추는지라 바울의 회심을 설명하는 내용이다. 하늘로부터 해보다 더 밝은 나타났다. 이 빛 때문에 바울은 3일이나 앞을 볼 수 없었다(행 9:8-9). 바울은 이 일을 그의 일행들도 함께 경험했음을 강조하며, 자신의 회심이 분명히 하늘로부터 온 것임을 확신한다(19절).

14 네가 어찌하여 나를 박해하느냐 가시채를 뒷발질하기가 네게 고생이니라 사울이 박해하고 있었던 대상은 예수를 믿는 사람들이었다. 그러나 주님은 그리스도인들의 박해를 자신의 박해로 동일시하신다. 이것은 우리가 고통을 겪는 현장에 주님이 함께하신다는 것을 가르쳐 준다.

'가시채를 뒷발질한다'는 것은 헬라의 속담으로, 쓸데없이 신에게 저항하는 어리석음을 표현한 말이다. 당시 농경 사회에서는 소를 다스리기 위해서 끝이 쇠나 뼈로 된 가시가 달린 막대기를 이용했다. 가시채가 아프다고 소가 뒷발질해 봤자 더 큰 고통을 당하게 될 뿐이다. 이 표현으로 볼 때, 그 당시 사울의 마음에 갈등이 있어 왔음을 짐작할 수 있다. 스데반의 의연한 죽음과, 박해 중에도 믿음을 지키는 그리스도인들의 모습이 마치 가시 막대기처럼 사울을 찌르며 갈등하게 했을 것이다. 그리스도인들에게서 무언가 특별한 힘을 느끼면서 점점 마음이 흔들렸을 것이다. 사울은 그러한 갈등을 없애기 위해, 마치 아프게 하는 가시채를 뒷발질하는 소처럼, 더욱 혈안이 되어 그리스도인들을 박해하는 일에 몰두했던 것 같다. 주님은 한 영혼을 구원하시기 위해 이토록 열심히 사울을 흔들고 계셨다.

16 너로 종과 증인을 삼으려 함이니 종과 증인이 동급의 의미로 쓰였다. 곧 증인은 종인 것이다. 복음의 증인은 복음으로 대접받는 사람이 아니라 기꺼이 낮은 자리에 처할 줄 아는 사람이다.

23 본절은 바울이 말하는 성경(선지자들과 모세, 22절)의 요약이다. 그 내용은 예수 그리스도의 고난과 죽음, 부활에 관한 것이며(고전 15:3-4; 사 53장; 시 16:10), 부활 이후에 예수님이

쉬운성경

12 그러다가 한번은 대제사장들에게서 권한을 위임받아 다마스커스로 가게 되었습니다.

13 왕이시여, 저는 그곳을 향해 가다가 정오쯤 되어 하늘에서 해보다 더 밝은 빛이 저와 제 일행을 둘러 비추는 것을 보았습니다.

14 우리는 모두 땅에 엎어졌습니다. 그 때에 저는 히브리 말로 '사울아, 사울아, 네가 어찌하여 나를 박해하느냐? 가시 돋친 채찍을 발로 차 보아야 너만 다칠 뿐이다'라는 음성을 들었습니다.

15 제가 '주님, 당신은 누구십니까?'라고 묻자, 주님께서는 이렇게 말씀하셨습니다. '나는 네가 박해하는 예수다.

16 일어나라! 발을 딛고 서라! 내가 이렇게 네게 나타난 것은, 너를 나의 일꾼으로 삼아 네가 본 것과 앞으로 내가 네게 보여줄 것을 사람들에게 증언하도록 하기 위해서이다.

17 내가 너를 이 백성과 이방인들에게서 구원할 것이며, 너를 이방인에게로 보내어

18 그들의 눈을 뜨게 하고, 어둠에서 빛으로, 사탄의 세력에서 하나님께로 돌아오게 하겠다. 그리하여 그들의 죄를 용서받을 수 있게 하고, 또 나를 믿어 거룩하게 된 백성들과 한자리에 들게 하겠다.'

19 아그립바 왕이시여, 저는 하늘로부터 받은 이 환상에 복종하지 않을 수 없었습니다.

20 저는 처음에는 다마스커스 사람들에게, 그 다음에는 예루살렘과 유대 지방의 모든 사람들에게, 나중에는 이방인들에게까지 회개하고 하나님께 돌아와서 회개한 모습을 행동으로써 보이라고 선포했습니다.

21 이런 일들 때문에 유대인들이 저를 성전에서 붙잡아 죽이려고 했습니다.

인류의 빛이 되실 것이라는 사실이다(사 60:3). 이처럼 성경의 모든 내용은 그리스도께로 그 초점이 모아진다. 예수 그리스도가 곧 성경의 중심이 되신다.

22 그러나 저는 이날까지 하나님의 도우심을 받아 왔습니다. 그래서 지금 제가 본 것을 이 자리에서 높은 사람이나 낮은 사람이나 모든 사람들에게 증언하고 있습니다. 저는 모세와 예언자들이 앞으로 일어나리라고 예언한 것 이외에는 아무것도 말하지 않았습니다.

23 모세와 예언자들은 그리스도께서 고난을 당하신다는 것과 죽은 자들 가운데서 먼저 부활하실 것과 자기 백성과 이방인들에게 빛을 선포하실 것을 예언했습니다."

저자의 묵상

본문에 나오는 바울의 회심 기사는 사도행전에 기록된 총 3번의 기록 중 마지막 기록이다(9장, 22장, 26장). 같은 기사를 반복적으로 기록하고 있는 것은 이 내용이 그만큼 중요하기 때문이다. 특히 본문에서 강조되고 있는 "가시채를 뒷발질하기가 네게 고생이니라"는 표현은, 사울을 회심시키기 위하여 여러 방법으로 다가가셨던 주님의 열심을 나타내고 있다. 가시채를 뒷발질하는 것이 헛수고라는 표현을 통해, 하나님께 저항하는 것이 얼마나 부질없는 것인가를 보여준다.

우리의 삶에서도 하나님께서 경고하시고 돌아오라고 말씀하시는 것은 없는지 살펴보아야 한다. 말씀묵상이나 기도 중에 하나님께서 회개하고 돌이키라는 깨달음을 주실 때 바로 돌아서는 것이 지혜로운 태도다. 버텨 봐야 쓸데없는 저항에 불과하기 때문이다. 하나님께 저항하는 고생스러움을 그만두고 말씀에 순종하는 삶을 살아야 한다.

무릎 기도 | 오늘도 나를 붙드시는 주님의 열심을 기억하게 하소서.

ESV - Acts 26

12 "In this connection I journeyed to Damascus with the authority and commission of the chief priests.
13 At midday, O king, I saw on the way a light from heaven, brighter than the sun, that shone around me and those who journeyed with me.
14 And when we had all fallen to the ground, I heard a voice saying to me in the Hebrew language,* 'Saul, Saul, why are you persecuting me? It is hard for you to kick against the goads.'
15 And I said, 'Who are you, Lord?' And the Lord said, 'I am Jesus whom you are persecuting.
16 But rise and stand upon your feet, for I have appeared to you for this purpose, to appoint you as a servant and witness to the things in which you have seen me and to those in which I will appear to you,
17 delivering you from your people and from the Gentiles—to whom I am sending you
18 to open their eyes, so that they may turn from darkness to light and from the power of Satan to God, that they may receive forgiveness of sins and a place among those who are sanctified by faith in me.'
19 "Therefore, O King Agrippa, I was not disobe-dient to the heavenly vision,
20 but declared first to those in Damascus, then in Jerusalem and throughout all the region of Judea, and also to the Gentiles, that they should repent and turn to God, performing deeds in keeping with their repentance.
21 For this reason the Jews seized me in the temple and tried to kill me.
22 To this day I have had the help that comes from God, and so I stand here testifying both to small and great, saying nothing but what the prophets and Moses said would come to pass:
23 that the Christ must suffer and that, by being the first to rise from the dead, he would proclaim light both to our people and to the Gentiles."

* 26:14 Or *the Hebrew dialect* (probably Aramaic)

12 in this connection 이런 이유로 commission 위임 14 persecute 박해하다 goad (가축 모는) 막대기 16 appear to ~ ~에게 나타나다 17 deliver from ~ ~에서 구해내다 18 sanctify 성별하다 19 disobedient 순종하지 않는 20 repent 회개하다 in keeping with ~ ~와 일치하여 21 seize 붙잡다 22 testify 증언하다 nothing but 오직 come to pass 실현되다 23 suffer 고통을 겪다 proclaim 선포하다

• MEMO •

☐ 묵상 체크

84 회심 간증에 대한 반응

월 일

사도행전 26:24-32 • 새찬송 446장 | 통일 500장

• 말씀묵상 전에 성령님의 인도하심을 구하는 기도를 드리십시오.

본문요약 I 바울이 그의 회심 간증과 신앙고백을 마쳤을 때, 베스도와 아그립바 왕이 보인 반응에 대한 내용이다. 베스도는 냉소적으로 반응했고, 아그립바는 외면하며 바울의 말에 대해서 수긍하지 않는다. 반면에, 이들은 하나같이 바울의 죄 없음을 인정한다. 이처럼 한 개인의 삶에 분명히 나타난 하나님의 역사를 보면서도 세상은 이를 거부하거나 외면하려 한다.

24 바울이 이같이 변명하매 베스도가 크게
소리 내어 이르되 바울아 네가 미쳤도다
네 많은 학문이 너를 미치게 한다 하니
25 바울이 이르되 베스도 각하여 내가 미친
것이 아니요 참되고 온전한 말을 하나이
다
26 왕께서는 이 일을 아시기로 내가 왕께 담
대히 말하노니 이 일에 하나라도 아시지
못함이 없는 줄 믿나이다 이 일은 한쪽
구석에서 행한 것이 아니니이다
27 아그립바 왕이여 선지자를 믿으시나이까
믿으시는 줄 아나이다
28 아그립바가 바울에게 이르되 네가 [1]적은
말로 나를 권하여 그리스도인이 되게 하
려 하는도다
29 바울이 이르되 [2]말이 적으나 많으나 당신
뿐만 아니라 오늘 내 말을 듣는 모든 사
람도 다 이렇게 결박된 것 외에는 나와
같이 되기를 하나님께 원하나이다 하니
라
30 왕과 총독과 버니게와 그 함께 앉은 사람
들이 다 일어나서
31 물러가 서로 말하되 이 사람은 사형이나
결박을 당할 만한 행위가 없다 하더라
32 이에 아그립바가 베스도에게 이르되 이
사람이 만일 가이사에게 상소하지 아니
하였더라면 석방될 수 있을 뻔하였다 하
니라

1) 또는 짧은 시간에 2) 또는 시간이 짧으나 기나

1. 오늘 하나님께서 나에게 주신 깨달음은 무엇입니까?

2. 말씀을 어떻게 내 삶에 구체적으로 적용해야 합니까?

절별 해설

24 바울이 이같이 변명하매 베스도가 … 네가 미쳤도다 바울의 변론을 들은 후에 베스도가 보인 반응이다. 이방인으로 하나님에 대해 무지했던 로마 총독 베스도에게, 바울의 다메섹 체험과 그리스도에 관한 예언과 부활에 관한 모든 내용들은 매우 비현실적인 신화 같은 이야기처럼 들렸을 것이다. 이 부분에 관하여는 예수님도 때로 미친 사람 취급을 받으신 적이 있었다(막 3:21). 우리도 세상에서 복음을 전할 때 같은 취급을 받을 수 있다. 십자가의 도는 믿는 자들에게는 하나님의 능력이지만, 믿지 않는 자들에게는 미련한 것으로 보이기 때문이다(고전 1:18). 예수 그리스도가 행하신 일이 믿어진다는 사실이 얼마나 큰 하나님의 은혜인가 감사하게 만드는 대목이다.

26 이 일은 한쪽 구석에서 행한 것이 아니니이다 예수님의 죽으심과 부활, 성령강림과 복음전파는 비밀스럽게 이루어진 일이 아니었다. 부활하신 예수님을 본 사람이 오백 명 이상이었으며(고전 15:5–8), 부활을 목격한 사도들이 복음을 전파했을 때 믿은 사람들이 팔천 명 이상 되었다(행 2:41; 4:4). 그 당시 부활은 공공연한 사실이었으나 유대인들은 이를 받아들이려 하지 않았다.

28 아그립바는 구약과 선지자의 예언 그리고 그리스도에 관한 모든 사건들에 대해 알았지만, 그 역시 그리스도인이 되는 것은 거부한다. 여기서 알 수 있는 것은, 지식이 믿음을 만들어내는 것은 아니라는 사실이다. 오늘날도 많은 사람들이 성경을 알고 있다. 그러나 성경에 관한 지식이 많다고 해서 신앙을 갖게 되는 것은 아니다. 선함과 악함을 분별하여 선한 것을 선택할 수 있는 거듭난 지식이 필요하다(빌 1:9–10).

29 모든 사람도 … 나와 같이 되기를 하나님께 원하나이다 바울은 베스도나 아그립바의 말에 용기가 꺾이지 않는다. 그들의 신분에 압도당하지도 않았다. 바울의 태도는 자신감이 넘치고 확고했다. 바른 신앙을 가진 사람은 세상의 그 어떤 권세자 앞에서도 기죽지 않는다.

31–32 바울의 무죄가 다시 한 번 확인된다. 바울은 죄가 없었지만 예수를 믿는 신앙 때문에 죄인이 되었다. 당신에게 아무 잘못이 없을지라도 세상은 당신을 미워할 수 있다. 이는 이 어두운 세상의 주관자가 악한 영이기 때문이다(엡 2:2; 6:12).

쉬운성경

24 바울이 이런 식으로 변명하자, 베스도가 바울을 향해 큰소리로 "바울아, 네가 미쳤구나. 너의 많은 학식 때문에 네가 미쳐 버렸다"라고 말했습니다.

25 그러나 바울은 이렇게 대답했습니다. "베스도 각하, 저는 미치지 않았습니다. 제가 드린 말은 다 사실입니다. 전부 맑은 정신으로 하는 말입니다.

26 아그립바 왕이 이 사실을 알고 계시므로 제가 거리낌없이 말씀드릴 수 있었던 것입니다. 이 일은 어느 한 구석에서 일어난 일이 아니기 때문에 어느 하나도 왕이 모르실 리가 없다고 저는 확신합니다.

27 아그립바 왕이시여, 예언자들의 말을 믿으십니까? 믿으시는 줄 압니다."

28 그러자 아그립바 왕이 바울에게 말했습니다. "그토록 짧은 시간에 나를 설득하여 그리스도인이 되게 할 수 있다고 생각하는가?"

29 바울이 대답했습니다. "짧은 시간이든 긴 시간이든 왕뿐만 아니라 지금 제 말을 듣고 있는 모든 사람들이 이렇게 결박된 것 말고는 저처럼 되기를 하나님께 기도합니다."

30 그러자 아그립바 왕과 베스도 총독과 버니게를 비롯해서 그들과 함께 앉아 있던 사람들이 다 일어났습니다.

31 그들은 그 방을 나갔습니다. 그들은 서로 이야기하면서 "이 사람은 사형을 당하거나 감옥에 갇힐 만한 일은 하나도 하지 않았다"고 말했습니다.

32 아그립바는 베스도에게 "이 사람이 황제에게 상소하지 않았다면, 지금 석방될 수도 있었을 텐데"라고 말했습니다.

저자의 묵상

바울의 회심 간증을 들은 베스도의 반응은 철저히 냉소적이었고, 아그립바는 그 모든 부활 사건의 전모를 알고 있으면서도 그 사실에 대해 외면했다. 세상 사람들은 베스도처럼 복음을 신화적인 요소로 취급한다. 종교적 신앙은 사실과는 거리가 먼 것으로 해석하려 든다. 그러나 바울의 말처럼, 예수님의 부활과 승천은 당시 한쪽 구석에서 일어난 사건이 아닌 공공연한 사실이었다. 만약 그렇지 않았다면, 기독교가 지금까지 생명력을 가지고 확장된 사실을 설명할 길이 없다.

한편, 아그립바는 유대의 왕으로 예수에 관한 일을 자세히 알고 있었을 것이다. 그럼에도 그는 바울에게 적은 말로 자신을 설득하려 한다고 핀잔을 주었다. 그러나 바울의 말처럼, 말이 많든 적든 그것이 진리라면 즉시 받아들여야 옳다. 아그립바는 한낱 죄수였던 바울의 몇 마디에 설득당하는 모습을 보이고 싶지 않았을 것이다. 그의 지위와 체면이 진리에 이르는 것을 방해한 것이다. 진리를 인정하는 것이 진정한 용기다.

무릎기도 주님을 부인하는 사람들 앞에서도 당당함을 잃지 않게 하소서.

ESV - Acts 26

24 And as he was saying these things in his defense, Festus said with a loud voice, "Paul, you are out of your mind; your great learning is driving you out of your mind."
25 But Paul said, "I am not out of my mind, most excellent Festus, but I am speaking true and rational words.
26 For the king knows about these things, and to him I speak boldly. For I am persuaded that none of these things has escaped his notice, for this has not been done in a corner.
27 King Agrippa, do you believe the prophets? I know that you believe."
28 And Agrippa said to Paul, "In a short time would you persuade me to be a Christian?"*
29 And Paul said, "Whether short or long, I would to God that not only you but also all who hear me this day might become such as I am—except for these chains."
30 Then the king rose, and the governor and Bernice and those who were sitting with them.
31 And when they had withdrawn, they said to one another, "This man is doing nothing to deserve death or imprisonment."
32 And Agrippa said to Festus, "This man could have been set free if he had not appealed to Caesar."

* 26:28 Or *In a short time you would persuade me to act like a Christian!*

24 be[drive] out of one's mind 제정신이 아니다[제정신을 잃게 하다] 25 rational 이성(합리)적인 26 boldly 대담하게 be persuaded that ~ ~를 확신하고 있다 escape one's notice 남의 눈에 안 띄다 29 not only … but also ~ …뿐만 아니라 ~도 31 withdraw 물러나다 imprisonment 투옥, 감금 32 appeal 항소하다, 상고하다

묵상 체크 ☐

85 로마를 향한 출발

월 일

사도행전 27:1-12 • 새찬송 302장 | 통일 408장

• 말씀묵상 전에 성령님의 인도하심을 구하는 기도를 드리십시오.

본문요약 I 비록 죄수의 몸이었지만 바울은 하나님의 약속대로(행 23:11) 드디어 로마를 향해 출발한다. 백부장 율리오의 지휘 아래 배를 두 번 갈아타고 가는 항해는 시기적으로 위험한 것이었기에 바울은 이 점을 지적했다. 그러나 백부장은 바울의 충고를 무시한 채 항해를 시작한다. 로마를 향한 항해는 처음부터 평탄하지 않았다.

1 우리가 배를 타고 이달리야에 가기로 작정되매 바울과 다른 죄수 몇 사람을 아구스도대의 백부장 율리오란 사람에게 맡기니
2 아시아 해변 각처로 가려 하는 아드라뭇데노 배에 우리가 올라 항해할새 마게도냐의 데살로니가 사람 아리스다고도 함께하니라
3 이튿날 시돈에 대니 율리오가 바울을 친절히 대하여 친구들에게 가서 대접 받기를 허락하더니
4 또 거기서 우리가 떠나가다가 맞바람을 피하여 구브로 해안을 의지하고 항해하여
5 길리기아와 밤빌리아 바다를 건너 루기아의 무라 시에 이르러
6 거기서 백부장이 이달리야로 가려 하는 알렉산드리아 배를 만나 우리를 오르게 하니
7 배가 더디 가 여러 날 만에 간신히 니도 맞은편에 이르러 풍세가 더 허락하지 아니하므로 살모네 앞을 지나 그레데 해안을 바람막이로 항해하여
8 간신히 그 연안을 지나 미항이라는 곳에 이르니 라새아 시에서 가깝더라
9 여러 날이 걸려 금식하는 절기가 이미 지났으므로 항해하기가 위태한지라 바울이 그들을 권하여
10 말하되 여러분이여 내가 보니 이번 항해가 하물과 배만 아니라 우리 생명에도 타격과 많은 손해를 끼치리라 하되
11 백부장이 선장과 선주의 말을 바울의 말보다 더 믿더라
12 그 항구가 겨울을 지내기에 불편하므로 거기서 떠나 아무쪼록 뵈닉스에 가서 겨울을 지내자 하는 자가 더 많으니 뵈닉스는 그레데 항구라 한쪽은 서남을, 한쪽은 서북을 향하였더라

1. 오늘 하나님께서 나에게 주신 깨달음은 무엇입니까?

2. 말씀을 어떻게 내 삶에 구체적으로 적용해야 합니까?

절별 해설

1 우리가 배를 타고 이달리야에 가기로 작정되매 바울과 다른 죄수 몇 사람을 아구스도대의 백부장 율리오란 사람에게 맡기니 바울의 로마행이 결정된다. 2년 동안 지속된 유대인들의 고소를 마무리 짓기 위해 황제의 판결을 받고자 이탈리아의 수도 로마로 향한다. 형식상으로는 바울이 로마 시민권을 이용하여 가이사에게 상소한 것 때문에 이루어진 결정이었으나(행 25:11), 이 모든 것은 로마에서 복음을 전하게 하시려는 하나님의 섭리의 결과였다(행 23:11).

2 우리가 올라 항해할새 … 아리스다고도 함께하니라 본문의 표현으로 보아, 바울의 항해에는 이 책을 기록한 누가와 데살로니가 사람 아리스다고가 동행했음을 알 수 있다. 아리스다고는 3차 전도여행 말미에 등장하는 사람으로(행 20:4), 로마까지 바울과 동행하며 함께 헌신한 사람이다(골 4:10).

3 백부장 율리오는 바울이 로마 시민권자라는 사실과 그와 동행하며 섬기는 누가와 아리스다고를 보면서 바울의 신분을 짐작하여 그에게 친절히 대했던 것 같다.

5-8 일행은 무라 시에서 알렉산드리아 배를 갈아타고 로마로 향한다. 당시 이집트의 알렉산드리아는 로마의 곡물 공급 지역이었으므로 로마에 정기적으로 곡물을 배로 실어 날랐다. 한편, 7-8절에 '간신히' 라는 말이 두 번이나 쓰인 데서 알 수 있듯이, 당시 항해는 매우 어려웠다. 맞바람이 너무 세차게 불어왔기 때문에 원래의 항로대로 갈 수 없는 상황이었다. 사명을 가지고 로마로 향하고 있었지만 순풍만 계속된 것은 아니었다. 사명을 가진 자도 많은 어려운 장벽에 부딪힐 수 있다는 사실을 명심하자.

9 여러 날이 걸려 금식하는 절기가 이미 지났으므로 항해하기가 위태한지라 이들이 항해하고 있는 지중해는 기후와 태풍 탓에 유대인들이 금식하는 절기인 대속죄일 이후(양력 10월)에는 항해가 어려웠다. 더구나 시기적으로 겨울철이라서 '미항'까지 오는 데 시간이 오래 걸려 이미 대속죄일이 지난 때였으므로, 항해는 어려운 상황이었다.

10-12 바울은 여러 번의 전도여행을 통해 지중해를 이미 항해해 본 경험을 토대로 이들의 항해를 만류했다(10절). 그러나 백부장은 전문가인 선장과 선주의 말을 더 신뢰하며 비교적 겨울을 지내기에 용이한 뵈닉스로 가기로 한다. 바울의 충고는 충분히 근거가 있었지만, 이들은 현실적인 필요

쉬운성경

1 우리가 배를 타고 이탈리아로 가기로 결정되자, 그들은 황제 부대 소속 율리오라는 백부장에게 바울과 다른 죄수들을 넘겨주었습니다.

2 우리는 아드라뭇데노에서 온 배를 타고 떠났습니다. 그 배는 아시아 지방의 여러 항구를 거쳐 가는 배였습니다. 데살로니가 출신의 마케도니아 사람인 아리스다고가 우리와 함께 가게 되었습니다.

3 이튿날, 우리는 시돈에 도착했습니다. 율리오는 바울에게 매우 친절했습니다. 그는 바울이 자유롭게 친구들에게 갈 수 있게 해 주었고, 그들이 바울에게 쓸 것을 줄 수 있게 하였습니다.

4 시돈을 떠나 항해를 계속하려고 했을 때, 맞바람이 세차게 불어 와 키프로스 섬에 바짝 붙어 항해해야 했습니다.

5 우리는 길리기아와 밤빌리아 앞 바다를 가로질러 항해한 후에 루기아 지방의 무라에 도착했습니다.

6 그곳에서 로마 군대 백부장은 알렉산드리아를 떠나 이탈리아로 가는 배를 발견하고 우리를 그 배에 태웠습니다.

7 우리는 며칠 동안, 천천히 항해한 끝에 간신히 니도 앞 바다에 이르게 되었습니다. 맞바람이 너무 세차게 불어 와 우리가 가려던 항로로 더 이상 나아갈 수 없어서 살모네 맞은편에 있는 크레타 섬을 끼고 항해하였습니다.

8 우리는 해안가를 따라 어렵게 항해하여 라새아라는 도시에서 가까운 '아름다운 항구'라 하는 곳에 도착하였습니다.

9 시간을 많이 빼앗긴 데다가 이미 금식 기간*도 지나 더 이상 항해하는 것이 위험했으므로 바울이 그들에게 충고했습니다.

10 "여러분, 계속해서 항해를 하다가는 큰

*27:9 금식 기간은 음력 9월 20일쯤으로, 이때가 지나면 항해하기가 어려운 날씨였다.

때문에 모험을 감행했다. 율리오는 276명의 생명을 책임진 지도자로서 좀 더 신중해야 했다.

어려움을 겪게 될 것이라고 생각합니다. 배와 짐만 손실되는 것이 아니라 우리 목숨까지도 잃게 될 것입니다."

11 그러나 백부장은 바울의 말을 듣기보다는 선장과 선주의 말을 더 믿었습니다.

12 그 항구는 겨울을 보내기에는 적당하지 못한 항구였기 때문에 사람들은 대부분 그곳을 떠나 뵈닉스에 가서 겨울을 보내고 싶어했습니다. 뵈닉스는 크레타 섬에 있는 항구 도시인데 남서쪽과 북서쪽을 향해 위치한 곳이었습니다.

저자의 묵상

바울의 로마행은 하나님의 뜻이 분명했으나, 하나님께서는 바울을 죄수의 신분으로 로마에 가게 하셨다. 여기서 알 수 있는 것은, 하나님의 일이 꼭 내가 원하는 환경과 모습으로만 이루어지는 것은 아니라는 사실이다. 주의 일이 이루어지는 것이 내 입장에서 늘 명분 있는 모습으로만 이루어지는 것은 아니다. 사도행전에서 수도 없이 확인했듯이 고난과 어려움을 통하여 주의 일이 이루어지기도 하며, 극단적으로는 스데반처럼 순교하는 모습으로도 하나님의 일이 진행되었다. 하나님의 일은 우리가 기대하는 모습 이상일 때가 많다. 그러나 중요한 것은 하나님께서 그렇게 하셨을 때, 그것이 우리에게 꼭 필요한 모습이기 때문에 허락하셨음을 믿는 것이다. 우리는 흔히 '쓰임 받는다'는 말을 자주 사용한다. 그 말은 말 그대로, 내 뜻대로가 아니라 쓰시는 분의 뜻대로 쓰임 받는 것이다. 나 자신의 영광을 추구하는 것이 우리 사역의 최종 목적이 되어서는 절대로 안 될 것이다.

무릎 기도 | 하나님, 어려워도 끝까지 사명을 감당할 수 있게 해 주소서.

ESV - Acts 27

1 And when it was decided that we should sail for Italy, they delivered Paul and some other prisoners to a centurion of the Augustan Cohort named Julius.

2 And embarking in a ship of Adramyttium, which was about to sail to the ports along the coast of Asia, we put to sea, accompanied by Aristarchus, a Macedonian from Thessalonica.

3 The next day we put in at Sidon. And Julius treated Paul kindly and gave him leave to go to his friends and be cared for.

4 And putting out to sea from there we sailed under the lee of Cyprus, because the winds were against us.

5 And when we had sailed across the open sea along the coast of Cilicia and Pamphylia, we came to Myra in Lycia.

6 There the centurion found a ship of Alexandria sailing for Italy and put us on board.

7 We sailed slowly for a number of days and arrived with difficulty off Cnidus, and as the wind did not allow us to go farther, we sailed under the lee of Crete off Salmone.

8 Coasting along it with difficulty, we came to a place called Fair Havens, near which was the city of Lasea.

9 Since much time had passed, and the voyage was now dangerous because even the Fast* was already over, Paul advised them,

10 saying, "Sirs, I perceive that the voyage will be with injury and much loss, not only of the cargo and the ship, but also of our lives."

11 But the centurion paid more attention to the pilot and to the owner of the ship than to what Paul said.

12 And because the harbor was not suitable to spend the winter in, the majority decided to put out to sea from there, on the chance that somehow they could reach Phoenix, a harbor of Crete, facing both southwest and northwest, and spend the winter there.

* 27:9 That is, the Day of Atonement

2 embark 배에 타다 port 항구 3 treat kindly 친절하게 대우하다 leave 허락, 허가 4 put out to sea 출항하다 under the lee of ~ ~의 그늘에 숨어, 바람을 피하며 7 with difficulty 간신히, 겨우 8 coast 연안을 따라 항해하다 9 voyage 항해 10 perceive 감지하다 injury 손상, 피해 cargo 뱃짐, 화물 11 pilot 조타수, 키잡이 12 suitable 적합한 majority 대부분 on the chance that ~ ~을 은근히 기대하고

• MEMO •

묵상 체크 □

86 폭풍 속의 위로자

월 일

사도행전 27:13-26 • 새찬송 432장 | 통일 462장

• 말씀묵상 전에 성령님의 인도하심을 구하는 기도를 드리십시오.

본문요약 I 순한 남풍이 불어오자, 바울 일행을 태운 배는 뵈닉스를 향해 항해를 시작한다. 그러나 얼마 안 되어 그들은 유라굴로라는 광풍을 만난다. 선원들의 온갖 노력에도 불구하고 그들의 상황은 너무도 위태로웠다. 모든 사람들이 구원에 대한 소망을 포기하고 있을 때, 바울이 나서서 사람들을 위로한다. 이처럼 그리스도인은 구원의 소망을 잃은 세상을 향해 위로자의 역할을 감당해야 한다.

13 남풍이 순하게 불매 그들이 뜻을 이룬 줄
알고 닻을 감아 그레데 해변을 끼고 항해
하더니
14 얼마 안 되어 섬 가운데로부터 유라굴로
라는 광풍이 크게 일어나니
15 배가 밀려 바람을 맞추어 갈 수 없어 가
는 대로 두고 쫓겨가다가
16 가우다라는 작은 섬 아래로 지나 간신히
거루를 잡아
17 끌어 올리고 줄을 가지고 선체를 둘러 감
고 [1]스르디스에 걸릴까 두려워하여 연장
을 내리고 그냥 쫓겨가더니
18 우리가 풍랑으로 심히 애쓰다가 이튿날
사공들이 짐을 바다에 풀어 버리고
19 사흘째 되는 날에 배의 기구를 그들의 손
으로 내버리니라
20 여러 날 동안 해도 별도 보이지 아니하고
큰 풍랑이 그대로 있으매 구원의 여망마
저 없어졌더라
21 여러 사람이 오래 먹지 못하였으매 바울
이 가운데 서서 말하되 여러분이여 내 말
을 듣고 그레데에서 떠나지 아니하여 이
타격과 손상을 면하였더라면 좋을 뻔하
였느니라
22 내가 너희를 권하노니 이제는 안심하라
너희 중 아무도 생명에는 아무런 손상이
없겠고 오직 배뿐이리라
23 내가 속한 바 곧 내가 섬기는 하나님의
사자가 어제 밤에 내 곁에 서서 말하되

1) 모래톱

24 바울아 두려워하지 말라 네가 가이사 앞
에 서야 하겠고 또 하나님께서 너와 함께
항해하는 자를 다 네게 주셨다 하였으니
25 그러므로 여러분이여 안심하라 나는 내
게 말씀하신 그대로 되리라고 하나님을
믿노라
26 그런즉 우리가 반드시 한 섬에 걸리리라
하더라

1. 오늘 하나님께서 나에게 주신 깨달음은 무엇입니까?

2. 말씀을 어떻게 내 삶에 구체적으로 적용해야 합니까?

절별 해설

13 남풍이 순하게 불매 그들이 뜻을 이룬 줄 알고 계절을 감안할 때 더 이상 항해가 어렵다는 바울의 경고를 무시한 채, 일행은 뵈닉스를 향하여 출발한다. 뵈닉스가 겨울을 나기에 더욱 안성맞춤이었기 때문이다(12절). '미항'에서 뵈닉스까지는 약 64km 정도 떨어져 있었다. 더욱이 바람까지도 그들의 선택을 지지하듯이 순한 남풍이 불어왔다.

14 유라굴로라는 광풍이 크게 일어나니 "유라굴로"는 '북동풍'이란 뜻이다. 그레데 섬의 높은 산에서부터 형성된 기류가 폭풍이 되어 지중해로 불어닥치는 광풍이었다. 이런 폭풍은 당시로서는 예측할 수 없는 자연재해였다. 순한 남풍을 맞으며 출항하여 갑자기 폭풍을 만난 알렉산드리아 배와 같이, 우리의 인생 또한 언제 무슨 일이 발생할지 아무도 모른다.

16 간신히 거루를 잡아 "거루"(거룻배)는 조그만 배를 뜻하며, 오늘날의 구명정[구명보트]에 해당한다. 이것은 위급한 순간에 사용하는 것이었기에 가우다 섬 아래로 지날 때 재빨리 배 위로 끌어 올렸다.

17 스르디스에 걸릴까 두려워하여 스르디스는 바닷속 비교적 얕은 곳에 형성된 모래 언덕을 말한다. 배가 스르디스에 걸리면 빠져나올 수 없기 때문에, 배가 그쪽으로 가지 못하도록 연장(gear/sea anchor)을 내리고 바람에 떠밀리게 했다.

20 구원의 여망마저 없어졌더라 거룻배를 끌어 올리고 선체를 줄로 감아 고정시키고, 스르디스에 걸리지 않으려고 연장을 내리고 짐과 기구도 버렸지만, 그들의 상황은 나아지지 않았다. 폭풍우로 인해 해와 별도 볼 수 없었기에 방향도 모른 채 표류할 수밖에 없었다. 마치 우리 인생을 보는 것 같다. 인생 가운데 어려움이 닥치면 온갖 시도를 해보지만 아무 소용이 없을 때가 있다.

22 내가 너희를 권하노니 이제는 안심하라 바울은 21절에서 그들의 출발이 경솔했다고 말하면서도 곧이어 먹지 못하고 지친 사람들을 위로한다. 본절과 25절에서 "안심하라"는 바울의 말은, 하나님의 약속에 근거해서 그들의 생명이 무사

쉬운성경

13 마침 남쪽에서 순풍이 불기 시작하자, 사람들은 자기들의 계획대로 되리라고 생각했습니다. 그래서 그들은 닻을 올리고 크레타 섬 해안을 따라 항해하기 시작했습니다.

14 그런데 갑자기 '유라굴로'*라고 부르는 폭풍이 섬 쪽에서 불어 왔습니다.

15 배는 폭풍에 휘말려 바람을 거슬러 조금도 앞으로 나아가지를 못했습니다. 그래서 우리는 앞으로 가려는 노력은 포기하고 바람이 부는 대로 배를 내맡기고 표류하기 시작했습니다.

16 그러다가 가우다라는 작은 섬의 남쪽 방향으로 떠밀려갈 때에 우리는 간신히 거룻배를 끌어 올릴 수 있었습니다.

17 선원들은 거룻배를 끌어 올린 다음에 밧줄로 동여맸습니다. 그들은 배가 스르디스의 모래톱에 걸릴까 염려하여 돛을 내리고 배를 바람 부는 대로 떠밀려가게 했습니다.

18 우리가 폭풍에 너무도 시달리자 이튿날에는 선원들이 짐을 바다에 내던졌습니다.

19 삼 일째 되는 날에는 배의 장비마저 내어 던졌습니다.

20 우리는 며칠째 해도 보지 못했고 별도 보지 못했습니다. 바람은 계속해서 거세게 불어왔습니다. 결국 우리는 살아남을 수 있다는 희망을 모두 포기하고 말았습니다.

21 사람들이 오랫동안 아무것도 먹지 못하고 있는 가운데 바울이 일어나 그들에게 말했습니다. "여러분, 내가 크레타 섬을 떠나지 말자고 한 말을 들었어야 했습니다. 그랬다면 이런 손해를 입지 않았을 것이고 물건을 잃어버리지도 않았을 것입니다.

22 하지만 여러분, 이제 제가 권합니다. 용기를 내십시오. 이 배만 잃을 뿐 여러분 중에는 한 사람도 목숨을 잃지 않을 것입니다.

*27:14 '유라굴로'는 '북동풍'을 뜻하는 말이다.

할 것임을 나타내고 있다. 여기서 눈여겨볼 것은, 바울이 하나님이 말씀하신 것을 그대로 믿었다는 사실이다(25절). 구원의 소망이 없는 세상에서 우리에게 소망을 주는 것은 하나님의 약속이 담긴 말씀뿐임을 기억하자.

〈참고〉 27:17 연장(gear/sea anchor)

* gear: [항해] (돛·돛대 등에 딸린) 삭구(索具): 배에서 쓰는 로프나 쇠사슬 따위를 통틀어 이르는 말 [ESV]

* sea anchor(시앵커): 악천후로 항행이 곤란하게 된 선박이 옆으로 부딪치는 파도를 피하여 표박하기 위해 바닷속에 던지는 선구(노, 닻, 키, 돛 따위) [NLT/NIV]

23 지난 밤에 나의 주님이요, 내가 섬기는 하나님의 천사가 내 곁에 나타나 이렇게 말해 주었습니다.

24 '바울아, 두려워하지 마라. 너는 반드시 황제 가이사 앞에 서야 한다. 하나님께서 너와 함께 항해하는 모든 사람들의 목숨을 너에게 맡겨 주셨다.'

25 그러니 여러분, 용기를 내십시오. 나는 하나님을 믿습니다. 모든 일이 하나님의 천사가 내게 말씀하신 대로 이루어질 것입니다.

26 우리는 반드시 어떤 섬에 밀려가 닿게 될 것입니다."

저자의 묵상

본문의 바울은 폭풍우 속의 위로자였다. 바울은 항해를 시작하기 전에 미리 경고했었고, 막상 어려움을 당한 사람들에게는 위로자가 되었다. 세상은 자신들의 죄와 무지로 탐욕의 길을 걷기 십상이다. 우리는 그런 그들에게 하나님께로 돌아오도록 경고해야 한다. 그러나 그들이 죄의 결과로 힘들어하고 있을 때 긍휼한 마음을 가지고 그들을 위로해야 한다. 막상 어려움의 현장에 있는 사람들은 그들이 감당해야 할 짐으로도 벅차다. 그러므로 비난보다는 위로가 필요하다.

한편, 바울 일행의 항해는 우리의 인생을 보여주는 것 같다. 그들은 한 치 앞도 모른 채 순간적인 안정을 믿고 항해를 출발했다. 그러나 곧 폭풍에 휩싸이게 된다. 폭풍을 헤쳐 나가기 위해 온갖 노력을 기울여 보지만 그들의 상황은 나아지지 않았다. 근본적으로 인생은 스스로의 문제를 해결하거나 구원할 수 없다. 성경은 인생을 잠깐 보이다가 없어지는 안개에 비유한다(약 4:14). 인간은 그만큼 연약한 존재다. 하나님을 의지할 때만 이런 연약함에서 벗어날 수 있다.

무릎기도 하나님, 어두운 세상에 진정한 위로를 전하는 사람이 되게 하소서.

ESV - Acts 27

13 Now when the south wind blew gently,
supposing that they had obtained their
purpose, they weighed anchor and sailed
along Crete, close to the shore.
14 But soon a tempestuous wind, called the
northeaster, struck down from the land.
15 And when the ship was caught and could not
face the wind, we gave way to it and were
driven along.
16 Running under the lee of a small island
called Cauda,* we managed with difficulty to
secure the ship's boat.
17 After hoisting it up, they used supports to
undergird the ship. Then, fearing that they
would run aground on the Syrtis, they
lowered the gear,* and thus they were driven
along.
18 Since we were violently storm-tossed, they
began the next day to jettison the cargo.
19 And on the third day they threw the ship's
tackle overboard with their own hands.
20 When neither sun nor stars appeared for
many days, and no small tempest lay on us,
all hope of our being saved was at last
abandoned.
21 Since they had been without food for a long
time, Paul stood up among them and said,
"Men, you should have listened to me and
not have set sail from Crete and incurred this
injury and loss.
22 Yet now I urge you to take heart, for there
will be no loss of life among you, but only of
the ship.
23 For this very night there stood before me an
angel of the God to whom I belong and
whom I worship,
24 and he said, 'Do not be afraid, Paul; you
must stand before Caesar. And behold, God
has granted you all those who sail with you.'
25 So take heart, men, for I have faith in God
that it will be exactly as I have been told.
26 But we must run aground on some island."

* 27:16 Some manuscripts *Claude*
* 27:17 That is, the sea-anchor (or possibly the mainsail)

13 weigh anchor 닻을 올리다, 출항하다 14 a tempestuous wind 대폭풍 15 give way to ~ ~에 굽히다, 못 이기다 17 hoist 끌어올리다 undergird 아래를 단단히 묶다 lower (보트 등을) 내리다 18 storm-tossed 폭풍우에 시달린 jettison (배에서) 내던지다 19 tackle 도구, 기구 20 neither … nor ~ …도 ~도 아니다 tempest 폭풍 21 incur 초래하다 injury 손상, 피해 25 have faith in ~ ~을 믿다 26 run aground on ~ ~에 좌초하다

• MEMO •

묵상 체크 □

87 마침내 구원받음

월 일

사도행전 27:27-44 • 새찬송 345장 | 통일 461장

• 말씀묵상 전에 성령님의 인도하심을 구하는 기도를 드리십시오.

본문요약 | 배가 표류한 지 14일째 되던 날, 배는 점점 육지에 가까워지고 있었다. 한편, 자기들만 살려고 도망치려던 사공들의 시도는 실패로 돌아갔다. 날이 밝자, 사람들은 바울의 권면대로 음식을 먹고 힘을 얻은 후에 어떤 섬에 오르게 된다. 이 과정에서 바울의 생명은 백부장에 의해 보호되며, 모든 사람들은 바울의 예언대로 무사히 육지에 오른다.

27 열나흘째 되는 날 밤에 우리가 아드리아
바다에서 이리 저리 쫓겨가다가 자정쯤
되어 사공들이 어느 육지에 가까워지는
줄을 짐작하고
28 물을 재어 보니 스무 길이 되고 조금 가
다가 다시 재니 열다섯 길이라
29 암초에 걸릴까 하여 고물로 닻 넷을 내리
고 날이 새기를 고대하니라
30 사공들이 도망하고자 하여 이물에서 닻
을 내리는 체하고 거룻배를 바다에 내려
놓거늘
31 바울이 백부장과 군인들에게 이르되 이
사람들이 배에 있지 아니하면 너희가 구
원을 얻지 못하리라 하니
32 이에 군인들이 거룻줄을 끊어 떼어 버리
니라
33 날이 새어 가매 바울이 여러 사람에게 음
식 먹기를 권하여 이르되 너희가 기다리
고 기다리며 먹지 못하고 주린 지가 오늘
까지 열나흘인즉
34 음식 먹기를 권하노니 이것이 너희의 구
원을 위하는 것이요 너희 중 머리카락 하
나도 잃을 자가 없으리라 하고
35 떡을 가져다가 모든 사람 앞에서 하나님
께 축사하고 떼어 먹기를 시작하매
36 그들도 다 안심하고 받아 먹으니
37 배에 있는 우리의 수는 전부 이백칠십육
명이더라
38 배부르게 먹고 밀을 바다에 버려 배를 가
볍게 하였더니
39 날이 새매 어느 땅인지 알지 못하나 경사
진 해안으로 된 항만이 눈에 띄거늘 배를
거기에 들여다 댈 수 있는가 의논한 후
40 닻을 끊어 바다에 버리는 동시에 키를 풀
어 늦추고 돛을 달고 바람에 맞추어 해안
을 향하여 들어가다가
41 두 물이 합하여 흐르는 곳을 만나 배를
걸매 이물은 부딪쳐 움직일 수 없이 붙고
고물은 큰 물결에 깨어져 가니
42 군인들은 죄수가 헤엄쳐서 도망할까 하
여 그들을 죽이는 것이 좋다 하였으나
43 백부장이 바울을 구원하려 하여 그들의
뜻을 막고 헤엄칠 줄 아는 사람들을 명하
여 물에 뛰어내려 먼저 육지에 나가게 하
고
44 그 남은 사람들은 널조각 혹은 배 물건에
의지하여 나가게 하니 마침내 사람들이
다 상륙하여 구조되니라

1. 오늘 하나님께서 나에게 주신 깨달음은 무엇입니까?

2. 말씀을 어떻게 내 삶에 구체적으로 적용해야 합니까?

절별 해설

27 아드리아 바다에서 … 어느 육지에 가까워지는 줄을 짐작하고 아드리아 바다는 원래 이탈리아와 그리스 사이의 바다를 가리킨다. 그러나 고대에는 그 범위가 보다 넓게 사용되어 이탈리아와 그리스 그리고 아프리카 사이의 지중해를 의미했다. 선원들은 어떻게 육지에 가까워짐을 느꼈을까? 아마도 파도가 해안에 부딪치는 소리나 당시 배 밑에 달고 다니던 추가 바다의 바닥에 걸리는 소리를 통해 알 수 있었을 것이다.

29 고물로 닻 넷을 내리고 배가 육지로 밀려가고 있었던 시간이 밤이었기에 잘못하면 배가 암초에 걸릴 수 있었다. 그렇기 때문에 닻을 내려 배를 고정한 후 날이 새기를 기다리는 것이 안전한 상륙을 위해서 필요한 조치였다.

31 이 사람들이 배에 있지 아니하면 너희가 구원을 얻지 못하리라 배가 육지에 가까워지자 사공들은 자기들만 살겠다고 거룻배[구명보트]를 이용하여 탈출하려 했다. 바울은 백부장과 군인들을 통하여 이를 제지한다. 물론 사람들의 생명은 하나님께서 지켜 주시지만, 배가 안전하게 육지에 닿기 위해서는 숙련된 사공들의 도움이 필요했기 때문이다

34 음식 먹기를 권하노니 이것이 너희의 구원을 위하는 것이요 날이 밝자, 바울은 사람들에게 음식을 먹으라고 권한다. 14일 동안 제대로 먹지 못한 사람들이 자칫 탈진하여 배에서 탈출하는 데 어려움을 겪을 수 있기 때문이었다. 이처럼 바울은 하나님의 약속을 의지하는 가운데 지혜롭게 사람들이 할 일을 준비했다. 이 점이 중요하다. 하나님의 뜻이 이루어지길 기다릴 때, 손을 놓고 기다리는 것이 아니라 자기가 해야 할 일은 하는 자세가 필요하다. 이것이 하나님의 일하심을 기다리며 준비하는 지혜로운 태도다.

42-43 당시 로마법에 따르면, 죄수를 지키지 못한 군인들은 자신이 대신 그 벌을 받아야 했다. 그래서 아예 죄수들을 모두 죽이자고 제안하는 것이다. 그러나 백부장은 바울을 살리고자 군인들의 청을 거절한다. 결국 죄수들은 바울 덕분에 목숨을 건진 셈이다. 이처럼 한 사람의 의인이 수많은 영혼을 구원하는 것이다(참고. 행 27:24; 창 18:32; 50:20).

쉬운성경

27 십사 일 되던 밤에 우리는 아드리아 바다에서 표류하였습니다. 한밤중에 선원들은 우리가 어떤 섬에 가까워지고 있음을 느꼈습니다.

28 그래서 물 깊이를 재어 보니 약 40미터였고, 조금 더 가서 다시 재어 보니 이번에는 약 30미터였습니다.

29 우리는 혹시 암초에 걸리지는 않을까 염려가 되어 닻 네 개를 물에 던져 놓고 날이 밝기를 기다렸습니다.

30 그런데 선원 몇 사람이 배에서 빠져 나갈 속셈으로 배 앞쪽에 닻을 더 내린다는 구실로 거룻배를 물에 내렸습니다.

31 그러자 바울이 백부장과 군인들에게 "이 사람들이 배에 남아 있지 않으면 당신들마저 구조되지 못합니다"라고 말했습니다.

32 그래서 군인들이 밧줄을 끊어서 거룻배를 떼어 버렸습니다.

33 날이 밝을 무렵, 바울은 모든 사람에게 음식을 먹으라고 권하면서 말했습니다. "지난 십사 일 동안, 여러분은 마음을 졸이며 지금까지 아무것도 먹지 않고 지냈습니다.

34 하지만 이제는 음식을 드십시오. 그래야 살아남을 수 있습니다. 여러분 중에 그 누구도 머리카락 하나도 잃지 않을 것입니다."

35 바울은 이 말을 하고서 모든 사람 앞에서 빵을 들어 하나님께 감사 기도를 드리고 빵을 떼어 먹기 시작했습니다.

36 그러자 사람들도 용기를 얻어 음식을 먹었습니다.

37 배 안에 있던 사람들은 모두 이백칠십육 명이었습니다.

38 사람들은 음식을 배불리 먹고 나서 식량을 바다에 던져 배를 가볍게 했습니다.

39 날이 밝았습니다. 사람들은 그곳이 어느 땅인지는 알 수 없었지만 그들의 눈에 모래밭이 있는 항만이 눈에 띄었습니다. 그래서

44 마침내 사람들이 다 상륙하여 구조되니라 비록 배는 부서졌지만, 바울이 하나님께 받은 예언대로 사람들은 모두 안전할 수 있었다(행 27:22-26). 하나님의 약속은 위기 속에서 더욱 빛을 발한다. 아무리 위태로운 상황이라도 하나님의 약속은 반드시 이루어진다.

그들은 어떻게 해서든지 배를 모래밭에 대기로 작정하였습니다.

40 그들은 닻줄을 끊어서 닻을 바다에 내버리는 동시에 키를 묶은 밧줄을 풀었습니다. 그리고 앞 돛을 올려서 바람을 타고 해안 쪽으로 배를 몰았습니다.

41 그러나 배는 두 물살이 만나는 곳에 들어가 모래톱에 걸리고 말았습니다. 뱃머리는 꼼짝도 하지 않고, 배 뒤쪽은 거센 파도에 부딪혀 깨어졌습니다.

42 군인들은 죄수들이 헤엄쳐 도망칠까 봐, 그들을 죽이려고 계획을 짰습니다.

43 그러나 백부장 율리오는 바울을 살리고 싶어했습니다. 그는 군인들이 죄수를 죽이지 못하도록 헤엄칠 수 있는 사람은 모두 바다로 뛰어들어 육지로 올라가라고 명령했습니다.

44 남은 사람들은 널빤지나 부서진 배 조각을 붙잡고 나가게 명령했습니다. 그들은 모두 무사히 육지로 올라왔습니다.

저자의 묵상

하나님께서 바울을 통해 배에 타고 있는 모든 사람들의 생명을 구원해 주시겠다는 약속이 있었지만, 그렇다고 해서 인간이 해야 할 일이 없는 것은 아니었다. 바울은 이것을 잘 알고 있었기에 도망치려던 사공들을 제지한다. 그들의 도움이 있어야 배가 안전하게 상륙이 가능했던 것이다.

우리도 마찬가지다. 하나님의 약속이 있어도 기본적으로 지켜져야 할 일은 지켜야 한다. 어려움을 당했다고 손을 놓고 있을 것이 아니라 평소대로 하나님을 섬기는 일을 계속하는 가운데 주의 도우심을 구해야 하는 것이다. 일상적인 일을 감당하면서 하나님의 도움을 구해야 한다. 그럴 때 하나님의 역사는 내가 감당하는 활동들을 통하여 이루어지는 경우가 많기 때문이다. 바울의 도움으로 사공들을 저지한 백부장은 이번에는 바울의 생명을 구하게 되고, 결국엔 모든 사람들이 바울 때문에 무사할 수 있었음을 기억해야 한다.

무릎 기도 위기 속에서도 하나님의 약속을 신뢰하게 하소서.

ESV - Acts 27

27 When the fourteenth night had come, as we
were being driven across the Adriatic Sea,
about midnight the sailors suspected that
they were nearing land.
28 So they took a sounding and found twenty
fathoms.* A little farther on they took a
sounding again and found fifteen fathoms.*
29 And fearing that we might run on the rocks,
they let down four anchors from the stern
and prayed for day to come.
30 And as the sailors were seeking to escape
from the ship, and had lowered the ship's
boat into the sea under pretense of laying
out anchors from the bow,
31 Paul said to the centurion and the soldiers,
"Unless these men stay in the ship, you
cannot be saved."
32 Then the soldiers cut away the ropes of the
ship's boat and let it go.
33 As day was about to dawn, Paul urged them
all to take some food, saying, "Today is the
fourteenth day that you have continued in
suspense and without food, having taken
nothing.
34 Therefore I urge you to take some food. For
it will give you strength,* for not a hair is to
perish from the head of any of you."
35 And when he had said these things, he took
bread, and giving thanks to God in the
presence of all he broke it and began to eat.
36 Then they all were encouraged and ate
some food themselves.
37 (We were in all 276* persons in the ship.)
38 And when they had eaten enough, they
lightened the ship, throwing out the wheat
into the sea.
39 Now when it was day, they did not recognize
the land, but they noticed a bay with a
beach, on which they planned if possible to
run the ship ashore.
40 So they cast off the anchors and left them in
the sea, at the same time loosening the
ropes that tied the rudders. Then hoisting the
foresail to the wind they made for the beach.
41 But striking a reef,* they ran the vessel
aground. The bow stuck and remained
immovable, and the stern was being broken
up by the surf.
42 The soldiers' plan was to kill the prisoners,
lest any should swim away and escape.
43 But the centurion, wishing to save Paul, kept
them from carrying out their plan. He
ordered those who could swim to jump
overboard first and make for the land,
44 and the rest on planks or on pieces of the
ship. And so it was that all were brought
safely to land.

* 27:28 About 120 feet; a fathom (Greek *orguia*) was about 6 feet or 2 meters
* 27:28 About 90 feet (see previous note)
* 27:34 Or *For it is for your deliverance*
* 27:37 Some manuscripts *seventy-six*, or about *seventy-six*
* 27:41 Or *sandbank*, or *crosscurrent;* Greek *place between two seas*

28 take a sounding 수심을 재다 farther on 더 저쪽에 29 run on the rocks 바위에 부딪치다 stern (배의) 고물 30 under pretense of ~ ~을 핑계 삼아, ~을 가장하고 33 in suspense 초조해 하는, 애태우는 40 cast off (출항을 위해) 밧줄을 풀어 던지다 rudder (배의) 키 hoist 들어올리다 foresail 앞 돛 41 vessel 배 surf 밀려드는 파도 43 jump overboard 갑판에서 뛰어내리다 44 plank 널빤지

• MEMO •

묵상 체크 □

88 두 개의 기적

월 일

사도행전 28:1-10 • 새찬송 586장 | 통일 521장

• 말씀묵상 전에 성령님의 인도하심을 구하는 기도를 드리십시오.

본문요약 I 폭풍 가운데 구조된 사람들은 멜리데 섬에 상륙한다. 이곳에서 두 가지 기적이 일어났다. 바울이 불을 피우다가 독사에게 물렸지만 무사한 사건과, 그 섬의 추장인 보블리오의 부친이 앓고 있던 병이 바울의 기도와 안수로 나은 사건이다. 이러한 사건들을 통해 복음이 그 섬에 증거되고, 순탄치 않은 항해로 지친 바울 일행이 영적으로 회복된다.

1 우리가 구조된 후에 안즉 그 섬은 멜리데
라 하더라
2 비가 오고 날이 차매 원주민들이 우리에
게 특별한 동정을 하여 불을 피워 우리를
다 영접하더라
3 바울이 나무 한 묶음을 거두어 불에 넣으
니 뜨거움으로 말미암아 독사가 나와 그
손을 물고 있는지라
4 원주민들이 이 짐승이 그 손에 매달려 있
음을 보고 서로 말하되 진실로 이 사람은
살인한 자로다 바다에서는 구조를 받았
으나 공의가 그를 살지 못하게 함이로다
하더니
5 바울이 그 짐승을 불에 떨어 버리매 조금
도 상함이 없더라
6 그들은 그가 붓든지 혹은 갑자기 쓰러져
죽을 줄로 기다렸다가 오래 기다려도 그
에게 아무 이상이 없음을 보고 돌이켜 생
각하여 말하되 그를 신이라 하더라
7 이 섬에서 가장 높은 사람 보블리오라 하
는 이가 그 근처에 토지가 있는지라 그가
우리를 영접하여 사흘이나 친절히 머물
게 하더니
8 보블리오의 부친이 열병과 이질에 걸려
누워 있거늘 바울이 들어가서 기도하고
그에게 안수하여 낫게 하매
9 이러므로 섬 가운데 다른 병든 사람들이
와서 고침을 받고
10 후한 예로 우리를 대접하고 떠날 때에 우
리 쓸 것을 배에 실었더라

1. 오늘 하나님께서 나에게 주신 깨달음은 무엇입니까?

2. 말씀을 어떻게 내 삶에 구체적으로 적용해야 합니까?

절별 해설

1 그 섬은 멜리데라 멜리데는 이탈리아의 시실리 섬에서 남쪽으로 96km 정도 떨어진 지중해에 있는 섬이다. 오늘날의 몰타 섬으로, 당시에 이 섬은 로마의 통치를 받는 지역이었다. 현재 그 섬에서 기독교인들의 지하 예배 처소였던 카타콤 유적이 발견되는 것으로 보아, 바울이 그곳에서 지냈던 약 3개월 동안 복음이 전해졌을 것이라고 추측된다(11절).

2 원주민들 이에 해당하는 헬라어 'barbaroi'에서 영어의 '미개인', '야만인'에 해당하는 단어 '바바리안'(barbarian)이 생겨났다. 그러나 당시 이 단어는 그리스인들이 자신들의 모국어인 헬라어를 사용하지 않는 사람들을 통칭하여 부르던 말로, 꼭 야만인을 의미하는 것은 아니었다. 원주민들이 난파한 사람들에게 보여준 친절한 모습은 예의를 모르는 야만인의 모습이 아니었다. 이처럼 사람을 겉모습으로만 판단하는 것은 옳지 않다.

4 바다에서는 구조를 받았으나 공의가 그를 살지 못하게 함이로다 당시 이 섬의 원주민들은 대개의 고대인들이 믿었던 것처럼 인과응보 사상을 믿고 있었다. 여기 언급된 "공의"는 그리스 신화에 나오는 정의와 복수의 여신인 네메시스(Nemesis)를 말한다. 바울이 뱀에 물리자, 원주민들은 바울이 죽어 마땅한 살인자이며 네메시스 여신의 보복을 받고 있다고 생각했다.

6 돌이켜 생각하여 말하되 그를 신이라 하더라 진리를 모르는 사람들의 일반적인 태도는 극단적이다. 원주민들은 바울이 뱀에 물렸는데도 무사한 것을 보고, 이번에는 바울을 신으로 추켜세운다. 이런 일은 루스드라에서도 있었다(행 14:8–19). 처음에 루스드라 사람들은 바울과 바나바를 신으로 섬기려 했다가, 나중에는 유대인들의 꼬임에 넘어가 돌로 쳤다. 이렇게 대중의 반응은 그다지 신뢰할 만한 것이 못 된다. 우리가 진정으로 의지할 대상은 변함이 없으신 하나님뿐이시다.

8 보블리오의 부친이 열병과 이질에 걸려 누워 있거늘 이 병을 일으키는 미생물은 1887년에 정체가 밝혀졌는데, 염소의 젖에 의해 옮겨진다고 한다. 보통 이 병에 걸리면 고열과 설사가 진행되는데, 수개월에서 수년 동안 증상이 지속되기도 한다. 이런 치명적인 전염병임에도 바울이 기도하고 안수하자 병이 나은 것은 하나님의 약속이 이루어진 것이다(막 16:18).

쉬운성경

1 우리는 육지에 무사히 오른 뒤에야 그 섬이 몰타 섬이라는 것을 알았습니다.

2 비가 오고 매우 추웠습니다. 섬 사람들은 우리에게 분에 넘치는 친절을 베풀며 불을 피워 놓고 우리를 맞아 주었습니다.

3 바울이 장작을 한 무더기 모아다가 불에 넣었는데, 뜨거운 불 때문에 독사가 튀어나와 바울의 손을 물었습니다.

4 섬 사람들은 독사가 바울의 손에 매달려 있는 것을 보고 "이 사람은 틀림없이 살인자다. 바다에서는 살아 나왔는지 모르지만 '정의의 신'이 그를 살려 두지 않을 것이다" 라며 서로 수군거렸습니다.

5 그러나 바울은 그 뱀을 불 속에 떨어 버렸고, 아무런 해도 입지 않았습니다.

6 사람들은 바울의 몸이 부어 오르거나 그가 갑자기 땅바닥에 쓰러져 죽으리라고 예상했습니다. 그런데 아무리 기다려도 바울에게 아무런 일이 일어나지 않자, 그들은 바울을 달리 생각하게 되었습니다. 그들은 바울을 신이라고 불렀습니다.

7 그 근처에 그 섬의 추장인 보블리오가 땅을 소유하고 있었습니다. 그 사람이 우리를 자기 집으로 초대해서 삼 일 동안, 친절하게 대접해 주었습니다.

8 때마침, 보블리오의 아버지가 열병과 이질에 걸려 자리에 누워 있었습니다. 바울이 그를 찾아가 기도하고 그 사람의 몸에 손을 얹어 그를 낫게 하였습니다.

9 이 일이 있은 뒤에, 그 섬에서 병을 앓고 있는 다른 사람들도 바울을 찾아와 고침을 받았습니다.

10 그 섬 사람들은 우리를 잘 대접해 주었습니다. 우리가 떠나려고 할 때, 그들은 필요한 물건들을 배에 실어 주었습니다.

저자의 묵상

바울이 멜리데 섬에 상륙하고 나서, 두 가지 기적 사건이 일어났다. 첫 번째는 바울이 뱀에게 물렸으나 무사한 사건이었고, 두 번째는 다른 사람의 병을 고쳐준 사건이었다. 이 사건들은 왜 일어났으며, 누가는 어떤 의도로 이것을 기록했을까? 이 두 사건은, 바울이 로마를 향해 가는 도중에 폭풍을 만나 큰 어려움을 겪었지만, 바울을 향한 하나님의 은혜와 계획은 계속되고 있음을 보여준다. 갖은 고생을 하며 로마로 향하는 바울에게는, 하나님이 주신 사명과 역사가 자신을 통해 계속되는 것을 확인하는 것보다 더 큰 위로는 없었을 것이다.

사명자에게 가장 큰 위로는 하나님께서 자신을 여전히 사용하고 계심을 확인하는 기쁨일 것이다. 하나님은 바울에게 이런 기쁨을 주시고 계셨던 것이다. 비록 고생스럽지만 내가 지금 하나님의 손에 붙들려 있음을 확인할 때 사명자는 힘이 난다. 우리도 바울처럼 하나님께 붙들림을 받고 그분의 영광을 체험하면, 세상에서 경험하는 모든 어려움들은 사실 작은 일에 불과함을 깨닫게 될 것이다. 현실의 어려움을 이기게 해 달라는 기도보다 하나님의 영광에 사로잡히게 해 달라는 기도를 먼저 드려야 할 것이다.

무릎 기도 | 하나님의 계속되는 보호와 능력을 확신할 수 있도록 도우소서.

ESV - Acts 28

1 After we were brought safely through, we then learned that the island was called Malta.
2 The native people* showed us unusual kindness, for they kindled a fire and welcomed us all, because it had begun to rain and was cold.
3 When Paul had gathered a bundle of sticks and put them on the fire, a viper came out because of the heat and fastened on his hand.
4 When the native people saw the creature hanging from his hand, they said to one another, "No doubt this man is a murderer. Though he has escaped from the sea, Justice* has not allowed him to live."
5 He, however, shook off the creature into the fire and suffered no harm.
6 They were waiting for him to swell up or suddenly fall down dead. But when they had waited a long time and saw no misfortune come to him, they changed their minds and said that he was a god.
7 Now in the neighborhood of that place were lands belonging to the chief man of the island, named Publius, who received us and enter-tained us hospitably for three days.
8 It happened that the father of Publius lay sick with fever and dysentery. And Paul visited him and prayed, and putting his hands on him, healed him.
9 And when this had taken place, the rest of the people on the island who had diseases also came and were cured.
10 They also honored us greatly,* and when we were about to sail, they put on board whatever we needed.

* 28:2 Greek *barbaroi* (that is, non-Greek speakers); also verse 4
* 28:4 Or *justice*
* 28:10 Greek *honored us with many honors*

1 bring through (곤란·시험 등을) 이겨내게 하다 2 show kindness 친절을 베풀다 kindle a fire 불을 피우다 3 a bundle of ~ ~의 한 묶음 viper 독사 fasten 꽉 매달리다 4 murderer 살인자 escape from ~ ~에서 달아나다 6 swell up 부어오르다 misfortune 불행, 불운 7 entertain 접대하다 hospitably 극진하게 8 dysentery [병리] 이질

☐ 묵상 체크

89 마침내 로마에 도착하다

월 일

사도행전 28:11-22 • 새찬송 414장 | 통일 475장

• 말씀묵상 전에 성령님의 인도하심을 구하는 기도를 드리십시오.

본문요약 I 바울과 그 일행은 멜리데 섬에서 3개월을 보낸 후, 다시 출항하여 몇몇 항구를 거쳐 드디어 로마에 도착한다. 가는 도중에 바울은 보디올에서 예수 믿는 형제들을 만나 일주일을 보낸다. 그리고 로마에 도착했을 때 로마 교회 형제들이 마중 나옴으로 용기를 얻는다. 바울은 대사도였지만 그도 형제들을 통한 하나님의 위로가 필요했던 사람이었다.

11 석 달 후에 우리가 그 섬에서 겨울을 난
알렉산드리아 배를 타고 떠나니 그 배의
머리 장식은 [1]디오스구로라
12 수라구사에 대고 사흘을 있다가
13 거기서 둘러가서 레기온에 이르러 하루
를 지낸 후 남풍이 일어나므로 이튿날 보
디올에 이르러
14 거기서 형제들을 만나 그들의 청함을 받
아 이레를 함께 머무니라 그래서 우리는
이와 같이 로마로 가니라
15 그곳 형제들이 우리 소식을 듣고 압비오
광장과 [2]트레이스 타베르네까지 맞으러
오니 바울이 그들을 보고 하나님께 감사
하고 담대한 마음을 얻으니라
16 우리가 로마에 들어가니 바울에게는 자
기를 지키는 한 군인과 함께 따로 있게
허락하더라
17 사흘 후에 바울이 유대인 중 높은 사람들
을 청하여 그들이 모인 후에 이르되 여러
분 형제들아 내가 이스라엘 백성이나 우
리 조상의 관습을 배척한 일이 없는데 예
루살렘에서 로마인의 손에 죄수로 내준
바 되었으니
18 로마인은 나를 심문하여 죽일 죄목이 없
으므로 석방하려 하였으나
19 유대인들이 반대하기로 내가 마지 못하
여 가이사에게 상소함이요 내 민족을 고
발하려는 것이 아니니라
20 이러므로 너희를 보고 함께 이야기하려
고 청하였으니 이스라엘의 소망으로 말
미암아 내가 이 쇠사슬에 매인 바 되었노
라
21 그들이 이르되 우리가 유대에서 네게 대
한 편지도 받은 일이 없고 또 형제 중 누
가 와서 네게 대하여 좋지 못한 것을 전
하든지 이야기한 일도 없느니라
22 이에 우리가 너의 사상이 어떠한가 듣고
자 하니 이 파에 대하여는 어디서든지 반
대를 받는 줄 알기 때문이라 하더라

1) 제우스의 쌍동 아들 2) 헬. 세 여관이라는 뜻임

1. 오늘 하나님께서 나에게 주신 깨달음은 무엇입니까?

2. 말씀을 어떻게 내 삶에 구체적으로 적용해야 합니까?

절별 해설

11 석 달 후에 멜리데 섬에서 3개월 동안 겨울을 보내고 난 후, 항해하기 좋은 시기가 되었을 때(오늘날 달력으로 2월 중순이나 3월 초순경) 바울과 그 일행은 다시 로마로 가는 배를 탄다. 이번에도 알렉산드리아에서 로마로 곡물을 실어 나르는 배를 이용하는데, 그 배는 멜리데 섬에서 겨울을 보낸 후 로마로 향하는 배였다.
그 배의 머리 장식은 디오스구로라 "디오스구로"는 제우스의 쌍둥이들을 가리키는데, 그리스 신화에 나오는 '카스토르'와 '폴룩스'라는 두 신을 말한다. 이들은 뱃사람들의 수호신으로 섬겨지고 있었다.

14 거기서 형제들을 만나 … 이레를 함께 머무니라 보디올에서 바울 일행은 신자들의 초청을 받아 일주일을 그들과 함께 지냈다. 아마도 백부장 율리오의 배려가 있었을 것이다. 보디올은 이탈리아 나폴리 만의 작은 항구였다. 한편, 이때 이미 복음이 이탈리아 항구까지 전파된 것을 알 수 있다. 아마도 이곳 교회는 오순절 성령강림 때 복음을 듣고 돌아간 유대인 그리스도인들에 의해 세워졌을 것이다. 각처에 흩어진 그리스도인들의 모임은 미지의 로마를 향해 가는 바울에게 큰 위로가 되었을 것이 분명하다.

15 바울이 그들을 보고 하나님께 감사하고 담대한 마음을 얻으니라 본절에 나오는 "압비오 광장"과 "트레이스 타베르네"는 각각 로마에서 70km와 50km 떨어진 곳에 위치해 있었다. 로마 교회 형제들은 바울을 맞이하기 위해서 멀리까지 마중을 나왔다. 로마 교회는 바울이 세운 교회가 아니었지만, 바울은 3차 전도여행 말미에 고린도에서 로마서를 기록하여 보냈었다(행 20:2-3). 본절에서 바울은 그들을 보고 용기를 얻었다고 기록하고 있다. 물론 바울은 로마에 가서 복음을 전하리라는 사명을 받고 어려움을 이겨내고 있었지만(행 23:11; 27:24) 형제들을 통해서 큰 용기를 얻었다. 주님의 인도하심은 참으로 세밀하다.

17-22 로마에 도착한 바울은 제일 먼저 유대인 지도자들을 초청하여 자신의 입장을 설명한다. 바울이 죄수의 몸으로 이런 자유를 누릴 수 있었던 것은 로마 시민권자라는 신분 때문이

쉬운성경

11 석 달이 지난 후, 우리는 그 섬에서 겨울을 보낸 알렉산드리아 배를 타고 뱃길에 올랐습니다. 그 배의 앞에는 쌍둥이 신* 표시가 있었습니다.

12 우리는 수라구사*에 배를 대고 삼 일 동안을 지냈습니다.

13 그곳을 떠나서는 레기온에 도착했습니다. 그 이튿날, 남풍이 불어와서 그곳을 쉽게 벗어날 수 있었습니다. 이틀만에 우리는 보디올에 닿았습니다.

14 거기서 우리는 신자들을 만나 그들의 초청을 받고 일주일 동안, 그들과 함께 지냈습니다. 그런 뒤에 마침내 우리는 로마에 도착했습니다.

15 로마에 있는 형제들은 우리가 온다는 소식을 듣고 '압비오 광장'*과 '세 여관'*까지 우리를 마중하러 왔습니다. 바울은 그들을 보자, 용기를 얻었으며 하나님께 감사했습니다.

16 우리가 로마에 도착했을 때, 바울은 그를 지키는 군인 한 사람과 함께 혼자 지내도 된다는 허락을 받았습니다.

17 삼 일 뒤에 바울은 그곳의 유대인 지도자들을 불러 모았습니다. 그들이 모이자, 바울은 이렇게 말했습니다. "동포 여러분, 나는 우리 백성이나 우리 조상들의 관습을 거스르는 일을 한 적이 없습니다. 그런데도 나는 예루살렘에서 붙잡혀 로마 사람들의 손에 넘겨졌습니다.

18 로마 사람들이 나를 심문했으나 내게는 사형을 당할 만한 죄가 없다는 것을 알고, 나를 풀어 주려 했습니다.

19 그런데 그곳의 유대인들이 반대해서

*28:11 '디오스구도'라고 하며 제우스의 쌍둥이 아들들을 가리킨다.
*28:12 '수라구사'의 현재 지명은 '시라쿠스'이다.
*28:15 '압비오 광장'은 로마에서 약 70km 떨어진 곳에 있는 광장이며, '세 여관'은 로마에서 약 57km 떨어진 '트레스 타베르나이'란 이름을 가진 곳이다. 개역 성경에는 각각 '압비오 저자'와 '삼관'으로 표기되어 있다.

었다. 바울은 어느 곳을 가든지 유대인들에게 먼저 복음을 전했다. 바울은 로마에서도 유대인들을 초청하여 자신의 구체적인 상소 이유를 설명하고 복음을 전할 기회를 갖는다.

나는 로마에 와서 황제에게 상소할 수밖에 없었습니다. 그렇다고 해서 내 백성을 고발하려는 것은 아닙니다.

20 이런 이유로 여러분을 뵙고 말씀드리고자 오시라고 했던 것입니다. 내가 이렇게 사슬에 매인 것은 이스라엘의 소망 때문입니다."

21 유대인들이 바울에게 대답했습니다. "우리는 아직 유대로부터 당신에 관한 어떤 편지도 받은 적이 없습니다. 또 유대로부터 온 우리 형제들 중에서 당신에 관한 나쁜 소문을 전하거나 당신을 나쁘게 말한 사람도 없습니다.

22 우리는 다만 당신 생각을 듣고 싶습니다. 우리가 알기로는 어디를 가도 당신 종파에 대해서 반대하는 사람이 많다고 합니다."

저자의 묵상

한 사람의 사역자가 사역을 완수하기 위해서 가장 필요한 것은 주님이 그 일에 나를 부르시고 쓰신다는 소명의식일 것이다. 이런 소명의식은 어떤 상황에서도 흔들리지 않게 사명자를 붙잡아 주는 역할을 한다. 그러나 그것만으로 모든 것이 해결되는 것은 아니다. 사명자도 인간이기에 같은 동역자들을 통해 전달되는 위로와 격려가 필요하다.

본문의 바울은 로마까지 복음을 전하라는 사명을 수행하고 있었다. 그러나 오랜 감옥 생활과 파선으로 인해 지쳐 있는 바울을 하나님께서는 보디올과 로마 교회 형제들의 위로를 통해 격려하셨다. 사명과 함께 따뜻한 인간적인 배려와 격려가 얼마나 중요한가를 본문을 통해 배운다. 바울은 대사도였지만 동시에 나약한 인간이었다. 그래서 그의 서신서를 보면, 많은 교회가 바울을 격려했고 그 격려에 힘입어 바울이 전도여행을 잘 마쳤던 것을 알 수 있다. 하나님을 바라보는 가운데 서로를 따뜻하게 격려하고 보듬어 주는 우리의 모습이 되어야 한다.

무릎 기도 하나님, 주변에 낙심하고 있는 형제자매들을 위로하는 사람이 되기를 원합니다.

ESV - Acts 28

11 After three months we set sail in a ship that
had wintered in the island, a ship of
Alexandria, with the twin gods* as a
figurehead.
12 Putting in at Syracuse, we stayed there for
three days.
13 And from there we made a circuit and
arrived at Rhegium. And after one day a
south wind sprang up, and on the second
day we came to Puteoli.
14 There we found brothers* and were invited
to stay with them for seven days. And so we
came to Rome.
15 And the brothers there, when they heard
about us, came as far as the Forum of
Appius and Three Taverns to meet us. On
seeing them, Paul thanked God and took
courage.
16 And when we came into Rome, Paul was
allowed to stay by himself, with the soldier
who guarded him.
17 After three days he called together the local
leaders of the Jews, and when they had
gathered, he said to them, "Brothers, though
I had done nothing against our people or the
customs of our fathers, yet I was delivered
as a prisoner from Jerusalem into the hands
of the Romans.
18 When they had examined me, they wished
to set me at liberty, because there was no
reason for the death penalty in my case.
19 But because the Jews objected, I was
compelled to appeal to Caesar—though I
had no charge to bring against my nation.
20 For this reason, therefore, I have asked to
see you and speak with you, since it is
because of the hope of Israel that I am
wearing this chain."
21 And they said to him, "We have received no
letters from Judea about you, and none of
the brothers coming here has reported or
spoken any evil about you.
22 But we desire to hear from you what your
views are, for with regard to this sect we
know that everywhere it is spoken against."

* 28:11 That is, the Greek gods Castor and Pollux
* 28:14 Or *brothers and sisters;* also verses 15, 21

11 figurehead 선수상(船首像) 13 make a circuit 순회하다 spring up 갑자기 생겨나다 15 tavern (선)술집; 여인숙 take courage 용기를 내다 16 allow 허락하다 guard 지키다 17 deliver 넘겨주다 18 examine 조사하다 set ~ at liberty ~을 석방하다 19 object 반대하다 be compelled to ~ 어쩔 수 없이 ~하다 22 with regard to ~ ~에 관해 sect 종파, 교파

• MEMO •

☐ 묵상 체크

90

월 일

지치지 않는 열정

사도행전 28:23-31 • 새찬송 310장 | 통일 410장

• 말씀묵상 전에 성령님의 인도하심을 구하는 기도를 드리십시오.

본문요약 | 바울과 유대인들은 날짜를 정해서 만났고, 이 자리에서 유대인들은 바울이 소개하는 복음을 듣는다. 복음을 들은 유대인들의 의견이 분분하자, 바울은 이사야서의 말씀을 인용하며 깨닫지 못하는 유대인들을 책망한다. 바울은 연금 상태인 죄수의 신분이었지만, 2년 동안 지치지 않는 열정으로 하나님나라와 예수 그리스도를 전한다.

23 그들이 날짜를 정하고 그가 유숙하는 집
에 많이 오니 바울이 아침부터 저녁까지
강론하여 하나님의 나라를 증언하고 모
세의 율법과 선지자의 말을 가지고 예수
에 대하여 권하더라
24 그 말을 믿는 사람도 있고 믿지 아니하는
사람도 있어
25 서로 맞지 아니하여 흩어질 때에 바울이
한 말로 이르되 성령이 선지자 이사야를
통하여 너희 조상들에게 말씀하신 것이
옳도다
26 일렀으되
ㄱ이 백성에게 가서 말하기를 너희가
듣기는 들어도 도무지 깨닫지 못하며
보기는 보아도 도무지 알지 못하는도
다
27 이 백성들의 마음이 우둔하여져서 그
귀로는 둔하게 듣고 그 눈은 감았으니
이는 눈으로 보고 귀로 듣고 마음으로
깨달아 돌아오면 내가 고쳐 줄까 함이
라
하였으니
28 그런즉 하나님의 이 구원이 이방인에게
로 보내어진 줄 알라 그들은 그것을 들으
리라 하더라
29 [1](없음)
30 바울이 온 이태를 자기 셋집에 머물면서
자기에게 오는 사람을 다 영접하고
31 하나님의 나라를 전파하며 주 예수 그리
스도에 관한 모든 것을 담대하게 거침없
이 가르치더라

1) 어떤 사본에, 29 '그가 이 말을 마칠 때에 유대인들이 서로 큰 쟁론을 하며 물러가더라'가 있음

ㄱ. 사 6:9,10

1. 오늘 하나님께서 나에게 주신 깨달음은 무엇입니까?

2. 말씀을 어떻게 내 삶에 구체적으로 적용해야 합니까?

절별 해설

23 바울이 아침부터 저녁까지 강론하여 유대인들을 향한 바울의 열정과 관심, 사랑을 느끼게 하는 대목이다. 유대인들에게 복음을 전하기 위해서 바울은 온종일 말씀을 전하고 설명했다. 이런 열정이야말로 이 시대가 잃어버리고 있는 것 중의 하나다. 진리는 그 자체로 완전하지만 복음을 전하는 자의 열심 또한 매우 중요하다.

26-27 이사야 6장 9-10절의 인용이다. 그 중심 내용은, 이사야가 하나님의 말씀을 전해도 이스라엘 백성들이 결코 받아들이지 않을 것임을 강조하는 것이다. 예수님과 요한도 같은 말씀을 인용한 적이 있다(마 13:14-15; 요 12:37-43). 26절의 '듣고 보는 것'은 육신의 상태를 말하며, 27절의 "그 귀로는 둔하게 듣고 그 눈은 감았으니"라는 표현은 마음의 상태를 말한다. 즉, 마음의 눈이 닫혀 있으면 육신의 눈으로 본다 해도 진정한 것을 볼 수 없다. 진정으로 중요한 것은 마음에 달려 있다. 주님께 가면 우리 마음이 쉼을 얻고 진리를 보게 된다(마 11:29).

28 그들은 그것을 들으리라 처음 하나님의 말씀을 받았던 유대인들은 교만하여 예수님을 거부했다. 그들은 율법에 얽매여 있었기 때문에, 예수님을 통해 모든 사람을 구원하시려는 하나님의 뜻을 이해하지 못했다. 오히려 잘못된 선민사상에 빠져 자신들을 제외한 이방인들의 구원을 인정하지도 않았다. 그러나 마음이 겸손하고 가난한 이방인들은 하나님의 구원 소식을 듣고 받아들였다. 이것이 사도행전에서 줄곧 확인되어 온 사실이다.

30 바울이 온 이태를 자기 셋집에 머물면서 자기에게 오는 사람을 다 영접하고 바울이 로마에서 비교적 자유로운 연금 상태로 지낸 기간은 2년이었다. 그 이전에 가이사랴에서 2년 동안 감금된 기간과 로마로 오는 몇 달의 기간을 합치면 약 4년 6개월 동안 갇혀 지낸 것이다. 그러나 이 기간은 결코 무의미한 시간이 아니었다. 바울의 신학은 이때 더욱 풍성하게 정리되었다. 바울은 로마에 갇혀 있으면서 네 권의 옥중서신을 썼다(에베소서, 빌립보서, 골로새서, 빌레몬서). 또한 찾아오는 모든 사람에게 복음을 전하는 지칠 줄 모르는 열정을 보여주었다. 비록 유대인들이 복음을 거부하긴 했으나 바울은 실망하지 않았으며, 찾아오는 사람들에게 계속해서 복음을 전했다. 바울 자신이 말한 대로 이 기간을 통해 그는 어떠한 환경이나 형편에도 감사하는 법을 배우게 되었다(빌 4:11-13).

쉬운성경

23 바울과 유대인들은 만날 날짜를 정했습니다. 그날이 되었을 때, 더 많은 유대인들이 바울이 지내고 있는 곳으로 모였습니다. 바울은 아침부터 저녁까지 그들에게 하나님의 나라를 설명하고 선포했습니다. 또 모세와 예언자들의 글을 예로 들어서 그들이 예수에 관한 것을 믿게 하려 애썼습니다.

24 바울의 말을 믿는 사람들도 있었지만 믿지 않는 사람들도 있었습니다.

25 그들이 이처럼 의견이 갈린 채 헤어질 때에 바울이 한 마디 말을 남겼습니다. "성령께서 예언자 이사야를 통해 여러분의 조상에게 말씀하신 것은 진리입니다.

26 '이 백성에게 가서 말하여라. 너희가 듣기는 들어도 깨닫지 못하고 보기는 보아도 알지 못할 것이다.

27 이 백성의 마음이 무디어졌고, 귀로는 듣지 못하며 눈은 감겼다. 이는 그들이 눈으로 보고 귀로 듣고 마음으로 깨닫고 내게 돌아와 고침을 받지 못하게 하려는 것이다.'*

28 그러므로 여러분은 하나님의 이 구원이 이방인들에게도 전파되었다는 것을 알아야 합니다. 그들은 들을 것입니다."

29 (없음)*

30 바울은 자기 셋집에서 꼬박 이 년을 지내면서 자기를 찾아오는 사람들을 다 맞이하였습니다.

31 그는 담대하게, 그리고 아무런 방해도 받지 않고 하나님의 나라를 전하고 주 예수 그리스도에 관해 가르쳤습니다.

*28:26-27 사 6:9-10에 기록되어 있다.
*28:29 어떤 사본에는 다음과 같은 구절이 있다. "그가 이 말을 마쳤을 때에 유대인들이 서로 크게 논쟁하며 가더라."

저자의 묵상

사도행전은 바울이 로마에 도착하여 담대하게 복음을 가르치는 장면으로 끝을 맺는다. 바울은 연금 상태로 갇혀 있는 몸이었지만 복음을 전하는 일을 멈추지 않았다. 바울의 사역이 그의 갇힘에 의해 중단되지 않았음을 보여주고 있다. 바울이 사도행전 후반부에서 유대인들에 의해 고소당한 후 갇혀 있었던 기간은 대략 4년 6개월 정도였다. 이 기간이 있기 전에 바울은 매우 왕성한 활동을 펼쳤다. 20여 년 동안 3차에 걸친 전도여행을 하며 복음을 전했다. 이렇게 활동적인 사람이 갇혀 있었던 기간은 자칫 쓸모없는 시간처럼 여겨질 수도 있었을 것이다. 그러나 바울은 오히려 그 기간을 의미 있게 보냈다. 가이사랴에서 바울은 기회가 있는 대로 모든 사람에게 복음을 전했다. 로마에서도 찾아오는 모든 사람–유대인이나 이방인을 가리지 않고–에게 예수 그리스도를 전했다.

바울의 삶과 사명은 어떠한 순간에도 멈추지 않았다. 하나님께서 우리를 쓰시되 바울처럼 어떤 환경과 조건에도 영향 받지 않고 우리를 부르신 목적을 다 이루실 것을 믿고 확신하며 일하자.

무릎기도 하나님, 어떠한 형편에도 지치지 않는 복음에 대한 열정을 갖게 하소서.

ESV - Acts 28

23 When they had appointed a day for him, they came to him at his lodging in greater numbers. From morning till evening he expounded to them, testifying to the kingdom of God and trying to convince them about Jesus both from the Law of Moses and from the Prophets.
24 And some were convinced by what he said, but others disbelieved.
25 And disagreeing among themselves, they departed after Paul had made one statement: "The Holy Spirit was right in saying to your fathers through Isaiah the prophet:
26 "'Go to this people, and say, "You will indeed hear but never understand, and you will indeed see but never perceive."
27 For this people's heart has grown dull, and with their ears they can barely hear, and their eyes they have closed; lest they should see with their eyes and hear with their ears and understand with their heart and turn, and I would heal them.'
28 Therefore let it be known to you that this salvation of God has been sent to the Gentiles; they will listen."*
30 He lived there two whole years at his own expense,* and welcomed all who came to him,
31 proclaiming the kingdom of God and teaching about the Lord Jesus Christ with all boldness and without hindrance.

* 28:28 Some manuscripts add verse 29: *And when he had said these words, the Jews departed, having much dispute among themselves*
* 28:30 Or *in his own hired dwelling*

23 lodging 숙소 expound 상세히 설명하다 convince 설득하다 25 disagree 의견을 달리하다 make a statement 언명하다 26 perceive 깨닫다, 파악하다 27 dull 무딘, 우둔한 barely 간신히, 겨우 28 known to ~ ~에게 알려진 salvation 구원 30 at one's own expense 사비로 31 boldness 대담함 hindrance 방해

권 별 주 삶

아가페 주삶 GBS

- 1주(46회–50회) _ 사도행전 14:19–28
  돌에 맞아 죽더라도 전해야 했던 복음
- 2주(51회–55회) _ 사도행전 16:6–15
  내 뜻과 하나님의 뜻
- 3주(56회–60회) _ 사도행전 17:22–34
  바울의 '눈높이' 설교(아레오바고 설교)
- 4주(61회–65회) _ 사도행전 19:8–20
  에베소에서 일어난 부흥의 역사
- 5주(66회–70회) _ 사도행전 20:17–35
  "주는 것이 받는 것보다 복이 있다"
- 6주(71회–75회) _ 사도행전 22:22–30
  로마 시민권
- 7주(76회–80회) _ 사도행전 25:1–12
  가이사에게 상소한 바울
- 8주(81회–85회) _ 사도행전 26:24–32
  때를 얻든지 못 얻든지 말씀을 전파하라
- 9주(86회–90회) _ 사도행전 28:1–10
  역전의 하나님

* GBS 해설서는 뒷면에 있습니다

주간 그룹성경공부 • GBS **1주차** (46회~50회)

돌에 맞아 죽더라도 전해야 했던 복음

사도행전 14:19-28 | 새찬송 341장 • 통일 367장

주간 말씀묵상 나눔

지난 한 주간 말씀묵상한 것이나 삶에 적용한 것이 있으면 돌아가며 간단히 나누어 봅시다.

• 오늘의 성경공부 목표

바울이 어떠한 심정으로 복음을 전했는지 살펴보고 교훈을 얻도록 합니다.

19 유대인들이 안디옥과 이고니온에서 와
서 무리를 충동하니 그들이 돌로 바울을
쳐서 죽은 줄로 알고 시외로 끌어 내치
니라
20 제자들이 둘러섰을 때에 바울이 일어나
그 성에 들어갔다가 이튿날 바나바와 함
께 더베로 가서
21 복음을 그 성에서 전하여 많은 사람을
제자로 삼고 루스드라와 이고니온과 안
디옥으로 돌아가서
22 제자들의 마음을 굳게 하여 이 믿음에
머물러 있으라 권하고 또 우리가 하나님
의 나라에 들어가려면 많은 환난을 겪어
야 할 것이라 하고
23 각 교회에서 장로들을 택하여 금식 기도
하며 그들이 믿는 주께 그들을 위탁하고
24 비시디아 가운데로 지나서 밤빌리아에
이르러
25 말씀을 버가에서 전하고 앗달리아로 내
려가서
26 거기서 배 타고 안디옥에 이르니 이곳은
두 사도가 이룬 그 일을 위하여 전에 하
나님의 은혜에 부탁하던 곳이라
27 그들이 이르러 교회를 모아 하나님이 함
께 행하신 모든 일과 이방인들에게 믿음
의 문을 여신 것을 보고하고
28 제자들과 함께 오래 있으니라

• 함께 읽어보기

바울과 바나바는 안디옥, 이고니온, 루스드라에서 담대히 예수 그리스도의 복음을 전했습니다. 온 시민이 거의 다 하나님의 말씀을 듣고자 모였고(13:44), 허다한 무리가 믿었으며(14:1), 성령의 표적과 기사가 나타났습니다. 특히, 루스드라에서는 나면서 걷지 못하게 된 사람을 고치기도 했습니다(14:8-10). 복음은 그 어느 때보다도 능력 있게 전파되었지만, 반대로 바울을 시기하는 유대인들의 박해는 점점 더 심해졌습니다. 안디옥과 이고니온에서 바울을 핍박했던 유대인들은 루스드라까지 쫓아와서 군중들을 충동했고, 성난 군중들은 급기야 바울을 돌로 쳤습니다.

오늘 본문은 죽었다고 여겨져 성 밖으로 내쳐졌던 바울이 정신을 차리고 일어나 다시 복음을 전하는 모습을 묘사합니다. 만신창이가 되었을 몸을 돌보는 것, 또다시 돌에 맞아 죽을 수도 있는 위험을 피하는 것이 당연한 상황이었지만, 바울은 굴하지 않고 '복음' 전하는 일을 선택했습니다. 바울의 뜨거운 마음이 느껴집니까?

도입 질문

1 주변 사람들의 염려와 만류에도 불구하고, 꿋꿋이 나의 소신을 지켰던 적이 있습니까?

함께 나누기

2 루스드라에서 바울이 전도할 때, 무리를 충동했던 사람들은 누구였습니까? 그들은 어디서 왔습니까? 19절a

3 군중의 무리가 바울에게 한 행동은 무엇입니까? 19절b

4 제자들이 바울 주위에 둘러섰을 때 어떤 일이 벌어졌습니까? 20절

5 바울이 일어나서 먼저 간 곳은 어디입니까? 그가 한 일은 무엇입니까? 20–21절

6 돌에 맞아 죽을 뻔했던 바울은 정신을 차린 후에 다시 그 성으로 들어갑니다. 그리고 다시 복음을 전합니다. 바울은 돌에 맞아 만신창이가 되었을 몸을 이끌고, 자신을 돌로 쳤던 무리들이 있었던 그 위험한 곳으로 다시 돌아가서, 계속 복음을 전했던 것입니다. 무엇이 바울을 그렇게 하도록 만들었을까요? 각자의 생각을 자유롭게 나누어 봅시다.

7 바울이 루스드라와 이고니온과 안디옥으로 돌아가서 제자들에게 권면한 말은 무엇입니까? 22절

8 바울과 바나바가 배를 타고 안디옥에 도착하여 교회에 보고한 내용은 무엇입니까? 26–27절

9 오늘 본문이 다루고 있는 바울의 일화는 우리에게 어떤 교훈을 줍니까?

10 오늘 성경공부를 통해서 나누고 싶거나 깨달은 것이 있으면 서로 이야기해 봅시다.

주간 그룹성경공부 • GBS

2주차 (51회~55회)

내 뜻과 하나님의 뜻

사도행전 16:6-15 | 새찬송 620장

주간 말씀묵상 나눔

지난 한 주간 말씀묵상한 것이나 삶에 적용한 것이 있으면 돌아가며 간단히 나누어 봅시다.

• 오늘의 성경공부 목표

바울은 아시아와 비두니아 지방에서 복음을 전하고 싶었지만, 성령께서 이를 막으시고 마게도냐로 가게 하신 것을 보면서, 내 뜻을 내려놓고 하나님의 뜻을 선택하는 결단에 대해 생각해 봅시다.

6 성령이 아시아에서 말씀을 전하지 못하
게 하시거늘 그들이 브루기아와 갈라디
아 땅으로 다녀가
7 무시아 앞에 이르러 비두니아로 가고자
애쓰되 예수의 영이 허락하지 아니하시
는지라
8 무시아를 지나 드로아로 내려갔는데
9 밤에 환상이 바울에게 보이니 마게도냐
사람 하나가 서서 그에게 청하여 이르되
마게도냐로 건너와서 우리를 도우라 하
거늘
10 바울이 그 환상을 보았을 때 우리가 곧
마게도냐로 떠나기를 힘쓰니 이는 하나
님이 저 사람들에게 복음을 전하라고 우
리를 부르신 줄로 인정함이러라
11 우리가 드로아에서 배로 떠나 사모드라
게로 직행하여 이튿날 네압볼리로 가고
12 거기서 빌립보에 이르니 이는 마게도냐
지방의 첫 성이요 또 로마의 식민지라
이 성에서 수일을 유하다가
13 안식일에 우리가 기도할 곳이 있을까 하
여 문밖 강가에 나가 거기 앉아서 모인
여자들에게 말하는데
14 두아디라 시에 있는 자색 옷감 장사로서
하나님을 섬기는 루디아라 하는 한 여자
가 말을 듣고 있을 때 주께서 그 마음을
열어 바울의 말을 따르게 하신지라
15 그와 그 집이 다 세례를 받고 우리에게
청하여 이르되 만일 나를 주 믿는 자로
알거든 내 집에 들어와 유하라 하고 강
권하여 머물게 하니라

• 함께 읽어보기

그리스도인의 가장 큰 고민 중 하나는 자신의 뜻과 하나님의 뜻 사이에서 자기 뜻을 내려놓고 하나님의 뜻을 선택하는 일일 것입니다. 이와 관련해서 가장 중요한 것은 하나님의 뜻을 아는 것입니다. 우리가 하나님의 뜻을 추구할 때 적어도 다음 네 가지를 고려해 보아야 합니다. (1)내 계획이 하나님의 말씀과 조화를 이루고 있습니까? (2)그 일이 내가 하고 싶어서 하려는 일입니까, 아니면 하나님이 원하신다고 생각해서 하는 일입니까? (3)주변에 있는 성숙한 그리스도인들은 뭐라고 조언합니까? (4)하나님이 원하시는 방향으로 문을 열어주시고, 다른 문은 모두 닫아달라고 기도하고 있습니까? 진정한 그리스도인은 결정적인 순간에 예수님처럼 "나의 원대로 마시옵고 아버지의 원대로 하옵소서"(마 26:39)라고 기도하며 순종하는 사람입니다. 이 말씀의 거울에 자신의 모습을 비춰보기 바랍니다.

도입 질문

1 하고 싶지 않았지만 어쩔 수 없이 한 일 가운데 가장 잘했다고 생각되는 일은 무엇입니까? 반대로 하고 싶어서 했는데 가장 후회되는 일은 무엇입니까?

함께 나누기

2 바울 일행이 하나님의 말씀을 전하기 위해 본래 가고 싶었던 곳은 어디입니까? 왜 그곳으로 가지 못했습니까? **6절**

3 그 뒤 바울 일행이 무시아에서 비두니아로 가고자 애썼지만 가지 못한 이유는 무엇입니까? **7절**

4 두 번의 거절 이후에 바울이 본 환상은 무엇입니까? **9–10절**

5 본래 가고 싶었던 선교지로 가는 것에 대해 두 번이나 거절당했을 때 바울의 심정은 어땠을까요? 바울처럼 거절당할 때 어떤 마음가짐과 행동을 취해야 한다고 생각합니까?

6 바울 일행이 마게도냐 지방으로 건너가서 수일을 머물던, 로마의 식민지이자 마게도냐 지방의 첫 성은 어디입니까? **12절**

7 바울이 강가 기도처에서 만난 여자들 중 하나님이 그 마음을 열어 바울의 말을 따르게 한 여인은 누구입니까? **14–15절**

8 하나님은 우리에게 필요한 사람들을 만나게 하십니다. 최근 하나님께서 만나게 하셨다고 생각하는 사람이 있습니까? 그 만남에 담긴 하나님의 뜻이 무엇이라고 생각합니까?

9 오늘 성경공부를 통해서 나누고 싶거나 깨달은 것이 있으면 서로 이야기해 봅시다.

주간 그룹성경공부 • GBS

3주차 (56회~60회)

바울의 '눈높이' 설교(아레오바고 설교)

사도행전 17:22-34 | 새찬송 79장 • 통일 40장

주간 말씀묵상 나눔

지난 한 주간 말씀묵상한 것이나 삶에 적용한 것이 있으면 돌아가며 간단히 나누어 봅시다.

• 오늘의 성경공부 목표

바울의 아레오바고 설교를 통해 배울 수 있는 교훈은 무엇인지 살펴보도록 합니다.

22 바울이 아레오바고 가운데 서서 말하되
아덴 사람들아 너희를 보니 범사에 종교
심이 많도다
23 내가 두루 다니며 너희가 위하는 것들을
보다가 알지 못하는 신에게라고 새긴 단
도 보았으니 그런즉 너희가 알지 못하고
위하는 그것을 내가 너희에게 알게 하리
라
24 우주와 그 가운데 있는 만물을 지으신
하나님께서는 천지의 주재시니 손으로
지은 전에 계시지 아니하시고
25 또 무엇이 부족한 것처럼 사람의 손으로
섬김을 받으시는 것이 아니니 이는 만민
에게 생명과 호흡과 만물을 친히 주시는
이심이라
26 인류의 모든 족속을 한 혈통으로 만드사
온 땅에 살게 하시고 그들의 연대를 정
하시며 거주의 경계를 한정하셨으니
27 이는 사람으로 혹 하나님을 더듬어 찾아
발견하게 하려 하심이로되 그는 우리 각
사람에게서 멀리 계시지 아니하도다
28 우리가 그를 힘입어 살며 기동하며 존재
하느니라 너희 시인 중 어떤 사람들의
말과 같이 우리가 그의 소생이라 하니
29 이와 같이 하나님의 소생이 되었은즉 하
나님을 금이나 은이나 돌에다 사람의 기
술과 고안으로 새긴 것들과 같이 여길
것이 아니니라
30 알지 못하던 시대에는 하나님이 간과하
셨거니와 이제는 어디든지 사람에게 다
명하사 회개하라 하셨으니
31 이는 정하신 사람으로 하여금 천하를 공

의로 심판할 날을 작정하시고 이에 그를
죽은 자 가운데서 다시 살리신 것으로
모든 사람에게 믿을 만한 증거를 주셨음
이니라 하니라
32 그들이 죽은 자의 부활을 듣고 어떤 사람
은 조롱도 하고 어떤 사람은 이 일에 대
하여 네 말을 다시 듣겠다 하니
33 이에 바울이 그들 가운데서 떠나매
34 몇 사람이 그를 가까이하여 믿으니 그중
에는 아레오바고 관리 디오누시오와 다
마리라 하는 여자와 또 다른 사람들도
있었더라

• 함께 읽어보기

'눈높이 대화,' '눈높이 교육' 등의 표현을 우리는 종종 접하게 됩니다. 눈높이를 맞춘다는 것은 바로 상대방의 입장이 되어서 이해하고 생각한다는 것을 의미합니다. 그것은 소통과 공감을 위한 가장 중요한 기술입니다. 인류 역사상 가장 위대했던 '눈높이 대화'는 무엇일까요? 아마도 예수 그리스도께서 인간의 몸을 입고 이 땅에 오신 사건일 것입니다. 연약한 인간의 몸으로 오셔서, 인간과 똑같은 말을 사용하시고, 그들과 함께 먹고 마시고, 그들과 마찬가지로 시험을 받으신 이유에 대해서 성경은 이렇게 말합니다. "우리에게 있는 대제사장은 우리의 연약함을 동정하지 못하실 이가 아니요 모든 일에 우리와 똑같이 시험을 받으신 이로되 죄는 없으시니라"(히 4:15). 오늘은 바울이 시도했던 가장 탁월한 '눈높이 설교' 한 편을 살펴볼 것입니다. 본문이 다루고 있는 바울의 설교는, 나와 다른 생각을 가진 사람들에게 어떻게 복음을 전해야 하는가에 대한 좋은 모델이 될 것입니다.

도입 질문

1 나와 다른 사회적·문화적 배경을 가진 사람들과 대화하면서 어려움을 느꼈던 적이 있습니까? 어떻게 그런 어려움을 해결할 수 있었습니까?

함께 나누기

2 바울은 아덴 사람들이 범사에 무엇이 많다고 말했습니까? 22절

3 아덴 사람들은 심지어 어떤 신을 위한 단까지 만들었습니까? 23절

4 바울은 하나님 한 분만이 참된 신이시라는 사실을 세 가지 이유를 들어 설명합니다. 24–27절
성경을 보면서 빈칸을 채워 보도록 합시다.

24절, (　　　　)와 그 가운데 있는 (　　　　)을 지으신 하나님께서는 (　　　　)의
(　　　　)시기 때문에 사람이 손으로 지은 전에 계시지 않습니다.
25절, 하나님께서는 부족함이 없으십니다. 오히려 만민에게 (　　　　)과 (　　　　)과
(　　　　)을 친히 주시는 분이십니다.
27절, 하나님께서는 우리 각 사람에게서 (　　　　) 계시지 않습니다.

5 바울이 아덴 사람들의 말을 인용하면서 자신과 청중들을 무엇이라고 규정합니까? 28–29절

6 알지 못하던 시대에는 간과해 주셨던 하나님께서 이제는 사람들에게 무엇을 명하셨다고 말합니까? 30절

7 31절은 하나님께서 "정하신 사람"을 통해 천하를 공의로 심판할 날을 작정하셨다고 말합니다. 그리고 하나님께서는 "그를 죽은 자 가운데서 다시 살리신 것으로 모든 사람에게 믿을 만한 증거를 주셨다"고 말씀하십니다. 하나님께서 정하신 그 사람은 누구입니까? 31절

8 오늘 함께 살펴본 아레오바고 설교의 한 가지 중요한 특징은, 바울이 아덴 사람들이 더 쉽게 복음을 이해할 수 있도록 그들에게 익숙한 종교적·문화적 개념들을 사용하고 있다는 것입니다. 바울의 이러한 접근 방법은 오늘날 우리의 전도 현장에서 어떻게 적용될 수 있을까요? 각자의 생각을 나누어 봅시다.

9 오늘 성경공부를 통해서 나누고 싶거나 깨달은 것이 있으면 서로 이야기해 봅시다.

구역예배, 청년부 성경공부, 직장 신우회 등 각종 성경공부 모임에 활용하면 좋습니다.

주간 그룹성경공부 • GBS

4주차 (61회~65회)

에베소에서 일어난 부흥의 역사

사도행전 19:8–20 | 새찬송 502장 • 통일 259장

주간 말씀묵상 나눔

지난 한 주간 말씀묵상한 것이나 삶에 적용한 것이 있으면 돌아가며 간단히 나누어 봅시다.

• 오늘의 성경공부 목표

바울이 에베소에서 겪은 반대와 부흥과 기적을 통해 하나님이 어떻게 역사하시는지 배우고, 우리가 속한 교회와 사역의 현장에서도 부흥의 역사가 일어나도록 힘을 다합시다.

8 바울이 회당에 들어가 석 달 동안 담대
히 하나님나라에 관하여 강론하며 권면
하되
9 어떤 사람들은 마음이 굳어 순종하지 않
고 무리 앞에서 이 도를 비방하거늘 바
울이 그들을 떠나 제자들을 따로 세우고
두란노 서원에서 날마다 강론하니라
10 두 해 동안 이같이 하니 아시아에 사는
자는 유대인이나 헬라인이나 다 주의 말
씀을 듣더라
11 하나님이 바울의 손으로 놀라운 능력을
행하게 하시니
12 심지어 사람들이 바울의 몸에서 손수건
이나 앞치마를 가져다가 병든 사람에게
얹으면 그 병이 떠나고 악귀도 나가더라
13 이에 돌아다니며 마술하는 어떤 유대인
들이 시험삼아 악귀 들린 자들에게 주
예수의 이름을 불러 말하되 내가 바울이
전파하는 예수를 의지하여 너희에게 명
하노라 하더라
14 유대의 한 제사장 스게와의 일곱 아들도
이 일을 행하더니
15 악귀가 대답하여 이르되 내가 예수도 알
고 바울도 알거니와 너희는 누구냐 하며
16 악귀 들린 사람이 그들에게 뛰어올라 눌
러 이기니 그들이 상하여 벗은 몸으로
그 집에서 도망하는지라
17 에베소에 사는 유대인과 헬라인들이 다
이 일을 알고 두려워하며 주 예수의 이
름을 높이고
18 믿은 사람들이 많이 와서 자복하여 행한
일을 알리며

19 또 마술을 행하던 많은 사람이 그 책을
모아 가지고 와서 모든 사람 앞에서 불
사르니 그 책 값을 계산한즉 은 오만이
나 되더라
20 이와 같이 주의 말씀이 힘이 있어 흥왕
하여 세력을 얻으니라

• 함께 읽어보기

많은 사람이 바울의 성공 비결로 그의 뛰어난 재능과 말씀에 대한 탁월한 지식을 꼽습니다. 실제로 그는 가말리엘의 문하에서 수학한 뛰어나 바리새인이었습니다. 그러나 그가 선교사로서 또 복음 전도자로서 많은 교회를 세우고 이방인을 주님 앞으로 인도할 수 있었던 비결 중 하나는 바로 그의 성실함이었습니다. 바울은 우상숭배가 만연한 에베소에서 수많은 박해와 반대를 겪으면서도 2년간 한결같이 말씀을 가르쳤고, 그 결과 유대인과 헬라인들이 다 와서 그가 전하는 주님의 말씀을 들었습니다. 거기에 더하여 하나님이 바울의 손을 통해 능력과 기적을 베풀어주심으로 "주의 말씀이 힘이 있어 흥왕하여 세력을 얻게" 되었습니다. 요즘 사람들은 성공의 요인을 재능이나 능력, 환경 혹은 출신배경에서 찾으려고 합니다. 그러나 아무리 그런 것이 갖추어졌어도 성실함이 없다면 제 기능을 발휘할 수 없습니다.

도입 질문

1 자신의 성품 중 장점이라고 생각하는 것은 무엇입니까? 반대로 단점은 무엇입니까? 다른 사람과 자신의 장단점을 나누어봅시다.

함께 나누기

2 바울이 회당에서 하나님나라에 관해 강론할 때 비난과 반대에 부딪히자 어떤 조치를 취했습니까? 8–9절

3 바울은 두란노서원에서 얼마동안 강론했으며, 어떤 결과를 낳았습니까? 10절

4 하나님은 바울의 손을 통해 어떤 놀라운 능력을 나타내셨습니까? 11–12절

5 종종 예수를 처음 믿는 사람 중에 치유나 축복 같은 가시적인 능력을 바라고 믿는 사람이 있습니다. 당신은 하나님 말씀에 더 관심이 있습니까, 아니면 기적에 더 관심이 있습니까?

6 바울과 예수님의 이름을 빙자하여 악귀를 쫓아내려다가 오히려 봉변을 당한 사람은 누구입니까? 13–16절

7 제사장 스게와의 아들들 사건을 통해 세 가지 역사가 일어났습니다. 구체적으로 어떤 일이 벌어졌습니까? 17–19절

8 최근에 당신이 경험하거나 알게 된 하나님의 능력을 보여준 사건이 있습니까? 그 사건을 통해 당신은 무엇을 깨달았습니까?

9 오늘 성경공부를 통해서 나누고 싶거나 깨달은 것이 있으면 서로 이야기해 봅시다.

주간 그룹성경공부 • GBS

5주차 (66회~70회)

"주는 것이 받는 것보다 복이 있다"

사도행전 20:17-35 | 새찬송 190장 • 통일 177장

주간 말씀묵상 나눔

지난 한 주간 말씀묵상한 것이나 삶에 적용한 것이 있으면 돌아가며 간단히 나누어 봅시다.

• 오늘의 성경공부 목표

바울이 에베소 교회의 장로들에게 했던 권면의 설교를 통해, 복음과 교회를 위해 헌신했던 사도 바울의 삶이 우리에게 주는 교훈은 무엇인지 배우도록 합니다.

17 바울이 밀레도에서 사람을 에베소로 보
내어 교회 장로들을 청하니
18 오매 그들에게 말하되 아시아에 들어온
첫날부터 지금까지 내가 항상 여러분 가
운데서 어떻게 행하였는지를 여러분도
아는 바니
19 곧 모든 겸손과 눈물이며 유대인의 간계
로 말미암아 당한 시험을 참고 주를 섬
긴 것과
20 유익한 것은 무엇이든지 공중 앞에서나
각 집에서나 거리낌이 없이 여러분에게
전하여 가르치고
21 유대인과 헬라인들에게 하나님께 대한
회개와 우리 주 예수 그리스도께 대한
믿음을 증언한 것이라
22 보라 이제 나는 성령에 매여 예루살렘으
로 가는데 거기서 무슨 일을 당할는지
알지 못하노라
23 오직 성령이 각 성에서 내게 증언하여
결박과 환난이 나를 기다린다 하시나
24 내가 달려갈 길과 주 예수께 받은 사명
곧 하나님의 은혜의 복음을 증언하는 일
을 마치려 함에는 나의 생명조차 조금도
귀한 것으로 여기지 아니하노라
25 보라 내가 여러분 중에 왕래하며 하나님
의 나라를 전파하였으나 이제는 여러분
이 다 내 얼굴을 다시 보지 못할 줄 아
노라
26 그러므로 오늘 여러분에게 증언하거니
와 모든 사람의 피에 대하여 내가 깨끗
하니
27 이는 내가 꺼리지 않고 하나님의 뜻을

다 여러분에게 전하였음이라
28 여러분은 자기를 위하여 또는 온 양 떼를 위하여 삼가라 성령이 그들 가운데 여러분을 감독자로 삼고 하나님이 자기 피로 사신 교회를 보살피게 하셨느니라
29 내가 떠난 후에 사나운 이리가 여러분에게 들어와서 그 양 떼를 아끼지 아니하며
30 또한 여러분 중에서도 제자들을 끌어 자기를 따르게 하려고 어그러진 말을 하는 사람들이 일어날 줄을 내가 아노라
31 그러므로 여러분이 일깨어 내가 삼 년이나 밤낮 쉬지 않고 눈물로 각 사람을 훈계하던 것을 기억하라
32 지금 내가 여러분을 주와 및 그 은혜의 말씀에 부탁하노니 그 말씀이 여러분을 능히 든든히 세우사 거룩하게 하심을 입은 모든 자 가운데 기업이 있게 하시리라
33 내가 아무의 은이나 금이나 의복을 탐하지 아니하였고
34 여러분이 아는 바와 같이 이 손으로 나와 내 동행들이 쓰는 것을 충당하여
35 범사에 여러분에게 모본을 보여준 바와 같이 수고하여 약한 사람들을 돕고 또 주 예수께서 친히 말씀하신 바 주는 것이 받는 것보다 복이 있다 하심을 기억하여야 할지니라

• 함께 읽어보기

바울의 삶을 한마디로 요약한다면 '주는 삶'일 것입니다. 예수 그리스도를 만나고 회심한 이후로 바울의 삶은 줄곧 '주는 삶'이었습니다. 죽음의 위험을 무릅쓰고 복음을 전해 주었고, 밤낮을 가리지 않고 눈물로 각 사람을 훈계하며 돌보았으며, 바쁘고 고단한 중에서도 남들보다 더 수고하여 자신의 경제적 필요를 충당했습니다. 그뿐만 아니라, 많은 환난과 핍박이 예상되는 예루살렘으로의 여정을 눈앞에 둔 상황에서도 바울의 마음은 온통 자신이 떠난 후에 남겨질 교회에 있었습니다. 오늘 본문은 에베소 교회의 장로들에게 바울이 남기는 마지막 이야기를 담고 있습니다. "주는 것이 받는 것보다 복이 있다"는 예수님의 말씀을 늘 마음에 담고 복음을 전하면서 성도들을 사랑했던 바울, 그가 남긴 이야기에 귀 기울여 보도록 하겠습니다.

도입 질문

1 주는 것이 받는 것보다 복이 있는 이유는 무엇일까요? 자유롭게 각자의 생각을 나누어 봅시다.

함께 나누기

2 밀레도에 있던 바울은 에베소로 사람을 보내어 누구를 청했습니까? **17절**

3 바울은 자신이 지금까지 수행해 왔던 복음 사역에 대해 장로들에게 이야기합니다. **19–21절** 성경을 보면서 빈칸을 채워 보도록 합시다.

19절, 곧 모든 (   )과 (   )이며 유대인의 간계로 말미암아 당한 (   )을 참고 주를 섬긴 것과

20절, 유익한 것은 무엇이든지 (   ) 앞에서나 각 (   )에서나 거리낌이 없이 여러분에게 전하여 가르치고

21절, (   )과 (   )에게 하나님께 대한 (   )와 우리 주 예수 그리스도께 대한 (   )을 증언한 것이라

4 예루살렘으로 향하는 바울에게 성령께서 경고하신 말씀은 무엇입니까? **23절** 성령의 말씀을 들은 바울은 무엇이라 고백합니까? **24절**

5 바울은 하나님께서 무엇으로 교회를 사셨다고 말합니까? **28절**

6 바울은 자신이 떠난 후에 교회가 겪게 될 어려움에 대해 두 가지 측면(외부적, 내부적)에서 이야기합니다. 그것은 각각 무엇입니까? **29–30절**

7 바울은 에베소 장로들을 누구에게 부탁한다고 말하고 있습니까? **32절**

8 자신의 설교를 정리하면서 바울이 마지막으로 인용하는 예수님의 말씀은 무엇입니까? **35절**

9 하나님께서는 자기 백성을 위해 독생자를 보내주셨고, 예수님께서는 죄인들을 위해 자신의 생명을 주셨으며, 오늘 본문을 통해 살펴보았듯이, 바울은 교회를 위해 자신의 삶을 주었습니다. 그리스도인으로서 나는 교회와 공동체를 위해 무엇을 줄 수 있을까요? 각자의 생각을 말해 봅시다.

10 오늘 성경공부를 통해서 나누고 싶거나 깨달은 것이 있으면 서로 이야기해 봅시다.

구역예배, 청년부 성경공부, 직장 신우회 등 각종 성경공부 모임에 활용하면 좋습니다.

주간 그룹성경공부 • GBS

6주차 (71회~75회)

로마 시민권

사도행전 22:22-30 | 새찬송 50장 • 통일 71장

주간 말씀묵상 나눔

지난 한 주간 말씀묵상한 것이나 삶에 적용한 것이 있으면 돌아가며 간단히 나누어 봅시다.

• 오늘의 성경공부 목표

바울이 자신이 가지고 있던 사회적 특권을 어떻게 사용했는지 살펴보고, 그것을 통해 우리가 얻을 수 있는 교훈은 무엇인지 생각해 보도록 합니다.

22 이 말하는 것까지 그들이 듣다가 소리
질러 이르되 이러한 자는 세상에서 없애
버리자 살려 둘 자가 아니라 하여
23 떠들며 옷을 벗어 던지고 티끌을 공중에
날리니
24 천부장이 바울을 영내로 데려가라 명하
고 그들이 무슨 일로 그에 대하여 떠드
는지 알고자 하여 채찍질하며 심문하라
한대
25 가죽 줄로 바울을 매니 바울이 곁에 서
있는 백부장더러 이르되 너희가 로마 시
민 된 자를 죄도 정하지 아니하고 채찍
질할 수 있느냐 하니
26 백부장이 듣고 가서 천부장에게 전하여
이르되 어찌하려 하느냐 이는 로마 시민
이라 하니
27 천부장이 와서 바울에게 말하되 네가 로
마 시민이냐 내게 말하라 이르되 그러하
다
28 천부장이 대답하되 나는 돈을 많이 들여
이 시민권을 얻었노라 바울이 이르되 나
는 나면서부터라 하니
29 심문하려던 사람들이 곧 그에게서 물러
가고 천부장도 그가 로마 시민인 줄 알
고 또 그 결박한 것 때문에 두려워하니
라
30 이튿날 천부장은 유대인들이 무슨 일로
그를 고발하는지 진상을 알고자 하여 그
결박을 풀고 명하여 제사장들과 온 공회
를 모으고 바울을 데리고 내려가서 그들
앞에 세우니라

• 함께 읽어보기

요즘 신문과 인터넷을 보다 보면 '금수저,' '흙수저'라는 단어를 종종 발견할 수 있습니다. 경제적 혹은 사회적으로 안정된 가정환경에서 태어난 덕분에 노력하지 않아도 이미 주어진 많은 풍족함을 누리는 사람과, 그와 반대되는 사람을 가리키는 신조어입니다. 바울은 로마 제국이 지중해 및 헬레니즘 문화권과 이스라엘, 이집트, 그리고 오늘날의 유럽 지역에까지 패권을 누리던 때에 길리기아 다소의 유대인 가정에서 태어났습니다(행 22:3 참조). 유대인 집안에서 태어났음에도 불구하고 바울이 날 때부터 로마 시민권을 가졌다는 사실로 미루어 볼 때, 바울의 가문은 그의 부친 혹은 조부 때부터 로마 제국과 친밀한 관계를 유지해 온 사회적 엘리트 계층이었을 가능성이 높습니다. 다시 말해, 바울은 그 당시 유대인으로서는 일종의 '금수저' 집안에서 태어났던 것입니다. 그러나 바울은 자신의 특권을 사용함에 있어서 분명한 기준이 있었습니다. 오늘 본문을 함께 살펴보면서 그 기준이 무엇이었는지 생각해 보도록 합시다.

도입 질문

1 돈을 사용함에 있어서 나는 어떤 기준을 가지고 있습니까? 각자의 이야기를 나누어 봅시다.

함께 나누기

2 바울은 영내로 끌려가기 전에 유대인들 앞에서 자신을 변론합니다(행 22:1-21 참조). 바울의 변론을 듣던 유대인들은 어떤 행동을 취했습니까? 22-23절

3 바울을 영내로 데려갔던 천부장은 수하들에게 무엇을 명령했습니까? 24절

4 바울이 자기 옆에 서 있는 백부장에게 한 말은 무엇입니까? 25절

5 바울은 언제부터 로마의 시민이었습니까? **28절**

6 사도행전에서 두 번 언급한 것을 제외하고, 바울은 선교 현장에서 자신의 로마 시민권을 언급하지 않았습니다. 당시 로마 시민권은 사회적 특권을 의미했습니다. 자신의 선교 여정 가운데 그 특권을 주장하고 충분히 누릴 수 있었음에도 불구하고, 바울이 그렇게 하지 않았던 이유가 있었다면, 그 이유는 무엇일까요?

7 천부장은 바울의 말에 어떤 반응을 보였습니까? **29절** 바울이 로마 시민권자인 사실을 알게 된 천부장이 이튿날 취한 행동은 무엇입니까? **30절**

8 로마 시민이었던 바울은, 부당한 방법으로 심문을 받지 않을 수 있는 합법적인 권리를 가지고 있었고, 그것을 행사했습니다. 그러나 오늘 본문에서 우리는 바울이 무엇을 위해, 평소에는 잘 언급하지 않던 로마 시민권을 주장하고 있는지 깊이 생각해 볼 필요가 있습니다. 바울이 그동안 누리지 않았던 자신의 특권을 다시 누리기 위해 태도를 바꾸었던 것일까요? 아니면 다른 이유가 있었던 것일까요? 각자의 생각을 자유롭게 나누어 봅시다.

9 오늘 성경공부를 통해서 나누고 싶거나 깨달은 것이 있으면 서로 이야기해 봅시다.

주간 그룹성경공부 • GBS

7주차 (76회~80회)

가이사에게 상소한 바울

사도행전 25:1–12 | 새찬송 546장 • 통일 399장

주간 말씀묵상 나눔

지난 한 주간 말씀묵상한 것이나 삶에 적용한 것이 있으면 돌아가며 간단히 나누어 봅시다.

• 오늘의 성경공부 목표

우리가 겪는 모든 일은 하나님의 계획 속에 있다는 사실을 배우도록 합니다.

1 베스도가 부임한 지 삼 일 후에 가이사
랴에서 예루살렘으로 올라가니
2 대제사장들과 유대인 중 높은 사람들이
바울을 고소할새
3 베스도의 호의로 바울을 예루살렘으로
옮기기를 청하니 이는 길에 매복하였다
가 그를 죽이고자 함이더라
4 베스도가 대답하여 바울이 가이사랴에
구류된 것과 자기도 멀지 않아 떠나갈
것을 말하고
5 또 이르되 너희 중 유력한 자들은 나와
함께 내려가서 그 사람에게 만일 옳지
아니한 일이 있거든 고발하라 하니라
6 베스도가 그들 가운데서 팔 일 혹은 십
일을 지낸 후 가이사랴로 내려가서 이튿
날 재판 자리에 앉고 바울을 데려오라
명하니
7 그가 나오매 예루살렘에서 내려온 유대
인들이 둘러서서 여러 가지 중대한 사건
으로 고발하되 능히 증거를 대지 못한지
라
8 바울이 변명하여 이르되 유대인의 율법
이나 성전이나 가이사에게나 내가 도무
지 죄를 범하지 아니하였노라 하니
9 베스도가 유대인의 마음을 얻고자 하여
바울더러 묻되 네가 예루살렘에 올라가
서 이 사건에 대하여 내 앞에서 심문을
받으려느냐
10 바울이 이르되 내가 가이사의 재판 자리
앞에 섰으니 마땅히 거기서 심문을 받을
것이라 당신도 잘 아시는 바와 같이 내
가 유대인들에게 불의를 행한 일이 없나

이다
11 만일 내가 불의를 행하여 무슨 죽을 죄를 지었으면 죽기를 사양하지 아니할 것이나 만일 이 사람들이 나를 고발하는 것이 다 사실이 아니면 아무도 나를 그들에게 내줄 수 없나이다 내가 가이사께 상소하노라 한대
12 베스도가 배석자들과 상의하고 이르되 네가 가이사에게 상소하였으니 가이사에게 갈 것이라 하니라

• 함께 읽어보기

불규칙한 여러 개의 조각으로 나누어진 그림 퍼즐을 맞추어 본 경험이 있을 것입니다. 한 개의 조각만 놓고 볼 때는, 그것이 전체 그림 중 어느 부분을 차지하는지 잘 알 수가 없습니다. 그러나 여러 개의 조각들을 함께 놓고 하나씩 맞추어 가다 보면, 어느 순간부터 그림의 윤곽이 드러나기 시작합니다. 작은 퍼즐 조각 하나지만, 전체의 그림을 완성하기 위해 꼭 필요합니다. 오늘 본문은 바울이 가아사랴에서 베스도에게 재판을 받는 과정을 기록하고 있습니다. 베스도가 이스라엘의 총독으로 부임하기 이전, 다시 말해 벨릭스가 총독으로 있었던 2년여 동안, 바울은 가이사랴에 수감되어 있었습니다. 물론 바울은 수감되어야 할 만한 죄를 짓지 않았습니다. 대제사장들과 유대인 지도자들의 모함과 음모는 바울이 수감되어 있는 동안에도 계속되었고, 그 결과 바울은 새로운 총독 베스도와 아그립바 왕 앞에서 계속되는 재판 과정을 겪어야 했습니다(행 26장 참조). 죄가 없었음에도 불구하고, 바울은 어찌 보면 소모적이고 부당해 보이는 모든 과정들을 겪었던 것입니다. 그러나 각각의 과정들을 통해 하나님께서는 바울을 로마로 이끄셨습니다. 바울이 겪었던 모든 과정들은 하나님의 뜻을 이루기 위한 각각의 퍼즐 조각들이었던 것입니다.

도입 질문

1 비행기가 이륙했을 때 내가 살고 있는 도시를 내려다본 경험이 있습니까? 그때의 느낌은 어떠했습니까? 혹 그런 경험이 없다면, 어떤 느낌일 것 같습니까?

함께 나누기

2 유대의 총독으로 새로 부임한 베스도에게 바울을 고소한 사람들은 누구입니까? 2절

3 바울을 고소했던 사람들은 어떤 음모를 꾸미고 있었습니까? 3절

4 바울이 가이사랴에서 베스도에게 재판을 받을 때, 유대인들은 바울을 여러 가지 죄목으로 고발했습니다. 그런데 그들의 고발에 무엇이 부족했습니까? **7절**

5 바울은 유대인들의 고발에 대해서 어떻게 변론했습니까? **8절**

6 베스도는 바울에게 "네가 예루살렘에 올라가서 이 사건에 대하여 내 앞에서 심문을 받으려느냐"라고 물었습니다. 그렇게 질문한 이유는 무엇입니까? **9절**

7 바울은 베스도에게 무엇이라 대답했습니까? 바울은 누구에게 상소했습니까? **10–11절**

8 유대의 총독 베스도는 바울에게서 죄를 찾지 못했으며(행 25:25 참조), 아그립바 왕 역시 바울의 무죄를 확인해 주었습니다(행 26:32 참조). 그러나 바울이 이미 가이사에게 상소했기 때문에, 로마에서 황제의 재판을 받는 것을 피할 수는 없었습니다. 바울에게 죄가 없었음에도 불구하고, 하나님께서 바울로 하여금 여러 차례 재판정에 서도록 하신 이유는 무엇일까요? 사도행전 23장 11절을 참고하여 생각해 보도록 합시다.

9 오늘 성경공부를 통해서 나누고 싶거나 깨달은 것이 있으면 서로 이야기해 봅시다.

때를 얻든지 못 얻든지 말씀을 전파하라

사도행전 26:24-32 | 새찬송 503장 • 통일 373장

주간 말씀묵상 나눔

지난 한 주간 말씀묵상한 것이나 삶에 적용한 것이 있으면 돌아가며 간단히 나누어 봅시다.

• 오늘의 성경공부 목표

유대 총독 베스도와 유대 왕 아그립바 앞에서 재판을 받는 중에도, 기회가 될 때마다 예수 그리스도와 복음을 전하는 바울의 모습을 보며 전도에 대한 열정을 가슴에 품어봅시다.

24 바울이 이같이 변명하매 베스도가 크게
소리 내어 이르되 바울아 네가 미쳤도다
네 많은 학문이 너를 미치게 한다 하니
25 바울이 이르되 베스도 각하여 내가 미친
것이 아니요 참되고 온전한 말을 하나이
다
26 왕께서는 이 일을 아시기로 내가 왕께
담대히 말하노니 이 일에 하나라도 아시
지 못함이 없는 줄 믿나이다 이 일은 한
쪽 구석에서 행한 것이 아니니이다
27 아그립바 왕이여 선지자를 믿으시나이
까 믿으시는 줄 아나이다
28 아그립바가 바울에게 이르되 네가 적은
말로 나를 권하여 그리스도인이 되게 하
려 하는도다
29 바울이 이르되 말이 적으나 많으나 당신
뿐만 아니라 오늘 내 말을 듣는 모든 사
람도 다 이렇게 결박된 것 외에는 나와
같이 되기를 하나님께 원하나이다 하니
라
30 왕과 총독과 버니게와 그 함께 앉은 사
람들이 다 일어나서
31 물러가 서로 말하되 이 사람은 사형이나
결박을 당할 만한 행위가 없다 하더라
32 이에 아그립바가 베스도에게 이르되 이
사람이 만일 가이사에게 상소하지 아니
하였더라면 석방될 수 있을 뻔하였다 하
니라

• 함께 읽어보기

전도할 때 보면 사람들의 반응이 가지각색입니다. 수용하거나 거절하거나 보류합니다. 대부분의 사람이 자신이 믿어야 할 이유보다 믿지 못하는 이유를 더 많이 이야기합니다. 세상적으로 풍부한 학식 또는 경험이 있거나 사회적으로 높은 지위에 있을수록 복음을 쉽게 받아들이지 않습니다. 그러나 사도 바울은 때를 얻든지 못 얻든지 항상 하나님의 말씀을 전파하라며(딤후 4:2) 몸소 그 본을 보여주었습니다. 그는 죄수로 잡혀 심문당하는 중에도 베스도 총독과 아그립바 왕에게 자신의 경험을 바탕으로 복음을 전했습니다. 분명한 사실은 우리에게는 복음을 전할 사명이 있고, 믿고 안 믿고는 성령님께 달려 있습니다. 부끄러워하거나 두려워하지 말고, 오늘도 복음의 빛을 발하는 삶을 삽시다.

도입 질문

1 당신이 지금까지 전도한 사람 중에 가장 기쁘게 복음을 받아들인 사람은 누구입니까? 그 사람은 지금 어떤 삶을 살고 있습니까? 전도의 경험을 함께 나누어봅시다.

함께 나누기

2 바울의 변론(변명)을 들은 베스도 총독은 바울을 향해 뭐라고 반응합니까? **24절**

3 베스도 총독의 반응에 대해 바울은 뭐라고 답변합니까? **25절**

4 바울은 자신의 변증이 참되다는 사실을 뒷받침해 달라고 누구에게 호소합니까? 26–27절

5 베스도 총독이나 아그립바 왕은 바울이 변론한 내용을 익히 들어 알고 있었을 것입니다. 그러나 그들은 그리스도를 믿지 않았습니다. 그렇다면 지식과 믿음은 어떤 관계에 있다고 생각합니까?

6 바울은 아그립바 왕뿐 아니라 자신의 말을 듣는 모든 사람이 어떻게 되기를 원한다고 하나님께 말합니까? 29절

7 바울의 변론을 들은 왕과 총독과 관계자들은 바울에 대해 어떤 판결을 내렸습니까? 30–32절

8 베스도 총독과 아그립바 왕처럼 지금도 많은 사람이 이런저런 이유로 예수 믿기를 거부하고 온갖 핑계를 댑니다. 주로 어떤 핑계를 댑니까? 그런 핑계에 우리는 어떻게 반응해야 할까요?

9 오늘 성경공부를 통해서 나누고 싶거나 깨달은 것이 있으면 서로 이야기해 봅시다.

주간 그룹성경공부 • GBS

9주차 (86회~90회)

역전의 하나님

사도행전 28:1-10 | 새찬송 348장 • 통일 388장

주간 말씀묵상 나눔

지난 한 주간 말씀묵상한 것이나 삶에 적용한 것이 있으면 돌아가며 간단히 나누어 봅시다.

• 오늘의 성경공부 목표

위기를 기회로 삼으시는 하나님을 늘 의지하도록 합니다.

1 우리가 구조된 후에 안즉 그 섬은 멜리
데라 하더라
2 비가 오고 날이 차매 원주민들이 우리에
게 특별한 동정을 하여 불을 피워 우리
를 다 영접하더라
3 바울이 나무 한 묶음을 거두어 불에 넣
으니 뜨거움으로 말미암아 독사가 나와
그 손을 물고 있는지라
4 원주민들이 이 짐승이 그 손에 매달려
있음을 보고 서로 말하되 진실로 이 사
람은 살인한 자로다 바다에서는 구조를
받았으나 공의가 그를 살지 못하게 함이
로다 하더니
5 바울이 그 짐승을 불에 떨어 버리매 조
금도 상함이 없더라
6 그들은 그가 붓든지 혹은 갑자기 쓰러져
죽을 줄로 기다렸다가 오래 기다려도 그
에게 아무 이상이 없음을 보고 돌이켜
생각하여 말하되 그를 신이라 하더라
7 이 섬에서 가장 높은 사람 보블리오라
하는 이가 그 근처에 토지가 있는지라
그가 우리를 영접하여 사흘이나 친절히
머물게 하더니
8 보블리오의 부친이 열병과 이질에 걸려
누워 있거늘 바울이 들어가서 기도하고
그에게 안수하여 낫게 하매
9 이러므로 섬 가운데 다른 병든 사람들이
와서 고침을 받고
10 후한 예로 우리를 대접하고 떠날 때에
우리 쓸 것을 배에 실었더라

• 함께 읽어보기

출애굽 당시 홍해 앞에 서 있던 모세와 이스라엘 백성들을 생각해 봅시다. 뒤로는 자신들을 추격해 오는 바로 왕과 애굽 군대의 위협이 있었고, 눈앞에는 홍해가 버티고 있었습니다. 누가 봐도 절망적인 상황이었습니다. 그러나 하나님께서 개입하시는 순간, 홍해가 갈라졌고 애굽의 군대는 수장되었습니다. 절망적이었던 당시의 상황은 오히려 자기 백성을 지키시는 하나님의 신실하심과 전능하심을 더욱 돋보이게 만드는 소품과 같이 되어 버렸던 것입니다. 오늘 본문에서 바울은 단지 풍랑에서 살아남은 죄수 중의 한 명이었고, 먹고 잘 곳도 마땅치 않은 어려운 상황에 처해 있었습니다. 그러나 하나님께서 개입하시는 순간, 본문의 이야기는 바울이 처했던 현실적 상황과는 정반대의 분위기로 흘러갑니다. 독사에 물렸지만 아무런 해도 입지 않았던 바울을 원주민들은 신이라 불렀으며, 바울을 통해 병든 원주민들이 고침을 받기도 했습니다. 멜리데 섬의 원주민들은 바울 일행을 후한 예로 대접했으며, 심지어 항해 시에 쓸 것을 배에 실어주기까지 했습니다. 오늘 함께 성경을 살펴보면서, 바울과 함께하셨던 역전의 하나님을 만나보도록 합시다.

도입 질문

1 위기의 상황을 기회로 만드셨던 하나님을 만날 수 있는 성경의 이야기는 어떤 것들이 있을까요? 한 가지씩 말해 보도록 합시다.

함께 나누기

2 바울과 그 일행들이 풍랑으로부터 구조되어 머물게 된 섬의 이름은 무엇입니까? **1절**

3 바울이 나무 한 묶음을 거두어 불에 넣었을 때 어떤 일이 벌어졌습니까? **3절**

4 독사가 바울의 손을 물고 매달려 있는 광경을 목격한 원주민들은 무엇이라 말했습니까? **4절**

5 원주민들의 예상과는 달리 독사에 물린 바울에게 아무 이상이 없었습니다. 본문은 "조금도 상함이 없더라"(5절)라고 말합니다. 원주민들은 바울을 어떤 존재라고 생각했습니까? **6절**

6 멜리데 섬에서 가장 높은 사람의 이름은 무엇입니까? 그는 바울의 일행에게 무엇을 베풀었습니까? **7절**

7 보블리오의 부친과 멜리데 섬의 병든 사람들을 위해 바울이 행한 일은 무엇입니까? **8절**

8 바울과 그 일행들이 처했던 어려운 현실적 상황이, 오히려 하나님께서 풍성히 역사하시는 현장이 되었습니다. 오늘 본문이 주는 교훈이 각자의 상황 속에서 어떻게 적용될 수 있을까요?

9 오늘 성경공부를 통해서 나누고 싶거나 깨달은 것이 있으면 서로 이야기해 봅시다.

권별주삶

아가페 주삶 GBS 해설서

- 1주(46회–50회) _ 사도행전 14:19–28
  돌에 맞아 죽더라도 전해야 했던 복음
- 2주(51회–55회) _ 사도행전 16:6–15
  내 뜻과 하나님의 뜻
- 3주(56회–60회) _ 사도행전 17:22–34
  바울의 '눈높이' 설교(아레오바고 설교)
- 4주(61회–65회) _ 사도행전 19:8–20
  에베소에서 일어난 부흥의 역사
- 5주(66회–70회) _ 사도행전 20:17–35
  "주는 것이 받는 것보다 복이 있다"
- 6주(71회–75회) _ 사도행전 22:22–30
  로마 시민권
- 7주(76회–80회) _ 사도행전 25:1–12
  가이사에게 상소한 바울
- 8주(81회–85회) _ 사도행전 26:24–32
  때를 얻든지 못 얻든지 말씀을 전파하라
- 9주(86회–90회) _ 사도행전 28:1–10
  역전의 하나님

1 가이드》 주변 사람들의 염려와 만류에도 불구하고, 닥쳐올 장애물들이 예상됨에도 불구하고, 내가 가지고 있는 확신과 신념이 너무도 분명해서 그 일을 포기할 수 없을 때가 가끔 있습니다. 결과에 연연하지 않고 꿋꿋이 나의 길을 갔던 경험이 있었다면 서로 나누어 봅시다.

2 답》 유대인들, 안디옥과 이고니온

해설》 안디옥과 이고니온에서부터 바울을 박해하던 유대인들은 루스드라까지 쫓아왔습니다. 유대인들의 마음은 바울을 향한 시기심이 가득했으며(행 13:45), 사람들을 선동하여 악을 행했습니다(행 13:50, 14:2). 하나님만을 사랑하고 섬긴다는, 소위 유대인들이 하나님의 말씀을 전하는 바울을 죽이려고 하는 아이러니한 상황이 되어 버린 것입니다.

3 답》 바울을 돌로 친 후에 죽은 줄로 알고 시외로 끌어 내쳤다.

해설》 유대인들에 의해 충동된 군중들은 바울을 돌로 친 후에 그가 죽은 줄 알고 도시 밖으로 던져 버렸습니다. 얼마 전만 해도 바울과 바나바를 '제우스'와 '헤르메스'라고 부르며 "신들이 사람의 형상으로 우리 가운데 내려오셨다"라고 외쳤던(행 14:11-12) 사람들이, 돌연 사나운 군중으로 변해 버렸던 것입니다.

4 답》 죽은 줄 알았던 바울이 깨어 일어났다.

해설》 제자들은 바울을 둘러싸고 서 있었습니다. 그들은 바울이 죽었다고 생각했을 것입니다. 돌에 맞아 온몸이 피투성이가 되어서 버려진 바울을 바라보고 있었을 제자들의 마음은 어땠을까요? 이루 말할 수 없는 비통함과 두려움으로 가득 차 있었을 것입니다. 그러나 하나님은 바울을 다시 일으키셨고, 제자들은 놀라움 속에서 큰 힘과 위로를 얻었을 것입니다.

5 답》 바울은 일어나 그 성으로 다시 들어갔다가 이튿날 더베로 가서 복음을 전했다.

해설》 바울은 사람들이 자신을 돌로 쳤던 그 성(루스드라)으로 다시 들어갔습니다. 이고니온에서는 돌로 치려는 자들을 피해서 도망했었지만(행 14:6), 이번에는 오히려 그 성으로 다시 들어갑니다. 바울의 비장한 심정을 엿볼 수 있습니다.

6 가이드》 바울은 이튿날 다시 더베로 가서 복음을 전하고 제자들을 돌봅니다. 바울의 행동을 어떻게 설명할 수 있을까요? 물론 바울에게는 복음전파에 대한 강한 열정과 사명감이 있었습니다. 그러나 오늘 본문의 상황을 바울의 열정과 사명감만으로 설명하기에는 한계가 있어 보입니다. 돌에 맞아 죽음 직전까지 갔던 사람이, 그 이튿날에 약 100km(루스드라에서 더베까지의 거리) 정도가 되는 여정을 다시 시작했다는 것이, 상식적으로 잘 이해가 되지 않기 때문입니다. 본문이 언급하고 있지는 않지만, 사도행전 전체에서 목격되는 성령의 놀라운 역사들을 고려했을 때, 성령의 특별한 도우심이 바울과 함께했을 것입니다.

7 답》 마음을 굳게 하여 이 믿음에 머물러 있고, 하나님의 나라에 들어가려면 많은 환난을 겪어야 할 것이다.

해설》 하나님나라의 백성으로 살아간다는 것은, 늘 꽃길을 걷는 것을 의미하지는 않습니다. 바울이 복음을 전했던 곳에는 늘 환난과 박해의 위협이 도사리고 있었습니다. 환난 가운데에서 요동하지 않고 '믿음에 머물러' 있을 수 있는 용기와 결단, 그것이 바로 하나님나라를 사는 그리스도인들이 추구해야 할 삶의 자세일 것입니다.

8 답》 하나님이 함께 행하신 모든 일과 이방인들에게 믿음의 문을 여신 것을 보고했다.

해설》 많은 박해가 있었지만, 복음은 이방인들에게 성공적으로 전파되었습니다. 바울과 바나바의 간증은 이방인 선교의 구심점 역할을 했던 안디옥 교회에 큰 격려가 되었을 것입니다.

9 가이드》 복음에 대한 바울의 확신과 열정은 성령께서 일하시는 중요한 통로가 되었습니다. 사도 바울과 같은 수준의 헌신된 삶을 사는 일은 어려울 수 있습니다. 하지만, 바울의 심정을 늘 마음에 품고 삶의 소소한 현장에서라도 복음의 향기를 전하는 그리스도인이 될 수는 있을 것입니다.

1 가이드》 우리는 살면서 수많은 선택을 하고, 그 결과에 대해 기뻐하기도 하지만 후회하기도 합니다. 그런데 그리스도인은 여기서 한 가지를 더 생각하고 고민해야 합니다. '그 선택을 과연 하나님이 기뻐하실까?' 하는 것입니다. 때로는 하나님은 하고 싶지 않은 일을 하게 하시기도 하고, 반대로 하고 싶은 일을 못하게 하시기도 합니다. 어느 경우든 자기의 뜻을 내려놓고 하나님의 뜻을 선택하는 것이 그리스도인의 용기 있는 선택입니다.

2 답》 아시아, 성령이 전하지 못하게 하시기 때문에

해설》 바울 일행이 복음을 전하러 가고 싶었던 곳은 아시아, 지금의 에베소 지역을 중심으로 하는 소아시아 지역이었습니다. 그러나 성령께서 그곳으로 가지 못하게 막으셨습니다. 선교는 내가 계획해서 내가 진행하는 것이 아니라, 철저히 하나님의 계획에 따라 진행되어야 합니다.

3 답》 예수의 영이 허락하지 아니하시기 때문에

해설》 '예수의 영'은 성령님을 가리키는 또 다른 호칭입니다. 성령께서는 두 번씩이나 바울이 가고자 하는 길을 막으셨습니다. 왜 그렇게 막으셨는지 이유는 알 수 없지만, 그것이 바울 일행에게 최선이었다고 믿습니다. 우리는 '노'라는 응답이 왔을 때 '예스'라는 응답 못지않게, 아니 그 이상으로 기뻐하고 감사해야 합니다.

4 답》 마게도냐 사람 하나가 이리로 건너와서 우리를 도우라고 요청하는 환상

해설》 바울은 마게도냐 사람의 환상을 보고 그곳으로 가는 것이 하나님의 뜻임을 확신했습니다. 마게도냐는 오늘날 그리스 북부 지방에 해당합니다. 성령께서는 처음부터 마게도냐를 보여주지 않으시고, 단계적으로 바울 일행을 그곳으로 인도해 가셨습니다. 그리고 그 시간 동안 하나님은 마게도냐가 복음을 받아들일 수 있도록 물밑 작업을 하셨다고 생각합니다.

5 가이드》 사람은 누구나 거절당할 때 크고 작은 상처를 받습니다. 더욱이 하나님이 거절하실 때는 더 크게 낙심하고 실망할 수 있습니다. 그러나 하나님은 우리보다 더 넓은 시야로 더 멀리 보시는 분이기에 우리에게 무엇이 최선인지 아십니다. 따라서 그분의 대답이 '예스'든 '노'든 우리는 하나님을 믿고 감사하는 것이 바람직하고 옳습니다.

6 답》 빌립보

해설》 빌립보에 있는 판개움 산에서 황금이 발견되면서 그 지역에 성이 세워지고 사람들이 몰려들었습니다. 그러다 알렉산더 대왕의 아버지 빌립2세가 이곳을 정복하고, 자기 이름을 따서 빌립보라고 명명했습니다. 훗날 바울이 이 도시에 세운 교회에 보낸 서신이 바로 빌립보서입니다. 아마도 이곳 사람들이 바울이 전한 복음을 적극적으로 수용했기에 수일을 머문 것 같습니다.

7 답》 루디아

해설》 당시 두아디라 시는 염색 공업이 발달했습니다. 루디아는 그곳에서 자색 옷감 장사를 하는 부유한 여성 사업가였습니다. 평소 하나님을 섬기던 루디아는 바울의 말씀에 마음이 열려 본인은 물론이고 그의 온 집안이 다 세례를 받았습니다. 한 마디로 루디아는 바울의 복음을 듣고 그리스도인이 된 최초의 유럽인이었습니다.

8 가이드》 바울 일행이 아시아로 가고자 했지만 하나님은 그들을 마게도냐 지방의 빌립보로 인도하셨습니다. 그리고 그곳에서 두아디라 성의 자색 옷감 장사인 루디아를 만나게 하셨고, 그 가정을 구원하여 선교의 첫 열매를 맺게 하셨습니다. 하나님의 계획과 인도하심에 우연은 없습니다. 지금 당신이 가는 길과 만난 사람들이 하나님의 섭리와 계획 속에 있음을 믿고, 그 만남 속에서 하나님의 뜻을 찾기 바랍니다.

*서로 기도 제목을 나누면서 뒤에 있는 기도 노트를 활용하십시오(p.213-215).

1 가이드》 내가 말하는 내용이 너무 생소하거나 혹은 너무 전문적이어서 상대방이 이해하지 못한다고 느낄 때, 우리는 가끔 예를 들어 쉽게 설명하기도 합니다. 상대방의 성별, 나이, 성격 등을 고려해서 적절한 예를 찾는 것이 쉬운 일은 아니지만, 종종 가장 효과적인 설명이 되기도 합니다.

2 답》 범사에 종교심이 많다.

해설》 '종교심이 많다'는 것은 아덴 사람들이 초월적인 존재에 대한 열린 마음을 가지고 있다는 것을 의미합니다. 그러나 그들의 열린 마음은 하나님이 아닌 수많은 종류의 다른 신들을 향해 있었습니다. 처음에 바울은 아덴에 우상이 가득한 것을 보고 마음이 격분했었습니다(행 17:16). 그러나 바울은 아덴 사람들의 열린 마음을 긍정적으로 인정하면서 자신의 설교를 시작합니다.

3 답》 알지 못하는 신

해설》 '알지 못하는 신들에게 바치는 제단'이라는 표현은 그리스 문헌에 종종 등장합니다. 아덴은 그리스의 중심 도시였습니다. '그리스 신화'를 통해서도 알 수 있듯이 그리스 사람들은 수많은 신들을 섬겼고, 그 신들을 위한 신전들도 많이 있었습니다. '아덴'이라는 도시의 이름 역시 '아테네' 여신의 이름에서 비롯되었습니다. 수많은 신들을 섬기고 있음에도 불구하고 아덴 사람들은 혹시나 자신이 미처 알지 못해서 섬기지 못했던 신으로부터 노여움을 사지 않을까 염려했던 것으로 보입니다.

4 답》 우주, 만물, 천지, 주재 / 생명, 호흡, 만물 / 멀리

해설》 바울은 아덴 사람들이 가지고 있던 신에 대한 세 가지 생각들을 반박하며, 하나님이 참된 신이심을 강조합니다. 첫째, 창조주 하나님은 인간이 지은 신전이나 우상의 형상에 계시지 않습니다. 둘째, 하나님은 인간의 섬김을 통해 자신의 부족함을 채우는 신이 아니라 오히려 만민에게 생명과 호흡과 만물을 주시는 분이십니다. 셋째, 하나님은 '알지 못하는 신'처럼 자신을 감추는 분이 아니라 피조 세계를 통해 자신을 드러내시는 분이십니다.

5 답》 하나님의 소생

해설》 28절에서 바울은 고대 그리스 시인들(에피메니데스, 아라투스와 클레안테스)의 표현을 인용하여 하나님과 인간의 친밀한 관계에 대해 설명합니다. 인간은 하나님의 창조 안에서 "살며 기동하며 존재합니다." 하나님의 창조물인 인간은 그런 의미에서 "하나님의 소생," 즉 하나님의 자녀인 것입니다. "하나님이 자기 형상 곧 하나님의 형상대로 사람을 창조하시되…" (창 1:27).

6 답》 회개하라

해설》 아덴 사람들에게 익숙한 개념을 사용하여 하나님을 설명하던 바울은(24–29절), 복음의 핵심적인 내용을 선포하기 시작합니다(30–31절). 알지 못하던 시대에는 하나님께서 사람들이 우상을 만들고 그것들을 숭배하는 것을(29절 참조) 간과하셨지만, 예수 그리스도의 죽음과 부활을 통한 심판의 메시지가 명확하게 선포된 이후로는 하나님께서 더 이상 사람의 죄를 간과하지 않으실 것이라고 바울은 경고합니다.

7 답》 예수 그리스도

해설》 31절에서 "정하신 사람"은 예수 그리스도를 가리킵니다. 부활하신 예수 그리스도께서 마지막 날에 세상을 심판하러 오실 것이라는 믿음은, 초대교회가 가진 가장 근본적인 믿음이었습니다. 베드로 역시 고넬료의 집에서 같은 내용의 메시지를 전했습니다(행 10:40–43).

8 가이드》 아레오바고 설교는 바울이 이방인들에게 효과적으로 복음을 전달하기 위해서, 그들의 종교적·문화적 상황들을 세심하게 고려했다는 사실을 잘 보여줍니다. 바울은 이방인에게 친근한 언어와 사상들을 사용하면서도 복음의 본질을 명확하게 전달했습니다. 선교의 현장에서, 전도의 현장에서 우리는 어떻게 하면 효과적으로 복음을 전할 수 있을지를 늘 고민합니다. 그런 점에서 바울의 아레오바고 설교는 방법론적인 면에서 좋은 본보기가 될 것입니다.

1 가이드》 하나님은 우리에게 여러 가지 성품을 주셨습니다. 그 성품이 때로는 장점이 되기도 하고 단점이 되기도 합니다. 중요한 것은 그 성품을 잘 훈련해 상황에 맞게 발휘하는 것입니다. 그런 의미에서 그리스도인의 영성 훈련은 성품훈련을 포함하며, 하나님은 많은 시험을 통해 우리의 성품을 다듬어가십니다. 지금 자기가 훈련받고 있는 성품은 무엇인지 생각해 보고, 그리스도를 닮은 성품의 소유자가 되도록 노력합시다.

2 답》 두란노 서원에서 강론했다.

해설》 바울이 회당에서 하나님나라를 강론할 때 반대에 부딪히자, 그는 맞서 싸우기보다는 제자들을 따로 데리고 나아가 두란노서원을 설립했습니다. 이것은 비겁하고 용기가 없어서가 아니라 불필요한 마찰을 피하고 새로 믿은 제자들을 보호하기 위함이었습니다. 부딪히는 것만이 상책이 아니라 싸울 때와 피할 때를 분별하는 것이 중요합니다.

3 답》 두 해 동안 / 그 결과 유대인과 헬라인이 다 주의 말씀을 들었다.

해설》 바울은 두 해 동안 날마다 강론했습니다. 이것은 바울의 뛰어난 강의능력을 보여줄 뿐 아니라 성실함을 보여줍니다. 하나님은 바울의 능력도 보시지만 그의 성실함도 중요하게 보셨습니다. 바울이 성실하게 강의한 결과 많은 사람이 주님의 말씀을 듣게 되었습니다.

4 답》 바울의 손수건이나 앞치마를 병든 사람에게 얹으면 병이 낫고 악귀가 나갔다.

해설》 에베소는 특별히 우상숭배와 마술이 성행했던 도시였습니다. 따라서 하나님이 바울을 통해 보여주신 치유와 축사의 기적은 바울이 하나님의 진정한 사도임을 증명해 주는 표시였습니다. 동시에 복음은 어려움에 처한 사람의 영혼뿐 아니라 육신도 치유한다는 사실도 보여주었습니다.

5 가이드》 처음 예수를 믿을 때는 하나님의 존재와 능력에 대한 확신이 필요하기 때문에, 때때로 하나님께서 초자연적인 능력을 나타내시기도 합니다. 이런 능력은 결국 하나님의 말씀을 믿도록 인도하는 안내판 역할을 합니다. 우리는 안내판만 보고 있을 것이 아니라, 그 안내판이 인도하는 말씀을 바라보아야 합니다.

6 답》 제사장 스게와의 일곱 아들

해설》 당시 많은 에베소 사람들이 돈벌이를 위해 마술과 주술을 사용했습니다. 스게와의 아들들은 예수님에 대한 올바른 믿음 없이 바울과 예수님의 이름을 팔아 악귀를 쫓아내려다가 큰 봉변을 당했습니다. 올바른 믿음 없이 예수님의 이름을 주문이나 마법처럼 사용한다고 해서 능력이 나타나지는 않습니다. 하나님의 능력은 성령님을 통해 나타납니다.

7 답》 17절: 에베소에 사는 유대인과 헬라인들이 이 일을 알고 두려워하며 주 예수의 이름을 높였다.
18절: 많은 사람들이 와서 죄를 자복하고 신자가 되었다.
19절: 마술사들이 책을 모아 모든 사람 앞에서 불살랐다.

해설》 스게와의 아들들 사건은 역으로 예수님을 더 크게 알리는 계기가 되었습니다. 심지어 마술사들이 마술과 관련된 책을 불태웠는데, 그 액수가 무려 은 오만이나 되었습니다. 이런 모든 일을 통해 주님의 말씀이 힘있게 전파되어 큰 부흥의 역사가 일어났습니다.

8 가이드》 하나님은 성경 속에서만 역사하신 과거의 하나님이 아니라, 지금도 역사하시는 살아계신 하나님입니다. 우리의 삶속에서 혹은 우리 주변에서 지금도 여전히 크고 작은 하나님의 역사와 능력이 나타나고 있습니다. 불신의 눈으로는 보이지 않지만 믿음의 눈으로 보면 하나님의 역사임을 알게 됩니다. 이런 이야기를 함께 나눔으로 하나님에 대한 믿음을 더욱 키우는 계기로 삼읍시다.

*서로 기도 제목을 나누면서 뒤에 있는 기도 노트를 활용하십시오(p.213-215).

1 가이드》 '받는 것'은 누구나 할 수 있습니다. 그러나 '주는 것'은 주는 자의 희생을 감수해야 합니다. 예수님께서 '주는 것이 더 복이 있다'고 말씀하신 이유는, 아마도 예수 그리스도께서 우리에게 몸소 보여주시며 본받기를 바라셨던 삶이 바로 '주는 삶'이었기 때문일 것입니다.

2 답》 교회 장로들을 청했다.

해설》 "장로들"이라고 번역된 헬라어 '프레스뷔테로스'는 일반적으로 노인을 가리키기도 하지만, 오늘 본문에서는 교회에 존재했던 직분을 가리킵니다. 당시 에베소 교회에 "장로"라는 직분이 있었던 것으로 보아, 바울이 에베소에서 사역하던 때에 교회를 돌볼 지도자들을 세웠던 것으로 생각됩니다.

3 답》 겸손, 눈물, 시험 / 공중, 집 / 유대인, 헬라인들, 회개, 믿음

해설》 바울은 에베소 교회의 장로들에게 자신이 복음과 교회를 위해서 어떤 심정으로 사역을 감당했는지를 진술합니다. 본문의 진술을 통해, 우리는 바울이 자신의 삶과 사역에 대해 스스로뿐만 아니라 공동체 앞에서도 떳떳했음을 짐작할 수 있습니다. 지금 나의 삶은 어떻습니까?

4 답》 결박과 환난이 너(바울)를 기다린다. / 하나님의 은혜의 복음을 증언하는 일을 마치려 함에는 나의 생명조차 조금도 귀한 것으로 여기지 아니하노라

해설》 바울은 "성령에 매여" 예루살렘으로 간다고 말합니다(행 20:22). 그런데 예루살렘에 가게 되면 "결박과 환난"을 당할 것이라고 바울에게 말씀하신 분도 역시 성령님이십니다. 결국, 바울의 여정과 그 여정 가운데 겪게 될 결박과 환난은 모두 성령님의 계획 가운데 있었던 것입니다.

5 답》 자기(하나님)의 피

해설》 "하나님이 자기 피로 사신 교회"라는 표현은, 세상을 구원하시기 위해 하나님께서 독생자 예수 그리스도를 이 땅에 보내셨다는 사실과, 예수께서 십자가에서 흘리신 피와 대속의 은혜 위에 교회가 세워졌음을 의미합니다.

6 답》 사나운 이리가 교회에 들어올 것이다. / 장로들 중에서도 제자들을 끌어 자기를 따르게 하려고 어그러진 말을 하는 사람들이 일어날 것이다.

해설》 "사나운 이리," "어그러진 말" 등의 표현은 당시 에베소 교회를 위협하던 거짓 가르침 혹은 이단적 가르침을 의미합니다. 바울은 외부에서 유입된 거짓 가르침(사나운 이리)에 대해 경고할 뿐만 아니라, 내부적으로는 장로들 중 어떤 이들이 "자기를 따르게 하려고" 복음의 진리를 왜곡(어그러진 말)할 것이라고 말합니다.

7 답》 주와 및 그 은혜의 말씀

해설》 32절에서 "부탁하노니"로 번역된 헬라어 '파라티데마이'는 '맡기다' 혹은 '위탁하다'라는 뜻을 가지고 있습니다. 바울은 에베소 교회의 장로들을 하나님께 의탁하는 기도를 합니다. 바울은 자신이 떠난 후에, 교회가 상실감에 빠지지 않고 하나님을 더욱 의지하기를 바랐을 것입니다. 바울의 이런 모습은 자신의 임박한 죽음을 예견하셨던 예수님께서 제자들을 위해 하셨던 기도를 생각나게 합니다(요 17:11–16 참조).

8 답》 주는 것이 받는 것보다 복이 있다

해설》 "기억하여야 할지니라"는 구절에 사용된 헬라어 '데이'는 강한 의무를 나타냅니다. "주는 것이 받는 것보다 복이 있다"는 예수 그리스도의 가르침이, 단순한 권면이 아닌 꼭 지켜야 할 그리스도인으로서의 의무라는 것을 강조하는 표현입니다. 바울이 인용한 예수님의 말씀은 사복음서에는 기록되지 않았지만(요 21:25 참조), '주는 삶'에 대한 예수님의 가르침은 복음서 곳곳에서 찾아볼 수 있습니다(눅 6:30, 38 참조).

9 가이드》 "내가 줄 수 있는 것이 무엇일까?"라는 질문이 조금 막연하게 느껴질 수 있습니다. 그럴 때에는 "그에게 필요한 것이 무엇일까?" 혹은 "지금 교회 공동체에 필요한 것은 무엇일까?"라는 실제적인 질문을 먼저 던져 보는 것이 도움이 될 수 있습니다. 상대방이 지금 어떤 도움을 필요로 하는지 발견했다면, 그 사람의 필요를 위해 내가 할 수 있는 일들을 좀 더 구체적으로 떠올릴 수 있을 것입니다.

*서로 기도 제목을 나누면서 뒤에 있는 기도 노트를 활용하십시오(p.213–215).

1 가이드》 누구나 돈을 사용함에 있어서 자신만의 기준을 가지고 있습니다. 그리고 그 기준은 그 사람의 소비 습관에 큰 영향을 줍니다. 내가 어디에 주로 돈을 사용하는가를 생각해 보면, 내가 가진 기준이 무엇인지 알 수 있을 것입니다.

2 답》 "이러한 자는 세상에서 없애 버리자 살려 둘 자가 아니라"고 떠들며, 옷을 벗어 던지고 티끌을 공중에 날렸다.

해설》 하나님께서 이방인들을 구원하시기 위해 바울을 보내셨다는 이야기를 들은 군중들은 큰소리를 지르며 바울을 죽이려고 합니다. 그들은 이스라엘의 하나님이 이방인에게도 똑같이 구원을 허락하셨다는 사실을 받아들일 수 없었던 것입니다. "옷을 벗어 던지고 티끌을 공중에 날렸다"라는 표현은 바울의 연설에 대해 유대인들이 얼마나 강한 반감을 드러냈는지를 잘 보여줍니다.

3 답》 천부장은 수하들에게 바울을 영내로 데려가 채찍질하며 심문하라고 명령했다.

해설》 천부장은 바울을 채찍질하며 심문하라고 명령합니다. 당시에 사용되던 채찍은 그 끝에 쇳조각이나 뼛조각이 달려 있었는데, 그 잔인성 때문에 로마 시민이 아닌 자들 혹은 노예들을 심문할 때 사용되었습니다.

4 답》 "너희가 로마 시민 된 자를 죄도 정하지 아니하고 채찍질할 수 있느냐"

해설》 한 가지 의아한 점은, 천부장의 수하들이 바울을 심문할 준비를 마칠 때까지도, 바울은 자신이 로마 시민권자임을 밝히지 않았다는 사실입니다. 바울이 로마 시민권을 좀 더 일찍 주장하지 않았던 이유가 무엇일지에 대해 여러 가지 의견들이 있습니다. 아마도, 바울은 로마 시민권을 주장하는 것이 더 나은 방법일지 끝까지 고민했을 것입니다. 결과적으로 바울은 로마 시민권을 행사함을 통해, 공회에 모인 유대인들에게 다시 한 번 복음을 변증할 기회를 얻게 됩니다(30절 참조).

5 답》 바울은 나면서부터 로마의 시민이었다.

해설》 당시 로마에서는 이중 시민권을 갖는 것이 관습적으로 허락되었습니다. 길리기아 다소 시민(행 21:39)이었던 바울은 날 때부터 또한 로마 시민이었습니다. 바울의 부모가 로마의 시민권을 획득할 수 있을 정도의 경제적 혹은 사회적 기반을 가지고 있었던 것으로 추측할 수 있습니다. 바울은 일종의 '로마 시민 증명서'(출생증명서의 사본이 든 둘로 접는 서판)를 지니고 다녔을 것입니다.

6 가이드》 바울이 전하는 복음의 핵심은, 그리스도의 복음이 유대인과 이방인 모두에게 차별이 없다는 것이었습니다(롬 10:12). 바울은 또 유대인과 이방인의 하나 됨을 강조합니다(고전 12:13). 그런 의미에서, 하나님께서 유대인인 바울을 택하셔서 이방인에게 구원의 복음을 전하게 하셨다는 사실 자체는 중요한 상징적 의미를 갖습니다. 그런데 바울이 로마의 시민이라는 사실은, 그가 전하는 복음과 큰 관련성이 없을 뿐만 아니라, 정치적인 측면에서 유대인의 반감을 일으킬 수 있는 요인이 되었을 것입니다.

7 답》 로마 시민인 바울을 결박한 것 때문에 두려워했다. / 유대인들이 무슨 일로 바울을 고발하는지 진상을 알고자 제사장들과 온 공회를 모으고 바울을 그들 앞에 세웠다.

해설》 바울이 태어날 때부터 로마 시민권을 가졌다는 사실을 알게 된 천부장은 바울을 결박한 일로 두려워했습니다. 만약 바울이 죄가 없다면, 로마법에 의해 천부장 자신이 처벌을 받게 될 것이기 때문입니다. 천부장은 사건의 진상을 파악하기 위해 정식으로 공회를 소집합니다. 결과적으로 바울은 공회 앞에서 다시 한 번 복음을 증거할 기회를 얻게 됩니다.

8 가이드》 바울이 로마 시민권을 주장한 이 사건은 후에 가이사 앞에서 상소하는 일화와도 연결이 됩니다. 이러한 과정들을 통해 바울은 로마로 압송되게 되고, 결과적으로 로마에서 복음을 전하게 됩니다. 바울은 성령께서 예루살렘과 로마에서 복음을 선포하도록 하기 위해 자신을 이끌고 계시다는 것을 알고 있었습니다(행 19:21, 20:22, 23:11). 다시 말해서, 바울은 자신이 가지고 있는 사회적 특권, 즉 로마 시민권을 하나님의 뜻을 이루기 위해 사용하고 있는 것입니다. 8번 질문에서 살펴보았듯이, 바울은 복음을 위해 자신의 특권을 포기했습니다. 그러나 이번에는 복음을 위해 자신의 특권을 사용합니다. 바울은 자신의 로마 시민권을 온전히 복음을 위한 도구로만 사용했던 것입니다.

1 가이드》 비행기 안에서 세상을 내려다보면, 건물 하나하나가 보이는 것이 아니라 마을 전체가 한눈에 보입니다. 커다란 건물들과 넓은 도로들도 단지 그 마을을 구성하는 작은 부품들처럼 느껴집니다. 시야가 바뀌면 보는 차원이 달라집니다. 우리 인생도 마찬가지입니다. 지금 내가 겪고 있는 일들이 당장은 이해되지 않을 수 있습니다. 그러나 하나님의 커다란 섭리 안에서 인생에서 일어나는 모든 일들은 각각의 의미를 갖고 있습니다.

2 답》 대제사장들과 유대인 중 높은 사람들

해설》 "대제사장들과 유대인 중 높은 사람들"이라는 구절은 당시에 존재하던 산헤드린 공의회를 가리키는 것으로 생각됩니다. 베스도는 총독으로 부임한 지 삼일 후에 공의회를 방문합니다. 당시 유대인들 사회에서 막강한 영향력을 행사하고 있었던 산헤드린 공의회와 좋은 관계를 유지하는 것은 새로 부임한 총독에게는 중요한 일이었을 것입니다.

3 답》 바울을 예루살렘으로 옮기도록 베스도에게 청한 후에, 길에 매복하고 있다가 바울을 죽이고자 모의했다.

해설》 바울을 암살하려던 시도는 벨릭스 총독 때도 있었지만(행 23:15) 성공하지 못했습니다. 대제사장들과 유대인 지도자들은 새로 총독으로 부임하는 베스도를 통해 다시 한 번 바울을 암살할 계획을 세웁니다. 합법적인 재판 절차를 통해서는 바울의 죄를 찾을 수 없었던 그들이 택한 방법은 '살인'이었습니다. 당시 대제사장들과 유대인 지도자들이 얼마나 타락했는지를 잘 보여줍니다.

4 답》 그들이 고발한 죄목에 대한 확실한 증거를 하나도 제시하지 못했다.

해설》 "천하에 흩어진 유대인을 다 소요하게 하는 자요 나사렛 이단의 우두머리라 그가 또 성전을 더럽게 하려 하므로…"(행 24:5–6 참조)라는 구절은 유대인들이 바울을 고소한 내용입니다. 많은 죄목들이 언급되었지만, 그 죄목을 뒷받침할 확실한 증거는 없었습니다. 사도행전의 저자는 바울의 결백에 대해 여러 번 언급합니다(행 23:29, 24:12–13, 25:18–19, 26:31 참조).

5 답》 "유대인의 율법이나 성전이나 가이사에게나 내가 도무지 죄를 범하지 아니하였노라"

해설》 바울은 자신이 종교적으로도(율법과 성전), 그리고 정치적으로도(가이사) 죄를 짓지 않았다고 주장합니다. 유대인들이 바울을 고소한 이유는, 바울이 종교적 혹은 정치적으로 죄를 지었기 때문이 아닙니다. 단지 바울의 명성과 바울이 전하는 복음을 싫어했던 것입니다.

6 답》 베스도는 유대인의 마음을 얻기를 원했다.

해설》 유대 총독의 주된 임무 중의 하나는 로마에 대항하는 민란이 일어나지 않도록 경계하는 것이었습니다. 그런 이유로, 유대인들로부터 정치적 신임을 얻는 것은 새로 부임한 총독의 주된 관심사 중의 하나였을 것입니다.

7 답》 내가 유대인들에게 불의를 행한 일이 없다, 유대인들이 나를 고발하는 것이 다 사실이 아니면 아무도 나를 그들에게 내줄 수 없다. / 바울이 가이사에게 상소했다.

해설》 바울이 가이사 앞에서 재판 받을 것을 요구한 이유에 대해서 다양한 의견들이 있습니다. 첫째, 바울은 베스도에게서 공정한 재판을 받지 못할 것이라고 생각했을 것입니다. 둘째, 설령 무죄로 석방된다고 하더라도 유대인들의 위협에서 벗어날 수 없다고 판단했을 수도 있습니다. 셋째, 로마에서도 예루살렘에서와 같이 주의 일을 증언해야 한다는 성령의 말씀(행 23:11 참조)을 염두에 두었을 것입니다.

8 가이드》 바울이 겪는 반복되는 재판 과정은 바울의 무죄를 입증하기 위한 것이 아니었습니다. 바울은 벨릭스에게 받은 첫 재판에서부터 사실상 무죄임이 인정되었기 때문입니다. 그러나 바울은 가이사랴에서 구류 상태로 2년을 보냈습니다(행 24:27). 베스도가 새로 부임한 이후에도 동일한 재판 과정을 다시 겪어야 했습니다. 유대인들의 끊임없는 음모와 베스도의 정치적 계산, 바울이 가이사에게 상소할 자격을 가진 로마 시민이었다는 점, 그 모든 것들을 통해 하나님께서는 결국 바울을 로마로 인도하십니다. 그리스도인들에게 우연은 없습니다. 내게 벌어지는 모든 일들은 하나님이 계획하신 필연인 것입니다.

*서로 기도 제목을 나누면서 뒤에 있는 기도 노트를 활용하십시오(p.213–215).

1 가이드》 전도하다 보면 느끼는 것 중 하나가 '예수 믿기 어렵구나!' 하는 것과 '내가 예수를 믿게 된 것이 축복이구나!' 하는 것입니다. 그만큼 사람들은 복음을 수용하기보다 거절하거나 보류의 반응을 보일 때가 많습니다. 심지어 복음을 미신이나 신화로 취급하며 전도하는 사람을 조롱하거나 비난하는 사람을 만날 때 낙심하기 쉽습니다. 그러나 주님은 그런 반응에 놀라거나 이상하게 생각하지 말라고 이미 말씀하셨습니다(요일 3:13). 오히려 그럴수록 성령을 더 의지하고 때를 얻든지 못 얻든지 하나님의 말씀을 전하는 데 힘써야 합니다.

2 답》 미쳤도다 네 많은 학문이 너를 미치게 한다.

해설》 바울은 메시아가 자기 백성들에게 죽임당했다가 다시 부활하여 온 세상의 빛이 되셨다고 주장하면서, 그런 예수를 다메섹 도상에서 만났다고 간증합니다. 이런 바울의 주장과 체험은 베스도 총독의 인본주의적인 마인드로 볼 때 도저히 납득할 수 없는 비현실적이고 신화적인 이야기였습니다. 결국 베스도 총독은 자신의 불신앙을 탓하기보다 바울의 정신상태를 탓했습니다.

3 답》 내가 미친 것이 아니요 참되고 온전한 말을 하나이다.

해설》 바울은 자신의 변론이 결코 미친 소리가 아니라 참되고 온전한 말임을 역설합니다. 예수님의 경우에도 가족들이 예수님을 미쳤다고 생각해 붙들러 온 적이 있었습니다(막 3:21). 이처럼 전도할 때 우리도 이상한 사람 취급을 받을 수 있습니다. 십자가의 도가 우리에게는 하나님의 능력이지만 믿는 않는 사람에게 미련한 것으로 보이기 때문입니다(고전 1:18).

4 답》 아그립바 왕

해설》 유대 왕이었던 아그립바는 유대 지방에서 일어난 예수님을 둘러싼 일련의 사건을 잘 알고 있었을 것입니다. 이 일은 결코 은밀하게 벌어진 것이 아니라 수많은 사람이 목격하고 참여한 사건이었습니다. 아그립바 왕은 바울이 말한 그 내용이 사실임을 누구보다 잘 알고 있었을 것이고, 따라서 마음만 먹으면 그 사실을 확증해 줄 수도 있었을 것입니다.

5 가이드》 베스도와 아그립바는 물론이고 당시 많은 유대인이 메시아에 대한 구약의 예언과 그 예언의 성취자이신 예수 그리스도를 듣고 보고 만났으면서도 믿기를 거부했습니다. 다시 말해, 단순한 지식은 믿음을 불러일으키지 못한다는 사실을 알 수 있습니다. 오늘날 많은 사람이 성경 이야기를 알면서도 단순한 지식에 그칠 뿐 진정한 믿음에 이르지 못하고 있습니다. 우리에게 필요한 것은 단순한 지식이 아니라 그리스도 예수를 아는 참된 지식입니다(빌 3:8; 벧후 3:18).

6 답》 나와 같이 되기를

해설》 바울은 자신처럼 결박되는 것 외에는, 아그립바 왕뿐 아니라 자신의 변론 즉 자신의 간증을 듣는 모든 사람이 자신처럼 예수 그리스도를 구주로 믿고 그리스도인이 되기를 하나님께 바란다고 선포합니다. 그리스도인이 되는 일에는 신분이나 지위나 혈통이 아무 상관없습니다. 또 바른 신앙을 가진 사람은 바울처럼 어떤 형편에서도 담대한 모습을 보여줍니다.

7 답》 이 사람은 사형이나 결박을 당할 만한 행위가 없다, 석방될 수 있을 뻔하였다.

해설》 아그립바 왕과 베스도 총독은 바울과 변론을 주고받는 동안 바울이 무죄하다는 쪽으로 판결을 내렸습니다. 이러한 판결은 기독교에 대한 법적인 인정을 의미합니다. 따라서 당시 예수님을 죽이고 그리스도인을 박해했던 유대인에게는 충격적인 판결이었을 것입니다. 그러나 예수님의 말씀처럼 세상은 그때나 지금이나 예수를 미워하고 예수 믿는 사람을 박해합니다(눅 6:22). 우리는 그럴수록 더욱 주님을 바라보고 죽도록 충성하는 성도가 되어야 합니다.

8 가이드》 베스도는 바울의 변론을 듣고 바울이 공부를 너무 많이 하더니 미쳤다고 핑계를 댔습니다. 아그립바는 바울에게 "네가 적은 말로 나를 권하여 그리스도인이 되게 하려 하는도다"(28절)라며, 바울의 변론을 믿을 수 없는 하찮은 말로 취급했습니다. 사람들은 예수를 믿지 않으려고 핑계에 핑계를 댑니다. 그럴수록 더 강한 확신과 믿음으로 삶의 모범을 보이며 복음을 전하면 결국 그들도 복음 앞에 무릎을 꿇게 될 것입니다.

1 가이드》 하나님께서 자기 백성을 위해 절망적 상황을 역전시키셨던 이야기는 성경에서 많이 찾아볼 수 있습니다. 골리앗을 넘어뜨렸던 소년 다윗, 사자굴 속의 다니엘, 풀무불 속에 던져졌던 다니엘의 세 친구, 850명의 바알과 아세라 선지자들과 맞섰던 엘리야 등등….

2 답》 멜리데

해설》 멜리데(오늘날의 몰타 섬)는 시칠리아 섬의 남쪽으로 93km, 아프리카 북동쪽으로 290km 떨어진 곳에 위치한 가로 13km, 세로 29km의 비교적 큰 섬입니다.

3 답》 뜨거운 불 때문에 독사가 튀어나와 바울의 손을 물었다.

해설》 험한 풍랑에서 간신히 살아남은 바울에게 또 한 번의 위기가 다가옵니다. 본문에 '독사'라고 번역된 헬라어 '에키드나'는 일반적으로 뱀을 가리킵니다. 그러나 뱀에 물린 바울을 본 원주민들이 바울이 죽게 될 것이라고 생각한 것으로 미루어 볼 때, 치명적인 독을 가진 뱀이었을 것이라고 추측됩니다. 하나님의 은혜로 풍랑 가운데서 구출된 바울에게 또 한 번의 위기가 닥쳐온 것입니다.

4 답》 "진실로 이 사람은 살인한 자로다 바다에서는 구조를 받았으나 공의가 그를 살지 못하게 함이로다"

해설》 "공의"라고 번역된 헬라어 '헤 디케'는 정의를 의인화한 표현입니다. 쉽게 이야기하면, 원주민들은 정의의 여신이 바울의 죄를 벌한 것이라고 생각한 것입니다. 죄를 지으면 그 대가를 치르게 된다는 인과응보 사상은 오늘날을 사는 우리에게도 익숙합니다. 하지만 삶 속에서 겪게 되는 어려움들이 꼭 죄의 대가는 아닌 경우도 있습니다. 때로는 하나님께서 그분의 뜻을 이루시기 위해 우리에게 어려움을 겪게 하시기도 합니다.

5 답》 원주민들은 바울을 신이라 생각했다.

해설》 원주민들은 뱀에 물린 바울을 계속 지켜보았지만, 시간이 지나도 바울은 죽지 않았습니다. 그것을 목격한 원주민들은 바울을 신이라 생각했습니다. 루스드라에서 바울이 나면서부터 걷지 못한 사람을 일으켰을 때에도, 사람들은 바울과 바나바를 신이라 불렀던 일이 있었습니다(행 14:11–13 참조). 초자연적인 현상에 대해 당시 사람들이 어떤 생각을 지니고 있었는지를 잘 보여줍니다.

6 답》 보블리오 / 바울 일행을 영접하여 사흘 동안 머물게 했다.

해설》 멜리데 섬의 원주민들은 처음부터 바울과 그 일행들에게 호의적이었습니다(행 28:2 참조). 그러나 독사에 물리고도 살아난 사건을 통해 바울은 단순한 호의 이상의 대접을 받게 됩니다. 풍랑에서 살아난 한 명의 죄수에 지나지 않았던 바울이, 섬에서 가장 높은 사람(보블리오)의 영접을 받는 상황이 된 것입니다.

7 답》 열병과 이질에 걸린 보블리오의 부친을 기도와 안수로 낫게 하였고, 섬의 다른 병든 사람들을 고쳤다.

해설》 바울이 멜리데 섬의 병자들을 고치는 기적을 행했지만, 그들에게 복음을 전했다는 기록은 없습니다. 그러나 보블리오의 장인을 비롯하여 병든 사람들을 고쳤다는 점, 바울이 얼마의 기간 동안 그 섬에 머물렀다는 점으로 미루어 볼 때, 멜리데 섬에 복음이 전파되었을 가능성이 높습니다(행 28:8–9 참조).

8 가이드》 오늘 본문은 그리스도인들이 지금 현재 처한 어려운 상황을 어떻게 받아들이고, 어떤 믿음을 가져야 하는가를 가르쳐 줍니다. 인생 여정에 예상치 못한 어려움들이 닥쳐올 때, 우리는 당황하고 낙심하기도 합니다. 그러나 우리가 하나님과 함께하고 있다면, 그리고 그분이 원하시는 길을 가고 있다면, 잠시 열악한 상황에 처하더라도 실망할 이유가 없습니다. '역전의 하나님'께서 모든 상황 가운데서 우리의 손을 들어 주실 것이기 때문입니다.

기도 노트 *Prayer Note*

- 하나님께서 기도에 응답하셨으면 'Yes', 거절하셨으면 'No', 보류 중이시면 'Wait'에 체크해 보세요.
시간이 흐른 뒤 하나님의 세심한 인도하심을 느낄 수 있습니다.

날짜 Date	기도 대상 Who	기도 제목 Title	응답 여부		
			Yes	No	Wait

Prayer Note

날짜 Date	기도 대상 Who	기도 제목 Title	응답 여부 Yes	No	Wait

Prayer Note

날짜 Date	기도 대상 Who	기도 제목 Title	응답 여부		
			Yes	No	Wait

권별주삶

아가페 주삶

사도행전(하)

초판 1쇄 발행 2019년 11월 22일

지은이 오대환

펴낸이 정형철
기획편집 김한나
디자인 박지영, 정육남

펴낸곳 ㈜아가페출판사
등록 제21-754호(1995년 4월 12일)
주소 (06698) 서울시 서초구 효령로8길 5 (방배동)
전화 584-4835(본사)
팩스 586-3078(본사)
홈페이지 www.iagape.co.kr

ISBN 978-89-537-1943-9 (04230)
ISBN 978-89-537-1934-7 (세트)

이 도서의 국립중앙도서관 출판시도서목록(CIP)은 서지정보유통지원시스템 홈페이지(http://seoji.nl.go.kr)와 국가자료공동목록시스템(http://nl.go.kr/kolisnet)에서 이용하실 수 있습니다. (CIP제어번호: CIP2019043928)

아가페 출판사

온마음 쓰기성경®

장, 절이 인쇄되어 있는 혁신적인 쓰기성경!

▼ 분책형　▼ 바인더형

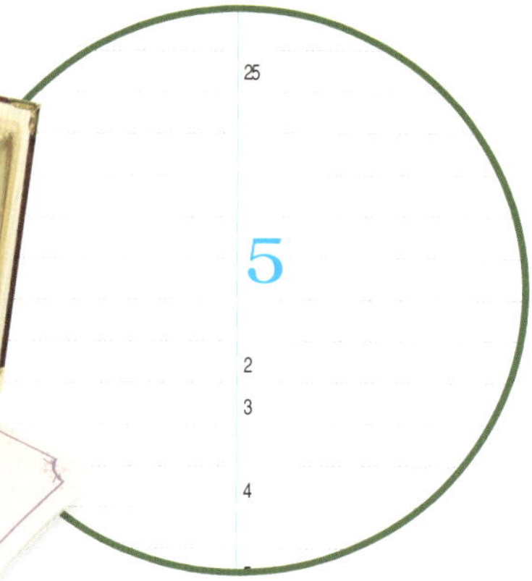

〈실제 본문 사진〉

▲ 실속형

1. 신·구약 성경을 자유롭게 선택, 이동하며 쓸 수 있는 장점이 있습니다.
2. 언제든지 자유롭게 다시 시작할 수 있어서 연속성이 있습니다.
3. 가능한 만큼만 쓰시다 보면 어느새 말씀들로 채워집니다.

4권 분책형 I 온마음 쓰기성경® I 정가 75,000원	
바인더형	프리미엄 온마음 쓰기성경 I 정가 82,000원
실속형	구약 I 정가 42,000원, 신약 I 정가 19,000원

* 필사&쓰기성경® 전용펜 장점 *

1. 잉크의 뭉침(볼펜 똥)이나 이물질이 없어 깨끗하게 쓸 수 있습니다.
2. 쓸수록 종이가 부풀어 오르는 것을 방지합니다.
3. 오랫동안 보관 시에도 종이가 서로 붙지 않습니다.

필사&쓰기성경 전용펜 A5(검정/빨강)	소용량	800원
필사&쓰기성경 전용 오피스펜 200	중용량	1,200원
필사&사무용 오피스펜 200 PLUS(그레이/골드)	중용량	1,500원
필사&쓰기성경 전용펜	대용량	1,700원
필사&쓰기성경 전용 오피스펜 300(그레이/골드)	대용량	1,800원
필사&쓰기성경 전용 오피스펜 500	대용량	2,000원

(자세한 사진은 앞표지 안쪽을 참고하세요.)

그리스도인의 생명의 양식, 말씀묵상!

권별주삶은 날짜와 관계없이 성경을 이어서 빠짐없이 묵상할 수 있기 때문에 성경의 문맥을 이해하는 데 효과적입니다.
또 권별로 모아두면 훌륭한 성경 해설서가 됩니다.